한중한자어비교사전

韓中漢字

한중한자어비교사전

廉光虎 · 位青 編

도서출판 역락

머리말

한자가 한반도에 수입된 시기는 기원 3~4세기로 볼 수 있다. 지금으로부터 적어도 1700여 년의 역사를 가지는데 이렇게 형성된 한국어 한자어는 독특한 자기의 특성을 가진다. 한자어는 차용어의 관점에서 보면 일반 차용어와 성질이 다르다. 그러기 때문에 한국어에서의 한자어는 독특한 체계로서 중국어를 기원으로 하여 한국어에 전면적으로 도입되어 한국어 생활 속에서 생산력을 가지며 이미 한국어에 귀화된 어휘라고 말해야 할 것이다. 한자어에서 고유한자어가 차지하는 비율은 극히 낮고, 대부분은 중국이나 일본에서 도입된 '외래한자어'들이다. 한자어는 크게 나누면 중국에서 만든 한자어와 한국에서 자체로 만든 것을 들 수 있다. 그러나 19세기 말부터 일본으로부터 서양문물에 관한 많은 단어를 수입하다보니 일본식 한자어도 한국어에 적지 않다. 중국식 한자어는 현대 한국 한자어의 주종을 이루고 있다. 절대 대부분의 한자어가 중국식 한자어인데 이들은 또 고대한어, 중고한어, 근대한어, 현대한어 등 부동한 시기의 차용어가 있다. 고대한어란 문자기재시기부터 진, 한, 삼국시기까지 약 기원 5세기까지로 보며 중고한어란 주로 수, 당 연간을 중심으로 16세기 좌우까지로 본다. 근대한어는 17세기로부터 20세기 초까지이고 현대한어는 그 이후 시기로 보고 있다. 그러면 한국어의 차용어는 이미 고대한어로부터 엄청난 양으로 들어왔다는 것을 알 수 있다. 이들 한자어는 대략 1700년을 한민족과 함께 살아오면서 한민족의 思考의 지침, 행동의 반려로 그 언어상의 지위를 굳혀 온 것이다. 중국 한자어는 대부분 서면어로 차용되었지만 극히 일부는 구두어를 통한 직접 차용도 있다. 예를 들면 양걸(秧歌), 만두(饅頭), 포도(葡萄) 등이다. 그리고 중국 한자어는 중고시기까지는 단음절 단어가 많았지만 그 후로부터 백화문 영향으로 2음절부터 3음절, 4음절 어휘도 많게 되었다. 일본식한자어는 일본의 명치유신 이후 아시아에서 앞장서 서양문물을 받아들여 오면서 대량적인 신조한자어가 생겨났다. 이중에는 고대한어나 중고한어에서 이미 쓰던 한자어를 그대로 쓰면서 새로운 의미를 부여한 것도 있고(예 : 革命, 博士, 民主) 아예 한자의 표의적인 특성을 이용하여 만들어 낸 것이 많다. 이런 한자어가 중국에 도로 역수입된 것도 상당하다. 예로 '看守', '幹部', '感性', '感情', '講士', '講演' 등인데 이런 한자어 중에 절대 대부분이 한·중·일 세 나라에서 같이 쓰고 있다. 그리고 근대 한국어 어휘에서 한자어의 근간이라 할 수 있을 정도로 이미 한국어에 들어와 기본어휘로 정착되었다. 한국에서 자체로 만든 한자어에는 하나는 고대 지명, 인명, 관명 표기로부터 이두식 표기를 위해 자체로 만든 한자에 기초한 한자어와(예 : 1. 한국에서 만들어 쓴 한자어-사다리 비 榌, 오라비 남 娚, 논 답 畓, 장롱 장 欌. 2. 한자의 본래 음과 뜻을 떠나 한국에서 새롭게 쓴 단어-빠질 례→논배미 렬 ⿱列田, 기를 이→탈날 탈 頉. 3. 한자를 합성하여 한국어 고유어표기로 만든 것-돌 乭, 둑 ⿰毛乙. 4. 한자와 한글받침을 결합한 것-둔 巨ㄴ, 등 叱ㅇ, 둑 斗ㄱ) 기존 한자어에 새로운 의미를 첨부하여 한국식으로 사용하는 것이다. (1. 이두에서 만들어 쓰다가 이미 死語로 된 것-計校[계산], 公反[공정하다], 自家[자기 자신], 鄕闇[촌사람], 作文[상소문] 등. 2. 한국에서 새로운 뜻을 부여하여 써온 한자어들-苦生, 三寸, 書房, 男便, 天動) 한자어는 한국에 들어와서 어떤 것은 이젠 그 진면모를 알아보지 못할 정도로 어음이 변모하여 고유어로 착각하게 되는 것도 있다. 예를 들면 '가지(茄子)', '배추(白菜)', '사냥(山行)', '고추(苦草)', '미장이(泥匠)', '망태기(網槖)', '깍지(角指)', '대수(大事)', '과녁(貫革)', '장구(杖鼓)', '동냥(動鈴)', '동네(洞內)' 한자어가 대량 한국어어휘계통에 들어오면서 어휘체계를 풍부하게 하고 보다 많은 추상적인 객관사물이나 현상을 섬세하고 더 적절하게 묘사할 수 있게 되었다. 이를테면 고유어로 '마음'이란 의미를 한자어로는 '心氣', '心機', '心慮', '深量',

'心靈', '心理', '心보', '心思', '心身', '心神', '心腸', '心情', '心中' 등으로 표현할 수 있게 되었다. 한자어는 한국에서 오래 사용되는 과정에서 의미면에서 아주 큰 변화를 가져왔다. 현대 중국어와 대비하면 아래의 의미-기능적 차이를 가진다. (1) 한자어에는 고대한어의 의미를 그대로 보존한 단어들이 적지 않다. 그 중에서 적지 않은 것은 현대 중국어에서 쓰지 않거나 아주 적게 쓰인다. 感激 : 한국어에서 '마음에 깊이 느껴 격동함'으로 쓰이고 중국어에서는 '매우 감사하다'로 쓰인다. 講義 : '학설이나 책의 내용을 풀어서 가르치다.' 현대 중국어는 '학생에게 학습의 편의를 위해 편찬된 자료'란 뜻이다. 交代 : 한국어에서는 '새로 바꾸다'는 뜻이지만 중국어는 '당부하다' 또는 '책임을 지다'는 뜻이다. 老婆 : 지금도 한국어에서는 '늙은 여자'란 뜻이지만 중국어는 '아내'란 뜻으로 쓰인다. (2) 한자어에서 중국어보다 의미 폭이 좁게 쓰이고 있다. 家族 : 중국어에서는 '많은 식솔'을 말하지만 한국어는 '혈연적 관계의 식구'를 말한다. 男兒 : 중국어에서는 '사나이'를 말하지만 한국어는 '사내아이'를 말한다. (3) 한자어에서 중국어보다 의미 폭이 더 넓다. 胴體 : 중국어에서는 '여자의 몸통'만 말하지만 한국어는 '생물체의 몸통 부분'을 말하는데 지금 '비행기의 동체'로까지 말한다. 洗手 : 중국어에서는 '손을 씻다'는 뜻이지만 한국어는 '낯, 손까지 포함하여 씻다'를 말한다. (4) 한자어에서 가리키는 대상의 의미가 전이되었다. 不請客 : 중국어에서는 '손님을 청하지 않는다.'는 말이지만 한국어는 '청하지 않은 손님'을 말한다. 結局 : 중국어에서는 '일의 끝장'을 말하지만 한국어는 부사로 쓰이면서 '결과적으로'란 뜻으로 쓰인다. (5) 한자어의 이미지가 달리 쓰이고 있다. 小子 : 중국어에서는 '놈 새끼'란 비하하는 뜻이 있지만 한국어는 없다. 作者 : 중국어에서는 '문학작품 등의 저작자'란 뜻이지만 한국어는 '위인(爲人)'의 낮춤말로도 쓰인다. (6) 한자어에 많은 동음이의어가 생겨났다. 예로 '우리 팀 리그 경기에서 3년째 연패'라고 했을 때, 이 연패가 '連敗'인지, 아니면 '連霸'인지 알기 어렵다. (7) 한자어에 고유어에

비해 동의어도 많다. 예로 '무지(無智)'와 '무지(無知)', '탐구(探究)'와 '탐구(探求)', '폭발(暴發)'과 '폭발(爆發)', '축수(祝手)'와 '축수(祝壽)' 등의 경우이다. 한국어에 한자어가 얼마나 되는 비중을 차지하는가에 대해 약간 차이를 가지고 있지만 반수 이상이 된다고 하는 데는 별 이견이 없을 것이다. 그처럼 한자어는 한국어에서 상당한 양을 차지한다. 오늘날 한국에서 중국어 붐이 일고 있는 상황에서 이미 한국어에 있는 한자어를 잘 알고 쓴다면 그만큼 중국어 어휘 습득이 쉬울 수밖에 없다. 반면에 편면적인 한국어 한자어 지식만 있고 이들이 현대 중국어에 어떻게 대응되는지 모르면 오히려 중국어공부에 방해될 뿐더러 나아가서 훌륭한 중국어를 구사하거나 표현할 수도 없게 된다. 그러므로 한국어의 한자어와 현대 중국어의 어휘비교는 아주 필요하며 또 이 방면의 전문지식이 필요하다. 지금 중국어 학습열의가 높아지면서 여러 종류의 한중사전은 육속 나오고 있지만 아직까지 체계적이고 전문적인 한중한자어비교사전은 없으며 더구나 자주 쓰이고 두 언어에서 서로 뜻이 헛갈리기 쉬운 것만 뽑은 사전은 이번이 실질적으로 처음이다. 포켓용 한중사전에는 제한된 한자 어휘와 해석의 한계가 있고 그렇다고 방대한 양의 대사전을 수시로 펼쳐볼 수도 없다. 이런 경우에 대비하여 본 사전은 상용적인 한자어 단어들을 뽑아 해석이 간단명료하면서도 쉽게 써먹을 수 있는 특점이 있다.

본 사전은 종래 사전학의 전통적 틀에서 대담하게 벗어나 철저하게 독자들을 위해 배려하기에 노력했다. 종래에는 모국어사전과 대역사전이 철저히 갈라져 있었다. 그러나 본 사전은 한자어 해석사전이면서 동시에 한중 대역사전이기도 하다. 아래에 예를 보이면 다음과 같다.

> 각골난망(刻骨難忘)[-란-] 명 〔~하다|타동사〕 刻骨铭心 kègǔmíngxīn 고마운 마음이 뼈에 새기어져 잊혀지지 아니함. ¶이 은덕, 실로 ~이로소이다. 刻骨铭心这个恩德。kègǔmíngxīnzhègeēndé.

위와 같이 한자원형, 발음, 품사 및 변화를 밝혔으며 중국어번역과 병음발음 표기, 한국어어휘해석, 한국어예문과 중국어번역과 발음표기도 넣었다. 이처럼 한 개 사전에서 여러 가지 용법과 해석을 다양하게 한 것은 새로운 시도이다. 이로써 중국어 학습자들에게 많은 편의를 제공한다. 첫째는 모르는 한자어를 찾아 볼 때 과거에 한중사전과 한국어사전을 동시에 찾아보던 것을 이젠 한 권에서 동시에 해결한다. 즉 초학자는 한중대역사전만으로도 주요한 뜻과 쓰임을 알 수 있고 좀 심도 있게 학습하려면 한국어사전해석을 보면 될 것이다. 둘째, 과거에 한중 양국에서 뜻과 의미가 달리 쓰이는 한자어가 도대체 어떤 것인지 총체적으로 밝혀 주지 않았기에 자기가 한국어에서 이미 알고 있는 한자어를 대용하면서도 맞게 쓰는지 틀린지 가늠하기 힘들었다. 그리하여 한국어식 중국어 표현을 하는 경우가 많다. 이런 오류는 중국어 실력이 상당한 학생들에게도 많이 나타난다. 본 사전을 보면 이런 것을 일목요연하게 가려내게 되어 있다. 다시 말하면 본 사전에 수록되지 않은 한자어는 필경 한중 양국에서 똑같이 쓰든가, 어느 한 언어에서 일방적으로 쓰이든가, 혹은 死語로 되는 어휘들이라 보면 되겠다.

그러므로 본 사전은 처음으로 되는 중형 한자어사전이라는 점과 동시에 한중한자어비교사전이라는 점이 한국어학습자들에게 상당한 도움이 되리라 본다. 그 밖에 한국어를 학습하는 중국 학생들에게도 도움이 되리라 본다. 본 사전의 해석은 〈우리말 큰 사전〉을 기준으로 하고 〈민중국어사전〉과 〈조선말대사전〉 및 〈한중사전〉(흑룡강조선족출판사)을 주요 참고서로 했다. 본 사전은 처음으로 되는 전업적인 한중한자어비교사전으로서 이러저러한 착오와 부족점이 많으리라 생각되면서 독자 여러분들의 끊임없는 질정을 부탁드린다.

2006년 5월

편자

일러두기

1. 표제어의 범위

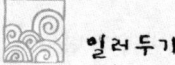

본 사전은 철저히 한국어 한자어만 표제어로 선정했다. 한자어 선정기준은 다음과 같다.

① 한중 양국에서 같이 쓰는 동형한자어를 선택한다.

② 일상적으로 자주 쓰는 한자어를 선택한다. 이미 古语, 死语, 혹은 그리 쓰지 않는 어휘는 선택하지 않았다.

③ 중한 동형한자어 가운데서 의미와 쓰임이 절대적으로 같거나 기본 같은 어휘도 선택하지 않았다.

④ 한국에서 만든 한자어일 경우는 선택하여 넣었다.

⑤ 일본어에서 차용했지만 한중 양국에서 모두 쓰이는 한자어는 위의 조건하에 맞춰 선택했다. 본 사전은 약 7500여 개의 한자어어휘들을 선정하여 한중 두 개 언어로 해석한 사전이다.

2. 표제어의 배열과 뜻 풀이

한국어 자모의 배열순서를 따랐으며 뜻 풀이는 다음의 순서로 하였다.

① 표제어	배점
② 한자표기	(配点)
③ 발음표시	[－쩜]
④ 품사분류	명
⑤ 어법해석	[~하다|자동사]
⑥ 중국어해석	打分数
⑦ 병음표기	dǎfēnshù
⑧ 한국어 뜻	점수를 배정함. 또는 그 점수.
⑨ 한국어예문	¶1문항에 2점씩 ~하다.
⑩ 중국어역문	每项打二分。měixiàngdǎèrfēn.

3. 약호

전문용어

〈건〉 건축
〈경〉 경제
〈고고〉 고고학
〈공〉 공업
〈광〉 광물
〈교〉 교육
〈군〉 군사
〈궁〉 궁중어
〈극〉 연극
〈기상〉 기상
〈논〉 논리학
〈농〉 농업
〈동〉 동물
〈문〉 문학
〈물〉 물리
〈미〉 미술
〈민〉 민속
〈법〉 법학
〈사〉 사회
〈생〉 생리학
〈속어〉 속어
〈수〉 수학
〈수리〉 수리
〈식〉 식물
〈심〉 심리학
〈악〉 음악
〈어〉 어업
〈언〉 언어
〈역〉 역사
〈연〉 연예
〈영〉 영화
〈예수·천주〉 예수교, 천주교
〈의〉 의학
〈윤〉 윤리
〈인〉 인쇄
〈전〉 전기
〈종〉 종교
〈지〉 지리
〈천〉 천문
〈철〉 철학
〈체〉 체육
〈컴〉 컴퓨터
〈토〉 토목
〈한의〉 한의학
〈항〉 항공
〈화〉 화학

기호

( )	한자표기
[ ]	발음표시
〔 〕	어법해석
§	줄임말
→	가리키는 말 또는 그 뜻을 강조하는 말
=	같은 말
※	비슷한 말 또는 연관되는 말
↔	뜻이 반대되는 말
¶	예문
~	용례에서 해당 표제어 생략

품사

명사	명
의존명사	의
인칭대명사	인
수사	수
자동사	자
타동사	타
형용사	형
관형사	관
부사	부
감탄사	감

ㄱ

가계(家系) 명 ① 家谱 jiāpǔ. ② 家世 jiā shì. ③ 谱系 pǔxì (조상으로부터 후손으로 이어져 내려오는) 한 집안.

가관(可觀) 명 ① 值得看 zhídékàn 볼 만함. ¶철마다 설악산 경치야 참으로 ~이다. 雪岳山的景色，虽然季节不同，还是值得看。xuěyuèshāndejǐngsèsuīránjìjiébù tóngháishìzhídékàn. ② 够瞧的 gòuqiáo de 남의 언행이나 어떤 상태를 꼴같지 않아서 비웃는 말.

가급적(可及的) 명부 ① 尽可能 jìnkě néng 될 수 있는 대로인 것. ¶~으로 빨리. 尽可能快点人。jìnkěnéngkuàidiǎnér. ② 尽量 jìnliàng 될 수 있는 대로 또는 되도록. ¶~ 빨리 돌아오시오. 尽量快点来。jìnliàngkuàidiǎnlái.

가담(加擔) 명 〔~하다|자동사〕 ① 加入 jiārù. ② 参与 cānyù 같은 편이 되어 힘을 도움.

가동(可動) 명 ① 运行 yùnxíng. ② 运转 yùnzhuǎn 움직일 수 있음.

가동성(可動性)[-썽] 명 ① 可变性 kě biànxìng. ② 运转的性能 yùnzhuǎndexìn gnéng 움직이거나 옮길 수 있는 성질.

가량(假量) 명 〔~하다|타동사〕〔접미사〕 ① 左右 zuǒyòu=어림짐작. ② 上下 shàngxià 셈씨나 수량과 관계되는 이름씨 뒤에 쓰이어, '쯤'의 뜻을 나타내는 말. ¶다섯 ~. 五岁左右。wǔsuìzuǒyòu.

가령(假令) 부 即使 jíshǐ 设或 shèhuò 가정하여 말하자면. ¶~, 지금 통일이 되었다고 하자. 即使现在实现统一。jíshǐxiàn zàishíxiàntǒngyī=가사, 가약. ※이를테면.

가로등(街路燈) 명 路灯 lùdēng 거리등.

가로수(街路樹) 명 林荫树 línyīnshù 길을 따라 줄지어 심은 나무.

가문(家門) 명 家世 jiāshì 집안과 문중의 사회적 지위. ¶~를 더럽히다. 败坏家门。bàihuàijiāmén. ※문벌.

가봉(假縫) 명 〔~하다|타동사〕 试缝 shì féng 양복을 완전히 만들기 전에 몸에 잘 맞는지 입어 보기 위하여 임시로 듬성듬성 시쳐 놓는 바느질 또는 그 옷. 시침바느질.

가식(假飾) 명 〔~하다|타동사〕 假装 jiǎ zhuāng 말이나 행동을 거짓으로 꾸밈. ¶~ 없이 말하다. 说得没有假装。shuōdé méiyǒujiǎzhuāng.

가작(佳作) 명 ① 佳作 jiāzuò 꽤 잘된 작품=가편. ② 二等奖 èrděngjiǎng 당선에는 들지 못하나 꽤 잘된 것으로 평가된 작품.

가출옥(假出獄) 명 〔~하다|자동사〕 假释 jiǎshì 임시출옥=가출소.

가친(家親) 명 对别人称自己的父亲 duì biérénchēngzìjǐdefùqīn 남에게 '자기의 아버지'를 낮추어 일컫는 말=가군, 가부. ※가대인, 가엄, 엄군, 엄친.

가택수사(家宅搜索) 명 搜查住宅 sōuchá zhùzhái 〈법〉=가택수색. 법관, 검사, 경찰관 들이 형사피고인이나 피의자의 집을 강제로 뒤지는 일.

각고정려(刻苦精勵)[-녀] 명 刻苦耐劳 kèkǔnàiláo 무척 애를 쓰면서 정성을 들임.

각골난망(刻骨難忘)[-란-] 명 〔~하다|타동사〕 刻骨铭心 kègǔmíngxīn 고마운 마음이 뼈에 새기어져 잊혀지지 아니함. ¶이 은덕, 실로 ~이로소이다. 刻骨铭心这个恩德。kègǔmíngxīnzhègeēndé.

각등(角燈) 명 框灯 kuàngdēng=모등.

각반(脚絆) 명 绑腿 bǎngtuǐ→행전.

각사탕(角砂糖) 명 方糖 fāngtáng=모사탕.

각색(脚色) 명 〔~하다|타동사〕 改编 gǎi biān 소설, 서사시, 전설 따위를 각본으로 고쳐 씀=각본화.

각서(覺書) 명 ① 照会 zhàohuì 기억하려고 적어 두는 문서=약절. ② 备忘录 bèiwànglù 〈정〉 조약에 덧붙여 그 해석, 보충할 것을 정하고, 예외 조건을 붙이거나 자기 나라의 희망, 의견을 적어 두는 외교문서.

각화증(角化症)[가콰쯩] 명 〈의〉 硬化症 yìnghuàzhèng→각홧증 살갗이 각질처럼 단단하게 굳어지는 현상, 손바닥의 못 같은 것=각질증식증.

간과(看過) 명 〔~하다|타동사〕 ① 置之不理 zhìzhībùlǐ 대충 보기만 하고 내버려 둠. ② 看漏 kànlòu 대강 보아 빠뜨리고 넘어감.

간작(間作) 명 〔~하다|자동사・타동사〕 套种 tàozhòng 〈농〉=사이짓기

간주(看做) 명 〔~하다|자동사〕 当做 dàng zuò 그렇다고 봄(침).

간택(揀擇) 명 〔~하다|타동사〕 ① 宫中挑选 gōngzhōngtiāoxuǎn 임금의 아내나 며느리나 사윗감을 고름. ② 特选 tèxuǎn 여럿 가운데서 특별히 가림=간선.

간판(看板) 명 ① 牌子 páizi 기업체, 관청, 가게 따위의 이름이나 영업 종목 같은 것을 적어서 여러 사람의 눈에 잘 띄는 곳에 걸거나 세우는 물건=보람판. ② 标志 biāozhì 무엇을 대표할 만한 사람이나 사물. ③ 外貌 wàimào 남의 눈에 뜨이는 겉모습. ④ 外表 wàibiǎo 겉치레로 내세우는 명분이나 자격.

간행(刊行) 명 〔~하다|타동사〕 ① 发行 fāxíng 인쇄하여 펴냄=간각. ② 出版 chūbǎn 간출, 발간, 쇄행, 인행 ※발행.

간호(看護) 명 [~하다|타동사] 护理 hùlǐ 앓는 사람이나 다친 사람을 보살펴 돌보아 줌. ¶딸의 정성어린 ~로 어머니의 병환은 마침내 다 나았다. 由于女儿的精心护理母亲的病痊愈了。yóuyúnǚérdejīngxīnhùlǐmǔqīndebìngquányùle. ※병구완.

갈수기(渴水期)[-쑤-] 명 枯水期 kūshuǐqī 한 해 가운데 강물 따위의 흐르는 물이 가장 적어지는 시기.

갈증(渴症)[-쯩] 명 渴 kě 목이 말라 물이 먹고 싶은 느낌. ¶~이 심하다. 太渴了。tàikěle.

감가상각(減价償却)[-까-] 명 〈경〉 折旧 zhéjiù 고정자산이 시간이 지나면서 낡거나 닳아서 값이 떨어지는 것을 각 연도에 나누어 셈하는 일. §상각=원가소각.

감기(感氣) 명 感冒 gǎnmào 기침, 콧물, 두통이 생기는 병=고뿔.

감당(堪當) 명 [~하다|타동사] 担当 dāndāng 맡아서 능히 해냄. ※담당.

감득(感得) 명 [~하다|타동사] ① 体会 tǐhuì 느끼어 깨달아 앎. ② 领悟 lǐngwù 영감으로 깨달아 앎.

감복(感服) 명 [~하다|자동사] 佩服 pèifú 감동하여 탄복함.

감사(監事) 명 ① 业务主管 yèwùzhǔguǎn 단체의 서무에 관한 일을 맡아보는 직책. ② 审计 shěnjì 〈법〉 법인의 재산이나 업무를 감독·검사하는 사람.

감색(紺色) 명 ① 天青色 tiānqīngsè=반물. ② 藏青色 zàngqīngsè 짙푸른 빛에 자줏빛을 띤 빛깔.

감수(監修) 명 [~하다|타동사] 编审 biānshěn 저술이나 편집하는 일을 감독, 지도함.

감식(鑒識) 명 [~하다|타동사] 鉴别 jiànbié 사물을 보고 참인지 거짓인지를 알아냄. 또는 그것을 알아내는 식견. ¶골동품 ~. 鉴别古董。jiànbiégǔdǒng=식감.

감안(堪案) 명 [~하다|타동사] 斟酌 zhēnzhuó 살피어 생각함. ※참작.

감언이설(甘言利說)[-니-] 명 甜言蜜语 tiányánmìyǔ 남의 비위에 맞도록 꾸민 말과 이로운 조건을 내세워 꾀는 말. ¶~에 속다. 被甜言蜜语骗了。bèitiányánmìyǔpiànle.

감전(感電) 명 [~하다|자동사] 触电 chùdiàn 전기에 감응함.

감정도착(感情倒錯) 명 感情颠倒 gǎnqíngdiāndǎo 〈심〉 감정이 보통 때나 또는 보통 사람과 다른 상태에 있는 일. 이를테면, 불쾌감을 느껴야 할 경우에 쾌감을 느끼는 일 따위.

감주(甘酒) 명 ① 甜酒 tiánjiǔ=단술. ② 马格里酒 mǎgélǐjiǔ→막걸리 <함북>→식해.

감지덕지(感之德之) 부 [~하다|타동사] 感恩戴德 gǎnēndàidé 분수에 넘치는 듯싶어 아주 고맙게 여기는 모양.

감찰(鑒札) 명 执照 zhízhào 일정한 영업이나 행위를 허가한 표시로 관청에서 내어주는 증표.

감축(減縮) 명 [~하다|자동사·타동사] ① 减少 jiǎnshǎo 덜리어 줄어짐=축감. ② 缩减 suōjiǎn 덜어서 줄임. ¶인원 ~. 缩减人员。suōjiǎnrényuán=축감.

감축(感祝) 명 [~하다|타동사] ① 祝贺 zhùhè 감사하여 축하함. ② 庆贺 qìnghè 경사를 축하함. ¶장관으로 임명되셨다니 ~하옵니다. 祝贺您被任命为长官。zhùhènínbèirènmìngwéizhǎngguān.

갑남을녀(甲男乙女)[감-려] 명 张三李四 zhāngsānlǐsì '갑이라는 남자와 을이라는 여자'의 뜻으로, '그저 평범한 사람들'이라는 말=필부필부.

갑부(甲富) 명 豪富 háofù 첫째가는 부자=수부, 일부.

갑철판(甲鐵板) 명 装甲板 zhuāngjiǎbǎn 〈군〉 군함, 포대, 포탑 따위의 겉에 덧싸는 아주 단단한 강철판.

갑철함(甲鐵艦) 명 装甲舰 zhuāngjiǎjiàn 〈군〉 갑철판으로 겉을 덧싼 군함=철함.

강건(康健) 형 [여 불규칙] 强壮 qiáng zhuàng 윗사람의 근력이 탈이 없고 튼튼하다.

강구(講究) 명 [~하다|타동사] 谋划 móu huà 좋은 방책을 찾아 내도록 연구함.

강단(剛斷) 명 ① 决策能力 juécènénglì 어떤 일을 야무지게 결정하고 처리하는 힘. ② 坚韧不拔的意志 jiānrènbùbádeyì zhì 질기고 끈덕지게 어려움을 견디어 나가는 힘.

강당(講堂) 명 礼堂 lǐtáng 강의나 의식 따위를 행하는 큰 방.

강독(講讀) 명 [~하다|타동사] 阅读 yuè dú 뜻을 밝혀 가며 글을 읽음. 또는 그러한 학과목. ¶현대 문학 ~. 阅读现代文学。yuèdúxiàndàiwénxué.

강력범(强力犯)[-녁-] 명 凶犯 xiōng fàn 살인·강도·강간·상해 들과 같이, 폭행·협박을 수단으로 하는 범죄나 범인. ¶~ 단속. 逮捕凶犯。dàibǔxiōngfàn =폭력범.

강모(剛毛) 명 ① 硬毛 yìngmáo=거센털 ↔연모. ② 植物的刺 zhíwùdecì 〈식〉 식물체에서 겉질세포가 변하여 생긴 빳빳하고 끝이 뾰족한 털.

강박관념(强迫觀念) 명 〈심〉 顽固思想 wán gùsīxiǎng 스스로 눌러 없애려 해도 자꾸 떠올라 맴도는 생각.

강박상태(强迫狀態) 명 〈심〉 传统观念 chuántǒngguānniàn 어떤 불쾌한 생각이나 불안한 감정 따위가 의식 속에 자꾸 떠올라 아무리 해도 떨쳐 버릴 수 없는 상태. 강박관념, 공포증 따위=강박현상.

강사(講士) 명 讲演者 jiǎngyǎnzhě 강연회의 연사. ¶~가 등단하다. 讲演者上台了。jiǎngyǎnzhěshàngtáile.

강심장(强心臟) 명 ① 胆大 dǎndà '매우 담찬 마음이나 사람'의 비유. ② 无耻 wúchǐ '철면피한 마음이나 사람'의 비유.

강염기(强鹽基)[-념-] 명 氯和氨的化合物 lǜhédàndehuàhéwù 〈화〉 전리도가 크고 수산 이온을 많이 내는 염기. 가성소다, 가성칼륨 따위=강알칼리↔약염기.

강요(强要) 명 〔~하다|자동사·타동사〕 强加 qiángjiā 억지로 요구함=강구.

강점(强點)[-쩜] 명 长处 chángchù→센점.

강주정(薑酒酊) 명 〔~하다|자동사〕 假装撒酒疯 jiǎzhuāngsǎjiǔfēng 억지로 취한 체 하고 하는 주정=건주정.

강타(强打) 명 〔~하다|타동사〕 猛打 měngdǎ 세게 침.

강판(薑板) 명 擦菜板 cācàibǎn 새앙, 무, 사과 들을 갈아서 즙을 내는 데 쓰는 기구. 쇠붙이나 사기 바닥에 톱니 같은 것이나 모래알 같은 것이 도톨도톨 나 있다.

강하(降下) 명 〔~하다|자동사·타동사〕 ① 下降 xiàjiàng 공중에서 아래쪽으로 내림. ¶낙하산 ~훈련. 训练跳伞。xùnliàntiàosǎn=하강. ② 降下来 jiàngxiàlái 기온 따위가 내림. ¶기온 ~. 气温下降。qìwēnxiàjiàng=하강.

개간(改刊) 명 〔~하다|타동사〕 重刊 chóngkān 원판을 고치어 간행함.

개교(開校) 명 〔~하다|자동사〕 建校 jiànxiào 새로 세운 학교에서 처음으로 학교 일을 시작함. ¶그 학교가 ~된 지 어언 반세기가 지났다. 那一所学校已经有建校半个世纪历史。nàyīsuǒxuéxiàoyǐjīngyǒujiànxiàobàngeshìjìlìshǐ.

개기일식(皆旣日蝕)[-씩] 명 〈천〉 全日蚀 quánrìshí 달이 해를 아주 가리어 보이지 아니 하게 되는 현상. ※부분일식.

개비(改備) 명 〔~하다|타동사〕 替换 tìhuàn 갈아내고 다시 장만함.

개선가(凱旋歌) 명 凯歌 kǎigē 싸움에서 이기고 돌아올 때에 부르는 노래. ¶승리의 ~. 胜利的凯歌。shènglìdekǎigē. §개가.

개수(改修) 명 〔~하다|타동사〕 ① 修改 xiūgǎi 글을 고치어 바로잡음. ② 改建 gǎijiàn 길, 둑, 집 따위를 고치어 닦거나 지음.

개시(開市) 명 〔~하다|자동사〕 ① 开市 kāishì 저자를 열어 매매를 시작함. ② 开张 kāizhāng 장사를 시작한 뒤, 또는 하루 안에 처음으로 물건을 팜. ③ 开店 kāidiàn=개점.

개신(開申) 명 〔~하다|타동사〕 ① 申明 shēnmíng 내용이나 사정을 밝혀 말함. ② 报告 bàogào 자기가 한 일을 감독자나 웃어른에게 보고함.

개심(改心) 명 〔~하다|자동사〕 洗心革面 xǐxīngémiàn 잘못된 마음을 고침.

개조(開祖) 명 ① 鼻祖 bízǔ 〈불〉 '개종조'

의 준말. ② 开山祖师 kāishānzǔshī '개산 조사'의 준말.

개종(改宗) 명 〔~하다|자동사〕 改信宗教 gǎixìnzōngjiào 한 종교에 대한 믿음을 그만두고 다른 종교를 믿음=개교.

개중(個中) 명 其中 qízhōng 여럿 있는 그 가운데. ¶축하객들이 많이 왔었는데, ~에는 모모한 인사도 있었다. 来了许多贵宾, 其中也有有名的人士。 láilexǔduōguìbīn qízhōngyěyǒuyǒumíngderénshì.

개찰원(改札員) 명 检验员 jiǎnyànyuán 차표나 입장권 따위를 어귀에서 조사하는 사람. ※개표원, 집찰원.

개척자(開拓者) 명 ① 拓荒者 tuòhuāngzhě 황무지를 일구어 농사지을 땅을 넓힘 사람. ② 开拓者 kāituòzhě 새로운 부문의 일을 처음으로 시작하여 길을 닦은 사람. ¶신문학의 ~. 新文学的开拓者。 xīnwénxuédekāituòzhě.

개천(開川) 명 ① 水沟 shuǐgōu 개골창 물이 흘러 나가도록 골이 지게 길게 판 내=구독, 굴강. ② 小溪 xiǎoxī=내.

개천절(開天節) 명 韩国开国节 hánguó kāiguójié 한국의 건국을 기념하는 국경일. 10월 3일이다.

개최(開催) 명 〔~하다|타동사〕 主办 zhǔbàn 회의나 모임 들을 주최하여 엶. ¶1988년 서울에서 세계 올림픽 경기를 ~했다. 1988年在汉城主办了奥运会。 yījiǔbābāniánzàihànchéngzhǔbànleàoyùnhuì.

개축(改築) 명 〔~하다|타동사〕 改建 gǎijiàn 고치어 다시 세우거나 쌓음.

개폐교(開閉橋)[-폐-] 명 开合桥 kāihéqiáo=여닫다리. 가동교.

개헌(改憲) 명 〔~하다|타동사〕 改定宪法 gǎidìngxiànfǎ 헌법을 고침.

객담(客談) 명 〔~하다|자동사〕 无聊的话 wúliáodehuà 객적은 말=객론.

객담(喀痰) 명 〔~하다|자동사〕 ① 吐痰 tǔtán 가래를 뱉음=각담. ② 吐的痰 tǔde tán 뱉은 가래=각담.

객석(客席) 명 客位 kèwèi 손님 자리=객위. 客座 kèzuò 객좌.

객식구(客食口) 명 寄居人 jìjūrén=군식구.

객실(客室) 명 ① 客室 kèshì=손님방↔내실. ② 客舱 kècāng 배, 비행기 따위에서 손님이 타는 칸=여객실.

객원(客員) 명 ① 特约人员 tèyuērényuán 일에 직접 책임이 없이 참석한 사람. ② 特聘人员 tèpìnrényuán 어떤 기관에서 손님으로 대우를 받으며 일을 보아주는 사람. ¶~ 교수. 特聘教授。 tèpìnjiàoshòu.

객원교수 명 (客员教授) 客座教授 kèzuò jiàoshòu 초빙(招聘) 교수.

객지(客地) 명 外乡 wàixiāng=타향. ¶~ 생활. 他乡生活。 tāxiāngshēnghuó.

갱구(坑口) 명 坑道口 kēngdàokǒu 〈광〉 굿의 어귀.

갱년기장애(更年期障碍) 명 〈생〉 更年期

征候 gēngniánqīzhēnghòu 갱년기에 일어나는 건강상의 장애.

갱부(坑夫) 명 井下工人 jǐngxiàgōngrén 〈광〉 광산의 채굴 작업에 종사하는 인부=굿일꾼. ※광부

갱사(坑舍) 명 矿舍 kuàngshě 〈광〉=굿막.

갱지(更紙) 명 印刷纸 yìnshuāzhǐ 신문용지 따위로 쓰는, 품질이 낮은 서양식의 종이=백로지.

거간(居間) 명 〔~하다|자동사〕 ① 中介 zhōngjiè 흥정을 붙임=거매. ※중개. ② 经纪人 jīngjìrén=거간꾼.

거래(去來) 명 〔~하다|타동사〕 交易 jiāoyì 상인끼리 또는 상인과 손님 사이에 재화나 서비스를 사고파는 일. ¶~를 트다. 作交易。zuòjiāoyì. 은행 ~. 银行交易。yín hángjiāoyì.

거류민(居留民) 명 侨民 qiáomín 남의 나라 영토 안에 머물러 사는 백성=재류민.

거류지(居留地) 명 侨居地 qiáojūdì 〈법〉 나라에서 지정하여, 외국인이 거주나 영업하도록 한 지역. 정도와 성질의 차이는 있지만, 조약이나 관행으로 치외법권이 인정되기도 한다.

거부(拒否) 명 〔~하다|타동사〕 拒绝 jùjué 거절하여 부인함.

거수가결(擧手可決) 명 举手表决 jǔshǒu biǎojué 회의에서, 투표 대신에 손을 들어 가부를 결정함.

거수기(擧手機) 명 表决机器 biǎojuéjīqì 회의에서 가부 결정을 할 때, 제 주견이 없이 남이 시키는 대로 손을 드는 사람을 비웃는 말=거수기계.

거시(巨視) 명 宏观 hóngguān 어떤 대상을 드러나는 전체적 구조로 크게 보는. ¶~ 안목. 宏观眼光。hóngguānyǎnguāng ↔미시적.

거역(拒逆) 명 〔~하다|자동사・타동사〕 抗拒 kàngjù 윗사람의 뜻이나 명령 따위를 항거하여 거스름.

거처(據置) 명 〔~하다|자동사〕 ① 住所 zhùsuǒ 있는 곳=거소. ② 居住 jūzhù 일정한 집이나 방에 자리를 잡고 기거함.

건달(乾達) 명 ① 游手好闲 yóushǒu hàoxián 하는 일 없이 건들거리고 돌아다니는 짓=날탕. ② 闲散的人 xiánsǎn derén하는 일 없이 건들거리고 돌아다니는 사람=날탕. ③ 流氓 liúmáng 아무런 실속이나 가진 것도 없이 난봉이나 부리고 다니는 사람=날탕.

건목(乾木) 명 干木 gānmù 베어서 말린 재목.

건식(健食) 명 善食 shànshí=대식.

건실(健實) 형 〔여 불규칙〕 ① 健全, 诚实 jiànquán chéngshí 건전하고 성실하다. ② 健康 jiànkāng 건강하고 실하다.

건의안(建議案)[−의−/−이−] 명 提案 tíàn 건의하는 안.

건투(健鬪) 명 〔~하다|자동사〕 勇敢战

斗 yǒnggǎnzhàndòu 씩씩하게 잘 싸움. ¶~를 빌다. 祈望你勇敢战斗。qíwàngnǐyǒng gǎnzhàndòu.

걸신(乞神)[-씬] 명 馋嘴 chánzuǐ 굶주리어 음식을 구하는 탐욕.

걸인(乞人) 명 乞丐 qǐgài=거지.

걸인(傑人) 명 豪杰 háojié 잘난 사람. ※걸물.

검사(檢事) 명 检察 jiǎnchá 〈법〉 죄인을 기소하고 재판상 의견을 진술하여 법률 적용을 청구하는 국가공무원.

검산(檢算) 명 〔~하다|자동사·타동사〕 验算 yànsuàn 계산이 맞고 틀림을 검사함=시산 험산.

검속(檢束) 명 〔~하다|타동사〕 拘留 jūliú 〈법〉 사회의 안녕과 질서를 해롭게 하거나 위반할 혐의가 있는 사람을 경찰에서 잠시 구속하여 둠.

검수(檢收) 명 〔~하다|타동사〕 验收 yàn shōu 검사하여 받음.

검안(檢眼) 명 〔~하다|자동사〕 检查眼睛 jiǎncháyǎnjīng 눈을 검사함.

검약(儉約) 명 〔~하다|타동사〕 节约 ji éyuē 검소하게 절약함=과약.

검열(檢閱)[-녈/거멸] 명 〔~하다|타동사〕 检查 jiǎnchá 살피어 검사함. ¶위생 ~. ~을 받다. 接受卫生检查。jiēshòuwèi shēngjiǎnchá.

검인(檢印) 명 验讫章 yànqìzhāng 서류나 물건을 검사한 표로 찍는 도장. ¶~을 찍다. 盖了验讫章。gàileyànqìzhāng.

검인정(檢認定) 명 〔~하다|타동사〕 教材的检查认定 jiàocáidejiǎnchárèndìng 교과서의 검정과 인정. §검인.

검인정필(檢認定畢) 명 检认完毕 jiǎnrèn wánbì 검인정을 마침.

검인증(檢認證)[-쯩] 명 检验证 jiǎnyàn zhèng 일정한 서류나 물건에 대하여 검사를 마친 표로서 주는 증명.

검전기(檢電器) 명 验电器 yàndiànqì 전기를 띠고 있는가 없는가를 검사하는 기구=험전기. ※검류계.

검정(檢定) 명 〔~하다|타동사〕 ① 审定 shěndìng 어떠한 일에 자격이 있나 없나, 또는 조건이 맞나 안 맞나를 검사하여 결정함. ¶교과서 ~. 审定教材。shěn dìngjiàocái. ② 验定考试 yàndìngkǎoshì '검정시험'의 준말. ③ 假设验定 jiǎshèyàn dìng 〈수〉 '가설검정'의 기준말.

검정증(檢定證)[-쯩] 명 审查合格证 shěn cháhégézhèng 검정에 합격했음을 밝힌 증서나 증표.

검정필(檢定畢) 명 验定完毕 yàndìng wánbì 검정을 마침.

검정필주(檢定畢株) 명 批准发行的股票 pī zhǔnfāxíngdegǔpiào 검정을 마친 주가.

검정합격증(檢定合格證) 명 检验合格证 jiǎnyànhégézhèng 검정을 마친 합격증서.

검출(檢出) 명 〔~하다|타동사〕 ① 检查出来 jiǎncháchūlái 검사하여 냄. ② 检查

发现 jiǎncháfāxiàn 〈화〉 주로, 화학분석에서 시료 속의 어떤 원소나 이온 화합물의 있고 없음을 알아냄.

겁기(刦氣) 명 ① 险山的恶气 xiǎnshāngdeèqì 험한 산의 트이지 못하고 무시무시한 기운. ② 怯色 qièsè 궁한 사람의 얼굴에 드러나는 언짢은 기운.

겁탈(刦奪) 명 [~하다|타동사] ① 掠夺 luèduó 남의 물건을 으르대거나 폭력을 써서 빼앗음=겁략. ② 强奸 qiángjiān=강간.

게시(揭示) 명 [~하다|타동사] 布告 bùgào 내걸어 보임. ¶~ 내용. 布告内容。bùgàonèiróng.

게재(揭載) 명 [~하다|타동사] 刊登 kāndēng 글, 그림 들을 신문이나 잡지 따위에 실음=등재.

격론(激論)[경논] 명 [~하다|자동사] 争论 zhēnglùn 격렬한 논쟁.

격무(激務)[경-] 명 繁重工作 fánzhònggōngzuò 몹시 바쁘고 고된 직무, 극무(剧务). ¶~에 시달리다. 忙于繁重工作。māngyúfánzhònggōngzuò.

격변(激變) 명 [~하다|자동사] 突变 tūbiàn→격변. ¶~하는 국제정세. 突变的国际形势。tūbiàndeguójìxíngshì=극변하다.

격상(格上) 명 [~하다|타동사] 升格 shēnggé 격을 높임↔격하.

격식(格式) 명 ① 礼节 lǐjié 격에 맞는 일정한 방식. ¶~을 갖추다. 有礼节。yǒulǐjié. ② 规格 guīgé=격. ※사부주.

격심(激甚) 형 [여 불규칙] 厉害 lìhài 몹시 심하다. ¶~한 추위와 배고픔. 厉害的饥寒交迫。lìhàidejīhánjiāopò.

격차(隔差) 명 差异 chāyì 서로 다른 정도. ¶빈부의 ~를 좁히다. 缩减贫富差异。suōjiǎnpínfùchāyì.

격찬(激贊) 명 [~하다|타동] 极赞扬 jízànyáng 매우 기림=격상.

격추(擊墜) 명 [~하다|타동사] 击落 jīluò 비행기나 비행선 따위를 쏘아 떨어뜨림.

격통(激痛) 명 剧痛 jùtòng 심한 아픔.

격투(激鬪) 명 [~하다|자동사] 搏斗 bódòu 세차게 싸움.

견본(見本) 명 样本 yàngběn=본보기.

견습(見習) 명 [~하다|타동사] 实习 shíxí →수습

견적(見積) 명 [~하다|타동사] 估价 gūjià →추산.

견지(見地) 명 观点 guāndiǎn 어떤 사물을 대하여 보는 처지. ¶민족적인 ~에서 보다. 站在民族主义立场上看。zhànzàimínzúzhǔyìlìchǎngshàngkàn.

견학(見學) 명 [~하다|타동사] 参观学习 cānguānxuéxí 보고 배움. ¶식물원 ~. 参观植物园。cānguānzhíwùyúan.

결가부좌(結跏趺坐) 명 [~하다|자동사] 〈불〉 盘腿儿坐 pántuǐérzuò 〈불〉=책상다

리. §가좌, 결가, 부좌. ※반가부좌.

결강(缺講) 명 〔~하다|자동사〕 缺课 quēkè 강의를 거름. ※휴강.

결격(缺格)[—껵] 명 〔~하다|자동사〕 缺资格 quēzīgé 자격을 못 갖춤. ※결격사유.

결례(缺禮) 명 〔~하다|자동사〕 失礼 shīlǐ 예를 갖추지 못함. ¶~를 용서하십시오. 请允许我失礼。qǐngyǔnxǔwǒshīlǐ.

결말(結末) 명 结果 jiéguǒ=끝장.

결박(結縛) 명 〔~하다|타동사〕 ① 绑 bǎng 묶음=계박. ② 拘束 jūshù 어떤 사물을 자유롭지 않게 얽어 구속함=계박.

결번(缺番) 명 〔~하다|자동사〕 ① 缺勤 quēqín 번을 거름. ② 缺的番号 quēdefānhào 거른 번. ③ 缺番号 quēfānhào 번호를 거름. ④ 缺号 quēhào 거른 번호.

결부(結付) 명 〔~하다|타동사〕 结合 jiéhé 끌어 붙임.

결사(決死)[—싸] 명 〔~하다|자동사〕 誓死 shìsǐ 죽기를 각오하고 결심함.

결산보고(決算報告)[—싼—] 报账 bàozhàng 〈경〉 결산에 의하여 밝혀진 그 영업기에서의 영업의 개황, 재정 상태 들을 주주, 채권자 또는 일반 사회에 보고하는 일.

결석재판(缺席裁判)[—썩—] 缺席审判 quēxíshěnpàn 〈법〉 결석판결을 행하는 재판.

결선(決選)[—썬] 명 〔~하다|타동사〕 决定当选人的选举 juédìngdāngxuǎnréndexuǎnjǔ 선거의 결과 당선자가 나오지 아니할 때, 당선자를 결정하기 위하여 후보자 가운데 표를 많이 얻은 두 사람 이상을 대상으로 행하는 선거.

결손가정(缺損家庭)[—쏜—] 명 无父或无母家庭 wúfùhuòwúmǔjiātíng 〈사〉 부모의 한쪽 또는 양쪽이 죽거나, 이혼하거나, 따로 살아서 미성년인 자녀를 제대로 돌보지 못하는 가족.

결손금(缺損金)[—쏜—] 명 亏损金 kuīsǔnjīn 〈경〉 일정한 기간에 수입보다도 지출이 많아서 생긴 손실의 금액.

결승선(決勝線)[—씅—] 명 终点线 zhōngdiǎnxiàn 〈체〉 달리기 경기의 결승점에 그은 선.

결승점(決勝點)[—씅쩜] 명 终点 zhōngdiǎn 〈체〉 달리기나 수영경기에서 마지막 승부를 결정하는 지점. ¶~이 얼마 남지 않았다. 快到终点啦。kuàidàozhōngdiǎnla.

결식(缺食)[—씩] 명 〔~하다|자동사〕 饿肚子 èdùzi 끼니를 거름. ¶~ 아동. 饿肚子的孩子。èdùzidehàizi=궐식.

결여(缺如) 명 〔~하다|타동사〕 缺乏 quēfá 있어야 할 것이 없거나 모자람=결언, 궐언, 궐여.

결연(決然) 형 〔여 불규칙〕 毅然决然 yìránjuérán 결정적인 태도로=결연.

결원(缺員) 명 〔~하다|자동사〕 空额 kòngé 정한 인원에 차지 아니하고 빔.

또는 그 비는 인원. ¶~ 보충. 补充空额。bǔchōngkòngé=궐원, 흠원.

결재(決裁)[—째] 명 〔~하다|타동사〕 裁决 cáijué 책임 있는 윗사람이 부하가 제출한 안건을 허가하거나 승인함. ¶~가 나다. 有了裁决 yǒulecáijué。

결집(結集)[—찝] 명 〔~하다|자동사·타동사〕 ① 集结 jíjié 한데 모이어 뭉침. 聚集在一起 jùjízàiyìqǐ. ② 释迦牟尼经典 shìjiāmóuníjīngdiǎn 한데 모아 뭉침. ③ 〈불〉 석가모니가 돌아간 뒤에 제자들이 모여 석가모니의 언행을 적어 경전을 만든 일.

결착(決着) 명 〔~하다|자동사〕 最终落实 zuìzhōngluòshí 끝장남.

결초보은(結草報恩) 명 〔~하다|자동사〕 结草衔环 jiécǎoxiánhuán '죽은 뒤에도 은혜를 갚음'이라는 뜻으로 남의 은혜에 대하여 매우 깊이 감사할 때 쓰는 말. 중국 춘추시대에 진나라 위 과라는 사람이 아버지가 죽은 뒤에, 서모를 개가 시키어 순사하지 않게 하였더니, 그 뒤 위 과가 전쟁에 나가서 싸울 때에 그 서모의 아버지의 혼이 적군의 앞 길에 풀을 맺어 행군을 방해하여, 위 과가 적을 잡을 수 있게 하였다는 일에서 나온 말. ※꼴을 베어 신을 삼겠다→꼴.

결탁(結託) 명 〔~하다|자동사〕 勾结 gōujié 한통속이 됨=결납.

결판(決判) 명 〔~하다|자동사〕 定胜负 dìngshèngfù 시비나 승부의 최후 결정을 냄=판가리.

결항(缺航) 명 〔~하다|자동사〕 停航 tíngháng 정기적으로 다니는 항공기나 배가 운항을 거름.

결행(決行) 명 〔~하다|타동사〕 决然实行 juéránshíxíng 결단하여 실행함.

겸무(兼務) 명 〔~하다|타동사〕 ① 兼职 jiānzhí 자기의 직무 밖에 다른 직무를 겸하여 봄=겸근, 겸섭, 겸장. ② 兼任 jiānrèn 자기 직무 밖에 겸하는 직무=겸근.

겸사(謙辭) 명 〔~하다|자동사·타동사〕 谦让 qiānràng 겸손하게 사양함=겸양, 겸억.

겸손(謙遜) 명 〔~하다|형용사〕 〔~히|부사〕 谦虚 qiānxū 남에게 제 몸을 낮추어 순하게 대하는 태도가 있음=겸허, 손순.

경각(頃刻) 명 旦夕 dànxī 눈 깜빡하는 사이. 곧 아주 짧은 동안. ¶그 중환자의 생명은 ~을 다투었다. 那个重患者危在旦夕。nàgèzhònghuànzhěwēizàidànxī=경각간. ※삽시간.

경감(輕減) 명 〔~하다|타동사〕 减轻 jiǎnqīng 덜어서 가볍게 함=감경.

경계(境界)[—계/—게] 명 界限 jièxiàn 지역 따위가 나누이는 자리. ¶나라와 나라의 ~. 国与国之间的界限。guóyǔguózhījiāndejièxiàn=경경 계경, 임계.

경골한(硬骨漢) 명 硬汉子 yìnghànzǐ=강골한.

경구(經口) 명 口服 kǒufú 입을 거침. ¶~ 감염. 口服感染。kǒufúgǎnrǎn.

경기(競技) 명 [~하다|자동사] ① 比赛 bǐsài 체육 운동으로 승부를 겨룸. ② 기술의 낫고 못함을 경쟁함.

경기(驚氣)[-끼] 명 [~하다|자동사] 抽风 chōufēng 〈한의〉=경풍.

경기일정(競技日程) 명 赛程 sàichéng 〈체〉 체육 경기에서의 진행순서.

경기자(競技者) 명 运动员 yùndòngyuán 〈체〉 경기를 하고 있는 사람.

경기장(競技場) 명 体育场 tǐyùchǎng 运动场 yùndòngchǎng 경기를 할 수 있는 설비와 관람석 따위를 갖추어 놓은 곳. ¶육상 ~. 田径运动场。tiánjìngyùndòngchǎng.

경노동(輕勞動) 명 轻活儿 qīnghuóér 육체적으로 비교적 힘이 덜 드는 노동.

경단(瓊團) 명 汤圆 tāngyuán 찹쌀 가루나 차수수 가루를 반죽하여, 밤알만큼씩 동글게 빚어서 삶은 뒤에 고물을 묻힌 떡.

경대(鏡台) 명 梳妆台 shūzhuāngtái 거울을 버티어 세우고 그 아래에 화장품 같은 것을 넣는 서랍을 갖추어 만든 가구=경가, 장경, 장렴.

경도(傾度) 명 斜度 xiédù=기울기.

경도(經度) 명 月经 yuèjīng 〈생〉=월경.

경독(經讀) 명 [~하다|자동사] 〈불〉 念经 niànjīng→독경.

경동(輕動) 명 [~하다|자동사] ① 草率行动 cǎoshuàixíngdòng 가볍게 행동하다. ② 轻举妄动 qīngjǔwàngdòng '경거망동하다'의 준말.

경동지괴(傾動地塊) 명 倾斜板块 qīngxié bǎnkuài 〈지〉 단층으로 말미암아 큰 땅덩어리가 엇비슷하게 기울어지되, 한편은 급격한 단층으로 되고 다름 한편은 완만하게 기울어진 땅덩어리.

경락물(競落物)[-낭-] 명 在竞买行买到的东西 zàijìngmǎihángmǎidàodedōngxī 〈법〉 경매에서, 살 사람이 부르는 값에 팔 사람이 응하여 팔기로 결정된 물건.

경력(經曆)[-녁] 명 [~하다|자동사] ① 资历 zīlì 겪어 지내 온 여러 가지 일들=阅历 yuèlì 열력, 월력. ② 经历 jīnglì 여러 가지 일들을 겪음=열력.

경로(經路)[-노] 명 ① 历程 lìchéng 지나는 길. ② 途径 tújìng 일의 되어 가는 과정. ¶역사의 발전 ~. 历史的发展历程。lìshǐdefāzhǎnlìchéng.

경리(經理)[-니] 명 [~하다|타동사] ① 经理 jīnglǐ 경영하고 관리함. ② 会计 kuàijì 금전의 출납이나 물자의 관리 따위를 맡아보는 사무 또는 그 부서. ¶~ 장부. 会计帐。kuàijìzhàng.

경마(競馬) 명 [~하다|자동사] 赛马 sàimǎ 사람이 말을 타고 하는 경주. ¶~ 대회. 赛马大会。sàimǎdàhuì.

경묘(輕妙) 형 〔여 불규칙〕 轻盈而优美 qīngyíng éryōuměi 경쾌하고 묘하다.

경박(輕薄)[－바카－] 형 〔여 불규칙〕 轻浮 轻薄 qīngfú qīngbó '경조부박하다'의 준말. ¶~하게 행동하는 것은 포부가 작은 까닭입니다. 轻浮行为是因为理想不大。qīngfúxíngwéishìyīnwéilǐxiǎngbúdà.

경복(敬服) 명 〔~하다|자동사〕 ① 尊敬而服从 zūnjìngérfúcóng 존경하여 복종함. ② 佩服 pèifú 존경하여 탄복함.

경비원(警備員) 명 警卫 jǐngwèi 도난, 재난, 적의 침략 따위를 염려하여 미리 살펴 지키는 임무를 맡은 사람.

경비절감(經費節減) 명 节流 jiéliú 사업을 경영, 운영하거나 어떤 일에 드는 비용 드는 비용을 절약.

경사(慶事) 명 喜事 xǐshì 기쁜 일. ¶~가 나다. 有喜事。yǒuxǐshì=가경, 가사, 상경.

경사지(傾斜地) 명 斜坡地 xiépōdì=비탈땅.

경석(輕石) 명 浮石 fúshí 〈광〉=속돌.

경세제민(經世濟民) 명 〔~하다|자동사〕 治国安民 zhìguóānmín 세상을 다스리고 백성을 구제함. §경제.

경세지재(經世之才) 명 治国之才 zhìguó zhīcái 세상을 다스려 나갈 만한 재주 또는 그런 재주를 지닌 사람.

경승(景勝) 명 名胜 míngshèng=명승지.

경원(敬遠) 명 〔~하다|타동사〕 ① 疏远 shūyuǎn 멀리함=경이원지. ② 敬而远之 jìngéryuǎnzhī 공경하면서 가까이하지는 않음=경이원지.

경위(涇渭) 명 是非 shìfēi 사리의 옳고 그름이나, 이러하고 저러함의 분별. 중국 경수의 강물은 흐리고 위수의 강물은 맑아 뚜렷이 구분된다는 데서 나온 말이다. ¶~가 바르다. 分明是非。fēnmíng shìfēi=경위.

경음(鯨飮) 명 〔~하다|자동사〕 狂饮 kuángyǐn 고래가 물을 들이켜듯이 술을 많이 마심.

경조부박(輕佻浮薄) 명 〔~하다|형용사〕 轻举妄动 qīngjǔwàngdòng 마음이 침착하지 못하고 행동이 진중하지 못함. §경박, 경부, 경조=경박부허.

경주(競走) 명 〔~하다|자동사〕 赛跑 sài pǎo 〈체〉=달리기.

경직(硬直) 명 〔~하다|자동사〕 僵硬 jiāngyìng 굳어서 꼿꼿하게 됨. ※사후경직.

경진(競進) 명 〔~하다|자동사〕 争先 zhēngxiān 다투어 나아감.

경질(更迭) 명 〔~하다|타동사〕 更替 gēngtì 어떤 자리에 있는 사람을 갈아 내고 딴 사람으로 대신함. ¶장관 ~. 更替长官。gēngtìzhǎngguān=체개, 체역. ※경임.

경치(景致) 명 ① 景色 jǐngsè 산과 물 따위의 자연계의 아름다운 현상=경개. ② 景观 jǐngguān 경관. ③ 景象 jǐngxiàng

경상. ④ 景色 jǐngsè 경색. ⑤ 风光 fēng guāng 풍광. ⑥ 风物 fēngwù 풍물. ⑦ 风色 fēngsè 풍색.

경칭(敬稱) 명 〔~하다|타동사〕 尊称 zūn chēng=존칭.

경폐기(經閉期)[-폐-/-페-] 명 闭经期 bìjīngqī 〈생〉 '월경폐쇄기'의 준말.

경품(景品) 명 ① 赠品 zèngpǐn 상품을 사는 손님에게 곁들여 주는 물품. ¶~ 증정. 赠送奖品。zèngsòngjiǎngpǐn. ② 抽奖 chōujiǎng 어떤 모임에서 제비를 뽑아 선물로 주는 물품. ¶~을 타다. 领奖。lǐngjiǎng→덧거리.

경합(競合) 명 〔~하다|자동사〕 竞争 jìng zhēng→겨룸.

경호(警護) 명 〔~하다|타동사〕 护卫 hù wèi 경계하여 보호함.

계곡(溪谷)[계-/게-] 명 山谷 shāngǔ 峡谷 xiágǔ=골짜기.

계교(計巧)[계-/게-] 명 计谋 jìmóu=꽤. ¶~를 부리다. 搞阴谋。gǎoyīnmóu.

계급장(階級章)[계-/게-] 명 肩章 jiān zhāng 주로 군인, 경찰관들이, 계급을 표시하여 옷이나 모자 같은 데 다는 물건.

계단(階段)[계-/게-] 명 ① 阶梯 jiētī 楼梯 lóutī=층층대. ② 阶段 jiēduàn=계서.

계란(鷄卵)[계-/게-] 명 鸡蛋 jīdàn=달걀.

계략(計略)[계-/게-] 명 诡计 guǐjì 계책과 방략. ¶~을 꾸미다. 搞诡计。gǎo guǐjì=계모, 계의, 모략.

계류(繫留)[계-/게-] 명 〔~하다|자동사·타동사〕 ① 系留 xìliú 붙잡아 매어 놓음. ② 搁置 gēzhì 사건이나 의안들이 미결 상태로 머물러 있음.

계리(計理)[계-/게-] 명 〔~하다|타동사〕 计算整理 jìsuànzhěnglǐ 계산하여 정리함.

계보기(計步器)[계-/게-] 명 测步器 cè bùqì=걸음수재개.

계사(鷄舍)[계-/게-] 명 鸡窝 jīwō=닭의장.

계산대(計算台)[계-/게-] 명 柜台 guì tái 은행, 상점 같은 데서 계산하도록 마련한 대.

계산서(計算書)[계-/게-] 명 发票 fāpiào 계산을 밝힌 서류.

계상이익(計上利益)[계-/게-] 명 申报的利润 shēnbàodelìrùn 계산하여 넣은 이익.

계수(季嫂)[계-/게-] 명 ① 弟妹 dìmèi 아우의 아내=제수. ※형수. ② 最小弟弟的媳妇 zuìxiǎodìdìdexífù 형제가 여럿일 때, 막내아우의 아내.

계수(繼受)[계-/게-] 명 継承 jìchéng 이어받음.

계씨(季氏)[계-/게-] 명 令弟 lìngdì=아우님.

계인(契印)[계-/게-] 명 接口印 jiēkǒuy ìn=거멀도장.

계자(繼子)[계–/게–] 명 养子 yǎngzǐ=양아들.

계쟁(系爭)[계–/게–] 명 〔~하다|자동사〕 争论 zhēnglùn 〈법〉 어떤 권리에 대한 당사자 사이의 다툼.

계전(契錢)[계–/게–] 명 会金 huìjīn=곗돈.

계정(計定)[계–/게–] 명 账目 zhàngmù 〈경〉 거래되는 자산, 자본을 일정한 갈래에 따라 기록 계산하는 체제=셈갈래.

계제(階梯)[계–/게–] 명 ① 次序 cìxù 층계나 사닥다리를 밟아 나가듯이 일이 차차 되어 나가는 순서나 절차. ② 有利时机 yǒulìshíjī 무슨 일이 될 수 있도록 하는 기회나 조건.

계좌(計座)[계–/게–] 명 户头 hùtóu 〈경〉=계정자리.

계주(契主)[계–/게–] 명 会主 huìzhǔ 계를 조직하여 그 일을 맡아보는 사람.

계주(繼走)[계–/게–] 명 接力赛跑 jiēlì sàipǎo 〈체〉=이어달리기.

계천(溪川)[계–/게–] 명 小溪 xiǎoxī=시내.

계후(季候)[계–/게–] 명 季节与气候 jìjié yǔqìhòu 철과 날씨.

고가교(高架橋) 명 天桥 tiānqiáo=구름다리.

고감도(高感度) 명 超外差 chāowàichā.

고결(固結) 명 〔~하다|자동사〕 结块 jié kuài 엉기어 굳어짐.

고공품(藁工品) 명 草制品 cǎozhìpǐn 짚이나 풀줄기 따위로 만든 공예품.

고과(考課)[–꽈] 명 〔~하다|타동사〕 考核 kǎohé 근무 성적이나 공부 성적 따위를 따지어 나음과 못함을 매김=고적, 소과. ※고사, 도목정사, 전최.

고교(高校) 명 高中 gāozhōng '고등학교'의 준말.

고국(故國) 명 ① 祖国 zǔguó '고향 나라'라는 뜻으로, '자기 조국'이라는 말. ※본국. ② 故国 gùguó 역사가 오랜 나라. ③ 古代国家 gǔdàiguójiā 이미 망해 버린 옛 나라.

고담준론(高談峻論)[–줄–] 명 〔~하다|자동사〕 ① 高谈阔论 gāotánkuòlùn 고상하고 준엄한 언론=고담준언. ② 高谈峻论 gāotánjùnlùn 아무 거리낌 없이 젠체하면서 과장하여 하는 언론=고담준언.

고답(高踏) 명 〔~하다|형용사〕 超世 chāo shì 현실 생활과는 동떨어진 것을 고상한 것으로 여기는. ¶~ 태도. 超世的态度。chāoshìdetàidù.

고당(高堂) 명 ① 贵府 guìfǔ 높다랗게 지은 집. ② 高堂 gāotáng 글말로서, '남의 부모'의 높임말. ③ 贵宅 guìzhái 글말로서, '남의 집'의 높임말.

고대(苦待) 명 〔~하다|타동사〕 苦盼 kǔ pàn 몹시 기다림.

고대광실(高台廣室) 명 大门敞屋 dàmén chǎngwū 굉장히 크고 잘 지은 집.

고루(固陋) 형 〔여 불규칙〕 陈旧 chén jiù 묵은 생각이나 풍습에 젖어, 고집이 세고 변통성이 없다. ¶~한 인습. 陋习。lòuxí=완루하다. ※완고하다.

고매(高邁) 형 〔여 불규칙〕 崇高 chóng gāo 인격, 품성, 학식 들이 높고 빼어나다. ¶~한 인격. 崇高的人格。chónggāo derénggé.

고명(高名) 명 ① 大名 dàmíng '이름'의 높임말=고화, 영명, 영칭. ② 有名 yǒu míng 알려진 이름=대명.

고모부(姑母夫) 명 姑夫 gūfu 고모의 남편=고부, 고숙, 인숙. ※이모부.

고목(枯木) 명 枯树 kūshù 말라 죽은 나무=고목나무, 고사목.

고문서(古文書) 명 历史档案 lìshǐdàng àn 옛 문서.

고문헌(古文獻) 명 旧文献 jiùwénxiàn 옛 문헌.

고물(古物) 명 ① 旧货 jiùhuò 옛날 물건. ② 旧货 jiùhuò 헐거나 낡은 물건=고품. ③ 陈货 chénhuò 노물. ④ 古物 gǔwù '시대에 뒤져서 쓸모가 없게 된 사람'을 놀리는 말.

고민(苦悶) 명 〔~하다|자동사·타동사〕 苦恼 kǔnǎo 마음으로 괴로워하고 속을 태움=뇌민.

고백(告白) 명 〔~하다|자동사·타동사〕 ① 坦白 tǎnbái 숨긴 일이나 생각한 바를 사실대로 솔직하게 말함. ② 告白 gàobái 〈천주〉 참회자가 고백성사를 통해 죄를 용서받으려고 고해신부에게 지은 죄를 솔직히 말하는 일. '고명'이 바뀐 말.

고병(古兵) 명 老兵 lǎobīng 경험과 무공이 많은 병사↔신병.

고본(古本) 명 ① 古书 gǔshū=헌책. ② 古本 gǔběn 같은 책의 옛 판.

고부(告訃) 명 〔~하다|자동사〕 报丧 bào sāng 사람의 죽음을 알림. ※부고, 부문, 부음, 통부, 흉보.

고부(姑婦) 명 婆媳 póxí 시어머니와 며느리 사이. ¶~의 갈등. 婆媳之间的矛盾。póxízhījiāndemáodùn.

고분(古墳) 명 古墓 gǔmù=옛무덤. ¶신라 ~. 新罗古坟。xīnluógǔfén.

고사(固辭) 명 〔~하다|타동사〕 谢绝 xiè jué 간절히 사양함.

고생(苦生) 명 〔~하다|자동사〕 ① 吃苦 chīkǔ 어렵고 괴로운 생활 또는 그런 생활을 겪음. ② 辛苦 xīnkǔ 괴롭고 수고로운 일 또는 그런 일을 겪음. ¶객지에서 혼자 지내느라 ~이 많겠지? 在外地一个人吃了不少苦吧? zàiwàidìyígèrénchīlebù shǎokǔba.

고생문(苦生門) 명 苦命 kǔmìng 고생을 당할 운명. ¶~이 열리다. 开始有苦命了。kāishǐyǒukǔmìngle.

고소(告訴) 명 〔~하다|타동사〕 控告 kòng gào 〈법〉 범죄의 피해자가 수사기관에 범죄 사실을 알리고, 그 수사와 처리를

구하는 일=소고. ※고발.

고소공포(高所恐怖) 명 高空恐怖 gāokōng kǒngbù 〈의〉=고처공포증.

고소득(高所得) 명 高收入 gāoshōurù 많은 벌이=다소득↔저소득.

고수부지(高水敷地) 명 高水基地 gāoshuǐ jīdì →강터.

고양(高揚) 명 〔~하다|타동사〕 提高 tígāo 높이 올림.

고인(故人) 명 死者sǐzhě=옛사람 ※간이, 망인.

고자(鼓子) 명 ① 得阳痿者 déyángwěi zhě 생식기가 불완전한 사내=내관. ② 宦官 huànguān 엄인, 화자.

고적대(鼓笛隊) 명 行军乐队 xíngjūnyuè duì 〈악〉 주로 행진에서, 북과 피리들로만 이루어진 음악대.

고종사촌(姑從四寸) 명 姑表 gūbiǎo 고모의 아들이나 딸=고종. ※내종사촌.

고지(古持) 명 〔~하다|타동사〕 坚持 jiān chí 굳게 가지거나 지님.

고지(告知) 명 〔~하다|자동사·타동사〕 通告 tōnggào=알림. ¶~ 사항. 通告事项。tōnggàoshìxiàng.

고참(古參) 명 老资格 lǎozīgé →구군.

고통(苦痛) 명 痛苦 tòngkǔ 몸이나 마음의 괴로움과 아픔. ¶~을 참다. 忍受痛苦。rěnshòutòngkǔ=통고.

고평(高評) 명 批评 pīpíng '평론'의 높임말.

고하(高下) 명 ① 大小 dàxiǎo 나이의 많음과 적음. ② 高低 gāodī 지위나 등급 따위의 높음과 낮음. ③ 贵贱 guìjiàn 신분의 귀함과 천함. ④ 多少价 duōshǎojià 값의 비쌈과 쌈.

고함(高喊) 명 叫喊 jiàohǎn 크게 부르짖거나 외치는 소리. ¶떠들썩한 ~ 소리. 喧闹声。xuānnàoshēng=대함.

고혹(蠱惑) 명 〔~하다|자동사〕 迷人 mírén 아름다움이나 매력 같은 것에 홀려서 정신을 못 차림. ¶그 매력에 ~을 느끼다. 他的魅力有迷人之处。tādemèilì yǒumírénzhīchù. ※迷惑 míhuò 미혹, 현혹.

고혼(孤魂) 명 亡魂 wánghún 외로운 넋. ¶수중 ~. 水中亡魂。shuǐzhōngwánghún.

고황(苦況) 명 苦境 kǔjìng 고생스러운 정황.

곡마단(曲馬團)[곡—] 명 马戏团 mǎxìt uán 곡마와 요술과 기술 따위를 부리며 각지를 흥행하는 단체.

곡면체(曲面體)[곡—] 명 圆锥体 yuán zhuītǐ 적어도 그 겉면의 일부가 곡면으로 된 입체. 원뿔체, 구체 따위. ※다면체.

곡수(曲水) 명 湾流 wānliú 굽이굽이 휘돌아 흐르는 물.

곡예(曲藝) 명 ① 杂技 zájì 주로 사람들을 구경시키기 위하여, 묘한 기술로 부리는 여러 가지 재주. 곡마, 요술, 재주넘기, 줄타기 따위=재주놀이. ② 雕虫小技

diāochóngxiǎojì 하찮은 기술이나 재능.

곡정수(穀精水) 명 饭水 fànshuǐ=밥물.

곡주(谷酒) 명 米酒 mǐjiǔ '곡식으로 빚은 술'을 합성주에 상대하여 일컫는 말. ※합성주.

곡직(曲直) 명 ① 是非 shìfēi 사리의 맞음과 아니 맞음. ※불문곡직, 시비곡직. ② 曲直 qūzhí 굽음과 곧음.

곡차(谷茶) 명 ① 米茶 mǐchá 보리 따위의 곡식으로 끓인 차=곡다. ② 寺庙里指酒 sìmiàolǐzhǐjiǔ '술'을 가리키는 중들의 말=곡다, 현수.

곤욕(困辱) 명 极大的侮辱 jídàdewūrǔ 심한 모욕=군욕.

골격공사(骨骼工事) 명 主体结构工程 zhǔtǐjiégòugōngchéng 뼈대부분으로 되는 공사.

골몰(汨沒) 명 〔~하다|자동사〕〔~히|부사〕 埋头 máitóu 다른 생각을 할 여유가 없이 어떤 일에 오로지 파묻힘=몰두, 열중.

골자(骨子)[-짜] 명 要点 yàodiǎn 일정한 내용에서 중심을 이루는 가장 요긴한 부분. ¶~를 적다. 记录要点。jìlùyàodiǎn =강요.

골조(骨組)[-쪼] 명 〈건〉 ① 骨架 gǔjià 건물 따위의 뼈대. ¶철근 ~. 钢筋骨架。gāngjīngǔjià. ② 建筑物的结构 jiànzhùwùdejiégòu 건물 뼈대의 짜임새.

골조(骨彫)[-쪼] 명 骨雕 gǔdiāo 동물의 뼈나 상아 따위에 새긴 조각.

골판지(骨板紙) 명 卡版纸 kǎbǎnzhǐ 바닥에 골이 죽죽 지게 만든 두꺼운 종이.

골필(骨筆) 명 铁笔 tiěbǐ 먹지를 대고 복사할 때 쓰는 뼈, 쇠, 유리 따위로 만든 촉이 달린 붓.

공감(共感) 명 〔~하다|자동사〕 同感 tónggǎn 남이 느끼는 바와 같이 자기도 그러하다고 느낌. ※동감.

공거래(空去來) 명 〔~하다|자동사〕 空头交易 kōngtóujiāoyì 〈경〉=빈거래.

공격(攻擊) 명 〔~하다|타동사〕 ① 攻打 gōngdǎ 침. ② 攻击 gōngjī 옳고 그름을 따지어 쳐서 말함.

공고(工高) 명 工业高中 gōngyègāozhōng 〈교〉 '공업고등학교'의 준말.

공과(公課) 명 公税 gōngshuì 국가기관이나 공공단체가 국민에게 세금을 물리거나 일을 시키는 일.

공과금(公課金) 명 税金 shuìjīn 국가기관이나 공공단체가 국민에게 공적으로 물리는 세금, 조합비 따위의 돈.

공관장(公館長) 명 驻外机构的大使、领事等人员 zhùwàijīgòudedàshǐlǐngshìděngrényuán 외국에 나가 있는 한 나라의 대사, 공사, 영사 들을 통틀어 일컫는 말.

공관지구(公館地區) 명 市政中心区 shìzhèngzhōngxīnqū 관청(관공서)들이 들어서는 지구=공해지구.

공권(公權) 명 公民权 gōngmínquán 〈법〉

공법 관계에서 발생되는 권리. 나라, 공공단체 또는 그로부터 권리를 위임 받은 사람이 지배권자로서 국민에게 가지는 권리인 국가적 공권과, 참정권・수입권 따위와 같이 국민이 지배권자에게 가지는 개인적 공권으로 크게 나뉜다. ¶~ 박탈. 剥夺公民权。 bōduógōngmínquán↔사권. ※공의무.

공권력(公權力) 명 行使权 xíngshǐquán 〈법〉 나라나 공권단체가 통치의 주체로서 국민에게 명령, 강제하는 권력.

공금(公金) 명 公款 gōngkuǎn 국가기관이나 공공단체의 돈. ¶~ 횡령. 贪污公款。 tānwūgōngkuǎn=공전, 공화, 국전. ※관금.

공금류용(公金留用)[-뉴-] 명 挪用公款 nuóyònggōngkuǎn 공금을 사사로이 정하여진 용도 외의 곳에 돌려 씀. ¶~으로 파면되다. 因为挪用公款被罢免。 yīnwéi nuóyònggōngkuǎnbèibàmiǎn.

공금횡용(公金橫領) 명 贪污公款 tānwū gōngkuǎn 〈법〉 공금을 불법으로 개인의 소유로 함.

공급(供給) 명 〔~하다|타동사〕 ① 供应 gōngyìng 팔거나 수요에 맞추기 위하여 물품을 댐. ② 供给 gōngjǐ 〈경〉 팔기 위하여 시장에 내는 재화의 양↔수요.

공단(工團) 명 工业地区 gōngyèdìqū '공업단지'의 준말.

공단(公團) 명 公共企业机构 gōnggòng qǐyèjīgòu 특수법인의 한 가지. 한국 기술 검정 공단, 한국 원호 복지 공단, 한국 직업 훈련 관리 공단 따위.

공대(恭待) 명 〔~하다|타동사〕 ① 恭敬待人 gōngjìngdàirén 공손하게 대접함. ※존대. ② 使用尊敬体 shǐyòngzūnjìngtǐ 상대자에게 경어를 씀.

공명정대(公名正大) 형 〔여 불규칙〕 正大光明 zhèngdàguāngmíng 아주 공정하고 떳떳함=공명정당, 대공지평. ※대공지정.

공모(共謀) 명 〔~하다|타동사〕 ① 同谋 tóngmóu 주로 옳지 못한 일을 두 사람 이상이 짜고 꾀함=공동모의, 동모. ※통모. ② 同谋犯 tóngmóufàn=공모자.

공모주(公募株) 명 公开发行股东 gōngkāi fāxínggǔdōng 일반에게 널리 투자할 사람을 구하여 발행하는 주식.

공모채(公募債) 명 公开发行有价证券 gōng kāifāxíngyǒujiàzhèngquàn 일반에게 널리 모집하여 발행하는 공채, 사채.

공물(貢物) 명 贡品 gòngpǐn 나라나 종주국에 바치던 물건. ※진상.

공민학교(公民學校) 명 普及学校 pǔjíxuéxiào 〈교〉 나이가 많아서 국민학교에 들어갈 수 없는 사람들에게 초등교육을 시키는 학교.

공박(攻駁) 명 〔~하다|타동사〕 驳斥 bóchì 남을 공격하여 논박함.

공범(共犯) 명 〔~하다|자동사〕 同犯 tóng

fàn 〈법〉 두 사람 이상이 짜고 같이 죄를 범하거나 다른 사람을 도와 범죄에 가담함.

공부(工夫) 명 〔~하다|타동사〕 学习 xuéxí, 念书 niànshū, 读书 dúshū, 用功 yònggōng 학문과 기술 들을 배우고 익힘.

공사(公事) 명 施工 shīgōng 토목, 건축 따위의 일. ¶전기 ~. 电器施工。diànqì shīgōng=공역.

공사비(公事費) 명 工程费 gōngchéngfèi 공사에 드는 비용. §공비.

공사장(公事場) 명 工地 gōngdì=공사판.

공사채(公社債) 명 公债与社债 gōngzhài yǔshèzhài 공채와 사채(社债) shèzhài.

공산품(工産品) 명 工业品 gōngyèpǐn 공업생산품.

공석(公席) 명 公用坐位 gōngyòngzuòwèi =빈자리.

공선(公選) 명 〔~하다|타동사〕 ① 全民选举 quánmínxuǎnjǔ 일반 국민이 하는 선거. ② 公平选举 gōngpíngxuǎnjǔ 공평한 선거.

공수(空輸) 명 〔~하다|타동사〕 空运 kōngyùn '항공수송'의 준말.

공수표(空手票) 명 ① 空头支票 kōngtóu zhīpiào 〈경〉 은행과 당좌 거래가 없거나 거래 정지 처분을 받은 자가 발행하는 거짓 수표=헛수표. ② 大话 dàhuà '믿을 수 없는 말'의 비유.

공연(公演) 명 〔~하다|타동사〕 表演 biǎoyǎn 연극, 무용, 음악 들의 재주를 여러 사람 앞에서 보임=상연.

공용송장(公用送狀) 명 公用发票 gōng yòngfāpiào 공적으로 쓰는 계산서.

공인(公印) 명 公章 gōngzhāng 공적인 일에 쓰는, 공공 기관이나 단체의 이름으로 된 도장. ¶~을 위조한 죄. 伪造公章罪。wěizàogōngzhāngzuì ※관인, 사인.

공작(工作) 명 〔~하다|타동사〕 ① 手工 shǒugōng 물건을 만듦. ¶~ 기구. 手工工具。shǒugōnggōngjù. ② 工作 gōngzuò 어떤 일을 꾀하여 행동함. ¶선전 ~. 宣传工作。xuānchuángōngzuò.

공정(工程) 명 流程 liúchéng 程序 chéngxù 기술적 작업의 과정이나 정도. ¶전기 가설 ~. 电器架设工程。diànqìjiàshègōngchéng.

공정가격(公定价格) 명 法定价格 fǎdìng jiàgé 〈경〉 정부가 통제하여 결정하는, 상품의 최고가 또는 최저가. §공정가=공정시세, 지정가격, 통제가격.

공정가격(公正价格) 명 价格公道 jiàgé gōngdào 〈경〉 공평하고 정당한 가격. §공정가.

공제(控除) 명 〔~하다|타동사〕 扣除 kòuchú 일정한 금액이나 물품 들에서 얼마를 빼어냄.

공조(共助) 명 〔~하다|자동사〕 ① 互助 hùzhù 함께 도와주거나, 서로 도와줌. ② 共助 gòngzhù 〈법〉 어떤 사건에 관한

소송을 받은 법원이나 검사의 재판에 관한 사무를 다른 법원이나 검사가 도와줌.

공책(空冊) 명 笔记本 bǐjìběn 글씨를 쓰거나 그림을 그리도록, 주로 흰 종이로 맨 책. ※잡기장, 필기장.

공처가(恐妻家) 명 怕太太的 pàtàitàide 아내에게 쥐어 지내는 남편. ※처시하, 엄처시하.

공탁(供托) 명 〔~하다|타동사〕 委托保管 wěituōbǎoguǎn 물건을 맡기어 그 보관을 부탁함.

공판(共販) 명 共同贩卖 gòngtóngfànmài '공동판매'의 준말.

공판(公判) 명 〔~하다|자동사〕 公审 gōngshěn 〈법〉 형사소송 절차에 따라, 재판관이 당사자를 출석시켜 하는 재판의 심리.

공표(公表) 명 〔~하다|자동사·타동사〕 公开发表 gōngkāifābiǎo 여러 사람에게 널리 드러냄. ※공포.

공학(共學) 명 〔~하다|자동사〕 同校学习 tóngxiàoxuéxí 〈교〉 남녀 학생 또는 민족이 다른 학생들이 한 학교나 한 학급에서 함께 배우는 일. ¶남녀 ~. 男女同校学习。nánnǚtóngxiàoxuéxí.

공항(空港) 명 机场 jīchǎng '항공항'의 준말. ¶~ 검역. 机场检疫。jīchǎngjiǎnyì.

과당(過當) 명 〔~하다|형용사〕 过分 guò fèn 지나침.

과반수(過半數) 명 过半 guòbàn 절반이 넘는 수. ¶~의 찬성을 얻다. 得到半数以上赞成票。dédàobànshùyǐshàngzànchéng piào.

과시(誇示) 명 〔~하다|타동사〕 ① 夸耀 kuāyào 자랑하여 보임. ② 夸张 kuā zhāng 사실보다 크게 나타내어 보임.

과식(過食) 명 〔~하다|타동사〕 过饱 guò bǎo 양에 지나치게 먹음.

과업(課業) 명 ① 义务 yìwù 꼭 하여야 할 일이나 임무=몫일. ② 任务 rènwù 일과를 정하여 학업을 닦음.

과자(菓子) 명 糕点 gāodiǎn 点心 diǎnxīn 밀가루, 쌀가루 들의 곡식 가루에 설탕, 우유, 향료 들을 넣고 여러 가지 모양으로 만들어 끼니 밖에 먹는 음식=과품.

과장(課長) 명 主任 zhǔrèn 科长 kēzhǎng 관청이나 회사 같은 데서, 과의 책임자.

과장(誇張) 명 〔~하다|타동사〕 扩大 kuòdà 사실보다 지나치게 나타냄. ¶~ 선전. ~ 扩大宣传。kuòdàxuānchuán.

과적재(過積載) 명 〔~하다|타동사〕 超载 chāozài 짐 따위를 지나치게 싣거나 쌓음. ¶~ 차량. 超载车辆。chāozàichē liàng.

과점(寡占) 명 垄断 lǒngduàn 〈경〉 경쟁 관계에 있는 몇몇 사람들이 시장을 지배하여 거래량이나 값을 마음대로 결정하는 상태=다원적 독점, 불완전 독점, 제한경쟁, 제한독점. ※다점, 독과점, 독점.

과찬(過贊) 명 〔~하다|타동사〕 过奖

guòjiǎng 지나치게 칭찬함=과칭. ※과상.

관급품(官給品) 명 官方供应品 guānfāng gōngyìngpǐn 관청에서 내어 주는 물품.

관람(觀覽)[괄-] 명 〔~하다|타동사〕 观看 guānkàn=구경.

관록(貫祿)[괄-] 명 权威 quánwēi 일정한 일에 경력이 쌓여 갖추어진 권위.

관리(管理)[괄-] 명 〔~하다|타동사〕 ① 掌管 zhǎngguǎn 사무를 보살펴 처리함. ② 保管 bǎoguǎn 물건의 보존, 이용, 개량, 생산 들의 일을 맡아 함. ③ 管理 guǎnlǐ 사람을 거느려 감독하고 다스림. ¶인사 ~. 人事管理。rénshìguǎnlǐ.

관문(關門) 명 〔~하다|자동사〕 ① 关口 guānkǒu 국경이나 요새 들의 성문. ② 交通要害 jiāotōngyàohài 중요한 길목. ③ 关门 guānmén 관의 문. ④ 难关 nán guān=고비. ※난관.

관상(觀相) 명 〔~하다|타동사〕 看相 kànxiàng 사람의 상을 보고 그 사람의 운명을 판단하는 일=상보기.

관선변호인(官選辯護人) 명 政府律师 zhèng fǔlǜshī 〈법〉 '국선변호인'의 전 이름.

관습(慣習) 명 ① 常规 chángguī 成规 chéngguī 일반적으로 인정되어 오는 규칙이나 풍습. ※관례. ② 习惯 xíguàn=버릇.

관여(關與) 명 〔~하다|자동사〕 参与 cānyù 관계하여 참여함. ※간여. 간예.

관전(觀戰) 명 〔~하다|자동사·타동사〕 ① 观战 guānzhàn 싸우는 광경을 살펴봄. ② 看比赛 kànbǐcài 경기나 바둑 따위를 구경함.

관제탑(管制塔) 명 机场控制塔 jīchǎng kòngzhìtǎ '항공관제탑'의 준말.

관통(貫通) 명 〔~하다|자동사·타동사〕 打通 dǎtōng 꿰뚫음=통관.

괄시(恝視)[-씨] 명 〔~하다|타동사〕 轻视 qīngshì 업신여겨 깔봄.

광경(光景) 명 ① 景象 jǐngxiàng 벌어진 일의 형편과 꼴. ② 光景 guāngjǐng=효상.

광공업(鑛工業) 명 ① 矿业与工业 kuàng yèyǔgōngyè 광업과 공업. ② 矿工业 kuànggōngyè 광업에 딸린 공업.

광분(狂奔) 명 〔~하다|자동사〕 ① 疯狂 fēngkuáng 미친 듯이 바쁘게 날뜀=광조. ② 狂奔 kuángbēn 미친 듯이 달아남.

괴괴망측(怪怪罔測) 명 〔~하다|형용사〕 奇形怪状 qíxíngguàizhuàng 괴상하고 망측함. ¶별의별 ~한 소문이 나돌다. 散布稀奇古怪的传闻。sànbùxīqígǔguàidechuánwén.

괴멸(壞滅) 명 〔~하다|타동사〕 毁灭 huǐmiè 파괴되어 멸망함.

괴상(怪常) 형 〔여 불규칙〕 异常 yìcháng =이상야릇하다. ¶~한 병이 유행한다. 流行怪病。liúxíngguàibìng.

굉장(宏壯) 형 〔여 불규칙〕 ① 宏伟 hóng wěi 크고 으리으리하다. ¶~한 건물. 宏伟建筑。hóngwěijiànzhù=굉장하다. ②

很了不起 hěnliǎobùqǐ 아주 대단하다. ¶~한 부자. 了不起的富翁。liǎobùqǐdefùwēng.
교감(校監) 명 副校长 fùxiàozhǎng 〈교〉 학교장을 도와서 교무를 감독하는 직책.
교대(交代) 명 [~하다|자동사·타동사] ① 交接 jiāojiē=대거리. ② 交接班 jiāo jiēbān 번갈아 드는 사람.
교대근무제(交代勤務制) 명 轮班制 lún bānzhì 대거리근무제.
교도소(矯導所) 명 监狱 jiānyù 형벌을 받은 사람을 격리 수용하여 교정, 교화하는 곳. 1961년 12월, 법률 제858호로 '형무소'를 고친 이름이다. ※감옥.
교란(攪亂) 명 [~하다|타동사] 搅乱 jiǎoluàn 휘저어서 어지럽게 함=난교.
교만(驕慢) 명 [~하다|형용사] 骄傲 jiāoào 제가 잘난 체 하며 겸손하지 못하고 건방지다.
교분(交分) 명 交情 jiāoqíng 사귄 정분. ¶두터운 ~. 深厚交情。shēnhòujiāoqíng =교계, 교의, 교정.
교생(教生) 명 师范实习生 shīfànshíxí shēng 〈교〉 교사의 자격을 얻기 위해, 교육실습을 하는 학생=교육실습생.
교섭능력(交涉能力) 명 谈判能力 tánpàn nénglì 어떤 일을 이루기 위하여 상대편에 말을 건네어 의논하는 능력.
교수대(絞首台) 명 绞刑架 jiǎoxíngjià 교수형을 받은 사람의 목을 매어 죽이는 대. §교대=옥대, 의가.
교시(教示) 명 ① 教导 jiàodǎo 가르쳐 보임=시교. ② 教示 jiāoshì 지침이 되는 가르침.
교시(校時) 명 第 ~ 节课 dì~jiékè 학교의 수업 시간의 단위.
교인(教人) 명 宗教人 zōngjiàorén 종교를 믿는 사람.
교정(校庭) 명 校园 xiàoyuán 학교의 뜰이나 운동장.
교정원(校正員) 명 校对员 jiàoduìyuán 출판사나 인쇄소 들에서, 교정을 전문으로 맡아보는 사람.
교직과목(教職科目) 명 师范教育科目 shī fànjiàoyùkēmù 〈교〉 교사의 자격을 얻기 위하여 이수해야 하는 과목.
교칙(校則) 명 校规 xiàoguī 학교의 규칙 =교규, 학규.
구걸(求乞) 명 [~하다|타동사] 乞求 qǐqiú=빌다. ¶행인에게 돈을 ~하다. 乞求行人。qǐqiúxíngrén.
구독(購讀) 명 [~하다|타동사] 购阅 gòuyuè 사서 읽음=구람.
구두시험(口頭試驗) 명 口试 kǒushì 말로 묻고 대답하는 시험=구두시문, 구술시험, 말시험.
구두점(句讀點) 명 标点符号 biāodiǎnfú hào 〈언〉→구둣점 〈언〉 월점.
구면(舊面) 명 老相识 lǎoxiāngshí 안 지 오랜 얼굴. 곧, 전부터 안면이 있는 사람 =고면, 관면, 구상식, 구식, 구지, 숙면

↔초면.

구명(究明) 명 〔~하다|타동사〕 查明 chámíng 깊이 연구하여 밝힘. ※규명. ¶아직 ~되지 않은 문제가 남아 있다. 还有没查明的问题。háiyǒuméichámíngdewèn tí.

구박(驅迫) 명 〔~하다|타동사〕 虐待 nüèdài 몰아침.

구변(口辯) 명 口才 kǒucái=말솜씨.

구보(驅步) 명 〔~하다|자동사〕 驱步 qūbù=달음박질. ¶~ 행군. 驱步行军。qūbù xíngjūn.

구속(拘束) 명 〔~하다|타동사〕 ① 拘束限制 jūshùxiànzhì 제 마음대로 못 하게 함=기속. ② 拘留 jūliú 〈법〉 법원 또는 판사가 피의자 또는 피고인을 강제로 잡아 가두는 일. ※구금. 구인.

구속력(拘束力)[-송녁] 명 约束力 yuēshùlì 〈법〉 어떤 행위를 제한하거나 강제하는 힘=기속력, 얽매는 힘.

구속영장(拘束令狀)[-송녕짱] 逮捕令 dàibǔlìng 〈법〉 피의자를 구속하기 위하여 발행하는 법관의 영장.

구심(求心) 명 〔~하다|자동사〕 ① 追求真心 zhuīqiúzhēnxīn 〈불〉 참된 마음을 찾음. ② 向心 xiàngxīn 〈물〉 중심 방향으로 쏠림↔원심.

구애(拘碍) 명 〔~하다|자동사〕 拘泥 jūní=거리낌.

구어체(口語體) 명 白话文体 báihuàwéntǐ=입말체. ※문어체.

구역증(嘔逆症) 명 恶心 ěxīn 자꾸 구역질이 나는 증세.

구옥(舊屋) 명 旧房 jiùfáng=옛집.

구입(購入) 명 〔~하다|타동사〕 购进 gòujìn→사들이기.

구전(口錢) 명 佣金 yòngjīn=구문, 흥정을 붙여 주고, 그 보수로서 팔고 사는 두 편으로부터 받는 돈=구전, 두전.

구정(舊正) 명 春节 chūnjié=음력설.

구조대(救助袋) 명 急救袋 jíjiùdài 고층 건물에서 불이 나는 때에 사람이나 물건을 구하여 내는, 밑이 트인 긴 자루.

구좌(口座) 명 银行账号 yínhángzhànghào 〈경〉→계좌.

구차(苟且) 명 〔~하다|형용사〕 〔~히|부사〕 ① 厚着脸皮 hòuzheliǎnpí 군색하고 구구하다. ② 贫穷 pínqióng 매우 가난하다. ¶~한 살림. 贫穷生活。pínqióng shēnghuó.

구치(拘置) 명 〔~하다|타동사〕 拘留 jūliú 〈법〉 형을 집행하려고 죄인을 잡아 가둠.

구토봉지(嘔吐封紙) 명 清洁袋 qīngjiédài 게우는데 쓰는 봉지.

구현(具現) 명 〔~하다|타동사〕 体现 tǐxiàn 구체적으로 나타냄. ¶사회 정의의 ~. 体现社会的正义。tǐxiànshèhuìdezhèngyì.

구형(舊型) 명 旧式 jiùshì 낡은 형↔신형.

구황(救荒) 명 〔~하다|타동사〕 救灾

jiùzāi 기근 때 굶주림에서 벗어나도록 도움.

구휼(救恤) 명 〔~하다|타동사〕 周恤 zhōuxù 물품을 베풀어 곤궁을 구제함=증휼, 휼구.

국극(國劇) 명 ① 传统剧 chuántǒngjù 한 나라의 고유한 형식의 연극. ② 韩国唱剧 hánguóchàngjù 우리나라 '창극'의 다른 이름.

군림(君臨)[굴—] 명 〔~하다|자동사〕 ① 统治 tǒngzhì 임금으로서 그 나라를 거느리어 다스림. ② 君临 jūnlín 그 방면에서 권위가 가장 높은 자리에 섬.

군목(軍牧) 명 军中牧师 jūnzhōngmùshī 〈군〉 장교로서 군대의 교회 일을 보면서, 장병들의 신앙생활에 관한 일을 돌봐 주는 목사=종군목사. ※교목, 군승.

군사(軍士) 명 ① 旧式军队 jiùshìjūnduì 예전에, 군인이나 군대를 이르던 말. 군졸, 군병, 사졸, 융병(戎兵). ② 下士一下军人 xiàshìyīxiàjūnrén 부사관 이하의 군인, 병사.

군자금(軍資金) 명 军费 jūnfèi 군사상 필요한 자금=군용금, 군자, 여수전.

군졸(軍卒) 명 兵士 bīngshì=군사.

군축(軍縮) 명 〔~하다|자동사〕 裁军 cái jūn '군비축소'의 준말↔군확.

굴신성(屈伸性)[—썽] 명 伸缩性 shēn suōxìng 굽히고 펴고 하는 성질=굽혀 폄성.

굴절각(曲折角) 명 折射角 zhéshèjiǎo 〈물〉 빛살이나 소릿결 따위가 두 개의 다른 매질의 경계면에서 꺾일 때, 그 굴절선이 법선과 이루는 각=꺾임각.

굴지(屈指) 명 ① 屈指一算 qūzhǐyísuàn 무엇을 셀 때, 손가락을 꼽음=누지. ② 头一个 tóuyígè '~의' 꼴로 쓰이어, '여럿 가운데서 두드러져서 손꼽을 만한'의 뜻. ¶~의 대기업. 头一个大企业。tóuyígèdàqǐ yè

궁극(窮極) 명 最终 zuìzhōng=마지막.

궁리(窮理)[—니] 명 〔~하다|타동사〕 琢磨 zhuómó 考虑 kǎolǜ 이치를 깊이 연구함.

궁색(窮塞) 명 穷困 qióngkùn 곤궁하고 군색하다. ¶끼니를 이어 갈 수 없으리만큼 ~했다. 穷困到没饭吃。qióngkùndào méifànchī.

궁여지책(窮余之策) 명 不得已之计 bùdé yǐzhījì 궁한 나머지 내는 계책=궁여일책.

궁지(窮地) 명 ① 穷困 qióngkùn 살아갈 길이 없어서 매우 어려운 지경=궁경. ② 困境 kùnjìng 곤란하여 어찌할 수가 없는 경우. ¶~에 빠지다. 陷入困境。xiàn rùkùnjìng=궁경.

궁합(宮合) 명 因缘 yīnyuán 〈민〉 혼인할 남녀의 생년월일을 오행에 맞추어 보아 부부로서의 길흉을 안다고 하는 점.

권리가(權利家) 명 权豪 quánháo 권력을 가진 세력가.

권리금(權利金) 명 额外租金 éwàizūjīn 〈법〉 어떤 권리나 이익을 남겨 주는 대가로 주고받는 돈. 이를테면 건물(점포), 토지의 위치나 영업상으로 본 특수 가치에 대한 이익 따위.

권선(捲線) 명 线卷 xiànjuǎn 〈물〉→ 감줄.

권양기(捲揚機) 명 绞车 jiǎochē 〈물〉→ 자아틀.

권유(勸誘) 명 〔~하다|타동사〕 劝说 quànshuō 달래서 권함=유권. 유진.

권장(勸奬) 명 〔~하다|타동사〕 鼓励 gǔ lì 권하여 장려함=장권.

권총(拳銃) 명 手枪 shǒuqiāng 주로 한 손으로 가까운 거리에서 쏘는, 군용 또는 호신용의 짧고 작은 총=단총, 수총.

권투(拳鬪) 명 拳击 quánjī 〈체〉 두 사람이 두툼한 가죽장갑을 끼고 일정한 규칙에 따라 서로 치고 막고 하는 경기. ¶~선수. 拳击选手。quánjīxuǎnshǒu.

권한위양(權限委讓) 명 授权 shòuquán 어떤 권한을 다른 사람이나 기관이 대신하도록 양보하는 일.

권항위임(權限委任) 명 权利下放 quánlì xiàfàng 어떤 권한을 다른 사람이나 기관이 대신하도록 위탁하는 일.

귀댁(貴宅) 명 府上 fǔshàng '상대자의 집'의 높임말=귀가, 귀부, 존가, 존댁.

귀동자(貴童子) 명 ① 宝贝儿子 bǎobèi érzi 특별히 귀염을 받는 사내아이. ② 宝宝 bǎobǎo 귀하게 자란 아이.

귀재(鬼才) 명 奇才 qícái=수재.

귀추(歸趨) 명 趋向 qūxiàng 일의 되어 나가는 형편. ¶~가 주목된다. 注视着趋向。zhùshìzheqūxiàng=귀취.

귀축(鬼畜) 명 ① 鬼畜 guǐchù 귀신과 짐승. ② 恶棍 ègùn 잔인한 짓을 하는 사람. ③ 忘恩负义 wàng ēnfùyì 은혜를 모르는 사람.

귀항선(歸航船) 명 返航船 fǎnhángchuán 떠났던 항구로 다시 돌아오는 배.

귀화(歸化) 명 〔~하다|자동사〕 ① 入籍 rùjí 다른 나라의 국적을 얻어 그 나라 백성이 됨. ② 归顺 guīshùn 귀순하여 복종함. ③ 归化动植物 guīhuàdòngzhíwù 〈생〉 동식물의 원산지가 아닌 지역에서 그 기후나 땅의 조건이 적응하게 됨. ※ 귀화동물, 귀화식물.

귀환(歸還) 명 〔~하다|자동사〕 归来 guīlái 다른 곳에 떠나 있던 사람이 본디의 곳으로 돌아오거나 돌아감.

규탄(糾彈) 명 〔~하다|타동사〕 谴责 qiǎnzé 들추어내어 비난하고 공격함. 극구(极口) 부 极力 jílì 갖은 말을 다 하여. ¶~ 반대하다. 极力反对。jílìfǎnduì.

극력(極烈)[긍녁] 명 〔~하다|자동사〕 全力 quánlì 있는 힘을 다함. ¶~으로 주장하다. 全力主张。quánlìzhǔzhāng. 부 激烈 jīliè 있는 힘을 다하여. ¶~ 반대하다. 激烈反对。jīlièfǎnduì=진력=힘껏.

극비(極秘) 명 绝密 juémì=엄비. ¶~ 사항. 绝密事项。juémìshìxiàng.

극심(極甚) 형 〔여 불규칙〕 太甚 tàishèn 몹시 심함=고극.

극적(劇的) 부 戏剧性的 xìjùxìngde 연극을 보는 것처럼 큰 긴장이나 감동을 불러일으키는.

극진(極盡) 형 〔여 불규칙〕 真诚 zhēn chéng 정성이 더할 나위 없다. ¶~한 간호. 真诚的护理。zhēnchéngdehùlǐ.

근간(近刊) 명 〔~하다|타동사〕 ① 最近出版的 zuìjìnchūbǎnde 최근에 나온 간행물. ¶~ 잡지. 最近出版的杂志。zuìjìn chūǎndezázhì ※기간. ② 即将出版 jí jiāngchūbǎn 며칠 사이에 나올 간행물. ¶~ 예고. 新刊预告。xīnkānyùgào ※기간.

근간(近間) 명 近来 jìnlái=요사이. ¶~에는 그를 만나지 못했다. 近来没见到他。jìnláiméijiàndàotā.

근거지항구(根據地港口) 명 基本港口 jī běngǎngkǒu 근거로 삼는 항구.

근기(根氣) 명 ① 根本力气 gēnběnlìqi 근본되는 힘. ② 耐力 nàilì=끈기. ③ 持久力 chíjiǔlì=진기.

근력(筋力) 명 ① 力气 lìqi 힘살의 힘. ② 气力 qìlì 元气 yuánqì=기력. ¶~이 좋으신 할아버지. 气力好的爷爷。qìlìhǎo deyéyé.

근로자(勤勞者) 명 劳动者 láodòngzhě 工人 gōngrén 劳动群众 láodòngqúnzhòng 자기가 부지런히 일하여 생활하는 사람.

근무(勤務) 명 〔~하다|자동사〕 值勤 zhíqín 직무에 종사함.

근무교대(勤務交代) 명 接班 jiēbān 직무를 교대함.

근속(勤續) 명 〔~하다|자동사〕 工作 gōngzuò 上班 shàngbān 한 일자리에서 계속 근무함. ¶10년 ~. 工作十年。gōng zuòshínián.

근속수당(勤續手當) 명 工龄津贴 gōng língjīntiē 근속에 따라 더 주는 삯.

근엄(謹嚴) 형 〔여 불규칙〕 严肃 yánsù 점잖고=엄숙하다. ¶~한 표정을 짓다. 做严肃的表情。zuòyánsùdebiǎoqíng=근엄하다.

근저당(根抵當) 명 〔~하다|타동사〕 固定抵押 gùdìngdǐyā 〈법〉 계속되는 거래 관계에서, 장래에 생길 채권을 담보하기 위하여 일정한 금액을 한도로 미리 설정하는 저당.

근접(近接) 명 〔~하다|자동사〕 靠近 kàojìn 가까이 닿거나 다가옴.

금계랍(金鷄蠟) 명 金鸡纳霜 jīnjīnà shuāng 〈약〉 '염산키니닌'의 통속적 이름.

금과옥조(金科玉條) 명 金科玉律 jīnkēy ùlǜ 금이나 옥처럼 귀중히 여겨 꼭 받들어야 할 법칙이나 규정.

금관악기(金管樂器) 명 铜管乐器 tóng guǎnyuèqì 〈악〉 쇠붙이관으로 만든 악기. 트럼피트, 트롬본, 투바, 호른 따위

=금속관악기.

금남(禁男) 명 〔~하다|자동사〕 男宾止步 nánbīnzhǐbù 남자의 출입이나 접근을 금함.

금도금(金鍍金) 명 〔~하다|타동사〕 镀金 dùjīn 금으로 한 도금.

금명간(今明間) 명 今天和明天之间 jīntiānhémíngtiānzhījīan 오늘내일 사이. ¶~ 만나게 될 게다. 今天和明天之间会见面的。jīntiānhémíngtiānzhījīanhuìjiàn miànde.

금반지(金斑指) 명 金戒指 jīnjièzhi 황금으로 만든 반지.

금번(今番) 명 这次 zhècì→이번.

금성철벽(金城鐵壁) 명 铜墙铁壁 tóng qiángtiěbì '아주 튼튼한 방어 시설이나 방어 상태'를 비유하는 말=금성탕지.

금수(禁輸) 명 禁运 jìnyùn 수입이나 수출을 금함.

금시초문(今時初聞) 명 初闻 chūwén 듣느니 처음.

금은방(金銀房) 명 金银店 jīnyíndiàn 금은을 가공하거나, 금은붙이 따위를 파는 가게. §은방=금은포. ※금은상.

금품(金品) 명 钱财 qiáncái 돈과 물품. ¶~을 아끼다. 爱惜钱财。àixīqiáncái.

금형(金型) 명 金模子 jīnmúzi 〈공〉 쇠로 된 틀이나 거푸집.

금환식(金環蝕) 명 日环食 rìhuánshí 〈천〉 =고리일식.

급강하(急降下) 명 〔~하다|자동사〕 俯冲 fǔchōng 갑자기 빨리 내려옴↔급상승.

급격(急激) 명 〔~하다|타동사〕 急剧 jíjù 급하고 격렬하다=급극하다.

급구(急求) 명 〔~하다|타동사〕 急需 jíxū 급히 구함. ¶기사 ~. 急需驾驶员。jíxūjià shǐyuán.

급급(汲汲) 형 〔여 불규칙〕 忙于 máng yú 한 가지 일에만 정신을 쏟아 여유가 없다. ¶돈벌이에 ~. 忙于挣钱。mángyú zhèngqián. 명예와 물욕에 급급한 사람들=겁겁하다.

급기야(及其也) 부 终于 zhōngyú=마침내. ¶~ 그는 파산하고 말았다. 他终于破产了。tāzhōngyúpòchǎnle.

급등(急騰) 명 〔~하다|자동사〕 剧增 jù zēng 猛涨 měngzǎng 暴涨 bàozhǎng 물가 따위가 급히 오름↔급락.

급락(急落)[금낙] 명 〔~하다|자동사〕 剧跌 jùdiē 猛跌 měngdiē 물가 따위가 급히 떨어짐↔급등.

급료(給料)[금뇨] 명 ① 工资 gōngzī 일의 대가로 주거나 받는 돈 따위. ¶~를 받다. 拿工资。nágōngzī=응식. ※봉급. ② 酬金 chóujīn 요미를 줌.

급변(急變) 명 〔~하다|자동사〕 ① 聚变 jùbiàn 갑자기 변함. ② 突发事故 tūfāshì gù 갑자기 일어난 변고.

급사(給仕) 명 勤杂 qínzá 听差 tīngchāi =사동.

급사(急使) 명 紧急使者 jǐnjíshǐzhě 급한 일로 보내는 사람.

급사(急死) 명 暴死 bàosǐ 갑자기 죽음=졸사.

급살(急煞) 명 〈민〉 横祸 hénghuò 雷劈 léipī 갑작스럽게 닥치는 재액.

급선무(急先務) 명 当务之急 dāngwùzhījí 급하게 먼저 해야 할 일.

급소(急所) 명 ① 要害处 yàohàichù 〈의〉→명자리. ② 要害地y àohàidì→긴한목.

급송(急送) 명 〔~하다|타동사〕 紧急输送 jǐnjíshūsòng 빨리 보냄.

급수(級數) ① 数字级别 shùzìjíbié 〈수〉 덧셈부호를 써서 늘어놓은 수열의 합. 1+3+5+7+…, 또는 1+2+4+8+16+… 따위. ② 等级 děngjí 등급을 나타내는 수. ③ 数列 shùliè 〈수〉→수열

급수구(給水口) 명 注水口 zhùshuǐkǒu 물을 대어 주는 구멍.

급수차(給水車) 명 供水车 gōngshuǐchē 먹을 물을 실어 나르는 차.

급수탑(給水塔) 명 供水塔 gōngshuǐtǎ 물을 공급하기 위하여 물통을 높이 설치한 구조물.

급습(急襲) 명 〔~하다|타동사〕 ① 奇袭 qíxí 갑자기 습격함=졸습. ② 突袭 tūxí 갑작스런 습격=졸습.

급식(給食) 명 〔~하다|자동사〕 供食 gōngshí 음식을 줌.

급여(給與) 명 〔~하다|자동사〕 给与 jǐyǔ 돈이나 물품을 줌.

급우(級友) 명 同班同学 tóngbāntóngxué 한 학급에서 같이 배우는 동무.

급전(急錢) 명 急用钱 jíyòngqián 급히 쓸 돈.

급조(急造) 명 〔~하다|자동사〕 紧急制造 jǐnjízhìzào 급히 만듦.

급진(急進) 명 〔~하다|자동사〕 激进 jījìn 급히 나아감. ¶~ 정책. 激进政策。jī jìnzhèngcè=돈진.

긍지(矜持) 명 自豪 zìháo 떳떳하게 여기는 자랑. ¶~에 차 있다. 充满自豪感。chōng mǎnzìháogǎn.

기각(棄却) 명 〔~하다|타동사〕 ① 驳回 bóhuí 버리고 쓰지 아니함. ② 弃却 qìquè 〈법〉 법원에서 수리한 소송을 심리한 결과 그 이유가 없는 것이나, 절차가 틀린 것이나, 기간이 경과한 것 따위를 도로 물리치는 일.

기간산업(期間産業) 명 〈경〉 骨干产业 gǔgànchǎnyè 한 나라의 모든 산업의 토대가 되는 중요한 산업. 전력, 철광, 기계, 교통기관 산업 따위=기초산업. 줄기산업.

기갑(機甲) 명 装甲 zhuāngjiǎ 〈군〉 전차를 주된 무기로 하여 싸우는 병과.

기고(寄稿) 명 〔~하다|타동사〕 投稿 tóugǎo 신문, 잡지 따위에 싣기 위하여 원고를 보냄. 또는 그 보낸 원고=기서 ※투고.

기고만장(氣高萬丈) 명 [~하다|자동사·형용사] ① 气势汹汹 qìshìxiōngxiōng 펄펄 뛸 만큼 대단히 성이 남. ② 激起昂扬 jīqǐángyáng 일이 뜻대로 될 때에 씩씩한 기운이 나서 대단하게 보임.

기골장대(氣骨) 명 [~하다|형용사] ① 身高 shēngāo 기혈과 골격. ② 体壮 tǐzhuàng 호락호락해 보이지 않는 체격. ¶~이 장대하다. 身体强壮。shēntǐqiángzhuàng.

기공(起工) 명 开工 kāigōng 공사를 시작함↔준공.

기관사(機關士) 명 ① 火车或轮船司机 huǒchēhuòlúnchuánsījī 일정한 자격을 갖추어 기차나 배의 기관 운전을 맡아보는 사람=기관수. ② 飞机助理驾驶员 fēijīzhùlǐjiàshǐyuán 비행기의 기관을 다루는 승무원=기관수.

기관차(機關車) 명 火车头 huǒchētóu 객차, 짐차를 끌고 다니는 철도 차량. 증기기관차, 전기기관차, 디젤기관차 들이 있다. ※기동차. 화통간.

기내선반(機內旋盤) 명 行李架 xínglijià 비행기의 안의 물건을 얹어두는 곳.

기년(期年) 명 周年 zhōunián 돌이 돌아온 한 해.

기득권(旣得權) 명 既得权利 jìdéquánlì 이미 얻은 권리.

기력(氣力) 명 ① 人的气力 réndeqìlì 사람이 몸으로 활동할 수 있는 힘=근력. ② 水空气的力 shuǐkōngqìdelì 〈물〉 공기의 힘.

기록원(記錄員) 명 记分员 jìfēnyuán 기록하는 일을 맡은 사람. ※기록자.

기뢰(機雷) 명 水雷 shuǐléi 〈군〉 물 속에 장치해 놓거나 떠다니게 하여, 건드리면 터지도록 만든 폭발물=기계수뢰.

기마전(騎馬戰) 명 ① 骑兵战 qíbīngzhàn 말을 타고 하는 싸움=기전, 승마전. ② 韩国传统游戏的一种 hánguóchuántǒngyóuxìdeyìzhǒng 두 세 사람으로 짝을 지어 앞 사람의 어깨에 팔을 걸어 만든 말을 타고, 서로 쓰러뜨리게 하거나 모자 빼앗기를 하는 경기.

기미(機微) 명 征兆 zhēngzhào=낌새.

기반(基盤) 명 基础 jīchǔ 기초로 되는 바탕. ¶경제 ~이 튼튼하다. 经济基础牢固。jīngjìjīchǔláogù=지정.

기발(奇拔) 형 [여 불규칙] ① 妙 miào 재치가 유달리 뛰어나다=경발하다. ② 神妙 shénmiào 진기하게 빼어나다=경발하다.

기벽(奇癖) 명 怪癖 guàipǐ 별난 버릇.

기별(寄別) 명 通知 tōngzhī 딴 곳에 있는 사람이 모르고 있는 일을 알려 줌.

기부(寄附) 명 [~하다|타동사] 赠送 zèngsòng 공공 또는 자선 사업을 도우려고 재물을 거저 내놓음. ※기증.

기사(技師) 명 工程师 gōngchéngshī 驾驶员 jiàshǐyuán 관청이나 단체에서 전문

기술을 가진 사람.

기사(記事) 명 ① 纪录jìlù 사실을 적음. 또는 기록한 사실. ② 新闻报道 xīnwén bàodào 신문이나 잡지 따위에서, 사실을 알리는 글.

기상(氣像) 명 气魄 qìpò 사람이 타고난 심정의 상태와 그것이 겉으로 드러난 몸가짐.

기상천외(奇想天外) 명 〔~하다|형용사〕 別具一眼 biéjùyīyǎn 아주 엉뚱한 생각.

기생방(妓生房) 명 妓院 jìyuàn 기생의 집. 원래, 기생은 교방에 딸리었으나 뒤에 약방과 상방에 딸리게 되어 '방'의 이름으로 되었다. §기방.

기선(汽船) 명 轮船 lúnchuán 김의 힘으로 다니는 배=윤선, 증기선.

기성복(既成服) 명 成衣 chéngyī 미리 지어 놓고 파는 옷=장내기옷.

기성세대(既成世代) 명 成年人 chéng niánrén 이미 사회 활동을 하고 있는 나이가 든 세대.

기성세력(既成勢力) 명 已有势力 yǐyǒu shìlì 이미 사회적으로 이루어진 세력.

기성작가(既成作家) 명 已成名的作家 yǐ chéngmíngdezuòjiā 〈문〉 이미 사회에 이름이 알려진 작가. ※신진작가.

기수(機首) 명 机头 jītóu 비행기의 머리. ¶~를 동으로 돌리다. 调转机头向东。diào zhuànjītóuxiàngdōng. ※기미.

기숙사(寄宿舍) 명 宿舍 sùshè 학교나 공장 같은 기관에서 지어 딸린 인원이 공동으로 살게 하는 집. §사=기숙료. ※숙사.

기승(氣勝) 명 〔~하다|형용사〕 刚烈 gāngliè 남에게 지지 않고자 하는 성미가 굳세고 억척스러움.

기안(起案) 명 〔~하다|타동사〕 草拟 cǎonǐ 문서의 초안을 만듦.

기억소자(記憶素子) 명 存储单元 cúnchǔ dānyuán 〈컴〉 정보·데이터를 기억·저장하는 소자로서 고밀도 집적 회로나 초고밀도 집적 회로를 주로 씀.

기우(杞憂) 명 〔~하다|자동사〕 杞人忧天 qǐrényōutiān 쓸데없는 걱정. 옛 중국 기나라 사람이 "만일 하늘이 무너지면 어디로 피하면 좋을 것인가"하고 침식을 잊고 걱정하였다는 일에서 온 말이다=군걱정.

기원(祈願) 명 〔~하다|타동사〕 祈求 qí qiú 빌고 바람=기구, 기망, 기청, 도축.

기일(期日) 명 日期 rìqī 정한 날짜 또는 기한 날짜. ¶~ 엄수. 严守日期。yánshǒu rìqī.

기입대(記入台) 명 写信台 xiěxìntái → 기재. 기입 따위를 하기 위한 곳.

기존(既存) 명 〔~하다|자동사〕 现有 xiànyǒu 이미 있음. ¶~ 시설. 现有设施。xiànyǒushèshī.

기증(寄贈) 명 〔~하다|타동사〕 捐赠 juānzèng 남에게 이바지하는 뜻으로 거

저 물품을 줌=증기. ¶도서 ~. 捐赠图书。juānzèngtúshū. ※기부.

기진맥진(氣盡脈盡) 명 〔~하다|자동사〕 精疲力尽 jīngpílìjìn 기력과 정력이 죄다 없어져 스스로 가누지 못할 정도로 됨=기진역진.

기차(汽車) 명 ① 火车 huǒchē 증기기관, 디젤기관 따위를 원동력으로 하여 객차나 짐차를 끌고 궤도를 달리는 수레=윤거, 증기차, 화륜거, 화차. ② 列车 lièchē=열차.

기채(起債) 명 〔~하다|자동사〕 ① 举债 jǔzhài 빚을 냄. ② 发公债 fāgōngzhài 공채를 모집함.

기표(記票) 명 〔~하다|자동사〕 写入投票纸 xiěrùtóupiàozhǐ 투표용지에 써 넣음.

기품(氣品) 명 气质 qìzhì 은근히 드러나는 품격. ¶범접하지 못할 ~. 不可欺负的气质。bùkěqīfudeqìzhì.

기풍(氣風) 명 风气 fēngqì 공통적인 마음가짐이나 습성. ¶새로운 ~. 新风气。xīnfēngqì.

기피(忌避) 명 〔~하다|타동사〕 ① 逃避 táobì 꺼려서 피함=기휘. ② 回避 huíbì 〈법〉 소송사건에서 법관이 소송관계인과 특수한 관계가 있는 따위의 사정으로 불공평한 재판을 할 염려가 있다고 생각될 때에, 소송당사자가 그 법관의 직무 집행을 거부하는 일. ※제척.

기필(期必) 명 〔~하다|타동사〕 必定 bìdìng 꼭 되기를 기약함.

기합(氣合) 명 ① 集中精力 jízhōngjīnglì 특별한 힘을 발휘하기 위한, 정신과 힘의 집중. ② (韩国部队内)给予新兵的教训 jǐyǔxīnbīngdejiàoxun 〈군〉→ 얼차려.

기항지(寄港地) 명 停靠港 tíngkàogǎng 항해 중에 배가 잠시 들르는 항구. ※기착지.

기행문(記行文) 명 游记 yóujì 〈문〉 여행하는 동안에 보고 듣고 느낀 것을 적은 글. 일기체, 편지 형식, 수필, 보고 형식 들로 쓴다=여행기.

기획(企劃) 명 规划 guīhuà 일을 계획함. ¶~ 담당. 担当规划。dāndāngguīhuà.

ㄴ

나농(懶農) 명 〔~하다|자동사〕 懒惰的农民 lǎnduòdenóngmín 농사일을 게을리 함. 怠农 dàinóng↔勤农 qínnóng.

나농업(酪農業) 명 制酪业 zhìlàoyè 우유 생산업.

나침반(羅針盤) 명 指南针 zhǐnánzhēn 자침이 남북을 가리키는 성질을 이용하여, 방위를 재는 기구. §침반=나침의, 나침판, 윤도, 자석반.

나팔수(喇叭手) 명 司号员 sīhàoyuán 나팔불기를 맡은 사람.

낙담(落膽) 명 〔~하다|자동사〕 ① 灰心 huīxīn 잔뜩 바라던 것이 뜻대로 아니 되어 갑자기 마음이 상함. ② 惊吓 jīngxià 너무 놀라서 간이 떨어지는 듯 함.

낙락장송(落落長松) 명 郁郁苍松 yùyù cāngsōng 긴 가지가 축축 늘어진, 키가 큰 소나무.

낙망(落望)[낭—] 명 〔~하다|자동사〕 失望 shīwàng 희망을 잃음. ※절망. ¶한 번의 실패에 ~하여서는 안 된다. 决不要失望于一次失败。juébúyàoshīwàngyúyícìshībài.

낙반(落盤) 명 〔~하다|자동사〕 ① 冒顶 màodǐng 〈광〉 굴 안의 천장에서 암반 따위가 떨어짐. ② 掉下来的矿石 diàoxiàlái dekuàngshí 떨어진 암반.

낙상(落傷) 명 〔~하다|자동사〕 跌伤 diēshāng 떨어지거나 넘어져서 다침.

낙서(落書) 명 〔~하다|자동사〕 乱写 luànxiě 장난으로 아무데나 함부로 쓴 글씨나 그림=낙필.

낙성(落城) 失城 shīchéng 명 〔~하다|자동사〕 성이 함락함.

낙심(落心) 명 〔~하다|자동사〕 灰心 huīxīn 바라던 일이 이루어지지 않아 마음이 풀어짐.

낙장(落張) 명 缺页 quēyè 책의 빠진 장=탈간.

낙장불입(落張不入) 명 出牌不回 chūpái bùhuí 화투, 투전, 트럼프 따위를 할 때, 한번 바닥에 내어 놓은 패장은 물리려고 집어 들지 못한다는 규정. ※낙점불입.

낙제(落第) 명 〔~하다|자동사〕 ① 不及格 bùjígé 시험에서 떨어짐↔급제. ② 落榜 luòbǎng=낙방. ③ 降级一个学年 jiàngjíyígèxuénián 성적이 나빠서 위 학년으로 오르지 못함↔급제생.

낙조(落照) 명 夕阳 xīyáng=저녁별.

낙조(落鳥) 명 孤鸟 gūniǎo 무리에서 외로이 떨어진 새.

낙질(落帙) 명 缺本 quēběn 여러 권으로 한 벌이 된 책에 빠진 권이 있음=결본, 낙길, 낙질본, 영간, 일질, 잔본, 잔편. ※완질.

낙찰(落札) 명 〔~하다|타동사〕 得票 dépiào 〈경〉 입찰한 이들 가운데에서 알맞은 이를 뽑음.

낙천(落薦) 명 〔~하다|자동사〕 不被推荐 búbèituījiàn 후보자 추천에 떨어짐.

낙태(落胎) 명 〔~하다|자동사〕 〈의〉 堕胎 duòtāi=유산.

낙향(落鄕)[나컁] 명 〔~하다|자동사〕 归田 guītián 서울에 사는 사람이 시골로 이사함.

난공불락(難攻不落) 명 攻不破 gōngbúpò 치기가 어려워 쉽사리 함락되지 아니함.

난공사(難工事) 명 困难的工程 kùnnán degōngchéng 장애물이 많아서 하기 어려운 공사.

난국(亂局) 명 混乱局面 hùnluànjúmiàn 어지러운 판국.

난리(亂離)[날-] 명 ① 动乱 dòngluàn 전쟁이나 병란. ¶~가 났다. 出了动乱。chūledòngluàn. §난. ② 灾难 zāinàn 큰 사고나 재해 따위로 말미암아 모든 질서가 어지러워진 상태.

난망(難望) 명 〔~하다|형용사〕 难以希望 nányǐxīwàng 바라기 어려움.

난맥(亂脈) 명 ① 乱七八糟 luànqībāzāo 갈피를 잡을 수 없게 마구 헝클어진 여러 가닥이나 줄기. ② 脉搏不稳 màibóbùwěn 〈한의〉 어지럽게 뛰는 맥.

난방(暖房) 명 ① 温房 wēnfáng 따뜻한 방=난실. 온방↔냉방. ② 供暖 gōng nuǎn 방을 따뜻하게 함.

난삽(難澁)[-사파-] 형 〔여 불규칙〕 难理解 nánlǐjiě 말이나 문장이 어렵고 복잡하여 매끄럽지 못하다. ¶그가 쓴 글은 ~. 他的文章很难理解。tādewénzhānghěn nánlǐjiě.

난시(亂時) 명 战乱时期 zhànluànshíqī 세상이 어지러운 때.

난시(亂視) 명 散光 sǎnguāng 〈생〉=어릿보기.

난중(亂中) 명 乱世中 luànshìzhōng 난리가 한창 계속되는 동안.

난청(難聽) 명 ① 耳背 ěrbèi 〈의〉 듣기 기관의 장애로 듣는 힘이 낮아지거나 없어진 상태. ② 难听 nántīng 방송 전파가 라디오 따위로 잘 잡히지 않아 잘 들을 수 없는 상태. ¶~ 지역. 难收听地区。nán shōutīngdìqū.

난파(難破) 명 〔~하다|자동사〕 遇难 yù nàn=파선.

난파선(難破船) 명 失事的船 shīshìde chuán 항행 도중 폭풍우나 그 밖의 장해로 깨진 배.

난폭(亂暴) 명 〔~하다|형용사〕 粗暴 cūbào 막되고 사나움. ¶~ 행위. 粗暴行为。cūbàoxíngwéi.

난행(亂行) 명 〔~하다|자동사〕 ① 暴行 bàoxíng 난폭한 행동. ② 淫乱行为 yín luànxíngwéi 풍기를 해치는 난잡하고 음란한 행동.

난황(卵黃) 명 蛋黄 dànhuáng 달걀 노른자위.

남녀공학(男女共學) 명 男女同校 nánǚ tóngxiào 〈교〉 남녀 학생이 한 학교 안에서 함께 공부함.

남도(南道) 명 南方各道 nánfānggèdào 경기도 이남에 있는 땅. 곧, 충청·경상·전라의 삼도의 땅. 남로(南路). 남중(南中 nánzhōng)↔북도(北道).

남동생(男同生) 명 弟弟 dìdì 남자 동생=사내아우, 제남.

남매(男妹) 명 兄妹 xiōngmèi 오라비와 누이=오누이.

남복(男服) 명 男服 nánfú 남자 옷.

남탕(男湯) 명 男池 nánchí 남자만이 쓰는 목욕탕. ※여탕.

남편(男便) 명 丈夫 zhàngfu 혼인하여 사는 남자를, 그 아내를 기준으로 일컫는 말=부, 부서, 장부↔아내. ※지아비.

납득(納得) 명 〔~하다|타동사〕 了解 liǎojiě→이해.

납본(納本) 명 〔~하다|타동사〕 ① 新出版的样书 xīnchūbǎndeyàngshū 펴낸 책을 본보기로 관계 기관에 바침. ② 给送订购的书 gěisòngdìnggòudeshū 주문 받은 책을 가져다 줌.

납부(納付) 명 〔~하다|타동사〕 交付 jiāofù=납입. ¶~ 기한. 交付期限。jiāofù qīxiàn.

납치(拉致) 명 〔~하다|타동사〕 绑架 bǎngjià 불법으로 붙들어 감. ¶~를 당하다. 遭绑架。zāobǎngjià.

납품(納品) 명 〔~하다|자동사·타동사〕 提供产品 tígōngchǎnpǐn 주문 받은 물품을 대어 줌.

납회(納會)[나푀] 명 ① 最后集会 zuìhòu jíhuì→끝모임. ② 证券所最终会合 zhèng quànsuǒzuìzhōnghuìhé 〈경〉 증권 거래소에서, 그해의 마지막 입회↔발회(发会 fāhuì).

낭보(郎報) 명 喜讯 xǐxùn 반가운 소식=명랑보.

낭설(浪說) 명 道听途说 dàotīngtúshuō =뜬소문. ※헛소문.

내국환(內國換) 명 国内兑换 guónèiduì huàn 〈경〉 나라 안에서, 채권 채무를 현금이 아닌 절차로 하는 결제 방법. 받을 권리를 넘겨주고 치를 의무를 면하는 방식이다. §내환↔외국환.

내규(內規) 명 内部规定 nèibùguīdìng=내칙.

내금(內金) 명 预付的一部分款项 yùfùdey ībùfēnkuǎnxiàng→앞돈.

내내년(來來年) 명 后年 hòunián=후년.

내림(來臨) 명 〔~하다|자동사〕 光临 guānglín 남이 '찾아옴'의 높임말=내가.

내복(內服) 명 内衣 nèiyī=속옷.

내복(內服) 명 〔~하다|타동사〕 口服 kǒufú 약을 먹음=내용↔외용.

내분(內紛) 명 内部纷争 nèibùfēnzhēng =집안싸움. ¶~을 수습하다. 收拾内部纠纷。shōushinèibùjiūfēn.

내사(內査) 명 〔~하다|타동사〕 ① 暗查 ànchá=뒷조사. ② 自查 zìchá 자체 조사.

내색(內色) 명 表情 biǎoqíng 얼굴에 나타난 느낌의 빛. ※낯꽃. 낯꼴. 낯빛.

내수(內水) 명 内河 nèihé 나라 안의 호수, 하천, 운하 따위를 포괄하는 모든 수역.

내수면(內水面) 명 中心水面 zhōngxīn shuǐmiàn 둑 안이나 늪 따위에 괸 빗물의 겉면.

내시(內示) 명 暗示 ànshì=귀띔.

내시(內侍) 명 内宫 nèigōng 궁중에서 임금의 시중을 들거나 숙직 따위의 일을 맡아본 벼슬아치.

내신(內申) 명 〔~하다|타동사〕 内部的呈报 nèibùdechéngbào 어떤 문제나 의견을 갖추어서 공개하지 않고 상급기관 같은 데에 보고함.

내실(內室) 명 ① 内宅 nèizhái 아낙네들이 거처하는 안방=내당↔사랑. ② 贵夫人 guìfūrén=내군. ③ 内屋 nèiwū 대중을 상대로 영업을 하는 곳에서 주인이 거처하는 방↔객실.

내실(內實) 명 着实 zhuóshí 내적인 가치나 충실성. ※실속.

내야(內野) 명 棒球场的内场 bàngqiú chǎngdenèichǎng 〈체〉 야구에서 일루, 이루, 삼루, 본루를 맺은 직선의 안에 해당하는 정방형의 지역. ※외야.

내약(內約) 명 私下签定的合同 sīxiàqiān dìngdehétong→짬짜미.

내역(內譯) 명 细目 xìmù→명세.

내연(內緣) 명 没结婚登记男女关系 méijié hūndēngjìnánnǚguānxì 〈법〉 남녀가 혼인을 했거나, 또는 그 뜻을 가지고 한 집에 살기는 하나, 아직 신고를 하지 못한 관계. ¶~의 처. 同居女。tóngjūnǚ. ※사실혼.

내우(內憂) 명 ① 无父母时遇到的祖母丧 wúfùmǔshíyùdàodezǔmǔsàng=내간상. 어머니의 상사 또는 아버지를 여의었을 때의 할머니의 상사. ② 内患 nèihuàn 나라 안의 걱정 근심. ※외환.

내의(內意) 명 本意 běnyì=속뜻.

내자(內子) 명 内人 nèirén 남에게 대하여 '자기의 아내'를 일컫는 말=실인. ※외자.

내자(內資) 명 国内资金 guónèizījīn 국내 자본↔외자.

내장(內裝) 명 〔~하다|자동사・타동사〕 ① 室内装修 shìnèizhuāngxiū 집 안의 꾸밈새. ② 内部装修 nèibùzhuāngxīu 〈건〉

=내수장.

내정(內定) 명 [~하다|타동사] ① 暗下决心 ànxiàjuéxīn 마음속으로 작정함. ② 内部决定 nèibùjuédìng 내부적으로 작정함.

내종(內從) 명 姑表兄弟姐妹 gūbiǎoxiōng dìjiěmèi=내종사촌. ※외종.

내진(來珍) 명 [~하다|자동사] 门珍 mènzhēn 와서 진찰함. ※왕진.

내통(內通) 명 [~하다|자동사·타동사] ① 串通 chuàntōng 외부와 남몰래 관계를 가지고 통함=내응, 통내. ② 私通 sītōng 남녀가 몰래 정을 통함=사간, 사통. ③ 暗地通知 àndìtōngzhī 정식으로 알리기 전에 남모르게 알림=통내.

내훈(內訓) 명 ① 对女子的训诫 duìnǚzǐ dexùnjiè 부녀자들에 대한 교훈=내교여훈, 유범, 유훈. ② 密令 mìlìng 내밀히 하는 훈령. ③ 内部指示 nèibùzhǐshì 내부에 대한 훈령이나 훈시.

냉난방(冷暖房) 명 空调 kōngtiáo 냉방과 난방.

냉냉(冷冷)[-냉-] 형 [여 불규칙] 冷冰冰 lěngbīngbīng 쌀쌀하다

냉대(冷待) 명 [~하다|타동사] 冷淡的待遇 lěngdàndedàiyù=푸대접.

냉병(冷病) 명 受凉引起的病症 shòuliáng yǐnqǐdebìngzhèng 〈의〉 찬 기운으로 말미암아 생기는 병증=냉증, 음병. ※냉.

냉엄(冷嚴) 형 [여 불규칙] 严厉 yánlì 냉정하고 엄격하다=엄랭하다.

냉육(冷肉) 명 凉肉 liángròu 쇠고기·닭고기·돼지고기 따위를 찐 뒤에 그대로 식히거나, 요리하여 식힌 고기.

냉정(冷情) 형 [여 불규칙] 冷淡 lěng dàn=쌀쌀하다. ¶~한 태도. 冷淡的态度。lěngdàndetàidù

냉증(冷症) 명 着凉引起的病 zháoliáng yǐnqǐdebìng 〈의〉=냉병.

냉차(冷茶) 명 凉茶 liángchá 얼음을 넣거나 얼음에 채워 차게 만든 찻물.

냉채(冷菜) 명 凉菜 liángcài 차게 하여 먹는 채. 주로 전복, 해삼, 닭고기 따위에 오이, 동아, 배추 따위의 채소를 섞고 얼음을 넣어 만든다.

냉철(冷徹) 형 [여 불규칙] 冷静而透彻 lěngjìngértòuchè 침착하고 사리에 밝다.

냉해(冷害) 명 霜冻 shuāngdòng 농작물이 자라 가는 동안에 찬 날씨를 만나서 입는 해=냉피해.

노곤(勞困) 명형 [여 불규칙] 犯困 fàn kùn 지쳐서 나른하다. ¶~한 몸. 犯困的身体。fànkùndeshēntǐ=곤하다.

노구(老軀) 명 老骨头 lǎogǔtou 늙은 몸.

노대(露台) 명 ① 凉台 liángtái=난간뜰. ② 军舰的了望台 jūnjiàndeliàowàngtái 〈군〉 군함의 뒤 꼬리에 있는, 먼 데를 바라보는 대. ③ 露天剧场 lùtiānjùchǎng 연극 따위를 하려고 지붕이 없이 판자만 깔아서 만든 따로 드러난 대.

노대가(老大家) 명 老专家 lǎozhuānjiā

늙은 대가.

노령(老齡) 명 老年 lǎonián 늙은 나이.

노망(老妄) 명 〔~하다|자동사·형용사〕 老糊涂 lǎohútu 늙어서 부리는 망령=노광. ※망녕.

노목(老木) 명 老树 lǎoshù=고목.

노반(路盤) 명 路基 lùjī 도로나 철로의 바탕이 되는 땅바닥. ¶~을 다진다. 巩固路基。gǒnggùlùjī.

노발대발(怒發大發) 명 〔~하다|자동사〕 ① 大发雷霆 dàfāléitíng 몹시 성을 냄=방발. ② 很生气的模样 hěnshēngqìdemúyàng 몹시 성을 내는 모양.

노변(路邊) 명 路旁 lùpáng=길가.

노사(勞使) 명 雇佣和被雇佣 gùyōnghébèigùyōng 노무자와 고용주.

노심초사(勞心焦思) 명 〔~하다|자동사〕 费尽心血 fèijìnxīnxuè 애써서 속을 태움=노사.

노안(老顔) 명 老脸 lǎoliǎn 노쇠한 얼굴.

노임(勞賃) 명 工资 gōngzī→품삯.

노적(露積) 명 ① 露天放的谷堆 lùtiānfàngdegǔduī 곡식을 한데에 쌓아 둠. ② 谷堆 gǔduī=노적가리.

노점(露店) 명 地摊 dìtān 길가의 한데에 벌여 놓은 가게=난전.

노정(露呈) 명 〔~하다|타동사〕 披露 pīlòu 드러내 보임=정로.

노조(勞組) 명 工会 gōnghuì 〈사〉 '노동조합'의 준말.

노총(勞總) 명 劳动组合总联盟l áodòngzǔhézǒngliánméng '노동조합 총연합회'의 준말.

노파(老婆) 명 老太婆 lǎotàipó 여자 늙은이=노온. 마고할미↔노옹.

노파심(老婆心) 명 婆心 póxīn 남의 일을 필요 이상으로 걱정하는 마음.

노획(擄獲) 명 〔~하다|타동사〕 缴获 jiǎohuò 전쟁 중에 적을 사로잡음.

노후설비(老後設備) 명 陈旧设备 chénjiù shèbèi 낡은 설비.

녹(祿) 명 禄俸 lùfèng '녹봉'의 준말.

녹(綠) 명 锈 xiù 산화작용으로 말미암아 쇠붙이의 거죽에 생기는, 검거나 붉거나 푸른 물질. ¶~이 슨다. 生锈。shēngxiù.

녹말(綠末) 명 淀粉 diànfěn 물에 불린 녹두를 매에 갈아 앙금 앉힌 것을 말린 가루=녹말가루, 전분.

녹봉(祿俸) 명 俸禄 fènglù 벼슬아치에게 일 년 단위로나 계절 단위로 나누어 주던 쌀, 콩, 보리, 명주, 베, 돈 따위. §녹=녹료, 녹질, 봉록, 봉질, 식록, 질록.

논박(論駁) 명 〔~하다|타동사〕 驳斥 bóchì 잘못된 것을 쳐서 말함=박론.

논지(論旨) 명 论点 lùndiǎn 논하는 말이나 글의 취지=논의.

농(弄) 명 〔~하다|자동사〕 ① 开玩笑 kāiwánxiào 실없는 장난. ¶~이 심하다. 过分开玩笑。guòfèngkāiwánxiào. ② 玩笑 wánxiào=농말.

농구(籠球) 명 篮球 lánqiú 〈체〉 다섯 사람씩 된 두 패가 규정한 시간 안에 상대편의 바스켓 속에 공을 집어넣어서, 그 넣은 수를 점수로 쳐 점수의 많고 적음으로써 이기고 짐을 겨루는 경기=광구.

농군(農軍) 명 ① 农民兵 nóngmínbīng =농병. ② 农民 nóngmín 农人 nóngrén 庄稼汉 zhuāngjiahàn=농사꾼.

농기(農期) 명 农时 nóngshí=농사철.

농담(弄談) 명 〔~하다|자동사〕 玩笑 wánxiào=농말.

농번기(農繁期) 명 农忙期 nóngmángshí 농사일이 가장 바쁜 철. 곧 모내기, 논매기, 추수 따위를 할 때↔농한기.

농사(農事) 명 〔~하다|자동사〕 种地 zhòngdì 논밭을 갈라 농작물을 심어 가꾸고 거두어들이는 일. ¶~를 짓다. 种地。zhòngdì.

농예(農藝) 명 〈농〉 ① 农业技术 nóngyèjìshù 농사에 관한 기예. ② 农业和园艺 nóngyèhéyuányì 농업과 원예.

농정(農政) 명 ① 农业行政 nóngyèxíngzhèng 농사에 관한 정책이나 정무. ② 营农 yíngnóng 농사를 경영하는 일.

농조(弄調)[-쪼] 명 开玩笑的口气 kāiwánxiàodekǒuqì 농으로 하는 말투=농담조.

뇌물(賂物) 명 贿物 huìwù 일정한 직무에 종사하는 사람을 매수하려고 넌지시 주는 옳지 않은 돈이나 물건. ¶~을 받는다. 受贿。shòuhuì=뇌사, 회뢰.

뇌졸중(腦卒中) 명 中风 zhòngfēng 〈의〉 머릿골에 갑작스러운 순환장애가 일어나 갑자기 의식을 잃고 수의운동의 기능이 상실되는 증세. ※뇌색전, 뇌혈전.

누기(漏氣) 명 潮气 cháoqì 湿气 shīqì=습기.

누명(陋名) 명 怨枉 yuānwàng 사실이 아닌 일로 말미암아 이름을 더럽히는 억울한 평판=오명. ※가명.

누범(累犯) 명 〔~하다|자동사·타동사〕 ① 惯犯 guànfàn 〈법〉 한 번 죄를 지어 처벌된 자가 그 뒤에 또다시 죄를 범하는 일. ② 再犯 zàifàn 재범 이상의 범죄. 삼범·사범·오범·육범… 따위를 아울러 일컫는 말이다.

누설(漏洩) 명 〔~하다|자동사·타동사〕 ① 漏水 lòushuǐ 물 따위가 새거나, 새어나게 함=설루. ② 泄漏 xièlòu 비밀이 새거나, 새어나게 함.

누습손(漏濕損) 명 海水渍 hǎishuǐzì→누습하여 오른 때.

누습화물(漏濕貨物) 명 湿货 shīhuò→누습한 화물.

누심(壘審) 명 本垒球灯 běnlěiqiúdēng 〈체〉 야구에서 주로 일루, 이루, 삼루의 곁에서 주자의 살고 죽음을 판정하는 사람.

누추(陋醜) 형 〔여 불규칙〕 简陋 jiǎnlòu 지저분하고 더럽다. §누하다=추루하다.

ㄷ

다감(多感) 형 〔여 불규칙〕 感情丰富 gǎnqíngfēngfù 느낌이 많다. ¶~한 사람. 感情丰富的人。gǎnqíngfēngfùderén ※다정하다.

다과(茶果) 명 茶点 chádiǎn 차와 과자. ¶간단히 ~나 좀 내어 오시게. 拿点儿简单的茶点。nádiǎnerjiǎndāndechádiǎn.

다기(多岐) 명 多方面 duōfāngmiàn 여러 갈래. ※다방면.

다기(茶器) 명 ① 茶具 chájù=찻그릇. ② 供佛像的器皿 gòngfóxiàngdeqìmǐn 〈불〉 부처 앞에 맑은 물을 떠다 놓는 그릇=차기.

다난(多難) 형 〔여 불규칙〕 很多困难hěn duōkùnnán 힘겹고 어려운 일이 많다. ¶~했던 한 해. 多难的一年。duōnàndeyī nián.

다단계판매(多段階販賣)[-계-/-게-] 명 〈경〉 金字塔式贩卖传销 jīnzìtǎshìfàn màichuánxiāo 여러 단계로 나눈 방식의 판매.

다대(多大) 형 〔여 불규칙〕 又多又大 yòuduōyòudà 많고도 크다.

다도(茶道) 명 茶艺 cháyì 차를 달이거나 마시는 데 있어서 차리는 방식이나 예의범절=차격식, 차도, 차범절, 차예절.

다망(多忙) 명 〔~하다|형용사〕 繁忙 fánmáng 매우 바쁨. ¶공사 ~ 중에 와 주셔서 고맙습니다. 感谢您公事繁忙中光临。gǎnxièn ǐngōngshìfánmángzhōngguāng lín.

다망(多望) 명 〔~하다|형용사〕 多指望 duōzhǐwàng 소망하는 바가 많음. ¶그는 너무 ~해서 성공하기 힘들다. 因为他的欲望太多，很难取得成功。yīnwéitādeyù wàngtàiduō, hěnnánqǔdéchénggōng.

다매(多賣) 〔~하다|타동사〕 多销 duō xiāo 많이 팖.

다모작(多毛作) 명 多茬 duōchá 〈농〉=여러그루짓기.

다반사(茶飯事) 명 家常事 jiāchángshì '항다반사'의 준말.

다발(多發) 명 多发生 duōfāshēng 많이 일어남. ※빈발.

다변(多辯) 명 〔~하다|형용사〕 善辩 shànbiàn 말이 많음.

다중(多衆) 명 大众 dàzhòng 많은 사람.

다채(多彩) 〔-로우니, -로워〕 형 〔ㅂ

불규칙] ① 丰富多彩 fēngfùduōcǎi 빛깔이 여러 가지로 많다. ② 精彩 jīngcǎi=다채롭다. ¶~로운 축하 행사. 精彩的庆祝活动。jīngcǎideqìngzhùhuódòng.

단(斷) 명 决断 juéduàn '결단'의 준말. ¶~을 내리다. 下决心。xiàjuéxīn.

단(單) 관 仅仅 jǐnjǐn 수와 관련되는 이름씨 앞에서 '오직, 다만, 단지'의 뜻.

단경기(端境期) 명 淡季 dànjì 철이 바뀌어서 묵은 쌀 대신에 햅쌀이 나올 무렵, 즉 '음력 구시월'을 일컫는 말=단경.

단계(段階) 명 阶段 jiēduàn 일의 차례를 따라 나아가는 과정.

단과대학(單科大學)[-꽈-] 명 大学的学院 dàxuédexuéyuàn 〈교〉 한 가지 계통의 학부로만 이루어진 대학=분과대학.

단권(單卷) 명 单行本 dānxíngběn=단권책.

단기(單騎) 명 一人骑马 yīrénqímǎ 혼자만 말을 타고 감, 또는 그 사람=척기. ※고안.

단도직입(單刀直入) 명 〔~하다|자동사〕 ① 单刀直入 dāndāozhírù 한 칼로 적을 거침없이 쳐서 들어감. ② 直截了当 zhíjiéliǎodàng 월이나 말에서 머리말이나 딴 이야기를 빼고 곧바로 그 요점으로 들어감. ¶~으로 말씀드리겠습니다. 我要直截了当地说。wǒyàozhíjiéliǎodàngdeshuō.

단란(團欒)[달-] 형 〔여 불규칙〕 和睦hémù→단란하다.

단막(單幕) 명 独幕 dúmù 〈극〉 연극이나 희곡 따위에서, 하나의 막으로 된 것.

단말마(斷末魔) 명 ① 垂死 chuísǐ 범〈불〉 숨이 끊어질 때의 마지막 모질음. ② 临终 línzhōng=임종.

단백뇨(蛋白尿) 명 清蛋白尿 qīngdànbáiniào 〈의〉=흰자질오줌.

단번(單番) 명 一次 yícì 단 한 번 또는 단 한 차례. 주로 토 '에'와 '으로'가 잘 붙어 쓰인다.

단병접전(短兵接戰) 명 短兵相接 duǎnbīngxiāngjiē 단병으로 적과 다닥뜨려 싸우는 전투=단병전.

단산(斷産) 명 〔~하다|자동사〕 ① 不再生育 búzàishēngyù 여자가 아이를 낳지 못하게 됨. ② 断产 duànchǎn 아이 낳는 일을 끊음.

단상(壇上) 명 台上 táishàng 교단, 강단들의 위↔단하.

단상(斷想) 명 〔~하다|자동사〕 点滴感想 diǎndīgǎnxiǎng 생각나는대로의 단편적인 생각.

단서(但書) 명 附文 fùwén 법률 조문이나 문서 따위에서 본문 다음에 '단'자를 쓰고, 그 본문에 풀이나 조건, 예외 따위를 밝혀 정한 글.

단서(端緖) 명 头绪 tóuxù=실마리. ¶~를 잡다. 有了头绪。yǒuletóuxù.

단소(短所) 명 短处 duǎnchù→결점.

단속(團束) 명 〔~하다|타동사〕 ① 取缔 qǔdì 约束 yuēshù=잡도리. ¶자녀 ~. 约束子。女yuēshùzǐnǚ. ② 检查 jiǎnchá 규칙, 규정, 법령 따위를 지키도록 통제함. ¶교통 ~이 심하다. 交通检查很严。jiāo tōngjiǎncháhěnyán.

단수(端數)[—쑤] 명 零数 língshù→우수리.

단식(斷食) 명 〔~하다|자동사〕 绝食 juéshí 음식 먹기를 끊음. 또는 그런 의식=절식, 금식.

단어(單語) 명 单词 dāncí 〈언〉=낱말.

단역(端役) 명 配角 pèijué 〈극〉 연극이나 영화에서, 하찮은 역 또는 그 역을 맡은 사람.

단열(斷熱) 명 〔~하다|자동사〕 绝热 juérè 〈물〉 물체와 물체 사이에서 열이 옮아가거나 옮아오는 것을 막음.

단일어(單一語) 명 单纯词 dānchúncí 〈언〉=홑낱말.

단자(短資) 명 短期资金 duǎnqīzījīn 〈경〉 짧은 기간 꿔어주는 자금. 보통 상업어음을 할인 따위에 쓰이는 단기성 자금과 은행 상호간의 단기성 자금 거래인 콜을 합쳐서 이른다.

단장(丹粧) 명 〔~하다|자동사〕 ① 化妆 huàzhuāng 얼굴, 머리, 몸, 옷차림 따위를 잘 매만져 곱게 꾸밈=연장, 홍분, 화장. ② 装修 zhuāngxiū 집 따위를 손질하여 새롭게 꾸밈. ¶집 ~을 새로 하다. 新装修了房子。xīnzhuāngxiūlefángzi=연장.

단장(短杖) 명 ① 短手杖 duǎnshǒuzhàng 짧은 지팡이. ② 拐杖 guǎizhàng 손잡이가 꼬부라진 짧은 지팡이.

단적(端的)[—쩍] 관명 直率 zhíshuài 곧바르고 명백한 모양.

단점(短點)[—쩜] 명 短处 duǎnchù=결점↔장점.

단주(斷酒) 명 〔~하다|자동사〕 戒酒 jièjiǔ 술을 끊음=금주, 단음. **단주**(短株) 명 〈경〉 ① 个别股 gèbiégǔ 증권을 거래할 때 일정 단위 미만의 주. ② 散股 sǎngǔ 1주에 미치지 못하는 주.

단지(團地) 명 地基 dìjī 일정한 구역에 주택, 공장 따위를 계획적으로 집단을 이루어 세워 놓는 곳. ¶주택 ~. 住宅地基。zhùzháidìjī.

단지(但只) 부 只 zhǐ=다만 ¶내가 알고 있는 바는 ~ 그것뿐이오. 我所知道的只是那一个。wǒsuǒzhīdàodezhǐshìnàyígè.

단풍(丹楓) 명 ① 枫树 fēngshù 〈식〉 '단풍나무'의 준말. ② 枫 fēng 늦가을에 나뭇잎이 붉거나 누르게 변하는 현상. ③ 枫叶 fēngyè 늦은 가을에 붉거나 누르게 변한 나뭇잎=단풍잎, 풍엽.

단합(團合) 명 〔~하다|자동사〕 团结 tuánjié 뭉침.

단행(斷行) 명 〔~하다|타동사〕 坚决实行 jiānjuéshíxíng 딱 결단하여 실행함.

단호(斷乎) 형 〔여 불규칙〕 断然 duàn rán 꼭 단정하여 흔들림이 없이 엄격하다.

단화(短靴) 명 ① 矮筒鞋 ǎitǒngxié 목이 발목 아래 올 만큼 짧은 구두↔장화. ② 平跟女皮鞋 pínggēnnǚpíxié 여자들의 굽이 낮은 구두. ※뾰족구두.

담당(担當) 명 〔~하다|타동사〕 ① 担任 dānrèn 어떤 일을 맡음. ¶~ 선생. 担任老师。dānrènlǎoshī=담착. ② 负责人fù zérén=맡은이.

담보금(擔保金) 押金 yājīn 명 〈법〉 빚진 사람이 빚을 갚지 않을 경우를 대비하여 빚 준 사람이 그 빚을 대신할 수 있는 신용으로 제공하는 보장금.

담세자(擔稅者) 명 纳税人 nàshuìrén=납세의무자.

답(畓) 명 水田 shuǐtián=논.

답례(答禮) 명 〔~하다|자동사〕 ① 答谢 dáxiè 말·글·동작 또는 물건으로 남에게서 받은 예를 갚음=답인사. ② 回礼 huílǐ 남에게 받은 것을 갚는 예의. ¶~로 조그만 선물을 샀어요. 作为答谢, 买了小礼物。zuòwéidáxiè mǎilexiǎolǐwù=답인사.

답사(踏査) 명 〔~하다|타동사〕 踏勘 tà kān 실제로 일이 있는 곳에 가서 돌아다니며 조사함=답감.

답서(答書) 명 〔~하다|자동사〕 回信 huíxìn=답장.

답장(答狀) 명 〔~하다|자동사〕 复函 fùhán 회답하는 편지 또는 편지로 회답함=답간, 답서, 답신, 답찰, 반서, 반신, 반찰, 반한, 복서, 회서, 회한.

답전(答電) 명 〔~하다|자동사〕 回电 huídiàn 회답하는 전보 또는 전보로 회답함=반전, 회전.

당고모(堂姑母) 명 堂姑 tánggū '종고모'를 친근하게 일컫는 말=당고.

당구(撞球) 명 台球 táiqiú 우단을 깐 네모난 대 위에 흰 공과 붉은 공을 벌여 놓고 긴 막대기 끝으로 쳐서 굴려 공과 공을 맞추어 승부를 가리는 실내 놀이. ¶~를 친다. 打台球。dǎtáiqiú=알굴리기.

당금(當今) 명 刚 gāng 方才 fāngcái 바로 이제.

당기(當期) 명 ① 这期间 zhèqījiān 이 기간 또는 그 기간. ② 本期 běnqī 〈법〉 연, 월, 주 따위로써 어떤 법률관계를 여러 기로 구분한 경우에 현재 경과 중에 있는 기간.

당당(堂堂) 부 〔~하다|형용사〕 〔~히|부사〕 ① 理直气壮 lǐzhíqìzhuàng 버젓하고 정대하다. ② 堂堂 tángtáng 겉모습이 어연번듯하다. ③ 壮丽 zhuànglì 위세나 형세가 대단하다.

당도(當道) 명 〔~하다|자동사〕 到达 dàodá 이름.

당도(黨徒) 명 徒辈 túbèi 도당.

당면(當面) 명 〔~하다|자동사〕 ① 当前 dāngqián 눈앞에 당함. ¶~ 과제. 当前课

題。dāngqiánkètí. ② 面临 miànlín 面对面 miànduìmiàn=대면.

당면(唐麵) 명 粉条 fěntiáo 녹말가루로 만든 마른 국수=분탕, 호면.

당방(當方) 명 我方 wǒfāng 우리 쪽.

당번(當番) 명 [~하다|자동사] ① 值班 zhíbān 번을 듦=당직, 당차. ② 值班人 zhíbānrén 번드는 사람=당직, 당직자, 상직.

당부(當付) 명 [~하다|자동사·타동사] 嘱咐 zhǔfù 말로 어찌 하라고 단단히 하는 부탁. ¶어머니의 ~. 母亲的嘱咐。mǔqīndezhǔfù.

당부(當否) 명 是否 shìfǒu 마땅함과 그렇지 아니함=당부당.

당부당(當否當) 명 是否 shìfǒu=당부. ¶~을 가리다. 判明是否。pànmíngshìfǒu.

당분간(當分間) 명부 临时 línshí 暂时 zànshí→얼마 동안. ¶~의 피신처. 临时避难处。línshíbìnànchù.

당소(當所) 명 本所 běnsuǒ 연구소, 영업소 따위 '소'자가 붙는 기관의 스스로 일컫는 말.

당수(唐手) 명 拳手 quánshǒu 〈체〉→ 탯견. 일본의 권법(拳法 quánfǎ) '가라테'를 한자음으로 읽은 이름.

당수(黨首) 명 党魁 dǎngkuí 당의 우두머리.

당신(當身) 명 当事人 dāngshìrén=당사자.

당신(當身) 인 ① 您 nín 하오할 자리에 상대(相对 xiāngduì)되는 사람을 일컫는 말. ¶~은 누구요? 您是哪一位? nínshìnǎ yīwèi. ② 您老 nínlǎo 웃어른을 높이어 일컫는 말 ≪제삼인칭으로 씀≫. ¶아버님 생전에 ~께서 아끼시던 물건들. 父亲您老生前喜爱的东西。fùqīnnínlǎoshēng qiánxǐàidedōngxī. ③ 夫妻双方互称 fūqī shuāngfānghùchēng 부부가 서로 상대방을 일컫는 말. ¶여보, ~에게 미안하오. 喂, 很对不起。wèi, hěnduìbùqǐ.

당월(當月) 명 [~하다|자동사] 本月 běn yuè 바로 그 달.

당일(當日) 명 当天 dāngtiān 바로 그 날. ¶거기라면 ~로 다녀 올 수 있다. 要是那边当天就能去回来。 yàoshìnàbiān dāngtiānjiùnéngqùhuílái.

당자(當者) 명 本人 běnrén=당사자.

당쟁(黨爭) 명 [~하다|자동사] 党派斗争 dǎngpàidòuzhēng=당파싸움. ¶~을 일삼다. 就会搞党派斗争。jiùhuìgǎodǎng pàidòuzhēng.

당점(當店) 명 本店 běndiàn 이 상점. ¶~에서는 그런 물건을 다루지 않습니다. 本店不经营那些货。 běndiànbùjīng yíngnàxiēhuò.

당좌(當座) 명 户头 hùtóu 〈경〉 '당좌예금'의 준말.

당좌계정(當座計定)[-계-/-게-] 명 活期存款账户 huóqīcúnkuǎnzhànghù 〈경〉

부기에서, 당좌예금의 증감 상태를 나타내기 위한 셈갈래.

당좌대월(當座貸越) 명 透支 tòuzhī 〈경〉 은행에서 꾸어주는 방법의 하나. 당좌예금을 하는 사람에게 예금의 잔액을 초과하여 수표를 발행하여도 지급하여 주는 일을 말한다. §대월.

당직(當值) 명 〔~하다|자동사〕 值班zhíbān 值日 zhírì 值勤 zhíqín=당번.

당첨(當籤) 명 〔~하다|자동사〕 中签 zhòngqiān 제비에 뽑힘.

당초예산(當初預算) 명 原来预算 yuánlái yùsuàn=애초예산.

당한(當限) 명 〔~하다|자동사〕 期限 qī xiàn 〈경〉→그달거래.

당혹(當惑) 명 〔~하다|자동사〕 慌张 huāngzhāng 迷惑 míhuò 辣手 làshǒu→당황.

당황(唐惶) 명 〔~하다|자동사〕 〔~히|부사〕 ① 惊慌 jīnghuāng 心慌 xīnhuāng 놀라거나 다급하여 정신이 어리둥절함. ② 惊慌失措 jīnghuāngshīcuò 놀라거나 다급하여 어쩔 줄을 모름.

대가람(大伽藍) 명 大寺庙 dàsìmiào 큰 절.

대강(代講) 명 〔~하다|타동사〕 代课 dài kè 남을 대신하여 하는 강연이나 강의.

대검(大檢) 명 大检察厅 dàjiǎnchátīng 〈법〉 지방검찰청과 고등검찰청을 지휘, 감독하며 대법원에 대응하여 설치된 검찰청. §대검찰청.

대결(代決) 명 〔~하다|자동사〕 代批 dàipī 남을 대신하여 결재함.

대고모(大姑母) 명 祖姑母 zǔgūmǔ 아버지의 고모, 곧 할아버지의 누이=왕고모, 왕대고모, 황고.

대공(大公) 명 ① 公爵 gōngjué 유럽에서, 군주 집안의 남자를 일컫는 말. ② 君主 jūnzhǔ 유럽에서, 작은 나라의 군주의 일컬음.

대과거(大過去) 명 前过去时 qiánguòqù shí 〈언〉 인도유럽말에서 지난적의 끝남 또는 나아감을 나타내는 때매김. ※지난적끝남. 지난적나아가기.

대관(代官) 명 代理官吏 dàilǐguānlì 어떤 벼슬의 대리로 일하는 관리.

대관식(戴冠式) 명 加冕礼 jiāmiǎnlǐ 임금이 즉위한 뒤에 처음으로 왕관을 쓰는 의식.

대관절(大關節) 부 到底 dàodǐ 여러 말할 것 없이 대체의 요점으로 말하건대. ¶~ 어떻게 된 셈이냐? 到底怎么啦? dào dǐzěnmelā=대체.

대구(大口) 명 鳕鱼 xuěyú 〈동〉 한대성 바닷물고기의 하나. 명태 비슷한데, 몸빛은 담회갈색, 배 쪽은 희며 등지느러미와 옆구리에 많은 무늬가 있다. 머리와 입이 썩 크며 비늘은 매우 잘고 등지느러미는 3장, 뒷지느러미는 2장이며 아래턱에 하나의 수염이 있다=대구어, 구첩.

대궐(大闕) 명 宫阙 gōngquè=궁궐.

대금(貸金) 명 〔~하다|자동사〕 贷款 dàikuǎn → 대여금.

대금(代金) 명 价款 jiàkuǎn → 값 ¶교과서 ~. 教材费。jiàocáifèi.

대금추심(代金推尋) 代收 dàishōu 〈경〉 은행이 고객 등의 의뢰에 의해 수수료를 받고 어음·수표·배당금·예금 증서의 현금 추심을 하는 일.

대기(待機) 명 〔~하다|자동사〕 等候 děnghòu 기회를 기다림.

대기오염(大氣汚染) 명 空气污染 kōngqì wūrǎn 매연, 먼지, 일산화탄소 따위의 오염 물질이 공기를 더럽힌 상태.

대납(代納) 명 〔~하다|자동사·타동사〕 ① 代交 dàijiāo 남을 대신하여 바침. ② 替代缴纳 tìdàijiǎonà 다른 물건으로 대신하여 바침.

대납회(代納會)[-나푀] 명 年终交易日 niánzhōngjiāoyìrì 〈경〉 → 막파장모임.

대년(待年) 명 〔~하다|자동사〕 等待婚期 děngdàihūnqī 약혼한 뒤에 혼인할 해를 기다림.

대농(大籠) 명 大衣柜 dàyīguì = 큰농.

대단원(大團圓) 명 结尾 jiéwěi = 끝.

대담(對談) 명 〔~하다|자동사〕 面谈 miàntán 마주 대하고 말함. 또는 그 말. ¶선생님과 ~하다. 跟老师面谈。gēnlǎoshī miàntán.

대대(代代) 명 世世代代 shìshìdàidài 거듭된 여러 세대 = 세세, 열대, 혁세, 혁엽. ※누대, 면대.

대대손손(代代孫孫) 명 子子孙孙 zǐzǐsūnsūn 대대로 내려오는 자손. 오래도록 내려오는 여러 대. ¶~ 살아 온 이 강산. 子子孙孙生活过的国土。zǐzǐsūnsūnshēnghuóguòdeguótǔ = 세세손손, 자자손손.

대도(大都) 명 大都会 dàdūhuì = 대도시.

대두(擡頭) 명 〔~하다|자동사〕 ① 兴起 xīngqǐ 어떤 사물이나 현상이 나타나거나 일어남. ¶신흥 재벌의 ~. 新型财阀的兴起。xīnxíngcáifádexīngqǐ. ② 文章开头 wénzhāngkāitóu 여러 줄로 써 나가는 글 속에서 존경의 뜻을 나타낼 때에 줄을 바꾸어 몇 자 더 올리거나 비우고 쓰는 일.

대두박(大豆粕) 명 豆饼 dòubǐng = 콩깻묵.

대령(大領) 명 上校 shàngxiào 〈군〉 영관 장교의 으뜸 계급. 중령의 위, 준장의 아래이다.

대망(待望) 명 〔~하다|타동사〕 盼望 pànwàng 기다리고 바람. ¶~의 날. 盼望的日子。pànwàngderìzi.

대면(對面) 명 〔~하다|자동사·타동사〕 见面 jiànmiàn 얼굴을 마주 보고 대함. ¶그와는 처음 ~이다. 跟他是第一次见面。gēntāshìdìyīcìjiànmiàn.

대명천지(大明天地) 명 光明世界 guāngmíngshìjiè 환하게 밝은 세상.

대목(大木) 명 ① 大木匠 dàmùjiàng 크나큰 건축 일을 잘 하는 목수 = 도목수.

② 大树 dàshù 아름드리 큰 나무. ¶이렇게 좋은 ~을 어디서 구했느냐? 这么好的大树在哪儿找到的? zhèmehǎodedàshùzàinǎerzhǎodàode.

대목(臺木) 명 砧木 zhēnmù 〈식〉=밑나무.

대문간(大門間) 명 大门口 dàménkǒu 대문 안쪽으로 있는 빈 간.

대문대문(大文大文) 부 一段一段 yíduàn yíduàn 글의 대문마다. ¶나는 매일 아침마다 조간 신문을 ~ 읽고 나서 출근한다. 我每天早上看完一段一段的早报之后上班。wǒměitiānzǎoshàngkànwányíduànyíduàndezǎobàozhīhòushàngbān=대문대문이.

대문자(大文字) 명 大写字 dàxiězì →큰글자.

대물(代物) 명 代用品 dàiyòngpǐn →대용물.

대물경(對物鏡) 명 物镜 wùjìng=대물렌즈.

대물담보(對物擔保) 명 实物担保 shíwù dānbǎo 〈법〉 특정한 재산에 의한 채권의 담보, 전당, 저당 따위. ※대인담보.

대법관(大法官) 명 最高法官 zuìgāofǎguān '대법원판사'의 전날 이름.

대법원(大法院) 명 最高法院 zuìgāofǎyuàn 우리나라의 으뜸 법원. 대법원장과 대법원판사로 구성되며, 명령 심사권, 상고심 재판권, 국회의원 소송 심판권, 행정 심판권 들을 가지며 국회와 대등한 위치에 선다. §대법.

대변인(代辯人) 명 发言人 fāyánrén 어떤 기관이나 단체를 대신하여 책임지고 그의 의견이나 태도를 밝혀 말하는 사람=대변자.

대본(臺本) 명 〈문〉 ① 剧本 jùběn 연극의 상연이나 영화의 제작에서 기본이 되는 각본. ¶영화 ~. 电影剧本。diànyǐng jùběn. ② 范本 fànběn 어떠한 토대가 되는 책. ¶영문판을 ~으로 하여 번역한다. 以英文版为范本翻译的。yǐyīngwénbǎn wéifànběnfānyìde.

대부(貸付) 명 [~하다|타동사] ① 贷款 dàikuǎn 은행 따위에서 변리와 기한을 정하고 돈을 꿔어 줌. ¶신용 ~. 信用贷款。xìnyòngdàikuǎn. ② 允许借用 yǔnxǔjièyòng 반환의 언약으로 어떠한 물건을 남에게 빌려 주어 사용과 수익을 허락함.

대부이자(貸付利子) 명 贷款利息 dàikuǎnlìxī 〈경〉 대부리자.

대부인(大夫人) 명 令堂 lìngtáng '남의 어머니'의 높임말=모당, 모부인, 북당, 영모, 자당, 훤당.

대비(對備) 명 [~하다|자동사·타동사] ① 作准备 zuòzhǔnbèi 어떠한 일에 대응할 준비를 함. ② 准备 zhǔnbèi 어떤 일에 대응할 준비.

대손(貸損) 명 坏账 huàizhàng 외상 대출금·대부금 따위를 돌려받지 못하고 손실이 되는 일.

대식(大食) 명 〔~하다|타동사〕 ① 早晚饭 zǎowǎnfàn 아침저녁의 끼니 밥. ② 大饭量 dàfànliàng 음식을 많이 먹음=건담, 건식, 다식↔소식. ③ 饭量大的人 fànliàngdàderén '대식가'의 준말.

대신(代身) 명 〔~하다|타동사〕 ① 代替 dàitì 남을 대리함. ¶주인을 ~하다. 代替主人。dàitìzhǔrén. ② 替代 tìdài 갈아 채움. 부 ① 代理 dàilǐ 남을 대리하여. ② 被替代 bèitìdài(다른 것의) 대용, 대체.

대안(代案) 명 对策 duìcè 어떤 안에 대신하는 안.

대안(對案) 명 〔~하다|자동사〕 不同提案 bùtóngtìán 어떤 일에 대처할 안. ¶~을 마련하다. 准备了不同提案。zhǔnbèile bùtóngtíàn.

대야(大也) 명 洗脸盆 xǐliǎnpén 물을 담아서 낯, 손, 발 따위를 씻는데 쓰는, 둥글넓적하게 생긴 그릇=세면기. 수세기.

대여(贷与) 명 〔~하다|타동사〕 贷款 dài kuǎn 꾸어 주거나 빌려 줌. ¶~ 장학금. 贷款助学金。dàikuǎnzhùxuéjīn=대급.

대역(代役) 명 〔~하다|타동사〕 替角 tì jué 어떤 노릇을 대신하는 사람. ¶~ 배우. 替身演员。tìshēnyǎnyuán=체립.

대요(大要) 명 概要 gàiyào=대략. ¶논문의 ~. 论文概要。lùnwéngàiyào.

대욕(大欲) 명 大欲望 dàyùwàng 큰 욕망.

대원(大願) 명 大希望 dàxīwàng 큰 소원.

대월(貸越) 명 透支 tòuzhī 〈경〉 '당좌대월'의 준말.

대응(對應) 명 〔~하다|자동사〕 ① 应对 yìngduì 어떤 일이나 사태에 알맞은 조치를 취함. ② 相对 xiāngduì 마주 대함. 상대함. ③ 相等 xiāngděng 서로 같음. 상등(相等 xiāngděng)함. ④ 应酬 yìng chou 상대에 응하여 수작함. ⑤ 双数 shuāngshù 〈수〉 서로 짝이 되는 일. 즉, 수나 도형에서 서로 짝이 되는 부분의 일컬음.

대의(大義)[-의/-이] 명 正道 zhèng dào 사람으로서 마땅히 지켜야 할 큰 의리. ¶~를 좇다. 跟随正道。gēnsuízhèng dào.

대인기(大人氣)[-끼] 명 大名气 dàmíng qì 큰 인기.

대인담보(對人擔保) 명 以人但保 yǐrén dānbǎo 〈법〉 대인신용을 채권의 담보로 하는 일. 곧 연대보증 또는 연대채무 따위. ※대물담보.

대인방어(對人防御) 명 盯人防御 dīng rénfángyù 〈체〉 농구 따위에서, 수비 쪽의 각 경기자가 공격 쪽의 어떤 경기자를 1 : 1로 맡아 하는 수비. ※지역방어.

대임(大任) 명 重任 zhòngrèn=중임. ¶~을 맡다. 肩负重任。jiānfùzhòngrèn.

대작(對酌) 명 〔~하다|자동사·타동사〕 对饮 duìyǐn 서로 마주 대하여 술을 마심=대음. ※독작. 자작.

대절(貸切) 명 〔~하다|타동사〕 长期承

包 chángqīchēngbāo → 전세.

대절비행기(貸切飛行機) 명 包机 bāojī 전세비행기.

대접(待接) 명 〔~하다|타동사〕 ① 招待 zhāodài 음식을 차려 맞음. ¶융숭한 ~. 隆重的接待。lóngzhòngdejiēdài＝접대. ② 待遇 dàiyù 마땅한 예로써 대함＝대우.

대조계정(對照計定) 명 对照帐户 duì zhàozhànghù 〈경〉 대차대조표의 들쪽과 날쪽에 같은 금액이 적히어 있고 그 두 개가 직접 관련을 가지고 대립하는 항목일 때의 그 두 항목에 딸린 계정.

대졸(大卒) 명 大学毕业 dàxuébìyè '대학졸업'의 준말. ¶~ 학력자. 大学毕业生。dàxuébìyèshēng.

대중과세(大衆課稅) 명 普遍征税 pǔbiàn zhēngshuì 수입이 적은 근로자, 노동자 같은 일반 대중의 부담이 되는 조세. 소비세, 소득세 따위.

대중문학(大衆文學) 명 通俗文学 tōng súwénxué 〈문〉 널리 대중을 상대로 하여 이루어지거나 읽히는 문학. 주로 통속적인 내용의 소설을 일컫는다＝대중문예, 통속문화.

대지(垈地) 명 房产地 fángdìchǎn 집터로서의 땅. ¶~ 면적. 方地面积。fāngdì miànjī.

대처(對處) 명 〔~하다|타동사〕 对付 duìfù 어떤 정세나 사건에 대하여 알맞은 조치를 취함.

대청(大廳) 명 ① 堂屋 tángwū 过厅 guò tīng 厅房 tīngfáng 〈건〉 한옥에서, 집 몸채의 방과 방 사이에 있는 큰 마루. §청＝당. ② 大厅 dàtīng 대청마루.

대취(大醉) 명 〔~하다|자동사〕 喝醉 hē zuì 술이 몹시 취함＝굉취, 만취, 명정, 진취.

대치(代置) 명 〔~하다|타동사〕 代替 dàitì＝개치.

대통(大統) 명 継承王位的系统 jìchéng wángwèidexìtǒng＝홍통.

대통령(大統領)[－녕] 명 总统 zǒngtǒng 공화국의 원수 ≪모든 행정을 통할하고 국가를 대표함≫.

대파(代播) 명 〔~하다|타동사〕 改播 gǎi bō＝대용갈이하다.

대피(待避) 명 〔~하다|타동사〕 躲避 duǒbì 위험이나 피해를 당하지 않도록 위험한 일이 지나갈 때까지 기다려 피함.

대피선(待避線) 명 调轨线 diàoguǐxiàn 주로 단선철도에서 다른 기차와 엇갈릴 때에, 한쪽이 옆으로 비켜설 수 있도록 따로 놓은 철길.

대피소(待避所) 명 掩蔽所 yǎnbìsuǒ 비상시에 대피하도록 만들어 놓은 곳＝대피장.

대피호(待逼壕) 명 防空壕 fángkōngháo 대피할 구덩이.

대합(大蛤) 명 文蛤 wéngé 〈동〉 나릿과

에 딸린 바닷물 조개. 세모꼴에 가까운 둥근꼴로 껍데기가 두꺼운데, 겉은 매끄럽고 윤이 난다. 속살은 맛이 좋으며 껍데기는 바둑돌, 물감 들의 재료로 쓴다 =대합조개, 무명조개, 문합, 화합.

대합실(待合室) 명 等候室 děnghòushì →기다림방.

대행(代行) 명 〔~하다|타동사〕 ① 代理 dàilǐ 대신하여 행함=섭행. ② 代理人 dàilǐrén=대행자. ¶회장 ~. 会长代理。huìzhǎngdàilǐ. ③ 替代 tìdài 딴 방법으로 바꿔 함.

대훈(大勛) 명 ① 大功勋 dàgōngxūn=큰 공. ② 勋爵 xūnjué 높은 훈위=대훈위.

대흉(大凶) 명 大灾荒 dàzāihuāng 큰 흉년↔대풍.

댁내(宅內) 명 家里 jiālǐ '남의 집안'의 높임말. ¶~가 다 무고하신지요? 家里都平安吗? jiālǐdōupíngānma=택내.

도가(都家) 명 ① 商会 shānghuì 같은 장사를 하는 상인들이 모여 계(契)나 그 밖의 장사에 대해 의논을 하는 집=도갓집. ② 批发 pīfā 세물전(貰物廛). ③ 批发商 pīfāshāng 도매상. ¶술~. 酒批发商。jiǔpīfāshāng.

도급(都給) 명 ① 包工 bāogōng=도맡기. ¶~을 주다. 给承包。gěichéngbāo. ② 承包 chēngbāo 한꺼번에 죄다 줌.

도난(盜難) 명 失盗 shīdào 도둑을 맞는 재난. ¶~을 당하다. 被盗了。bèidàole.

도당(徒黨) 명 党徒 dǎngtú=무리. ¶반역 ~. 叛徒。pàntú=도속. ※도배.

도대체(都大體) 부 到底 dàodǐ '대체'의 힘줌말. ¶~ 무엇 때문에 화를 내시오? 到底为什么生气? dàodǐwèishénmeshēngqì.

도도(滔滔) 형 〔여 불규칙〕 傲慢 àomàn 高傲 gāoào →도도하다.

도래방석(到來方席) 명 圆形席子 yuánxíngxízi 둥근 방석.

도련(刀鍊) 명 〔~하다|타동사〕 切纸 qiēzhǐ 종이의 가장자리를 가지런하게 베는 일=가도련.

도로(徒勞) 명 〔~하다|자동사〕 白劳 báiláo=헛수고.

도륙(屠戮) 명 〔~하다|타동사〕 屠杀 túshā 마구 죽임=도살.

도매(都賣) 명 〔~하다|타동사〕 批发 pīfā 물건을 낱개로 팔지 않고 모개로 팖. ¶~로 사고판다. 批发买卖。pīfāmǎimài↔산매.

도발(挑發) 명 〔~하다|타동사〕 挑拨 tiǎobō 어떤 일을 집적거리어 일으킴.

도배(徒輩) 명 匪徒 fěitú=떨거지. ¶폭력 ~. 暴徒。bàotú.

도부(到付) 명 〔~하다|자동사〕 行商 xíngshāng 장사아치가 물건을 가지고 이리저리 돌아다니며 팖.

도사공(都沙工) 명 船夫头 chuánfūtóu 사공의 우두머리.

도산(倒産) 명 〔~하다|자동사〕 破产 pòchǎn=파산.

도생(圖生) 명 〔~하다|자동사〕 谋生 móushēng 살아가기를 꾀함.

도선사(導船士) 명 导航员 dǎohángyuán 도선할 수 있는 자격을 가진 사람.

도선장(渡船場) 명 渡口 dùkǒu=나루터.

도수(導水) 명 〔~하다|자동사〕 引水 yǐnshuǐ 물을 일정한 방향으로 흐르도록 물길을 만들어 이끎.

도술(道術) 명 妖术 yāoshù 도사나 도가의 방술. ¶~을 부린다. 使妖术。shǐyāo shù.

도승(道僧) 명 法师 fǎshī 〈불〉 불도를 닦아 도를 깨달은 중.

도식(徒食) 명 〔~하다|자동사〕 ① 游手好闲 yóushǒuhàoxián 놀고먹음=유식. ② 素食 sùshí=채식.

도외시(度外視) 명 〔~하다|타동사〕 无视 wúshì 생각 밖의 것으로 봄. ¶남의 사정을 전혀 ~. 根本无视别人的难处。gēn běnwúshìbiéréndenánchù.

도읍(都邑) 명 京都 jīngdū=서울. ¶~을 정하다. 定都。dìngdū.

도입(導入) 명 〔~하다|타동사〕 采用 cǎi yòng 끌어들임. ¶새로운 이론의 ~. 采用新理论。cǎiyòngxīnlǐlùn.

도장(塗裝) 명 〔~하다|타동사〕 漆 qī 칠하거나 발라서 꾸밈.

도장방(圖章房) 명 刻字店 kèzìdiàn=인주.

도정(道程) 명 ① 里程 lǐchéng=이정. ② 路程 lùchéng=노정.

도착(到着) 명 〔~하다|자동사〕 到达 dàodá 다다름.

도찰(塗擦) 명 〔~하다|타동사〕 涂抹 tú mǒ 바르고 문지름.

도첩(圖牒) 명 度牒 dùdié=그림첩.

도청장치(盜聽裝置) 명 窃听装置 qiètīng zhuāngzhì 엿듣는 장치.

도탄(塗炭) 명 水深火热 shuǐshēnhuǒrè 진구렁이나 숯불과 같은 데에 빠졌다는 뜻으로, '몹시 고통스러운 지경'을 일컫는 말.

도통(道通) 명 〔~하다|자동사 深明事理 shēnmíngshìlǐ 사물의 오묘한 이치를 깨달아서 통함.

도판(圖版) 명 插图 chātú 책에 실린 그림 또는 그 인쇄판.

도포제(塗布劑) 명 ① 涂药 túyào 〈약〉 피부, 점막 따위에 바르는 약제=도포약. ② 杀虫剂 shāchóngjì 나무의 줄기나 가지의 상한 곳에 발라 해충을 막는 약제=도포약.

도합(都合) 명 总共 zǒnggòng 모두 한데 모은 셈=도총, 도통.

도항(渡航) 명 〔~하다|타동사〕 航海 hánghǎi 배를 타고 바다를 건넘.

도회지(都會地) 명 都市 dūshì=도시. §도회.

독감(毒感) 명 重感冒 zhònggǎnmào 몹시 독한 고뿔.

독경(讀經) 명 〔~하다|자동사〕 念经 niànjīng 〈불〉 경문을 읽음↔간경.

독극물(毒劇物)[—끙—] 명 毒品 dúpǐn 〈법〉 독물과 극물. 약사법에서 보건 위생에서의 위해를 막으려고 규정한 아주 독성이 센 비의용품을 가리킨다.

독농(篤農)[동—] 명 好庄稼汉 hǎozhuāng jiahàn→근농.

독대(獨對) 명 〔~하다|자동사〕 单独对坐 dāndúduìzuò 지난날, 벼슬아치가 홀로 임금을 대하여 정치에 관한 의견을 상주(上奏)하던 일. 전하여, 중요한 지위에 있는 높은 사람을 단독으로 면담하는 일에도 씀. ¶대통령과 ~하다. 跟总统单独会见。gēnzǒngtǒngdāndúhuìjiàn.

독려(督勵) 명 〔~하다|타동사〕 鼓励 gǔlì 감독하여 북돋아 줌.

독료(讀了)[동뇨] 명 〔~하다|타동사〕 读完 dúwán→독파.

독무대(獨舞台)[동—] 명 无敌的赛场 wúdídesàichǎng→독판.

독보(獨步) 명 〔~하다|자동사〕 ① 独步 dúbù 혼자서 걸음. ② 独一无二 dúyīwúèr 남이 감히 따를 수 없이 뛰어남. ¶~의 경지에 이르렀다. 达到独一无二的境地。dádàodúyīwúèrdejìngdì.

독불장군(獨不將軍) 명 ① 孤家寡人 gūjiāguǎrén=외돌토리. ② 独立行使 dúlìxíngshǐ 무슨 일이나 저 혼자서 처리하는 사람. ¶자넨 매사에 ~으로 나서는 게 탈이야. 你的毛病就是每次独立行使。nǐdemáobìngjiùshìměicìdúlìxíngshǐ. ③ 独木不成林 dúmùbùchénglín '혼자의 힘으로는 도저히 할 수 없음'이라는 뜻.

독선(獨善) 명 ① 独善其身 dúshànqíshēn 남의 생각은 돌아보지 않고 제 혼자만이 옳다고 믿어 행동하는 일. ② 独善其身 dúshànqíshēn '독선기신'의 준말.

독선생(獨先生) 명 个人家庭教师 gèrénjiātíngjiàoshī 한 집 아이만을 맡아서 가르치는 선생.

독설(毒舌) 명 挖苦 wākǔ 악독하게 혀끝을 놀려서 남을 해치는 말=독언.

독실(篤實) 형 〔여 불규칙〕 诚实 chéngshí 열성스럽고 착실하다. ¶~한 불교 신자. 诚实的佛教信徒。chéngshídefójiàoxìntú.

돈독(敦篤)[—도카—] 형 〔여 불규칙〕 敦厚 dūnhòu=도탑다. ¶~한 마음. 敦厚的心。dūnhòudexīn.

돈사(豚舍) 명 猪圈 zhūjuàn=돼지우리.

돈수(頓首) 명 〔~하다|자동사〕 ① 叩头 kòutóu 공경하여 머리를 땅에 닿도록 꾸벅임. ¶~ 사례. 磕头谢礼。kētóuxièlǐ=계수, 돈상. ② 写信时开头问候语。xiěxìnshíkāitóuwènhòuyǔ 편지의 첫머리나 끝에 경의를 나타내려고 쓰는 말. §돈=계수.

동가식서가숙(東家食西家宿) 명 〔~하다|자동사〕 东边吃羊头 西边吃狗肉 dōngbiānchīyángtóu xībiānchīgǒuròu 먹을 곳, 잘 곳이 일정하지 않거나 없어, 떠돌아다님을 이르는 말.

동갑(同甲) 명 同年 tóngnián 같은 나이. 나이가 같은 사람. ¶그는 나와 ~이다. 他和我是同龄。tāhéwǒshìtónglíng.

동고동락(同苦同樂)[-낙] 명 〔~하다|자동사〕 同甘共苦 tónggāngòngkǔ 괴로움과 즐거움을 같이함. ¶한평생 ~하며 살아 온 우리. 同甘共苦一生的我们。tónggāngòngkǔyìshēngdewǒmen.

동구(洞口) 명 村口 cūnkǒu 동네 어귀. ¶~ 밖 과수원길. 村口果园的路。cūnkǒuguǒyuándelù.

동굴(洞窟) 명 峒 dòng 깊고 넓은 큰 굴.

동극(童劇) 명 儿童戏 értóngxì 〈극〉 '아동극'의 준말.

동기(同氣) 명 亲兄弟姐妹 qīnxiōngdìjiěmèi 언니, 아우, 오라비, 누이를 통틀어 일컫는 말=형제.

동리(洞里) 명 ① 乡村 xiāngcūn 지방 행정구역인 동과 이. ② 村庄 cūnzhuāng =마을.

동문수학(同門受學) 명 同班学习 tóngbānxuéxí 한 스승 밑에서 같이 학문을 닦고 배움=동문동학, 동문수업.

동백(冬柏) 명 山茶树 shāncháshù 〈식〉 =동백나무.

동복(冬服) 명 冬装 dōngzhuāng=겨울옷.

동봉(同封) 명 〔~하다|타동사〕 附在信内 fùzàixìnnèi 두 가지 이상을 한데 넣거나 싸서 봉함↔각봉.

동부(胴部) 명 胸部和腹部 xiōngbùhéfùbù=몸통.

동부인(同夫人) 명 〔~하다|자동사〕 偕同夫人 xiétóngfūrén 아내와 함께 함. ¶~ 나들이. 偕同夫人出门。xiétóngfūrén chūmén.

동생(同生) 명 弟弟或妹妹 dìdìhuòmèimèi 손아래의 남자나 여자↔형=아우↔형.

동성동본(同姓同本) 명 同姓同宗 tóngxìngtóngzōng 성씨와 본이 같다.

동숙(同宿) 명 〔~하다|자동사〕 同住 tóngzhù 같이 주숙함=반침.

동인(動因) 명 ① 动机 dòngjī 상을 일으키거나 변화시키는 데에 직접 작용하는 원인. ② 原因 yuányīn 까닭.

동자(瞳子) 명 瞳孔 tóngkǒng 눈동자.

동장군(冬將軍) 명 严寒 yánhán 나운 추위. ¶~이 내습한다. 严寒来临。yánhán láilín.

동절(冬節) 명 冬天 dōngtiān.

동점(同點) 명 分数相同 fēnshùxiāngtóng 같은 점.

동조(同調) 명 〔~하다|자동사〕 ① 同调 tóngtiáo 같은 가락. ② 赞同 zàntóng 어떤 일에 대하여 같은 보조를 취함. ③ 调频 tiáopín 〈물〉 공진하도록 그 고유 진

동수나 주파수를 조절하는 일.

동족회사(同族會社) 명 家族公司 jiāzú gōngsī 동종에서 꾸리는 회사.

동종(同種) 명 同类 tónglèi=동류. ¶~의 일. 同类的事。tónglèideshì ↔이종.

동차(同次) 명 齐次 qícì 〈수〉 다항식에서 각 항의 차수가 어떤 문자에 대해서 같은 것.

동천(東天) 명 东边天 dōngbiāntiān 동쪽 하늘↔서천.

동체(同體) 명 ① 一体 yìtǐ 같은 몸=동일체. ② 同一物体 tóngyīwùtǐ 같은 물체=동일체.

동체(胴體) 명 躯体 qūtǐ=몸통. ¶~가 크다. 躯体巨大。qūtǐjùdà.

동침(同寢) 명 同眠 tóngmián 한 자리에서 함께 잠=동금, 동상, 동품, 연금, 연침.

동태(凍太) 명 冻明太鱼 dòngmíngtàiyú '동명태'의 준말.

두절(杜絶) 명 〔~하다|자동사〕 中断 zhōngduàn 막히거나 끊어짐. ¶교통 ~. 交通中断。jiāotōngzhōngduàn.

둔화(鈍化) 명 〔~하다|자동사〕 变得呆痴 biàndedāichī 느리고 무디게 됨.

득달(得達) 명 〔~하다|자동사·타동사〕 抵达 dǐdá 목적한 곳에 다다름. 또는 목적을 이룸.

득의만면(得意滿面)[-의-/-이-] 명 喜形于色 xǐxíngyúsè 뜻한 바를 이루어서 기쁜 표정이 얼굴에 꽉 참.

득점(得點) 명 〔~하다|타동사〕 ① 所得分 suǒdéfēn 얻어 낸 점수. ¶~이 얼마나? 所得分多少? suǒdéfēnduōshǎo ↔실점. ② 得分 défēn 점수를 얻어 냄. ¶~기회. 得分机会。défēnjīhuì ↔실점.

등교(登校) 명 〔~하다|자동사〕 上学 shàngxué 학생이 학교에 출석함=출교 ↔하교.

등귀(騰貴) 명 〔~하다|자동사〕 涨价 zhǎngjià 물건 값이 뛰어오름=등약, 상귀, 용귀.

등귀액(騰貴額) 명 涨价毛额 zhǎngjià máoé 물건 값이 뛰어오른 액수.

등극(登極) 명 〔~하다|자동사〕 登基 dēngjī=즉위.

등기우편(登記郵便) 명 挂号信 guàhào xìn 우편물을 받아서 배달할 때까지의 경로를 분명히 하여 두려고 필요한 기록을 하는 특수우편의 하나. §등기.

등단(登壇) 명 〔~하다|자동사〕 ① 登台 dēngtái 연단이나 교단 같은 것에 오름. ② 登场 dēngchǎng 어떤 특수한 사회 분야에 처음으로 등장함. ③ 当头目 dāng tóumù 전날, '대장 벼슬에 오름'의 일컬음. ④ 登坛 dēngtán 〈불〉=입단.

등락(騰落)[-낙] 명 〔~하다|자동사〕 涨落 zhǎngluò 오르내림=고락.

등록금(登錄金) 명 登记金 dēngjìjīn 学费 xuéfèi 학생이 입학할 때나 학년 초, 학기 초 등 학교에 등록할 때에 내는 돈.

¶~을 내다. 交学费。jiāoxuéfèi.

등록의장(登錄意匠)[-녹-] 명 注册图案 zhùcètúàn 〈법〉 등록의 절차를 거친 의장.

등분(等分) 명 〔~하다|타동사〕 ① 平分 píngfēn 등급의 구분. ② 平均 píngjūn 똑같은 분량. ③ 同等分量 tóngděngfènliàng 똑같은 분량으로 나누어진 몫을 세는 단위. ¶두 ~. 两分。liǎngfēn. ④ 等分 děngfēn 똑같이 나눔.

등세(騰勢) 명 涨势 zhǎngshì 동등한 세력.

등속(等屬) 의 等类 děnglèi '붙이'의 뜻. ¶과자 ~이 요새는 너무 흔하다. 最近糕点之类太多。zuìjìngāodiǎnzhīlèitàiduō.

등신(等神) 명 ① 用草木等造的人形 yòngcǎomùděngzàoderénxíng 쇠, 돌, 풀, 나무, 흙 같은 것으로 만든 사람의 형상=등상. ② 傻瓜 shǎguā 어리석은 사람. ¶저런 ~이 무슨 일을 한다고? 那样的傻瓜能做什么? nàyàngdeshǎguānéngzuò shénme.

등용(登用) 명 〔~하다|타동사〕 任用 rènyòng 인재를 골라 뽑아서 씀=등탁, 승탁.

등잔(燈盞) 명 ① 油灯 yóudēng 기름을 담아 등불을 켜는 그릇=화등잔. ② 灯 dēng=등.

등한시(等閑視) 명 〔~하다|타동사〕 忽视 hūshì 소홀하거나 무심하다. ¶의무를 ~할 수 없다. 不能忽视义务。bùnénghū shìyìwù.

ㅁ

마구간(馬廐間)[—깐] 명 马圈 mǎjuàn 말을 기르는 간=구사, 마구, 마방간, 마사, 말간→외양간. <강원>=마굿간.

마권(馬卷)[—꿘] 명 马票 mǎpiào→맛권.

마수(魔手) 명 魔掌 mózhǎng 음험하고 흉악한 손길. ¶~를 뻗치다. 伸出了魔掌。shēnchūlemózhǎng.

막강(莫强) 명 〔~하다|형용사〕 无比强大 wúbǐqiángdà 힘이 더 할 수 없이 셈. ¶국력의 ~을 자랑하다. 夸耀强大的国力。kuāyàoqiángdàdeguólì.

막대(莫大) 형 〔여 불규칙〕 ① 巨大 jùdà 더할 수 없이 크다. ¶~한 손실. 巨大的损失。jùdàdesǔnshī. ② 很多 hěnduō 더할 수 없이 많다. ¶~한 비용. 很多费用。hěn duōfèiyòng.

막론(莫論)[망논—] 타 〔여 불규칙〕 不论 búlùn 주로 '막론하고'의 꼴로 쓰이어, '이것저것 가리고 따져 말하지 아니하고'의 뜻을 나타낸다. ¶남녀노소를 ~하고. 无论男女老少。wúlùnnánnǚlǎoshào.

막막(寞寞)[망마카—] 형 〔여 불규칙〕 ① 寂寞 jìmò 고요하고 쓸쓸하다. ¶~한 산중의 밤. 寂寞的山里夜。jìmòdeshānlǐyè. ② 渺茫 miǎománg 의지할 데가 없어서 답답하고 외롭다. ¶~한 심경을 토로하다. 倾吐渺茫心情。qīngtǔmiǎomángdexīn qíng.

막상막하(莫上莫下)[—마카] 명 〔~하다|형용사〕 不相上下 bùxiāngshàngxià 낫고 못함의 차이가 거의 없음. ¶~의 대결. 不相上下的比赛。bùxiāngshàngxià debǐsài.

막설(莫說) 명 〔~하다|타동사〕 ① 谈到这儿 tándàozhèer 말을 그만둠. ② 中止干活儿 zhōngzhǐgànhuóer 하던 일을 그만둠.

막심(莫甚) 형 〔여 불규칙〕 极大 jídà 매우 심하다. ¶손해가 ~. 损害极大。sǔnhài jídà.

막중(莫重) 형 〔여 불규칙〕 极重大 jí zhòngdà 더할 수 없이 귀중하다.

만감(萬感) 명 百感 bǎigǎn 여러 가지의 느낌. ¶~이 교차하다. 百感交替。bǎigǎn jiāotì=백감. ※만념.

만강(萬康) 형 〔여 불규칙〕 安康 ānkāng 아주 평안함. ¶댁내의 ~을 빕니다. 祝您安康。zhùnín ānkāng=만안.

만개(滿開) 명 [~하다|자동사] ① 齐放 qífàng=만발. ② 花开 huākāi 활짝 엶.

만고강산(萬古江山) 명 古老的江山 gǔlǎo dejiāngshān 만고에 변함없는 강산. ¶~을 유람하다. 游览江山。 yóulǎnjiāng shān.

만국(萬國) 명 全世界 quánshìjiè 세계의 모든 나라=만방, 만역.

만끽(滿喫) 명 [~하다|타동사] ① 吃饱 chībǎo 잔뜩 배불리 먹거나 마심. ② 享受 xiǎngshòu 욕망을 실컷 만족시킴.

만단(萬端) 명 ① 万般 wànbān 수없이 많은 갈래나 토막. ② 各种 gèzhǒng 여러 가지. ¶~의 준비. 各种准备。 gèzhǒng zhǔnbèi.

만담(漫談) 명 单口相声 dānkǒuxiàng sheng 재미있고 익살스러운 말로써 인정을 비판, 풍자하는 이야기. ※재담.

만두(饅頭) 명 饺子 jiǎozi 메밀가루나 밀가루를 반죽하여 소를 넣고 빚어서, 삶거나 찌거나, 기름에 띄워 지져 만든 음식=교자.

만무(萬無) 명 [~하다|형용사] 决不会 juébúhuì 결코 없다. ¶그가 모를 리가 ~. 他不会不知道。 tābúhuìbùzhīdào.

만발(滿發) 명 [~하다|자동사] 盛开 shèngkāi 꽃이 활짝 다 핌. ¶백화 ~. 百花盛开。 bǎihuāshèngkāi=만개, 전개.

만백성(萬百姓) 명 全体人民 quántǐrén mín 모든 백성.

만병통치(萬病通治) 명 [~하다|자동사] ① 百病皆治 bǎibìnjiēzhì어떤 한 가지 약이 여러 가지 병에 다 효력이 있음. ¶~의 영약. 治百病的灵药。 zhìbǎibìngdelíng yào. ② 比喻万事通 bǐyùwànshìtōng '어떤 한 가지 사물이 여러 가지 사물에 다 효력을 나타냄'을 비유하여 이르는 말.

만부당(萬不當) 명 [~하다|형용사] 万不该 wànbùgāi 몹시 부당함.

만삭(滿朔) 명 ① 足月 zúyuè 해산할 달이다. 참=만월. ② 产月 chǎnyuè ※해산달, 당삭.

만산중(萬山中) 명 山山 shānshān 첩첩이 둘러싸인 몹시 깊은 산속.

만생종(晩生種) 명 晚熟种 wǎnshúzhǒng 〈농〉=늦씨. §만종↔조생종

만약(萬若) 명부 ① 如果 假如 rúguǒ jiǎrú=만일. ¶~을 생각해서라도. 以防万一。 yǐfángwànyī. ② 万一wànyī=만일

만연령(滿年齡) 명 满岁 mǎnsuì=만나이.

만우절(萬愚節) 명 愚人节 yúrénjié 양력 4월 1일. 서양 풍속에서 전래된 것으로 가벼운 거짓말로 서로 속이면서 즐기는 날.

만장일치(滿場一致) 명 全场一致 quán chǎngyízhì 회장에 모인 사람의 뜻이 완전히 일치함. ¶~로 가결하다. 全场一致通过。 quánchǎngyízhìtōngguò.

만점(滿點) 명 ① 满分 mǎnfēn 규정한

점수에 이른 점수. ¶백점 ~. 一百分满分。yībǎifēnmǎnfēn. ② 很好 hěnhǎo 아주 만족할 만한 정도. ¶요리 솜씨가 이만하면 ~이다. 炒菜手艺不一般。chǎocàishǒu yìbùyībān.

만좌중(滿座中) 명 全场 quánchǎng 자리에 꽉 찬 사람들 가운데.

만천하(滿天下) 명 普天下 pǔtiānxià 온 천하, 온 세계. ¶~의 사람들. 普天下的人们。pǔtiānxiàderénmen.

말세(末世) 명 ① 末日 mòrì 쇠퇴하여 끝판이 다 된 세상. ¶~가 다가온다. 来临末日。láilínmòrì=계말, 계세, 말류. ② 末世 mòshì 말조, 세말, 숙계 숙세, 오탁악세, 요계, 요계지세. ※말대.

망건(網巾) 명 巾缲 jīnqiào 缲头 qiào tóu 상투를 튼 사람이 머리에 두르는 물건 ≪말총·곱소리·머리카락으로 만듦≫.

망극(罔極)[-그카-] 형 [여 불규칙] 无比 wúbǐ 어버이나 임금에게 상서롭지 못한 일이 생기게 되어 매우 슬프다. '망극지통'의 준말.

망년회(忘年會) 명 辞年会 cíniánhuì 迎新晚会 yíngxīnwǎnhuì. 연말에 그 해를 보내는 뜻으로 베푸는 모임.

망대(望台) 명 了望台 liàowàngtái 주위의 동정을 살피려고 세운 높은 대=관각, 망루, 적대, 적루, 후루.

망령(妄靈) 명 糊涂 hútu → 망녕.

망망(茫茫) 형 [여 불규칙] ① 茫茫 mángmáng 넓고 멀다. ② 漠然 mòrán 어둡고 아득하다.

망명(亡命) 명 [~하다|자동사] 流亡 liúwáng 정치적 탄압 따위를 피하여 남의 나라로 몸을 옮김.

망배(望拜) 명 [~하다|타동사] 遥拜 yáobài 멀리서 그 대상이 있는 쪽을 향하여 하는 절=망기, 요배=망기, 요배.

망신(亡身) 명 [~하다|자동사] 丢脸 diū liǎn 丢人 diūrén 丢丑 diūchǒu 말이나 행동을 잘못하여 자기의 지위·명예·체면 따위를 망침. ¶~을 주다. 丢人。diū rén.

망연(茫然) 형 [여 불규칙] ① 茫茫 máng máng 넓고 멀어서 아득하다. ② 茫然 mángrán 아무 생각 없이 멍하다.

망외(望外) 명 意外 yìwài 바라던 것 이상의 것.

망중(忙中) 명 百忙 bǎimáng. 바쁜 가운데. ¶~에 틈을 내주셨다. 百忙当中给时间。bǎimángdāngzhōnggěishíjiān.

망측(罔測)[-츠카-] 형 [여 불규칙] 古怪 gǔguài 상리에 어그러져서 어처구니가 없다. ¶~하고 해괴한 일. 稀奇古怪的事。xīqígǔguàideshì.

매각(賣却) 명 [~하다|타동사] 卖掉 mài diào 变卖 biànmài 出售 chūshòu 销售 xiāoshòu 물건을 팔아 버림.

매기(買氣) 명 求购 qiúgòu 어떤 물건에 대하여, 사람들이 그것을 사려고 하는 시장의 분위기.

매도(賣渡) 명 〔~하다|타동사〕 出售 chūshòu 出让 chūràng 供销 gòngxiāo 变卖 biànmài=매여.

매료(魅了) 명 〔~하다|타동사〕 夺人魂魄 duórénhúnpò 호림.

매립(埋立) 명 〔~하다|타동사〕 填 tián 우묵한 땅을 메워 올림.

매립지(埋立地) 명 填筑地 tiánzhùdì 매립한 땅.

매물(賣物) 명 待卖商品 dàimàishāngpǐn =팔 것.

매물광장(賣物廣場) 명 交易广场 jiāoyìguǎngchǎng 교역시장.

매방(每放) 명부 每发 měifā 총이나 대포를 쏘는 하나하나의 모든 횟수. ¶~ 명중했다. 每发命中。měifāmìngzhòng.

매번(每番) 명부 每次 měicì 어떤 일을 하는 때의 하나하나. ¶그는 시험을 치르면 ~ 수석이다. 每一次考试, 他都会得第一名。měiyícìkǎoshì, tādōuhuìdédìyīmíng.

매상(賣上) 명 〔~하다|타동사〕 ① 销卖 xiāomài→팔기. ② 销售额 xiāoshòué→판매액.

매상(買上) 명 〔~하다|타동사〕 征购 zhēnggòu→사들이기.

매상고(賣上高) 명 销售额 xiāoshòué→판매액.

매석(賣惜) 명 〔~하다|타동사〕 垅断 lǒngduàn 시세가 오를 것을 예측하고 팔기를 꺼리는 일=석매. ※사재기.

매수(買收) 명 〔~하다|타동사〕 ① 收购 shōugòu=사들이기. ¶~가격. 收购价格。shōugòujiàgé. ② 收买 shōumǎi 买通 mǎitōng 남을 꾀어 제 편으로 끌어들임. ¶~를 당하다. 被收买。bèishōumǎi.

매씨(妹氏) 명 ① 令妹 lìngmèi '남의 누이'의 높임말=영매. ② 姐姐 jiějiě 제 손위의 누이.

매연(煤煙) 명 ① 烟雾 yānwù=그을음 연기. ② 煤烟 méiyān 석탄의 그을음.

매장(賣場) 명 售货柜台 shòuhuòguìtái →판매소.

매점(賣店) 小铺 xiǎopù→가게.

매점매석(買占賣惜) 명 倒买倒卖 dǎomǎi dǎomài 물건 값이 오를 것을 예상하여, 어떤 상품을 한꺼번에 많이 사 두고 되도록 팔지 않으려는 일.

매제(妹弟) 명 ① 弟妹 dìmèi 손아래의 누이=계매. ② 妹夫 mèifu 손아래 누이의 남편=제매.

매진(賣盡) 명 〔~하다|자동사〕 卖光 màiguāng 죄다 팔림. ¶극장표가 ~이 되었다. 戏票卖光了。xìpiàomàiguāngle.

매형(妹兄) 명 姐夫 jiěfu=자형.

맥맥(脈脈) 명형 〔여 불규칙〕 连续不断 liánxùbúduàn 끊임없이 줄기차게.

맥주(麥酒) 명 啤酒 píjiǔ 엿기름가루를 물과 같이 가열하여 당화시킨 다음 호프를 넣어 향기와 쓴맛이 있게 한 뒤에 발효시키어 만든 술.

맹랑(孟浪)[−낭−] 형 〔여 불규칙〕 ① 荒唐 huāngtáng 虚妄 xūwàng 생각하던 바와는 달리 아주 허망하다. ¶~한 일. 荒唐的事。huāngtángdeshì. ② 为难 wéinán 처리하기가 매우 어렵고 딱하다. ¶그런 ~한 질문이 어디 있나? 哪有这么难为别人的提问? nǎyǒuzhèmonánweibiérén detíwèn. ③ 聪明 cōngmíng 만만히 볼 수 없을 만큼 똘똘하고 깜찍하다.

맹습(猛襲) 명 〔~하다|타동사〕 猛烈袭击 měnglièxíjī 맹렬한 습격.

맹세(盟誓) 〔~하다|자동사·타동사〕 誓言 shìyán 起誓 qǐshì 誓约 shìyuē 굳게 약속하거나 다짐함. 또는 그 약속이나 다짐. ¶~를 저버리다. 忘掉誓言。wàng diàoshìyán.

맹신(盲信) 명 〔~하다|타동사〕 盲目相信 mángmùxiāngxìng=광신.

맹위 (猛威) 명 威风 wéifeng 사나운 위세. ¶~를 부리다. 耍威风。shuǎwēifēng.

면경(面鏡) 명 小镜子 xiǎojìngzi 얼굴이나 겨우 비춰 볼 만한 작은 거울.

면구(面灸) 형 〔여 불규칙〕 不好意思 难为情 bùhǎoyìsi nánwéiqíng 남을 마주 대하기가 부끄럽다=면괴하다.

면도(面刀) 명 ① 刮脸 guāliǎn 刮胡子 guāhúzi 얼굴에 있는 잔털이나 수염을 깎는 일. ② 刮胡刀 guāhúdāo=면도칼.

면면(面面) 명 ① 各方面 gèfāngmiàn 각 방면 또는 여러 면. ② 人人都 rénréndōu 여러 사람들의 얼굴 하나하나→면면하다.

면면(綿綿) 명형 〔여 불규칙〕 悠久 yōu jiǔ=끊임없다. ¶민족정신의 ~한 전통을 살리자. 发扬悠久的民族精神。fāyángyōu jiǔdemínzújīngshén.

면목(面目) 명 ① 面相 miànxiàng 얼굴의 생김새. ② 体面 tǐmiàn 남을 대하는 낯, 체면. ¶~이 서지 않다. 没有面子。méiyǒumiànzi. ③ 面目 miànmù 사물의 모양, 일의 상태. ¶~을 일신하다. 面目一新。miànmùyìxīn.

면밀(綿密) 형 〔여 불규칙〕 周密 zhōumì =꼼꼼하다. ¶일을 ~하게 처리하다. 办事很周密。bànshìhěnzhōumì.

면박(面駁) 명 〔~하다|타동사〕 当面驳斥 dāngmiànbóchì 면전에서 잘못을 쳐서 말함. ¶~이 심하다. 当面驳斥得太狠了。dāngmiànbóchìdetàihěnle.

면사포(面紗布) 명 ① 婚纱 hūnshā 결혼식 때에 신부가 쓰는 흰빛의 사(紗) ¶~를 쓰다. 披了婚纱。pīlehūnshā. ② 棉纱 miánshā 예전에, 신부가 처음으로 신랑집에 갈 때에 머리에서부터 온몸을 덮어 쓰던 검은 사, 면사보.

면수(面數) 명 页数 yèshù=쪽수.

면식(面識) 명 见面 jiànmiàn=알음.

면접(面接) 명 〔~하다|자동사·타동사〕 ① 面对 miànduì 서로 대면하여 만나 봄.

대면(对面) duìmiàn. ② 面试 miànshì '면접시험'의 준말. ¶~을 보다. 有面试。yǒumiànshì.

면책(免責) 명 〔~하다|자동사〕 免掉责难 miǎndiàozénàn 책망이나 책임을 면함.

면책(面責) 명 〔~하다|타동사〕 当面批评 dāngmiànpīpíng 대면한 자리에서 책망함. 면척(面斥). miànchì

면허장(免許狀)[-짱] 명 miǎnxǔzhuàng 执照 zhízhào 〈법〉→면허장 〈법〉 면허한 증거로 관청에서 내어 준 문서. §면장=면허증. ※감찰.

멸시(蔑視)[-씨] 명 〔~하다|타동사〕 藐视 miǎoshì=업신여김. ¶~의 눈초리. 藐视的眼神。miǎoshìdeyǎnshén.

명가(名家) 명 ① 名门 míngmén 훌륭하다고 이름이 난 집안=명문, 명벌. ② 名人 mínrén=명인.

명공(名工) 명 名匠 mínjiàng 뛰어난 장인=명장.

명답(明答) 명 〔~하다|자동사〕 恰当的回答 qiàdàngdehuídá 내용과 태도가 분명한 대답.

명당(明堂) 명 ① 正殿 zhèngdiàn 임금이 조현(朝见)을 받던 정전(正殿) zhèngdiàn. ② 墓穴 mùxué 무덤 아래에 있는 평지 ≪혈(穴)의 바로 앞≫. ③ 风水宝地 fēngshuǐbǎodì 명당자리.

명목(名目) 명 ① 名义 míngyì 사물을 지적하여 부르는 이름. ¶실권은 없고 ~뿐이다. 没有实权, 只有虚名。méiyǒushíquán, zhǐyǒuxūmíng=명호. ② 名目 míngmù 구실이나 이유. ¶무슨 ~으로 돈을 거두지? 拿什么名目收钱? náshénmomíngmù shōuqián.

명물(名物) 명 ① 特产 tèchǎn 어떤 지방의 특별하거나 또는 이름난 물건. ¶제주의 ~. 济州岛的特产。jìzhōudǎodetèchǎn ※명산물. ② 出名的人 chūmíngderén 남달리 특징이 있어 인기 있는 사람. ¶그이는 우리 사무실의 ~이다. 他是我们办公室的名人。tāshìwǒménbàngōngshìdemíngrén.

명민(明敏) 형 〔여 불규칙〕 聪明伶俐 cōngmínglínglì 총명하고 민첩하다. ¶~한 관찰. 聪明伶俐的观察力。cōngmínglínglìde guānchálì.

명배우(名俳優) 명 著名演员 zhùmíng yǎnyuán 이름난 배우. §명우.

명색(名色) 명 名分 míngfèn 어떠한 부류에 붙여 넣어서 부르는 이름.

명세(明細) 명 ① 细目 xìmù 분명하고 자세한 내용. ② 细分 xìfēn=속가름.

명소(名所) 명 名胜 míngshèng→명승.

명심(銘心) 명 〔~하다|타동사〕 铭记 míngjì 마음에 새기어 둠=각심, 명간, 명기, 명념, 조심.

명안(名案) 명 妙记 miàojì 훌륭하고 알맞은 안이나 계책.

명절(名節) 명 节日 jiérì 명일을 중심으

로 한 좋은 철.

명주(明紬) 명 丝绸 sīchóu 명주실로 무늬 없이 짠 피륙=면주, 사면.

명주(銘酒) 명 名贵酒 míngguìjiǔ=특주, 이름난 좋은 술.

명찰(名札) 명 名签 míngqiān→이름표.

명찰(名刹) 명 有名的古刹 yǒumíngde gǔchà 이름난 절.

명창(名唱) 명 ① 名唱 míngchàng 뛰어나게 잘 부르는 노래. ¶오래간만에 ~을 듣는다. 等了很久之后, 才能听到名唱。děng lehěnjiǔzhīhòu, cáinéngtīngdàomíng chàng. ② 名歌手 mínggēshǒu 노래를 썩 잘 부르는 사람. ¶~의 노래. 名歌手的歌。míngēshǒudegē.

명철(名哲) 명 明智 míngzhì 사리에 아주 밝다.

모군(募軍) 명 [~하다|자동사·타동사] 招兵 zhāobīng=모병.

모금(募金) 명 [~하다|자동사] 基金筹措 jījīnchóucuò 돈을 모집함.

모면(謀免) 명 [~하다|타동사] 逃脱 táo tuō 摆脱 bǎituō 回避 huíbì 어떤 일 따위로부터 꾀를 써서 벗어남=규면, 도면, 도피, 모피.

모멸(侮蔑) 명 [~하다|타동사] 蔑视 mièshì 업신여기고 낮봄.

모방(模仿) 명 [~하다|타동사] 效仿 xiàofǎng=본뜨기. ¶~은 창조의 어머니라는 말이 있다. 效仿是创造之母。xiào fǎngshìchuàngzàozhīmǔ.

모습(模襲) 명 ① 面貌 miànmào 容貌 róngmào 사람의 생김새. ¶어릴 때의 ~. 小时候的容貌。xiǎoshíhòuderóngmào=양자, 용모. ② 样子 yàngzi 사물의 드러난 모양. ¶자연의 ~. 自然的样子。zìrán deyàngzi.

모조(模造) 명 [~하다|타동사] ① 仿造 fǎngzào 본떠 만듦=의제. ② 仿造品 fǎng zàopǐn '모조품'의 준말.

모조지폐(模造紙幣) 명 伪币 wěibì 가짜 돈.

모포(毛布) 명 ① 毛布 máobù=모직. ② 毛毯 máotǎn=담요.

모표(帽票) 명 帽徽 màohuī '모자표'의 준말.

모함(謀陷) 명 [~하다|타동사] 陷害 xiànhài 나쁜 꾀로 남을 어려운 처지에 빠지게 함=경함.

목간(沐間) 명 [~하다|자동사] ① 浴室 yùshì '목욕간'의 준말. ② 洗澡 xǐzǎo=목욕.

목간통(沐間桶) 명 洗澡桶 xǐzǎotǒng→목욕통. <함남>

목로주점(木爐酒店) 명 简易酒店 jiǎnyì jiǔdiàn=목로술집.

목욕(沐浴) 명 [~하다|자동사] 洗澡 xǐzǎo 머리를 감으며 몸을 씻는 일=목간, 세목, 조욕.

목욕탕(沐浴湯) 명 澡堂 zǎotáng 목욕을

할 수 있도록 모든 설비를 갖추어 놓은 곳. §욕탕=탕옥.

목욕통(沐浴桶) 명 澡盆 zǎopén 목욕물을 담는 통. §욕통=목간통, 욕분, 욕조, 탕조.

목적세(目的稅) 명 专用税 zhuānyòng shuì 〈경〉 특정한 목적을 위하여 거두는 세금. 방위세, 교육세 따위. ※특별세.

목축(牧畜) 명 〔~하다|자동사〕 畜牧 xù mù 소, 양, 말, 돼지 같은 가축을 많이 기르는 일=축목.

목탁(木鐸) 명 ① 木鱼 mùyú 〈불〉 중이 불공을 할 때나 사람을 모이게 할 때 두드려 소리를 내는 기구. 나무를 둥글넓적하게 다듬고 속을 조금 파낸 것으로 방울 같은데, 고리 모양의 손잡이가 있다=목어. ② 引导者 yǐdǎozhě 세상 사람을 가르쳐 바로 이끌 만한 사람이나 기관.

목하(目下) 명 ① 目前 mùqián 눈앞의 형편 아래. 바로 지금. ¶~의 현실. 目前形势。mùqiánxíngshì. ② 目下 mùxià 눈앞의 형편 아래에. 바로 지금. ¶~ 진행중이다. 眼下正在进行之中。yǎnxiàzhèng zàijìnxíngzhīzhōng=목금.

몰두(沒頭)[-뚜] 명 〔~하다|자동사〕 埋头 máitóu=골몰.

몰살(沒殺)[-쌀] 명 〔~하다|자동사·타동사〕 覆没 fùmò 죄다 죽임. ¶마을 사람 모두가 ~되었다. 村里人全部被杀掉了。cūnlǐderénquánbùbèishādiàole=멸살.

살멸.

몰상식(沒常識)[-쌍-] 명 〔~하다|형용사〕 没有常识 méiyǒuchángshí 상식이 없다. ¶~한 사람. 没有常识的人。méiyǒu chángshíderén.

몰아(沒我) 명 无我 wúwǒ 스스로를 잊고 있음.

몰염치(沒廉恥) 명 〔~하다|형용사〕 没有廉耻 méiyǒuliánchǐ 염치가 없음=몰렴=몰렴하다, 무염치하다.

몰의의(沒意義) 명 没有意义 méiyǒuyìyì 의미 없다.

몰이해(沒理解)[-리-] 명 〔~하다|자동사〕 不理解 bùlǐjiě이해함이 없음. ¶그 아이의 비행은 부모의 ~에서 비롯되었다. 那个孩子的错误行为是从父母的不理解开始的。nàgèháizidecùowùxíngwéishì cóngfùmǔdebùlǐjiěkāishǐde.

몰인격(沒人格)[-껵] 명 〔~하다|형용사〕 没有人格 méiyǒurénge 사람답지 못하다.

몰인정(沒人情) méirénqíng 명 〔~하다|형용사〕 无情 wúqíng 인정이 없다. ¶~한 사람. 无情的人。wúqíngderén=몰정하다.

몰지각(沒知覺) 명 〔~하다|형용사〕 不懂事 bùdǒngshì 지각이 없다. ¶~한 사람. 不懂事的人。bùdǒngshìderén. 몰지각한 행동.

묘막(墓幕) 명 守墓人小房子 shǒumùrén

xiǎofángzi 무덤 가까이에 지은 묘지기가 사는 작은 집=병사.

묘절(妙絶) 형 [여 불규칙] 绝妙 jué miào 아주 교묘하다.

묘출(描出) 명 [~하다|타동사] 描绘 miáohuì=묘사.

묘파(描破) 명 [~하다|타동사] 描绘 miáohuì 밝히어 그려냄.

무가내(無可乃) 명 无可奈何 wúkěnàihé =막무가내. §무가내.

무가치(無价值) 명 [~하다|형용사] 毫无价值 háowújiàzhí 아무 값어치가 없음.

무간(無間) 형 [여 불규칙] 亲密无间 qīn mìwújiàn 서로 허물없이 가까움.

무감각(無感覺) 명 [~하다|형용사] 毫无感觉 háowúgǎnjué 감각이 없음.

무개차(無蓋車) 명 敞车 chǎngchē 지붕이 없는 차↔유개차.

무결(無缺) 형 [여 불규칙] 完整 wán zhěng 결점이나 결함이 없음.

무결석(無缺席) 명 ① 满勤 mǎnqín 결석한 일이 없음. ② 全部出席 quánbùchūxí 한 사람도 결석이 없음.

무계획(無計畫)[-계-/-게-] 명 [~하다|형용사] 没有计划 méiyǒujìhuà 할 일의 방법, 순서, 규모 따위에 대하여 미리 짜놓은 것이 없음.

무골호인(無骨好人) 명 老好人 lǎohǎo rén 줏대가 없이 두루뭉실하여 남의 비위에 다 맞는 사람.

무궁화(無窮花) 명 ① 木槿花树木 mùjǐn huāshùmù 〈식〉=무궁화나무. ② 木槿花 mùjǐnhuā 무궁화나무의 꽃, 한국의 나라꽃이다=근화, 목근, 목근화, 순화, 훈화초.

무궤도(無軌道) 명 [~하다|형용사] 无轨 wúguǐ 궤도가 없음.

무급(無給) 명 无报酬 wúbàochóu 非专职 féizhuānzhí 义务 yìwù 직무에 대한 보수가 없음. ¶~ 사원. 义务社员。 yìwù shèyuán=무료↔유급.

무기력(無氣力) 명 [~하다|형용사] 无力气 wúlìqi 기운과 힘이 없음.

무기징역(無期懲役) 명 无期徒刑 wúqītú xíng 〈법〉 무기형의 하나. 기간을 정함이 없이 종신토록 교도소에 가두는 징역=역종신, 종신징역. ※유기징역.

무난(無難) 형 [여 불규칙] ① 不难 bù nán 没有问题 méiyǒuwèntí 어려울 것이 없다. ¶자네라면 그 일쯤은 ~하게 해 낼 수 있을 것이네. 要是你, 完成那些事, 应该没问题。 yàoshìnǐ, wánchéngnàxiē shì, yīnggāiméiwèntí. ② 顺利 shùnlì 말썽될 것이나 탈잡힐 것이 없이 무난하다. ¶~한 사람. 很顺的人。 hěnshùnde rén.

무남(無男) 명 没有儿子 méiyǒuérzi 아들이 없다.

무남독녀(無男獨女)[-동-] 명 独生女 dúshēngnǚ=외딸.

무념(無念) 명 [~하다|형용사] 心不在

焉 xīnbúzàiyān 아무런 감정이나 생각하는 것이 없음.

무단(無斷) 명 〔~하다|형용사〕〔~히|부사〕无故 wúgù 擅自 shànzì 일부 이름씨 앞에 쓰이어 사전에 아무런 연락이나 허락이 없음. 또는 아무 이유도 없음. ¶~ 조퇴. 无故早退。wúgùzǎotuì.

무대의상(舞台衣裳) 명 演出服 yǎnchūfú 〈극〉 연극, 무용 따위 모든 무대예술에서 쓰이는 옷.

무대장치(舞台裝置) 명 布景 bùjǐng 〈극〉 무대 위의 온갖 설비.

무도(無道) 형 〔여 불규칙〕 无法无天 wúfǎwútiān 도리를 어겨 막되다=부도하다.

무도장(舞蹈場) 명 舞场 wǔchǎng 춤을 추기 위하여 따로 만들어 놓은 곳.

무득점(無得點) 명 平局 píngjú 득점이 없음. ¶경기가 ~으로 끝나다. 以平局结束。yǐpíngjújiéshù.

무등(無等) 부 〔~하다|형용사〕 非常好 fēichánghǎo 그 위에 더할 수 없는 정도로. ※짝없이. 등급이 없음.

무려(無慮) 부 ① 足有 zúyǒu 수량을 나타내는 말 앞에서 '그 만큼은 넉넉하게'의 뜻을 나타냄. ¶~ 한 달 동안입니다. 足有一个月。 zúyǒuyīgeyuè=무려히. ※거의, 대략. ② 至少 zhìshǎo 수량을 나타내는 말 앞에서 '자그마치'의 뜻을 나타냄. ¶관객이 ~ 백만 명이나 동원되었다. 至少动员了一百万观众。 zhìshǎodòngyuánleyībǎiwànguānzhòng.

무력소치(無力所致) 명 无能 wúnéng 힘이 없는 까닭.

무력화(無力化)[-려콰] 명 〔~하다|자동사·타동사〕 打垮 dǎkuǎ 힘이 없게 됨. 또는 그렇게 함.

무뢰한(無賴漢) 명 无赖之徒 wúlàizhītú =부랑자.

무료(無料) 명 免费 miǎnfèi=공짜. ¶~ 봉사. 免费服务。miǎnfèifúwù. ~ 강습. 免费讲课。miǎnfèijiǎngkè ↔유료.

무료배달(無料配達) 명 免费送货 miǎnfèi sònghuò 공짜로 가져다 줌.

무료봉사(無料奉事) 명 无偿服务 wúchángfúwù 무료로 봉사함.

무루(無漏) 명 没有烦恼 méiyǒufánnǎo 〈불〉 번뇌를 떠나거나 번뇌가 없음. ※유루.

무릉도원(武陵桃源) 명 世外桃源 shìwài táoyuán 도 연명의 〈도화원기〉에 나오는 말로, '이상향', '별천지'의 비유. §도원=도원향.

무마(撫摩) 명 〔~하다|타동사〕 ① 抚摸 fǔmō 손으로 어루만짐, 마무(摩抚). ② 安慰 ānwèi 마음을 달래어 어루만짐. ¶흥분한 군중을 ~하다. 安慰兴奋的群众。ānwèixìngfèndeqúnzhòng. ③ 平息 píngxī 분쟁이나 사건 따위를 어물어물 덮어 버림. ¶뇌물을 주고 사건을 ~하려 했다. 要以行贿的手段平息这个事件。yàoyǐxíng huìdeshǒuduànpíngxīzhègèshìjiàn.

무망(無望) 형 〔여 불규칙〕 没有希望 méi yǒuxīwàng 바랄 수 없다. 희망이 없다.

무망중(無忘中) 명 意外 yìwài 일이 갑자기 생기어서 생각지 아니하였을 판=무망.

무면허(無免許) 명 无照销售 wúzhàoxiāo shòu 면허를 받지 아니함. ¶~ 운전. 无照驾驶。wúzhàojiàshǐ.

무모(無謀) 명 〔~하다|형용사〕〔~히|부사〕 莽撞 mǎngzhuàng 盲目 mángmù 卤莽 lǔmǎng 앞뒤를 깊이 헤아려 생각함이 없음.

무미건조(無味干燥) 명 〔~하다|형용사〕 干燥无味 gānzàowúwèi 재미없고 메마름.

무법천지(無法天地) 명 ① 无法无天 wú fǎwútiān 질서와 제도가 어지러워 마치 법이 없는 것과 같은 세상. ② 混乱局面 hùnluànjúmiàn 규율과 기강을 무시하는 난폭한 판.

무병장수(無病長壽) 명 〔~하다|자동사〕 健康长寿 jiànkāngchángshòu 병 없이 오래도록 삶.

무분별(無分別) 명 〔~하다|형용사〕 不顾前后 búgùqiánhòu 분별이 없다. ¶~한 행동은 삼가 주시오. 请谨慎不顾前后的行动。qǐngjǐnshènbúgùqiánhòudexíng dòng.

무비판적(無批判的) 관명 盲目地 máng mùde 옳고 그름을 판단하지 않는. ¶~ 태도. 盲目的态度。mángmùdetàidù.

무사(無事) 명 〔~하다|형용사〕〔~히|부사〕 ① 平安 píngān 아무 일도 없음. ② 无故 wúgù=무고.

무사태평(無事太平) 명 〔~하다|형용사〕 ① 太平无事 tàipíngwúshì 아무 탈 없이 편안함. ② 万事太平 wànshìtàipíng 무슨 일이든 안온하게 생각하여 근심 걱정 없음. ¶세상이 어찌 되었건 ~이로군. 不管世道多乱, 还是万事太平。 bùguǎnshìdào duōluàn, háishìwànshìtàipíng.

무산(霧散) 명 〔~하다|자동사〕 泡汤 pàotāng 안개가 걷히듯 흩어짐.

무상(無想) 명 〔~하다|형용사〕 无思 wú sī 〈불〉 모든 사물은 공이어서 일정한 형상이 없다는 것=무상개공.

무수(無水) 명 没有水分 méiyǒushuǐfèn 물기가 조금도 없음. 관 无水 wúshuǐ 〈화〉 '무수물'의 뜻으로 쓰던 말. 纯 chún 〈화〉 물기 또는 결정수가 없는 것.

무순(無順) 명 无顺序 wúshùnxù 일정한 차례가 없음.

무승부(無勝負) 명 平局 píngjú 내기, 경기 따위에서 이기고 짐이 없이 비김.

무시(無時) 명 随时 suíshí 주로 '무시로', '무시에'로 쓰이어, '일정한 때가 아닌 아무 때'의 뜻. ¶~로 찾아 오다. 随时找来。suíshízhǎolái=무상시.

무시험(無試驗) 명 免考 miǎnkǎo 선발, 자격 판정, 채용 따위의 경우에 시험을 치르지 않는 일. ¶~ 선발. 免考选拔。miǎn kǎoxuǎnbá.

무식(無識) 명 无知 wúzhī 没文化 méi wénhuà 배우지 못하여 아는 것이 없음. ¶~이 드러나다. 暴露了无知。bàolùlewú zhī ↔ 유식.

무심(無心) 명 〔~하다|형용사〕〔~히|부사〕 ① 无情 wúqíng 생각하는 마음이 없음. ② 无心 wúxīn 〈불〉 물욕에 팔리는 마음이 없고, 또 옳고 그른 것이나, 좋고 나쁜 것에 간섭이 떨어진 경계.

무심중(無心中) 명 无意中 wúyìzhōng= 무심결.

무쌍(無雙) 형 〔여 불규칙〕 独一无二 dú yīwúèr 서로 견줄 만한 짝이 없다. 무아(无我) wúwǒ 명 ① 忘我 wàngwǒ '나'라는 생각을 갖지 않음. ② 无我止境 wúwǒ zhǐjìng 〈불〉 일체의 존재는 다 무상한 것이므로 '나'라는 존재를 부정하는 생각. 인무아, 법무아의 둘로 나눈다.

무악(舞樂) 명 舞曲 wǔqǔ 〈악〉 춤출 때에 아뢰는 아악=춤음악.

무안(無顔) 명 〔~하다|형용사〕〔~히|부사〕 不好意思 寒碜 bùhǎoyìsi hánchen 부끄러워 볼 낯이 없음. ¶~을 당하다. 很不好意思。hěnbùhǎoyìsi=무색.

무언극(無言劇) 명 哑剧 yǎjù 〈극〉=몸짓극.

무엄(無嚴) 형 〔여 불규칙〕 放肆 fàngsì 버릇없다. 조심성이 없다. ¶~한 말. 放肆的话。fàngsìdehuà.

무욕증(無欲症) 명 无欲望病症 wúyù wàngbìngzhèng 욕심이 없는 병증.

무용(舞踊) 명 舞蹈 wǔdǎo=춤.

무용담(武勇談) 명 英雄故事 yīngxióng gùshi 싸움에서 용감하게 활약하여 공을 세운 이야기=무담.

무용복(舞踊服) 명 舞蹈服装 wǔdǎofú zhuāng=춤옷.

무용수(舞踊手) 명 舞蹈演员 wǔdǎoyǎn yuán 극단, 무용단 들에서 춤추는 구실을 전문으로 하는 사람.

무용작물(無用長物) 명 无用的累赘 wú yòngdeléizhuì 거치적거리기만 하고 아무 쓸모없는 물건.

무위(武威) 명 武力的威势 wǔlìdewēishì 무력의 위엄.

무위도식(無爲徒食) 명 〔~하다|자동사〕 游手好闲 yóushǒuhàoxián 놀고 먹음= 낭유도식, 유수도식. ¶그는 직장을 그만둔 뒤 ~하고 있다. 他辞职之后, 就游手好闲地玩。tācízhízhīhòu, jiùyóushǒuhào xiándewán.

무이자(無利子) 명 无利息 wúlìxī → 무이식.

무인(拇印) 명 手印 shǒuyìn=손도장.

무임(無賃) 명 免费 miǎnfèi 삯돈을 냄이 없음 ↔ 유임.

무임소(無任所) 명 无专职 wúzhuānzhí 공통적 직책 밖에 따로 지정된 임무가 없음. §무임.

무자비(無慈悲) 명형 〔여 불규칙〕 无情 wúqíng 쌀쌀하고 모짊.

무자식(無子息) 명 〔~하다|형용사〕 无儿女 wúérnǚ 낳지 못했거나 기르지 못하여 자식이 없음. §무자

무작위(無作爲) 명 随机 suíjī 일부러 꾸미거나 뜻을 더하지 않음. ※부작위.

무작정(無酌定) 명 〔~하다|형용사〕 ① 无打算 wúdǎsuàn 작정함이 없음. ② 不管三七二一 bùguǎnsānqīèrshíyī 좋고 나쁨을 가리지 않음. ¶~ 나무라다. 不管是非就责怪。bùguǎnshìfēijiùzéguài. 부 ① 无打算 wúdǎsuàn 무턱대고. 작정함이 없이. ¶~ 상경하다. 盲目上京。 mángmù shàngjīng. ② 不管三七二一 bùguǎnsān qīèrshíyī 좋고 나쁨을 가림이 없이. ¶~ 때리다. 不管三七二一就打。bùguǎnsānqī èrshíyījiùdǎ.

무잡(蕪雜)[-자파-] 형 〔여 불규칙〕 无条理性 wútiáolǐxìng 사물이 뒤섞여 어수선하다.

무정견(無定見) 명 〔~하다|형용사〕 无主见 wúzhǔjiàn 주견이 없다=무주견하다.

무정세월(無情歲月) 명 岁月似箭 suìyuè sìjiàn 덧없이 가는 세월.

무제한(無制限) 명 〔~하다|형용사〕 无限制 wúxiànzhì 한도나 범위가 정해져 있지 아니함. ¶날짜를 ~ 연장하다. 无限延期日期。wúxiànyánqīrìqī.

무중력상태(無重力狀態)[-녁-] 〈물〉 명 失重状态 shīzhòngzhuàngtài 무게를 느끼지 않은 상태=무중량상태.

무지(無智) 명부 过分 guòfèn 훨씬 정도에 지나치게. ¶돈을 ~ 벌다. 挣钱过分了。zhèngqiánguòfènle.

무지각(無知覺) 명 〔~하다|형용사〕 不懂 bùdǒng 지각이 없음.

무지몽매(無知蒙昧) 명 〔~하다|형용사〕 愚昧无知 yúmèiwúzhī 아는 것이 없고 사리에 어두움.

무진(無盡) 명 〔~하다|형용사〕 〔~히|부사〕 ① 尽力 jìnlì '무궁무진'의 준말. ② 无限 wúxiàn 전날, '상호신용계'를 일컫던 말. ¶~ 고생하다. 无限辛苦。 wú xiànxīnkǔ.

무진장(無盡藏) 명 〔~하다|형용사〕 无穷尽 wúqióngjìn 다함이 없이 굉장히 많음. ¶자본을 ~으로 투자하다. 巨额投资。jùétóuzī. 부 无法比 wúfǎbǐ 전도가 말할 수 없이 크게. ¶우주는 ~ 넓다. 宇宙是无限广阔。yǔzhòushìwúxiànguǎngkòu.

무참(無慘) 형 〔여 불규칙〕 悲惨 bēicǎn 몹시 끔찍하다. ¶~하게 짓밟힌 인권. 悲惨糟蹋的人权。bēicǎnzāotàderénquán.

무참(無慚) 형 〔여 불규칙〕 ① 难堪 nánkān 매우 부끄럽다. ② 不知羞耻 bù zhīxiūchǐ 부끄러운 줄을 모르다.

무탈(無頉) 형 〔여 불규칙〕 ① 平安 pín gān 병이나 사고가 없다. ¶아이는 ~하

게 자라났다. 孩子平安地成长。háizipíng āndechéngzhǎng. ② 亲密 qīnmì 까다롭거나 스스럼이 없다. ¶이미 그 사람과는 ~하게 지내는 사이다. 跟他是亲密无间的关系。gēntāshìqīnmìwújiàndeg uānxi. ③ 没有毛病 méiyǒumáobìng 탈을 잡힐 데가 없다. ¶~한 발언. 没有毛病的发言。méiyǒumáobìngdefāyán.

무퇴(無退) 명 〔~하다|자동사〕 不退 bú tuì=불퇴.

무한궤도(無限軌道) 명 履带 lǚdài 수레 앞뒤 바퀴를 휩싸 둘러 제물로 궤도 노릇을 하게 된 장치.

무한정(無限定) 명 〔~하다|형용사〕 无限 wúxiàn 한정이 없음. 부 无限制 wú xiànzhì 한정 없이. ¶~ 걷다. 没有目的地走路。méiyǒumùdìdezǒulù.

묵객(墨客) 명 书画家 shūhuàjiā 글씨를 쓰거나 그림을 그리는 사람.

묵과(默過) 명 〔~하다|타동사〕 熟视无睹 shúshìwúdǔ 모르는 체 넘겨 버림.

묵묵(默默) 형 〔여 불규칙〕 沉默 chén mò 아무 말 없이 잠잠함.

묵살(默殺) 명 〔~하다|타동사〕 置之不顾 zhìzhībúgù 보고도 안 본 체, 듣고도 안 들은 체 내버려두고 문제 삼지 않음.

묵중(默重) 형 〔여 불규칙〕 稳重 wěn zhòng 말이 적고 몸가짐이 무겁다. ¶~한 몸가짐. 稳重的姿势。wěnzhòngdezī shì.

묵화(墨畵) 명 水墨画 shuǐmòhuà 〈미〉 먹물로 그린 그림. ※먹그림.

문간방(門間房) 명 门房 ménfáng 대문간 옆에 있는 방. ¶~에 세들어 삽니다. 租了门房。zūleménfáng.

문교(文交) 명 〔~하다|자동사〕 笔友 bǐ yǒu 글로 서로 사귐=문자교.

문단(文段) 명 段落 duànluò 문맥상의 단락. ¶~을 나누다. 分段。fēnduàn.

문단속(門團束) 명 〔~하다|자동사〕 关好门 guānhǎomén 탈이 없도록 문을 단단히 닫아 잠그는 일.

문란(紊亂)[물—] 명 〔~하다|형용사〕 〔~히|부사〕 混乱 hùnluàn 도덕, 질서 따위가 흐트러져서 어지럽다. ¶풍기가 ~. 风气迷乱。fēngqìmíluàn.

문반(文班) 명 文官官吏 wénguānguānlì 문신의 반열=동반. ※무반.

문방구(文房具) 명 文具 wénjù 학용품과 사무용품 따위를 통틀어 일컫는 말=문방제구, 문구, 문방.

문병(問病) 명 〔~하다|타동사〕 探病 tànbìng 앓는 사람을 찾아보고 위로함.

문복(問卜) 명 〔~하다|자동사〕 占卜 zhānbǔ 점쟁이에게 길흉을 물음=문수.

문상(問喪) 명 〔~하다|타동사〕 吊丧 diàosāng=조상.

문서(文書) 명 文件 wénjiàn 글자나 숫자 따위로 일정한 뜻을 나타낸 것.

문서철(文書綴) 명 卷宗 juànzōng 갖가

지 문서들을 한데 묶어 놓은 것.

문서함(文書函) 명 文件匣 wénjiànxiá 문서를 넣어 두는 조그만 함.

문선공(文選工) 명 捡字工 jiǎnzìgōng 〈인〉 신문이나 인쇄 공장 같은 데서 원고대로 활자를 골라내는 일을 하는 부서.

문수(文數) 명 (鞋的)尺寸 (xiéde)chǐcùn 신 따위의 크고 작은 치수.

문안(問安) 명 〔~하다|자동사〕 ① 问候 wènhòu 웃어른에게 안부를 여쭘. ¶~편지. 问候信。wènhòuxìn=문후, 배후. ② 病患 'bìnghuàn 병환'의 궁중말.

문어(文魚) 명 章鱼 zhāngyú 〈동〉 낙지과에 딸린 연체동물. 몸통은 공 모양이고, 발 길이는 몸통의 4~5배로 발에는 빨판이 많이 있으며, 몸빛은 보통 자갈색이나 주위에 따라 변한다. 고기는 연하고 맛이 좋아 회로 먹거나 말리어서 먹는다. 태평양, 일본, 우리나라, 북해도 등지에 난다=대팔초어, 팔대어, 팔초어

문의(問議)[-의/-이] 명 〔~하다|타동사〕 问 wèn 물어서 의논함.

문지방(門地枋) 명 门槛 ménkǎn 〈건〉 문 밑의, 문설주 사이에 가로 놓인 나무. →문턱.

문창(門窗) 명 窗户 chuānghu 문과 창문.

문책(問責) 명 〔~하다|타동사〕 追究责任 zhuījiūzérèn 잘못을 캐묻고 꾸짖음.

문투(文套) 명 ① 风格 fēnggé 글을 짓는 법식. ② 文风 wénfēng=글투.

문하생(門下生) 명 ① 门生 ménshēng 권세가 있는 집에 드나드는 사람. ② 弟子 dìzǐ 문하에서 배우는 제자. §문생=교하생, 문인, 문제, 문제자.

물론(勿論) 명 부 当然 dāngrán 말할 것도 없이. ¶~ 그 말이 옳지만 누구도 따르려 하지 않았다. 虽然他的话说的对, 但没人愿意跟着他。suīrántādehuàshuōdeduì, dànméirényuànyìgēnzhetā=무론.

물망(物望) 명 人望 rénwàng 여러 사람이 우러러보는 명망. ¶~이 높은 어른. 很有人望的大人。hěnyǒurénwàngdedàrén.

물심양면(物心兩面)[-씸냥-] 명 物资与精神 wùzīyǔjīngshén 두방면. ¶~으로 도와주다 以物资和精神两方面给与帮助。 yǐ wùzīhéjīngshénliǎngfāngmiàngěiyǔbāngzhù.

물의(物儀)[-의/-이] 명 众议 zhòngyì 여러 사람의 논의, 또는 평판. ¶~가 일어났다. 引起了众议。yǐnqǐlezhòngyì=물론. ※말썽.

물적(物的) 명 物资 wùzī 물질적인. ¶~자원. 物资资源。wùzīzīyuán.

물정(物情) 명 ① 现实世界 xiànshíshìjiè 세상의 이러저러한 실정이나 형편=풍정. ② 人情世故 rénqíngshìgù 세상 사람의 심정이나 인심.

미개(未開) 명 〔~하다|형용사〕 未开化 wèikāihuà 〈사〉 민도가 낮고 문명이 발달하지 못한 상태.

미개인(未開人) 명 未开化人 wèikāihuà derén 인지의 발달과 문화의 발전이 덜 된 인종. ※문명인, 야만인, 원시인.

미거(未擧) 명형 〔여 불규칙〕 不懂事 bù dǒngshì=아둔하다. ¶~한 자식입니다. 不懂事的孩子。bùdǒngshìdeháizi.

미결(未決) 명 〔~하다|타동사〕 ① 没解决 méijiějué 아직 결정되거나 해결되지 아니함↔기결. ② 未判决 wèipànjué 〈법〉 법원에서 심리 중인 형사사건이 아직 판결이 나지 않음↔기결.

미결감(未決監) 명 未决囚牢犯 wèijué qiúláofàn 〈법〉 미결수를 가두는 감방. §미결.

미경과보험(未經過保險) 명 未到期保险 wèidàoqībǎoxiǎn 〈경〉 지급된 부분 가운데 결산 기간을 넘는 동안에 해당하는 보험료.

미곡상(米谷商) 명 ① 粮商 liángshāng 쌀을 비롯한 온갖 곡식을 사고팔고 하는 영업. ② 粮谷商 liánggǔshāng 쌀을 비롯한 온갖 곡식을 사고팔고 하는 사람. ③ 粮店 liángdiàn 쌀을 비롯한 온갖 곡식을 사고팔고 하는 가게.

미관(微官) 명 ① 小官 xiǎoguān 낮은 벼슬자리. ② 对自己官职的谦称 duìzìjǐ guānzhídeqiānchēn '자신의 벼슬'의 낮춤말.

미구(未久) 명 将 jiāng 그 동안이 그리 오래지 아니함. 주로 '미구에'로 쓰인다. ¶~에 닥칠 운명. 将要来临的命运。jiāng yàoláilíndemìngyùn.

미급(未及) 명 〔~하다|자동사〕 还没有涉及 háiméiyǒushèjí 아직 미치지 못함.

미기(未幾) 명 〔~하다|형용사〕 不久 bù jiǔ 동안이 얼마 오래 걸리지 않음.

미달(未達) 명 〔~하다|자동사〕 未达到 wèidádào 모자람. 못 미침. ¶기준 ~. 未达到标准。wèidádàobiāozhǔn.

미답(未踏) 명 〔~하다|타동사〕 未踏践 wèijiàntà 아직 아무의 발길도 미치지 아니함.

미독(味讀) 명 〔~하다|타동사〕 津津有味的读 jīnjīnyǒuwèidedú 내용을 충분히 음미하면서 읽는 일. ※숙독.

미등(尾燈) 명 后灯 hòudēng 자동차 따위의 뒤에 붙은 등.

미력(微力) 명 〔~하다|형용사〕 微薄之力 wēibózhīlì 적은 힘. ¶~이나마 도와드리고 싶습니다. 虽然只有微薄之力, 也要做贡献。suīránzhǐyǒuwēibózīlì, yěyào zuògòngxiàn.

미명(未明) 명 黎明 liming 날이 채 밝기 전.

미미(微微) 형 〔여 불규칙〕 ① 微不足道 wēibùzúdào 보잘것없이 썩 자질구레하다. ② 不清晰 bùqīngxī 뚜렷하지 않고 매우 희미하다. ¶~한 경련을 일으키다. 引起轻微的痉挛。yǐnqǐqīngwēidejìngluán.

미봉책(彌縫策) 명 权宜之计 quányìzhījì

임시로 꾸며 대어 눈가림만 하는 일시적인 대책. ¶~을 세우다. 用权宜之计。yòng quányìzhījì.

미비(未備) 명 〔~하다|형용사〕 未具备 wèijùbèi 아직 다 갖추지 못함. ¶~ 사항. 未具备事项。wèijùbèishìxiàng ※불비.

미사여구(美辭麗句) 명 美词 měicí 아름답게 꾸민 말과 글귀=미문여구.

미삼(尾參) 명 人参须根 rénshēnxūgēn 잔뿌리만으로의 인삼.

미상(米商) 명 粮商 liángshāng=쌀장사, 쌀장수.

미상불(未嘗不) 부 ① 果然 guǒrán=아닌 게 아니라. ② 很可能 hěnkěnéng→아마도.

미상장주(未上場株) 명 未挂牌股票 wèiguàpáigǔpiào 〈경〉 아직 증권 시장에 내지 않은 주식과, 발행되지 않았으나 권리는 존재하는 권리주를 아울러 일컫는 말=비상장주.

미상환(未償換) 명 〔~하다|자동사〕 没偿还 méichánghuán 아직 갚지 않음.

미세(微細) 명 〔~하다|형용사〕 ① 微小 wēixiǎo 아주 작다. ¶~한 생물. 微小生物。wēixiǎoshēngwù 미세한 움직임. ② 细微 xìwēi 몹시 자세하고 꼼꼼하다. ¶~한 통찰. 细微的观察。xìwēideguānchá=쇄세하다. 쇄쇄하다. ※잘다.

미수(眉壽) 명 长寿 chángshòu 눈썹이 세도록 오래 삶. 남이 오래 살기를 빌어 줄 때 쓴다.

미숙아(未熟兒) 명 早产儿 zǎochǎnér 〈의〉 달을 못 채우고 태어났거나, 태어났을 때 몸무게가 2.5kg이 못 되는 아이. ※과숙아, 조산아.

미심(未審) 명 〔~하다|형용사〕 〔~히|부사〕 疑点 yídiǎn 확실하지 못한 일에 대하여 늘 마음이 놓이지 아니함.

미안(未安) 명 〔~하다|형용사〕 〔~히|부사〕 抱歉 bàoqiàn 过意不去 guòyìbúqù 对不起 duìbùqǐ 不好意思 bùhǎoyìsi 남에게 괴로움을 끼쳐 거북함. ¶~을 끼치다. 很抱歉。hěnbàoqiàn=불안.

미안천만(未安千萬) 명 实在是对不起 shízàishìduìbùqǐ 남에게 점직함. ¶~ 천만. 实在是对不起。shízàishìduìbùqǐ.

미음(米飮) 명 米汤 mǐtāng 입쌀이나 좁쌀에 물을 넉넉하게 붓고 푹 끓이어 체에 밭아 낸 걸쭉한 음식. §밈=보미.

미작(米作) 명 种稻 zhòngdào 〈농〉→벼농사.

미장(美裝) 抹墙 mǒqiáng 건축에서 벽이나 천정 들에 흙, 회, 시멘트 따위를 바르는 일. ¶~ 기술. 抹墙技术。mǒqiáng jìshù.

미장(美匠) 명 美丽的装束 měilìde zhuāngshù 물건의 겉보기를 아름답게 보이도록 모양이나 빛깔을 특수하게 하는 고안=의장.

미장(美粧) 명 〔~하다|타동사〕 化妆

huàzhuāng=미용.

미장원(美壯院) 명 美容院 měiróngyuàn 여자의 머리와 얼굴을 아름답게 하여 주는 영업소=미용소, 미용원.

미점(美點) 명 优点 yōudiǎn→맛점.

미제(未濟) 명 迷题 mítí 수수께끼 같아서 잘 풀어낼 수 없는 문제.

미진(未盡) 형 〔여 불규칙〕 未完 wèiwán 다하지 못하다. ¶아직 ~한 이야기가 있는가? 还有未完的故事吗? háiyǒuwèiwándegùshìma.

미천(微賤) 형 〔여 불규칙〕 低贱 dījiàn 하찮고 천하다=미묘하다. 천미하다.

미타(未妥) 형 〔여 불규칙〕 ① 不妥当 bùtuǒdàng 온당하지 아니하다. ② 对不起 duìbùqǐ→미안하다. 不放心 búfàngxīn →미심하다.

미편(未便) 명형 〔여 불규칙〕 不太好 bútàihǎo 편안하지 아니하다. ¶심기가 매우 ~. 心情不太好。xīnqíngbútàihǎo.

미풍(美風) 명 美好风尚 měihǎofēngshàng 아름다운 풍속=미속, 의풍.

미필(未畢) 명 〔~하다|타동사〕 未完 wèiwán 아직 다 끝내지 못함=미료.

미흡(未洽) 명 〔~하다|형용사〕 不满意 bùmǎnyì 不足 bùzú 흡족하지 아니하다. 만족스럽지 않음.

민망(憫惘) 명형 〔여 불규칙〕 ① 令人不安 lìngrénbùān 딱하고 안타깝다=민만하다. 민연하다. ② 惭愧 cánkuì 부끄럽고 딱하다. ¶듣고 있기가 ~한 말. 听得都觉得惭愧。tīngdedōujuédecánkuì=민만하다. 민연하다.

민방(民放) 명 私营广播局 sīyíngguǎngbōjú 사영방송국 '민간 방송(民间放送) mínjiānfàngsòng'의 준말.

민어(民魚) 명 黄姑鱼 huánggūyú 〈동〉 민엇과에 딸린 바닷물고기. 모양은 숭어와 비슷하나 대가리가 덜 넓적하고 빛깔이 좀 검다. 알은 어란을 만들고, 부레는 민어풀을 만든다=면어, 회어.

민완가(敏腕家) 명 能干的人 nénggànderén 재치 있고 빠르게 일을 처리하는 수완이 있는 사람.

민자(民資) 명 民间资本 mínjiānzīběn 민간자본.

민폐(民弊) 명 给民间带来的危害 gěimínjiāndàiláideweīhài 민간에 끼치는 폐해. ¶~가 많다. 有许多弊端。yǒuxǔduōbìduān=민막. ※관폐.

민화(民話) 명 民间故事 mínjiāngùshì=민간설화.

민활(敏活) 형 〔여 불규칙〕 灵活 línghuó 재빠르고 활발하다. ¶~하게 움직이다. 灵活行动。línghuóxíngdòng.

밀고(密告) 명 〔~하다|타동사〕 告密 gàomì 남몰래 넌지시 일러바침. ¶~가 들어왔다. 来了一封告密信。láileyīfēnggàomìxìn.

밀도살(密屠殺)〔-또-〕 명 〔~하다|타

동사] 私宰 sīzǎi 돼지, 소 따위를 당국의 허가 없이 몰래 잡음=밀도, 밀살, 사도.

밀렵(密獵) 명 〔~하다|타동사〕 私猎 sī liè 허가를 받지 않고 몰래 하는 사냥.

밀매(密賣) 명 〔~하다|타동사〕 私卖 sī mài 몰래 팖=사매, 잠매.

밀매매(密賣買) 명 黑市交易 hēishìjiāoyì =뒷거래.

밀매상(密賣商) 명 黑市商人 hēishì shāngrén 뒷거래 상인.

밀매품(密賣品) 명 违禁品 wéijìnpǐn 몰래 파는 물건.

밀생(密生) 명 生长茂密 shēngzhǎngmào mì 빽빽하게 남.

밀서(密書)[―써] 명 ① 密信 mìxìn 몰래 보내는 편지=밀함. ② 密函 mìhán=비밀문서.

밀선(密船)[―썬] 명 走私船 zǒusīchuán 허가 없이 몰래 다니는 배.

밀송(密送)[―쏭] 명 暗送 ànsòng 몰래 보냄.

밀수(密輸)[―쑤] 명 〔~하다|타동사〕 走私 zǒusī 세관을 거치지 않고 몰래 사들여 오거나 내다가 파는 일.

밀수단속(密輸團束)[―쑤―] 명 查缉走私 chájīzǒusī 밀수를 단속하는 일.

밀수품(密輸品)[―쑤―] 명 走私物品 zǒu sīwùpǐn 밀수한 물품.

밀약(密約) 명 〔~하다|타동사〕 秘密约会 mìmìyuēhuì=짬짜미.

밀어(蜜語) 명 〔~하다|자동사〕 甜语 tiányǔ 남이 못 알아듣게 넌지시 하는 말.

밀의(密議)[―의/―이] 명 〔~하다|타동사〕 密谋 mìmóu 남모르게 가만히 의논함. 또는 그런 의논.

밀입국(密入國) 명 〔~하다|자동사〕 违法入境 wéifǎrùjìng 허락을 받지 않은 사람이 몰래 입국함↔밀출국.

밀접(密接)[―쩌파―] 형 〔여 불규칙〕 ① 密切 mìqiè 빈틈없이 가깝게 맞닿다. ② 亲密 qīnmì 관계가 썩 가깝다. ¶~한 사이. 很亲密的关系。hěnqīnmìdeguānxi.

밀정(密偵) 명 ① 密探 mìtàn=염알이꾼. ¶~을 보냈다. 派遣了密探。pàiqiǎnle mìtàn. ② 间谍 jiàndié=염알이.

밀조(密造)[―쪼] 명 〔~하다|타동사〕 私造 sīzào 만들지 못하게 하거나 허가가 있어야 만들 수 있는 물건을 몰래 만듦.

밀주(密酒)[―쭈] 명 〔~하다|자동사〕 私酿的酒 sīniàngdejiǔ 허가 없이 몰래 담근 술.

밀착(密着) 명 〔~하다|자동사〕 贴紧 tiē jǐn 빈틈없이 단단히 달라붙음.

밀출국(密出國) 명 〔~하다|자동사〕 秘密出境 mìmìchūjìng 허락을 받지 않은 사람이 몰래 출국함↔밀입국.

밀통(密通) 명 〔~하다|자동사〕 ① 暗通 àntōng=암통. ② 私通 sītōng 부부 사이가 아닌 남자와 여자가 남몰래 정을 통함=잠간.

밀항(密航) 명 〔~하다|자동사〕 偷航 tōuháng 법을 어기고 몰래 배를 타고 해외로 나가는 일. ¶아들이 세 살 때 남편은 일본으로 ~했다. 儿子三岁时丈夫偷渡到日本去了。érzisānsuìshízhàngfutōudùdàorìběnqùle.

밀회(密會) 명 〔~하다|자동사·타동사〕 ① 密会 mìhuì 남모르게 갖는 모임. ② 秘密相会 mìmìxiānghuì 남모르게 모이거나 만남. ¶그들은 자주 ~를 즐겼다. 他们经常密会。tāmenjīngchángmìhuì.

ㅂ

박대(薄待) 명 〔~하다|타동사〕 ① 冷待 lěngdài＝푸대접↔후대. ② 虐待 nüèdài 인정 없이 심하게 굶.

박두(迫頭) 명 〔~하다|자동사〕 临近 línjìn 기일이나 시기가 가까이 닥침. ¶개봉~. 临近开封。línjìnkāifēng＝당두.

박복(薄福)' 명 〔~하다|형용사〕 没福气 méifúqì 복이 별로 없음. ¶~을 한탄한들 무엇하랴? 恨自己没福气有什么用? hènzìjǐ méifúqìyǒushénmeyòng.

박봉(薄俸) 명 薄薪 bóxīn 적은 봉급＝박급, 박름, 박황.

박색(薄色) 명 丑女人 chǒunǚrén 여자의 아주 못생긴 얼굴 또는 그런 사람. ¶얼굴은 ~이나 마음씨는 매우 곱다. 虽然很丑, 但心眼好。 suīránhěnchǒu, dànxīnyǎn hǎo.

박수(拍手) 명 〔~하다|자동사〕 鼓掌 gǔzhǎng 환영이나 축하 따위의 뜻으로 손뼉을 침.

박장(拍掌) 명 〔~하다|자동사〕 鼓掌 gǔzhǎng 손바닥을 친다는 뜻으로 박수를 달리 이르는 말.

박절(迫切) 형 〔여 불규칙〕 冷淡 lěngdàn 인정이 없고 야박하다. ¶~하게 굴다. 冷淡对待。lěngdànduìdài.

박진감(迫眞感) 명 逼真感 bīzhēngǎn 진실에 바싹 접근한다는 뜻으로 표현의 진실감을 느끼게 하는 것을 이르는 말.

반골(叛骨) 명 一骨反抗 yīgǔfǎnkàng 미신에서, 반역할 기질이나 성질을 지닌 골상.

반공일(半空日) 명 半休日 bànxiūrì 오전만 일을 하고 오후에는 쉬는 날 ≪토요일≫.

반납(返納) 명 〔~하다|타동사〕 还 huán (다른데서 꾼 것이나 빌린 것을) 도로 바치는 것.

반락(反落)[발−] 명 〔~하다|자동사〕 回落 huíluò 오르던 시세가 갑자기 떨어짐↔반등(反騰).

반발(反撥) 명 〔~하다|자동사〕 ① 弹回 tánhuí 탄력성 있는 물체가 퉁겨져 일어나는 것. ② 抗拒 kàngjù (어떤 행동이나 상태에)거슬러 맞서며 반항하는 것.

반병신(半病身) 명 半残废 bàncánfèi 반나마 병신이 되다시피 되어 몸을 제대로 쓰지 못하는 사람＝반쪽병신, 반편, 반편이.

반분(半分) 명 分一半 fēnyíbàn 절반으로 나누는 것 또는 그렇게 나눈 분량.

반상기(飯床器) 명 成套的一桌餐具 chéngtàodeyīzhuōcānjù 격식에 맞게 밥상 하나를 차리게 갖춘 한 벌의 그릇.

반송(返送) 명 〔~하다|타동사〕 送还 sònghuán 사람이나 물건을 본래 있던 곳에 되돌려보내는 것.

반시(半時) 명 一会儿 yíhuìer 반시간 곧 30분. ¶아이가 ~도 엄마 곁을 떠나려 하지 않는다. 孩子连一会儿也不愿离开母亲。háiziliányíhuìeryěbúyuànlíkāimǔqīn.

반액(半額) 명 ① 一半的价 yíbàndejià 전액의 반. ② 半价 bànjià 원래의 값의 반.

반양장(半洋裝) 명 穿上不完全的西装 chuānshàngbùwánquándexīzhuāng 완전한 격식대로 다하지 아니한 양장 또는 그런 몸차림.

반입(搬入) 명 〔~하다|타동사〕 搬进 bānjìn 끌어들이거나 다른 곳에서 날라들이는 것.

반잔(半盞) 명 半杯 bànbēi 절반. ¶~만 마시다. 只喝了半杯酒。zhǐhēlebànbēijiǔ.

반장화(半長靴) 명 半高腰鞋 bàngāoyāoxié 목의 길이가 종아리 절반쯤 되는 장화.

반점(飯店) 명 食堂 shítáng 餐厅 cāntīng '식당'의 중국식 칭호.

반주(飯酒) 명 吃饭时喝的少量的酒 chīfànshíhēdeshǎoliàngdejiǔ 끼니때에 밥에 곁들여서 조금씩 마시는 술.

반지(班指) 명 戒指 jièzhi 한짝만으로 된 가락지.

반찬(飯饌) 명 菜肴 càiyáo 주식물에 갖추어먹는 고기나 남새 같은 것으로 만든 음식을 통틀어 이르는 말.

반창고(絆瘡膏) 명 橡皮膏 xiàngpígāo 〈의학〉 고약이나 그밖의 붕대솜을 살갗에 붙이는데 쓰는 물건. 생고무, 나무진, 산화아연 같은 것을 개여 천에 골고루 발라서 만든다.

반칙(反則) 명 犯规 fànguī (주로 경기에서) 규정이나 규칙 등을 어기는 것. 정도에 따라 퇴장당하거나 점수가 삭감된다.

반환(返還) 명 〔~하다|자동사·타동사〕 返还 fǎnhuán 돌려주거나 도로 바치는 것. ¶도서의 대출과 ~. 图书返还和借。túshūfǎnhuánhéjiè.

반편(半偏) 명 傻瓜 shǎguā 지능발달이 보통사람보다 아주 모자라는 사람. §반병신.

반품(返品) 명 〔~하다|타동사〕 退货 tuìhuò 일단 사들인 물건을 도로 돌려보냄. 또는 그러한 물품.

발견(發見) 명 〔~하다|타동사〕 发现 fāxiàn 이제까지 찾아내지 못하였거나 세상에 알려지지 않은 것을 처음으로 찾아내는 것. ¶과학적 ~. 科学地发现。kēxuédefāxiàn.

발광(發狂) 명 〔~하다|자동사〕 ① 发疯

fāfēng 병으로 미친 증세가 일어남. ② 미친 듯이 날뜀. ③ 疯狂 fēngkuáng 미친 증세가 일어나는 것.

발군(拔群) 명 [~하다|형용사] 超群 chāoqún 여럿 가운데서 특별히 뛰어난 것.

발권(發卷)[-꿘] 명 [~하다|타동사] 发券 fāquàn 은행권·공채권·사채권·승차권 등을 발행함. ¶새 지폐가 ~되다. 发行新货币。fāxíngxīnhuòbì.

발기 부전(勃起不全) 〈의〉 阳痿 yángwěi 과로·성적(性的) xìngde 신경 쇠약·뇌척수 질환·내분비 이상 등의 원인으로 음경(阴茎) yīnjìng의 발기가 불충분한 병적 상태.

발랄(潑辣) 형 [여 불규칙] 朝气蓬勃 zhāoqìpéngbó (온몸에 약동하는 힘이 가득차) 행동이나 기세가 펄펄 뛰놀듯 활발하다.

발령(發令) 명 [~하다|자동사·타동사] ① 发布命令 fābùmìnglìng (임명하거나 해임하는) 결정, 명령, 지시 같은 것을 발표하는 것. ② 下命令 xiàmìnglìng 명령을 내리는 것. ¶출동~이 내리다. 下了出发命令。xiàlechūfāmìnglìng.

발로(發露) 명 [~하다|자동사] 表露 biǎolòu 마음속의 것이 겉으로 드러남.

발론(發論) 명 [~하다|자동사·타동사] 提议 tíyì 제안이나 의논 따위를 먼저 꺼냄. ¶문제점을 ~하다. 提出了问题。tí chūlewèntí.

발매(發賣) 명 [~하다|타동사] 出销 chūxiāo 상품을 내어서 팖. 팔기 시작함.

발발(勃發) 명 [~하다|자동사] 爆发 bào fā (어떤 일이) 갑자기 일어나거나 급히 발생하는 것. ¶전쟁이 ~하다. 战争爆发了。zhànzhēngbàofāle.

발상(發想)[-쌍] 명 [~하다|타동사] ① 发想 fāxiǎng 어떤 생각을 해냄. 또는 그 생각. ¶시대착오적인 ~. 时代错误的想法。shídàicuòwùdexiǎngfǎ. ② 想起 xiǎngqǐ 〈악〉 곡상(曲想), 곡의 완급·강약을 표현함.

발설(發說)[-썰] 명 [~하다|자동사·타동사] 泄漏 xièlòu 말을 함부로 입 밖에 내는 것. ¶극비사항이므로 ~을 절대 금한다. 不许泄漏绝密事项。bùxǔxièlòujué mìshìxiàng.

발송(發送)[-쏭] 명 [~하다|타동사] 发货 fāhuò 물건이나 편지·서류 등을 부침.

발악(發惡) 명 [~하다|자동사] 挣扎 zhēngzhá 发疯 fāfēng 앞뒤를 헤아리지 않고 모진 소리나 짓을 함. ¶최후의 ~. 最后挣扎。zuìhòuzhēngzhá.

발족(發足)[-쪽] 명 [~하다|자동사·타동사] 成立 chénglì 诞生 dànshēng 어떤 기관이나 단체 따위가 새로 만들어져 활동을 시작함. ¶선거 감시단을 ~하다 成立了选举监督团。chénglìlexuǎnjǔjiān dūtuán.

발진(發進)[—찐] 명 〔~하다|자동사·타동사〕 出发 chūfā 엔진을 걸어서 배나 항공기 따위가 출발함.

발차(發車) 명 〔~하다|자동사〕 开车 kāichē 차가 떠나는 것.

발탁(撥擢) 명 〔~하다|타동사〕 提拔 tíbá 많은 사람 중에서 사람을 추려 올려 씀. ¶정부 요직에 ~되다. 提拔到政府要职。tíbádàozhèngfǔyàozhí.

발파(發破) 명 〔~하다|타동사〕 爆破 bàopò 바위 같은 데에 구멍을 뚫고 화약을 장전하여 암석을 폭파하는 일. ¶~ 작업. 爆破作业。bàopòzuòyè.

발포(發炮) 명 〔~하다|자동사〕 开炮 kāipào 총이나 포를 쏘는 것.

발현(發現) 명 〔~하다|자동사·타동사〕 表现 biǎoxiàn 숨겨져 있던 것이 드러남. 또는 드러나게 함.

발효(發效) 명 〔~하다|자동사〕 生效 shēngxiào 효력을 내기 시작하는 것.

방(榜) 명 大字报 dàzìbào 방문의 준말.

방(放) 의 发fā (불완전) 총포를 쏜 수를 나타내는 이름수의 단위로 쓰인다. ¶한 ~ 쏘다. 打了一枪。dǎleyīqiāng.

방가(放歌) 명 〔~하다|자동사〕 唱歌 chànggē 목소리를 높여 노래를 부르는 것.

방곡(放哭) 명 〔~하다|자동사〕 大声哭 dàshēngkū 목놓아 큰 소리를 내어 우는 것.

방과(放課) 명 〔~하다|자동사〕 下课 xiàkè (학교에서) 그날의 정해진 수업이 끝나는 것.

방금(方今) 명부 刚才 gāngcái 바로 지금 또는 바로 조금 전.

방념(放念) 명 〔~하다|자동사〕 放心 fàng xīn 마음을 놓음. 안심.

방도(方途) 명 方法 fāngfǎ 어떤 일을 하거나 제기된 문제를 풀어나가기 위한 길이나 그 방법.

방매(放賣) 명 〔~하다|타동사〕 甩卖 shuǎimài 물건을 내놓고 막 파는 것.

방모(紡毛) 명 毛纺 máofǎng 털섬유로 털실을 뽑는 것.

방방곡곡(坊坊曲曲) 명 处处 chùchù 드러난 마을, 구석진 골짜기 할 것 없이 모든 곳.

방벽(防壁) 명 防御用墙壁 fángyùyòng qiángbì 밖으로부터 쳐들어오는 것을 막기 위한 담벽 또는 그러한 역할을 하는 자연지물.

방사(倣似) 형 〔여 불규칙〕 相似 xiāngsì 매우 비슷하다.

방석(方席) 명 座垫 zuòdiàn 바닥에 앉을 때 밑에 까는 작은 깔개. ¶손님에게 ~을 내드리다. 给客人座垫。gěikèrénzuò diàn.

방세(房貰)[—쎄] 명 房租 fángzū 남의 집 방을 세 들어 살면서 내는 돈. ¶~를 내다. 交了房租。jiāolefángzū.

방송(放送) 명 〔~하다|타동사〕 广播

guǎngbō 播送 bōsòng 播音 bōyīn 라디오·텔레비전의 전파에 실어 뉴스·음악·강연·연예 등을 보냄. ¶드라마를 ~하다. 播送连续剧。bōsòngliánxùjù.

방송국(放送局) 명 广播台 guǎngbōtái 방송시설을 갖추고 방송과 관련한 일을 하는 기관.

방어(魴魚) 명 鰤鱼 shíyú 농어과에 속하는 바다물고기의 한가지.

방음(防音) 명 〔~하다|자동사〕 隔音 gé yīn 소리가 나가거나 들어오지 못하게 막음. ¶~ 시설이 잘되어 있다. 隔音设施好。géyīnshèshīhǎo.

방일(放逸) 명 〔~하다|자동사〕 放荡 fàngdàng 제멋대로 함부로 행동하거나 노는 것.

방자(放恣) 명형 〔여 불규칙〕 放肆 fàng sì 어려워하거나 삼가하는 태도가 없이 건방지다.

방점(旁點)[—쩜] 명 着重号 zhuózhòng hào (글 가운데서 강조하여 읽는 사람의 주의를 끌기 위하여) 어느 단어나 문장의 글자곁에 찍는 점. 내리쓴 글에서는 글자의 옆에 찍고 가로쓴 글에서는 아래에 찍는다.

방정(芳情) 명 芳心 fāngxīn 꽃답고 애틋한 마음.(=)방심

방제(防除) 명 〔~하다|타동사〕 ① 防灾 fángzāi 재앙을 미리 막아 없앰. ② 防病虫害 fángbìngchónghài 농작물의 병충해를 예방하거나 없앰. ¶병충해 ~를 위해 농약을 뿌리다. 撒了防病虫的农药。sǎle fángbìngchóngdenóngyào.

방책(防策) 명 计策 jìcè 방법과 꾀. ¶해결 ~을 세우다. 采取解决方法。cǎiqǔjiě juéfāngfǎ.

방천(防川) 명 〔~하다|자동사〕 堤 dī 둑을 쌓거나 나무를 심어 냇물이 흘러넘치지 않게 막는 것 또는 그 둑.

방출(放出) 명 〔~하다|타동사〕 发放 fā fàng 한꺼번에 내보내거나 내놓는 것

방치(放置) 명 〔~하다|타동사〕 不理 bùlǐ 不管 bùguǎn 내버려두는 것.

방학(放學) 명 〔~하다|자동사〕 放假 fàngjià 放学 fàngxué 학교에서 학기가 끝난 뒤에 수업을 일정 기간 쉬는 일 또는 그 기간.

방해(妨害) 명 〔~하다|타동사〕 妨碍 fángài 남의 일에 헤살을 놓아 못 하게 함. ¶휴식을 ~하다. 妨碍休息。fángài xiūxi.

배가(倍加) 명 〔~하다|자동사·타동사〕 加倍 jiābèi 어떤 수량의 곱절이 되게 더 하는 것.

배격(排擊) 명 〔~하다|타동사〕 排斥 páichì 抨击 pēngjī 反对 fǎnduì 배척하여 물리치는 것.

배급(配給) 명 〔~하다|타동사〕 分配 fēnpèi (어떤 물품에 대한 수요와 공급을 조절하기 위하여) 일정한 기준에 따라

돈을 받고 나누어주는 것.

배달(配達) 명 〔~하다|타동사〕 送到家门 sòngdàojiāmén 물건을 가져다가 돌라줌.

배달부(配達夫) 명 邮递员 yóudìyuán 어떤 물건을 배달하여 주는 것을 업으로 하는 사람.

배당(配當) 명 〔~하다|타동사〕 分配 fēnpèi (일정한 기준에 따라서) 몫을 정하여 나누어주는 것 또는 그 몫.

배려(配慮) 명 〔~하다|타동사〕 ① 照顾 zhàogù 큰 관심을 가지고 보살펴주는 것. ② 关心 guānxīn 염려하거나 주의하여 살피는 것.

배례(拜禮) 명 〔~하다|자동사〕 行大礼 xíngdàlǐ 절을 하여 례를 표시하는 것.

배반자(背反者) 명 叛徒 pàntú 배반한자.

배분(配分) 명 〔~하다|타동사〕 分配 fēnpèi 몫몫으로 갈라서 나누는 것.

배상금(賠償金) 명 赔款 péikuǎn 입힌 손해에 대하여 물어주는 돈.

배서(背書) 명 背面签字 bèimiànqiānzì 책장이나 서면의 뒤에 글씨를 쓰는 것 또는 그 글씨.

배속(配屬) 명 〔~하다|타동사〕 ① 配给 pèijǐ 물자나 기구 따위를 배치하여 소속시킴. ¶~을 정하다. 规定配给数。guīdìng pèijǐshù. ② 分配 fēnpèi 사람을 어떤 곳에 배치하여 종사·근무하게 함. ¶전방부대에 ~되다. 被分配到前方部队。bèifēn pèidàoqiánfāngbùduì.

배수로(配水路) 명 水渠 shuǐqú 〈수리〉 고인물이나 또는 쓰다 남는 물을 버리기 위하여 낸 물길.

배식(配食) 명 〔~하다|자동사·타동사〕 分配食物 fēnpèishíwù 식사를 몫몫이 나누어 나르거나 날라다놓는 것 또는 그런 일을 하는 사람.

배신자(背信者) 명 叛徒 pàntú 배신한자.

배역(配役) 명 〔~하다|타동사〕 扮演 bànyǎn 연극·영화 등에서 배우에게 역을 맡김. 또는 그 역.

배영(背泳) 명 仰泳 yǎngyǒng 위를 향해 반듯이 누워서 하는 수영. 송장 헤엄. 백스트로크.

배외(拜外) 명 〔~하다|타동사〕 崇拜外国 chóngbàiwàiguó 외국의 문물·사상 등을 맹목적으로 숭배함.

배우(俳優) 명 ① 演员 yǎnyuán 연극·영화 등에서 어떤 역을 맡아 연기하는 사람. ¶조연 ~들의 열연이 돋보인다. 高度评价副导演，演员们等的热心演出。gāodù píngjiàfùdǎoyǎn，yǎnyuánmenděngder èxīnyǎnchū. ② 卖艺的人 màiyìderén 광대.

배은망덕(背恩忘德) 명 〔~하다|자동사〕 忘恩负义 wàngēnfùyì 받은 은덕을 저버리고 도리어 배반하는 것.

배임(背任) 명 〔~하다|자동사〕 渎职 dú zhí 맡은 임무를 저버리는 것 또는 그 임무의 요구를 어기는 것.

배점(配點)[-쩜] ⓜ 〔~하다|자동사〕 打分数 dǎfēnshù 점수를 배정함. 또는 그 점수. ¶1문항에 2점씩 ~하다. 每项打二分。měixiàngdǎèrfēn.

배치(背馳) ⓜ 〔~하다|자동사〕 相反 xiāngfǎn 서로 반대가 되어 어긋남.

배치(配置) ⓜ 〔~하다|타동사〕 安排 ānpái 分配 fēnpèi 사람이나 물건을 알맞은 자리에 나누어 둠.

배판(倍判) ⓜ 一种开本的一倍 yīzhǒng kāiběndeyíbèi 일정한 책판형의 갑절되는 크기를 가지는 책판. 4×6배판, 국배판 등이 있다.

배포(配布) ⓜ 〔~하다|타동사〕 分发 fēnfā 널리 나누어 줌. ¶광고 전단을 ~. 散发广告纸。sànfāguǎnggàozhǐ.

배포(排布・排鋪) ⓜ 〔~하다|타동사〕 ① 计划 jìhuà 머리를 써서 일을 이리저리 조리 있게 계획함. 또는 그런 속마음. ¶~가 두둑한 놈이다. 胸有成竹的家伙。xiōngyǒuchéngzhúdejiāhuo. ② 配置 pèizhì 배치하다.

배필(配匹) ⓜ 配偶 pèiǒu 부부로 되는 짝. ¶좋은 ~을 만나다. 遇见了配偶。yùjiànlepèiǒu.

배행(陪行) ⓜ 〔~하다|타동사〕 ① 陪同 péitóng (윗사람을) 모시고 함께 따라가거나 따라오는 것. ② 送行 sòngxíng 가는 사람을 일정한 곳까지 따라가서 바래는 것.

백골난망(白骨難忘)[-란-] ⓜ 死也忘不了 sǐyěwàngbùliǎo 죽어서 흰 뼈만 남아도 잊을 수 없다는 뜻. ¶이렇게까지 보살펴 주시니 그 은혜 ~입니다. 这么关心我, 死也不会忘。zhèmeguānxīnwǒ, sǐyěbúhuìwàng.

백년가약(百年佳約)[뱅-] ⓜ 佳约 jiāyuē 부부가 되어 한평생을 같이 살자고 굳게 다지는 언약.

백년해로(百年偕老)[뱅-] ⓜ 白头偕老 báitóuxiélǎo 부부가 되어 오래오래 서로 사이좋고 즐겁게 살며 함께 늙는 것.

백목련(白木蓮)[뱅몽년] ⓜ 〈식〉 玉兰 yùlán 목란과에 속하는 잎지는 키나무의 한가지.

백묵(白墨)[뱅-] ⓜ 粉笔 fěnbǐ 분필(粉笔) fěnbǐ.

백미(百眉)[뱅-] 阿谀奉承 ēyúfèngchéng 사람의 마음을 끌려는 온갖 아양을 떠는 태도.

백배(百倍) ⓟ 百倍 bǎibèi 백 곱절이란 뜻으로, 아주 많이, 매우 크게.

백사장(白沙場) ⓜ 白沙滩 báishātān 강가・바닷가의 흰 모래가 깔린 곳.

백서(白書) ⓜ 白皮书 báipíshū 정부가 정치・경제・외교 등에 관한 실정(实情 shíqíng)이나 시책을 발표하는 보고서.

백세(百世) ⓜ 百年 bǎinián 오랜 세대.

백수(白壽) ⓜ 九十九岁 jiǔshíjiǔsuì '百 bǎi'에서 '一 yī'을 빼면 99가 되고 '白 bái' 자가 되는 데서, 99세(岁 suì).

백수건달(白手乾達) 명 穷光蛋 qióngguāngdàn 二流子 èrliúzi 가진 것이 아무것도 없는 멀쩡한 건달.

백절불굴(百折不屈) 명 〔~하다|자동사〕 百折不挠 bǎizhébùnáo 백번 꺾어도 굽히지 않는다는 뜻.

백정(白丁) 명 屠夫 túfū 소, 돼지 등의 집짐승을 잡는 것을 업으로 하는 가장 천대받는 신분계층 또는 그러한 신분에 속한 사람.

백주(白晝) 명 白天 báitiān 대낮.

백지수표(白紙手票) 명 空白支票 kòngbáizhīpiào 〈법〉 수표 요건의 일부 또는 전부를 백지(白地báidì)로 하고 후일(後日 hòurì) 소지인이 기입하도록 한 수표.

백지위임장(白紙委任狀)[-짱] 空白授权书 kòngbáishòuquánshū 〈법〉 위임장의 전부 또는 그 일부를 일정한 사람에게 보충하게 하는 위임장.

백지장(白紙張)[-짱] 명 ① 白纸 báizhǐ 흰 종이의 낱장. ② 很白的 새하얀 것을 비유하는 말. ¶얼굴이 ~ 같다. 脸色象个白纸。liǎnsèxiànggèbáizhǐ.

백차(白車) 명 警车 jǐngchē 차체에 흰 칠을 한 경찰・헌병의 순찰차.

번(番) 명 의 ① 执勤 zhíqín (갈마드는 사실의) 일정한 차례. ② 次 cì 일의 회수나 차례를 나타내는 이름수의 단위.

번번(番番) 부 每次 měicì 여러 번 다, 매번 다.

번수(番手)[-쑤] 명 第~号 dì~hào 차례의 수효.

번안(飜案) 명 〔~하다|타동사〕 改写 gǎixiě 다른 사람의 작품을 원안으로 하여 고쳐짓는 것.

번지(番地) 명 地片的番号 dìpiàndefānhào 집의 주소에 붙인 땅의 번호.

번호판(番號板) 명 牌号 páihào 번호가 적혀 있는 판. ¶차량 ~. 车牌号。chēpáihào.

벌채(伐采) 명 〔~하다|타동사〕 砍伐 kǎnfá → (나무)베내기.

벌초(伐草) 명 〔~하다|자동사・타동사〕 扫墓 sǎomù 무덤의 잡초를 베어서 깨끗이 함.

범류(凡類)[-뉴] 명 平凡的人 píngfánderén 뛰어나지 못한 평범한 사람의 부류.

범상(凡常) 형 〔여 불규칙〕 寻常 xúncháng 대수롭지 않고 평범하다. 심상(寻常 xúncháng)하다.

범속(凡俗) 명 〔~하다|형용사〕 庸俗 yōngsú 평범하고 저속하다.

범실(凡失) 명 平凡的失误 píngfándeshīwù 야구에서, 대수롭지 않은 상황에서 저지르는 실책. ¶~이 잦다. 平凡的失误多。píngfándeshīwùduō.

범재(凡才) 명 庸才 yōngcái 평범한 재주 또는 그런 재주를 가진 사람.

범절(凡節) 명 礼节 lǐjié 규범과 도리에 맞는 모든 질서나 절차.

범접(犯接) 명 〔~하다|자동사〕 随便靠近 suíbiànkàojìn 조심하지 않고 함부로 가까이 가다. ¶감히 ~하지 못하다. 不能随便靠近他。bùnéngsuíbiànkàojìntā.

범행(犯行) 명 〔~하다|자동사〕 犯罪行为 fànzuìxíngwéi 법규범을 어기는 행위를 하는 것 또는 그 행위.

법당(法堂) 명 佛堂 fótáng 〈불〉 불상(佛像 fóxiàng)을 모시고 설법(说法 shuōfǎ)도 하는 절의 정당(正堂 zhèngtáng). 법전(法殿 fǎdiàn).

법대(法大) 명 法学院 fǎxuéyuàn '법과대학'의 준말.

법랍(法臘)[범납] 명 〈불〉 僧龄 sēnglíng 불교에서, 중이 된 뒤로부터 세는 나이.

법랑(琺瑯)[범낭] 명 搪瓷 tángcí 광물을 원료로 하여 만든 유약(釉药 yòuyào). 에나멜(enamel). 파란.

법문(法門)[범-] 명 佛教教义 fójiàojiào yì 〈불〉 진리에 이르는 문의 뜻으로, 부처의 가르침. ¶~에 귀의하다. 皈依到佛门。guīyīdàofómén.

벽난로(壁暖爐)[병날-] 명 壁炉 bìlú 벽면에 아궁을 내고 굴뚝을 벽속으로 통하게 한 난로.

벽두(劈頭) 명 ① 文章开头 wénzhāng kāitóu 글의 첫머리. ② 开始 kāishǐ 일의 첫머리.

벽보(壁報) 명 墙报 qiángbào 종이에 써서 벽에 붙이어 여러 사람에게 알리는 글. 벽신문 따위. ¶게시판에 ~가 나붙다. 公示栏里贴了墙报。gōngshìlánlǐtiēle qiángbào.

벽시계(壁時計) 명 挂钟 guàzhōng 벽에 걸어놓는 시계.

벽신문(壁新聞) 명 墙头小报 qiángtóu xiǎobào 짤막한 기사들을 신문형으로 편집하여 벽이나 그밖의 사람들의 눈에 잘 뜨이는 곳에 내붙이는 직관물의 한가지.

벽오동(碧梧桐) 명 梧桐 wútóng 벽오동나무과에 속하는 잎지는 키나무의 한가지.

벽장(壁藏) 명 壁橱 bìchú 벽을 뚫어 작은 문을 내고 장을 짜 달아서 물건을 넣게 된 곳.

벽지(壁紙) 명 糊墙纸 húqiángzhǐ 도배종이.

벽촌(僻村) 명 偏僻的村庄 piānpìdecūn zhuāng→두메마을, 산골마을, 외진마을.

변(便) 명 大小便 dàxiǎobiàn 대변이나 소변.

변기(便器) 명 便桶 biàntǒng 똥·오줌을 받아 내거나 누도록 만든 그릇, 변기통.

변덕(變德) 명 变化 biànhuà 이랬다저랬다 잘 변하는 성질이나 태도. ¶~이 심한 사람. 变化多端的人。biànhuàduōduānde rén.

변명(辨明) 명 〔~하다|타동사〕 ① 分辨 fēnbiàn 사리를 분별하여 똑똑히 밝힘. 변백(辨白 biànbái). ② 辨明 biànmíng 잘못이 아님을 사리로 따져 밝힘. ¶~의

여지가 없다. 没有辨明的余地。 méiyǒu biànmíngdeyúdì.

변모(變貌) 명 〔~하다|자동사〕 变样 biànyàng 모양이나 모습이 달라지거나 바뀌는 것.

변보(邊報) 명 从边防送来的消息 cóng biānfángsòngláidexiāoxi 변강에서 보내온 경보.

변복(變服) 명 〔~하다|자동사〕 改装 gǎi zhuāng 남이 알아보지 못하게 옷차림을 바꾸는 것 또는 그렇게 한 옷차림.

변사자(變死者) 명 横死者 héngsǐzhě 죽은 원인이 밝혀지지 않은 변화된 시체

변상(辯償) 명 〔~하다|타동사〕 赔偿 péicháng 끼친 손해나 손실을 물어주거나 갚는 것.

변소(便所) 명 厕所 cèsuǒ 사람이 뒤를 보거나 오줌을 누게 만들어놓은 곳=뒷간, 측간(厕间 cèjiān), 변소간.

변신(變身) 명 〔~하다|자동사〕 变成 biànchéng 몸의 모양이나 태도 따위를 바꿈. 또는 그 몸.

변장(變裝) 명 〔~하다|자동사〕 化装 huàzhuāng 打扮 dǎbàn 变装 biàn zhuāng 딴 사람처럼 보이게 옷차림이나 얼굴・머리 모양 따위를 다르게 꾸밈. ¶여자가 남자로 ~하다. 女扮男装。 nǚbàn nánzhuāng.

변절자(變節者) 명 叛徒 pàntú 변절한 자.

변제(辯濟) 〔~하다|타동사〕 扣帐 kòu zhàng 빚을 갚음. 변상(辨偿). 판상(办偿).

변조(變造) 명 〔~하다|타동사〕 ① 伪造 wěizào 〈법〉 기존물의 형상이나 내용에 변경을 가함. ¶수표의 액수를 ~하다. 伪造支票数额。 wěizàozhīpiàoshùé. ② 编造 biānzào 변작(变作 biànzuò).

변통수(變通數)[-쑤] 명 妙招 miàozhāo 변통하는 방법・수단. ¶혹시 무슨 ~가 있을까요? 会有什么绝招? huìyǒushénme juézhāo.

변호사(辯護士) 명 律师 lǜshī 변호하는 사람.

변화무쌍(變化無雙) 명 〔~하다|형용사〕 变化无穷 biànhuàwúqióng 심한 변화가 비길 데 없다.

별(別) 부 另外 lìngwài 보통과는 다르게 별난 또는 쓸데없는. 관 特别 tèbié '보통과 다른'・'별난' 등의 뜻.

별개(別個) 명 其他 qítā 另外 lìngwài 서로 다른 것. 관련성이 없는 것.

별거(別居) 명 〔~하다|자동사〕 分居fēn jū (한집안식구로서) 따로 나가 사는 것.

별고(別故) 명 ① 特别的事故 tèbiédeshì gù 特别的事情 tèbiédeshìqíng 별사고 또는 특별한 사고. ¶~ 없이 지내다. 平安地过日子。 píngāndeguòrìzi. ② 特别的原因 tèbiédeyuányīn 별다른 까닭. ¶~ 없는 일. 没有特别事情。 méiyǒutèbiéshìqíng.

별납(別納)[-랍] 명 〔~하다|타동사〕 ① 额外的交付 éwàidejiāofù 당연히 바치

는 것 외에 따로 바침. ② 另交 lìngjiāo 한데 껴서 바치지 않고 따로 떼어 바침. ¶우편 요금 ~. 另交的邮费。 lìngjiāode yóufèi.

별단예금(別段預金)[—딴네—] 명 专用存款 zhuānyòngcúnkuǎn 금융 기관이 거래처로부터 의뢰 받은 일시적 자금을 처리하기 위하여 설치한 일종의 잡종 예금.

별당(別堂)[—땅] 명 ① 另建的房屋 lìngjiàndefángwū 몸채의 곁이나 뒤에 따로 지은 집. ② 別堂 biétáng 〈불〉 절의 주지나 강사(讲师 jiǎngshī) 같은 사람이 거처하는 곳=퇴설당.

별도(別途)[—또] 명 ① 另一个路 lìngyígèlù 딴 길이나 또는 다른 길. ② 另一个方法 lìngyígèfāngfǎ 딴 방도나 방면. ③ 另外用途 lìngwàideyòngtú 딴 용도.

별도리(別道理) 명 另外妙计 lìngwài miàojì 特别的办法 tèbiédebànfǎ 别的办法 biédebànfǎ 딴 도리. ¶지금으로서는 ~가 없다. 现在没有特别方法。 xiànzàiméi yǒutèbiéfāngfǎ.

별명(別名) 명 外号 wàihào 본이름 외에 외모・성격 등의 특징을 바탕으로 남들이 지어 부르는 이름. 닉네임.

별문제(別問題) 명 ① 别的问题 biéde wèntí 딴 문제. ¶이것과 저것과는 ~다. 这个和那个是另一个问题。 zhègèhénàgèshì lìngyígèwèntí. ② 特别问题 tèbiéwèntí 특별한 문제. 별난 문제. ¶먹고 사는 데는 ~가 없다. 吃饭没有多大问题。 chīfàn méiyǒuduōdàwèntí.

별미(別味) 명 特别的味道 tèbiédewèidào 특별히 좋은 맛 또는 그 음식=별맛.

별반(別般) 명 另外 lìngwài 보통과 다름. 별다름. 별양(别样) biéyàng. ¶~ 대책이 없다. 没有另外对策。 méiyǒulìngwài duìcè. 부 不怎么 bùzěnme 별다르게. 별로. ¶~ 좋은 줄 모르겠다. 不怎么觉得特别好。 bùzěnmejuédetèbiéhǎo.

별별(別別) 관 各式各样 gèshìgèyàng 形形色色 xíngxíngsèsè 보통보다 아주 다른 이상한 가지가지. 별의별. ¶~ 사람들이 다 모였다. 各式各样的人都聚在一起了。 gèshìgèyàngderéndōujùzàiyīqǐle.

별세(別世)[—쎄] 명 〔~하다|자동사〕 别世 biéshì 过世 guòshì 세상과 작별한다는 뜻으로 죽은 당사자를 높이여 그의 죽음을 이르는 말.

별세계(別世界)[—계/—게] 명 ① 另一个世界 lìngyígèshìjiè 지구 밖의 다른 상상의 세상. ② 特别世界 tèbiéshìjiè 속된 세상과는 아주 다른 세상, 딴 세상, 별건곤, 별유천지, 별천지. ¶동굴 안은 ~ 같았다. 山洞好像是另一个世界。 shāndòng hǎoxiàngshìlìngyígèshìjiè.

별송(別送)[—쏭] 명 〔~하다|타동사〕 另外送给 lìngwàisònggěi 따로 보냄. ¶소포를 ~하다. 另外送给包裹。 lìngwàisòng gěibāoguǒ.

별수단(別手段) 명 ① 特別的手段 tèbié deshǒuduàn 특별한 수단. ② 许多手段 xǔduōshǒuduàn 여러 가지 수단.

별식(別食)[—씩] 명 ① 新奇的食品 xīnqí deshípǐn 여느 음식과는 다른 색다른 맛이 나는 음식. ② 特別饮食 tèbiéyǐnshí 보통식사와 달리 특별히 따로 장만한 음식.

별안간(瞥眼間) 부 转眼间 zhuǎnyǎnjiān 눈 깜짝할 동안=갑자기, 난데없이.

별장(別莊)[—짱] 명 别墅 biéshù 본집 외에, 경치 좋은 곳에 따로 마련한 집=별저(別邸).

별재간(別才干) 명 ① 特别的本领 tèbié deběnlǐng 별다른 재간 또는 방도. ② 许多才干 xǔduōcáigàn 별의별 재간 또는 이러저러한 여러 가지 재간.

별종(別種)[—쫑] 명 ① 另一种 lìngyī zhǒng 다른 종자. ② 另一类 lìngyílèi 다른 종류. ③ 特别的 tèbiéde 특별히 선사하는 물건. ④ 另一类人 lìngyílèirén 〈속어〉 별스러운 사람=별사람.

별지(別紙)[—찌] 명 附文 fùwén 서류·편지 등에 따로 덧붙이는 종이쪽.

별차(別差) 명 特别的差异 tèbiédechāyì 별차이.

별책(別册) 명 各种各样的书 gèzhǒnggè yàngdeshū 따로 나누어 엮어 만든 책=별권(別卷).

별천지(別天地) 명 ① 奇景的世界 qíjǐng deshìjiè 별다르게 특별히 경치가 좋은 지대. ② 另一个世界 lìngyígèshìjiè 별세계.

병간호(病看護) 명 〔~하다|타동사〕 看护病人 kānhùbìngrén 앓는 사람을 보살펴 간호하는 것.

병결(病缺) 명 〔~하다|자동사〕 病假 bìngjià 병으로 결근하거나 결석하는 것.

병고(病苦) 명 疾病的痛苦 jíbìngdetòng kǔ 병으로 하여 겪는 괴로움. ¶~로 결근하다. 因病缺勤。yīnbìngquēqín.

병동(病棟) 명 病房 bìngfáng 여러 개의 병실로 된 병원 안의 한 채의 건물.

병신(病身) 명 ① 残废 cánfèi 몸의 어느 부분이 온전하지 못하거나 기형인 상태 또는 그런 사람, 불구자. ② 病身 bìng shēng 병든 몸. ③ 残缺不全的东西 cán quēbùquándedōngxi 온전한 형태를 갖추지 못하거나 제구실을 못하는 물건. ④ 白痴 báichī 지력(智力)·재능이 변변치 못한 사람. ¶~ 같은 녀석. 像个白痴。xiànggèbáichī. ⑤ 废物 fèiwù 남을 얕잡아 일컫는 말. ¶이 ~아. 你这个废物。nǐzhègèfèiwù.

병자(病者) 명 病人 bìngrén 앓는 사람=병인.

병적(病的)[—쩍] 관명 病态的 bìngtàide 언어·동작이 정상을 벗어난 불건전한(것).

병창(弁唱) 명 〔~하다|타동사〕 边弹边唱 biāntánbiānchàng 〈악〉 가수자신이 악기를 타면서 동시에 노래를 부르는 민

족성악 연주형식의 하나.

병탐(并呑) 명 〔~하다|타동사〕 ① 吞并 tūnbìng 함께 아울러 삼키는 것. ② 并吞 bìngtūn (남의 재물을 강제로) 자기 것으로 삼켜버리는 것.

병탈(病頉) 명 〔~하다|자동사〕 ① 因病 yīnbìng 병으로 인한 탈. ② 托病 tuō bìng 병 때문이라고 핑계대는 것 또는 그 핑계. ¶~을 하고 회의에 불참하다. 称病不参加会议。chéngbìngbùcānjiāhuìyì.

병환(病患) 명 疾病 jíbìng 상대자를 높이여 그의 앓는 병을 이르는 말.

보(洑) 명 ① 贮水池 zhùshuǐchí 논에 물을 대려고 둑을 쌓고 흘러가는 냇물을 막아 두는 곳. ② 池塘水 chítángshuǐ=봇물.

보강(補强) 명 〔~하다|타동사〕 增强 zēngqiáng 보태고 채워서 더 튼튼하게 함. ¶시설 ~. 补助设施。bǔzhùshèshī.

보도(步道) 명 人行道 rénxíngdào=인도. ¶~를 메운 인파. 填满人行道的人流。tiánmǎnrénxíngdàoderénliú.

보도기사(報道記事) 명 新闻报道 xīnwén bàodào 일반에게 알리는 새로운 소식.

보복관세(報復關稅) 명 对抗关税 duì kàngguānshuì 〈경〉 어떤 나라가 관세를 새로 베풀거나 인상할 때에 대갚음으로 그 나라에서 들어오는 상품에 대하여 더 물게 하는 관세.

보신책(保身策) 명 保身之策 bǎoshēn zhīcè 한 몸을 보전하는 꾀=보신지책.

보온병(保溫甁) 명 暖水瓶 nuǎnshuǐpíng 더운물을 넣어 그 온도를 보존할 수 있게 한 병=마법병, 빨병. ※이중병.

보완(補完) 명 〔~하다|타동사〕 弥补 míbǔ 补充 bǔchōng 보충하여 온전하게 함. ¶~ 대책. 补充对策。bǔchōngduìcè.

보완재(補完材) 명 互补商品 hùbǔshāng pǐn 실과 바늘, 빵과 버터 들과 같이 서로 밀접하게 보충하는 관계에 있는 각 재물=보충재. ※대체재.

보유(保有) 명 〔~하다|타동사〕 持有 chí yǒu 간직하여 유지함.

보증(保證) 명 〔~하다|타동사〕 ① 担保 dānbǎo 保证 bǎozhèng 保许 bǎoxǔ 남의 신분이나 행동을 뒷받침하여 책임짐=보. ② 负责 fùzé 어떤 사물의 성과나 결과에 대하여 확실함을 책임짐.

보직(補職) 명 〔~하다|타동사〕 ① 任职 rènzhí 임명 받아 맡는 직책. ② 任命 rènmìn 어떤 직책을 맡도록 임명함.

보초(步哨) 명 〈군〉 ① 岗哨 gǎngshào 초소에서 경비를 맡아보는 사람. 입초와 동초가 있다. ※동초, 보초병, 입초. ② 哨兵 shàobīng 초병.

보합(步合) 명 〈수〉 比率 bǐlǜ→푼수.

보합(保合) 명 保持稳定 bǎochíwěndìng 〈경〉 시세가 변동 없이 계속되는 일. ¶~ 시세를 유지하다. 保持稳地指数。bǎochí wěndezhǐshù.

복구(復舊) 명 〔~하다|타동사〕 恢复 huīfù 본디 상태로 되게 하다.

복권(福卷) 명 奖卷 jiǎngjuàn 제비를 뽑아서 맞으면 일정한 상금을 타게 되는 표=복채, 복표.

복귀(復歸) 명 〔~하다|자동사〕 恢复 huīfù 본디 상태나 자리로 다시 돌아감. ¶원대 ~. 恢复原状。huīfùyuánzhuàng=귀복.

복덕방(福德房) 명 ① 牙保 yábǎo 집, 토지 같은 것의 팔고 사는 일 또는 개인끼리의 돈을 빌고 빌리는 일 따위를 중개하는 곳. ② 爱帮助人家的人 àibāngzhù rénjiāderén 인심이 좋아 편의를 잘 보아 주는 주인집.

복락(福樂) 명 幸福与乐趣 xìngfúyǔlèqù 행복과 즐거움.

복리(復利) 명 利上加利 lìshàngjiālì 〈경〉 일정한 기한마다 변리를 본전에 얹어 가며 그것을 본전으로 하고 다시 변리를 쳐 나가는 셈=겹리, 복변리, 중리. ※단리.

복면(覆面)[봉—] 명 〔~하다|자동사〕 ① 蒙面 méngmiàn 얼굴을 싸서 가림. ② 蒙面布 méngmiànbù 얼굴을 싸서 가리는 보자기나 수건 따위.

복모음(復母音) 명 复元音 fùyuányīn 〈언〉=겹홀소리.

복문(復文) 명 复句 fùjù 〈언〉=겹월. ※단문, 중문.

복사(復寫) 명 〔~하다|타동사〕 ① 抄写 chāoxiě 베껴 쓰거나 찍음. ② 复印 fùyìn 어떤 사물을 본뜨거나 내용을 그대로 옮겨 놓음.

복사기(復寫機) 명 复印机 fùyìnjī 그림, 글, 도면, 사진 따위를 복사하는 기계.

복사판(復寫版) 명 ① 翻版 fānbǎn 복사에 쓰는 인쇄판. ② 复印件 fùyìnjiàn 어떤 사물을 본뜬 것 또는 내용을 그대로 옮겨 놓은 것.

복선(伏線) 명 ① 预先准备 yùxiānzhǔn bèi 만일의 경우, 뒤에 생길 일에 대처하려고 남 몰래 미리 베푸는 준비. ② 伏笔 fúbǐ 소설이나 희곡 따위의 작품에서 뒤에 나올 사건에 대하여. ¶~이 많이 깔린 추리 소설. 有很多伏笔的推理小说。 yǒu hěnduōfúbǐdetuīlǐxiǎoshūo.

복성화산(復成火山) 명 集火山 jíhuǒ shān 〈지〉=겹화산.

복수(復讐) 명 〔~하다|자동사〕 复仇 fù chóu=앙갚음.

복중(伏中) 명 三伏 sānfú 초복으로부터 말복까지 삼복의 동안.

복지(福祉) 명 幸福 福利 xìngfú fúlì 좋은 건강, 윤택한 생활, 안락한 환경 들이 이루어져 행복을 누릴 수 있는 상태=지복. ※복리, 행복.

복창(復唱) 명 〔~하다|타동사〕 复述 fù shù 명령이나 지시하는 말을 그 자리에서 그대로 되풀이함.

본(本) 명 ① 标准 biāozhǔn 본보기가

될 만한 방법이나 일. ¶아우는 형의 ~을 따라 행동한다. 弟弟跟着哥哥行动。 dìdì gēnzhegēgēxíngdòng. ② 样本 yàngběn 버선, 옷 따위를 짓는 데 쓰는 실물 크기의 물건. ※버선본, 옷본. ③ 榜样 bǎng yàng=본보기. ④ 技术 jìshù=본새.

본(本) 명 ① 本籍 běnjí=관향. ¶그의 ~은 청주랍니다. 他的籍贯是青州。 tādejí guànshìqīngzhōu. ② 本钱 běnqián=본전. ¶노름판에 끼었다가 ~도 못 찾고 다 잃었다. 在赌场上连个本钱都输了。 zàidǔ chǎngshàngliángèběnqiándōushūle.

본가(本家) 명 ① 本家 běnjiā=본집. ② 娘家 niángjiā=친정. ③ 原宅 yuánzhái =원채.

본가댁(本家宅) 명 娘家 niángjiā→본갓댁.

본거지(本據地) 명 根据地 gēnjùdì=근거지.

본격적(本格的)[-껵-] 관명 ① 正规 zhèngguī 제격에 맞게 활발한(적극적인). ¶~ 활동. 正规活动。 zhèngguīhuó dòng. ② 正式 zhèngshì 제격에 맞게 활발한(적극적인) 것. ¶~ 인 무더위. 真正的酷暑。 zhēnzhèngdekùshǔ.

본격화(本格化)[-껴콰] 명 〔~하다|자동사·타동사〕 正式化 zhèngshìhuà 본격적으로 하거나, 본격적으로 되게 함.

본견(本絹) 명 纯丝 chúnsī 다른 실을 섞지 않고 명주실로만 짠 비단=순견. ※인조견.

본관(本貫) 명 籍贯 jíguàn=관향.

본관(本館) 명 主楼 zhǔlóu 여러 채의 건물들 가운데 그 주장이 되는 건물. ※분관, 별관.

본궤도(本軌道) 명 ① 主要轨道 zhǔyào guǐdào 근간이 되는 중요한 궤도. ② 正常轨道 zhèngchángguǐdào 일의 본격적인 방향과 단계. ¶공사 진행이 ~에 올랐다. 工程进入了正常轨道。 gōngchéngjìn rùlezhèngchángguǐdào.

본남편(本男便) 명 原夫 yuánfū 본디의 남편=본부.

본류(本流) 명 ① 主流 zhǔliú 강이나 내의 원줄기=원류↔지류. ② 主要流派 zhǔyàoliúpài 으뜸이 되는 계통. ¶현대 예술의 ~. 现代艺术的主流派。 xiàndàiyì shùdezhǔliúpài. ※주류.

본명(本名) 명 原名 yuánmíng 본이름.

본문제(本問題) 명 ① 原来的问题 yuán láidewèntí 근본이 되는 본디의 문제. ② 此问题 cǐwèntí 지금 이야기되고 있는 이 문제.

본병(本病) 명 老病 lǎobìng 본디부터 가지고 있어 다 낫지 못하고 때때로 도지는 병. ¶~이 재발한다. 老病复发。 lǎo bìngfùfā=본증, 본질.

본서방(本書房) 명 原夫 yuánfū 前夫 qiánfū=본사내.

본선(本線) 명 ① 主干线 zhǔgànxiàn 같

은 구간에 두 개 이상의 간선이 있는 경우에 가장 큰 선. ② 干线 gànxiàn=간선.

본선인도(本船引導) 명 轮船交货 lún chuánjiāohuò 〈경〉→에프오비.

본시(本是) 명 本来 běnlái 原来 yuánlái =본디. ¶그는 ~ 가야금의 명수였다. 她本是伽倻琴的高手。 tāběnshìjiāyēqínde gāoshǒu.

본시험(本試驗) 명 正式考试 zhèngshì kǎoshì 예비시험이나 임시시험 따위에 대하여 주가 되는 시험=본고사, 본고시.

본업(本業) 명 正业 zhèngyè 생활의 근본이 되는 주된 사업이나 직업. ¶~은 제쳐 놓고 부업에만 열중한다. 他不务正业, 尽搞副业。 tābúwùzhèngyè, jìngǎofù yè =주업↔부업.

본연(本然) 명 本来 běnlái 본디 그대로의 것.

본원적(本源的) 관명 ① 根本的 gēnběn de 사물의 주장이 되는 근원으로 되는. ② 根源 gēnyuán 사물의 주장이 되는 근원으로 되는 것.

본적(本籍) 명 ① 原籍 yuánjí 일정한 곳에 고정하여 둔 호적=원적. ② 本籍地 běnjídí '본적지'의 준말.

본점(本店) 명 ① 总行 zǒngháng 영업의 본거지가 되는 점포. ② 自己店 zìjǐdiàn 자기가 관계하고 있는 점포 또는 이 상점=본포.

본정신(本精神) 명 神志 shéngzhì 본디대로의 건전한 정신.

본처(本妻) 명 原妻 yuánqī=정실.

본체(本體) 명 ① 正体 zhèngtǐ 사물의 정체. ② 本质 běnzhì=본바탕. ③ 本体 běntǐ 〈철〉 현상의 근본체로서 초감적 성격을 가진 감성의 대상이 아닌 사유의 대상=이체↔현상.

본토종(本土種) 명 本地种 běndìzhǒng=토종.

본판(本板) 명 底子 dǐzi 만들 물건의 본이 되는 판=형판.

봉(封) 명 ① 纸袋子 zhǐdàizi=봉지. ② 赐封 cìfēng 혼인 때에 신랑 집에서 선채 밖에 따로 신부 집으로 보내는 돈. ③ 封 fēng 봉지, 봉투, 편지 따위를 세는 단위. ¶과자 두 ~. 饼干两袋子。 bǐnggān liǎngdàizi.

봉급(俸給) 명 薪金 xīnjīn 어떤 직장에서 계속적으로 일하는 사람이 그 일의 대가로 정기적으로 받는 돈. ¶~을 타다. 那薪金。 nàxīnjīn=신수. ※급료, 일급, 주급, 월급, 연봉.

봉기(蜂起) 명 [~하다|자동사] 起义 qǐ yì 벌떼처럼 세차게 일어남. ¶민중 ~. 大众起义。 dàzhòngqǐyì ※궐기.

봉납(奉納) 명 [~하다|타동사] 上缴 shàngjiǎo 받들어 바침=배납.

봉변(逢變) 명 [~하다|자동사] 遭殃 zāoyāng 변을 당함=당변.

봉사(奉仕) 명 [~하다|자동사] 服务 奉

献 fúwù fèngxiàn→이바지.

봉송(奉送) 명 〔~하다|타동사〕 ① 陪送 péisòng 귀인이나 윗사람을 모시어 배웅함. ② 奉送 fèngsòng 받들어 정중히 보냄. ¶올림픽 성화 ~. 奉送奥运圣火。fèng sòngàoyùnshènghuǒ.

봉승(奉承) 명 〔~하다|타동사〕 継承 jì chéng 웃어른의 뜻을 받들어 이음.

봉안(奉安) 명 〔~하다|타동사〕 安置 ān zhì 신주나 화상을 받들어 모심=안치.

봉양(奉養) 명 〔~하다|타동사〕 侍奉 shì fèng 어버이나 할아버지, 할머니 들을 받들어 모시고 섬김. ¶부모 ~. 侍奉父母。shìfèngfùmǔ. ※공양. 부양.

봉욕(逢辱) 명 〔~하다|자동사〕 咒骂 zhòumà 욕봄. ¶~을 면하다. 避免挨骂。bìmiǎnáimà. ※봉변.

봉정(奉呈) 명 〔~하다|타동사〕 呈递 chéngdì 받들어 올림(드림). ¶신임장 ~. 呈递派遣证书。chéngdìpàiqiǎnzhèngshū.

봉지(奉紙) 명 纸袋儿 zhǐdàier 종이나 비닐 따위로 봉투처럼 만든 주머니.

봉착(逢着) 명 〔~하다|자동사〕 遭到 zāodào 遇到 yùdào 碰到 pèngdào 만나서 부닥침. ¶난관에 ~하였다. 遇到难关。yù dàonángān.

봉창(奉唱) 명 〔~하다|타동사〕 爱唱 ài chàng 경건하게 노래 부름. ¶애국가 ~. 爱唱国歌。àichàngguógē.

봉축(奉祝) 명 〔~하다|타동사〕 庆祝 qìng zhù 庆贺 qìnghè 공경하는 마음으로 축하함.

봉토(封土) 명 〔~하다|자동사〕 ① 盖坟的土 gàiféndetǔ=봉분. ② 分封 fēnfēng =성분.

봉투(封套) 명 信封 xìnfēng 편지나 서류 따위를 넣는, 종이로 만든 주머니. ¶월급 ~. 工资信封。gōngzīxìnfēng=봉통, 서통. ※겉봉.

봉함엽서(封緘葉書) 명 邮筒信 yóutǒng xìn 우편엽서의 한 가지. 넓이가 엽서의 세 배나 되나 편지의 사연을 써서 겹쳐 접으면 크기가 보통 엽서와 같게 된다.

부고환(副睾丸) 명 附睾 fùgǎo 〈생〉 불알 뒤에 붙어서 불알에서 만든 정액을 정관을 통하여 정낭으로 보내는 작용을 맡는 수컷의 생식기=알, 고상체, 정소상체.

부과세(賦課金) 명 税款 shuìkuǎn 〈경〉 세무 행정기관이 매기어 물리는 방식의 세금.

부납(賦納) 명 〔~하다|자동사〕 交纳 jiāonà 부과금을 냄.

부답(不答) 명 〔~하다|자동사〕 不回答 bùhuídá 대답하지 아니함.

부당(不當) 명 〔~하다|형용사〕〔~히|부사〕 不正当 búzhèngdāng 不妥当 bù tuǒdàng 不合理 bùhélǐ 不在理 búzàilǐ 이치에 맞지 않거나 마땅하지 아니하다↔정당하다.

부당이익(不當利得) 명 非法利润 fēifǎlì

rùn 〈법〉 떳떳하지(정당하지) 못한 이득.

부대(附帶) 명 〔~하다|타동사〕 配套 pèitào 附属 fùshǔ 补助 bǔzhù 附带 fùdài 주가 되는 것에 곁달아서 덧붙임. ¶~ 시설. 配套设施。pèitàoshèshī.

부대(負袋) 명 袋子 dàizi 베, 가죽, 종이 따위로 만든 큰 자루=포대.

부도(不渡) 명 拒绝付款 jùjuéfùkuǎn 〈경〉 어음이나 수표에 적힌 날짜에 돈을 치러 받지 못하는 일. ¶~가 났다. 遇到拒绝付款。yùdàojùjuéfùkuǎn.

부두(埠頭) 명 码头 mǎtóu 배를 대어 사람과 짐이 뭍으로 오르내릴 수 있도록 된 곳. ※나루, 선창.

부랑(浮浪) 명 〔~하다|자동사〕 漂泊 piāobó 일정하게 사는 곳과 하는 일이 없이 떠돌아다님. ※유랑.

부랑배(浮浪輩) 명 游荡无业之徒 yóudàng wúyèzhītú 일정하게 사는 곳과 하는 일이 없이 떠돌아다니는 무리=무뢰배, 무뢰지당, 무뢰지배, 부랑지도.

부면(部面) 명 侧面 cèmiàn 몇 개로 나눈 부분의 한 면. ¶산업 ~. 部分产业。bù fenchǎnyè. ※부문.

부문(訃聞) 명 讣告 fùgào 사람이 죽었다는 소식. ¶~을 보내다. 发送讣告。fāsòng fùgào. ※고부. 부고.

부부애(夫婦愛) 명 夫妇恩 fūfùēn 남편과 아내 사이의 사랑.

부실(不實) 명 〔~하다|형용사〕 ① 不结实 bùjiēshi 몸이 튼튼하지 못하거나 기운이 없다. ¶몸이 ~. 身体不结实。shén tǐbùjiēshi. ② 不实在 bùshízài 내용이나 실속이 없다. ¶~한 기업. 不充实的企业。bùchōngshídeqǐyè. ③ 不充分 bùchōng fèn 넉넉하지 못하거나 충분하지 못하다. ¶살림이 ~. 不充分的生活。bùchōng fèndeshēnghuó. ④ 不诚实 bùchéngshí 일에 성실하지 못하다. ⑤ 不牢靠 bùláo kào 미덥성이 적다.

부실기업(不實企業) 명 不良企业 bùliáng qǐyè 경영이나 자금 사정이 어려운 기업.

부심(腐心) 명 〔~하다|자동사〕 ① 担心 dānxīn 근심, 걱정으로 마음을 썩임. ② 费心 fèixīn 무엇을 생각해 내느라고 몹시 애를 씀.

부양(浮揚) 명 〔~하다|자동사・타동사〕 浮动 fúdòng 가라앉은 것이 떠오르거나 떠오르게 함. ¶~ 작업. 浮动作业。fúdòng zuòyè.

부자(富者) 명 财主 cáizhǔ 살림이 넉넉하고 재산이 많은 사람.

부재중(不在中) 명 不在 búzài 자기 집이나 직장 따위에 있지 아니하는 동안.

부접(附接) 명 〔~하다|자동사〕 接触 jiē chù '붙접'의 변한말. ¶~이 좋다. 接触性好。jiēchùxìnghǎo.

부정(不正) 명 〔~하다|형용사〕 不正 bú zhèng 违法 wéifǎ 消极面 xiāojímiàn 옳지 아니함. ¶선거 ~. 违法选举。wéifǎ xuǎnjǔ.

부정(不淨) 명 〔~하다|형용사〕〔~히|부사〕 不吉利 bùjílì 꺼려서 피할 때에 생기는, 사람이 죽거나 하는 불길한 일. ※부정치다. 부정타다.

부조(扶助) 명 〔~하다|타동사〕 ① 资助 zīzhù 捐助 juānzhù 남의 큰일에 돈이나 물건들로 도와 줌. ¶축의금 ~. 捐献资助。juānxiànzīzhù. ② 帮助 bāngzhù 남을 거들어서 도와 줌=부익.

부조금(扶助金) 명 抚恤金 fǔxùjīn=부줏돈.

부조리(不條理) 명 非条理 fēitiáolǐ 조리가 서지 아니함. 도리에 맞지 아니함. ¶사회의 ~. 社会的非条理。shèhuídefēitiáolǐ.

부족(不足) 명 〔~하다|형용사〕 不足 bùzú 不够 búgòu=모자람.

부주의(不注意)[―의/―이] 명 〔~하다|형용사〕 不注意 búzhùyì 疏忽 shūhū 주의하지 아니함.

부지(敷地) 명 场地 chǎngdì 터.

부지중(不知中) 명 不知不觉 bùzhībùjué 알지 못하는 사이.

부진(不振) 명 〔~하다|형용사〕 不兴旺 bùxīngwàng 어떤 일이나 힘이 활발하게 되어 나가지 못함. ¶~ 상태. 不兴旺的状态。bùxīngwàngdezhuàngtài.

부차(副次) 명 次要 cìyào=이차.

부착근(附着根) 명 吸根 xīgēn 〈식〉=붙는 뿌리.

부탁(付托) 명 〔~하다|타동사〕 托付 tuōfù 拜托 bàituō 어떤 일을 해 달라고 청하거나 맡김. ¶~을 받다. 收到拜托。shuōdàobàituō=의촉.

부품(部品) 명 零件 língjiàn 부분품.

부하(負荷) 명 〔~하다|자동사·타동사〕 ① 担子 dànzi=부담. ② 载荷 zàihè 〈물〉 전기를 띠게 하거나 기계의 힘을 내게 하는 부담 또는 그 부담량.

부호(符號) 명 符号 fúhào记号 jìhào=표. ※기호.

부황(浮黃) 명 浮肿病 fúzhǒngbìng 오래 굶주려서 살가죽이 들떠서 붓고 누른 빛깔이 나는 병. ¶흉년으로 온 나라에 ~이 들었다. 由于凶年全国蔓延了浮肿病。yóuyúxiōngniánquánguómànyánlefúzhǒngbìng=부황병.

북망산(北邙山)[붕―] 명 ① 河南省洛阳的一个山 hénánshěngluòyángdeyígèshān. 중국 허난성 뤄양 땅의 북쪽에 있는 작은 산. ② 坟地 féndì 坟场 fénchǎng 坟岗 féngǎng 무덤이 많은 곳 또는 사람이 죽어 묻히는 곳=북망산천.

분간(分揀) 명 〔~하다|타동사〕 ① 分辨是非 fēnbiànshìfēi 사물의 옳고 그름, 좋고 나쁨, 크고 작음 따위를 헤아려 가림. ② 分别处理 fēnbiéchùlǐ 죄 지은 형편을 보아서 용서함.

분(憤) 형 〔여 불규칙〕 ① 怨枉 yuānwàng 억울하고 원통하다. ② 气恼 qìnǎo

섭섭하고 아깝다. ¶~에 못이겨 운다. 气得都哭了。qìdedōukūle.

분갑(粉匣) 명 粉盒 fěnhé 흰 분을 담는 갑.

분기(憤氣) 명 气愤 qìfèn 분한 생각이나 기운. ¶~를 참지 못한다. 忍不住气愤。rěnbúzhùqìfèn.

분납(分納) 명 [~하다|타동사] 分期付款 fēnqīfùkuǎn 몇 차례로 나누어서 냄. ¶세금을 ~. 分期纳税。fēnqīnàshuì.

분단장(粉丹粧) 명 [~하다|자동사] 脂抹粉 zhīmǒfěn 얼굴에 분을 바르며 맵시 나게 꾸밈. ¶~을 한 얼굴. 脂抹粉的脸。zhīmǒfěndeliǎn.

분담(分擔) 명 [~하다|타동사] 分配 fēn pèi 分担 fēndān 分摊 fēntān 일을 나누어서 맡음.

분등(奔騰) 명 [~하다|자동사] 暴涨 bàozhǎng 물건 값이 갑자기 뛰어 오름 ↔분락.

분매(分賣) 명 [~하다|타동사] 分批出售 fēnpīchūshòu 몇 부분으로 나누어서 팖.

분명(分明) 부 分明 fēnmíng 清楚 qīng chǔ 확실히, 틀림없이.

분발(奮發) 명 [~하다|자동사] 奋发 fènfā 振作 zhènzuò 振奋 zhènfèn 마음과 힘을 떨쳐 일으킴=발분.

분배(分配) 명 [~하다|타동사] ① 分摊 fēntān=배분. ② 分配 fēnpèi 〈경〉 생산에 참가한 개개인이 생산물을 일정한 기준에 따라 나누는 일.

분별(分別) 명 [~하다|타동사] ① 分别 fēnbié 서로 다른 것을 따로따로 가름. ② 分辨 fēnbiàn 돌아가는 형편을 헤아려서 앎. ¶~이 없어서 저지른 과오. 由于没有分辨能力所犯的错误。yóuyúméiyǒufēn biànnénglìsuǒfàndecuòwù.

분분(芬芬) 형 [여 불규칙] 芬香 fēn xiāng 매우 향기롭다=엄엄하다.

분산(分散) 명 [~하다|자동사·타동사] ① 分散 fēnsàn 疏散 shūsàn 따로따로 흩어짐. ② 耗散 hàosàn 따로따로 흩어지게 함.

분수(分數)[-쑤] 명 ① 分辨能力 fēn biànnénglì 사물을 분별하는 슬기. ¶~가 없는 사람. 没有分辨能力的人。méiyǒu fēnbiànnénglìderén. ② 分寸 fēncùn 자기에게 알맞은 한도. ¶~에 맞는 생활. 适度的生活。shìdùdeshēnghuó. ③ 分 fēn=푼수. ¶그의 하루 작업량이 세 사람 ~는 된다. 她一天把工作量完成了三个人的分。tāyìtiānbǎgōngzuòliàngwánchéng lesāngèréndefèn.

분수령(分水嶺) 명 ① 分水岭 fēnshuǐ lǐng 〈지〉 분수계가 되는 산마루나 산맥=분수산맥, 분수척. ② 关键 guānjiàn 어떤 사물이 발전하는 데 있어서의 전환점.

분실(紛失) 명 [~하다|타동사] 遗失 yí shī 丢失 diūshī 失踪 shīzōng=잃어버리다. ¶신분증을 ~하였다. 丢失身份证。diū shīshēnfènzhèng.

분심(忿心) 명 愤恨 fènhèn=분.
분야(分野) 명 分野 fēnyě 领域 lǐngyù 方面 fāngmiàn 部门 bùmén 어떤 갈래에 달린 범위나 부문.
분양(分讓) 명 [~하다|타동사] 分给 fēngěi 나누어서 넘겨 줌. ¶토지 ~. 分给土地。fēngěitǔdì.
분위기(分圍氣) 명 ① 空气 kōngqì 대기(大气). ② 气氛 qìfèn 어떤 장소나 회합에서 저절로 만들어져서 감도는 기분. ¶직장의 ~가 좋다. 单位的气氛好。dānwèi deqìfènhǎo. ③ 周围状况 zhōuwéi zhuàngkuàng 개인의 주변 상황.
분잡(紛雜) 명 [~하다|형용사] [~히|부사] 纷杂 fēnzá 乱糟糟 luànzāozāo 많은 사람이 북적거리어 어수선하다.
분장(扮裝) 명 [~하다|자동사] 装扮 zhuāngbàn 假装 jiǎzhuāng 打扮 dǎbàn 배우가 출연 작품 중의 어느 인물로 꾸밈. 또는 그 차림새.
분주(奔走) 자형 [여 불규칙] 奔忙 bēn máng 忙碌 mánglù 喧闹 xuānnào 몹시 바쁘게 뛰어다니다.
분첩(分貼) 명 [~하다|타동사] 抓药 zhuāyào 약재를 나누어서 첩약을 만듦.
분탕(焚蕩) 명 [~하다|자동사·타동사] 闹哄哄 nàohōnghong 몹시 야단스럽고 부산하게 굴거나, 소동을 일으킴. ¶아이들이 흙밭에서 ~을 쳤다. 孩子们在地里闹哄哄地玩。háizimēnzàidìlǐnàohōnghōng dewán.
분통(憤痛) 명 [~하다|형용사] 气忿 qì fèn 气恼 qìnǎo 痛恨 tònghèn 분하여 마음이 아픔. ¶~이 터질 노릇. 气死人。qì sǐrén=열통.
불가피(不可避) 형 [여 불규칙] 不可避面 bùkěbìmiǎn 难免 nánmiǎn 피할 수가 없다.
불건전(不健全) 형 [여 불규칙] 不健康 bújiànkāng 不良 bùliáng 건전하지 아니하다. ¶~한 풍조. 不健康的风气。bújiàn kāngdefēngqì.
불결(不潔) 명 [~하다|형용사] [~히|부사] 不干净 bùgānjìng 깨끗하지 아니하고 더러움. ¶~ 상태. 不干净状态。bù gānjìngzhuàngtài.
불구(不具) 명 ① 残废 cánfèi 몸의 어느 부분이 온전하지 못하거나 기능을 잃은 상태. ¶~의 몸. 残疾的身体。cánjídeshēn tǐ. ② 不备 búbèi 편지 끝에 쓰는 '불비'의 낮춤말.
불구(不拘) 자 [여 불규칙] 不管 bù guǎn 不顾 búgù 주로 '~하고'로 쓰이어, '무엇에 얽매이거나 거리끼지 아니하고'의 뜻. ¶비가 옴에도 ~하고 떠났다. 不顾下雨出发了。búgùxiàyǔchūfāle.
불량(不良) 명 [~하다|형용사] ① 不佳 bùjiā 坏 huài 행실이나 성질 따위가 나쁨. ¶복장 ~. 不及格服装。bùjígéfú zhuāng. ② 次品 cìpǐn 품질이나 성적이

좋지 못함. ¶~ 제품. 质量差的制品。zhìliàngchàdezhípǐn.

불로초(不老草) 명 长生草 chángshēngcǎo 선경에 있으며, 사람이 먹으면 늙지 아니하는 풀.

불면(不免) 명 〔~하다|형용사〕 不可避免 bùkěbìmiǎn 면하지 못하거나 면할 수 없는 것.

불면(不眠) 명 〔~하다|자동사〕 失眠 shīmián 자지 않거나 자지 못하는 것.

불모지(不毛地) 명 不毛之地 bùmáozhīdì 아무런 식물도 자라지 못하는 메마른 땅.

불문(不問) 명 〔~하다|타동사〕 不管 bùguǎn 无论 wúlùn 不顾 búgù 묻지 않는 것.

불문곡직(不問曲直) 명 〔~하다|타동사〕 不问是非 búwènshìfēi 不由分说 bùyóufēnshuō 잘하고 잘못한 것을 묻거나 알아보지 않는 것.

불문율(不問律)[-뉼] 명 习惯法 xíguànfǎ 不成文法 bùchéngwénfǎ 불문법.

불발(不發) 명 〔~하다|자동사〕 ① 不爆炸 búbàozhà (어떤 원인으로) 폭발물이 터지지 않는 것. ② 未解决 wèijiějué 계획했던 일을 못하게 됨. ¶사업 확장이 ~로 끝나다. 扩张计划还是未能解决。kuòzhāngjìhuàháishìwèinéngjiějué.

불발탄(不發彈) 명 不爆炸的爆弹 búbàozhàdezpàodàn (어떤 원인으로) 화약이 터지지 않은 탄알, 포탄, 폭탄 같은 것.

불사약(不死藥) 명 长生不老药 chángshēngbùlǎoyào 전설에서, 사람이 먹으면 죽지 않고 오래 산다는 신령스러운 약.

불상사(不祥事) 명 不详之事 bùxiángzhīshì (어떤 사고 같은 것으로 생기는) 상서롭지 못하거나 좋지 못한 일.

불손(不遜)[-쏜] 명 〔~하다|형용사〕 〔~히|부사〕 放肆 fàngsì 傲慢 àomàn 겸손하지 못함. ¶그의 ~한 태도. 她的放肆态度。tādefàngsìtàidù.

불순(不順)[-쑨] 명 〔~하다|형용사〕 〔~히|부사〕 ① 不敬 bújìng 공손하지 못함. ¶~한 태도. 不敬的态度。bújìngdetàidù. ② 不顺利 búshùnlì 정도(正道)·도리에 따르지 않음. 순조롭지 못함. 기후가 고르지 못함. ¶일기가 ~하다. 气候不顺。qìhòubúshùn.

불시(不時)[-씨] 명 ① 非时节 fēishíjié 제철이 아닌 때. ② 随时 suíshí (주로 '불시로·불시에·불시의'의 꼴로 쓰여) 뜻하지 아니한 때. ¶~의 방문객(客) 随时来访的客人。suíshíláifǎngdekèrén.

불시착(不時着)[-씨-] 명 〔~하다|자동사〕 临时着陆 línshízhuólù '불시 착륙'의 준말.

불실(不實) 명 不诚实 bùchéngshí '부실(不实) bùshí'의 잘못.

불안감(不安感) 명 担忧 dānyōu 불안한 느낌.

불용(不容) 명 〔~하다|타동사〕 不容许 bùróngxǔ 용납할 수 없거나 어찌할 수

없다.

불운(不運) 명 〔~하다|형용사〕 不走运 bùzǒuyùn 不幸 búxìng 倒霉 dǎoméi 운수가 좋지 못하다.

불원(不遠) 명 〔~하다|형용사〕 ① 不远 bùyuǎn 멀지 않음. ② 不久 bùjiǔ 오래지 않음. 부 不久 bùjiǔ 머지않아. ¶~ 떠나겠소. 不久会出发的bùjiǔ。huìchūfāde.

불원간(不遠間) 명 不久 bùjiǔ 앞으로 얼마 안가서 또는 멀지 않아.

불응(不應) 명 〔~하다|자동사・타동사〕 不答应 bùdāyìng 응하지 않는 것.

불의(不意)[—의/—이] 명 不料 búliào 想不到 xiǎngbúdào 突然 tūrán 뜻밖에 생각지 아니하던 판. ¶~의 사고. 想不到的事故。xiǎngbúdàodeshìgù.

불인견(不忍見) 명 〔~하다|형용사〕 不忍睹 bùrěndǔ 차마 볼 수가 없다. ¶~의 참상. 惨不忍睹。cǎnbùrěndǔ.

불일내(不日內) 명 几天内 jǐtiānnèi 며칠 사이에 또는 며칠 안에.

불입(拂入) 명 〔~하다|타동사〕 交付 jiāofù 缴纳 jiǎonà 给予 jǐyǔ 납입(纳入), 납부.

불입금(拂入金) 명 认缴款 rènjiǎokuǎn 납부금.

불자(不字)[—짜] 명 ① 废品 fèipǐn 못 쓰게 생긴 물건. ② 不合格品 bùhégépǐn 검사에 불합격한 물품 또는 그 표지(标识) biāoshí.

불전(佛前) 명 佛主前 fózhǔqián 부처의 앞.

불찰(不察) 명 过错 guòcuò 错误 gcuòwù 주의를 잘 돌리지 못하여 생긴 잘못.

불참(不參) 명 〔~하다|자동사〕 不参加 bùcānjiā 참가하지 않거나 참석하지 않는 것.

불철주야(不撤晝夜) 명 〔~하다|자동사〕 昼夜不停 zhòuyèbùtíng 夜以继日 yèyǐjìrì 밤낮을 가리지 않음. ¶~ 공부하다. 夜以继日地学习。yèyǐjìrìdexuéxí.

불청객(不請客) 명 不速之客 búsùzhīkè 청하지 않은 손님이라는 뜻으로 '달갑지 않은 손님'을 이르는 말.

불초자식(不肖子息) 명 ① 不孝儿女 búxiàoérnǚ '부모를 따를 수 없는 못난 자손'을 이르는 말. ② 给父母写信时对自己谦称 gěifùmǔxiěxìnshíduìzìjǐqiānchēng (글체) 자기 자신을 낮추어 이르는 말. 전날에 편지 같은 글에서 흔히 썼다.

불출(不出) 명 〔~하다|자동사・형용사〕 ① 没出息 méichūxi 어리석고 못남. 또는 그런 사람을 조롱하는 말. ② 闭门不出 bìménbùchū 밖에 나가지 아니함.

불출마(不出馬) 명 〔~하다|자동사〕 不竞选 bújìngxuǎn 출마하지 않음. ¶~를 선언하다. 宣布不参加竞选。xuānbùbùcānjiājìngxuǎn.

불출세(不世出) 명 罕见 hǎnjiàn 卓绝 zhuójué '이 세상에 일찍이 있어 본적이 없는 또는 세상에 드문'의 뜻 불세출.

불측(不測) 명 [~하다|형용사] ① 不测 búcè 미리 헤아릴 수 없다. ② 阴险 yīn xiǎn (생각이나 행동이) 괘씸하고 엉큼하다.

불쾌(不快) 명형 [여 불규칙] 不愉快 bù yúkuài 不痛快 bútòngkuài 不舒服 bùshū fu 못마땅하여 기분이 좋지 않은 것.

불편(不便) 명 [~하다|형용사] 不便 bú biàn 不方便 bùfāngbiàn 不舒服 bùshūfu (순조롭지 않거나 거북하여) 편하지 않은 것.

불평(不平) 명 [~하다|타동사·형용사] 不平 bùpíng 不满 bùmǎn 抱恨 bàohèn 마음에 불만이 있어 못마땅하게 여기거나 또는 그렇게 여기는 것을 말이나 행동으로 나타내는 것. ¶심사가 ~하다. 不满情绪。bùmǎnqíngxù.

불평가(不平家) 명 爱发牢骚的人 àifāláo sāoděrén 못마땅하여 자주 불평하는 버릇을 가지고 있는 사람=불평객.

불평분자(不平分子) 명 不满者 bùmǎn zhě 불만을 품고 두덜거리는 사람. ¶~를 달래다. 抚慰不满者。fǔwèibùmǎnzhě.

불하(不下) 명 [~하다|자동사] ① 不比任何差 bùbǐrènhéchà 무엇보다 못하지 않음. ② 不比任何少 bùbǐrènhéshǎo 어떤 수효에 내리지 아니함. ③ 不投降 bùtóu xiáng 항복하지 않음.

불하(拂下) 명 [~하다|타동사] 国家财产卖给个人 guójiācáichǎnmàigěigèrén 국가나 공공 단체의 재산을 민간에 팔아넘기는 일↔매상.

불한당(不汗黨) 명 ① 匪徒 fěitú 떼를 지어 돌아다니는 강도, 화적, 명화적(明火贼). ② 暴徒bàotú 떼 지어 다니며 행패부리는 무리. ¶이 ~ 같은 놈들. 你们这些暴徒。nǐménzhèxiēbàotú.

불행(不幸) 명 [~하다|형용사] [~히|부사] ① 不幸 遭遇 búxìngzāoyù 행복하지 못한 것. ② 倒霉 dǎoméi 일이 잘 펴이지 못하게 거치작거려 걱정과 불편이 많은 것.

불황(不況) 명 〈경〉 不景气 bùjǐngqì 萧条 xiāotiáo 경기가 좋지 못한 것.

붕괴(崩潰) 명 [~하다|자동사] 崩溃 bēngkuì 毁灭 huǐmiè 무너지거나 허물어지는 것.

비각(碑閣) 명 碑亭 bēitíng 비돌을 세우고 그 위를 덮어지은 집.

비감(悲感) 명 [~하다|형용사] [~히|부사] 悲伤 bēishāng 슬픈 감정.

비겁(卑怯) 명 [-거파-] 형 [여 불규칙] 卑怯 bēiqiè 卑鄙 bēibǐ 비열하고 겁이 많은 것. ¶~한 행동. 卑鄙行动。bēi bǐxíngdòng.

비굴(卑屈) 명 [~하다|형용사] [~히|부사] ① 卑鄙 bēibǐ (남에게 굽실거리는 것이) 비열하고 너절하다. ② 卑屈 bēiqū 지나치게 자기를 낮추거나 굽히는 태도가 떳떳하지 못하다.

비근(卑近) 형 〔여 불규칙〕 浅近 qiǎnjìn 浅明 qiǎnmíng 흔히 듣고 볼 수 있을 정도로 생활과 가깝다.

비난(非難) 명 〔~하다|타동사〕 ① 非难 fēinàn 指责 zhǐzé 남의 허물이나 잘못에 대하여 나무람 하거나 나쁘게 말하는 것. ② 诽谤 fěibàng 터무니없이 사실과 전혀 맞지 않게 헐뜯는 것.

비단(緋緞) 명 绸缎 chóuduàn 缎子 duànzi 锦缎 jǐnduàn 명주실로 아름답게 짠 천. 가볍고 빛깔이 우아하며 손맛이 부드럽다. 은초사, 생고사, 갑사, 항라와 같은 생비단, 숙수, 약산단, 뉴똥과 같은 참비단 등이 있다.

비루(鄙陋) 형 〔여 불규칙〕 丑陋 chǒulòu 마음이 고상하지 못하고 더럽다. ¶~한 생각. 丑陋的想法。chǒulòudexiǎngfǎ.

비리(非理) 명 非法 fēifǎ 올바른 이치나 도리에 어그러지는 일. ¶~ 공무원. 非法公务员。fēifǎgōngwùyuán.

비명횡사(非命橫死) 명 〔~하다|자동사〕 死于非命 sǐyúfēimìng 제 목숨대로 다 살지 못하고 뜻밖의 재앙으로 죽는 것. ¶젊은 나이에 교통사고로 ~하다. 年轻人由于车祸死于非命。niánqīngrényóuyúchēhuòsǐyúfēimìng.

비목(費目) 명 支出种类 zhīchūzhǒnglèi 지출하는 비용의 경리 과목상 명목. ¶경비를 ~에 따라 적다. 按着支出种类记录经费。Ànzhezhīchūzhǒnglèijìlùjīngfèi.

비번(非番) 명 不值班 bùzhíbān 번을 설 날이 아닌 것.

비법(秘法)[-뻡] 명 비방(秘方) mìfāng.

비보(悲報) 명 噩耗 èhào 凶讯 xiōngxùn 讣告 fùgào 슬픈 기별이나 슬픈 소식. ¶~에 접하다. 接到凶讯。jiēdàoxiōngxùn ↔희보(喜报)xǐbào.

비상(非常) 명 〔~하다|형용사〕〔~히|부사〕 紧急 jǐnjí 非常 fēicháng 非凡 fēifán 정상이 아닌 것 또는 정상적인 상태에서 벗어난 특별한 것.

비상용(非常用) 명 紧急用 jǐngjíyòng 긴급하게 제기되었을 때 쓰기 위하여 특별히 마련하여두는(것).

비색(否色) 명 〔~하다|자동사〕 蔽赛 bìsài 운수가 꽉 막힘.

비속(卑俗) 명 〔~하다|형용사〕 庸俗 yōngsú 鄙俗 bǐsú 庸劣 yōngliè 보잘것없이 너절하거나 변변치 않고 속되다.

비수기(非需期) 명 淡季 dànjì 수요가 많지 않은 때. ¶~에 성수기에 대비한 주문이 늘어나다. 淡季为了对付旺季来订货。dànjìwèileduìfuwàngjìláidìnghuò ↔성수기. ※비철.

비시(非時) 명 非季节 fēijìjié 제때가 아닌 것.

비실(非悉) 명 〔~하다|타동사〕 熟悉 shóuxī (실정을) 갖추갖추 구체적으로 잘 아는 것.

비위(脾胃) 명 ① 脾胃 píwèi 〈생〉 비장

과 위경. ② 口味 kǒuwèi 음식의 맛이나 사물에 대해 좋고 나쁨을 분간하는 기분. ¶음식이 ~에 안 맞는다. 饮食不合口味。yǐnshíbùhékǒuwèi. ③ 脸皮 liǎnpí 아니꼽고 싫은 일을 잘 견디는 힘. ¶~ 좋은 사람. 脸皮厚的人。liǎnpíhòuderén.

비일비재(非一非再) 명 〔~하다|형용사〕 非一两次 fēiyīliǎngcì 比比皆是 bǐbǐjiēshì 한두 번이나 한두 가지가 아닌 것을 이르는 말.

비적(匪賊) 명 匪徒fěitú 떼를 지어 다니며, 살인・약탈을 일삼는 도둑의 무리. ¶~이 들끓다. 匪徒泛滥。fěitúfànlàn.

비전문가(非專門的) 명 外行 wàiháng 일정한 분야의 전문가가 아닌 사람.

비정(批正) 명 〔~하다|타동사〕 批评纠正 pīpíngjiūzhèng 비평하여 정정함. ¶~을 바랍니다. 希望批评指正。xīwàngpīpíng zhǐzhèng.

비책(秘策) 명 秘密策略 mìmìcèluè 비밀의 계책. ¶~을 쓰다. 使用秘密策略。shǐ yòngmìmìcèluè.

비축(備蓄) 명 〔~하다|타동사〕 囤储 túnchǔ 备用 bèiyòng 储备 chǔbèi 갖추어 축적하거나 저축하는 것.

비치(備置) 명 〔~하다|타동사〕 置备 zhìbèi 공적으로 갖추어두는 것.

비품(備品) 명 置备用品 zhìbèiyòngpǐn 늘 갖추어두고 쓰는 등록 되어 있는 물품↔소모품.

비행(非行) 명 恶行 èxíng 胡作非为 húzuòfēiwéi 그릇된 행위. 나쁜 짓. ¶~을 저지르다. 干了胡作非为的勾当。gànlehú zuòfēiwéidegòudàng.

비행기(飛行機) 명 飞机 fēijī 항공기의 하나. 동력으로 프로펠러를 돌리거나 연소 가스의 분사로 하늘을 날게 하는 기계.

비호(庇護) 명 〔~하다|타동사〕 庇护 bìhù 包庇 bāobì 袒护 tǎnhù 편들어서 두둔하며 감싸주는 것.

비화(飛火) 명 〔~하다|자동사〕 ① 飞火 fēihuǒ 튀어 박히는 불똥. ② 影响无辜 yǐngxiǎngwúgū 사건 따위가 떨어져 있는 장소나 사람에게까지 관계를 미침. ¶사건은 의외의 방향으로 ~했다. 这个事件牵涉到以外的方向。zhègèshìjiànqiān shèdàoyǐwàidefāngxiàng.

빈도(頻度) 명 频率 pínlǜ 같은 현상이나 일이 되풀이되며 나타나는 도수=빈도수.

빈약(貧弱) 명 〔~하다|형용사〕 ① 贫乏 pínfá 简陋 jiǎnlòu 가난하고 무력하다. ② 薄弱 bóruò 보잘것없고 변변치 못하다.

빙자(憑藉) 명 〔~하다|타동사〕 ① 借外界力量 jièwàijièlìliàng 남의 힘을 빌려서 의지함. ② 借口 jièkǒu 말막음으로 내세워 핑계함. ¶신병을 ~하여 결석하다. 托病缺席。tuōbìngquēxí.

빙판(冰板) 명 冰面 bīngmiàn 얼음이 깔린 길바닥. ¶~에 자빠지다. 摔倒在冰面。shuāidǎozàibīngmiàn.

ㅅ

사건(事件)[－껀] 명 ① 事件 shìjiàn 문제가 되거나 주목을 받을 만한 뜻밖의 일. ② 案件 ànjiàn '소송(诉讼)사건'의 준말.

사격술(射擊術) 명 枪法 qiāngfǎ 사격하는 기술.

사경(死境) 명 绝境 juéjìng 죽을 고비. ¶～을 헤매다. 彷徨于生死关头。pánghuáng yúshēngsǐguāntóu.

사공(沙工) 명 船夫 chuánfū '뱃사공'의 준말.

사과(沙果) 명 苹果 píngguǒ 사과나무의 열매, 평과(苹果). ¶덜 익어 푸른 ～. 没熟好的苹果。méishúhǎodepíngguǒ.

사과(謝過) 명 〔～하다|자동사·타동사〕 道歉 dàoqiàn 歉意 qiànyì 잘못에 대하여 상대자에게 용서를 비는 것.

사극(史劇) 명 历史剧 lìshǐjù 〈연〉 '역사극'의 준말. ¶～ 영화가 상영되다. 放映历史片。fàngyìnglìshǐpiān.

사기(詐欺) 명 〔～하다|타동사〕 欺诈 qī zhà 欺骗 qīpiàn 나쁜 꾀로 남을 속이는 것.

사기횡령(詐欺橫領)[－녕] 명 〔～하다|타동사〕 骗取 piànqǔ 사기하여 남의 재물(财物)을 빼앗음.

사단법인(社團法人) 명 公司法人 gōngsī fǎrén 법에 의한 권리 의무의 주체로서 인정을 받은 단체 ≪공익 사단 법인과 영리 사단 법인 등≫. ※재단 법인.

사대(私大) 명 私立大学 sīlìdàxué '사립대학'의 준말.

사대(事大) 명 〔～하다|자동사·타동사〕 ① 依靠强者 yīkàoqiángzhě 약자가 강자를 붙좇아 섬김. ② 小国服从大国 xiǎoguó fúcóngdàguó 소국이 대국을 섬김.

사도(使徒) 명 ① 使徒 shǐtú 〈기〉 예수가 복음을 널리 전하기 위하여 특별히 뽑은 열두 제자. 십이 사도. ② 使者 shǐ zhě "어떤 고귀한 사명을 지니거나 귀한 임무를 맡고 파견된 사람"을 비겨 이르는 말. ¶평화의 ～. 和平使者。hépíngshǐzhě.

사돈(査頓) 명 亲家 qìngjiā 혼인한 두 집안 사이의 관계나 그런 관계에 있는 사람 또는 그들 사이에서 부르는 말.

사랑(舍廊) 명 厢房 xiāngfáng 配房 pèi fáng 일부 한국집구조의 하나로서 안채나 안방과 따로 떨어져있는 주로 남자들만이 쓰는 방. ¶～에서 손님을 맞다. 在厢

房接待客人。zàixiāngfángjiēdàikèrén.

사려(思慮) 명 〔~하다|타동사〕 ① 思虑 sīlǜ (여러 가지 일에 대한) 이러저러 마음써서하는 생각이나 궁냥. ② 考虑 kǎo lǜ 근심이나 걱정을 하는 생각. ¶~ 깊은 사람. 考虑深刻的人。kǎolǜshēnkèderén.

사력(死力) 명 拼命 pīnmìng 全力 quánlì 죽을 힘. ¶~을 다하여 싸우다. 拼命战斗。pīnmìngzhàndòu.

사례(謝禮) 명 〔~하다|자동사·타동사〕 谢 xiè 酬谢 chóuxiè 고마운 뜻을 나타내는 인사.

사례금(謝禮金) 명 酬谢金 chóuxièjīn 사례하는 뜻으로 주는 돈. ¶돈을 찾아주고 후한 ~을 받다. 给别人找到钱包之后, 收到丰厚酬谢金。gěibiérénzhǎodàoqiánbāo zhīhòu, shōudàofēnghòuchóuxièjīn.

사료(思料) 명 〔~하다|타동사〕 思量 sī liang 생각하여 헤아림. ¶하자 없다고 ~됨. 认为没有任何问题。rènwéiméiyǒurèn héwèntí.

사무실(事務室) 명 办公室 bàngōngshì 사무를 보는 방.

사무총장(事務總長) 명 秘书长 mìshū zhǎng 사무국의 일을 총괄·지휘하는 우두머리 또는 그 직위.

사발(沙鉢) 명 碗 wǎn 밥이나 국을 담는 데 쓰이는 사기로 된 그릇.

사방공사(沙防工事) 명 防沙工程 fáng shāgōngchéng 여러 가지 원인에 의하여 산골짜기와 산개울로 밀려내리는 흙모래와 돌들을 막으며 산에 숲이 우거지게 하는 자연개조사업의 하나. 지대를 정리하고 나무를 심으며 여러 가지 구조물을 만든다. ¶~에 중장비가 투입되다. 重装备投入到防沙工程。zhòngzhuāngbèitóu rùdàofángshāgōngchéng.

사복(私服) 명 便服 biànfú 便衣 biànyī "일반 사람들이 입는 보통의 옷"을 정복에 상대하여 이르는 말.

사복형사(私服刑事)[-보켱-] 명 便衣警察 biànyījǐngchá 범죄의 수사나 그 밖의 필요로 사복을 입고 근무하는 경찰관. §사복.

사비(私費) 명 自费 zìfèi 개인이 부담하는 비용, 자비(自費).

사사(師事) 명 〔~하다|타동사〕 拜师 bàishī 스승으로 섬기는 것.

사살(射殺) 명 〔~하다|타동사〕 射死 shèsǐ 쏘아죽이는 것.

사색(死色) 명 发青 fāqīng 面如土色 miànrútǔsè 죽을상이 된 창백한 얼굴색. ¶안색이 ~으로 변하다. 变成面如土色。biànchéngmiànrútǔsè.

사생결단(死生決斷)[-딴] 명 〔~하다|자동사〕 决一死战 juéyīsǐzhàn 죽고 삶을 돌보지 않고 끝장을 내려고 대듦.

사서함(私書函) 명 私人信箱 sīrénxìn xiāng 개인의 우편물함.

사선(死線) 명 ① 生死关头 shēngsǐguān

tóu 죽을 고비. ② 监狱的警戒线 jiānyùde jǐngjièxiàn 감옥·포로 수용소 등의 둘레에 베풀어 이를 넘어서면 총살하도록 규정된 한계선.

사설(私設) 명 〔~하다|타동사〕 私营 sī yíng 私设 sīshè 개인이 사사로이 시설하는 것 또는 그 시설

사설(辭說) 명 〔~하다|자동사〕 辞说 cí shuō 罗嗦 luōsuō 늘어놓는 말이나 이야기.

사세(社勢) 명 情况 qíngkuàng 形势 xíngshì 일이 되어가는 형세. ¶~가 급박해지다. 形势严峻。xíngshìyánjùn.

사소(些少) 형 〔여 불규칙〕 细小 xìxiǎo 区区 qūqū 琐碎 suǒsuì 보잘것없이 작거나 적다. ¶~한 일로 대판 싸우다. 为了区区小事打仗。wèilequqūxiǎoshìdǎzhàng.

사실적(事實的)[—쩍] 관 记实性 jìshí xìng 객관적인 실재를 그대로 적은(것).

사양(辭讓) 명 〔~하다|타동사〕 客气 kè qì 客套 kètào 谦让 qiānràng 推辞 tuīcí 겸사하고 받지 아니함.

사연(事緣) 명 情由 qíngyóu 经过 jīng guò 内容 nèiróng 일의 앞뒤 사정과 까닭. ¶~을 말하다. 说出经过。shuōchū jīngguò.

사열(査閱) 명 〔~하다|타동사〕 ① 查阅 cháyuè 조사하기 위하여 죽 살펴봄. ② jiǎnyuè 〈군〉 지휘관이 정렬한 병사들 앞을 지나가면서 군사 교육 상태나 장비 유지 상태를 살펴보는 일. ¶기갑 부대를 ~하다. 检阅装甲部队。jiǎnyuèzhuāngjiǎ bùduì.

사우(社友) 명 同事 tóngshì 한 회사 또는 같은 결사에서 함께 일하는 동료. ¶~ 일동의 이름으로 축하하다. 以全体同事的名义祝贺。yǐquántǐtóngshìdemíngyìzhù hè.

사유(事由) 명 原因 yuányīn 일의 까닭, 연고, 연유. ¶결근 ~를 밝히다. 说明缺勤理由。shuōmíngquēqínlǐyoú.

사육(飼育) 명 〔~하다|타동사〕 饲养 sì yǎng 짐승을 먹이어 기름. ¶가축의 ~. 饲养家畜。sìyǎngjiāchù.

사장(死藏) 명 〔~하다|타동사〕 积压 jī yā 囤积 túnjī 필요한데 쓰지 않고 묵혀 두는 것.

사장(社長) 명 经理 jīnglǐ 社长 shèzhǎng 회사의 우두머리.

사재(私財) 명 个人财产 gèréncáichǎn 私人财货 sīréncáihuò 개인의 재산.

사정(事情) 명 〔~하다|자동사·타동사〕 ① 情况 qíngkuàng 原因 yuányīn 일의 형편이나 까닭. ② 恳求 kěnqiú 求情 qiú qíng 남에게 일의 형편을 말하고 무엇을 간청하는 것. ③ 私情 sīqíng 개인의 사사로운 정.

사정(査定) 명 〔~하다|타동사〕 审定 shěndìng 评定 píngdìng 심사하여 결정하는 것.

사제(師弟) 명 师生 shīshēng 스승과 제

자. ¶~ 간. 师生之间。shīshēngzhījiān.

사주(四柱) 명 生辰八字 shēngchénbāzì 사람이 태어난 해와 달과 날자와 시간 또는 에 따른다는 사람의 운수.

사증(査證)[—쯩] 명 ① 查证 cházhèng 조사하여 증명함. ② 签证 qiānzhèng 여권 소유자가 정당한 이유와 자격으로 여행한다는 증명 ≪여행하고자 하는 나라의 주재 영사(驻在领事)가 함≫. 비자(visa). ¶입국 ~을 발급하다. 发给入国签证。fāgěirùguóqiānzhèng. ※여권.

사직(司直) 명 司法 sīfǎ 법에 따라 일의 옳고 그름을 가리는 사람. 곧, 법관 ≪검찰관을 포함하기도 함≫. ¶~ 당국에 고발하다. 告发司法当局。gàofāsīfǎdāngjú.

사진(寫眞) 명 相片 xiàngpiàn 照相 zhàoxiàng 카메라로 물체의 형상(形象)을 찍는 일 또는 그렇게 찍은 형상. 곧, 인화지 등에 밀착한 양화. ¶천연색 ~. 彩色照片。cǎisèzhàopiàn.

사진기(寫眞機) 명 照相机 zhàoxiàngjī 사진을 찍는 기계.

사촌(四寸) 명 ① 四寸 sìcùn 네 치. ② 堂兄弟 tángxiōngdì 아버지의 친형제의 아들딸 또는 그 촌수.

사탕(砂糖) 명 ① 方糖 fāngtáng 설탕. ② 糖块儿 tángkuàier 눈깔사탕・드롭스 등 설탕을 끓여 여러 모양으로 만든 간단한 과자.

사택(舍宅) 명 ① 公社住宅 gōngshèzhùzhái 기업체 등의 직원을 위해 지은 살림집. ¶~에서 산다. 住在公司住宅。zhùzàigōngsīzhùzhái. ② 宅舍 zháishè 거주하는 '집'의 존칭=택사(宅舍).

사표(辭表) 명 辞呈 cíchéng 어떤 직책에서 그만두겠다는 뜻을 적은 문건. ¶~를 수리하다. 受理辞呈。shòulǐcíchéng.

사행(射倖) 명 [~하다|자동사] 投机 tóujī 요행을 노림. ¶~ 행위. 投机行为。tóujīxíngwéi.

사회(司會) 명 [~하다|자동사] ① 主持人 zhǔchírén 회의 등의 진행을 맡아봄. ¶결혼식의 ~를 보다. 主持结婚典礼。zhǔchíjiéhūndiǎnlǐ. ② 主持 zhǔchí '사회자'의 준말.

삭감(削減) 명 [~하다|타동사] 扣除 kòuchú 削减 xuējiǎn 裁减 cáijiǎn 깎아서 줄이는 것.

삭뇨증(數尿症) 명 尿频 niàopín 동의학에서, 오줌을 자주 누는 병증.

삭막(索漠)[상마카—] 형 [여 불규칙] ① 记忆模糊 jìyìmóhu 잠깐 잊어버려 생각이 아득하다. ② 荒凉 huāngliáng 황폐하여 쓸쓸하다. ¶~한 풍경. 荒凉风景。huāngliángfēngjǐng.

삭제(削除) 명 [~하다|타동사] 删除 shānchú 删节 shānjié 删掉 shāndiào 删去 shānqù 지우거나 깎아없애는 것.

산간벽지(山間僻地) 명 穷乡僻壤 qióngxiāngpìrǎng→두메산골.

산간지대(山間地帶) 명 山区 shānqū 해발 200미터 이상의 산지들이 분포되어 있는 지대.

산계(山系)[—계/—게] 명 山脉 shānmài 〈지〉 같은 줄기로 이루어진 산맥들. ¶히말라야 ~. 喜马拉雅山脉。xǐmǎlāyǎshān mài.

산란(散亂)[살—] 명 〈물〉 不宁 bùníng 파동(波动)이나 입자선(粒子线) 등이 매체의 불균일성 때문에 불규칙하게 흩어지는 현상.

산막(山幕) 명 ① 山林中的窝棚 shānlín zhōngdewōpéng 사냥을 하거나 약초를 캐는 동안 임시로 쓰려고 산속에 지은 집. ② 山地休息设施 shāndìxiūxishèshī 산지에 있는 숙박 및 휴게 시설.

산사태(山沙汰) 명 山崩 shānbēng 산에서 돌, 흙무지 같은 것이 무너져 내리는 것.

산산(散散) 부 支离破碎 zhīlípòsuì 여지없이 깨어지거나 흩어지는 모양.

산성(山城) 명 山上的城墙 shānshàngde chéngqiáng 산우에 쌓은성.

산소(山所) 명 ① 坟的敬称 féndejìng chēng '뫼'의 경칭. ¶조상의 ~를 찾아 성묘하다. 参拜祖先的墓。cānbàizǔxiānde mù. ② 坟丘 fénqiū 뫼가 있는 곳. 영역(茔域). §산.

산아제한(産兒制限) 명 节育 jiéyù 아이 낳기를 인공적으로 제한하는 일.

산악(山岳) 명 山区 shānqū 육지 표면이 두드러지게 솟아 있는 부분으로 높고 험한 산들. ¶~ 지대. 山区地带。shānqūdì dài.

산악회(山岳會)[—아쾨] 명 登山会 dēng shānhuì 등산에 대한 취미를 가진 사람들이나 연구를 하는 사람들로 구성된 단체.

산양(山羊) 명 〈동〉 ① 羚羊 língyáng 염소. ② 솟과(科)에 속하는 짐승. 몸길이는 129cm 가량이며 뿔이 났음. 겨울털은 회황색(灰黄色)인데, 설악산・태백산과 같은 험한 산악 지대에 서식하며, 나뭇잎・열매 등을 먹음. 4월에 두세 마리의 새끼를 낳음. 천연기념물 제217호임.

산적(散炙) 명 ① 烤肉串 kǎoròuchuàn 쇠고기 따위를 길쭉길쭉하게 썰어 양념을 하여 꼬챙이에 꿰어서 구운 적. ② 烤肉 kǎoròu '사슬산적'의 준말.

산적(散積) 명 〔~하다|자동사〕 散装 sǎnzhuāng 꾸리지 않고 흩어진 채 싣는 것.

산정(算定) 명 〔~하다|타동사〕 估价 gūjià 评估 pínggū 核计 héjì 계산하여 정하는 것.

산지사방(散之四方) 명 〔~하다|자동사〕 四散消失 sìsànxiāoshī 四处 sìchù 到处 dàochù 여기저기의 사방. ¶낙엽이 ~으로 흩어지다. 落叶飘散到四处。luòyèpiāo sàndàosìchù.

산책(散策) 명 〔~하다|자동사・타동사〕 散步 sànbù 가벼운 기분으로 산보하는 것. ¶거리를 ~하다. 散步街道。sànbùjiē dào.

산천어(山川魚) 명 嘉鱼 jiāyú 〈어〉 하천 육봉형(陆封型)의 송어. 맛이 좋아 낚시의 대상이 됨. 강원도 이북의 동해로 흐르는 하천에 서식함.

산출(産出) 명 〔~하다|타동사〕 生产 shēngchǎn 出产 chūchǎn 물건이 천연적・인공적으로 생산되어 나옴.

산판(山坂) 명 伐木场 fámùchǎng 나무를 찍어내는 일판.

산하(傘下) 명 手下 shǒuxià 管辖 guǎn xiá 所属 suǒshǔ 어떤 통일적인 기구나 조직의 관할 아래.

산해진미(山海珍味) 명 山珍海味 shān zhēnhǎiwèi 산과 바다의 진귀한 맛이라는 뜻으로 "온갖 귀한 재료로 만든 맛좋은 음식들"을 이르는 말.

산행(山行) 명 〔~하다|자동사〕 ① 爬山 páshān 산길을 걸어가는 것. ② 狩猎 shòuliè 사냥.

산화(散華) 명 〔~하다|자동사〕 ① 无果花 wúhuāguǒ 〈식〉 꽃은 피어도 열매를 맺지 못하는 꽃. ② 战死 zhànsǐ 꽃다운 목숨이 전장(战场) 등에서 죽음. ③ 散花 sànhuā 〈불〉 부처를 공양하기 위하여 꽃을 뿌리는 일.

살모사(殺母蛇) 명 短尾蝮 duǎnwěifù 살모사과에 속하는 뱀의 한가지.

살벌(殺伐) 명 〔~하다|형용사〕 杀气腾腾 shāqìténgténg 阴森可怕 yīnsēnkěpà 행동이나 분위기가 무시무시하고 스산하다. ¶~한 분위기. 杀气腾腾的气氛。 shāqì téngténgdeqìfèng.

살포(撒布) 명 〔~하다|타동사〕 ① 喷洒 pēnsǎ 액체・가루 등을 흩뿌림. ② 散布 sànbù 돈・전단 등을 여러 사람에게 나누어 줌.

삼각파(三角波) 명 三角形海浪 sānjiǎo xínghǎilàng 진행 방향이 다른 둘 이상의 물결이 겹쳐서 생기는 불규칙한 물결, 삼각파도.

삼남(三男) 명 ① 第三个儿子 dìsāngèérzi →셋째아들. ② 三个儿子 sāngèérzi 세 아들.

삼년상(三年喪) 명 三年居丧 sānniánjū sāng 사망한 지 삼년 째 되는 해에 진행하는 거상.

삼라만상(森羅萬象)[—나—] 명 包罗万象 bāoluówànxiàng "우주에 있는 여러 가지 사물현상"을 이르는 말.

삼모작(三毛作) 명 〔~하다|타동사〕 三茬 sānchá 한 해 동안에 세 가지 농작물을 같은 경지에 순차적으로 재배하는 일. §삼모. 세벌농사

삼자(三者) 명 ① 三方 sānfāng 실지 관계되는 세 사람 또는 세 대상. ② 第三者 dìsānzhě 旁观者 pángguānzhě "제삼자"의 준말.

삼청(三請) 명 〔~하다|타동사〕 再三邀请 zàisānyāoqǐng 음악이나 노래 같은

것을 한 사람에게 잇달아 세 번째 청하는 것.

삼촌(三寸) 명 叔父 shūfù 아버지의 남자 형제인 친척. 방계혈족이며 한 항렬우이다.

삼층장(三層藏)[-짱] 명 三层衣柜 sān céngyīguì 삼층으로 된 옷장.

삼칠일(三七日) 명 二十一天 èrshíyītiān 〈민〉 세이레. §삼칠.

삽목(揷木)[삼-] 명 [~하다|타동사] 插枝 chāzhī 꺾꽂이=가지심기.

삽삽(澀澀)[-싸파-] 형 [여 불규칙] ① 粗糙 cūcāo 매끄럽지 않고 껄껄하다. ② 晦涩 huìsè 맛이 매우 떫다. ③ 说话难理解 shuōhuànánlǐjiě 말이나 글이 분명치 못해 이해하기 어렵다.

삽상(颯爽) 형 [여 불규칙] ① 清爽 qīng shuǎng 바람이 시원하여 마음이 상쾌하다. ② 爽快 shuǎngkuài 씩씩하고 시원스럽다.

삽시간(霎時間) 명 一刹那 yíchànà 霎时 shàshí 一瞬间 yíshùnjiān 아주 짧은 시간동안. ¶들판은 ~에 물바다가 되었다. 原野一霎那间变成海。yuányěyíshànàjiān biànchénghǎi. §삽시(霎时).

삽지(揷紙) 명 [~하다|자동사] 〈인〉 续纸 xùzhǐ 인쇄할 때에 기계에 종이를 섬기는 것.

삽화(揷話)[사퐈] 명 ① 小故事 xiǎogùshì 이야기·문장 가운데서 본 줄거리와 관계없는 이야기. 에피소드(episode). ② 逸话 yìhuà 일화(逸话). ③ 插入句 chārùjù 〈악〉 삽입구.

상(傷) 명 ① 受破坏 shòupòhuài 물건이 깨어지거나 헐다. ② 变坏 biànhuài 음식이 썩거나 맛이 가다. ¶더운 날씨에 생선이 ~. 大热天鲜鱼容易变坏的。dàrètiān xiānyúróngyìbiànhuàide. ③ 受伤 shòu shāng 몸이 다쳐 상처를 입다. ¶눈이 ~. 眼睛受伤了。yǎnjīngshòushāngle。④ 瘦 shòu 여위다. ¶감기를 앓더니 얼굴이 많이 ~했다. 得感冒之后便瘦了。dégǎnmào zhīhòubiànshòule. 자타 [여 불규칙] 伤感情 shānggǎnqíng 근심·슬픔·노여움 따위로 마음이 언짢게 되다. 또는 마음을 언짢게 하다. ¶불친절에 기분이 몹시~했다. 由于他的冷待伤了感情。 yóuyú tādelěngdàishānglegǎnqíng.

상감(上監) 명 国王 guówáng 皇帝 huáng dì '임금'의 높임말. §상(上).

상감마마(上監媽媽) 명 陛下 bìxià 〈궁〉 상감(上监). 임금님이라는 뜻으로 이르는 말.

상객(上客) 명 ① 座上客 zuòshàngkè 자기보다 지위가 높은 손님. 중요한 손님. 상빈(上宾). ② 上宾 shàngbīn 위요(围绕) 웃손. ¶조카 혼인에 ~으로 가다. 在侄儿婚礼上做为上宾参加了。zàizhíérhūnlǐ shàngzuòwéishàngbīncānjiāle.

상계(相計)[-계/-게] 명 [~하다|타동사] 抵消 dǐxiāo 〈법〉 셈을 서로 비김 ≪'상쇄(相杀)'의 고친 일컬음≫. ¶두 나라의 수

입과 수출을 ~하다. 两国之间的进出口互相抵消。liǎngguózhījiāndejìnchūkǒuhù xiāngdǐxiāo.

상고(上告) 명 [~하다|타동사] ① 上告 shànggào 윗사람에게 아룀. ② 上诉 shàngsù 〈법〉 제2심 판결의 파기 또는 변경을 상급 법원에 신청하는 일. ¶~가 기각되다. 驳回上诉。bóhuíshàngsù.

상공(商工) 명 工商 gōngshāng 상공업을 이르는 말.

상관(上官) 명 [~하다|자동사] ① 上级 shàngjí 관공서나 군대에서 자기보다 직위나 계급이 윗자리인 사람. ¶~의 명령에 따르다. 服从上级命令。fúcóngshàngjí mìnglìng↔부하・하관(下官). ② 上任 shàngrèn 도임(到任).

상관(相關) 명 [~하다|자동사・타동사] ① 相关 xiāngguān 关系 guānxi 相干 xiānggān 서로서로의 관계를 맺는 것 또는 그 관계. ¶유부녀와 ~하다. 跟有夫女搞关系。gēnyǒufūnǚgǎoguānxi. ② 干预 gānyù 管 guǎn 관계하여 걱정하거나 간섭하는 일. ¶남의 일에 ~하지 마시오. 不要干预别人的事情。búyàogānyùbiérén deshìqíng.

상권(商圈) 명 商业区 shāngyèqū 市场势力范围 shìchǎngshìlìfànwéi 상업상의 권리나 세력.

상극(相剋) 명 [~하다|자동사] ① 互不相容 hùbùxiāngróng 둘 사이에 마음이 서로 화합하지 못하고 항상 충돌함. ¶둘은 ~이라 만나면 싸운다. 他们两个一见面就互不相让。tāmenliǎnggèyíjiànmiànjiù hùbùxiāngràng. ② 相克 xiāngkè 〈민〉 오행설에서 금(金)은 목(木)을, 목(木)은 토(土)를, 토(土)는 수(水)를, 수(水)는 화(火)를, 화(火)는 금(金)을 각각 이김을 이르는 말↔상생(相生).

상금(賞金) 명 奬金 jiǎngjīn 상으로 주는 돈.

상기(上氣) 명 [~하다|자동사] 涨红 zhànghóng 脸红 liǎnhóng 홍분하여 얼굴이 화끈 다는 것.

상기(上記) 명 [~하다|자동사] 上记 shàngjì 上述 shàngshù 위에 쓰거나 적은 것.

상납(上納) 명 [~하다|타동사] 上缴 shàngjiǎo 진상하는 물품을 위에 바치는 것 또는 그런 물건.

상념(想念) 명 浮想 fúxiǎng 마음속에 떠오르는 이러저러한 생각.

상노(床奴) 명 小仆人 xiǎopúrén 书童 shūtóng 童仆 tóngpú 밥상 나르는 일과 잔심부름을 하는 아이.

상담(相談) 명 [~하다|자동사・타동사] 洽谈 qiàtán 商谈 shāngtán 商量 shāng liáng 어떤 일을 서로 의논하는 것.

상담소(相談所) 명 接洽处 jiēqiàchù 상의나 의논에 응하여주는 것을 업으로 하는 곳. 의료상담소, 법률상담소.

상담역(相談役)[―녁] 명 商量的对象 shángliángdeduìxiàng 상담의 상대가 되는 사람. 특히, 회사 등에서 중대한 일 또는 분쟁 따위가 있을 때, 적당한 조언이나 조정을 하는 사람.

상답(上畓) 명 上等田 shàngděngtián 벼가 잘되는 좋은 논.

상당(相當) 명 相当 xiāngdāng 适当 shìdàng 일정한 기준에 어울리는 것.

상대(相對) 명 〔~하다|자동사·타동사〕 ① 面对 miànduì 서로 마주 대함. 또는 그 대상. ② 对打 duìdǎ 마주 겨룸. ③ 对象 duìxiàng '상대자'의 준말. ¶결혼 ~. 结婚对象。jiéhūnduìxiàng. ④ 相对 xiāngduì 〈철〉 다른 사물에 의존하거나 제약을 받거나 하여 존재함↔절대(绝对).

상대(商大) 명 商学院 shāngxuéyuàn 상업대학 또는 상과대학의 준말.

상대편(相對便) 명 对方 duìfāng 서로 상대되는 편 또는 그 사람.

상도(常度) 명 真理 zhēnlǐ 보통의 정도나 평상시의 태도.

상동(上同) 명 同上 tóngshàng '위와 같음'을 나타내는 말.

상류(上流) 명 ① 上游 shàngyóu 강물이나 냇물이 흘러내려오는 윗쪽 또는 그 지역. ② 上层 shàngcéng 지배계급에 속하는 자들의 부류.

상륙(上陸)[―뉵] 명 〔~하다|자동사〕 登陆 dēnglù 배에서 내려 뭍으로 오르는 것.

상면(相面) 명 〔~하다|자동사·타동사〕 ① 见面 jiànmiàn 서로 대면함. ¶~하고 이야기를 나누다. 当着面说话。dāngzhe miànshuōhuà. ② 认识 rènshí 처음으로 대면하여 서로 인사함. ¶전에 ~한 적이 있다. 没有见过面。méiyǒujiànguòmiàn.

상민(常民) 명 平民 píng 상사람.

상보(床褓)[―뽀] 명 台布 táibù 饭桌布 fànzhuōbù 상을 씌어 덮는 보자기.

상봉(相逢) 명 〔~하다|자동사·타동사〕 相逢 xiāngféng 重逢 chóngféng 서로 만남.

상부(上部) 명 ① 上部 shàngbù 위가 되는 부분. ② 上级 shàngjí 위 기관이나 상급 또는 거기서 일하는 일꾼.

상사(商社) 명 ① 商行 shāngháng 수출입 무역을 주로 하는 상업적인 회사. ② 商业公司 shāngyègōngsī '상사 회사'의 준말.

상상봉(上上峰) 명 最高峰 zuìgāofēng 主峰 zhǔfēng 여러 봉우리들 가운데서 가장 높은 봉우리.

상상외(想象外) 명 出乎意外 chūhūyìwài 意料之外 yìliàozhīwài 상상 밖이나 짐작 밖.

상석(上席) 명 上席 shàngxí 上座 shàngzuò 上首 shàngshǒu→윗자리.

상석(床石) 명 石头香案 shítouxiāngàn →상돌.

상속(相續) 명 〔~하다|타동사〕 継承 jìchéng 사람이 죽은 후 그의 재산을 넘겨받는 행위. ¶재산이 아들에게 ~되다. 儿

子继承了财产。érzijìchénglecáichǎn.

상쇄(相殺) 명 〔~하다|타동사〕 ① 对消 duìxiāo 셈을 서로 비김. ② 抵消 dǐxiāo 상반되는 것이 서로 영향을 주어 효과가 없어지는 일.

상수(上手) 명 高手 gāoshǒu 높은 솜씨나 수 또는 그런 사람↔하수(下手).

상수도(上水道) 명 自来水 zìláishuǐ 上水道 shàngshuǐdào 수돗물.

상습(常習) 명 绩习 jìxí 늘 하는 버릇.

상시(常時) 명부 平时 píngshí 임시가 아니고 관례대로의 보통 때. 늘, 항시.

상신(上申) 명 〔~하다|타동사〕 呈报 chéngbào 윗사람에게 의견이나 사정을 말씀드리는 것. ¶의견을 ~하고 재가를 얻다. 呈报之后，得到批准。chéngbàozhīhòu, dédàopīzhǔn.

상연(上演) 명 〔~하다|타동사〕 上演 shàngyǎn 演出 yǎnchū 表演 biǎoyǎn 연극을 무대 위에서 펼쳐 보임.

상의(相議)[—의/—이] 명 〔~하다|타동사〕 商议 shāngyì 商量 shāngliáng 商讨 shāngtǎo 商权 shāngquán 서로 의논하는 것.

상장(喪章) 명 黑纱 hēishā 거상이나 조상의 뜻을 나타내기 위해 옷가슴·소매 따위에 다는 표

상전(上典) 명 主子 zhǔzi 예전에, 종에 대해 그 주인을 일컫던 말.

상정(上程) 명 〔~하다|타동사〕 提到议程上 tídàoyìchéngshàng 토의할 안건으로 제기하는 것.

상조(相助) 명 〔~하다|자동사〕 相助 xiāngzhù 서로 돕는 것.

상존(常存) 명 〔~하다|자동사〕 常在 chángzài 언제나 존재함.

상종(相從) 명 〔~하다|자동사〕 接触 jiēchù 交往 jiāowǎng 往来 wǎnglái 서로 사귀는 것. ¶다시는 그런 친구와 ~하지 않겠다. 再不会交往那样的朋友。zàibúhuì jiāowǎngnàyàngdepéngyǒu.

상좌(上座) 명 ① 上席 shàngxí 정면에 설치한, 가장 높은 사람이 앉는 자리. 고좌. 윗자리. ② 上座 shángzuò 〈불〉 절의 주지·강사·선사·원로들이 앉는 자리. →윗자리.

상좌(上佐) 명 〈불〉 ① 行者 xíngzhě 행자(行者). ② 法师的后继人 fǎshīdehòujìrén 사승(师僧)의 대를 이을 여러 제자 가운데 가장 높은 사람. 상족(上足).

상처(傷處) 명 ① 伤口 shāngkǒu 몸을 다쳐서 상한 자리. ② 伤疤 shāngbā 피해를 입은 자취.

상체(上體) 명 上半身 shàngbànshēn→윗몸.

상쾌(爽快) 형 〔여 불규칙〕 爽快 shuǎngkuài 清爽 qīngshuǎng 기분이 썩 시원하고 유쾌하다.

상태(狀態) 명 状态 zhuàngtài 状况 zhuàngkuàng 情况 qíngkuàng 사물현상

이 놓여있는 형편이나 모양.

상통(相通) 명 〔~하다|자동사〕 互通 hù tōng 相同 xiāngtóng 相通 xiāngtōng 投合 tóuhé 서로 통하는 것.

상투(常套) 명 老一套 lǎoyítào 늘 하는 버릇.

상팔자(上八字) 명 好命 hǎomìng 好八字 hǎobāzì 썩 좋은 팔자.

상패(賞牌) 명 奖牌 jiǎngpái 상으로 주는 패.

상품(上品) 명 上等品 shàngděngpǐn '질이 좋은 물품'을 이르는 말.

상하(上下) 명 〔~하다|타동사〕 ① 上面和下面 shàngmiànhéxiàmiàn 위아래, 아래위. ② 上级和下级 shàngjíhéxiàjí 윗사람과 아랫사람.

상해(霜害) 명 霜灾 shuāngzāi 서리피해.

상행위(商行爲) 명 商人行为 shāngrén xíngwéi 영리를 목적으로 하는 매매・교환・운수(运输)・임대 따위의 행위.

상황(狀況) 명 情况 qíngkuàng 状况 zhuàngkuàng 일의 형편.

상훈(賞勳) 명 嘉奖 jiājiǎng 공훈을 표창하는 것.

색(色) 명 ① 色 sè 빛. ¶짙은 ~. 深色。shēnsè. ② 类 lèi 같은 부류를 가리키는 말. ¶그 친구는 다른 사람과 ~이 다르다. 他跟别人不是同类。tāgēnbiérénbúshì tónglèi. ③ 女色 nǚsè 색정이나 여색(女色), '색사(色事)'를 이르는 말. ¶~에 빠지다. 沉溺于女色。chénnìyúnǚsè. ④ 物质世界 wùzhìshìjiè 〈불〉 오온(五蕴)의 하나. 눈에 보이는 현상(现象) 세계, 곧 물질 세계.

색골(色骨) 명 好色家 hàosèjiā 色鬼 sè guǐ 색을 즐겨 탐하는 사람 또는 그런 생김새. 호색꾼.

색광(色狂) 명 色鬼 sèguǐ 색을 미친 듯이 좋아하는 사람 곧 색에 미친 사람.

색욕(色欲) 명 肉欲 ròuyù 이성에 대한 성적 욕망. 성욕, 색정(色情).

색채(色彩) 명 ① 色彩 sècǎi 빛깔. ② 思想 sīxiǎng 어떤 사물을 대하는 태도에서 드러나는 경향이나 성질.

색출(索出) 명 〔~하다|타동사〕 找出 zhǎochū 搜查 sōuchá 뒤져서 찾아냄.

색칠(色漆) 명 〔~하다|자동사〕 彩色 cǎi sè 上漆 shàngqī 上颜色 shàngyánsè 색깔을 칠하는 것 또는 칠해놓은 색깔.

색한(色漢) 명 ① 好色家 hàosèjiā 특히 여색을 좋아하는 사내. 호색한. ② 痴汉 chīhàn 치한(痴汉).

생가(生家) 명 ① 亲生父母所住的家 qīn shēngfùmǔshǒzhùdejiā '본생가(本生家)'의 준말. ② 出生的家 chūshēngdejiā 그 사람이 태어난 집.

생계(生計)[-계/-게] 명 生活 shēng huó 살림을 해나가는 것.

생고생(生苦生) 명 〔~하다|자동사〕 白吃苦头 báichīkǔtóu 괜히 하는 고생.

생고집(生固執) 명 固执不通 gùzhíbùtōng 强词夺理 qiángcíduólǐ 어거지로 부리는 공연한 고집. ¶~을 부리다. 太固执。tàigùzhí.

생과부(生寡婦) 명 ① 活寡妇 huóguǎfù 남편이 살아 있으면서도 떨어져 있거나 소박을 맞아 과부나 다름없는 여자. ② 青孀 qīngshuāng 약혼자나 갓 결혼한 남편이 죽어서 혼자 사는 여자.

생과자(生菓子) 명 带馅的饼干 dàixiànde bǐnggān 물기가 약간 있게 무름하게 만든 과자. 진과자.

생기(生氣) 명 生机 shēngjī 朝气 zhāoqì 활발하고 생생한 기운.

생기발랄(生氣撥剌) 형 [여 불규칙] 生气勃勃 shēngqìbóbó 생기 있고 발랄하다.

생동(生動) 명 [~하다|자동사] 活生生 huóshēngshēng 생기 있게 살아 움직임. 명 [~하다|형용사] 生动 shēngdòng 그림이나 글씨가 살아 움직이듯이 힘이 있어 보임.

생리(生理) 명 ① 生理 shēnglǐ 생물이 살아 나가는 사리(事理)shìlǐ. 생활하는 길. ② 生活方式 shēnghuófāngshì 생물이 생명을 유지하여 가는 여러 가지 현상이나 기능 또는 그 원리. ¶~에 맞다. 符合生活方式。fúhéshēnghuófāngshì. ③ 生理学 shēnglǐxué 〈생〉'생리학'의 준말. ④ 月经 yuèjīng 월경(月经).

생리대(生理帶) 명 卫生带 wèishēngdài 여자가 월경(月经) 때 샅에 차는 물건. 월경대(月经带).

생매장(生埋葬) 명 [~하다|타동사] 活埋 huómái 산 채로 매장하는 것.

생맥주(生麥酒) 명 生啤酒 shēngpíjiǔ 가열하지 않아서 효모균이 죽지 않은 맥주.

생면부지(生面不知) 명 素不相识 sùbùxiāngshí 서로 한번도 만나본 일이 없어서 아주 모르는 사람 또는 그런 관계 ¶~의 사람. 素不相识的人。sùbùxiāngshíde rén.

생명주(生明紬) 명 生绢 shēngjuān 생고치실로 짠 명주.

생방송(生放送) 명 实况转播 shíkuàng zhuǎnbō 미리 녹음(录音)・녹화(录画)한 것의 재생이 아니라 스튜디오 또는 현장에서 직접 방송하는 일 또는 그것. ¶~으로 중계하다. 实况转播。shíkuàngzhuǎnbō.

생병(生病) 명 ① 累病 lèibìng 힘에 겨운 일을 하여 생긴 병. ¶~이 나다. 生病。shēngbìng. ② 自找的病 zìzhǎodebìng 자기 스스로 공연히 앓는 병. ③ 装病 zhuāngbìng 꾀병. ¶학교 가기 싫어 ~을 앓다. 装病不上学。zhuāngbìngbùxiǎng shàngxué.

생부모(生父母) 명 亲生父母 qīnshēng fùmǔ 자기를 낳은 부모 곧 친부모.

생불(生佛) 명 活佛 huófó 〈불〉 살아 있는 부처라는 뜻으로, 덕행이 썩 높은 중. 활불(活佛).

생사경(生死境) 명 生命境界 shēngmìng jìngjiè 사느냐 죽느냐의 위급한 경지. ¶ 전쟁터에서 ~을 헤매다가 돌아오다. 在战场上出入于生死线。zàizhànchǎngshàng chūrùyúshēngsǐxiàn.

생색(生色) 명 增光 zēngguāng 面子 miànzi 다른 사람 앞에 나서서 자신을 치켜세우는 일.

생생(生生) 명 ① 生动活泼 shēngdòng huópō 생기가 왕성하다. ② 活生生 huó shēngshēng 생동감이 있어서 실물이나 실제같이 보이다. ③ 鲜艳 xiānyàn 빛이 맑고 산뜻하다. ④ 鲜明 xiānmíng 눈앞에 보이듯이 명백하고 또렷하다.

생선(生鮮) 명 鲜鱼 xiānyú 방금 잡은 물고기.

생소(生疏) 명 ① 生疏 shēnshū 친숙하지 못하여 낯이 설다. ② 陌生 mòshēng 익숙하지 못하여 서투르다.

생수(生水) 명 ① 矿泉水 kuàngquán shuǐ (끓이거나 소독하지 않은 상태의) 샘에서 나오는 맑은 물. ② 生命水 shēng mìngshuǐ 생명수. ③ 刚从泉眼涌出来的水 gāngcóngquányǎnyǒngchūláideshuǐ 먹는 샘물.

생시(生時) 명 ① 生前 shēngqián 사람이 살아있는 동안. ② 醒着 xǐngzhe 자지 않고 깨어있을 때 또는 술에 취하지 않고 정신이 맑을 때. ③ 出生的时刻 chū shēngdeshíkè 태어난 시간.

생식(生食) 명 〔~하다|타동사〕 生吃 shēngchī 익히지 않고 날것으로 먹는 것.

생육(生育) 명 〔~하다|자동사·타동사〕 ① 生育 shēngyù 낳아서 기르는 것. ② 生长 shéngzhǎng 생물 (동식물들이) 나서 자라는 것.

생장작(生長斫) 명 未干的劈柴 wèigānde pīchái → 날장작.

생전(生前) 명 生前 shēngqián 生平 shēngpíng 살아있는 동안.

생지옥(生地獄) 명 活地狱 huódìyù 人间地狱 rénjiādìyù 지옥에서도 가장 고통스러운 곳.

생진(生辰) 명 寿辰 shòuchén → 생신.

생질(甥侄) 명 外甥 wàisheng 누이나 누이동생의 아들인 방계혈족의 조카.

생질부(甥侄婦) 명 外甥媳妇 wàisheng xífu 생질의 안해인 방계의 조카며느리.

생질서(甥侄婿) 명 外甥女婿 wàisheng nǚxù 생질녀의 남편인 방계인족의 조카사위.

생채(生菜) 명 凉拌菜 liángbàncài 날로 만든 나물의 총칭.

생체(生體) 명 生物体 shēngwùtǐ 生物 shēngwù 活体 huótǐ 생물의 몸, 살아 있는 몸, 산몸.

생필품(生必品) 명 生活必需品 shēnghuó bìxūpǐn '생활필수품'의 준말.

생화(生花) 명 鲜花 xiānhuā 산 나무나 풀에서 꺾은 싱싱한 꽃.

생활고(生活苦) 명 生活困难 shēnghuó kùnnán 생활에서 겪는 고통.

생활권(生活圈)[―꿘] 명 ① 生活区 shēnhuóqū 지역 주민이 통학·통근·쇼핑·오락 등 일상생활을 하는 데에 행정 구역에 관계없이 밀접하게 연결되어 있는 범위. ② 生物圈 shēngwùquān 생물권

생활급(生活給) 명 基本生活工资 jīběn shēnghuógōngzī 노동자의 건강하고 문화적인 최저 생활을 보장하는 임금. 생활 임금. ※능률급(能率给)

생활상(生活相) 명 生活情况 shēnghuó qíngkuàng 생활하여나가는 모양.

생후(生后) 명 出生以来 chūshēngyǐlái 有生以来 yǒushēngyǐlái 세상에 태어난 뒤.

서간(書簡) 명 书信 shūxìn 편지.

서기(書記) 명 ① 纪录员 jìlùyuán 문서를 관리하거나 기록을 맡아보는 사람. ② 党书记 dǎngshūjì 사회주의 국가에서, 정당 서기국의 구성원. ③ 秘书 mìshū 일반직 국가 공무원의 직급 명칭. 주사보(主事补) zhǔshìbǔ 보의 위로 8급임.

서기(西紀) 명 公元 gōngyuán의 준말.

서기관(書記官) 명 秘书 mìshū 일반직 국가 공무원의 직급 명칭. 부(副)관의 아래, 사무관(事务官)

서당(書堂) 명 书院 shūyuàn 私塾 sīshú

서도(書道) 명 书法 shūfǎ 서예(书艺)를 정신 수양의 관점에서 이르는 말.

서두(序頭) 명 开头 kāitóu 序言 xùyán 말머리, 글머리, 첫머리.

서랑(婿郞) 명 女婿 nǚxù 사위

서류(書類) 명 文件 wénjiàn 档案 dàng àn 문건이나 문서 같은 것.

서림(書林) 명 书店 shūdiàn 书局 shūjú 책방.

서모(庶母) 명 妾 qiè 后娘 hòuniáng 아버지의 첩(妾). 후어머니.

서명(署名) 명 [~하다|자동사] ① 签名 qiānmíng 자기의 성명을 써넣음. 또는 써넣은 그것. 서기(署记), 사인(sign). ② 签字 qiānzì 〈법〉 문서에서, 성명 및 상호(商号)의 표시.

서명날인(署名捺印) 명 签名盖章 qiān mínggàizhāng 문서에 성명 또는 상호(商号)의 표시와 인장을 찍는 일.

서방(書房) 명 丈夫 zhàngfu 〈속어〉 남편. 의 ① 男人 nánrén 지난날, 벼슬이 없는 사람의 성 뒤에 붙여 부르던 말. ② 君 jūn 성 뒤에 붙여, 사위나 손아래 친척 여자의 남편, 아래 동서(同婿) 등을 호칭할 때 쓰는 말. ¶박 ~. 朴君。 piáo jūn. 남편을 속되게 이르는 말.

서사체(敍事體) 명 书面体 shūmiàntǐ 〈문〉 일어난 사실을 그대로 순서 있게 묘사하는 글체.

서양요리(西洋料理)[―뇨―] 명 西餐 xī cān 서양식의 요리. 양식(洋食). §양요리.

서전(緖戰) 명 预赛 yùsài 전쟁의 발단이 되는 싸움. 또는 경기의 초반.

서첩(書帖) 명 字帖 zìtiè 이름난 글씨를 모아 장정한 책=묵첩.

서체(書體) 명 字体 zìtǐ 글씨체.

서한문(書翰文) 명 书信惯用语 shūxìn guànyòngyǔ 편지에 쓰이는 문체 또는 그런 문체로 쓴 글, 서간문.

서한문학(書翰文學) 명 书信体文学 shū xìntǐwénxué 〈문〉 서한체 형식의 문학 작품, 서간 문학.

서한지(書翰紙) 명 信纸 xìnzhǐ 편지종이.

서훈(敍勳) 명 勋章 yūnzhāng 훈공의 등급을 따라 훈장을 주는 것.

석간수(石間水) 명 山涧溪水 shānjiànxī shuǐ 산골짜기의 돌이 많은 곳에 흐르는 시내의 맑은 물.

석간신문(夕刊新聞) 명 晚报 wǎnbào 날마다 저녁때에 발간하는 신문.

석고대죄(席藁待罪) 명 负荆请罪 fùjīng qǐngzuì 거적을 깔고 엎드려서 벌주기를 기다린다는 뜻으로 죄과에 대하여 처분을 기다리는 것.

석굴(石窟) 명 岩洞 yándòng 바위에 뚫린 글.

석남(石南) 명 红法氏杜鹃 hóngfǎshìdù juān 산에 절로 나는 사철 푸른 딸기나무의 한가지.

석두(石頭) 명 本脑袋 mù nǎodài 榆木疙瘩 yúmùgēda 아무리 가르쳐 주어도 알지 못하는 머리. 돌대가리.

석리(石理) 명 岩石结构 yánshíjiégòu 암석, 광석을 이루고 있는 알갱이들의 배열과 공간적 분포에 따라 규정되는 암석, 광석의 구성상태. 암석, 광석의 형성조건을 밝히는데 쓰인다.

석수(石手) 명 石工 shígōng 돌을 다루어 물건을 만드는 사람. 석공(石工), 돌장이.

석재(石材) 명 石料 shíliào 돌로 된 건설자재.

석청(石淸) 명 早蜂产的蜂蜜 zǎofēngchǎn defēngmì 석벌이 친 꿀. 먹기도 하고 약으로도 쓴다=석밀.

석탄(石炭) 명 煤炭 méitàn 갈탄, 력청탄, 무연탄 등으로 나눈다.

석판석(石板石) 명 石灰岩 shíhuīyán 돌판의 재료가 되는 석회암.

석패(惜敗) 명 [~하다|자동사] 输得可惜 shūdekěxī 운동 경기 등에서 조금의 점수 차이로 아깝게 지는 일=분패(憤敗).

선결문제(先決問題) 명 先解决的问题 xiānjiějuédewèntí 먼저 해결하여야 하는(것).

선교(宣敎) 명 传教 chuánjiào 종교를 전하여 널리 펼침. 포교. ¶~ 활동을 벌이다. 展开传教活动。zhǎnkāichuánjiào huódòng.

선교루(船橋樓) 명 桥楼 qiáolóu 배의 한가운데쯤에 설치한 경치를 바라보는 다락.

선구안(選球眼) 명 选球能力 xuǎnqiú nénglì 야구에서, 투수가 던진 공을 선구하는 타자의 능력. ¶~이 뛰어난 선수. 选球能力出众的选手。xuǎnqiúnénglìchū zhòngdexuǎnshǒu.

선구자(先驅者) 명 先驱 xiānqū 맨 앞장에 서서 나가는 사람.

선금(先金) 명 定金 dìngjīn 무엇을 사거나 세낼 때 먼저 치르는 돈.

선급(先給) 명 定钱 dìngqián 값이나 삯을 먼저 치러주는 것.

선내하역(船內荷役) 명 船舶装卸工人 chuánbózhuāngxiègōngrén 배의 안.

선대(先代) 명 祖先 zǔxiān 이전의 대. 조상의 세대. 선세(先世). ¶~부터 살아온 고향. 从祖宗开始生活过的故乡。cóngzǔ zōngkāishǐshēnghuóguòdegùxiāng ↔ 후대(後代).

선도(先渡) 명 远期交货 yuǎnqījiāohuò 거래 매매에서, 화물의 인도가 계약 후 일정 기일 뒤에야 행해지는 일.

선도(先導) 명 前导 qiándǎo 앞서서 이끄는 것.

선도(鮮度) 명 新鲜度 xīnxiāndù 야채·어육 등의 신선한 정도. ¶~가 좋다. 新鲜度良好。xīnxiāndùliánghǎo.

선두(先頭) 명 前头 qiántou 앞장 또는 맨앞.

선린외교(善隣外交) 명 睦邻外交 mùlín wàijiāo 나라들 사이의 사이좋은 이웃의 관계.

선망(羨望) 명 〔~하다|타동사〕 羡慕 xiànmù 부러워함. ¶~의 대상. 羡慕的对象。xiànmùdeduìxiàng.

선매(先買) 명 优先买 yōuxiānmǎi 남보다 먼저 삼.

선매(先賣) 명 先卖 xiānmài 때가 되기 전에 미리 팖. 예매(豫卖). ¶벼가 여물기 전에 ~하다. 稻谷熟之前卖。dàogǔshúzhī qiánmài.

선물(先物) 명 ① 第一批货 dìyīpīhuò 맏물. ② 期货 qīhuò 〈경〉 장래 일정한 시기에 현품을 넘겨줄 조건으로 매매 계약을 하는 거래 종목.

선물(膳物) 명 礼物 lǐwù 礼品 lǐpǐn 남에게 선사로 주는 물품. ¶생일~. 生日礼物。shēngrìlǐwù.

선물거래소(先物去來所) 명 期货交易所 qīhuòjiāoyìsuǒ 〈경〉 장래의 일정한 기일에 현품을 인수·인도하여 결제할 것을 원칙으로 하는 거래. 선물 매매 ↔ 실물거래.

선반(旋盤) 명 车床 chēchuáng 〈공〉 각종 금속 소재를 회전시켜서 갈거나 파내거나 도려내는 데 쓰는 금속 공작 기계.

선발대(先發隊) 명 先遣队 xiānqiǎnduì 주둔구역이나 숙영지를 선택하기 위하여 먼저 파견하는 대.

선방(善防) 명 好防 hǎofáng 잘 막아 냄.

선복(船腹) 명 货舱 huòcāng 배의 중간쪽을 선두, 선미와 갈라서 이르는 말. 주로 짐칸이 있다.

선불(先拂) 명 预付 yùfù 预支 yùzhī 先付 xiānfù(돈을) 미리 치러주는 것.

선사(善事) 명 送给 sònggěi 赠送 zèng sòng 무엇을 남에게 선물로 주는 일.

선산(先山) 명 祖茔 zǔyíng 祖坟 zǔfén 有祖茔的山 yǒuzǔyíngdeshān 조상의 무덤 또는 조상의 무덤이 있는 산.

선수(先手) 명 ① 先走 xiānzǒu 장기나 바둑 같은 것을 시작할 때에 먼저 두는 것. ② 先动手 xiāndòngshǒu→선손.

선수(選手) 명 ① 选手 xuǎnshǒu 运动员 yùndòngyuán 경기에 뽑혀나가는 사람 또는 그러 자격을 인정받은 사람. ② 能手 néngshǒu 어떤 일에 아주 익숙하여 잘하는 사람.

선심판(線審判) 명 巡边员 xúnbiànyuán 체육경기에서 측선 밖에서 심판을 보는 사람=선심.

선왕(先王) 명 前代的王 qiándàidewáng 그 전대의 임금.

선의(船醫)[－의/－이] 명 船上的医生 chuánshàngdeyīshēng 배 안에서 승무원·선객의 건강을 보살피는 일을 맡은 의사.

선임(先任) 명 前任 qiánrèn 어떤 직에 먼저부터 있는 것 또는 그런 사람.

선임(船賃) 명 船费 chuánfèi 배를 타거나 빌려 쓰고 삯으로 갚는 돈. 뱃삯.

선입관(先入觀) 명 成见 chéngjiàn 어떤 사물이나 현상에 대하여 주관적으로 판단하고 미리 마음속에 이러저러하게 가지는 생각이나 관점.

선적(船積) 명 装船 zhuāngchuán 装货 zhuānghuò 짐을 배에 싣는 것.

선적(先債) 명 前债 qiánzhài 조상의 사적(事迹).

선정적(煽情的) 관 명 刺激的 cìjīde 어떤 감정이나 욕정을 북돋우어 일으키는(것).

선제공격(先制攻擊) 명 [~하다|타동사] 先发制人 xiānfāzhìrén 상대편을 견제하기 위하여 선수(先手)를 쳐서 공격하는 일.

선착(先着) 명 [~하다|자동사·타동사] ① 先到 xiāndào 먼저 도착함. ② 先下手 xiānxiàshǒu '선착수'의 준말. ③ '선착편(鞭)'의 준말.

선창(先唱) 명 [~하다|타동사] 领唱 lǐngchàng 먼저 구호나 노래를 시작하여 부르는 것.

선처(善處) 명 [~하다|자동사] 妥善处理 tuǒshànchùlǐ 형편에 맞게 좋도록 처리하는 것.

선철(銑鐵) 명 生铁 shēngtiě 탄소함량이 2%보다 더 많은 철과 탄소의 합금.

선축(先蹴) 명 [~하다|자동사] 先踢 xiāntī 축구에서, 한쪽 팀이 공을 먼저 참.

선친(先親) 명 先父 xiānfù 남에 대하여 자기의 돌아간 아버지를 이르던 말.

선탄(選炭) 명 选煤 xuǎnméi 석탄을 가려 좋은 것으로 골라 상품탄(商品炭)으로 만드는 작업.

선택안(選擇案) 명 被选方案 bèixuǎn fāngàn 여럿 가운데서 필요한 것을 골라 뽑거나 골라잡는 것.

선풍기(扇風機) 명 电风扇 diànfēngshàn 바람을 일으키는 기계.

선하(船荷) 명 船货 chuánhuò 배에 실은 짐.

선하주(先荷主) 명 托运人 tuōyùnrén 배에 실은 짐의 주인. 선화주(船货主) chuán huòzhǔ.

선하증권(船荷證券)[-권] 명 轮船提单 lúnchuántídān 해상화물소송계약에서 짐을 넘겨받았음을 증명하며 짐을 목적지까지 수송한 뒤에 그 증권이 적혀있는 사람에게 짐을 넘겨줄 의무를 확인하는 짐 운반자의 문건.

선호(選好) 명 〔~하다|타동사〕 嗜好 shìhào 偏好 piànhào 여럿 중에서 가려서 좋아함 ¶남아 ~ 사상. 男孩偏爱思想。nánháipiānàisīxiǎng.

선화(線畵) 명 素描 sùmiáo 색칠을 하지 않고 선으로만 그린 그림.

선회(旋回) 명 〔~하다|자동사〕 盘旋 pánxuán 旋转 xuánzhuǎn 빙빙 도는 것.

설교(說教) 명 〔~하다|자동사〕 ① 宣传教义 xuānchuánjiàoyì (종교의) 교리를 해설하는 것. ② 宣扬 xuānyáng (어떤 견해나 관점을 다른 사람에게 설득시키기 위하여) 말을 자꾸 늘어놓는 것.

설득(說得)[-뜩] 명 〔~하다|타동사〕 说服 shuìfú 劝导 quàndǎo 알아듣도록 깨우치는 것.

설령(設令) 부 即使 jíshǐ 即或 jíhuò 就算 jiùsuàn '그렇다 치고'·'가령'·'설사'·'설약'·'설혹'이라는 뜻의 접속 부사. ¶~ 내가 잘못했다손 치더라도 화는 내지 마라. 即使我错了也不要生气。jíshǐwǒcuòle yěbúyàoshēngqì.

설립(設立) 명 〔~하다|타동사〕 设立 shèlì 成立 chénglì 创办 chuàngbàn 만들어 세움.

설사(設使)[-싸] 부 即使 jíshǐ 가정하여.

설왕설래(說往說來) 명 〔~하다|자동사〕 说来说去 shuōláishuōqù 争论 zhēnglùn 争执 zhēngzhì 争吵 zhēngchǎo 서로 말이 왔다갔다 하며 옥신각신하는 것.

설욕(雪辱) 명 〔~하다|자동사〕 雪耻 xuěchǐ 치욕을 씻는 것.

설전(舌戰)[-쩐] 명 〔~하다|자동사〕 吵闹 chǎonào 말다툼. ¶~이 오가다. 展开一场舌战。zhǎnkāiyīchǎngshézhàn.

설정(設定)[-쩡] 명 〔~하다|타동사〕 规定 guīdìng 划定 huàdìng 列入 lièrù (문제, 관계, 단계, 목표, 규모 같은 것을) 정하는 것.

설측음(舌側音) 명 舌边音 shébiānyīn 혀옆소리.

설치(設置) 명 〔~하다|타동사〕 设置 shèzhì 安装 ānzhuāng 铺设 pūshè 차려놓는 것.

설치물(設置物) 명 设障碍物 shèzhàng àiwù 어떤 목적에 유용하게 쓰기 위하여 기관·설비 등을 만들어서 두는 일.

설탕(雪糖) 명 糖 táng 白糖 báitáng 가루로 된 사탕=가루사탕.

설파(說破) 명 〔~하다|타동사〕 ① 解释 jiěshì 사물의 내용을 밝혀서 말함. ② 道破 dàopò 상대의 이론을 깨뜨려 뒤엎음.

설한(雪寒) 명 严寒 yánhán 눈이 올 때나 온 뒤의 추위.

설해(雪害) 명 雪灾 xuězāi 눈피해.

섬세(纖細) 형 〔여 불규칙〕 ① 纤细 xiānxì 곱고 가늘다. ② 很细 hěnxì 매우 가늘디 가늘다. ③ 细致 xìzhì 사소한 일에까지 주의력이 미쳐 아주 찬찬하고 세밀하다.

섭렵(涉獵)[섬녑] 명 〔~하다|타동사〕 涉猎 shèliè 浏览 liúlǎn 물을 건너 찾아다닌다는 뜻으로, 온갖 책을 널리 읽거나 여기저기 찾아다니며 경험함을 이르는 말. ¶널리 내외 문헌을 ~하다. 浏览国内外文献。liúlǎnguónèiwàiwénxiàn.

섭리(攝理)[섬니] 명 ① 调理 tiáolǐ 병(病)을 잘 조리함. ② 代理 dàilǐ 대신하여 처리하고 다스림. ③ 天理 tiānlǐ 자연계를 지배하고 있는 원리. ④ 上帝意志 shàngdìyìzhì 세상의 모든 것을 다스리는 하느님의 의지 또는 은혜.

섭외(涉外) 명 〔~하다|타동사〕 ① 对外交流 duìwàijiāoliú 외부와 연락·교섭하는 일. ② 涉外 shèwài 어떤 법률 사항이 내외국에 관계·연락되는 일.

섭취(攝取) 명 〔~하다|타동사〕 吸取 xīqǔ 汲取 jíqǔ 양분을 몸속에 빨아들임. ¶영양 ~. 吸取营养。xīqǔyíngyǎng.

성가(成家) 명 〔~하다|자동사〕 ① 结婚 jiéhūn 결혼하여 따로 한 가정을 이룸. ② 起家 qǐjiā 재산을 모아 집안을 일으켜 세움. ③ 自成一家 zìchéngyìjiā 학문·기술이 탁월하여 하나의 파(派, pài)나 체계를 이룸. ④ 成家 chéngjiā 성취(成娶).

성가(聲价) 명 信誉 xìnyù 좋은 소문이나 평판.

성과(成果)[-꽈] 명 成果 chéngguǒ 成绩 chéngjī 成就 chéngjiù 이루어진 결과.

성과급(成果給) 명 按件计酬 ànjiànjìchóu 일의 성과를 기준으로 하여 지급되는 임금↔시간급.

성곽도시(城郭都市) 명 围了城墙的都市 wéilechéngqiángdedūshì 외적을 막기 위해 둘레를 성곽으로 둘러싼 도시.

성구(成句)[-꾸] 명 〔~하다|자동사〕 ① 成为句子 chéngwéijùzi 글귀를 이룸. ② 成语 chényǔ 〈언〉 하나의 뭉뚱그려진 뜻을 나타내는 글귀. 예로부터 내려오는 관용구.

성금(誠金) 명 捐款 juānkuǎn 성의를 표시하여 내는 돈.

성기(性器) 명 生殖器 shēngzhíqì 〈생〉 생식기.

성단(聖壇) 명 ① 布道坛 bùdàotán 신을 모신 단. ② 圣坛 shèngtán 신성한 단 ≪교회의 강단 따위≫.

성당(聖堂) 명 教会 jiàohuì 천주교에서, 교회당을 달리 이르는 말.

성도착(性倒錯) 명 性欲倒错 xìngyùdào cuò 색정 도착증.

성리학(性相學)[-니-] 명 〈철〉 看相学 kànxiàngxué 11~12세기 중국 송나라에서 발생한 객관적관념론철학.

성망(聲望) 명 声望 shēngwàng 声誉 shēngyù 名声 míngshēng 명성과 덕망.

성묘(省墓) 명 〔~하다|자동사〕 扫墓 sǎomù 조상의 산소를 찾아 돌봄. 간산(看山). ¶한식을 맞아 ~를 가다. 清明去扫墓。qīngmíngqùsǎomù.

성문계약(成文契約) 명 书面合同 shū miànhétong 약속 내용·조목을 문서로 만들어 맺는 계약↔구두 계약.

성미(性味) 명 脾气 píqì 性情 xìngqíng 性格 xìnggé 성정과 취미, 성질과 비위.

성벽(性癖) 명 癖性 pìxìng (일정한 경향성을 띠고) 굳어진 성미나 버릇.

성사(成事) 명 〔~하다|자동사〕 成全 chéngquán 完成 wánchéng 일을 이루어 내거나 일이 이루어지는 것.

성산(成算) 명 把握 bǎwò 胜算 shèng suàn 일이 됨직한 타산. ¶~이 보이다. 有把握。yǒubǎwò.

성서(聖書) 명 ① 圣书 shèngshū 성인이 쓴 책 또는 성인의 행적을 적은 책. ② 圣经 shèngjīng 〈종〉 교리를 기록한 경전. ③ 圣经 shèngjīng 〈기〉 기독교의 성경 ≪구약·신약으로 나뉨≫. 바이블.

성성(星星) 형 〔여 불규칙〕 苍苍 cāng cāng 하늘의 별과 같이 흰색이 드문드문 보인다 하여 희끗희끗함을 이르는 말.

성수기(盛需期) 명 旺季 wàngjì 旺产期 wàngchǎnqī 상품이나 서비스의 수요(需要)가 많은 때↔비수기.

성안(成案) 명 立案 lìàn 초안이나 방안을 만들어 이루는 것 또는 그 초안이나 방안.

성어(成魚) 명 大鱼 dàyú→엄지고기.

성어기(盛漁期) 명 鱼汛 yúxùn 계절적으로 고기가 많이 잡히는 시기↔어한기.

성업(盛業) 명 生意兴隆 shēngyìxīng lóng 사업이 번창함.

성역(聖域) 명 圣地 shèngdì 거룩하고 성스러운 지역.

성질(性質) 명 ① 脾气 píqì 사람이나 동물의 행동에서 나타나는 모든 심리적 및 정신적 특성. ② 性质 xìngzhì 사물현상이 지니고 있는 다른 것과 구별되는 특성.

성찰(省察) 명 〔~하다|자동사〕 ① 反省 fǎnxǐng 자기의 마음을 반성하여 살피는 것. ② 省察 xǐngchá 천주교에서, 자기 양심을 살피어 죄를 지은 것들을 생각해 내는 것.

성취(成就) 명 〔~하다|타동사〕 成功

chénggōng 完成 wánchéng 实现 shíxiàn 목적대로 일을 이루는 것.

성품(性品) 명 品性 pǐnxìng 性情 xìngqíng 禀性 bǐngxìng 성질과 성격, 품성을 아울러 이르는 말.

성함(姓銜) 명 尊姓大名 zūnxìngdàmíng 贵姓 guìxìng 존경하는 사람의 성과 이름을 높이어 이르는 말.

성향(性向) 명 趋向 qūxiàng 倾向 qīngxiàng 성격과 경향.

성형(成形) 명 [~하다|타동사] ① 成形 chéngxíng 整形 zhěngxíng 정형. ② 造型 zàoxíng 일정한 형체를 만드는 것.

성형수술(成形手術) 명 整形手术 zhěngxíngshǒushù 정형수술.

성형품(成型品) 명 整形品 zhěngxíngpǐn 합성수지류를 높은 온도에서 거푸집에 넣어 만들어 낸 물품.

성화(成火) 명 ① 焦急 jiāojí 뜻대로 되지 않아 몹시 애를 쓰면서 번민함. ② 麻烦 máfan 纠缠 jiūchán 몹시 조르거나 귀찮게 구는 일. ¶오토바이를 사 달라고 ~를 부리다. 要买摩托车纠缠不休。yàomǎimótuōchējiūchánbùxiū.

성화(星火) 명 急如星火 jírúxīnghuǒ 몹시 급한 일, 성화독촉 몹시 급한 독촉.

성황(盛況) 명 盛况 shèngkuàng 번성하고 흥성거리는 정황 또는 성대한 분위기.

성황당(城隍堂) 명 城隍庙 chénghuángmiào 땅과 동네를 지켜준다는 신에게 제사를 지내는 집.

세관(稅關) 명 海关 hǎiguān 관세청에 딸리어, 비행장・항만・국경 지대에서 수출입 화물의 허가・검열, 관세의 부과・징수, 선박・항공기의 단속 및 검역 사무를 맡아보는 행정 관청. ¶~을 통과하다. 通过海关。tōngguòhǎiguān.

세대(世代) 명 ① 代 dài 여러 대. ② 一代 yídài 한 대 ≪약 30년≫. ¶한 ~ 뒤진 사람. 落后一代的人。luòhòuyídàiderén. ③ 世界 shìjiè 세상. ¶~가 달라지다. 世道变了。shìdàobiànle. ④ 世代 shìdài 한 시대 사람들. 제너레이션. ¶~ 간의 갈등. 世代之间的矛盾。shìdàizhījiāndemáodùn.

세대(世帶) 명 住户 zhùhù 户 hù 가구(家口).

세도(勢道) 명 [~하다|자동사] 专横 zhuānhèng 霸道 bàdào 派头 pàitóu 세력을 쓸 수 있는 사회적 지위나 권세 또는 권세를 부리는 일.

세도가(勢道家) 명 专横的人 zhuānhèngderén 세도를 쓰는 사람 또는 그런 집안.

세력가(勢力家) 명 有权势的人 yǒuquánshìderén 세력이나 권세가 있는 사람.

세리(稅吏) 명 税务官 shuìwùguān 조세나 세금을 받는 관리.

세면(洗面) 명 洗脸 xǐliǎn → 세수.

세모(歲暮) 명 年底niándǐ → 세밑

세배(歲拜) 명 [~하다|자동사] 拜年 bàinián 설에 윗사람에게 하는 인사.

세사(世事) 명 世上事 shìshàngshì 세상의 일.

세상(世上) 명 ① 世上 shìshàng 사람이 살고 있는 세계. ② 一生 yìshēng 사람의 한생. ③ 社会 shèhuì (사람이) 살고 있는 사회 또는 사회적 활동을 하는 영역.

세상만사(世上萬事) 명 世上事 shìshàngshì 세상에서 일어나는 온갖 일.

세상물정(世上物情) 명 世故 shìgù 时务 shíwù 世情 shìqíng 世面 shìmiàn 세상이 돌아가는 실정이나 형편.

세상천지(世上天地) 명 世界上 shìjièshàng (주로 '세상천지에'의 꼴로 쓰여) '세상'을 강조하여 이르는 말.

세세(細細) 명형 〔여 불규칙〕 ① 很仔细 hěnzǐxì 아주 자세하다. ② 细小事 xìxiǎoshì 자디잘아 하잘것없다. ③ 很细 hěnxì 매우 가늘다.

세속(世俗) 명 ① 庸俗世界 yōngsúshìjiè 이 세상, 속세. ② 世俗 shìsú 세상의 풍속.

세월(歲月) 명 ① 岁月 suìyuè (해와 달을 단위로 하는) 지나가는 시간. ② 气候 qìhòu (농사와 관련하여) 날씨.

세수(洗手) 명 洗脸 xǐliǎn 낯을 씻는 것.

세시(歲時) 명 ① 岁初 suìchū 세초. ② 年中 niánzhōng 일년 중의 그때그때. ③ 季节 jìjié 해와 때.

세자(世子) 명 太子 tàizǐ 왕세자.

세정(世情) 명 世态 shìtài 세상 사정이나 형편.

세제(洗劑) 명 ① 肥皂 féizào 세수·빨래·청소 따위에서 때나 표면에 붙은 물질을 씻어 내는 데 쓰는 약제 ≪비누따위≫. 세정제. ② 洗涤剂 xǐdíjì 세척제(洗涤剂).

세존(世尊) 명 佛像 fóxiàng 불교에서, 부처를 높여 이르는 말.

세탁(洗濯) 명 〔~하다|타동사〕 洗衣 xǐyī → 빨래.

세파(世波) 명 世上风波 shìshàngfēngbō 세상풍파의 준말.

소각(消却) 명 〔~하다|타동사〕 ① 抹掉 mǒdiào 지워 버림. ② 花掉 huādiào 써서 덜어 버림. ③ 偿还 chánghuán 빚을 갚아 버림.

소각(燒却) 명 〔~하다|타동사〕 焚毁 fénhuǐ 태워 버림. ¶매일 나오는 쓰레기를 ~하다. 焚毁每天的垃圾。fēnhuǐměi tiāndelājī.

소감(所感) 명 感想 gǎnxiǎng 观感 guāngǎn 마음에 느낀바.

소강상태(小康狀態) 명 好转 hǎozhuǎn 缓和 huǎnhé 소란이나 혼란 따위가 그치고 조금 잠잠한 상태.

소개(紹介) 명 ① 中介 zhōngjiè 두 사람 사이에 들어서 어떤 일을 어울리게 함. ② 介绍 jièshào 모르는 두 사람을 잘 알도록 관계를 맺어 줌. 또는 그 일. ③ 被介绍 bèijièshào 잘 알려지지 않은 일의 내용을 해설하여 사람들에게 알리는 일.

소견(所見) 명 ① 意见 yìjiàn 일정한 사물현상에 대하여 자기로서 바로 보고 옳게 처리하는 태도나 능력. ② 见识 jiàn shi 일정한 사물현상을 보고 가지는 의견이나 생각.

소굴(巢窟) 명 巢穴 cháoxué 도둑・악한들의 본거지. 소혈(巢穴).

소급(溯及) 명 〔~하다|자동사・타동사〕 溯及 sùjí 追溯 zhuīsù 지나간 일에까지 거슬러 올라가서 미치게 함.

소기(所期) 명 预期 yùqī 기대한 바. ¶~의 목적을 달성하다. 达到预期目的。 dá dàoyùqīmùdì.

소대상(小大祥) 명 一周祭和二周祭 yī zhōujìhéèrzhōujì 소상과 대상.

소동(騷動) 명 〔~하다|자동사〕 骚动 sā odòng 骚乱 sāoluàn 波动 bōdòng 여럿이 법석을 떪. 여럿이 떠들어 댐.

소득(所得) 명 所得 suǒdé 收获 shōuhuò 收益 shōuyì 进款 jìnkuǎn 얻은 이익이나 수입.

소등(消燈) 명 〔~하다|자동사〕 灭灯 mièdēng 등불끄기, 전등끄기.

소란(騷亂) 명 〔~하다|형용사〕〔~히|부사〕 嘈杂 cáozá 喧哗 xuānhuá 捣乱 dǎoluàn 왁자하게 떠드는 일이나 뒤숭숭하고 시끄러운 것.

소량구매(少量購買) 명 另购 lìnggòu 적은 양 구매.

소렴(少殮) 명 〔~하다|타동사〕 装殓 zhuāngliàn 죽은 사람에게 새옷을 입히고 이불로 싸는 것

소령(少領) 명 少校 shàoxiào 영관(领官)의 최하급. 중령의 아래, 대위의 위.

소루(疏漏) 형 〔여 불규칙〕 疏忽 shūhū 꼼꼼하지 못하고 소홀하다.

소망(所望) 명 愿望 yuànwàng 希望 xī wàng 원래부터 늘 바라오던 일.

소매(小賣) 명 〔~하다|타동사〕 零售 língshòu 물건을 도매상에서 사들여 직접 소비자에게 팖. 산매.

소면(素麵) 명 加素菜料的面条 jiāsùcài liàodemiàntiáo 양념을 하지 않은 국수.

소면(素面) 명 没有化妆的脸 méiyǒuhuà zhuāngdeliǎn 화장을 하지 않은 얼굴.

소모사(梳毛絲) 명 用细长毛纺的细毛线 yòngxìchángmáofǎngdexìmáoxiàn 아주 긴 털로써 뽑은 가는 실.

소목(小木) 명 木匠 mùjiàng 细木工 xì mùgōng 나무를 다루어 세간, 문방구 등을 만드는 목수.

소문(所聞) 명 传闻 chuánwén 风闻 fēng wén 消息 xiāoxi 声张 shēngzhāng 여러 사람들 사이에서 전하여 돌아가는 말.

소문자(小文字) 명 小写 xiǎoxiě 작은 글자.

소박(素朴)[-바카-] 형 〔여 불규칙〕 朴素 pǔsù 简朴 jiǎnpǔ 꾸밈이나 거짓이 없고 수수하다. ¶~한 인심 朴素人情。 pǔ sùrénqíng.

소박(疏薄) 명 〔~하다|타동사〕 疏远和

虐待 shūyuǎnhénüèdài (아내를) 박대하거나 미워하여 아내로 여기지 않는 것.

소반(小盘) 명 小饭桌 xiǎofànzhuō 밥·반찬 그 밖의 음식들을 벌여 놓고 먹는 작은 밥상.

소반(素飯) 명 素食 sùshí 소(素)밥.

소산(所産) 명 产物 chǎnwù 생산되었거나 생산한바.

소상(昭祥) 형 〔여 불규칙〕 详细 xiánxì 밝고 자세하다.

소생(蘇生) 명 〔~하다|자동사〕 复生 fùshēng 거의 죽어가던 상태에서 다시 살아나는 것.

소생(小生) 명 小人 xiǎorén 남자가 윗사람에게 대하여 자기를 낮추어 이르던 말.

소생(所生) 명 亲生子女 qīnshēngzǐnǚ (자기나 아랫사람이) 낳은 아이들이나 딸을 이르던 말.

소석회(消石灰) 명 熟石灰 shúshíhuī 생석회에 물을 작용시켜 얻는 흰 가루.

소소(小小) 형 〔여 불규칙〕 细小 xìxiǎo 烦琐 fánsuǒ 鸡毛蒜皮 jīmáosuànpí 자질구레하다.

소송취하(訴訟取下) 명 撤回诉讼 chèhuí sùsòng 송사.

소승적(小乘的) 명 狭隘的 xiáàide 조그만 일에 얽매어 대국적인 면을 보지 못하는(것). 시야가 좁아 너무 비근(卑近)한(것) ↔ 대승적.

소시(少時) 명 小时候 xiǎoshíhòu → 젊었을 때.

소신(所信) 명 信念 xìnniàn → 믿는바. ¶~을 가지다. 有信念。

소실(小室) 명 妾 qiè 小老婆 xiǎolǎopó 姨太太 yítàitài 첩.

소외(疏外) 명 〔~하다|타동사〕 疏远 shūyuǎn 사귀는 사이가 점점 멀어지는 것.

소외감(疏外感) 명 疏远感 shūyuǎngǎn 사이가 버성기다고 보고 대하는 것. 소원해지는 듯한 느낌.

소용(所用) 명 ① 用处 yòngchù 쓰는데 요구되는 것. ② 需要 xūyào 쓸데 또는 쓸모.

소원성취(所願成就) 명 如愿以偿 rúyuàn yǐcháng 원하던 바를 이루는 것. ¶~를 빌다. 祈求如愿以偿。qǐqiúrúyuànyǐcháng.

소유(所有) 명 〔~하다|타동사〕 所有 suǒyǒu 掌握 zhǎngwò 拥有 yōngyǒu 무엇을 자기 것으로 만드는 것, 또 가지는 것.

소유주(所有主) 명 物主 wùzhǔ (어떤 것을) 가지고 있는 주인.

소의(小義)[—의/—이] 명 〔~하다|형용사〕 不够义理 búgòuyìlǐ 의리가 부족함. 또는 그 의리.

소이(所以) 명 所以 suǒyǐ 理由 lǐyóu 까닭. ¶제군에게 기대하는 ~는 바로 여기에 있다. 期待于大家的理由在这里。qīdàiyú dàjiādelǐyóuzàizhèlǐ.

소인(消印) 명 注销的印 zhùxiāodeyìn 邮戳 yóuchuō 지워버리는 표로 찍는 도장

또는 그 도장을 찍는 것.

소인(小人) 명 ① 矮子 ǎizi 몸시 작은 사람. ② 对自己谦称 duìzìjǐqiānchēng 높은 사람에 대하여 자기를 낮추어 이르던 말. ③ 小人 xiǎorén 간사하고 도량이 좁은 인물.

소인배(小人輩) 명 小人之辈 xiǎorénzhī bèi 간사하고 도량이 좁은 사람들 또는 그런 사람의 무리.

소일(消日) 명 [~하다|자동사] 消遣 xiāoqiǎn 消磨 xiāomó 하는 일 없이 시간을 보내는 것. ¶정원 손질로 ~하다. 以看管庭院消遣日子。yǐkānguǎntíngyuàn xiāoqiǎnrìzǐ.

소임(所任) 명 职责 zhízé 맡은 바의 임무.

소자(素子) 명 元件 yuánjiàn 〈물〉 전기·전자 기기나 회로에서, 중요한 기능을 갖는 개개의 구성 요소 ≪진공관·트랜지스터·코일·콘덴서 등≫.

소작(小作) 명 [~하다|타동사] 租田 zūtián 租耕 zūgēng 佃耕 diàngēng 남의 땅을 빌려 농사를 지음. 반작(半作)↔자작.

소작인(小作人) 명 雇农 gùnóng 남의 땅을 빌려 농사를 짓고 그 대가로 사용료를 내는 사람. §작인(作人).

소장(訴狀)[—짱] 명 ① 请愿书 qǐngyuànshū 관청에 대해 하소연하는 서면. ② 诉状 sùzhuàng 소송을 제기하는 문서.

소재(所在) 명 ① 住处 zhùchù 있는 곳. ② 所在 suǒzài 있는 바.

소재(素材) 명 ① 素材 sùcái 题材 tícái 예술 작품의 바탕이 되는 재료. ¶소설의 ~. 小说素材。xiǎoshuōsùcái. ② 原材料 yuáncáiliào 가공을 하지 않은 본디 그대로의 재료.

소주주(小株主) 명 小股东 xiǎogǔdōng 약간의 주식을 가진 주주.

소중(所重) 형 [여 불규칙] 宝贵 bǎoguì 贵重 guìzhòng 珍贵 zhēnguì 매우 귀중하다.

소지(所持) 명 [~하다|타동사] 携带 xiédài 지니는 것 또는 지닌 물건.

소지(素地) 명 余地 yúdì 본디의 바탕.

소지인(所持人) 명 持有人 chíyǒurén 占有者 zhànyǒuzhě 가지고 있는 사람. 소지자. ¶수표의 ~. 持有支票的人。chíyǒu zhīpiàoderén.

소지품(所持品) 명 携带品 xiédàipǐn 가지고 있는 물건. 지니고 있는 물품.

소집(召集) 명 [~하다|타동사] ① 召集 zhāojí 사람들을 불러 모으는 것. ② 召开 zhāokāi 회의를 불러서 여는 것.

소청(所請) 명 请求 qǐngqiú 청하거나 바라는바.

소총(小銃) 명 步枪 bùqiāng 개인 휴대용 전투 화기의 하나 ≪단발·연발·자동·반자동 등 여러 종류가 있음≫. ¶~사격. 步枪射击。bùqiāngshèjī.

소추(所追) 명 [~하다|타동사] 〈법〉 ① 追诉 zhuīsù 검사가 특정한 사건에 관하

여 공소를 제기하고 유지하는 일. ② 要求罢免 yāoqiúbàmiǎn 탄핵 발의를 하여 파면을 요구함.

소출(所出) 명 产量 chǎnliàng 收成 shōuchéng 논밭에서 나는 곡식. ¶높은 ~을 내기 위해 힘을 썼다. 为了增收高产而努力。wèilezēngshōugāochǎnérnǔlì.

소치(所致) 명 缘故 yuángù 所致 suǒzhì 어떤 까닭으로 이루어진바. ¶무식한 ~로 빚어진 일. 因为无知而造成的事故。yīnwéiwúzhīérzàochéngdeshìgù.

소탈(疏脫) 형 〔여 불규칙〕 潇洒 xiāosǎ 洒脱 sǎtuō 爽快 shuǎngkuài 틀을 차리거나 격식에 매임이 없이 소박하고 수수하다.

소폭(小幅) 명 小幅度 xiǎofúdù 좁은 폭.

소풍(逍風) 명 〔~하다|자동사〕 ① 郊游 jiāoyóu 〈교〉 학교에서, 운동·자연 관찰 등을 겸해 야외로 갔다 오는 일. ¶~ 가는 날을 손꼽아 기다리다. 盼望着去郊游的那一天。pànwàngzheqùjiāoyóudenàyìtiān. ② 散步 sànbù 산책.

소하물(小荷物) 명 小件行李 xiǎojiàn xíngli 잔짐.

소행(所行) 명 所作所为 suǒzuòsuǒwéi 해놓았거나 하는 일이나 행동.

소홀(疏忽) 명 〔~하다|형용사〕 〔~히|부사〕 疏忽 shūhū 예사롭게 여겨서 정성이나 조심성이 부족함. ¶준비가 ~하다. 疏忽作准备。shūhūzuòzhǔnbèi.

소화기(消火器) 명 灭火器 mièhuǒqì 불이 났을 때 불을 끄는 기구.

소환(召喚) 명 〔~하다|타동사〕 召回 zhāohuí 〈법〉 법원이 피고인·증인 등에 대해 출두를 명하는 일. ¶검찰에 ~되다. 被检察厅召回。bèijiǎncháting zhāohuí.

소환장(召喚狀)[-짱] 명 ① 召唤令 zhāohuànlìng 민사 소송법에서, 당사자나 그 밖의 소송 관계인에 대하여 기일을 적어 출석을 명하는 뜻을 기재한 서면. 호출장. ② 传票 chuánpiào 형사 소송법에서, 소환의 재판을 기재한 서면 ≪영장의 한 가지임≫. ¶~을 발부하다. 发传票。fā chuánpiào.

속단(速斷) 명 〔~하다|타동사〕 轻率判定 qīngshuàipàndìng 从速决定 cóngsùjuédìng 빨리 판단함. 신속하게 결단함. ¶~은 금물이다. 轻率做出决定是绝对不行。qīngshuàizuòchūjuédìngshìjuéduìbùxíng.

속달(速達) 명 〔~하다|자동사·타동사〕 ① 快递 kuàidì 속히 배달함. ② 快件 kuàijiàn '속달 우편'의 준말.

속담(俗談) 명 ① 俚谚 lǐyàn 谚语 yànyǔ 옛날부터 민간에 전하여 오는 쉬운 격언이나 잠언. ② 俗话 súhuà 속된 이야기. 속설(俗说).

속발(續發) 명 〔~하다|자동사〕 継续发生 jìxùfāshēng 사건이나 사고가 잇달아 발생하는 것.

속보(速步) 명 快步 kuàibù 빨리 걷는

걸음.

속보(速報) 명 [~하다|타동사] 特快新闻 tèkuàixīnwén 快报 kuàibào 빨리 알림. 또는 그런 보도. ¶뉴스 ~에 귀를 기울이다. 注意听特快新闻。zhùyìtīngtèkuài xīnwén.

속사(速射) 명 [~하다|타동사] 快速连续射击 kuàisùliánxùshèjī (총이나 포 같은 것을) 빠른 속도로 계속하여 쏘는 것.

속속(續續) 부 陆续 lùxù 자꾸 잇달아서.

속출(續出) 명 [~하다|자동사] 层出不穷 céngchūbùqióng 잇따라 나옴. 속생(续生). ¶사고가 ~하다. 事故层出不穷。shì gùcéngchūbùqióng.

송구(悚懼) 형 [여 불규칙] 惶恐不安 huángkǒngbùān 歉疚 qiànjiū内疚nèijiū 마음에 두렵고 거북하다. ¶이런 말씀을 드려 대단히 ~합니다. 说这些话感到内疚。shuōzhèxiēhuàgǎndàonèijiū.

송구(送球) 명 [~하다|자동사] ① 送球 sòngqiú 공을 던져 보냄. ② 手球 shǒu qiú 핸드볼(handball).

송금(送金) 명 [~하다|자동사·타동사] 汇款 huìkuǎn 寄钱 jìqián 돈을 부치는 것 또는 부친 돈.

송기(松肌) 명 松饼 sōngbǐng 松皮和米粉做的食物 sōngpíhémǐfěnzuòdeshíwù. 소나무의 속껍질. 쌀가루와 섞어서 떡도 만들고 죽도 쑴.

송달(送達) 명 [~하다|타동사] 传递 chuándì 发送 fāsòng 送达sòngdá 投送 tóusòng (부친 편지나 주문받은 물품 같은 것)을 받을 사람에게 보내주는 것.

송료(送料)[-뇨] 명 运费 yùnfèi 邮费 yóufèi 물건을 부치는 데 드는 비용.

송료미달(送料未達) 명 欠邮资 qiànyóuzī 물건을 부치는 데 드는 비용.

송별(送別) 명 [~하다|타동사] 送行 sòngxíng 饯行 jiànxíng 떠나가는 사람을 작별하여 보내는 것.

송부(送付) 명 [~하다|타동사] 送 sòng 寄 jì 发送 fāsòng (편지, 문건 같은 것을) 부치거나 보내는 것.

송사(送事) 명 [~하다|타동사] 官司 guānsī 诉讼 sùsòng 告状 gàozhuàng 옳고 그른 것을 판결하여 줄 것을 요구하여 재판에 거는 것.

송상기(送相機) 명 传真发送机 chuán zhēnfāsòngjī 사진전송에서 영상을 보내는 장치.

송신(送信) 명 [~하다|타동사] 发信 fāxìn 통신을 보내는 일↔수신(受信).

송어(松魚) 명 〈어〉 鳟鱼 zūnyú 청어과에 속하는 바다물고기의 한가지.

송유(松油) 명 松脂油 sōngzhǐyóu→솔기름.

송이(松栮) 명 松茸 sōngróng 송이버섯.

송장(送狀)[-짱] 명 ① 发货单 fāhuòdān 송증(送证). ② 送货单 sònghuòdān 인보이스(invoice).

송진(松津) 명 松脂 sōngzhǐ 松粘子 sōng zhānzǐ 소나무 같은데서 나오는 껍진껍진한 진.

송청(送廳) 명 〔~하다|타동사〕 送院 sòngyuàn 〈법〉 수사 기관에서 피의자를 검찰청으로 넘겨 보냄. ¶범인이 검찰에 ~되었다. 把犯人送到检察院。bǎfànrén sòngdàojiǎncháyuàn.

송화(送話) 명 〔~하다|자동사〕 传话 chuánhuà 전화로 상대방에게 말을 보내는 것↔수화.

송환(送換) 명 〔~하다|타동사〕 遣返 qiǎnfǎn 본래 있던 곳으로 도로 돌려보내는 것. ¶전쟁이 끝나면 포로들은 ~될 것이다. 战后将遣返俘虏。zhànhòujiāng qiǎnfǎnfúlǔ.

쇄도(殺到) 명 〔~하다|자동사〕 蜂拥而至 fēngyōngérzhì. 한꺼번에 세차게 몰려듦. ¶지원자가 ~하다. 职员者蜂拥而至。zhíyuánzhěfēngyōngérzhì.

쇄빙선(碎冰船) 명 破冰船 pòbīngchuán 해양 얼음을 까고 배길을 열어주는 배.

수(手) 명 办法 bànfǎ 手段 shǒuduàn 바둑·장기 등을 두는 솜씨. ¶멋진 ~를 가르쳐줄까? 教你一个好办法好不好? jiāonǐyí gèhǎobànfǎhǎobùhǎo. 의 象棋等的走一步 xiàngqíděngdezǒuyíbù 바둑·장기 등을 번갈아 두는 횟수를 세는 말. ¶한 ~ 물러 주게. 给我退一步棋吧。gěiwǒtuìyíbùqí ba.

수가(酬价) 명 报酬 bàochóu 보수로 주는 대가(代价). ¶의료 보험 ~. 医疗保险报酬。yīliáobǎoxiǎnbàochóu.

수간호사(首看護士) 명 主管护士 zhǔ guǎnhùshi 종합 병원 등에서, 병동(病栋) 등 특정 단위에 속하는 간호사 중의 우두머리.

수감(收監) 명 〔~하다|타동사〕 监禁 jiānjìn 감옥에 가두거나 갇히우는 것.

수갑(手匣) 명 ① 手套 shǒutào 장갑. ② 手铐 shǒukào 쇠고랑.

수강(受講) 명 〔~하다|타동사〕 听讲 tīngjiǎng 听课 tīngkè 강의나 강습을 받는 것. ¶~을 신청하다. 申请听课。shēn qǐngtīngkè.

수거(收去) 명 〔~하다|타동사〕 收集 shōují 收去shōuqù 거두어 감. ¶쓰레기를 ~해 가다. 收集垃圾。shōujílājī.

수건(手巾) 명 ① 手巾 shǒujīn 手帕 shǒupà 얼굴, 몸, 손 등을 닦거나 씻기 위하여 만든 천의 조각. ② 头巾 tóujīn '머리수건'의 준말.

수검(受檢) 명 〔~하다|자동사〕 接受检查 jiēshòujiǎnchá 검사받기.

수경법(水耕法) 명 水培法 shuǐpéifǎ 물가꿈법.

수공(手工) 명 ① 手工艺 shǒugōngyì 손으로 하는 간단한 공예. ② 手工 자질구레한 손질이 드는 품. ③ 手工钱 shǒu gōngqián '주로 손으로 하는 일의 품삯'

을 이르는 말.

수괴(首魁) 명 头目 tóumù 首恶 shǒuè 祸首 huòshǒu 괴수.

수교(修交) 명 〔~하다|자동사〕 建交 jiànjiāo 邦交 bāngjiāo 나라와 나라 사이에 교제를 맺는 것.

수교(垂教) 명 〔~하다|자동사〕 指教 zhǐjiào (무엇을) 가르쳐주거나 가르쳐서 보이는 것.

수국(水菊) 명 八仙花 bāxiānhuā 수국과에 속하는 여러해살이 작은 떨기나무의 한가지.

수금(收金) 명 〔~하다|타동사〕 收回 shōuhuí 收账 shōuzhàng (세금, 외상돈, 꾸어준 돈 같은 것을) 거두어들이는 일.

수급(需給) 명 供求 gōngqiú 수요와 공급. ¶~의 균형. 供求均衡。 gōngqiújūnhéng.

수긍(首肯) 명 〔~하다|타동사〕 同意 tóngyì 肯定 kěndìng 옳다고 고개를 끄덕이며 긍정하는 것.

수기(手旗) 명 小旗 xiǎoqí 한손에 들고 다닐 수 있게 만든 작은 기.

수난(水難) 명 水灾 shuǐzāi 비, 큰물 등과 같은 물로 말미암아 생기는 재난.

수단(手段) 명 ① 材料 cáiliào 어떤 활동을 하는데 쓰이는 물건이나 대상. ② 手段 shǒuduàn 어떤 목적을 이루기 위하여 취하는 행동방도. ③ 手腕 shǒuwàn 花招 huāzhāo 말을 하거나 일을 처리하는 재간이나 솜씨.

수단가(手段家) 명 好手 hǎoshǒu 수단이 좋은 사람.

수당(手當) 명 津贴 jīntiē 报酬 bàochóu 补助金 bǔzhùjīn 수당으로 받는 돈.

수도관(水道管) 명 自来水管 zìláishuǐguǎn 상수도의 물이 통하는 관(管). ¶~을 설치하다. 架设自来水管。 jiǎshèzìláishuǐguǎn.

수동(受動) 명 被动 bèidòng 움직임을 받는 것.

수라(水刺) 명 御餐 yùcān 임금이나 임금의 손우사람이 먹는 밥.

수라간(水刺間) 명 御膳橱 yùshànchú 임금이 먹는 음식을 만드는 부엌.

수라상(水刺床) 명 御膳桌 yùshànzhuō 임금이 먹는 음식을 차리어놓은 상.

수라장(修羅場) 명 ① 阿修罗场 āxiūluó chǎng 불교에서, '아수라왕'이 불법을 지키는 신인 제석천과 싸웠다는 마당. ② 杂乱不堪的情景 záluànbùkāndeqíngjǐng 乱作一团 luànzuòyìtuán 싸움이나 그밖의 일로 하여 큰 혼란에 빠져 모든 것이 뒤범벅이 된 곳 또는 그런 상태.

수락(受諾) 명 〔~하다|타동사〕 承诺 chéngnuò 答应 dāying 许诺 xǔnuò 승낙을 하거나 받는 것.

수란(水卵) 명 荷包蛋 hébāodàn 달걀을 깨뜨려서 수란자에 담아 끓는 물에서 반쯤 익힌 것.

수령(受令) 명 〔~하다|타동사〕 受贿 shòuhuì 돈이나 물품을 받아들임.

수령(首領) 명 领袖 lǐngxiù 한 당파나 무리의 우두머리. ¶지하 조직의 ~. 地下组织的领袖。dìxiàzǔzhīdelǐngxiù.

수로(水路) 명 水渠 shuǐqú 水路 shuǐlù →물길, 배길, 헤염길.

수로안내(水路案內) 명 领航 lǐngháng 좁은 물길 또는 위험항로에서 배가 안전하게 가도록 하는 길잡이.

수료(修了) 명 〔~하다|타동사〕 读完 dú wán 일정한 학과를 다 배워 마침. ¶박사과정을 ~하다. 读完博士课程。dúwánbó shìkèchéng.

수립(樹立) 명 〔~하다|타동사〕 树立 shùlì 建立 jiànlì 국가나 정부, 제도・계획 따위를 이룩하여 세움. ¶새 정부가 ~되다. 建立新政权。jiànlìxīnzhèngquán.

수매(收買) 명 〔~하다|타동사〕 收购 shōugòu 거두어 사들임. 또는 그런 일. ¶정부는 해마다 농산물을 ~한다. 政府每年收购农产品。zhèngfǔměiniánshōugòu nóngchǎnpǐn.

수면(獸面) 명 ① 兽脸 shòuliǎn 짐승의 상판. ② 假面 jiǎmiàn 짐승의 상판을 본떠서 만든 탈이나 방패 같은데 그리거나 조각한 것.

수명(受命) 명 〔~하다|자동사〕 奉命 fèngmìng 听命 tīngmìng 명령을 받는 것.

수모(受侮) 명 〔~하다|타동사〕 受侮 shòuwǔ 侮辱 wǔrǔ 모욕을 당하는 것 또는 그 모욕.

수몰(水沒) 명 淹没 yānmò 물에 잠김. ¶~ 지구. 被淹没地区。bèiyānmòdìqū.

수문(水門) 명 闸门 zhámén →물문.

수반(首班) 명 元首 yuánshǒu 第一把手 dìyībǎshǒu(국가, 정부 등의) 가장 높은 책임적인 자리 또는 그 자리에 있는 사람.

수반(隨伴) 명 〔~하다|자동사・타동사〕 跟随 gēnsuí 陪同 péitóng 따라다니는 것.

수방석(繡方席) 명 绣花垫子 xiùhuādiàn zi 수를 놓아 만든 방석.

수배(手配) 명 〔~하다|타동사〕 ① 部署 bùshǔ 어떤 일을 갈라 맡아서 하게 함. ② 通缉 tōngjī 범인을 잡으려고 수사망을 폄. ¶용의자를 ~하다. 通缉嫌疑犯。tōngjīxiányífàn.

수불(受拂) 명 〔~하다|타동사〕 过账 guòzhàng 作帐 zuòzhàng 收支 shōuzhī 받음과 치름.

수사(搜査) 명 〔~하다|타동사〕 侦察 zhēngchá 범죄사실과 관련된 자료들을 수집하고 조사하는 해당 기관의 활동.

수상(殊常) 형 〔여 불규칙〕 奇怪 qíguài 可疑 kěyí 보통과 다르게 이상하다.

수상(授賞) 명 〔~하다|타동사〕 授奖 shòujiǎng 상을 받는 사람.

수상관(受像管) 명 显象管 xiǎnxiàng guǎn 〈물〉 텔레비전의 전기 신호를 화상(画像)으로 바꾸는 것을 목적으로 하는 대형의 음극선관.

수상기(受相機) 명 电视机 diànshìjī 방송된 영상 전파를 받아서 화상으로 만드는 장치.

수상목(水上木) 명 水上木材 shuǐshàng mùcái 상류에서 떼로 띄워 떠내려온 재목.

수색(搜索) 명 〔~하다|타동사〕 ① 搜查 sōuchá 구석구석 더듬어 찾음. ② 搜索 sōusuǒ 〈법〉 압수해야 할 물건 또는 체포·구인·구류해야 할 범인을 발견하기 위해 하는 강제 처분.

수서(手書) 명 手写 shǒuxiě 手函 shǒuhán 手教 shǒujiāo 자기 손으로 쓴 편지라는 뜻으로 윗사람이 아랫사람에게 보내는 자기의 '편지'를 이를 때 쓰는 말.

수석(水石) 명 水石风景 shuǐshífēngjǐng 주로 물과 돌로 이루어진 자연의 경치.

수석(首席) 명 ① 首席 shǒuxí 맨 윗자리. ¶~ 연구원. 首席研究员。shǒuxíyánjiūyuán. ② 第一名 dìyīmíng 성적 따위의 제1위. ¶~을 차지하다. 得了第一名。déledìyīmíng↔말석(末席).

수세식(水洗式) 명 冲洗 chōngxǐ 물로 씻어내려보내는 방식.

수소(水素) 명 氢 qīng 〈화〉 주기계의 제1족 주아족에 있는 첫 원소.

수소문(搜所聞) 명 〔~하다|타동사〕 搜寻 sōuxún 打听 dǎtīng 打探 dǎtàn 소문을 더듬어서 찾거나 알아보는 것.

수소폭탄(水素爆彈) 명 氢弹 qīngdàn 중수소(重水素)의 원자핵이 열핵 반응에 의해 융합하여 헬륨 원자핵을 만들 때 방출하는 막대한 에너지를 이용하여 만든 폭탄.

수수료(手數料) 명 酬劳费 chóuláofèi 佣金 yōngjīn 어떤 일을 맡아서 처리해 준 대가로 받는 요금.

수습공(修習工) 명 学徒 xuétú 실무를 배워 익히는 과정에 있는 공원(工员).

수습책(收拾策) 명 解决的办法 jiějuéde bànfǎ 사건을 수습하는 방책.

수신(受信) 명 〔~하다|타동사〕 ① 收信 shōuxìn 우편·전보 따위의 통신을 받음. 또는 그런 일. ② 收信号 shōuxìnhào 유무선(有无线) 통신·라디오·텔레비전 방송 따위의 신호를 받음. 또는 그런 일 ↔발신.

수심(愁心) 명 〔~하다|자동사〕 忧心 yōuxīn 근심하는 마음.

수업(受業) 명 〔~하다|타동사〕 上课 shàngkè 주로 학교에서 학업이나 기술을 가르쳐 주는 일.

수염(鬚髥) 명 胡子 húzi 사람의 입가나 코밑, 턱, 볼에 나는 털.

수영(水泳) 명 〔~하다|자동사〕 游泳 yóuyǒng 스포츠나 놀이로서 물속을 헤엄치는 일→헤엄.

수예품(手藝品) 명 手工业品 shǒugōngyèpǐn 여러 가지 기교와 형식으로 수를 놓아 만든 미술작품.

수유(授乳) 명 〔~하다|자동사〕 喂奶 wèinǎi 젖먹이기.

수인사(修人事) 명 〔~하다|자동사〕 打招呼 dǎzhāohu 인사를 차리는 것.

수입환(輸入換) 명 进口外汇 jìnkǒuwàihuì 〈경〉 수출 어음을 지급인인 수입상이 부르는 말. 보통 대금을 지급할 목적으로 수입상이 사들이는 환어음을 이름 ↔수출환.

수작(酬酢) 명 〔~하다|자동사〕 ① 互相劝酒 hùxiāngquànjiǔ 술잔을 주고받음. ② 互相说话 hùxiāngshuōhuà 말을 주고받음. 또는 그 말. ¶내 편에서 먼저 ~을 걸어 보았다. 我先跟他说了话。wǒxiāngēn tāshuōlehuà. ③ 耍花招 shuǎhuāzhāo 남의 말이나 행동·계획 따위를 낮잡아 하는 말. ¶허튼 ~ 부리지 마. 不要耍花招。bùyàoshuǎhuāzhāo.

수적(數的)[-쩍] 관 数量上 shùliàngshàng 수자상의(것) 또는 수량상의(것).

수전노(守錢奴) 명 守财奴 shǒucáinú 财迷 cáimí 돈을 모을 줄만 아는 인색한 사람의 낮춤말.

수정(修正) 명 〔~하다|타동사〕 修正 xiūzhèng 修订 xiūdìng 订正 dìngzhèng 바로잡아서 고침. ¶계획이 대폭 ~되다. 大幅度修改计划。dàfúdùxiūgǎijìhuà.

수정과(水正果) 명 桂皮茶 guìpíchá 생강과 계피를 달인 물에 설탕이나 꿀을 탄 다음 곶감·잣을 넣어 만든 음료.

수제자(首弟子) 명 最有才能的学生 zhuìyǒucáinéngdexuéshēng 最优秀的学生 zhuìyōuxiùdexuéshēng 제자 가운데서 학문이나 기술이 가장 뛰어난 제자.

수족(手足) 명 ① 手脚 shǒujiǎo 손발. ¶~이 차다. 手脚冰凉。shǒujiǎobīngliáng. ② 手下 shǒuxià 손발과 같이 마음대로 부리는 사람. ¶그의 ~이 되어 일하다. 作了他的手下。zuòletādeshǒuxià.

수주(受注) 명 〔~하다|타동사〕 接单 jiēdān 주문을 받는 것.

수지(獸脂) 명 牛油 niúyóu 짐승의 기름.

수지결산(收支決算)[-싼] 명 结算帐目 jiésuànzhàngmù 〈경〉 일정한 기간의 수입과 지출의 결산.

수집(蒐集) 명 〔~하다|타동사〕 收集 shōují 여러 가지를 거두어 모으는 것.

수척(瘦瘠)[-처카-] 형 〔여 불규칙〕 消瘦 xiāoshòu 몸이 마르고 파리하다.

수척(水尺) 명 宫中打水女人 gōngzhōngdǎshuǐnǚrén 〈역〉 무자리.

수첩(手帖) 명 手册 shǒucè 小笔记本 xiǎobǐjìběn 간단한 기록을 하기 위하여 몸에 지니고 다니는 작은 공책. ¶~에 메모를 하다. 在手册作了纪录。zàishǒucè zuòlejìlù.

수청(守廳) 명 ① 侍候高官 cìhougāoguān 〈역〉 높은 벼슬아치 밑에서 심부름하던 일. ② 妓女侍候高官 jìnǚcìhougāoguān 아녀자·기생이 높은 벼슬아치에

게 몸을 바쳐 시중을 들던 일. ③ 守厅 shǒutīng 청지기.

수출(輸出) 명 [~하다|타동사] 出口 chūkǒu 外销 wàixiāo 국내 상품이나 기술을 외국으로 팔아 내보냄.

수취(收取) 명 [~하다|타동사] 领取 lǐngqǔ 받아서 가지는 것.

수취인(收取人) 명 领受人 lǐngshòurén 收益人 shòuyìrén 받는 사람.

수치(羞恥) 명 耻辱 chǐrǔ 羞耻 xiūchǐ 不光彩 bùguāngcǎi 수치로 여기는 느낌.

수치(數値) 명 数值 shùzhí 数字 shùzì 数码 shùmǎ 수를 대신하는 글자에 대하여 그것이 표시하는 수를 이르는 말.

수탁(受托) 명 [~하다|타동사] 委托 wěituō 受托 shòutuō 남의 부탁이나 맡기는 것을 받거나 맡는 것.

수탈(收奪) 명 [~하다|타동사] 掠夺 luèduó 강제로 빼앗음. ¶일제의 식민지 ~. 日帝的殖民地掠夺。rìdìdezhímíndìlüè duó.

수태(受胎) 명 [~하다|타동사] 怀胎 huáitāi 怀孕 huáiyùn 아이를 배는 것.

수태(羞態) 명 害羞 hàixiū 부끄러워하는 티.

수평(水平) 명 ① 水的平面 shuǐdepíng miàn 정지된 물면. ② 水准 shuǐzhǔn 기울지 않고 평면을 이룬 상태.

수포(水疱) 명 ① 水泡 shuǐpào 물거품. ② 泡影 pàoyǐng 헛된 것을 비겨 이르는 말.

수표(手票) 명 支票 zhīpiào 支单 zhīdān 〈경〉 은행에 당좌 예금을 가진 사람이 일정한 금액을 그 지참인에게 지급해 줄 것을 은행에 위탁하는 유가 증권.

수하(手下) 명 ① 손아래. 晚辈 wǎnbèi. ② 부하. 手下 shǒuxià. ¶그는 ~들을 잘 다룬다. 她会管好手下。tāhuìguǎnhǎo shǒuxià.

수하물(手荷物) 명 随身行李 suíshēn xíngli 行李 xíngli 손짐.

수하인(受荷人) 명 领取人 lǐngqǔrén 짐을 받을 사람.

수학(受學) 명 [~하다|타동사] 受学问 shòuxuéwèn 글을 배우는 것 또는 수업을 받는 것.

수학(修學) 명 [~하다|타동사] 修学问 xiūxuéwèn 학문을 닦는 것.

수학여행(修學旅行)[-항녀-] 명 学生参观旅行 xuéshēngcānguānlǚxíng 학생들이 실제로 보고 들어서 지식을 넓힐 수 있도록 교사의 인솔 하에 학교에서 실시하는 여행.

수해(水害) 명 水灾 shuǐzāi 홍수로 인한 해. 수재.

수해지(水害地) 명 洪泛区 hóngfànqū 홍수로 인한 수해지역.

수행(遂行) 명 [~하다|타동사] 完成 wánchéng 执行 zhíxíng 实行 shíxíng 일을 해내는 것.

수행(隨行) 명 [~하다|타동사] ① 随行

suíxíng 随从 suícóng 일정한 사명을 가지고 따라가는 것 또는 그런 사람. ② 跟着执行 gēnzhezhíxíng 따라서 실행하는 것.

수행(修行) 명 〔~하다|자동사〕 苦行修炼 kǔxíngxiūliàn 학문이나 행실 같은 것을 닦는 것.

수행자(修行者) 명 苦行者 kǔxíngzhě 〈불〉 불도(佛道)를 닦는 사람. ¶~의 길을 걷다. 过苦行的日子。guòkǔxíngderìzi.

수험(受驗) 명 投考 tóukǎo 应考 yìngkǎo 考试 kǎoshì 시험을 치는 것.

수험표(受驗票) 명 准考证 zhǔnkǎozhèng 시험을 치르는 자격을 인정하는 표.

수호(守護) 명 〔~하다|타동사〕 维护 wéihù 守卫 shǒuwèi 保卫 bǎowèi 지키고 보호하는 것.

수화(手話) 명 手势语 shǒushìyǔ→손짓언어.

수화기(受話器) 명 听筒 tīngtǒng 耳机 ěrjī 전기적 신호를 소리신호로 바꾸어 소리를 직접 귀로 듣게 만든 기구.

수화법(手話法)[-뻡] 명 手势语法 shǒushìyǔfǎ 농아 교육에서, 손짓으로 말하는 법.

수화상극(水火相剋) 명 ① 水火不相容 shuǐhuǒbùxiāngróng 물과 불이 서로 용납할 수 없는 일. ② 不共戴天 búgòngdàitiān 서로 원수같이 지냄.

수확(收獲) 명 〔~하다|타동사〕 收获 shōuhuò 收割 shōugē 收成 shōuchéng 年成 niánchéng 농작물을 거두어들이는 일 또는 거두어들인 농작물.

수효(數爻) 명 数目 shùmù 사물의 낱낱의 수.

숙고(熟考) 명 〔~하다|타동사〕 深思 shēnsī 잘 생각함. 깊이 고려함. ¶오랫동안의 ~ 끝에 결정했다. 经过长时间深思之后决定的。jīngguòchángshíjiānshēnsīzhīhòujuédìngde.

숙달(熟達) 명 〔~하다|자동사·타동사〕 熟练 shúliàn(무엇에) 익숙하여 휑하게 되는 것.

숙맥(菽麥) 명 ① 大豆和小麦 dàdòuhéxiǎomài 콩과 보리. ② 连大豆和小麦都不会分的傻瓜 liándàdòuhéxiǎomàidōubúhuìfēndeshǎguā 콩인지 보리인지도 분간하지 못한다는 뜻으로 어리석고 모자란 사람을 이르는 말.

숙박(宿泊) 명 〔~하다|자동사〕 住宿 zhùsù 投宿 tóusù 여관이나 호텔 따위에 들어 잠을 자고 머무름. ¶민가에 ~하다. 住宿在个人家。zhùsùzàigèrénjiā.

숙성(夙成) 형 〔여 불규칙〕 成熟 chéngshú (아이가) 나이에 비하여 지각이나 발육이 이르다.

숙소(宿所) 명 住处 zhùchù 머물러 묵는 곳. ¶~를 정하다. 定住处。dìngzhùchù.

숙식(宿食) 명 〔~하다|자동사〕 膳宿 shànsù 吃住 chīzhù 자고 먹음.

숙연(肅然) 형 〔여 불규칙〕 肃然 sùrán

肃穆 sùmù 고요하고 엄숙하다.

숙원(宿願) 명 宿愿 sùyuàn 오래전부터 품고 있는 간절한 염원이나 소원. ¶~을 이루다. 实现了宿愿。shíxiànlesùyuàn.

숙원(宿怨) 명 宿怨 sùyuàn 오래전부터 품고 있는 원망이나 원한. ¶~을 풀다. 解恨。jiěhèn.

숙의(熟議)[-의/-이] 명 [~하다|타동사] 议论 yìlùn 깊이 생각하여 충분히 토의하는 것.

숙제(宿題) 명 ① 学生作业 xuéshēngzuòyè 학생들에게 예습 또는 복습을 위하여 내주는 과제. ② 课题 kètí 앞으로 해결을 기다리는 문제.

숙지(熟知) 명 [~하다|타동사] 明知 míngzhī 熟知 shúzhī 情知 qíngzhī 익숙하게 아는 것 곧 충분히 아는 것.

숙직(宿直) 명 [~하다|자동사] 宿直 zhísù 宿班 zhíbān 관청・회사 등의 직장에서 잠자며 밤을 지킴.

숙체(宿滯) 명 食积 shíjī 〈한의〉 묵은 체증.

숙취(宿醉) 명 深醉 shēnzuì 이튿날까지 깨지 않는 취기. ¶~로 머리가 띵하다. 因为喝酒多头痛。yīnwéihējiǔduōtóutòng.

순(筍) 명 芽 yá 나뭇가지나 풀줄기에서 새로 돋아나온 연한 싹.

순(純) 관 纯 cún 净 jìng 잡물이 섞이지 않은. 순수한, 순전한.

순간(瞬間) 명 瞬间 shùnjiān 瞬时 shùnshí 刹那 chànà 눈깜짝할 동안이라는 뜻으로 아주 짧은 동안을 이르는 말.

순결(純潔) 명 [~하다|형용사] ① 纯洁 chúnjié 마음에 사욕(私欲)・사념(邪念) 따위가 없이 깨끗함. ② 守节 shǒujié 이성과 육체관계가 없음.

순번(順番) 명 ① 顺次 shùncì 차례. ② 轮番 lúnfān 차례로 돌아가는 번.

순서(順序) 명 顺序 shùnxù 次序 cìxù 정해 놓은 차례.

순소득(純所得) 명 纯收入 chúnshōurù 소득을 얻기 위하여 들인 비용을 빼낸 나머지의 소득.

순수(純粹) 명 [~하다|형용사] 纯正 chúnzhèng 纯粹 chúncuì 조금도 다른 것이 섞이지 않고 순전한.

순순(順順) 형 [여 불규칙] ① 温顺 wēnshùn 顺从 shùncóng 거슬리거나 말썽을 부리지 않고 온순하다. ② 醇和 chúnhé (음식맛이) 독하거나 쓰거나 맵거나 하지 않다.

순식간(瞬息間) 명 瞬间 shùnjiān 刹那 chànà 눈을 한번 깜빡하거나 숨을 한번 쉴 사이와 같은 몹시 짧은 동안.

순위(順位) 명 顺序 shùnxù 顺次 shùncì 等级 děngjí 차례. ¶~를 정하다. 定顺序。dìngshùnxù.

순응(順應) 명 [~하다|자동사] ① 顺从 shùncóng 순순히 응하는 것. ② 适应 shìyìng 答应 dāyìng 자체를 무엇에 적응시키는 것.

순전(純全) 형 〔여 불규칙〕 纯 chún 纯粹 chúncuì 순수하고 완전하다. 순수하여 다른 것이 섞이거나 보태어진 것이 전혀 없다.

순조(順調) 명 ① 顺利 shùnlì 아무 탈이나 말썽이 없이 잘되어 거침이 없다. ② 风调雨顺 fēngtiáoyǔshùn 정상적인 상태로 고르롭다. 순조롭다.

순종(順從) 명 〔~하다|자동사 · 타동사〕 顺从 shùncóng 服从 fúcóng 순순히 복종하는 것.

순진(純眞) 형 〔여 불규칙〕 纯真 chún zhēn 纯洁 chúnjié 天真 tiānzhēn 깨끗하고 진실한 것.

순차(循次) 명 次序 cìxù 顺次 shùncì 차례를 따르는 것.

순찰(巡察) 명 〔~하다|타동사〕 巡逻 xúnluó 일정한 지역을 돌아보면서 살피는 일.

순찰함(巡察函) 명 巡逻小箱 xúnluóxiǎo xiāng 경비원이나 순찰원이 순찰하면서 그 정형을 적어 넣도록 일정한 곳에 마련해놓은 작은 함.

순탄(順坦) 형 〔여 불규칙〕 ① 和气 héqì 거칠거나 까다롭지 않고 순하다. ② 平坦 píngtǎn 길이 험하지 않고 평탄하다. ③ 一帆风顺 yìfānfēngshùn 곡절이 없이 순조롭다.

순회(巡回) 명 〔~하다|타동사〕 ① 巡回 xúnhuí 일정한 지역들을 차례로 돌아다니는 것. ② 循环 xúnhuán 일정한 범위 안의 대상자에게 이리저리 돌리는 것.

술법(術法)[—뻡] 명 神气的手法 shénqì deshǒufǎ 음양과 복술(卜术)에 관한 이치 및 그 실현 방법. 술수(术数).

술수(術數)[—쑤] 명 圈套 quāntào 무슨 목적을 달성하기 위하여 쓰는 술책이나 수.

숭모(崇慕) 명 〔~하다|타동사〕 仰慕 yǎngmù 우러러 사모함.

습관성(習慣性) 명 ① 习惯性 xíguàn xìng 버릇되다시피 된 성질. ② 惯性 guànxìng 관성.

습도(濕度) 명 湿度 shīdù 공기 가운데서 수증기가 들어 있는 정도 또는 그것을 나타내는 말.

습득(習得) 명 拾得 shídé (무엇을)주어서 얻는 것.

습성(習性) 명 习性 xíxìng 习惯 xíguàn 버릇처럼 된 성질.

습포(濕布) 명 〔~하다|자동사〕 热疗 rèliáo 염증이 있을 때, 물이나 약액에 적신 헝겊을 환부에 대서 염증을 치료하는 일 또는 그 헝겊.

승강(升降) 명 〔~하다|자동사〕 ① 上下 shàngxià 오르내리는 것. ② 抬杠 争辩 táigàng zhēngbiàn 서로 옥신각신하는 것.

승강구(升降口) 명 ① 楼房的出入口 lóu fángdechūrùkǒu 사람이 오르내릴 수 있게 된 층대의 나드는 출입구. ② 车厢门口 chēxiāngménkǒu 층계를 오르내리는 출

입구.

승강기(升降機) 명 电梯 diàntī 주로 높은 건물에서 사람이나 짐을 싣고 아래위로 나르는 기계.

승낙(承諾) 명 [~하다|타동사] 答应 dāyìng 承诺 chéngnuò (청하는 것을) 들어주는 것.

승벽(勝癖) 명 好胜心 hàoshèngxīn 남에게 지기 싫어하는 성미나 버릇.

승세(勝勢) 명 [~하다|자동사] 获胜机会 huòshèngjīhuí 获胜的气概 huòshèng deqìgài 유리한 형세나 기회를 타는 것.

승승장구(乘勝長久) 명 [~하다|자동사] 乘胜前进 chéngshèngqiánjìn 싸워서 이긴 기세로 계속 내닫는 것.

승용차(乘用車) 명 小轿车 xiǎojiàochē 小车 xiǎochē 轿车 jiàochē 몇 사람의 적은 인원을 태우고 다니게 만든 자동차.

승인(承認) 명 [~하다|타동사] ① 承认 chéngrèn 어떤 사실을 인정하는 것. ② 批准 pīzhǔn 许可 xǔkě 무엇을 하려는 것을 허락하는 것.

승진(升進) 명 [~하다|자동사] 晋升 jìnshēng 升级 shēngjí 晋职 jìnzhí 직위가 올라가는 것.

승패(勝敗) 명 胜败 shèngbài 胜负 shèngfù 成败 chéngbài 이기는 것과 패하는 것.

승합자동차(乘合自動車) 명 公共汽车 gōnggòngqìchē 많은 사람, 보통 7인(人) 이상을 태울 수 있게 만든 자동차. §승합차.

시(時) 명 ① 时 shí 点 diǎn 하루의 24분의 1을 나타내는 시간의 단위. ② 时候 shíhòu 时间 shíjiān 때, 시각의 뜻.

시가(媤家) 명 婆家 pójiā 婆婆家 pópójiā →시집

시각(時刻) 명 ① 时刻 shíkè 초, 분, 시로 헤아리는 때의 지속되는 동안. ② 片刻 piànkè 시간의 흐름에서의 어느 한때. ③ 时候 shíhòu 时间 shíjiān 일정하게 정해진 때.

시간(時間) 명 ① 钟头 zhōngtóu 어떤 시각과 시각과의 사이. ¶~은 돈이다. 时间就是金钱。shíjiānjiùshìjīnqián. ② 时刻 shíkè 시각. ¶마감 ~. 最后时刻。zuìhòu shíkè. ③ 时间 shíjiān 어떤 행동을 할 틈. 어떤 일을 하기로 정해진 동안. ¶휴식 ~. 休息时间。xiūxishíjiān. ④ 时间概念 shíjiāngàiniàn 〈철〉 과거・현재・미래가 무한하게 연속하는 것↔공간. 의 小时 xiǎoshí 하루의 24분의 1이 되는 동안. 60분 동안. ¶여덟 ~ 일을 한다. 工作八小时。gōngzuòbāxiǎoshí.

시간강사(時間講師) 명 兼任讲师 jiānrèn jiǎngshī 일정한 과목을 맡아 그 시간에만 나가 강의를 하는 강사.

시간급(時間給) 명 时间工资 shíjiāngōngzī 死工钱 sǐgōngqián 한 시간에 얼마씩 계산하여 주는 급료.

시계(時計) 명 表 biǎo 钟 zhōng 시간을

나타내는 기구.

시계열(時系列) 명 时间序数 shíjiānxù shù 时间系列 shíjiānxìliè 확률적(确率的) 현상을 시간적으로 관측하여 얻은 수치의 계열. 기상(气象)·경제 동향 등을 수량적으로 분석할 때에 흔히 이용됨.

시굴(試掘) 명 勘探 kāntàn 경제적으로 채굴할 가치가 있는가 없는가를 알아보기 위하여 시험적으로 파보는 것.

시기(猜忌) 명 〔~하다|타동사〕 嫉妒 jìdù 남이 잘되거나 낫게 되는 것을 공연히 샘내고 미워하는 짓.

시기상조(時機尙早) 명 为时过早 wéishí guòzǎo 어떤 일을 이루기에 조건이 다 마련되지 않아 때가 이른 것.

시달(示達) 명 〔~하다|타동사〕 下达 xiàdá 상부에서 하부로 명령·통지 등을 문서로 전달함. ¶행동 지침을 ~하다. 下达行动方针。xiàdáxíngdòngfāngzhēn.

시도(試圖) 명 〔~하다|타동사〕 试图 shì tú 企图 qǐtú 阴谋 yīnmoú 무엇을 실현해 보려고 계획하거나 행동하는 것 또는 그런 계획이나 행동.

시동(始動) 명 〔~하다|자동사·타동사〕 开动 kāidòng 발동기관의 발동을 걸기 시작하거나 전동장치의 기계를 돌리기 시작하는 것.

시동생(媤同生) 명 小叔 xiǎoshū 남편의 남동생=시아우.

시련(試煉) 명 〔~하다|타동사〕 ① 考验 kǎoyàn (사람의 의지, 됨됨이 등을) 시험하여 보는 것. ② 锻炼 duànliàn 겪기 어려운 단련이나 고비.

시말(始末) 명 ① 始终 shǐzhōng 처음과 끝. ② 前后经过 qiánhòujīngguò 일이 그렇게 된 전말.

시말서(始末書)[―써] 명 ① 某事情前后经过报告书 mǒushìqíngqiánhòujīngguòbào gàoshū 일의 시작부터 끝까지 적는 글이라는 뜻으로 '일을 잘못한 사람이 해당한 기관의 요구에 따라 그 잘못한 내용의 자초지종을 자기비판적으로 자세히 적어 내는 문서'를 이르는 말. ② 报告书 bào gàoshū 전말서.

시무(始務) 명 〔~하다|자동사〕 ① 开始办公 kāishǐbàngōng 어떤 일을 맡아보기 시작함. ② 新年开始办公 xīnniánkāishǐ bàngōng 새해에 처음으로 사무를 시작하는 일.

시방(時方) 명 现在 xiànzài 刚才 gāng cái 지금.

시방서(示方書) 명 明细单 míngxìdān 공사 따위에서 일정한 순서를 적은 문서. 공사·제품에 필요한 재료의 종류나 품질, 사용처·시공 방법 등 설계 도면에 나타낼 수 없는 사항을 기록한 문서.

시보(時報) 명 ① 新闻报道 xīnwénbào dào 그때그때의 보도 또는 그런 글을 실은 신문이나 잡지. ② 报时 bàoshí 표준 시간을 알리는 일.

시부모(媤父母) 명 公婆 gōngpó 시아버지와 시어머니.

시비(是非) 명 〔~하다|자동사·타동사〕 ① 是非 shìfēi 잘잘못. 옳음과 그름. ¶~를 가리다. 分清是非。fēnqīngshìfēi. ② 争执 zhēngzhì 옳으니 그르니 하는 말다툼. ¶~가 붙다. 开始争执。kāishǐzhēngzhí.

시비조(是非調)[-쪼] 명 非难的口气 fēinàndekǒuqì 트집을 잡아 시비하는 듯한 투. ¶말마다 ~다. 每句话是非难的口气。měijùhuàshìfēinàndekǒuqì.

시삼촌(媤三寸) 명 叔公 shūgōng 남편의 큰아버지나 작은아버지인 방계인족의 시집편 아저씨 벌 남자.

시상(詩想) 명 ① 诗的构想 shīdegòuxiǎng 시의 구상. ¶~을 가다듬다. 整理诗的构想。zhěnglǐshīdegòuxiǎng. ② 诗的思想内容 shīdesīxiǎngnèiróng 시에 나타난 사상이나 감정. ③ 诗想 shīxiǎng 시적인 생각이나 상념. 시사(时思). ¶~이 떠오르다. 浮出诗想。fúchūshīxiǎng.

시상(施賞) 명 〔~하다|타동사〕 发奖 fājiǎng 상을 주는 것.

시서(詩書) 명 ① 诗经和书经 shījīnghé shūjīng 사전과 서전을 아울러 이르는 말. ② 诗书 shīshū 시와 글씨라는 뜻.

시선(視線) 명 视线 shìxiàn 注目 zhùmù 보는 눈과 보이는 물체사이의 거리.

시설(施設) 명 〔~하다|타동사〕 设施 设备 shèshī shèbèi 어떤 목적을 위해 도구·기계·장치 따위의 설비를 함. 또는 그 설비.

시세(時勢) 명 ① 时势 shíshì 시국형편. ② 行市 hángshì 行情 hángqíng 그때그때의 물건값이나 돈의 값어치.

시숙(媤叔) 명 丈夫的兄弟 zhàngfude xiōngdì 남편의 형제.

시시(時時) 부 时时刻刻 shíshíkèkè 常常 chángcháng 시간이 가는데 따라 때 없이 자주. 때때로.

시안(試案) 명 实行办法 shíxíngbànfǎ 시험적으로 만든 안.

시야(視野) 명 ① 视野 shìyě 시력이 미치는 범위. ¶~를 가리다. 遮住视野。zhēzhùshìyě. ② 目光 mùguāng 지식이나 사려가 미치는 범위. ¶~가 넓은 사람. 有眼光的人。yǒuyǎnguāngderén.

시외(市外) 명 城外 chéngwài 도시의 일정한 구역을 벗어난 도시에 가까운 지역.

시외삼촌(媤外三寸) 명 丈夫的舅舅 zhàngfudejiùjiù 남편의 외삼촌인 방계인족의 시외가집 삼촌아저씨.

시원(始原) 명 原始 yuánshǐ 开始 kāishǐ 起源 qǐyuán 起原 qǐyuán 사물현상이 시작되는 처음.

시위행진(示威行進) 명 示威游行 shìwēi yóuxíng 사회정치적 위력을 떨쳐보이기 위한 대중적 행진.

시일(時日) 명 ① 日期 rìqī 때와 날. ②

期间 qījiān 기일이나 기한.

시작(始作) 명 [~하다|타동사] ① 开始 kāishǐ 처음으로 하거나 쉬었다가 다시 함. ¶무슨 일이나 ~을 잘 해야 한다. 不管什么事都要从头做好。bùguǎnshénmeshì dōuyàocóngtóuzuòhǎo↔종결. ② 开端 kāiduān 사물의 맨 처음. ¶~도 끝도 없는 무한한 세계. 无始无终的无限世界。wúshǐwúzhōngdewúxiànshìjiè.

시장(市場) 명 ① 市场 shìchǎng 갖가지 물건을 늘 팔고사고 하는 일정한 곳. ¶농산물 ~. 农产品市场。nóngchǎnpǐnshìchǎng=시상, 장, 장시. ② 商场 shāngchǎng 상품의 거래가 이루어지는 영역. 국내시장, 국제시장.

시절(時節) 명 ① 时节 shíjié=철. ¶꽃 피는 ~. 花开时节。huākāishíjié. ② 天气 tiānqì 철마다의 날씨. ¶~이 좋아서 농사가 잘되었다. 由于好天气有了好收成。yóuyúhǎotiānqìyǒulehǎoshōuchéng. ③ 时期 shíqī 사람의 일생을 구분한 한 동안. ¶어린 ~. 幼年时期。yòuniánshíqī. ④ 时代 shídài 세상의 형편.

시점(時點) 명 某一事件为起点 mǒuyíshìjiànwéiqǐdiǎn→시점.

시점(視點) 명 视平线 shìpíngxiàn 시력의 중심이 가 닿는 점=주시점.

시정(是正) 명 [~하다|타동사] 更正 gēngzhèng 纠正 jiūzhèng 改正 gǎizhèng 잘못된 것을 바로잡음.

시정배(市井輩) 명 市井小人 shìjǐngxiǎorén 市侩shìkuài=시정아치.

시제(時制) 명 时态 shítài 〈언〉=때매김.

시종(始終) 명 始终 shǐzhōng 始末 shǐmò 自始至终 zìshǐzhìzhōng 처음과 나중=기결 처음부터 끝까지. ¶~ 노력하였다. 自始自终努力了。zìshǐzhìzhōngnǔlìle.

시준가(時准价) 명 当时的最高价 dāngshídezuìgāojià 그때의 가장 높은 값.

시중(市中) 명 城内 chéngnèi 도시의 안. 市场。shìchǎng.

시차제(時差制) 명 错开上下班制度 cuòkāishàngxiàbānzhìdù 출근 시간의 혼잡을 덜기 위하여, 출근 시간을 달리하여 출근하게 하는 제도.

시찰(視察) 명 [~하다|타동사] 视察 shìchá 考察 kǎochá 돌아다니며 실지 사정을 살핌.

시책(施策) 명 政策 zhèngcè 措施 cuòshī 계책을 베풂. 또는 그러한 계책.

시청(視聽) 명 [~하다|타동사] 收看 shōukàn 收视 shōushì 눈으로 보고 귀로 들음=이목.

시청률(視聽率) 명 电视收视率 diànshìshōushìlǜ 라디오, 텔레비전의 방송 또는 방영을 시청하는 정도. ¶~이 높다. 收视率高。shōushìlǜgāo.

시초(始初) 명 ① 开始 kāishǐ 开端 kāiduān 맨 처음=본시, 본초. ② 起点 qǐdiǎn 〈경〉 거래소의 첫 입회↔종필.

시추(試錐) 명 〈광〉 鉆探 zuāntàn 探井 tànjǐng 探矿 tànkuàng 지질조사나 광상의 탐지를 위하여 깊이 구멍을 파보는 일=시찬.

시판(市販) 명 〔~하다|타동사〕 销售 xiāoshòu 出销 chūxiāo=시중판매.

시판품(市販品) 명 上市品 shàngshìpǐn '시중 판매'의 준말. ¶~ 가격. 上市价格。shàngshìjiàgé.

시학(視學) 명 〔~하다|타동사〕 督学 dūxué 학교의 교육·경영 상태 등을 시찰함.

시한(時限) 명 一定的时间 yídìngdeshíjiān 时限 shíxiàn 期限 qīxiàn 일정한 동안의 끝을 정한 시각.

시한부(時限附) 명 有时间限制的 yǒushíjiānxiànzhìde 무슨 일에 일정한 시한을 붙임. 또는 그 일. ¶~ 조건. 有时间限制的条件。yǒushíjiānxiànzhìdetiáojiàn.

시한폭탄(時限爆彈) 명 定时炸弹 dìngshí zhàdàn 일정한 시간이 지나면 폭발하도록 장치한 폭탄=시간폭탄.

시합(試合) 명 比赛 bǐsài 竞赛 jìngsài → 경기.

시행(施行) 명 〔~하다|타동사〕 ① 施行 shīxíng 实施 shíshī 执行 zhíxíng 실지로 행함=시위. ② 执行 zhíxíng 〈법〉 법령을 공포한 뒤에 그 효력을 발생시킴. ¶~에 관한 세칙. 执行细则。zhíxíngxìzé.

시행착오(試行錯誤) 명 执行错误 zhíxíng cuòwù 〈교〉 어떤 목표나 과제를 해결할 때까지 여러 가지의 시행과 실패를 되풀이하면서 추구하는 일=시옷법.

시행착오법(試行錯誤法) 명 反复试验法 fǎnfùshíyànfǎ 〈교〉 시행착오를 통하여 마침내 필요한 일만 선별할 수 있게 하는 학습.

시험(試驗) 명 ① 考试 kǎoshì 재능이나 실력 따위를 검사하고 평가하는 일. ¶~에 합격하다. 考试合格。kǎoshìhégé=고사고시. ② 试验 shíyàn 测试 cèshì 사물의 성질을 실지로 증험하여 봄. ¶~ 재배. 试验栽培。shíyànzāipéi.

시험관(試驗官) 명 监考 jiānkǎo 考官 kǎoguān 시험을 보는 데 문제를 내고 감독하며 그 성적을 매기는 일을 맡은 사람.

시험지(試驗紙) 명 ① 考卷 kǎojuàn 시험의 문제가 쓰여 있고 그 답안을 쓰는 종이=시험용지. ② 试纸 shìzhǐ 〈화〉 용액이나 기체의 성질을 시험하여 밝히는 데 쓰는 종이. ※시험침.

시현(示顯) 명 〔~하다|타동사〕 显示 xiǎnshì 부처나 보살이 중생을 제도하기 위하여 그의 육신을 이 세상에 나타내는 일.

시황(市況) 명 商情 shāngqíng 시장에서 거래가 이루어지고 있는 상황.

시효(時效) 명 ① 有效期 yǒuxiàoqī 어떤 효력이 유지되는 일정한 기간. ¶~가 지난 약품. 过有效期的药品。guòyǒuxiàoqīdeyàopǐn. ② 时效 shíxiào 〈법〉 어떤 권

리나 의무가 존속되는 법정기간. ※공소시효, 소멸시효, 취득시효.

식(式) 명 ① 规矩 guīju 일정한 전례, 표준, 규정. ¶우리 집은 예전 ~을 많이 따른다. 我们家还是遵守老规矩。wǒménjiā háishìzūnshǒulǎoguīju. ② 仪式yíshì=의식. ¶~을 거행하다. 举行仪式。jǔxíng yíshì. ③ 方式 fāngshì 방식 또는 투. ④ 公式 gōngshì 〈수〉 숫자, 문자, 기호를 써서 수의 관계를 나타낸 것. 등식, 부등식.

식간(食間) 명 吃饭时间的中间 chīfànshíjiāndezhōngjiān 餐之间隔 cānzhījiāngé 끼니와 끼니의 사이. ¶이 약은 ~에 복용함. 这个药应该吃在吃饭时间的中间。zhègè yàoyīnggāichīzàichīfànshíjiāndezhōngjiān.

식객(食客) 명 ① 门客 ménkè 세력이 있는 대갓집에서 얻어먹으며 문객 노릇을 하는 사람. ② 食客 shíkè 남의 집에 얹히어 하는 일 없이 얻어먹으며 지내는 사람=기객.

식견(識見) 명 见识 jiànshi 见解 jiànjiě 학식과 견문. 곧, 사물을 분별할 수 있는 능력, 견식. ¶~이 높다. 见识高。jiànshi gāo. ~을 넓혀 나가다.

식경(食頃) 명 吃一顿饭的工夫 chīyídùn fàndegōngfu 한 끼의 음식을 먹을 만한 잠깐 동안. ¶~이나 지나서 돌아왔다. 经过吃一顿饭的工夫就回来。jīngguòchīyídùn fàndegōngfujiùhuílái.

식곤증(食困症) 명 食后困觉症 shíhòu kùnjiàozhèng 〈의〉 음식을 먹은 뒤에 정신이 흐려지고 맥이 풀려서 졸음이 오는 증세. ¶~을 느끼다. 感觉食后困觉症。gǎn juéshíhòukùnjiàozhèng=식곤.

식구(食口) 명 家口 jiākǒu 家眷 jiājuàn 한 집안에서 함께 살며 끼니를 같이 하는 사람. ¶손자 녀석을 하나 보았으니 이제 우리 집 ~도 한 사람 는 셈이다. 有了孙子，我们家也算是多了一口人。yǒulesūn zi，wǒménjiāyěsuànshìduōleyìkǒurén =권구, 권식.

식권(食卷) 명 饭票 fànpiào 餐卷 cān juàn=밥표.

식기(食器) 명 ① 器皿 qìmǐn 碗碟 wǎn dié=밥그릇. ② 碗 wǎn 밥그릇의 수를 헤아리는 단위. ¶밥 한 ~. 一碗饭。yì wǎnfàn.

식단(食單) 명 菜单 càidān=차림표.

식당(食堂) 명 ① 饭厅 fàntīng 食堂 shí táng 餐厅 cāntīng 관청, 회사, 학교, 가정 따위에서 식사를 위하여 특별히 설비한 방. ② 饭馆 fànguǎn 음식을 만들어 파는 상점. ※음식점.

식당차(食堂車) 명 餐车 cānchē 기차에서, 식당의 설비를 갖추어 놓은 찻간.

식대(食代) 명 餐费 cānfèi 饭费 fànfèi=밥값.

식도악(食道樂) 명 好美食 hǎoměishí.

식별(識別) 명 〔~하다|타동사〕 识别 shí

bié 分清 fēnqīng 鉴别 jiànbié 알아서 구별함.

식복(食福) 명 口福 kǒufú 좋은 음식을 먹게 될 분복. ¶~이 없다. 没有口福。méiyǒukǒufú.

식불언(食不言) 명 吃饭时不说废话 chīfàn shíbùshuōfèihuà 음식을 먹을 때에 쓸데없는 말을 아니 함.

식비(食費) 명 饭钱 fànqián 膳费 shàn fèi 餐费 cānfèi=밥값.

식사(式辭) 명 〔~하다|자동사〕 致辞 zhìcí 祝词 zhùcí 식에 대한 인사말. ¶사장님의 ~가 있겠습니다. 下面社长致辞。xiàmiànshèzhǎngzhìcí.

식사(食事) 명 〔~하다|자동사〕 ① 饭菜 fàncài 끼니로 먹는 음식. ¶~가 준비되었습니다. 饭菜准备好了。fàncàizhǔnbèi hǎole. ② 吃饭膳食 chīfànshànshí 끼니를 먹음. ¶~가 끝나다. 吃完饭了。chíwán fànle.

식상(食傷) 명 〔~하다|자동사〕 食物中毒 shíwùzhòngdú→식중독.

식성(食性) 명 ① 胃口 wèikǒu 음식을 먹는 성미. ¶~이 좋다. 胃口好。wèikǒu hǎo. ② 食性 shíxìng 〈동〉 동물의 먹이에 대한 습성. ¶~에 따라 짐승은 초식성 또는 육식성 따위가 있다. 根据食性动物可分为草食动物和肉食动物。gēnjùshíxìng dòngwùkěfēnwéi cǎoshídòngwùhéròu shídòngwù.

식솔(食率) 명 家小 jiāxiǎo 家眷 jiājuàn =권솔.

식수(食水) 명 饮用水 yǐnyòngshuǐ 먹을 물. ※음료수.

식수난(食水難) 명 喝水难 hēshuǐnán 가뭄 따위로 식수가 부족하여 겪는 어려움.

식순(式順) 명 仪式顺序 yíshìshùnxù 의식의 순서.

식습관(食習慣) 명 饮食习惯 yǐnshíxí guàn 음식습관.

식언(食言) 명 〔~하다|자동사〕 撒慌 sā huǎng 언약한 말 대로 시행하지 아니함. ※위언.

식열(食熱) 명 过食发烧 guòshífāshāo 어린아이가 음식을 너무 지나치게 먹어서 나는 신열.

식자(識者) 명 有识之士 yǒushízhīshì 학식, 견식 또는 상식이 있는 사람.

식자우환(識字憂患) 명 知者招罪 zhīzhě zhāozuì 글자를 아는 것이 도리어 근심을 사게 된다는 말.

식장(式場) 명 会场 huìchǎng 예식을 거행하는 장소.

식전(式典) 명 仪式 yíshì 법도에 맞게 장엄하게 베푸는 의식.

식전(食前) 명 ① 早饭前 zǎofànqián 아침밥을 먹기 전. ¶~에 일을 하였더니 밥맛이 좋았다. 早饭前干了活, 胃口好。zǎo fànqiángànlehuó, wèikǒuhǎo. ② 饭前 fànqián 식사하기 전. ¶이 약은 ~에 먹

는다. 吃饭前吃这个药。chīfànqiánchīzhè gèyào=식후.

식전참(食前站) 명 天亮到早餐时 tiān liàngdàozǎocānshí 아침에 일어나서 아침밥을 먹을 때까지의 사이.

식체(食滯) 명 积食 jīshí 〈한의〉 먹은 것이 잘 내리지 아니하는 병.

식충(食蟲) 명 ① 饭桶 fàntǒng 미련하고 밥 많이 먹는 사람을 놀리는 말=食虫 shíchóng 식충. ② 蠹虫 dùchóng=밥벌레.

식탁(食桌) 명 饭桌 fànzhuō 餐桌 cānz huō 식사용의 탁자.

식후(食後) 명 饭后 fànhòu 밥을 먹은 뒤. ¶이 약은 ~에 먹어야 한다↔식전 吃饭后吃这个药。chīfànhòuchīzhègèyào.

식후경(食後景) 명 饭后的景致 fànhòude jǐngzhì 아무리 좋은 구경이라도 배가 부르지 않고서는 볼 맛이 없다는 말.

신고(申告) 명 [~하다|타동사] ① 申报 shēnbào 呈报 chéngbào 국민이 행정 관청에 일정한 사실을 보고함. ¶세무 ~. 税务申报。shuìwùshēnbào=개보. ② 报告 bàogào 〈군〉 새로 발령 받거나 승진된 사람이 소속 상관이나 지휘관에게 인사로 자신의 성명과 계급 및 임무를 보고함.

신관(神觀) 명 尊容 zūnróng '얼굴'의 존칭. ¶~이 좋으십니다. 面色好。miànsè hǎo.

신규(新規) 명 ① 新规定 xīnguīdìng 新规模 xīnguīmó 새로운 규정, 또는 규모. ¶~로 정하다. 制定新规定。zhìdìngxīnguī dìng. ② 新项目 xīnxiàngmù 새로이 하는 일. ¶~로 가입하다. 添加新项目。tiān jiāxīnxiàngmù.

신기(神技) 명 神妙的技术 shénmiàode jìshù 신묘한 기술.

신기(神奇) 명 형 [여 불규칙] 神气 shénqì 奇怪 qíguài 奇异 qíyì 신묘하고 기이하다.

신기(新奇) 명 형 [여 불규칙] 新奇 xīn qí 新颖 xīnyǐng 새롭고 기이하다. ¶~한 물건. 新奇的东西。xīnqídedōngxi.

신기루(蜃氣樓) 명 海市蜃楼 hǎishì shènglóu 빛의 굴절에 이상이 나타나 실제 보이지 아니한 대상들이 눈앞에 잠깐 곡두 같이 나타나는 현상.

신망(信望) 명 威望 wēiwàng 믿고 바람. 또는 믿음과 덕망. ¶~이 높다. 威望高。wēiwànggāo.

신명(神明) 명 兴头 xìngtóu 흥겨운 신과 멋. ¶민요를 비롯한 노래들은 집단적 ~이 그 기반이 된다. 民歌之类的歌曲是以集体兴头作为基础的。mígēzhīlèidegēqǔshì yǐjítǐxìngtóuzuòwéijīchǔde.

신명(身命) 명 生命 shēngmìng 몸과 목숨. ¶~을 다하여 노력하였다. 不惜生命而努力。bùxīshēngmìngérnǔlì.

신문(訊問) 명 [~하다|타동사] ① 询问 xúnwèn 캐어물음. ② 审问 shěnwèn 〈법〉 증인, 당사자 또는 피고인, 피해자

에 대하여 구두로 사건을 조사하는 일.

신문(新聞) 명 报纸 bàozhǐ 세상의 물정과 새로운 소식을 알려 주는 정기 간행물의 하나. 흔히는 일간이고, 주간 또는 순간으로 하는 것도 있다.

신문고(申聞鼓) 명 登闻鼓 dēngwéngǔ 조선 때, 백성이 원통한 일을 하소연할 때에 치는 큰북. 태종 원(1401)년에 대궐 문루에 달았다=등문고, 승문고.

신문인(新聞人) 명 报社工作人员 bàoshè gōngzuòrényuán 신문업에 종사하는 사람.

신병(身柄) 명 人身 rénshēn→신분.

신병(身病) 명 病 bìng 육신의 병. ¶오랫동안 ~으로 고생하다. 长时间因病受苦。chángshíjiānyīnbìngshòukǔ.

신복(臣服) 명 〔~하다|자동사〕 心腹 xīn fù 신하가 되어 복종함.

신부(新婦) 명 新娘 xīnniáng=새색시.

신빙성(信憑性) 명 可信性 kěxìnxìng 믿고 의거할 수 있다고 인정하는 정도. ¶그의 자백에 ~이 있다고 인정했다. 认为他的坦白有可信性。rèwéitādetǎnbáiyǒukě xìnxìng.

신사(紳士) 명 绅士 shēnshì 君子 jūnzǐ 교육과 예의와 품격이 갖추어 있는 점잖은 남자.

신사육판(新四六判) 명 新三十二开本 xīn sānshíèrkāiběn 〈인〉 보통 사륙판보다 조금 작은 책의 규격. 길이 176mm, 너비 124mm의 크기이다.

신사협정(紳士協定) 명 君子协定 jūnzǐ xiédìng 서로 상대방을 신임하여 맺는 비밀 협정=신사협약.

신상(身上) 명 身上 shēnshàng 身体 shēntǐ 몸에 관계된 형편. ¶자기의 ~에 관한 문제. 关于自己身体的事。guānyúzìjǐ shēntǐdeshì. ※일신상.

신상명세서(身上明細書) 명 个人详细资料 gèrénxiángxìzīliào 자기 개인의 경력과 형편을 자세히 적은 기록.

신색(神色) 명 脸色 liǎnsè 气色 qìsè '얼굴빛'의 높임말. ¶~이 한결 좋아지셨습니다. 气色好多啦。qìsèhǎoduōla.

신선도(新鮮度) 명 鲜度 xiāndù 신선한 정도.

신선로(神仙爐) 명 火锅 huǒguō 神仙炉 shénxiānlú 상 위에 놓고 열구자를 끓이는 그릇.

신세(身世) 명 ① 身世 shēnshì 한 몸에 관한 처지와 형편. ¶~가 가련하다. 身世可怜。shēnshìkělián. ② 帮助 bāngzhù 照料 zhàoliào 添麻烦 tiānmáfan 남에게 도움을 받거나, 괴로움을 끼치는 일. ¶조금이라도 남에게 ~를 끼치지 않으려는 성미. 不想给人家添麻烦的性格。bùxiǎng gěirénjiātiānmáfandexìnggé.

신세기(新世紀) 명 新世纪 xīnshìjì 새로운 세기. ¶~가 밝아 온다. 迎来新世纪。yíngláixīnshìjì.

신수(身手) 명 风采 fēngcǎi 사람의 얼굴

에 나타난 건강색. ¶~가 훤하다. 风采凛凛。fēngcǎilǐnlǐn.

신수(身數) 명 运气 yùnqì 幸运 xìngyùn 한 몸의 운수. ¶~ 불길. 运气不佳。yùnqì bùjiā.

신수(信手) 명 能手 néngshǒu 일이 손에 푹 익어서 언제든지 손이 놀리어지는 대로 빨리 움직임.

신신당부(申申當付) 명 [~하다|타동사] 一再嘱咐 yízàizhǔfù 一再嘱托 yízàizhǔtuō 거듭거듭 간절히 부탁함. 신신부탁=신신부탁.

신신부탁(申申付托) 명 [~하다|타동사] 一再嘱咐 yízàizhǔfù 一再嘱托 yízàizhǔtuō=신신당부.

신실(信實) 명 [~하다|형용사] 诚实可靠 chéngshíkěkào 믿음직하고 거짓이 없다. ¶그는 참으로 어질고 ~한 청년이었다. 他是一位诚实可靠的青年。tāshìyíwèi chéngshíkěkàodeqīngnián. 〈기〉 标准教义 biāozhǔnjiàoyì 믿고 받드는 일.

신약(神藥) 명 仙药 xiānyào 효험이 신통한 약.

신열(身熱) 명 发烧 fāshāo 병으로 인하여 몸에 생기는 열=병열.

신용(信用) 명 [~하다|타동사] ① 信任 xìnrèn 약속이 확실하다고 믿고 의심하지 않음. ¶~이 있다. 有信任感。yǒuxìn rèngǎn. ※신임. ② 信用 xìnyòng 믿음성의 정도. ¶~을 잃다. 丢信用。diūxìn yòng. ③ 信贷 xìndài 〈경〉 거래한 재화의 대가를 앞으로 치를 수 있음을 보이는 능력. 외상값, 빚, 급부 따위를 감당할 수 있는 지급 능력으로서 소유 재산의 화폐적 기능을 뜻한다. ¶상업 ~. 商业信贷。shāngyèxìndài.

신원(身元) 명 身份 shēnfèn 주소, 원적, 신분, 품행 따위로 보이는 개인의 참모습.

신원보증(身元保證) 명 身份担保 shēn fèndānbǎo 어떤 사람의 신분이 확실함과 직장 생활에서 손해를 끼치는 일에 대하여 책임지는 보증=보감.

신원보증서(身元保證書) 명 身份担保书 shēnfèndānbǎoshū 〈법〉 남의 신원을 보증하는 서류.

신입생(新入生) 명 新生 xīnshēng 새로 입학한 학생.

신작로(新作路) 명 大路 dàlù 公路 gōng lù 새로 낸 큰 길.

신점(神占) 명 神气的占卜 shénqìdezhānbǔ 신통하게 잘 알아맞히는 점. ¶내 점은 ~이다. 我的占卜很灵。wǒdézhānbǔhěn líng.

신정(新正) 명 ① 新年开头 xīnniánkāitóu 새해의 첫머리. ② 元旦 yuándàn=양력설.

신주(神主) 명 神主 shénzhǔ 灵牌 língpái 灵位 língwèi 사당 따위에 모시어 두는 죽은 사람의 위패.

신참(新參) 명 [~하다|자동사] ① 新人

xīnrén 새로 벼슬한 관원이 처음으로 관아에 출근하는 일. ② 新兵 xīnbīng→풋내기.

신축(新築) 명 〔~하다|타동사〕 新建 xīnjiàn 새로 건축함. ¶회관의 ~을 축하하다. 祝贺新建会馆。zhùhèxīnjiànhuìguǎn.

신축가격(伸縮价格) 명 滑动价格 huádòngjiàgé 늘고 줆. 또는 늘이고 줄임.

신탁자(信托者) 명 信托人 xìntuōrén 〈법〉 신탁을 설정하는 사람.

신통(神通) 형 〔여 불규칙〕 ① 神通 shéntōng 이상하고 묘하다. ¶~한 효과. 神通的效果。shéntōngdexiàoguǒ. ② 약효가 신기하게 빠르고 대단하다. 신효(神效)하다. ¶부스럼에 ~하게 잘 듣는 약. 对于脓肿有神效的药。duìyúnóngzhǒng yǒushénxiàodeyào. ③ 대견하다. 讨人喜欢 tǎorénxǐhuān. ¶고학을 하면서 장학생이 되었다니 참 ~하군. 半工半读, 还得了奖学金, 真是讨人喜欢的。bàngōngbàndú, háidélejiǎngxuéjīn, zhēnshìtǎorénxǐhuānde.

신풍(新風) 명 ① 新风 xīnfēng 신선한 바람. ② 新风尚 xīnfēngshàng 새로운 풍속.

신행(新行) 명 新郎到新娘家里来或新娘到新郎家里去 xīnlángdàoxīnniángjiālǐlái huòxīnniángdàoxīnlángjiālǐqù=혼행.

실각(失脚) 명 〔~하다|자동사〕 ① 失脚 shījiǎo 失足 shīzú=실족. ② 垮台 kuǎtái 일에 실패하여 자리에서 물러남.

실감(實感) 명 〔~하다|타동사〕 真实感 zhēnshígǎn 실제로 체험하는 느낌. ¶~이 나다. 有真实感。yǒuzhēnshígǎn.

실격(失格)[-껵] 명 〔~하다|자동사〕 ① 不符合格式 bùfúhégéshì 격식에 맞지 아니함. ② 丧失资格 sàngshīzīgé 규칙이나 규정에 위반한 까닭으로 말미암아 자격을 상실함. 또는 그러한 처분. ¶경기 중에 규칙 위반으로 ~을 당하였다. 比赛中由于犯规丧失参赛资格了。bǐsàizhōng yóuyúfànguīsàngshīcānsàizīgéle.

실과(實果) 명 水果 shuǐguǒ 먹을 수 있는 모든 초목의 열매. ※과실

실과(實科) 명 生活实习科目 shēnghuó shíxíkēmù 〈교〉 실제 업무에 필요한 학과. 국민학교에 두는 학과로서 가정에서 실제로 다룰 수 있는 누에치기, 연모 만들기, 음식 만들기, 채소 가꾸기 따위의 내용으로 되어 있다.

실금(失禁) 명 〔~하다|자동사〕 不能自制大小便 bùnéngzìzhìdàxiǎobiàn 대소변을 참지 못하고 지림.

실기(實技) 명 实际技能 shíjìjìnéng 实用技术 shíyòngjìshù 실지의 기능. ¶~ 시험. 实用技术考试。shíyòujìshùkǎoshì.

실내화(室內靴) 명 拖鞋 tuōxié 拖脚鞋 tuōjiǎoxié 방안에서만 신는 신.

실동률(實動率) 명 实际运转率 shíjìyùn zhuànlǜ 연간 일수에 대한, 기계나 설비

를 사용한 일수의 비율.

실명(失命) 명 〔~하다|자동사〕 丧命 sàngmìng 목숨을 잃어버림.

실무(實務) 명 业务 yèwù 事务 shìwù 实际业务 shíjìyèwù 실제의 업무나 사무. ¶~ 교육. 业务教育。yèwùjiàoyù.

실비(實費) 명 实际费用 shíjìfèiyòng 生产成本 shēngchǎnchéngběn 실제로 드는 비용. ¶~로 제공한다. 提供实际费用。tí gòngshíjìfèiyòng.

실사(實査)[-싸] 명 〔~하다|타동사〕 实地调查 shídìdiàochá 察核 cháhé 실지로 조사하거나 검사함.

실사회(實社會)[-싸-] 명 实际社会 shíjìshèhuì 现实社会 xiànshíshèhuì 실제의 사회=실세간.

실상(實狀)[-쌍] 명부 实况 shíkuàng 实际上 shíjìshàng 실제의 상태. ¶~을 알아보다. 了解实况。liǎojiěshíkuàng.

실상(實相)[-쌍] 명 真相 zhēnxiàng 〈불〉 있는 그대로의 만유 진상.

실생활(實生活)[-쌩-] 명 实际生活 shíjìshēnghuó 现实生活 xiànshíshēnghuó 실제의 생활.

실성(失性)[-썽] 명 〔~하다|자동사〕 精神失常 jīngshénshīcháng 미친 병으로 말미암아 본성을 제대로 가지지 못함=실진.

실세(實勢)[-쎄] 명 〔~하다|자동사〕 ① 实际势力 shíjìshìlì 실제의 세력 또는 기운. ② 实际价格 shíjìjiàgé 실제의 시세.

실수(失手)[-쑤] 명 〔~하다|자동사·타동사〕 ① 失误 shīwù 弄错 nòngcuò 부주의하여 잘못함. 또는 그러한 행위. ¶~가 없다. 没有失误。méiyǒushīwù. ② 失礼 shīlǐ=실례.

실수(實收)[-쑤] 명 实际收获 shíjìshōuhuò 실제의 수입 또는 수확.

실수요자(實需要者)[-쑤] 명 实际用户 shíjìyònghù 실제의 수요자↔가수요자.

실수입(實收入)[-쑤] 명 纯收入 chún shōurù 실제의 수입. ※실수.

실시(實施)[-씨] 명 〔~하다|타동사〕 实施 shíshī 实行 shíxíng 推行 tuīxíng 실지로 시행함.

실용신안(實用新案) 명 实用新发明 shí yòngxīnfāmíng 〈법〉 기존한 물품의 형상, 구조 따위에 새로운 연구를 가하여 실용상의 편리를 증진하는 기술적 고안. 발명과 의장으로 구별된다.

실익(實益) 명 实利 shílì 实际利益 shíjì lìyì=실리.

실재(實在)[-째] 명 〔~하다|자동사〕 ① 实在 shízài 실제로 존재함. ② 物质世界 wùzhìshìjiè 〈철〉 변증법적 유물론에서, 인간의 의식으로부터 독립하여 객관적으로 존재하는 물질세계. ③ 事物的本质存在 shìwùdeběnzhìcúnzài 〈철〉 관념론에서, 사물의 본질적 존재.

실적(實績)[-쩍] 명 实际成绩 shíjìchén

gjì 실제의 업적, 또는 공적. ¶~을 올리다. 增加实际业绩。zhēngjiāshíjìyèjì.

실점(失點)[-쩜] 명 〔~하다|자동사·타동사〕 ① 丧失的分 sàngshīdefēn 경기나 승부에서 잃은 점수↔득점. ② 失分 shīfēn 점수를 잃음↔득점.

실증(實證)[-쯩] 명 〔~하다|타동사〕 ① 证实 zhèngshí 확실한 증거. ② 试验证明 shíyànzhèngmíng=실험.

실직(失職)[-찍] 명 〔~하다|자동사〕 失业 shīyè 직업을 잃어버림.

실질(實質)[-찔] 명 实质 shízhì 实际 shíjì 실제의 본바탕. ¶~ 소득. 实际收入。shíjìshōurù=실.

실책(失策) 명 失策 shīcè 失算 shīsuàn 疏失 shūshī 잘못된 계책. ¶미리 준비를 못한 것이 ~이었다. 没有事先准备好是个失算。méiyǒushìxiānzhǔnbèihǎoshìgè shīsuàn=과계, 실계, 오계, 오산.

실천(實踐) 명 ① 履行 lǚxíng 실제로 해냄. ¶~에 옮기다. 实际履行。shíjìlǚxíng. ② 实践 shíjiàn 〈철〉 자연이나 사회를 변혁하는 의식적이고 계획적인 모든 활동

실추(失墜) 명 失去 shīqù 失掉 shīdiào 떨어뜨리거나 잃음. ¶위신 ~. 失去威信。shīqùwēixìn.

실태(實態) 명 实况 shíkuàng 实情 shíqíng 真情 zhēnqíng 실제의 형편. ¶~ 파악. 把握实况。bǎwòshíkuàng.

실토(實吐) 명 〔~하다|자동사·타동사〕 说出真心话 shuōchūzhēnxīnhuà 从实招认 cóngshízhāorèn 솔직하게 실정을 말함=토사, 토설, 토실.

실투(失投) 명 〔~하다|자동사〕 失败投球 shībàitóuqiú 야구 따위에서 잘못 던짐.

실행(實行) 명 〔~하다|타동사〕 实际履行 shíjìlǚxíng 실지로 행함. ¶~에 옮기다. 实际履行。shíjìlǚxíng. ※실시.

실험(實驗) 명 〔~하다|타동사〕 ① 实验 shíyàn 어떠한 목적이나 결과가 바라는 대로 되는가 시험함. 또는 그러한 시험. ¶~ 교육. 实验教育。shíyànjiàoyù. ② 试验 shìyàn 자연현상에서 어떠한 법칙이나 효과 따위를 찾아내기 위하여 알맞은 조건 밑에 변화를 주고 관찰하며 시험함=실증.

실현(實現) 명 〔~하다|타동사〕 实现 shíxiàn 完成 wánchéng 得逞 déchěng 실제로 나타냄.

실형(實兄) 명 亲哥哥 qīngēgē=친형.

실혼처(實婚處) 명 可信的订婚对象 kěxìn dedìnghūnduìxiàng 믿을 수 있는 혼처.

실화(實話) 명 真实的故事 zhēnshídegùshì 실지로 있던 사실의 이야기.

심(甚) 형 〔여 불규칙〕 过分 guòfèn 정도에 지나치다. ¶말이 너무 ~. 说话过分了。shuōhuàguòfènle.

심경(心境) 명 心情 xīnqíng 마음의 상태. ¶답답한 ~. 郁闷的心情。yùmènde xīnqíng.

심금(心琴) 명 心弦 xīnxián 어떠한 자극을 받아 울리는 마음을 거문고에 비유하는 말.

심기(心氣) 명 心绪 xīnxù 마음으로 느끼는 기분. ¶~가 불편하다. 心绪不便。xīn xùbúbiàn.

심기일전(心機一轉) 명 振奋精神 zhèn fènjīngshén 어떤 동기로부터 일어난 마음을 근본적으로 버리고 다시 마음을 정함.

심대(甚大) 명 형 〔여 불규칙〕 重大 zhòngdà 매우 크다. ¶~한 손실. 重大损失。zhòngdàsǔnshī ※막대하다, 지대하다.

심덕(心德) 명 心地善良 xīndìshànliáng 덕이 있는 마음. ¶~이 좋다. 心眼好。xīn yǎnhǎo.

심도(深悼) 명 深深哀悼 shēnshēnāidào 마음속 깊이 슬퍼함. ※애도.

심득(心得) 명 心里明白 xīnlǐmíngbái 마음에 깊이 깨달음.

심란(心亂)[-난-] 형 〔여 불규칙〕 纷乱 fēnluàn 心烦 xīnfán 마음이 산란하다=심산하다.

심려(心慮)[-녀] 명 〔~하다|타동사〕 操心 cāoxīn 忧虑 yōulǜ 担心 dānxīn 마음속으로 걱정함. 또는 그러한 걱정.

심력(心力)[-녁] 명 全部力量 quánbùlìl iàng 마음과 힘. ¶~을 기울이다. 倾注全部力量。qīngzhùquánbùlìliàng.

심리(心理) 명 ① 心眼儿 xīnyǎner 〈심〉 마음이 움직이는 상태. ¶그의 ~를 이해할 수 없다. 无法理解他的心眼儿。wúfǎlǐ jiětādexīnyǎner. ② 心理 xīnlǐ '심리학'의 준말.

심복(心腹) 명 ① 心腹 xīnfù 가슴과 배=복심. ② 亲信 qīnxìn 썩 가까워 마음 놓고 믿을 수 있는 사람. 주로 아랫사람을 두고 쓰는 말이다. 심복.

심사(心事) 명 心事 xīnshì 마음에 생각하는 일.

심산(心算) 명 心理算盘 xīnlǐpánsuàn 속셈.

심술(心術) 명 ① 心术 xīnshù 온당하지 않고 고집스러운 마음=성술, 술심. ② 坏心眼 huàixīnyǎn 남이 잘못되는 것을 좋아하는 마음보.

심심산천(深深山川) 명 偏僻的山区 piān pìdeshānqū 穷乡僻壤 qióngxiāngpìrǎng 아주 깊은 산천.

심안(心眼) 명 心中的眼目 xīnzhōngde yǎnmù=마음눈.

심약(心弱)[-야카-] 형 〔여 불규칙〕 心软 xīnruǎn 心虚 xīnxū 마음이 약하다.

심연(深淵) 명 ① 深渊 shēnyuān 깊은 못=담연, 심담, 연담, 준담, 중연. ② 越不过的间隔 yuèbúguòdejiàngé '좀처럼 헤어나기 힘든 구렁'의 비유. ¶죽음의 ~. 死亡深渊。sǐwángshēnyuān.

심장(心臟) 명 ① 心脏 xīnzàng 〈생〉=염통. ② 核心 héxīn 사물의 '중심이나 핵심'의 비유. ¶한국의 ~ 서울. 韩国的心脏

汉城。hánguódexīnzànghànchéng. ③ 心意 xīnyì '비위 좋은 마음보'의 비유.

심정(心情) 명 ① 心情 xīnqíng 마음속에 품고 있는 뜻. ¶어버이의 ~. 父母之心。fùmǔzhīxīn. ※속마음. ② 心眼 xīnyǎn =마음씨. ¶~이 곱다. 心眼儿坏。xīnyǎn erhuài.

심증(心證) 명 心中态度 xīnzhōngtàidù 마음에 느끼는 인상. ¶~이 간다. 有了心中态度。yǒulexīnzhōngtàidù.

심지(心志) 명 意志 yìzhì 心志 xīnzhì 心地 xīndì 마음에 품은 뜻.

심통(心統) 명 黑心肠 hēixīncháng 坏心眼 huàixīnyǎn 心术 xīnshù 나쁜 마음바탕→심술.

심판(審判) 명 [~하다|타동사] ① 审判 shěnpàn 〈법〉 소송사건을 심리하여 판단, 또는 판결함. ② 裁判 cáipàn 〈체〉 경기들의 진행을 주관하고 반칙 행위와 우열을 판단함.

심화(心火) 명 心火 xīnhuǒ 生气 shēngqì 마음속에서 북받쳐 일어나는 화.

십년감수(十年減壽)[심—] 명 [~하다|자동사] 减寿十年 jiǎnshòushínián 수명에서 열 해가 줄어든다는 뜻으로, 몹시 위험하거나 놀랐을 때 쓰는 말.

십년공부(十年工夫)[심—] 명 十年寒窗 shíniánhánchuāng 열 해 동안 쌓은 공.

십대(十代) 명 ① 十几岁少年 shíjǐsuì shàonián 열 살로부터 열 아홉 살까지의 소년층의 일컬음. ② 第十代 dìshídài 열 번째의 대.

십상(十常) 명 合适 héshì 相当 xiāng dāng 肯定 kěndìng '십상팔구'의 준말. ¶이 동네는 비만 오면 큰물이 지기 ~이었다. 这个村一下雨肯定会发大水。zhègè cūnyíxiàyǔkěndìnghuìfādàshuǐ.

십상팔구(十常八九) 명 十之八九 shízhī bājiǔ=열에 아홉→열.

십장(什長) 명 工头 gōngtóu 把头 bǎtóu 工长 gōngzhǎng 领工员 lǐnggōngyuán 일꾼을 감독, 지시하는 우두머리.

십중팔구(十中八九) 명 十之八九 shízhī bājiǔ=열에 아홉→열.

쌍무(雙務) 명 双边 shuāngbiān 双务 shuāngwù 계약의 당사자 양쪽이 서로 지는 의무↔편무.

쌍발(雙發) 명 ① 双螺旋浆 shuāngluó xuánjiǎng 발동기를 두 개 가짐. ¶~ 전투기. 双螺旋浆战斗机。shuāngluóxuán jiǎngzhàndòujī. ② 双筒 shuāngtǒng 총알 나오는 구멍이 둘임. ¶~엽총. 双筒猎枪。shuāngtǒnglièqiāng.

쌍안경(雙眼鏡) 명 〈물〉 双筒望远镜 shuāngtǒngwàngyuǎnjìng 두 개의 망원경의 광축을 평행되게 하여 두 눈으로 볼 수 있게 만든 망원경=양안경. ※단안경.

ㅇ

아녀자(兒女子) 명 ① 孩子和女子 háizi hénǚzǐ 어린이와 여자=아녀. ② 小丫头 xiǎoyātóu 女人 nǚrén 妇道人家 fùdào rénjiā '여자'의 낮춤말. ¶대장부로서 일개 ~를 상대하랴. 一个男子汉不跟女人一般见识。yígènánzǐhànbùgēnnǚrényìbān jiànshi=아녀.

아담(雅談) 형 〔여 불규칙〕 雅致 yǎzhì 조촐하고 산뜻하다.

아류(亞流) 명 第二流 dìèrliú 으뜸에 다음가는 사람이나 사물.

아부(阿附) 명 〔~하다|자동사〕 阿谀 ē yú 阿谄 ēchǎn 献媚 xiànmèi 拍马屁 pāi mǎpì 恭维 gōngwéi 아첨하여 좇음. ¶~근성. 拍马屁根性。pāimǎpìgēnxìng.

아비규환(阿鼻叫喚) 명 ① 阿鼻地狱和叫唤地狱 ābídìyùhéjiàohuàndìyù 무간지옥과 규환지옥. ② 惨叫 cǎnjiào 계속되는 심한 고통으로 갈피를 잡지 못하고 울부짖는 참상을 형용하는 말.

아성(牙城) 명 ① 牙城 yáchéng 주장이 거처하는 성. ② 堡垒 '어느 부류의 세력이 자리잡고 있는 가장 중요한 근거지'를 비유하는 말. ¶~을 무너뜨리다. 摧毁堡垒。cuīhuǐbǎolěi.

아수라장(阿修羅場) 명 乱作一团 luàn zuòyìtuán=수라장.

아시아(亞細亞) 명 亚洲大陆 yàzhōudàlù 〈지〉 (asia) 6대주의 하나. 동반구 북부에 있으며, 서쪽은 유럽과 접함. 세계 육지의 3분의 1을 차지함.

아역(兒役) 명 儿童角色 értóngjuésè 흔히 연극, 영화에서 하는 아이 구실.

아연(亞鉛) 명 锌 xīn 〈광〉 몸이 무른 청백색 쇠붙이.

아연(俄然) 부 〔~하다|형용사〕 〔~히|부사〕 突然 tūrán 骤然 zhòurán 급작스러운 모양. ¶회의장에는 ~ 긴장감이 감돌았다. 会场突然出现紧张气氛。huìchǎng tūránchūxiànjǐnzhāngqìfèn.

아연(啞然) 부 〔~하다|형용사〕 〔~히|부사〕 惊讶 jīngyà=아연히 너무 놀라 어안이 벙벙한 모양.

아연도금(亞鉛鍍金) 명 镀锌 dùxīn 〈화〉 쇠의 녹을 막기 위하여 아연 용액 가운데 쇠를 담가, 그 거죽에 아연을 엷게 올리는 일=함석 도금.

아연실색(啞然失色)[—쌕] 명 〔~하다|

자동사] 丧魂落魄 sànhúnl uòpò 愕然 è rán 目瞪口呆 mùdēngkǒudāi 뜻밖의 일에 얼굴빛을 잃을 정도로 놀람.

아욕(我欲) 명 私欲 sīyù 자기 혼자만의 욕심.

아전(衙前) 명 衙吏 yálì 각 관청에 딸리어, 벼슬아치 밑에서 일을 보던 중인 계급 사람.

아전인수(我田引水) 명 肥水不过别人田 féishuǐbùguòbiéréntián=제 논에 물대기.

아첨(阿諂) 명 〔~하다|자동사〕 阿谀奉承 ēyúfèngchéng 谄媚 chǎnmèi 献媚 xiànmèi 알랑거림. ¶~은 악덕의 시녀이다. 献媚是恶德的侍女。 xiànmèishìèdéde shìnǚ.

악(惡)[아카-] 형 〔여 불규칙〕 ① 恶毒 èdú 성질이 흉악하고 독하다. ② 坏 huài 양심을 어기고 도의에 벗어나 있다.

악담(惡談) 명 〔~하다|자동사〕 坏话 huàihuà 恶语 èyǔ 남이 못 되도록 하는 나쁜 말. ¶하찮은 자들의 ~을 귀 담아들을 것 없다. 不必计较小人们的坏话。 bú bìjìjiǎoxiǎorénmendehuàihuà↔덕담.

악덕(惡德)[-떠카-] 형 〔여 불규칙〕 道德败坏 dàodébàihuài 不道德 búdàodé 악한 품성.

악독(惡毒) 명 〔~하다|형용사〕 〔~히|부사〕 恶毒 èdú 狠毒 hěndú 흉악하고 독살스럽다.

악동(惡童) 명 ① 坏孩子 huàiháizi 나쁜 아이. ② 调皮鬼 tiáopíguǐ=장난꾸러기.

악랄(惡辣)[앙날] 명 〔~하다|형용사〕 〔~히|부사〕 恶毒 èdú 毒辣 dúlà 歹毒 dǎidú 매우 나쁘다. ¶~한 수단을 쓰다. 采取毒辣手段。 cáiqǔdúlàshǒuduàn.

악령(惡靈) 명 怨魂 yuànhún 재앙을 내린다는 못된 영혼.

악명(惡名) 명 恶名 èmíng 臭名 chòu míng 악한 소문이나 평판. ¶~ 높은 통치자. 臭名昭著的独裁者。 chòumíngzhāo zhùdedúcáizhě.

악법(惡法) 명 ① 坏法律 huàifǎlǜ 사회에 해독을 끼치는 나쁜 법률=사법, 악률. ② 坏方法 huàifāngfǎ 나쁜 방법.

악사(樂士) 명 乐师 yuèshī 音乐演奏师 yīnyuèyǎnzòushī 음악을 연주하는 사람=악수.

악서(惡書) 명 黄色书 huángsèshū 坏书 huàishū 읽어서 해로운 책↔양서.

악식(惡食) 명 ① 恶食 èshí 거칠고 맛없는 음식=조식, 초구↔호식. ② 粗食 cū shí 거친 음식을 먹음.

악역(惡役) 명 坏人角色 huàirénjuésè 연극이나 영화 따위에서 악인 노릇을 하는 구실=악인역, 적역.

악연(惡緣) 명형 〔여 불규칙〕 ① 恶缘 èyuán 怨家 yuānjiā 좋지 못한 인연. ② 不和睦的夫妻关系 bùhémùdefūqīguānxi 화목하지 아니한 부부 사이.

악용(惡用) 명 〔~하다|타동사〕 滥用

lànyòng 恶毒地利用 èdúdelìyòng 나쁘게 이용함↔선용.

악우(惡友) 명 坏朋友 huàipéngyǒu 나쁜 벗. ¶~와 접촉할 경우에는 그를 존경할 만한 신사로 대접하라. 交坏朋友时, 以绅士身份对待他。jiāohuàipéngyǒushí, yǐshēnshìshēnfènduìdàitā↔선우.

악의(惡衣)[—의/—이] 명 破衣服 pòyīfu 나쁜 옷↔호의.

악전고투(惡戰苦斗) 명 〔~하다|자동사〕 苦战 kǔzhàn 艰苦奋斗 jiānkǔfèndòu 몹시 어려운 조건으로 고생스럽게 싸움=고전악투.

악정(惡政) 명 苛政 kēzhèng 백성을 괴롭히는 나쁜 정치=예정↔선정.

악조건(惡條件) 명 坏条件 huàitiáojiàn 나쁜 조건. ¶~을 극복하다. 克服坏条件。kèfúhuàitiáojiàn.

악종(惡種) 명 坏蛋 huàidàn 坏种 huàizhǒng 성질이 흉악한 사람이나 동물=악물.

악질(惡質) 명 ① 恶性 èxìng 못된 성질↔양질. ② 恶棍 ègùn 못된 사람↔양질. ③ 恶质 èzhì 좋지 못한 바탕.

악착(齷齪) 명 〔~하다|형용사〕 〔~히|부사〕 ① 小气 xiǎoqì 도량이 썩 좁음. ② 拼命 pīnmìng 작은 일에도 끈기 있고 모짊. ¶~을 떨며 대들다 拼命抗争。pīnmìngkàngzhēng. ③ 毒辣 dúlà 잔인하고 끔찍스러움.

악처(惡妻) 명 坏妻子 huàiqīzǐ 성질이나 행실이 사나운 아내↔양처.

악천후(惡天候) 명 坏天气 huàitiānqì 恶劣气候 èlièqìhòu 不正常天气 búzhèngchángtiānqì 궂은 날씨. ¶~를 무릅쓰고 항해를 계속하였다. 克服恶劣气候继续航海。kèfúèlièqìhòujìxùhánghǎi↔호천후.

악취(惡臭) 명 臭味 chòuwèi 恶臭 èchòu 나쁜 냄새.

악취미(惡趣味) 명 ① 恶僻 èpì 좋지 못한 취미. ② 怪僻 guàipì 괴벽스러운 취미.

악풍(惡風) 명 ① 狂风 kuángfēng=모진 바람. ② 坏风习 huàifēngxí 나쁜 풍속=악속↔양풍.

악필(惡筆) 명 写的不好的字 xiědebùhǎodezì 아주 잘못 쓴 글씨.

악한(惡漢)[아칸] 명 恶棍 ègùn 暴徒 bàotú 못된 놈. ※악당.

악행(惡行)[아캥] 명 丑恶的行为 chǒuèdexíngwéi 악한 행실=악행위↔선행.

악화(惡貨)[아콰] 명 恶币 èbì 값이나 조건이 다른 것보다 나쁜 돈을, 좋은 것에 맞대어 하는 말.

안내(案內) 명 〔~하다|타동사〕 ① 带路 dàilù=인도. ② 介绍 jièshào=알림. ¶~말씀. 导语。dǎoyǔ.

안내서(案內書) 명 说明书 shuōmíngshū=알림장.

안내소(案內所) 명 服务台 fúwùtái=인도소.

안내인(案內人) 명 导游 dǎoyóu=인도자.

안내장(案內狀) 명 通知书 tōngzhīshū=알림장.

안녕(安寧) 명 〔~하다|형용사〕〔~히|부사〕平安 píngān 好 hǎo 安好 ānhǎo 걱정이나 탈이 없음. 헤어질 때나 만날 때 인사를 정답게 하는 말. ¶언니 ~! 姐姐再见! jiějiězàijiàn.

안대(眼帶) 명 眼罩 yǎnzhào→눈가리개.

안도(安堵) 명 〔~하다|자동사〕放心 fàngxīn 安心 ānxīn=안심. ¶~의 숨을 쉬다. 舒了一口气。shūleyìkǒuqì.

안도감(安堵感) 명 安心 ānxīn 안심하는 느낌. ¶~이 생기다. 有了安全感。yǒu leānquángǎn.

안락(安樂)[알-] 명 〔~하다|형용사〕安乐 ānlè 舒适 shūshì 평안하고 즐거움.

안력(眼力)[알-] 명 视力 shìlì 眼力 yǎn lì '시력'을 높이어 일컫는 말.

안면(顏面) 명 ① 脸面 liǎnmiàn=낯. ※ 안면근, 안면신경. ② 认识=알음. ¶~이 있다. 见过面。jiànguòmiàn.

안면박대(顏面薄待) 명 〔~하다|타동사〕虐待熟人 nüèdàishúrén 알 만한 사람을 푸대접함. ¶~를 당하다. 受到侮辱。shòu dàowǔrǔ.

안면부지(顏面不知) 명 ① 不认识 búrèn shi 얼굴을 모름. ② 不认识的人 búrèn shiderén 얼굴을 모르는 사람.

안목(眼目) 명 ① 眼光 yǎnguāng 보는 눈. ¶이웃의 ~이 두렵다. 害怕邻居的眼光。hàipàlínjūdeyǎnguāng=면안. ② 认识 rènshi 사물을 보아서 알고 분별하는 견식. ¶~이 높다. 高见。gāojiàn.

안목소시(眼目所視) 명 引人注目 yǐnrén zhùmù 남들이 보고 있는 터=안목소견.

안무(按舞) 명 〔~하다|자동사〕〈연〉编舞 biānwǔ 가곡, 가요에 따르는 춤의 형이나 진행을 창안함.

안배(安排) 명 〔~하다|타동사〕安排 ān pái 分配 fēnpèi 布局 bùjú 알맞게 벌여 놓음. ¶그 영화는 사건의 ~가 짜임새 있게 잘 처리되어있다. 那一部电影处理好故事梗概。nàyíbùdiànyǐngchùlǐhǎogùshì gěnggài.

안보(安保) 명 安全保证 ānquánbǎo zhèng 〈정〉'안전보장'의 준말.

안부(安否) 명 〔~하다|자동사〕① 安否 ānfǒu 평안함과 평안하지 아니함. 또는 그 소식. ¶~를 묻다. 问候。wènhòu=평부. ② 平安与否 píngānyúfǒu 평안한가 그렇지 아니한가에 대한 인사. ¶~를 전해주다. 转达问候。zhuǎndáwènhòu=평부.

안색(顏色) 명 神色 shénsè 脸色 liǎnsè 气色 qìsè=낯빛. ¶~이 나쁘다. 脸色不好。liǎnsèbùhǎo.

안심(安心) 명 〔~하다|자동사〕放心 fàngxīn 安心 ānxīn 걱정이 없이 마음을 편안히 가짐. ¶~이 되지 않다. 不放心。búfàngxīn.

안이(安易) 형 〔여 불규칙〕 ① 简单易懂 jiǎndānyìdǒng=쉽다. ¶~한 방법. 简便方法。jiǎnbiànfāngfǎ. ② 安适 ānshì 舒适 shūshì 아주 편하다. ¶~한 생각. 舒适的想法。shūshìdexiǎngfǎ.

안일(安逸) 명 〔~하다|형용사〕〔~히|부사〕 ① 安逸 ānyì 松懈 sōngxiè 편안하고 한가함. ② 容易 róngyì 쉽게 여김.

안장(鞍裝) 명 ① 鞍子 ānzi 말, 나귀 들의 등에 얹어서 사람이 타기에 편리하게 만든 제구. ¶~을 얹다. 套鞍子。tàoānzi =마안, 반타, 안자. ② 自行车的后座 zì xíngchēdehòuzuò 자전거 따위의 사람이 앉게 된 자리.

안정(安定) 명 〔~하다|자동사〕 ① 安定 āndìng 일이나 마음이 평안하게 정하여 짐. ¶마음의 ~. 心里安定。xīnlǐāndìng= 안취. ② 稳定 wěndìng 흔들리지 않고 안전하게 자리가 잡힘. ¶물가 ~. 物价稳定。wùjiàwěndìng.

안정(安靜) 명 〔~하다|자동사·형용사〕〔~히|부사〕 ① 安静 ānjìng 편안하고 고요함. ② 镇定 zhèndìng 편안하고 고요하게 하는 일. ¶이 환자는 ~을 요합니다. 这位患者需要安静。zhèwèihuànzhěxū yàoānjìng.

안정성장(安定成長) 명 稳定的增长 wěn dìngdezēngzhǎng 〈경〉 국가경제가 큰 변동 없이, 전반적으로 균형이 잡힌 채, 일정 빠르기로 성장하여 국민소득이 느는 일.

안존(安存) 명 〔~하다|자동사·형용사〕〔~히|부사〕 文静 wénjìng 성질이 안온하고 얌전하다. ¶~하게 앉아 있다. 文静地坐着。wénjìngdezuòzhe.

안주(安住) 명 〔~하다|자동사〕 安居 ānjū 편안하게 삶.

안주(按酒) 명 酒菜 jiǔcài 酒肴 jiǔyáo 按酒 ànjiǔ 술을 마시면서 곁들여 먹는 음식. ¶~가 푸짐하다. 酒菜丰富。jiǔcài fēngfù.

안중(眼中) 명 ① 眼里 yǎnlǐ 눈의 안. ② 心里 xīnlǐ 마음속. 흔히 '두다', '없다' 따위 말이 함께 쓰인다.

안질(眼疾) 명 眼疾 yǎnjí 眼病 yǎnbìn 눈병.

안착(安着) 명 〔~하다|자동사〕 ① 平安到达 píngāndàodá 무사히 도착함. ② 平安生活 píngānshēnghuó 어떤 곳에 착실하게 자리잡음.

안출(案出) 명 〔~하다|타동사〕 想出 xiǎngchū 생각하여 냄. ¶새로운 아이디어를 ~하다. 想出新的妙案。xiǎngchūxīn demiàoàn.

안치(安置) 명 〔~하다|타동사〕 ① 停放 tíngfàng=봉안. ② 安置 ānzhì 유배 죄인을 가두어 둠.

안태(安泰) 명 安然 ānrán 安乐 ānlè 安逸 ānyì 편안하고 태평함.

안하무인(眼下無人) 명 目中无人 mùzhōn

gwúrén 不可一世 bùkěyíshì 目空一切 mù kōngyíqiè 모든 사람을 업신여기고 방자함.

알선(斡旋)[—썬] 명 [~하다|타동사] ① 介绍 jièshào 남의 일을 주선하여 줌. ② 调解 tiáojié 〈법〉 노동쟁의 때, 알선 위원이 노사 간에 잘 되도록 힘씀.

알현(謁見) 명 [~하다|자동사·타동사] 谒见 yèjiàn 拜见 bàijiàn 지체 높은 사람을 찾아 뵘→알견. ¶왕을 ~하려 입궐하다. 为了拜见国王入宫。wèilebàijiànguó wángrùgōng.

암(癌) 명 ① 癌 ái 〈의〉 몸 조직에 바탕이 다른 세포가 자라는 악성종양의 한 가지. ② 症结 zhēngjié 고치기 어려운 나쁜 폐단.

암거래(暗去來) 명 [~하다|타동사] 黑市交易 hēishìjiāoyì 走私 zǒusī 倒卖 dǎo mài→뒷거래.

암계(暗計)[—계/—게] 명 [~하다|타동사] 阴谋 yīnmóu=음모.

암기(暗記) 명 [~하다|타동사] 背 bèi 背诵 bèisòng 默记 mòjì 외어서 잊지 아니함.

암류(暗流) 명 ① 暗流 ànliú 겉으로는 나타나지 아니하는 물의 흐름. ② 潜在倾向 qiǎnzàiqīngxiàng 겉으로 드러나지 않고 서로 다투는 움직임.

암매매(暗買賣) 명 [~하다|타동사] 黑市买卖 hēishìmǎimài→뒷거래.

암묵(暗默) 명 [~하다|자동사] 不表示自己的意见 bùbiǎoshìzìjǐdeyìjiàn 不作声 búzuòshēng=침묵.

암산(暗算) 명 [~하다|타동사] 心算 xīnsuàn=속셈.

암송(暗誦) 명 [~하다|타동사] 背诵 bèisòng 글을 욈.

암수(暗數) 명 ① 阴谋诡计 yīnmóuguǐjì =속임수. ¶~를 쓰다. 采取阴谋诡计。cǎi qǔyīnmóuguǐjì. ② 隐瞒的数 yǐnmánde shù 〈법〉 통계에 나타난 범죄자와 실제 범죄자와의 수의 차. 특히 절도, 사기, 횡령, 낙태, 풍속범 들에서 볼 수가 있다.

암시세(暗時勢) 명 黑市价 hēishìjià 黑市汇率 hēishìhuìlǜ=뒷시세.

암시장(暗市場) 명 黑市 hēishì 〈경〉=까막시장.

암암리(暗暗里) 명 暗地里 àndìlǐ 남이 모르는 사이. ¶~에 승낙하다. 暗地里承诺。àndìlǐchéngnuò.

암운(暗雲) 명 ① 乌云 wūyún=먹구름. ② 凶兆 xiōngzhào 좋지 못한 일이라도 일어날 듯 한 낌새.

암행어사(暗行御使) 명 微行御使 wēixíng yùshǐ 조선 때, 지방 정치와 백성의 사정을 몰래 살피던 임시 벼슬아치. 임금의 특명을 받은 당하관이 한 도나 몇 도를 지정 받고 특파되는데, 마패와 유척을 가지고, 주로 허름한 차림으로 신분을 숨기고 다닌다. §어사.

암호(暗號) 명 密码 mìmǎ 暗码 ànmǎ 어

떤 내용을 남모르게 전달하려고 쓰는 신호나 부호. ¶~를 풀다. 解密码。jiěmìmǎ.

암흑(暗黑) 명 [~하다|형용사] ① 黑暗 hēiàn 天昏地暗 tiānhūndìàn 어둡고 캄캄함↔광명. ② 黑暗 hēiàn 암담하고 비참한 상태↔광명.

압권(壓卷) 명 ① 好书 hǎoshū 여러 책 가운데 제일 잘 된 책. ¶이것이야말로 동서 문학의 ~이 아니랴. 这才是东西方文学中一部好书。zhècáishìdōngxīfāngwénxué zhōngdeyíbùhǎoshū. ② 精彩部分 jīngcǎibùfen 같은 책 가운데에 특별히 잘 지은 글.

압류(押留)[암뉴] 명 [~하다|타동사] 扣留 kòuliú 没收 mòshōu 查封 cháfēng 〈법〉 국가기관이 공권력으로써 어떤 재산이나 증거물 따위를 잡아 두고, 그 권리자가 자유 처분을 못 하게 하는 강제 행위. ※압수.

압송(押送) 명 [~하다|타동사] 押送 yāsòng 押解 yājiè 〈법〉 죄인을 호송함=기송.

압수(押收) 명 [~하다|타동사] 没收 mòshōu 扣押 kòuyā 查抄 cháchāo 〈법〉 법원이 증거물 따위를 잡아 두는 강제 처분.

압승(壓勝) 명 [~하다|자동사・타동사] 压倒 yādǎo 크게 이김.

압연기(壓延機) 명 轧钢机 zhágāngjī 〈기〉 일반 금속이나 강철 들을 눌러 늘이는 기계=늘늘이개.

압착(壓榨) 명 [~하다|타동사] 压榨 yāzhà 压缩 yāsuō 눌러 짬=압자.

앙등(昂騰) 명 [~하다|자동사] 高涨 gāozhǎng→오름.

앙망(仰望) 명 [~하다|타동사] ① 祈望 qíwàng 盼望 pànwàng 우러러 바람=앙기. ② 昂见ángjiàn=앙관.

앙숙(怏宿) 명 ① 怨家 yuānjia 앙심을 품고 서로 미워하는 사이. ¶그들은 서로 ~이다. 他们两家成了冤家。tāmenliǎng jiāchéngleyuānjia. ② 怨恨 yuànhèn→옹치.

앙심(怏心) 명 报仇心 bàochóuxīn 怀恨的心理 huáihèndexīnlǐ 원한을 품고 앙갚음하려고 벼르는 마음. ¶~이 나다. 产生报仇心。chǎnshēngbàochóuxīn.

애걸(哀乞) 명 [~하다|자동사・타동사] 乞求 qǐqiú 哀求 āiqiú 소원을 들어 달라고 애처롭게 빎.

애견(愛犬) 명 [~하다|자동사] ① 宠狗 chǒnggǒu 사랑하는 개. ② 爱狗 àigǒu 개를 사랑함.

애교(愛嬌) 명 撒娇 sājiāo 남에게 귀엽게 보이는 태도.

애련(哀憐) 형 [여 불규칙] 显得可怜 xiǎndekělián 가엾어 함.

애로(隘路) 명 ① 狭路 xiálù 좁고 험한 길. ② 难关 nánguān 일의 진행을 방해하는 장애. ¶~ 사항. 困难事项。kùnnán shìxiàng.

애마(愛馬) 명 宠马 chǒngmǎ 자기가 사랑하는 말=애기.

애매(曖昧) 명 〔~하다|형용사〕〔~히|부사〕 含糊 hánhu 不清楚 bùqīngchǔ 〈논〉 한 개념과 다른 개념과의 구별이 충분하지 못함.

애사(愛社) 명 〔~하다|자동사〕 爱公司 ài gōngsī 자기가 근무하는 회사를 아끼고 사랑함. ¶~ 정신이 강하다. 爱公司的精神强烈。Àigōngsīdejīngshénqiángliè.

애석(愛惜) 명 〔~하다|타동사・형용사〕〔~히|부사〕 惋惜 wǎnxī 可惜 kěxī 怜惜 liánxī 사랑하고 아깝게 여김=애지석지.

애송(愛誦) 명 〔~하다|타동사〕 喜欢朗诵 xǐhuānlǎngsòng 어떤 글을 좋아하여 욈.

애수(哀愁) 명 哀愁 āichóu 哀伤 āishāng 哀戚 āiqì 마음을 서글프게 하는 슬픈 근심. ¶~에 잠기다. 沉溺于哀伤。chénnìyú āishāng.

애애(藹藹) 형 〔여 불규칙〕 ① 茂盛 mào shèng=무성하다. ¶초목이 ~. 草木茂盛。cǎomùmàoshèng. ② 明亮 míngliàng=우련하다. ¶달빛이 ~. 月光明亮。yuè guāngmíngliàng. ③ 和蔼 héǎi 友好的 yǒuhǎode 점잖은 이들이 많이 모여 있다.

애완구(愛玩具) 명 宠爱的玩具 chǒngài dewánjù 좋아하고 아끼는 노리개.

애욕(愛欲) 명 ① 情欲 qíngyù 애정과 욕심. ② 爱心 àixīn 사랑하고 싶어하는 욕망. ※정욕.

애원(哀願) 명 〔~하다|타동사〕 哀求 āi qiú 恳求 kěnqiú 央求 yāngqiú 애닯게 사정하여 원함.

애육(愛育) 명 〔~하다|타동사〕 抚育 fǔ yù 사랑하여 기름=애양.

애음(愛飮) 명 〔~하다|타동사〕 ① 爱酒 àijiǔ=애주. ② 爱喝 àhē 음료수 따위를 즐겨 마심.

애인(愛人) 명 〔~하다|자동사〕 ① 爱别人 àibiérén 남을 사랑함. ② 恋人 liàn rén 열애의 상대자=정인.

애절(哀切) 형 〔여 불규칙〕 凄楚急切 qī chǔjíqiè 매우 애처롭고 슬프다.

애절(哀絶) 형 〔여 불규칙〕 哀痛欲绝 āi tòngyùjué 애가 타도록 견디기 어렵다.

애족(愛族) 명 〔~하다|자동사〕 爱民族 àimínzú 제 겨레를 사랑함. ¶~ 정신. 爱民族精神。àimínzújīngshén.

애주(愛酒) 명 〔~하다|자동사〕 爱喝酒 àihējiǔ 술을 썩 좋아함=애음.

애지중지(愛之重之) 부 〔~하다|타동사〕 爱惜 àixī 疼爱 téng ài=애중하다. ¶그의 ~하는 말이 무척이나 탐이 났다. 很喜欢听他爱惜我的话。hěnxǐhuāntīngtāàixīwǒ dehuà.

애착(愛着) 명 〔~하다|자동사〕 热爱 rèài 爱惜 àixī 어떤 사물과 떨어질 수 없게 그것을 사랑하고 아낌.

애타심(愛他心) 명 爱别人的心情 àibié

réndexīnqíng 다른 사람을 사랑하는 마음↔애기심.

애통(哀痛) 명형 〔여 불규칙〕 哀痛 āitòng 悲痛 bēitòng 슬프고 가슴 아파함. ¶~ 망극. 悲痛欲绝。bēitòngyùjué.

애향(愛鄕) 명 〔~하다|자동사〕 爱故乡 àigùxiāng 자기 고향을 사랑함.

애화(哀話) 명 哀史 āishǐ 悲惨的故事 bēicǎndegùshì 슬픈 이야기=비화.

액년(厄年)[앵—] 명 ① 凶年 xiōngnián 운수가 사나운 해=연기. ② 不吉利的年 bùjílìdenián 음양도에서 말하는, 운수가 사나운 해. 남자는 스물다섯·마흔 둘·예순 한(쉰) 살, 여자는 열아홉·서른셋·서른일곱 살=겁년, 연기.

액면(額面) 명 ① 票面 piàomiàn 편액의 겉면. ② 票面额 piàomiàné 표면에 내세운 사물의 가치.

액자(額字) 명 匾额的字 biǎnédezì 현판에 쓰는 큰 글자.

액출(腋出) 명 〔~하다|자동사〕 漏出 lòuchū=액생하다.

야구(野球) 명 棒球 bàngqiú 〈체〉 아홉 사람씩의 두 팀이 각각 9회씩 번갈아가며 공격과 방어를 되풀이하여 득점을 다투는 구기.

야광(夜光) 명 ① 夜光 yèguāng 야광주 따위가 밤에나 어둠 속에서 스스로 내는 빛. ② 月光 yuèguāng '달'의 다른 이름.

야근(夜勤) 명 〔~하다|자동사〕 夜班 yèbān=밤일.

야기(惹氣) 명 〔~하다|타동사〕 引起 yǐnqǐ 끌어 일으킴. ¶누적된 불만으로 ~된 민중의 시위. 由于积怨引起的大众示威。yǒuyújīyuànyǐnqǐdedàzhòngshìwēi.

야단(惹端) 명 〔~하다|자동사〕 ① 喧嚷 xuānrǎng 매우 떠들썩하고 부산하게 벌어진 일. ¶소풍간다고 ~들이다. 喧嚷着去野游。xuānrǎngzheqùyěyóu. ② 骂说 màshuō 소리를 높이어 마구 꾸짖는 일. ¶~을 맞다. 挨了骂。Áilemà. ③ 糟糕 zāogāo 탈이 날 만큼 곤란한 일이 생김.

야단법석(惹壇法席) 명 喧嚷 xuānrǎng 喧吵 xuānchǎo 吵闹 chǎonào 여러 사람이 한곳에 모여 몹시 소란스럽게 구는 일.

야담(野談) 명 说书 shuōshū 民间故事 mínjiāngùshì 야사 이야기.

야당(野黨) 명 在野党 zàiyědǎng 정당정치에서 현재 내각을 조직하지 않은 정당=야, 재야당.

야료(惹鬧) 명 〔~하다|자동사〕 ① 惹是生非 rěshìshēngfēi 생트집을 하고 함부로 떠들어 대는 짓. ② 无理取闹 wúlǐqǔnào 为非作歹 wéifēizuòdǎi '야기요단'의 준말.

야망(野望) 명 野心 yěxīn 분에 넘는 야심을 품은 희망.

야박(野薄)[—바카—] 형 〔여 불규칙〕 刻薄 kèbó 冷酷 lěngkù 无情 wúqíng 야멸치고 박정하다. ¶~한 세상 인심. 冷酷的

世上人心。lěngkùdeshìshàngrénxīn.

야비(野卑) 형 〔여 불규칙〕 卑鄙 bēibì 下流 xiàliú 성질이나 행동이 야하고 비루하다=비야하다.

야사(野史) 명 野史 yěshǐ 野録 yělû '민간에서 사사로 지어 엮은 역사'를 '정사'에 맞대어 하는 말=야승, 외사. ※정사.

야산(野山) 명 小山冈 xiǎoshāngāng 小山坡 xiǎoshānpō 들 가까이에 있는 나지막한 산.

야속(野俗) 명 〔~하다|형용사〕〔~히|부사〕 ① 冷酷 lěngkù 인정이 없고 쌀쌀함. ② 不拘交情 bùjūjiāoqíng 遗憾 yíhàn 언짢고 섭섭함.

야수(野手) 명 守场员 shǒuchǎngyuán 〈체〉 야구에서, 내야수와 외야수를 아울러 일컫는 말.

야식(野食) 명 〔~하다|자동사〕 野餐 yěcān=밤밥.

야심만만(野心滿滿) 형 〔여 불규칙〕 野心充满 yěxīnchōngmǎn 야심이 가득 차 있다. ¶~한 정치가. 野心勃勃的政治家。yěxīnbóbódezhèngzhìjiā.

야업(夜業) 명 夜工 yègōng→밤일.

야영(野營) 명 〔~하다|자동사〕 ① 野营 yěyíng 들에 친 진영 또는 거기서 하는 생활. ¶~ 훈련. 野营训练。yěyíngxùnliàn=노영. ② 夏令营 xiàlìngyíng 들에 천막을 쳐 놓고 훈련이나 휴양을 하는 생활. ¶여름 ~. 夏令营。xiàlìngyíng=노영.

야욕(野欲) 명 ① 野心 yěxīn 야심을 품은 욕심. ② 兽欲 shòuyù 야수와 같은 성적 욕망.

야유(野游) 명 〔~하다|자동사〕 郊游 jiāoyóu=들놀.

야유(揶揄) 명 〔~하다|타동사〕 ① 揶揄 yéyú 开玩笑 kāiwánxiào 남을 빈정거리며 놀리는 언행. ¶~ 섞인 목소리. 嘲笑口气。cháoxiàokǒuqì. ② 嘲笑 cháoxiào 奚落 xīluò 남을 빈정거리며 놀림.

야적(野積) 명 〔~하다|타동사〕 在露天堆积 zàilùtiānduījī 露天存储 lùtiānchǔcún 한데에 쌓음.

야채(野菜) 명 ① 野菜 yěcài=들나물. ② 蔬菜 shūcài=남새.

야합(野合) 명 〔~하다|자동사〕 ① 勾结 gōujié 狼狈为奸 lángbèiwéijiān 좋지 못한 목적 밑에 서로 어울림. ¶타협이나 ~을 싫어하다. 讨厌妥协和勾结。tǎoyàntuǒxiéhégōujié. ② 私通 sītōng=내통.

야행성(夜行性) 명 夜间活动的 yèjiānhuódòngde 동물 따위가 밤에 활동하는 성질. ¶~ 동물. 夜间活动的动物。yèjiānhuódòngdedòngwù.

야화(野話) 명 平话 pínghuà 항간에 널리 떠도는 이야기.

약(約) 관 约 yuē 大约 dàyuē 大概 dàgài 수와 관련되는 어떤 말 앞에 쓰이어 '대강', '대략'의 뜻을 나타내는 말. ¶~ 4분 정도. 约四分之一。yuēsìfēnzhīyī.

약(弱)[야카–] 형 〔여 불규칙〕 ① 弱 ruò 힘이 적거나 덜하다. ¶팔심이 ~. 腕力不够。 wànlìbúgòu. ② 软弱 ruǎnruò 성격이나 마음이 굳세지 못하다. ¶마음이 ~. 心软。 xīnruǎn. ③ 衰弱 shuāiruò 몸이 부실하다. ¶~한 몸. 弱体。 ruòtǐ. ④ 薄弱 bóruò 물, 불, 바람 따위의 기운이 덜하다. ¶불길이 ~해졌다. 火势减弱。 huǒshìjiǎnruò. ⑤ 脆弱 cuìruò 바탕이 무르거나 견디는 힘이 적다. ¶~한 실. 细丝。 xìsī. ⑥ 差 chà 어떤 정도가 낮거나 덜하다. ¶경쟁률이 ~한 학과. 竞争力差的学科。 jìngzhēnglìchàdexuékē. ⑦ 浅薄 qiǎnbó 능력, 지식, 기술 따위가 모자라거나 낮다. ¶실력이 ~. 势力浅薄。 shìlì qiǎnbó.

약간(若干) 명 若干 ruògān 稍许 shāoxǔ 稍微 shāowēi 얼마 되지 아니함. ¶~의 돈. 若干钱。 ruògānqián.

약골(弱骨) 명 体弱者 tǐruòzhě 몸이 약한 골격 또는 그런 사람.

약과(藥果) 명 ① 油蜜饼 yóumìbǐng=과줄. ② 算不了什么 suànbùliǎoshénme 그만한 게 다행한 일, 또는 감당하기 어렵지 않은 일이란 뜻으로 하는 말.

약관(約款) 명 条约 tiáoyuē 规条 guītiáo 조약이나 계약에서 약속하여 정한 조항.

약동(躍動) 명 〔~하다|자동사〕 生机盎然 shēngjīàngrán 沸腾 fèiténg 뛰는 듯이 생기 있게 움직임.

약동감(躍動感) 명 生动感 shēngdòng gǎn → 생동감.

약속(約束) 명 ① 约言 yuēyán 언약하여 정함. ¶~을 받다. 定约。 dìngyuē=권약. 입약. ② 约定 yuēdìng 서로 언약한 내용. ¶~이 다르다. 约定不同。 yuēdìngbù tóng.

약세(弱勢) 명 ① 弱势 ruòshì 약한 세력이나 기세↔강세. ② 萧条 xiāotiáo=내림세.

약세시황(弱勢市況) 명 看跌行情 kàndiē hángqíng.

약술(略述) 명 〔~하다|타동사〕 ① 略述 lüèshù 간략한 논술. ② 简述 jiǎnshù 간략하게 논술함.

약식복장(略式服裝) 명 便服 biànfú 정식 절차를 다 차리지 아니하고 생략한 의식이나 양식.

약자(略字) 명 简体字 jiǎntǐzhì=반자.

약조(約條) 명 〔~하다|타동사〕 ① 约定 yuēdìng 조건을 정하여 약속함. ② 约定条款 yuēdìngtiáokuǎn 약속하여 정한 조항.

약지(藥指) 명 无名指 wúmíngzhǐ 四拇指 sìmǔzhǐ=약손가락.

약질(弱質) 명 体弱者 tǐruòzhě 튼튼하지 못한 체질 또는 그러한 체질의 사람. ※약골.

약취(略取) 명 〔~하다|타동사〕 掠夺 lüè duó 빼앗음.

약탈(掠奪) 명 [~하다|타동사] 掠夺 lüèduó 打劫 dǎjié 劫夺 jiéduó 폭력을 써서 남의 것을 억지로 빼앗음.

약호(略號) 명 ① 省略号 shěnglüèhào 어떤 사물을 간단하고 알기 쉽게 나타내는 데 쓰이는 부호. ② 略码 lüèmǎ 간략하게 줄이어 부르는 칭호.

약혼(約婚)[야콘] 명 [~하다|자동사] 定亲 dìngqīn 혼인하기를 약속함=혼약. 订婚 dìnghūn 혼인예약.

약화(弱化)[야콰] 명 [~하다|자동사·타동사] 削弱 xuēruò 약하여짐. 또는 약하게 함↔강화.

양가(養家) 명 养父母家 yǎngfùmǔjiā 양아들로 들어간 집.

양과자(洋果子) 명 洋点心 yángdiǎnxīn 서양식으로 만든 과자=서양과자.

양극단(兩端間) 명 两个极端 liǎnggèjíduān=두극단.

양근(陽根) 명 〈생〉 男人生殖器 nánrén shēngzhíqì=자지 〈화〉 阳根 양이온으로 되는 원자의 집단.

양기(陽氣) 명 ① 阳光 yángguāng 햇볕의 따뜻한 기운. ¶봄날에 내리쬐는 따뜻한 ~. 春天温暖的阳光。chūntiānwēn nuǎndeyángguāng. ② 活泼 huópō 만물이 살아 움직이는 활발한 기운. ¶~가 왕성하다. 生气勃勃。shēngqìbóbó. ③ 情欲 qíngyù 阳气 yángqì 〈한의〉 몸안의 양의 기운 또는 남자의 성적 정력. ¶~를 돕다. 补阳。bǔyáng↔음기.

양단간(兩端間) 명 无论如何 wúlùnrúhé 이렇게 되든지, 저렇게 되든지 두 가지 중. ¶~의 문제. 两者之一。liǎngzhězhīyī.

양도(讓渡) 명 [~하다|타동사] 转让 zhuǎnràng 让与 ràngyǔ 남에게 넘겨 줌.

양도(糧道) 명 ① 一年时间内需要的粮食 yìniánshíjiānnèixūyàodeliángshi 일정한 기간 동안 먹고 살아 갈 양식. ② 运粮道 yùnliángdào 군량을 나르는 길.

양두구육(羊頭狗肉) 명 挂羊头卖狗肉 guàyángtóumàigǒuròu 양의 머리를 내세우고 개고기를 판다는 뜻으로 '겉으로 훌륭하게 보이고 속은 변변하지 아니한 것'의 비유.

양득(兩得) 명 [~하다|타동사] 一举两得 yìjǔliǎngdé=둘잡이.

양력(揚力)[-녁] 명 升力 shēnglì 〈물〉 =뜰심.

양륙(揚陸)[-뉵] 명 [~하다|타동사] 把船的货搬上岸 bǎchuándehuòbānshàngàn 배의 짐을 뭍으로 운반함. ¶화물을 ~하다. 把货物搬到岸上去。bǎhuòwùbān dàoànshàngqù.

양립(兩立)[-닙] 명 [~하다|자동사] ① 两立liǎnglì 두 사물이 동시에 서로 지장 없이 섬. ¶애정과 우정의 ~. 爱情和友情的双方面。àiqínghéyǒuqíngdeshuāng fāngmiàn. ② 对峙 duìzhì 두 세력이 어느 한 편도 굽힘 없이 서로 맞섬. ¶동서

진영의 ~. 东西方的对峙。dōngxīfāngde duìzhì.

양말(洋襪) 명 袜子 wàzi 실로 걷거나 떠서 만든 서양식 버선.

양면(兩面) 명 ① 两面 liǎngmiàn=양쪽. ¶수륙 ~ 생활. 水陆两面生活。shuǐlù liǎngmiànshēnghuó. ② 两个面 liǎngge miàn 사물의 양쪽의 면. ¶~ 거울. 镜子的两面。jìngzideliǎngmiàn. ③ 两方面 liǎngfāngmiàn 두 가지 방면.

양목(洋木) 명 细布 xìbù=당목.

양묘(養苗) 명 [~하다|자동사] 育苗 yù miáo=모기르기.

양물(洋物) 명 西洋东西 xīyángdōngxi=양품.

양물(陽物) 명 ① 好色汉 hàocèhàn '양기 있는 사람'을 놀리는 말. ② 鸡巴 jībā 〈생〉=자지.

양반(兩班) 명 ① 贵族 guìzú 전날에, 지체나 신분이 높은 상류계급에 딸린 사람. ② 东班与西班 dōngbānyǔxībān 동반과 서반. ③ 先生 xiānshēng '남자'를 높이거나 낮추어 일컫는 말. ¶저기 가는 저 ~아. 喂, 去那儿的那位先生。wèi, qùnàer denàwèixiānshēng. ④ 对自己丈夫的尊称 duìzìjǐzhàngfudezūnchēng '남편'의 높임말. ¶우리집 ~. 我家先生。wǒjiānxiān shēng.

양반계급(兩班階級) 명 贵族阶级 guìzú jiējí 〈사〉 조선 때 사회 계급의 하나. 동반, 서반 및 사대부 문벌의 상류계급.

양병(佯病) 명 [~하다|자동사] 假称病 jiǎchēngbìng=꾀병.

양복(洋服) 명 西装 xīzhuāng 洋服 yáng fú 서양식으로 만든 옷.

양복장(洋服匠) 명 西装匠 xīzhuāng jiàng 양복 짓는 일을 업으로 하는 사람.

양복점(洋服店) 명 服装店 fúzhuāngdiàn =양복집.

양부(良否) 명 好坏 hǎohuài 좋음과 좋지 못함. ¶그 일은 ~를 가릴 수 없으니 네 생각대로 해라. 那一件事不好分好坏, 你自己看着办吧。nàyíjiànshìbùhǎofēnhǎo huài, nǐzìjǐkànzhebànba.

양사(養嗣) 명 [~하다|타동사] ① 养子 yǎngzǐ=양아들. ② 受养 shòuyǎng=입양.

양산(量産) 명 大量生产 dàliàngshēng chǎn 규격이 같은 상품을 많이 생산하는 일.

양상(樣相) 명 样子 yàngzi 状态 zhuàng tài 생김새나 모습.

양상군자(梁上君子) 명 ① 盗贼 dàozéi '들보 위에 숨어 있는 군자'라는 뜻으로, '도둑'을 완곡하게 일컫는 곁말. ② 老鼠 lǎoshǔ 쥐.

양생(養生) 명 [~하다|자동사·타동사] ① 养生 yǎngshēng 오래 살기 위하여 몸과 마음을 편안히 하고 병에 걸리지 않게 노력함=섭생, 섭양, 양수. ※보양. ② 养护 yǎnghù 〈건〉 물을 축이고 보호 관리하여 콘크리트가 완전히 굳게 함.

양성(養成) 명 〔~하다|타동사〕 ① 养成 yǎngchéng 가르쳐서 유능한 사람을 길러 냄. ¶기술자 ~. 培养技术人员。péiyǎng jìshùrényuán. ② 培养 péiyǎng 실력, 역량 따위를 길러서 발전시킴. ¶실천력 ~. 培养实践能力。péiyǎngshíjiànnénglì.

양성(釀成) 명 〔~하다|타동사〕 ① 酿酒 niàngjiǔ=양조. ② 造成 zàochéng 어떤 분위기나 경향을 자아냄.

양수기(揚水機) 명 抽水机 chōushuǐjī=펌프.

양수인(讓受人) 명 受让人 shòuràngrén 受委托者 shòuwěituōzhě 넘겨 받는 이.

양순(良順) 형 〔여 불규칙〕 温顺 wēn shùn 老实 lǎoshí 어질고 순하다.

양식(洋食) 명 西餐 xīcān 西洋菜 xīyáng cài=서양식.

양식(樣式) 명 ① 方式 fāngshì 일정한 모양과 방식=식양, 양. ② 格式 géshì 문학, 예술, 공예 따위에서 시대 또는 어떤 부류를 따라 각기 독특하게 지니는 형식=양.

양안(良案) 명 好注意 hǎozhúyì '양안장'의 준말.

양어장(養魚場) 명 养鱼池 yǎngyúchí 물고기를 길러 번식시키는 곳.

양연(良緣) 명 好缘 hǎoyuán 좋은 인연.

양옥(洋屋) 명 洋房 yángfáng 西式房子 xīshìfángzi 서양식으로 지은 집=서양관, 양관, 양옥집.

양요리(洋料理) 명 西餐 xīcān=서양요리.

양장(洋裝) 명 〔~하다|자동사·타동사〕 ① 洋式打扮 yángshìdǎbàn 여자가 서양식으로 옷차림이나 머리를 꾸밈. ② 洋装 yángzhuāng 책을 서양식으로 장정함.

양재(洋裁) 명 〔~하다|자동사〕 西服的剪裁和缝纫 xīfúdejiǎncáihéféngrèn 양복을 마르는 일 또는 그 바느질. 흔히 '여자의 양복을 만드는 일'로만 쓰이기도 한다.

양주(兩主) 명 〈속어〉 夫妻 fūqī 两口子 liǎngkǒuzi 바깥주인과 안주인이라는 뜻으로, '부부'를 일컫는 말.

양지(陽地) 명 向阳地 xiàngyángdì=양달.

양찰(諒察) 명 〔~하다|타동사〕 体谅 tǐ liàng 헤아려서 살핌=양촉.

양철(洋鐵) 명 白铁 báitiě=생철.

양춘가절(陽春佳節) 명 艳阳天 yànyáng tiān 따뜻하고 좋은 봄철.

양치(養齒) 명 〔~하다|자동사〕 ① 漱口 shùkǒu=양치질. ② 刷牙 shuāyá 칫솔질.

양친(兩親) 명 父母 fùmǔ=어버이.

양판점(量販店) 명 廉价商店 liánjià shāngdiàn 대량으로 상품 판매를 하는 대형 소매점.

양편(兩便) 명 〔~하다|형용사〕 双方 shuāngfāng 이쪽저쪽 다 편함.

양편공사(兩邊公事) 명 双方公平 shuāng fānggōngpíng 양편의 의견을 듣고 시비를 공평하게 판단하는 일.

양학(洋學) 명 西学 xīxué 서양 학문.

양항(良港) 명 好港 hǎogǎng 좋은 항구.

양행(洋行) 명 ① 旅行西方国家 lǚxíngxī fāngguójiā 서양으로 감. ¶~의 꿈에 젖어 있었다. 抱着去西方国家的梦。bàozhe qùxīfāngguójiādemèng. ② 洋行 yáng háng 주로 서양과 무역하는 상점.

양화(洋畵) 명 ① 西洋画 xīyánghuà 〈미〉 '서양화'의 준말. ② 西洋片 xīyáng piàn 서양에서 수입한 영화.

양화(良貨) 명 ① 西洋货币 xīyánghuòbì 서양 화폐. ② 洋货 yánghuò 서양에서 들어온 물화.

양화(陽畵) 명 正片 zhèngpiàn 음화에 인화지를 대고 박아, 실물과 같이 보이는 사진↔음화.

어개(魚介) 명 ① 鱼贝 yúbèi 〈동〉 물고기와 조개=인개. ② 海产 hǎichǎn 바다에서 사는 동물을 통틀어 일컫는 말.

어구(於口) 명 口 kǒu 入口 rùkǒu→어귀.

어눌(語訥) 형 〔여 불규칙〕 讷口 nèkǒu =말굳다. 말을 더듬어 유창하게 하지 못하다.

어로(漁撈) 명 〔~하다|타동사〕 捕鱼 bǔ yú=고기잡이.

어물전(魚物廛) 명 鱼店 yúdiàn 어물을 파는 가게=어물점, 어사.

어부지리(漁夫之利) 명 渔利 yúlì 조개와 황새가 서로 싸우는 판에 어부가 두 놈을 쉽게 잡아서 이를 보았다는 뜻으로 '두 사람이 다툼질한 결과 아무 관계도 없는 사람이 이를 얻게 됨'을 빗대어 하는 말=어인지공. ※견토지쟁, 방휼지쟁.

어색(語塞)[-새카-] 형 〔여 불규칙〕 ① 没话可说 méihuàkěshuō 말이 궁하여 답변할 말이 없음=어굴, 어궁. ② 不自然 búzìrán 서먹서먹하여 멋쩍고 쑥스러움. ③ 生硬 shēngyìng 보기에 서투름.

어순(語順) 명 词序 cíxù=말차례.

어언간(於焉間) 부 不觉间 bùjuéjiān=어느덧. ¶속이려는 자기가 ~ 속고 있는 것을 깨달았다. 不知不觉中认识到反而自己被骗的事实。bùzhībùjuézhōngrènshidào fǎnérzìjǐbèipiàndeshìshí.

어족(魚族) 명 鱼类 yúlèi 물고기를 계통적으로 나눈 종족.

어중간(於中間) 명 〔~하다|형용사〕 〔~히|부사〕 倒多不少 dàoduōbùshǎo 倒长不短 dàochángbùduǎn 倒远不远 dào yuǎnbùyǎun 中间位置 zhōngjiānwèizhì 거의 중간쯤 되는 데. ¶서울과 인천의 ~에 집을 마련하였다. 在汉城和仁川中间位置买了房子。zàihànchénghérénchuān zhōngjiānwèizhìmǎilefángzi.

어차피(於次彼) 부 反正 fǎnzhèng 无论如何 wúlùnrúhé '어차어피'의 준말=이러나저러나.

어투(語套) 명 语气 yǔqì 口气 kǒuqì=말투.

어폐(語弊)[-폐/-페] 명 ① 话里有弊端 huàlǐyǒubìduān 말의 폐단. ② 容易引起误解的话 róngyìyǐnqǐwùjiědehuà 남의

오해를 받기 쉬운 말.

어혈(瘀血) 명 〈한의〉 瘀血 yūxiè=멍.

어획(漁獲) 명 〔~하다|타동사〕 捕鱼 bǔ yú 수산물을 잡거나 뜯음. 또는 그 수산물.

억대(億台) 명 算亿的 suànyìde 억으로 헤아릴 만큼 많음. ¶~ 부자. 亿万富翁。yìwànfùwēng.

억류(抑留)[엉뉴] 명 〔~하다|타동사〕 关押 guānyā 억눌러 둠. ¶감옥에서 ~ 생활을 3년이나 했지. 被关在监狱里3年。bèi guānzàijānyùlǐsānnián.

억만(億萬)[엉—] 수 亿 yì 억(亿)과 만. 관 无数 wúshù 아주 많은 수효. ¶~ 가지 걱정. 数不清的烦恼。shǔbùqīngdefán nǎo. ※억조(亿兆).

억만장자(億萬長者)[엉—] 명 亿万富翁 yìwànfùwēng 헤아리기 어려울 만큼 많은 재산을 가진 사람.

억설(臆說) 명 〔~하다|타동사〕 胡说 hú shuō 空论 kōnglùn 억측하는 말.

억압(臆壓) 명 〔~하다|타동사〕 压迫 yā pò 压抑 yāyì 억누름. ¶~과 속박에서 해방된 우리 在被压迫中我们得到解放了。zàibèiyāpòzhōngwǒmendédàojiěfàngle.

억울(抑鬱) 형 〔여 불규칙〕 冤枉 yuān wàng 委屈 wěiqū 억눌려서 답답하다.

억제(抑制) 명 〔~하다|타동사〕 抑制 yì zhì 抑止 yìzhǐ 遏制 èzhì 내리 눌러서 제어함=억륵, 억지.

억측(臆測) 명 〔~하다|타동사〕 猜测 cāi cè 근거가 없이 하는 추측=억료, 억탁.

언감(焉敢) 부 岂敢 qǐgǎn 어찌 감히.

언감생심(焉敢生心) 명 怎么敢那么想? zěnmegǎnnàmexiǎng '어찌 감히 그런 마음을 먹을 수 있으랴'의 뜻. ※감불생심.

언급(言及) 명 〔~하다|자동사·타동사〕 谈到 tándào 涉及 shèjí 어떤 일과 관련하여 말함.

언명(言明) 명 〔~하다|타동사〕 表明 biǎomíng 申明 shēnmíng 谈到 tándào 말로써 똑똑히 나타냄.

언변(言辯) 명 辩才 biàncái 口才 kǒucái =말재주. ¶~이 좋다. 口才好。kǒucáihǎo.

언성(言聲) 명 话音 huàyīn 言声 yán shēng=말소리. ¶~을 높이다. 提高声音。tígāoshēngyīn.

언어(言語) 명 ① 语言 yǔyán 사람이 생각이나 느낌을 소리나 글자로 나타내는 수단. ¶~가 없이 사회생활은 불가능하다. 没有语言就不可能有社会生活。méiyǒu yǔyánjiùbùkěnéngyǒushèhuìshēnghuó. ② 话 huà=말.

언어도단(言語道斷) 명 荒谬绝伦 huāng miùjuélún 말할 길이 끊어졌다는 뜻. 곧, 너무나 엄청나거나 기가 막혀서, 말로써 나타낼 수가 없음. §도단=언어동단.

언쟁(言爭) 명 〔~하다|자동사〕 争吵 zhēngchǎo=말다툼.

언중(言中) 명 话中 huàzhōng 말 가운데=언내.

언중유골(言中有骨)[ㅡ뉴ㅡ] 명 话中有刺 huàzhōngyǒucì 말 가운데 뼈. 곧, 말이 겉으로는 순한 듯 하나 단단한 속뜻이 들어 있다는 말. ※언중유언.

언중유언(言中有言)[ㅡ뉴ㅡ] 명 话中有话 huàzhōngyǒuhuà 말 가운데 말. 곧, 순한 듯 한 말 속에 어떤 풍자나 암시가 들어 있다는 말. ※언중유골.

언질(言質) 명 话柄 huàbǐng 상대자가 한 말을, 뒤에 자기가 할 말의 증거로 삼음.

언필칭(言必稱) 부 每次开口一定讲 měicì kāikǒuyídìngjiǎng 开口闭口说 kāikǒubì kǒushuō 말할 때마다 반드시.

언해(諺解) 명 ① 用韩文注释汉文的书 yònghánwénzhùshìhànwéndeshū 한문을 한글로 풀이함. ② 用韩文解释的书 yòng hánwénjiěshìdeshū 한글로 풀이한 책.

엄습(掩襲) 명 〔~하다|타동사〕 突然袭击 tūránxíjī 불의에 습격하는 것 또는 그 습격.

엄연(儼然) 형 〔여 불규칙〕 无可争辩 wú kězhēngbiàn (어떤 사실이나 현상이) 누구도 부인할 수 없게 매우 뚜렷하다.

엄존(嚴存) 명 〔~하다|자동사〕 一定存在 yídìngcúnzài 엄연하게 존재하는 것.

엄처시하(嚴妻侍下) 명 惧内 jùnèi 怕老婆 pàlǎopó 엄한 아내를 모시는 그 아래라는 뜻으로 "남자가 아내에게 쥐어사는 처지"를 놀림조로 이르는 말.

업소(業所) 명 营业场所 yíngyèchǎngsuǒ 사업을 벌이고 있는 곳. 영업 장소. ¶가격을 담합한 ~들이 적발되었다. 揭发了私下定招标价的营业场所。jiēfālesīxiàdìng zhāobiāojiàdeyíngyèchǎngsuǒ.

업자(業者) 명 ① 工商业主 gōngshāng yèzhǔ 상공업을 경영하고 있는 사람. ¶~와 결탁한 비리 공무원. 同工商业主相互勾结的公务员。 tónggōngshāngyèzhǔ xiànghùgòujiēdegōngwùyuán. ② 同业 tóngyè 동업자. ¶~끼리의 담합. 同业者的联合。tóngyèzhēdeliánhé.

업종(業種) 명 行业 hángyè 영업의 종류.

업체(業體) 명 企业 qǐyè 사업이나 기업의 주체(主体).

업태(業態) 명 业务情况 yèwùqíngkuàng 영업이나 사업의 실태.

여가(餘暇) 명 余闲 yúxián 空闲 kòng xián 겨를이나 짬.

여간(如干) 부 普通 pǔtōng 一般 yìbān (주로 부정하는 말과 함께 쓰여) 보통으로, 조금, 어지간하게. ¶~ 힘들지 않다. 不一般累。bùyìbānlèi.

여객기(旅客機) 명 客机 kèjī 여객을 태워 나르는 비행기. ¶이 ~는 500명쯤 탈 수 있다. 这一座客机能坐500名。zhèyízuò kèjīnéngzuòwǔbǎimíng.

여건(與件) 명 条件 tiáojiàn 环境 huán jìng 주어진 조건이라는 뜻으로 문제의 대상으로 내세우거나 가정하여 내놓은것.

여걸(女傑) 명 巾帼 jīnguó 女中丈夫 nǚ

zhōngzhàngfu 女中豪杰 nǚzhōngháojié 호걸다운 여자. 여장부. ¶과연 ~답게 생겼군. 真像个女中豪杰。zhēnxiànggènǚ zhōngháojié.

여고(女高) 명 女高中 nǚgāozhōng '여자고등학교'의 준말.

여과(濾過) 명 〔~하다|타동사〕 ① 过滤 guòlǜ 〈물〉 거름종이나 여과기를 써서 액체 중의 침전물을 걸러 냄. 거르기. ¶~된 폐수. 被过滤的污水。bèiguòlǜdewūshuǐ. ② 批判性应用 pīpànxìngyìngyòng 주로 부정적인 요소를 걸러 내는 과정의 비유. ¶외국 문화가 ~ 없이 수용되고 있다. 无批判地接受外国文化。wúpīpàndejiē shòuwàiguówénhuà.

여권(旅券) 명 护照 hùzhào 외국 여행자의 신분·국적을 증명하고, 그 보호를 의뢰하는 문서 ≪일반·관용(官用)·외교관 여권의 세 가지가 있음≫. 패스포트. ¶~을 신청하다. 申请护照。shēnqǐng hùzhào.

여기(勵起) 명 激发 jīfā 못된 돌림병을 일으키는 기운.

여난(女難) 명 女祸 nǚhuò 여색(女色)이나 여인 교제로 인해 일어나는 환난(患难). ¶~을 겪다. 有女祸。yǒunǚhuò.

여념(餘念) 명 余心 yúxīn (주로 "없다"와 함께 쓰이어) 어떤 것을 생각하면서 또 다른 것에 대하여 하는 딴 생각.

여담(餘談) 명 闲话 xiánhuà 나머지 이야기라는 뜻으로 이야기하는 과정에 본 문제와 그리 관계가 없거나 부차적이거나 한 것을 곁달아서 하는 말.

여당(與黨) 명 执政党 zhízhèngdǎng "집권당"을 야당에 상대하여 이르는 말.

여동생(女同生) 명 妹妹 mèimei 누이동생↔남동생.

여망(餘望) 명 ① 最后希望 zuìhòuxī wàng 남은 희망. ② 希望 xīwàng 앞으로의 희망.

여명(餘命) 명 余生 yúshēng 머지 않아 없어질 앞으로 남은 목숨.

여부(與否) 명 与否 yǔfǒu 能否 néngfǒu 어떤 사실의 "있고 없음", "그러함과 그렇지 않음"을 이르는 말. ¶아무렴, 그렇지 ~가 있나. 当然, 不会有错。dāngrán, bú huìyǒucuò.

여분(餘分) 명 多余的 duōyúde 나머지 또는 남는 것.

여상(女相) 명 长得像女人 zhǎngdexiàng nǚrén 女人相 nǚrénxiàng 여자처럼 생긴 남자 얼굴↔남상(男相).

여선생(女先生) 명 女老师 nǚlǎoshī 여자 선생↔남선생.

여송연(呂宋煙) 명 ① 雪茄 xuějiā 필리핀의 루손 섬에서 나는 향기 좋고 독한 엽궐련. ② 雪茄烟 xuějiāyān 엽궐련.

여승(女僧) 명 尼姑 nígū 여자 중. 비구니(比丘尼)↔남승.

여식(女息) 명 女儿 nǚér 딸.

여야(與野) 명 与党和野党 yǔdǎnghéyědǎng "여당"과 "야당"을 아울러 이르는 말.

여유(餘裕) 명 富余 fùyú 넉넉하고 남아 있는 것.

여유작작(餘裕綽綽)[－짜카－] 형 〔여 불규칙〕 ① 足 zú 빠듯하지 않고 아주 넉넉하다. ② 绰绰有余 chuòchuòyǒuyú 몸가짐이나 마음가짐이 조마조마하거나 당황하지 않고 마음이 든든하고 여유가 있다.

여장(女裝) 명 男扮女装 nánbànnǚzhuāng 남자가 여자 복색을 함. ¶~을 한 미소년. 男扮女装的美少年。nánbànnǚzhuāngdeměishàonián.

여장부(女丈夫) 명 女豪 nǚháo 남자같이 헌걸차고 기개(气概)가 있는 여자. 여걸(女杰).

여전(如前) 형 〔여 불규칙〕 仍然 réngrán 依然如故 yīránrúgù 이전과 같거나 본래대로 다름이 없다.

여지(餘地) 명 余地 yúdì 地步 dìbù "무엇을 해볼 남은 점이나 측면"을 비겨 이르는 말.

여차여차(如此如此) 명 ① 如此如此 rúcǐrúcǐ "이러이러하다"를 이르는 말. ② 如此这般做 rúcǐzhèbānzuò "이렇게이렇게 하다"를 이르는 말.

여타(餘他) 명 其他 qítā 나머지의 다른 것.

여탕(女湯) 명 女池 nǚchí 대중목욕탕에서 여자만 사용하게 된 목욕탕↔남탕.

역(役) 명 角色 juésè 맡아보는 역할.

역(逆) 명 ① 不顺眼 búshùnyǎn "거꾸로", "반대"의 뜻을 나타낸다. ② 作呕 zuò'ǒu 역겹다.

역군(役軍) 명 ① 工地的体力劳动者 gōngdìdetǐlìláodòngzhě 공사장에서 삯일하는 사람. ② 主力军 zhǔlìjūn 일정한 부문에서 중요한 역할을 하는 일꾼. ¶수출 전선의 ~. 出口战线的主力军。chūkǒuzhànxiàndezhǔlìjūn.

역모(逆謀) 명 叛逆 pànnì 背叛 bèipàn 반역을 꾀하는 것.

역병(疫病) 명 流行病 liúxíngbìng 돌림병.

역사(役事) 명 〔~하다|자동사〕 土木工程 tǔmùgōngchéng 建筑工程 jiànzhùgōngchéng "토목공사나 건축공사"를 두루 이르는 말.

역설(力說) 명 〔~하다|자동사·타동사〕 强调 qiángdiào 어떤 주의, 주장을 강조하는 것.

역설(逆說) 명 〔~하다|자동사〕 僻论 pìlùn 어떤 주의, 주장과는 반대되게 내놓는 이론이나 주장.

역수(逆數) 명 倒数 dàoshhù 〈수〉 어떤 수로써 1을 나누어 얻은 몫을 그 어떤 수에 대하여 일컬음 ≪예컨대, 5의 역수는 1/5≫.

역수송(逆輸送) 명 〔~하다|타동사〕 对流运输 duìliúyùnshū 잘못 수송하여, 발송한 곳으로 되돌려 보내는 수송.

역수입(逆輸入) 명 再输入 zàishūrù 수출

한 물건을 가공하지 않은 채로 다시 수입하는 것.

역순(逆順) 명 倒叙 dàoxù 거꾸로 된 순서.

역습(逆襲) 명 〔~하다|타동사〕 反袭击 fǎnxíjī (공격하는 적이나 상대편에 대하여) 반대로 이쪽에서 맞받아 습격하거나 공격하는 것.

역시(亦是) 부 ① 也是 yěshì 또한. ② 还是 háishì 아무래도.

역신(疫神) 명 ① 传播天花的鬼神 chánbō tiānhuādeguǐshén 역병신. ② 天花 tiān huā "천연두"를 달리 이르는 말.

역장(驛長) 명 站长 zhànzhǎng 철도역의 책임자.

역점(力點) 명 ① 重点 zhòngdiǎn 〈물〉 지레를 사용할 때, 힘을 가하는 점. ② 着重力量 zhuózhònglìliàng 특히 중요시하여 힘을 들이는 점. ¶정부는 물가 안정에 ~을 두고 있다. 政府重点解决物价稳定。 zhèngfǔzhòngdiǎnjiějuéwùjiàwěndìng.

역정(逆情) 명 脾气 píqi 몹시 언짢거나 마땅찮게 여기어 신경질적으로 내는 성.

역조(逆調) 명 反调 fǎndiào 고르게 순탄하지 못하고 거스르는 맛이 있는 상태.

역조(逆潮) 명 返潮 fǎncháo 맞받아 거슬러오르는 물의 흐름.

역주(力走) 명 尽力跑 jìnlìpǎo 使劲跑 shǐjìnpǎo 힘껏 달림. ¶마라톤 전 구간을 ~하다. 使劲跑了长跑全程。 shǐjìnpǎole chángpǎoquánchéng.

역질(逆疾) 명 天花 tiānhuā "천연두"를 달리 이르는 말.

역투(力投) 명 ① 用力投 yònglìtóu 힘껏 던짐. ② 棒球赛中投球 bàngqiúsàizhōng tóuqiú 야구에서, 투수가 힘을 다하여 공을 던지는 일.

역할(役割) 명 作用 zuòyòng 어떤 일에 영향을 주는 작용.

역행열(逆行列) 명 逆矩阵 nìjūzhèn 거슬러올라가는 것.

연(鳶) 명 风筝 fēngzhēng 종이에 대오리 같은 것을 붙여만들고 실로 매어서 하늘에 높이 띄워 날리는 놀이감.

연갑(年甲) 명 同辈 tóngbèi 年龄相似的人 niánlíngxiāngsìderén 연배(年輩).

연건평(延建坪) 명 总楼面积 zǒnglóu miànjī 건물이 차지한 바닥의 면적을 종합한 평수. 2층 건물인 경우, 1층과 2층의 평수를 합한 건평.

연결(連結) 명 联结 liánjiē 联系 liánxì 잇대어 맺음. 맺어 합침. ¶객차를 ~하다. 联结客车。 liánjiēkèchē.

연계(連系)[-계/-게] 명 〔~하다|타동사〕 ① 挂钩 guàgōu 接洽 jiēqià 이어서 맴. ② 关联 guānlián 서로 밀접한 관련을 가짐. 또는 그러한 관계. ③ 牵连 qiān lián 남의 죄에 관계되어 옥에 매이는 일을 이르던 말.

연고(緣故) 명 缘故 yuángù 原因 yuán yīn →까닭.

연고자(緣故者) 명 关系人 guānxìrén 어떤 사실에 일정한 관련이나 인연이 있는 사람.

연공(年功) 명 ① 几年功劳 jǐniángōngláo 연래의 공로, 오래 근속한 공로. ② 几年的功夫 jǐniándegōngfu 여러 해 동안 익힌 기술.

연관(聯關) 명 ① 关联 guānlián 关系 guānxi 관련. ¶서로 ~된 사건. 关联事件。guānliánshìjiàn. ② 相关 xiāngguān 많은 경험 내용이 일정한 관계에 따라 결합하여 하나의 전체를 구성하는 일. ¶~이 깊은 관계. 关系很深。guānxihěnshēn. ③ (生理现象) 联贯 (shēnglǐxiàn xiàng) liánguàn 〈생〉 같은 염색체 안의 두 유전 인자가 같은 행동을 취하는 현상 ≪머리카락이 누르면 눈동자가 파랗게 되는 것 따위≫. 링키지.

연극(演劇) 명 〔~하다|자동사〕 ① 话剧 huàjù 〈연〉 배우가 무대 장치와 조명・음악 등의 도움을 받아 각본에 따라 연기하여, 관객에게 보이는 종합 예술. ② 为了骗人演戏 wèilepiànrényǎnxì 남을 속이기 위해 말이나 행동을 꾸며 내는 일. ¶한바탕 ~을 꾸미다. 演了一场戏。yǎnle yìchǎngxì.

연금(年金) 명 定期补助金 dìngqībǔzhùjīn 养老金 yǎnglǎojīn 국가나 단체가 어떤 개인에게 햇수 단위로 정한 금액을 정기적으로 급여하는 금액. ¶그는 종신 ~을 받고 있다. 他享受终身养老金。tā xiǎngshòuzhōngshēnyǎnglǎojīn.

연기(延期) 명 〔~하다|타동사〕 延期 yánqī 展期 zhǎnqī 缓期 huǎnqī 정해진 기일을 뒤로 미루는 것.

연기(煙氣) 명 烟 yān 烟雾 yānwù 물건이 탈 때에 나는 검거나 뿌연 기체.

연단(演壇) 명 讲台 jiǎngtái 강연・연설 등을 하는 사람이 올라서는 단. 연대(演台).

연대(連帶) 명 ① 连带 liándài 2인 이상이 공동으로 책임을 지는 일. ¶~하여 서명하다. 联名签字。liánmíngqiānzì. ② 联合 liánhé 서로 연결함. ¶국제적 ~를 강화해 나가다. 加强国际联合。jiāqiángguó jìliánhé.

연도(沿道) 명 沿途 yántú 沿路 yánlù 夹道 jiādào 큰길의 좌우근처.

연동(聯動) 명 ① 联动 liándòng 기계 따위에서, 한 부분을 움직이면 그에 연결된 다른 부분도 함께 움직이는 일. ¶방범등(防犯灯)의 ~장치. 防犯灯的联动装置。fángfàndēngdeliándòngzhuāngzhì. ② 带动 dàidòng 물가 정책 따위에서, 어떤 것이 값이 오르내림에 따라 그와 관련된 다른 것의 값도 올리거나 내리는 일.

연두(年頭) 명 年初 niánchū 해의 첫머리, 세초(岁初).

연두(軟豆) 명 淡绿色 dànlǜsè '연둣빛'의 준말, 연두색.

연례(年例) 명 每年的惯例 měiniánde

guànlì 해마다 내려오는 정례(定例). ¶내일은 ~ 총회를 여는 날이다. 明天召开年例总结会。 míngtiānzhāokāiniánlìzǒng jiéhuì.

연말상여(年末賞與) 명 年终奖金 nián zhōngjiǎngjīn 한 해의 마지막 무렵. 세밑.

연명(延命) 명 〔~하다|자동사〕 度命 dù mìng 가까스로 목숨을 이어보거나 부지해가는 것.

연명(連名) 명 〔~하다|자동사〕 联名 liánmíng 두 사람 이상의 이름을 한 곳에 죽 잇따라 씀. ¶성명서를 ~으로 발표하였다. 联名发表声明。 liánmíngfābiǎo shēngmíng.

연모(戀慕) 명 〔~하다|타동사〕 爱慕 ài mù 想念 xiǎngniàn 이성을 사랑하여 그리워함. ¶~의 정을 품다. 抱着爱慕之情。 bàozheàimùzhīqíng.

연발(連發) 명 〔~하다|자동사 · 타동사〕 ① 接连发出 jiēliánfāchū 연이어 일어남. ¶사고가 ~하다. 事故连发。 shìgùliánfā. ② 连发 liánfā 총이나 대포 따위를 잇따라 쏨. 연방. ¶기관총을 ~하다. 连发机枪。 liánfājīqiāng.

연발(延發) 명 〔~하다|자동사〕 迟延出发 chíyánchūfā 정한 기일 · 시각보다 늦춰 출발함. ¶한 시간 ~하다. 迟发一小时。 chífāyìxiǎoshí.

연변(沿邊) 명 沿线 yánxiàn 철도나 바닷가 등의 옆을 따라 있는 곳.

연별(年別) 명 按年 ànnián 해에 따라 구별함. ¶~로 비교해 보라. 按年比较。 ànniánbǐjiào.

연봉(年俸) 명 年薪 niánxīn 年资 niánzī 일 년 동안에 받는 봉급. 연급(年給). ¶~을 책정하다. 规定年薪。 guīdìngniánxīn.

연불(延佛) 명 〔~하다|타동사〕 晚付 wǎnfù 延期交付 yánqījiāofù 지급을 뒤로 늦추는 일.

연사(演士) 명 演说者 yǎnshuōzhě 연설이나 강연을 하는 사람.

연산(演算) 명 〔~하다|타동사〕 运算 yùnsuàn 〈수〉 일정한 목적을 위하여 하는 계산.

연상(年上) 명 年长者 niánzhǎngzhě 자기보다 나이가 많음. 또는 그 사람. ¶~의 여인. 比自己年龄大的女人。 bǐzìjǐnián língdàdenǚrén ↔ 연하(年下).

연서(連署) 명 〔~하다|타동사〕 联合签名 liánhéqiānmíng 같은 문서에 여러 사람이 잇따라 서명함. ¶진정서에 ~하다. 在诉讼书里联合签名。 zàisùsòngshūlǐlián héqiānmíng.

연서인(連書人) 명 共同签字人 gòngtóng qiānzìrén 하나의 서류에 2사람 이상이 함께 서명하는 것을 말한다.

연시(年始) 명 ① 年初 niánchū 연초. ② 설. ¶연말(年末)~에 주고받는 선물. 年末年初的礼物。 niánmòniánchūdelǐwù.

연인원(延人員) 명 人次 réncì 어떤 일에

동원된 인원을, 하루에 완성하는 것으로 하여, 일수를 인수(人数)로 환산한 총인원수. 연인수(延人数). ¶이 공사에 동원된 ~은 3백 명. 在这个工程里动员了3百人次。zàizhègègōngchénglǐdòngyuánle sānbǎirénci. ※연일수.

연작(連作) 명 ① 连种 liánzhòng 이어심기. ② 合著 hézhù 이어짓기↔윤작(轮作).

연작(聯作) 명 [~하다|타동사] ① 共同创作 gòngtóngchuàngzuò 몇 사람의 작가가 각 부분을 맡아서 작품을 짓는 일 또는 그 작품. ② 连作 liánzuò 한 작가가 주인공이 같은 단편·중편 소설을 몇 편 쓴 다음, 그것을 연결하여 하나의 장편으로 만드는 일 또는 그런 작품.

연제(演題) 명 讲演题目 jiǎngyǎntímù 연설이나 강연의 제목.

연중(年中) 명 一年里头 yìniánlǐtóu 그 해의 동안.

연차(年次) 명 ① 年龄的顺序 niánlíngde shùnxù 나이의 차례. ② 年的次序 햇수의 순서. ③ 每年 měinián 매년.

연착(延着) 명 [~하다|자동사] 迟到 chídào 晚点 wǎndiǎn 정해진 시간보다 늦게 도착하는 것.

연철(練鐵) 명 锻铁 duàntiě 금속 탄소 0.5프로 이하를 포함하여 다른 섞임물을 껴가지고 있지 않는 철.

연체(延滯) 명 [~하다|타동사] ① 过期 guòqī 정해진 기한을 넘기는 것. ② 拖延 tuōyán 迟延 chíyán 일정한 기한이 지나도록 어물거리여 지체하는 것.

연체금(延滯金) 명 欠款 qiànkuǎn 〈법〉 연체료.

연출(演出) 명 ① 导演 dǎoyǎn 〈연〉 각본 또는 시나리오를 기초로 하여, 연극·영화를 조성하는 각 요소, 곧 배우의 연기·무대 장치·조명·음악 등을 종합하여 무대 위의 상연이나 영화 제작을 지도하는 일. ② 演出 yǎnchū 어떤 상황이나 상태를 만들어 냄.

연탄(煉炭) 명 煤砖 méizhuān 煤球 méiqiú 석탄·코크스·목탄 등의 분말에 피치·해조(海藻)·석회 등의 점결제(粘结剂)를 섞어서 굳히어 만든 연료.

연패(連霸) 명 [~하다|자동사] 连胜 liánshèng 잇따라 우승함. 계속하여 패권을 잡음. ¶3년 ~의 대기록. 三年连胜的纪录。sānniánliánshèngdejìlù.

연하장(年賀狀) 명 贺年片 hèniánpiàn 새해를 축하하는 글을 적은 간단한 내용의 서장(书状).

연행(連行) 명 ① 领走 lǐngzǒu 데리고 감. ② 逮捕 dàibǔ 〈법〉 피의자 등을 체포하여 동행(同行)함. ¶범인을 ~하다. 逮捕犯人。dàibǔfànrén.

열광(熱狂) 명 [~하다|자동사] 狂热 kuángrè 열렬한 기운이나 흥분이 넘쳐나는 것 또는 그 상태.

열변(熱辯) 명 雄辩 xióngbiàn 열렬히

하는 말.

열병(熱病) 명 ① 春瘟 chūnwēn 〈의〉 고열을 수반하는 질병. 두통·불면·식욕부진 등이 따름. ② 伤寒 shānghán 장티푸스.

열성(熱誠) 명 积极性 jījíxìng 热忱 rè chén 열렬한 성의.

열악(劣惡) 명 [-아카-] 형 〔여 불규칙〕 劣等 lièděng 품질이나 능력·시설 따위가 몹시 떨어지고 나쁘다. 몹시 질이 낮다. ¶교육 시설이 ~. 劣等的教育设施。lièděngdejiàoyùshèshī.

열의(熱意) 명 ① 热情 rèqíng 열심한 마음. ② 积极性 jījíxìng 열성스런 의사. ¶~가 대단하다. 积极性高。jījíxìnggáo.

열중(熱中)[-쭝] 명 〔~하다|자동사〕 用功 yònggōng 专心 zhuānxīn (어떤 일에) 정신을 골똘히 집중시키는 것.

열탕(熱湯) 명 ① 开水 kāishuǐ 끓는 물. ② 热汤 rètāng 끓는 국.

염두(念頭) 명 ① 念头 niàntóu 생각의 시초. ¶그런 일은 ~도 못 낸다. 不可能有那样的念头。bùkěnéngyǒunàyàngdeniàntóu. ② 心思 xīnsī 마음속. ¶~에 두다. 有心思。yǒuxīnsī.

염려(念慮)[-녀] 명 〔~하다|타동사〕 担心 dānxīn 挂念 guàniàn 마음을 놓지 못함. 걱정함. ¶부모님의 건강을 ~하다. 挂念父母的健康。guàniànfùmǔdejiànkāng.

염습(殮襲) 명 〔~하다|타동사〕 装殓 zhuāngliàn 죽은 사람의 몸을 씻은 뒤에 수의를 입히고 염포로 묶는 일.

염원(念願) 명 〔~하다|타동사〕 愿望 yuànwàng 夙愿 sùyuàn 내심에 생각하고 원함. ¶겨레의 ~. 民族的夙愿。mínzúdesùyuàn.

염출(捻出) 명 〔~하다|타동사〕 ① 想出妙案 xiǎngchūmiàoàn 궁리해서 생각해 냄. 안출(案出). ② 凑钱 còuqián 이리저리 변통해서 돈을 장만함. ¶경비를 ~하다. 凑经费。còujīngfèi.

염탐(廉探) 명 〔~하다|타동사〕 侦探 zhēngtàn 暗地打听 àndìdǎtīng 비밀히 사정을 살펴 조사함. ¶상대편의 움직임을 ~하다. 暗地打听对方动向。àndìdǎtīng duìfāngdòngxiàng.

엽서(葉書) 명 明信片 míngxìnpiàn 편지를 써서 우편으로 부치는 데 쓰는 일정한 크기의 네모진 종이 또는 거기에 쓴 편지.

엽전(葉錢) 명 铜钱 tóngqián 쇠돈.

엽차(葉茶) 명 干茶叶 gāncháyè 말린 차 잎. 뜨거운 물에 우려서 마신다.

영(永) 부 永远 yǒngyuǎn 完全 wánquán '영영(永永)'의 준말. ¶~ 소식이 없다. 永无消息。yǒngwúxiāoxi.

영감(令監) 명 ① 令公 lìnggōng 〈역〉 정삼품과 종이품의 관원을 일컫던 말. 영공(令公). ② 老头子 lǎotóuzi 나이 많은 남편이나 남자 노인을 일컫는 말. ③ 大人 dàrén 면장이나 군수·판검사 등 지체 있는 사람을 존대하여 일컫는 말.

영광(榮光) 명 光荣 guāngróng 光彩 guāngcǎi 荣幸 róngxìng 빛나는 영예. 광영(光榮). ¶승리의 ~을 차지하다. 光荣取得胜利。guāngróngqǔdéshènglì.

영내(營內) 명 兵营内 bīngyíngnèi 감영이나 병영, 수영의 안.

영농(營農) 명 〔~하다|자동사〕 务农 wù nóng 농사를 짓거나 농업을 경영하는 것.

영달(榮達) 명 荣华 rónghuá 벼슬이 높아지거나 신분이 귀하고 좋게 되는 것.

영락(零落)[-낙] 명 〔~하다|자동사〕 ① 凋零 diāolíng 초목의 잎이 시들어 떨어짐. ¶~의 계절. 草木凋零的季节。cǎo mùdiāolíngdejìjié. ② 贫穷 pínqióng 세력이나 살림이 줄어서 아주 보잘것없이 됨. 낙백, 낙탁, 영체. ¶집안의 형세가 ~하였다. 家庭变得贫穷。jiātíngbiàndepín qióng.

영리(伶俐)[-니-] 형 〔여 불규칙〕 聪明 cōngmíng 乖巧 guāiqiǎo 伶俐línglì 똑똑하고 민첩하다. ¶~한 아이. 聪明的孩子。cōngmíngdeháizi.

영묘(靈妙) 명 〔~하다|형용사〕 神妙 shénmiào 재능이나 됨됨이가 뛰어남. 또는 그런 젊은이.

영문(營門) 명 ① 兵营大门 bīngyíng dàmén 병영의 문. ② 教会 jiàohuì 구세군에서, '교회'의 일컬음. ③ 监营 jiān yíng 〈역〉 감영(監營). §영.

영민(英敏) 형 〔여 불규칙〕 聪明伶俐 cóngmínglínglì 매우 슬기롭고 민첩하다.

영사(映寫) 명 〔~하다|타동사〕 放映 fàngyìng (영화나 환등 같은 것을) 화면에 비치어 나타내는 것.

영상(映像) 명 ① 影像 yǐngxiàng 그림이나 조각 같은 것에 반영된 사람의 형상이나 모습. ② 印象 yìnxiàng 눈앞에 떠오르거나 마음속에 그려지는 사람이나 물체의 모습.

영선과(營繕課) 명 修建课 xiūjiànkè 건물이나 비품 같은 것을 고쳐짓거나 수리하는 학과.

영세(零細) 명 〔~하다|형용사〕 ① 小型 xiǎoxíng 작고 가늘어 변변하지 못함. ② 零星 língxīng 수입이 적고 생활이 군색함. ¶~ 농가. 零星农家。língxīngnóngjiā.

영속(永續) 명 〔~하다|자동사·타동사〕 永久 yǒngjiǔ 持久 chíjiǔ 오래도록 길이 계속하는 것.

영수(領收) 명 〔~하다|타동사〕 收取 shōuqǔ 돈이나 물품을 받아들임. ¶그는 세금의 ~를 담당하고 있다. 他负责收税金。tāfùzéshōushuìjīn.

영수증(領收證) 명 发货票 fāhuòpiào 凭单 píngdān 收据 shōujù 돈이나 물건을 받아들인 표로 쓰는 증서. 영수서. ¶~에 도장을 찍다. 在发货票里盖了章。zàifāhuò piàolǐgàilezhāng.

영업(營業) 명 〔~하다|자동사〕 营业

yíngyè 经营 jīngyíng 주로 상업 경영활동을 하는 것 또는 그 사업.

영위(營爲) 명 ① 经营 jīngyíng (일을) 경영하는 것. ② 谋生 móushēng (생활 같은 것을) 꾸리어나가는 것.

영장(令狀)[-짱] 명 拘票 jūpiào 법원·관청이 발부하는 명령서. ¶체포 ~. 逮捕令。dàibǔlìng.

영전(榮轉) 명 〔~하다|자동사〕 荣升 róngshēng 본래의 직위보다 더 높은 직위로 옮아가는 것.

영점(零點) 명 ① 零分 língfēn 득점·점수가 없음. ② 零度 língdù 섭씨나 열씨(列氏) 온도계에서의 어는점. ③ 没有任何成果。méiyǒurènhéchéngguǒ. 어떤 일의 성과나 능력이 전혀 없는 일. 제로.

영창(營倉) 명 禁闭室 jìnbìshì 군대에서, 처벌로 군인을 가두어두는 곳.

영특(英特)[-트카-] 형 〔여 불규칙〕 聪明出众 cōngmíngchūzhòng 英俊 yīng jùn (사람의 됨됨이가) 남달리 뛰어나고 훌륭하다.

영화(映畵) 명 电影 diànyǐng 일정한 의미를 가지고 움직이는 대상을 촬영하여 영사기로 영사막에 재현하는 종합 예술. 시네마. ¶~ 구경을 하다. 看电影。kàn diànyǐng.

예(例) 명 ① 前例 qiánlì '전례(前例)'의 준말. ¶이런 ~는 없었다. 没有前例。méi yǒuqiánlì. ② 众所周知 zhòngsuǒzhōu zhī 이미 말한 바. 늘 알고 있는 바. ¶~의 그 가게. 众所周知那个店。zhòngshuǒ zhōuzhīnàgèdiàn. ③ 榜样 bǎngyàng 전거(典据)와 표준이 되기에 족한 사물. 본보기. ¶~를 들다. 举例。jǔlì.

예규(例規) 명 礼规 lǐguī 관례와 규칙. 관례로 되어 있는 규칙.

예금(預金) 명 存 cún 储蓄 chǔxù 存款 cúnkuǎn 금전을 금융 기관에 맡김. 또는 그 금전. ¶~ 잔고 存款金额。cúnkuǎn jīné.

예금구좌(預金口座) 명 储户 chǔhù 금융 기관에 예금하기 위해 개인이나 법인이 개설하는 계좌.

예금인출(預金引出) 명 提款 tíkuǎn 예금한 돈을 꺼냄.

예금잔고(預金殘高) 명 存款余额 cún kuǎnyúé 예금통장에 남은 돈.

예금통장(預金通帳) 명 存折 cúnzhé 은행 등이 예금자에게 교부하여 두고, 예입·지급의 내용을 기재하는 통장.

예납(豫納) 명 〔~하다|타동사〕 预付 yù fù 기한 전에 미리 바침.

예년(例年) 명 ① 往年 wǎngnián 보통으로 지나온 해. ¶~에 없던 추위. 往年没有的严寒。wǎngniánméiyǒudeyánhán. ② 年年 niánnián 매년·해마다. ¶~과 다름없이 모임을 갖는다. 年年照样聚会。niánniánzhàoyàngjùhuì.

예매(預買) 명 ① 先付款 xiānfùkuǎn 물

건을 받기 전에 미리 값을 쳐서 삼. ② 预购 yùgòu 시기가 되기 전에 미리 삼. ¶차표를 ~하다. 欲购车票。yùgòuchēpiào.

예문(例文) 명 ① 礼物 lǐwù 〈역〉 각 지방의 방백들이 정례적으로 그 지방의 특산물을 서울의 고관에게 선사하던 일. ② 例子 lìzǐ 예로 드는 문제.

예봉(銳鋒) 명 ① 矛头 máotóu 날카로운 창・칼의 끝. ② 锋芒 fēngmáng 날카로운 논봉(论锋), 필봉, 또는 기세. ¶~을 피하다. 避锋芒。bìfēngmáng. ③ 先锋 xiānfēng 정예(精锐)한 선봉. ¶~을 꺾다. 摧毁先锋。cuīhuǐxiānfēng.

예사(例事) 명 平常事 píngchángshì 惯例 guànlì '예상사(例常事)'의 준말.

예상(預想) 명 [~하다|자동사・타동사] 预料 yùliào 料想 liàoxiǎng 미리 상상함. 또는 그 상상. ¶~이 빗나가다. 预料之外。yùliàozhīwài.

예식(例式) 명 仪式 yíshì 婚礼 hūnlǐ 정례에 따른 격식.

예식(禮式) 명 正规仪式 zhèngguīyíshì 예법에 따라 행하는 식.

예입금(預入金) 명 存入款项 cúnrùkuǎn xiàng 예입한 금액.

예찬(禮贊) 명 [~하다|자동사・타동사] ① 礼赞 lǐzàn 〈불〉 삼보(三宝)를 예배하고, 그 공적을 찬탄함. ② 赞美 zànměi 훌륭한 것, 아름다운 것, 좋은 것을 칭찬하여 찬양함.

예측(預測) 명 [~하다|자동사・타동사] 预测 yùcè 估计 gūjì 预想 yùxiǎng 미리 추측함=예료(豫料), 예탁(豫度).

예치(預置) 명 [~하다|타동사] 寄存 jìcún 맡겨 둠.

예탁(預托) 명 [~하다|타동사] 寄托 jìtuō 부탁하여 맡겨 둠. ¶공탁금을 ~하다. 寄托公积金。jìtuōgōngjījīn.

예항(曳航) 명 [~하다|타동사] 拖航 tuōháng 다른 선박이나 물건을 끌고 항해함. 또는 그런 항해=인항.

오구(烏口) 명 鸭嘴笔 yāzuǐbǐ 곧은 선, 굽은 선, 같은 높이선 등 도면의 선에 먹을 올리는데 쓰는 제도용 기구. 두 갈래로 된 쇠붙이로 끝을 까마귀부리모양으로 만들었다. 먹물이나 물감을 찍어서 선을 긋는데 쓴다.

오류(誤謬) 명 ① 错误 cuòwù 그릇되어 이치에 어긋남. ¶~를 범하다. 犯错误。fàncuòwù. ② 谬误 miùwù 〈논〉 이치에 틀린 인식. ③ 〈컴〉 에러(error).

오만(五萬) 명 관 ① 五万 wǔwàn 만의 다섯 곱. ② 各色各样 gèsègèyàng 各种各样 gèzhǒnggèyàng 아주 많은 여러 가지.

오명(汚名) 명 ① 臭名 chòumíng 더러워진 명예. ② 怨枉 yuānwàng 누명.

오발(誤發) 명 [~하다|타동사] ① 走火 zǒuhuǒ 총, 포 같은 것을 실수로 잘못 쏘는 것. ② 失言 shīyán 실수해서 잘못 말하거나 행동하는 것.

오산(誤算) 명 [~하다|타동사] ① 算错 suàncuò 失算 shīsuàn 잘못된 타산. ② 算错 suàncuò 틀린 계산.

오색(五色) 명 ① 五色 wǔsè 다섯 가지 빛깔. 보통 붉은빛, 푸른빛, 누른빛, 흰빛, 검은빛을 이른다. ② 五色十光 wǔsè shíguāng 아름다운 여러 가지 빛깔.

오송품(誤送品) 명 错交货 cuòjiāohuò 잘못 보냄.

오식(誤植) 명 [~하다|타동사] 误排 wù pái 排错字 páicuòzì 〈인〉 활판에 활자를 잘못 꽂음. 또는 그 실수로 생긴 인쇄상의 잘못.

오십보백보(五十步百步) 명 五十步笑百步 wǔshíbùxiàobǎibù 오십보백보. §오십소백. 약간의 차이는 있으나 본질적으로는 같다는 뜻. [싸움에서, 오십 보를 달아난 자가 백 보를 달아난 자를 보고 비웃더라도, 달아나기는 매일반이라고 한 맹자(孟子)의 말에서 유래함.]

오열(惡熱) 명 [~하다|자동사] 发烧 fā shāo 몹시 떨리면서 나는 열.

오열(嗚咽) 명 [~하다|자동사] 痛哭 tòngkū 목메어 우는 것 또는 그런 흐느낌.

오입(誤入) 명 [~하다|자동사] 外遇 wàiyù 外欢 wàihuān 아내가 아닌 여자와 상관하는 일=외도(外道), 외입(外入).

오자(誤字) 명 错字 cuòzì 잘못 쓴 글자나 틀린 글자.

오지(奧地) 명 偏僻地区 piānpìdìqū 해안이나 도시에서 멀리 떨어진 대륙 내부의 땅. 두메산골, 두메. ¶~를 탐험하다. 探险偏僻地区。tànxiǎnpiānpìdìqū.

오직(誤職) 명 [~하다|자동사] 渎职 dú zhí 관리가 직권을 남용하여 이익을 꾀함=독직.

오한(惡寒) 명 发冷 fālěng 〈한의〉 몸이 오슬오슬 춥고 떨리는 증세. ¶~이 나다. 发冷。fālěng.

오합지졸(烏合之卒) 명 乌合之众 wūhé zhīzhòng 群龙无首 qúnlóngwúshǒu 까마귀가 모인 것처럼 아무렇게나 모인 병졸이라는 뜻으로, 규율도 통일성도 없는 군중=오합지중(乌合之众).

옥답(沃畓) 명 肥田 féitián 良田 liáng tián 땅이 매우 건 논.

옥도(沃度) 명 碘酒 diǎnjiǔ 〈화〉 요오드.

옥동자(玉童子) 명 宝宝 bǎobao '어린 사내아이'를 귀엽게 이르는 말.

옥상(屋上) 명 ① 屋顶 wūdǐng 지붕의 우. ② 楼顶 lóudǐng 현대식건물에서 마당처럼 평면으로 만든 지붕우.

옥상가옥(屋上家屋) 명 楼顶房子 lóudǐng fángzi 지붕 위에 거듭 지붕을 한다는 뜻으로 물건이나 일을 부질없이 거듭하는 것을 비겨 이르는 말.

옥상정원(屋上庭園) 명 楼顶庭院 lóudǐng tíngyuàn 서양 건축에서, 옥상에 마련한 정원.

옥외(屋外) 명 户外 hùwài 바깥.

옥토(沃土) 명 沃土 wòtǔ 肥田 féitián 기름진 땅.

옥호(屋號) 명 商店名称 shāngdiànmíngchēng 字号 zìhào 가게나 술집의 이름. ¶외국어로 ~를 지어 붙인 곳이 많다. 以外语起商店名的多。yǐwàiyǔqǐshāngdiànmíngdeduō.

온기(溫氣) 명 热气 rèqì 暖和 nuǎnhuo 따뜻한 기운. ¶몸의 ~. 身体的热气。shēntǐderèqì ↔냉기.

온난전선(溫暖前線) 명 暖锋 nuǎnfēng 〈지〉 차고 무거운 기단(气团) 위에 따뜻하고 가벼운 기단이 오르며 형성되는 전선 ≪이것이 통과하면 기온이 갑자기 오르고 비가 내림≫ ↔한랭 전선.

온돌(溫突) 명 炕 kēng 火炕 huǒkēng 구들.

온수난방(溫水暖房) 명 热水供热 rèshuǐgōngrè 더운물을 관으로 보내어 집안을 덥히는 것.

온전(穩全) 형 〔여 불규칙〕 ① 完整 wánzhěng 본바탕대로 고스란하다. ② 稳定 wěndìng 잘못됨이 없이 바르거나 옳다.

온화(溫和) 형 〔여 불규칙〕 温和 wēnhé(충돌이나 투쟁이 없이) 순탄하고 조용하다.

옹(癰) 명 ① 痈 yōng 〈의〉 화농균의 전염으로 생기는 혹 ≪얼굴에 난 것을 특히 면종(面肿)이라 함≫. ② 恨 hèn 마음속에 얽혀 맺혀 풀리지 않는 언짢은 감정.

옹고집(壅固執) 명 非常固执 fēichánggùzhì 太顽固 tàiwángù 통하지 않는 심한 고집.

옹기(甕器) 명 陶瓷器皿 táocíqìmǐn "질그릇과 오지그릇"을 통틀어 이르는 말.

옹립(擁立)[-닙] 명 〔~하다|타동사〕 ① 拥立为君主 yōnglìwéijūnzhǔ 임금으로 받들어 모심. ② 拥立为领导 yōnglìwéilǐngdǎo 떠받들어서 지도자로 세움.

옹색(壅塞)[-새카-] 형 〔여 불규칙〕 ① 穷酸 qióngsuān 생활이 어렵다. ¶~한 살림살이. 穷酸生活。qióngsuānshēnghuó. ② 狭窄 xiázhǎi 매우 비좁다. ¶~한 방. 狭窄的房间。xiázhǎidefángjiān. ③ 心胸狭窄 xīnxiōngxiázhǎi 활달하지 못하여 옹졸하고 답답하다. ¶~한 변명을 늘어놓다. 开始了心胸狭窄的辨明。kāishǐlexīnxiōngxiázhǎidebiàn míng.

옹졸(壅拙) 형 〔여 불규칙〕 ① 小气 xiǎoqì (성품이나 생각이) 좁고 졸스럽다. ② 不大方 búdàfāng 시원스럽지 못하고 오죽잖다.

옹주(翁主) 명 (王妃所生的) 公主 gōngzhǔ 임금의 후궁의 몸에서 낳은 딸.

완결(完結) 명 〔~하다|타동사〕 完毕 wánbì 完成 wánchéng 완전히 결정함.

완곡(婉曲) 명 [-고카-] 형 〔여 불규칙〕 委婉 wěiwǎn 상대의 감정을 상하지 않도록 말하는 투가 모나지 않고 부드럽다. ¶~하게 거절하다. 委婉地拒绝。wěi wǎndejùjué.

완납(完納) 명 〔~하다|타동사〕 缴纳 jiǎonà 全部付款 quánbùfùkuǎn 남김없이 완전히 납부함. ¶세금을 ~하다. 缴纳税金。jiǎonàshuìjīn.

완료(完了) 명 完毕 wánbì 结束 jiéshù 완전히 끝을 냄. ¶작업을 ~하다. 结束作业。jiéshùzuòyè.

완만(緩慢) 형 〔여 불규칙〕 ① 迟缓 chí huǎn 행동이 느릿느릿하다. ¶~한 동작. 迟缓的动作。chíhuǎndedòngzuò. ② 不活泼 bùhuópō 활발하지 않다. ③ 坡度不大 pōdùbúdà 경사가 급하지 않다. ¶경사가 ~한 언덕길. 坡度不大的山坡路。pōdùbú dàdeshānpōlù.

완벽(完璧) 명 〔~하다|형용사〕〔~히|부사〕 完美无缺 wánměiwúquē 完整 wán zhěng 흠이 없는 구슬이라는 뜻에서, 결점이 없이 완전함. ¶~을 기하다. 求完美无缺。qiúwánměiwúquē.

완본(完本) 명 整套书 zhěngtàoshū 완질본(完帙本).

완불(完拂) 명 〔~하다|타동사〕 全付 quánfù 남김없이 완전히 지불함. ¶미납금을 ~하다. 全付了没交部分的钱。quánfù leméijiāobùfendeqián.

완비(完備) 명 〔~하다|타동사〕 完善 wánshàn 充实 chōngshí 빠짐없이 완전히 구비함. ¶~된 설비. 完善的设备。wán shàndeshèbèi.

완수(完遂) 명 〔~하다|타동사〕 完成 wánchéng 완전히 수행함. ¶계획이 ~되다. 完成计划。wánchéngjìhuà.

완숙(完熟) 명 ① 熟 shú 완전히 익음. 무르익음. ¶~한 배. 熟梨。shúlí. ② 煮熟 zhǔshú 완전히 삶음. ¶달걀을 ~으로 삶다. 煮熟鸡蛋。zhǔshújīdàn. ③ 熟悉 shú xī 매우 능숙함. ¶~한 솜씨. 熟悉的手艺。shúxīdeshǒuyì. ④ 成熟 chéngshú (사람이나 동물이) 완전히 성숙함. ¶~한 여인. 成熟女人。chéngshúnǚrén.

완장(腕章) 명 袖章 xiùzhāng 臂章 bì zhāng 팔에 두르는 표장(标章).

완전(完全) 명 完整 wánzhěng 全部 quánbù 부족함이 없음. 결점이 없음. ¶~한 제품. 完制品。wánzhìpǐn↔불완전.

완제품(完制品) 명 成品 chéngpǐn 완전하게 만들어진 물품. ¶~을 수입하다. 进口完成品。jìnkǒuwánchéngpǐn. ※반제품.

완주(完走) 명 〔~하다|타동사〕 全跑 quánpǎo 마지막까지 다 달림.

완치(完治) 명 〔~하다|타동사〕 全愈 quányù 병을 완전히 고침. ¶~가 가능한 병. 可全愈的病。kěquányùdebìng.

완쾌(完快) 명 〔~하다|자동사〕 完愈 wányù 병이 완전히 나음. ¶~를 빌다. 祈求完愈。qǐqiúwányù.

완행(緩行) 명 ① 缓行 huǎnxíng 느리게 감. ② 慢车 mànchē '완행열차'의 준말 ↔급행.

완행열차(緩行列車) 명 慢车 mànchē 각 역마다 정거하는, 빠르지 않은 열차. §완행↔급행열차.

왈패(曰牌) 명 泼辣货 pōlàhuò 말과 행동이 단정하지 못하고 수선스러운 사람의 별명=왈짜.

왕가(王家) 명 王室 wángshì 왕의 집안. ¶~의 후손. 王室后裔。wángshìhòuyì.

왕국(王國) 명 ① 王国 wángguó 왕이 통치하는 나라. ② 专横跋扈的势力 zhuānhèngbáhùdeshìlì 하나의 큰 세력. ¶석유의 ~. 石油王国。shíyóuwángguó.

왕녀(王女) 명 公主 gōngzhǔ 임금의 딸 ↔왕자(王子).

왕대비(王大妃) 명 已故王的在世王后 yǐgù wángdezàishìwánghòu 생존해 있는 선왕의 비.

왕림(枉臨)[—님] 명 〔~하다|자동사·타동사〕 光临 guānglín 남이 자기가 있는 곳으로 옴의 경칭=왕가(枉駕). 왕고(枉顾). ¶선생님이 이렇게 ~해 주셔서 정말 감사합니다. 感谢老师光临。gǎnxiè lǎoshīguānglín.

왕복표(往復票) 명 往返票 wǎngfǎnpiào 한 장으로 일정 구간을 왕복할 수 있는 차표·비행기표·배표 따위=왕복권(往复券)

왕세자(王世子) 명 王太子 wángtàizǐ 왕위(王位)를 이을 왕자(王子). §세자(世子).

왕자(王者) 명 ① 王子 wángzǐ 임금의 아들. ② 称王的 chēngwángde 权威 quánwēi 으뜸 인물.

왜식(倭食) 명 日餐 rìcān 일본 음식의 낮춤말.

외곽(外廓) 명 ① 外城 wàichéng 성 밖으로 다시 둘러쌓은 성. ② 外围 wàiwéi 바깥 테두리. ¶서울 ~에 있는 주택 단지. 在汉城外围的住宅。zàihànchéngwàiwéidezhùzhái ↔내곽.

외관(外觀) 명 外表 wàibiǎo 外形 wàixíng 겉보기, 겉모양. ¶~이 매우 아름답다. 外形很美丽。wàixínghěnměilì.

외도(外道) 명 ① 走邪路 zǒuxiélù 바르지 않은 길·노릇. ② 外遇 wàiyù 오입(误入). ¶~를 하다. 有外遇。yǒuwàiyù. ③ 地方道 dìfāngdào 옛날에 경기도 밖의 다른 도를 일컫던 말. ④ 佛教以外的宗教 fójiàoyǐwàidezōngjiào 〈불〉 불교 이외의 다른 교.

외등(外燈) 명 室外灯 shìwàidēng '옥외등(屋外灯)'의 준말.

외람(猥濫) 형 〔여 불규칙〕 冒昧 màomèi 하는 짓이 분수에 지나치다. 분에 넘치다. ¶대단히 ~된 말씀이오나 저는 그 의견에는 동의할 수 없습니다. 很冒昧说我不能同意。hěnmàomèishuōwǒbùnéng tóngyì.

외래품(外來品) 명 舶来品 bóláipǐn 외국에서 들어온 물건.

외면(外面) 명 〔~하다|타동사〕 ① 表面

biǎomiàn 겉면. ② 背过脸 bèiguòliǎn 보기를 꺼려 얼굴을 돌려 버림. ¶그들은 길에서 마주쳤으나 서로 ~하고 지나갔다. 他们俩在路上相碰，也背过脸。tāmenliǎng zàilùshàngxiāngpèng, yěbèiguòliǎn. ② 不理睬 bùlǐcǎi 어떤 일을 인정하지 않고 도외시함. ¶현실을 ~하다. 不理睬现实。bùlǐcǎixiànshí.

외모(外貌) 명 外貌 wàimào 容貌 róngmào 겉으로 본 모습. 겉모양.

외사촌(外四寸) 명 舅表兄弟 jiùbiǎo xiōngdì 亲表兄弟 qīnbiǎoxiōngdì '외종사촌'의 준말.

외삼촌(外三寸) 명 舅舅 jiùjiù '외숙(外叔)'을 친근하게 일컫는 말.

외상(外相) 명 外交部长 wàijiāobùzhǎng 일부 나라의, 외무성(省)의 장. 우리나라의 외교 통상부 장관에 해당.

외설(猥褻) 명 [~하다|형용사] ① 淫威 yínwēi 성욕을 흥분시킬 목적으로 하는, 추잡하고 예의 없는 일. ② 猥亵 wěixiè 남의 색정을 도발하고, 자기 색정을 외부에 나타내려고 하는 추한 행위. ③ 情事 qíngshì 남녀의 색사(色事)에 관하여 난잡함.

외설물(猥褻物) 명 淫秽品 yínhuìpǐn 黄色片 huángsèpiàn 사람의 성욕을 자극·도발시키고 보는 사람으로 하여금 수치·불쾌한 생각을 갖게 하는 글·그림·조각 및 외설 행위에 사용할 기구 따위의 총칭.

외세(外勢) 명 外来势力 wàiláishìlì 外国势力 wàiguóshìlì 바깥의 형세(形勢) 또는 외국의 세력. ¶힘을 합쳐 ~를 물리치다. 团结对外。tuánjiéduìwài.

외숙(外叔) 명 舅舅 jiùjiù 叔舅 shūjiù 어머니의 남자 형제. 외삼촌(外三寸), 외숙부.

외식(外食) 명 [~하다|자동사] 在外就餐 zàiwàijiùcān 在外吃饭 zàiwàichīfàn 밖에서 음식을 사 먹음. 또는 그 식사. ¶가족과 함께 ~을 하다. 全家在外吃饭。quánjiāzàiwàichīfàn.

외식산업(外食産業) 명 饮食服务行业 yǐnshífúwùhángyè 기업 규모가 커지고 체인화한 음식 서비스업 ≪공통된 식단과 요리 재료의 일괄 구입이 특징임≫.

외신(外信) 명 外电 wàidiàn 外国通讯 wàiguótōngxùn 외국으로부터의 통신. 해외 통신. ¶~ 기사를 접수하다. 接受外国通讯。jiēshòuwàiguótōngxùn.

외양(外樣) 명 外貌 wàimào 겉모양, 겉보기.

외양간(喂養間) 명 마소를 기르는 곳. 우사(牛舍) niúshè. §외양.

외적(外的) 명 ① 外部的 wàibùde 사물의 외부에 관한(것). ¶~ 조건. 外部条件。wàibùtiáojiàn. ② 心理之外 xīnlǐzhīwài 물질이나 육체에 관한(것). ¶~욕망. 心理之外欲望。xīnlǐzhīwàiyùwàng ↔ 내적(内的).

외전(外電) 명 外国通讯 wàiguótōngxùn 외신(外信)↔내전(内电).

외제품(外制品) 명 外国产品 wàiguóchǎnpǐn '외국제'의 준말.

외족(外族) 명 ① 母系的亲戚 mǔxìdeqīnqì 외가 쪽의 일가. ② 其他民族 qítāmínzú 자기 겨레가 아닌 다른 겨레.

외종(外從) 명 舅表兄弟 jiùbiǎoxiōngdì '외종 사촌'의 준말↔내종.

외주(外注) 명 外部订购 wàibùdìnghuò 外定货 dìngwàihuò 다른 회사에 맡겨 만들게 함. 또는 그런 일. ¶~를 주다. 给外部订购。gěiwàibùdìnghòu.

외투(外套) 명 大衣 dàyī 大氅 dàchǎng 추위와 눈비를 막기 위해 겉옷 위에 입는 의류=오버코트.

외판원(外販員) 명 销货人 xiāohuòrén 외판에 종사하는 사람.

외항(外航) 명 [~하다|자동사] 远洋 yuǎnyáng 배가 외국으로 항행함. 외국 항해. ¶~ 항로. 远洋航线。yuǎnyáng hángxiàn↔내항(内航).

외항선(外航船) 명 远洋船 yuǎnyáng chuán 국제 항로를 다니는 배.

외화(外貨) 명 外币 wàibì 〈경〉 외국의 화폐. ¶외국 관광객을 유치해 ~를 벌어들이다. 吸引外国游客创外汇。xīyǐnwàiguó yóukèchuàngwàihuì↔내화. ② 外货 wàihuò 외국에서 들여오는 화물.

외환(外換) 명 外汇 wàihuì 〈경〉 '외국환'의 준말.

요(褥) 명 ① 褥子 rùzi 사람이 누울 때 까는 깔개의 한가지. 천으로 짓고 속에 솜을 두고 만들거나 모피를 만든다. ② 毯子 tǎnzi 담요.

요강(要剛) 명 ① 大纲 dàgāng 강의할 내용이나 집필할 글의 골자나 줄거리를 엮어놓은 것. ② 纲要 gāngyào 어떤 일을 하는데서 의거해야 할 방향과 방법 같은 것을 간단히 알 수 있게 체계 세운 것.

요건(要件) 명 必要的条件 bìyàodetiáojiàn 요긴한 일 또는 요긴한 안건.

요구불(要求拂) 명 活期 huóqī 예금자가 필요하면 언제든지 찾아 쓸 수 있는 예금의 총칭 ≪당좌 예금・보통 예금 등≫.

요귀(妖鬼) 명 妖怪 yāoguài 요마(妖魔).

요금(料金) 명 收费 shōufèi 手续费 shǒuxùfèi 남에게 수고를 끼쳤거나 물건을 사용・소비・관람한 대가로 치르는 돈. ¶ 수도 ~. 自来水费。zìláishuǐfèi.

요기(療飢) 명 [~하다|자동사] 充饥 chōngjī 疗饥 liáojī 배고픈 느낌이나 면할 정도로 좀 먹는 것.

요긴(要緊) 형 [여 불규칙] 紧要 jǐnyào 중요하고 긴하다.

요담(要談) 명 [~하다|자동사] 重要的会谈 zhòngyàodehuìtán 긴요한 이야기.

요란(搖亂) 명 [~하다|형용사] [~히|부사] ① 吵闹 chǎonào 시끄럽고 어지러움. ¶~하게 떠들어 대다. 很吵闹。hěn chǎonào. ② 过分厉害 guòfènlìhài 정도가 지나쳐 어수선하고 야단스러움. ¶옷차림이 ~하다. 衣服打扮得过分厉害。yīfu dǎbàndeguòfènlìhài.

요람(要覽) 명 概要 gàiyào 简章 jiǎn zhāng 어떤 부문의 긴요한 것만 모아서 만든 책.

요람지(搖籃地) 명 发源地 fāyuándì 자장 그네를 타고 자라던 곳이라는 뜻으로 "어떤 역사적인 것이 처음으로 시작되고 자라난 땅"을 형상적으로 이르는 말.

요로(要路) 명 要道 yàodào 중요한 길이나 길목.

요리(料理) 명 [~하다|타동사] 菜 cài 입에 맞도록, 식품의 맛을 돋우어 조리함. 또는 조리한 음식. ¶~ 솜씨가 수준급이다. 有专业水平的炒菜手艺。yǒuzhuān yèshuǐpíngdechǎocàishǒuyì.

요리상(料理床) 명 菜桌 càizhuō 요리를 차려 놓은 상.

요망(妖妄) 명 [~하다|형용사] 奸邪 jiānxié 요사하고 망녕되거나 자발없고 방정맞은 것.

요망(要望) 명 [~하다|타동사] 盼望 pànwàng (무엇이 이루어지기를) 간절히 바라는 것.

요사(妖邪) 명 [~하다|형용사] 妖里妖气 yāolǐyāoqì 사람이 홀리게 간사한 것.

요새(要塞) 명 要隘 yàoài 堡垒 bǎolěi 군사적으로 중요한 지점에 튼튼하게 만든 방어시설 또는 그런 시설을 한곳.

요소(要所) 명 重要地方 zhòngyàodìfāng 关口 guānkǒu 어떤 위치상으로 중요한 곳.

요술(妖術) 명 魔术 móshù 幻术 huàn shù 戏法 xìfǎ 사람들의 눈을 속여넘기는 재주.

요시찰인(要視察人) 명 黑名单上的人 hēi míngdānshàngderén 重要监视对象 zhòng yàojiānshìduìxiàng 특별히 감시를 요하는 사람.

요식업(料食業) 명 饮食业 yǐnshíyè 음식을 만들어 파는 영업. ¶~으로 큰돈을 벌었다. 办饮食业挣了大钱。 bànyǐnshíyè zhèngledàqián.

요약(要約) 명 [~하다|자동사 · 타동사] 摘要 zhāiyào (말이나 글에서) 요점을 간단히 추려내는 것.

요원(要員) 명 ① 重要的团员 zhòngyào detuányuán 필요한 인원. ② 重要的人员 zhòngyàoderényuán 주요한 임무를 맡아보는 성원.

요율(料率) 명 费率 fèilǜ 요금의 정도 · 비율.

요인(要人) 명 重要人物 zhòngyàorénwù 重点人物 zhòngdiǎnrénwù 중요한 직위에 있는 사람.

요인(要因) 명 ① 重要原因 zhòngyào yuányīn 중요한 원인. ② 起因 qǐyīn 사물현상이나 내용을 이루거나 발전시키는데 작용하는 요소.

요일(曜日) 명 星期 xīngqī 礼拜 lǐbài 이레씩 헤아리는 한 주의 매 날을 이르는 단위.

요절(腰折) 명 〔~하다|자동사〕 笑得直不起腰来 xiàodezhíbùqǐyāolái 허리가 끊어진다는 뜻으로 너무 우스워서 견딜 수 없는 것. ¶우스워서 ~할 지경이다. 笑得直不起腰来。xiàodezhíbùqǐyāolái.

요정(料亭) 명 菜馆 càiguǎn 餐厅 cāntīng 요릿집.

요주의(要主意)[-의/-이] 명 可疑 kěyí 주의가 필요함. ¶~ 인물. 可疑人物。kěyí rénwù.

요지(要地) 명 重地 zhòngdì 중요한 지역이나 지대.

요지경(瑤池鏡) 명 西洋镜 xīyángjìng 拉洋片 lāyángpiàn 속에 여러 가지 그림을 넣고 돌리면서 확대경이 달린 구멍으로 들여다보게 만든 장난감.

요지부동(搖之不動) 명 〔~하다|자동사〕 伫立不动 zhùlìbúdòng 屹立不动 yìlìbúdòng 흔들어도 조금도 움직이지 않고 끄떡없거나 움쩍 안 하는 것.

요직(要職) 명 重要职位 zhòngyàozhíwèi 중요한 직책이나 직위.

요청(邀請) 명 〔~하다|타동사〕 要求 yáoqiú 请求 qǐngqiú 恳求 kěnqiú 요구하여 청하는 것 또는 그러한 요구.

요충지(要衝地) 명 要地 yàodì 要冲地 yàochōngdì 요충으로 되는 지대.

요행(僥幸) 명 〔~하다|자동사·형용사〕 〔~히|부사〕 幸而 xìngér 幸得 xìngdé 우연히 잘되어 다행스러운 것.

욕(辱) 명 〔~하다|자동사〕 ① 骂 mà 욕설. ② 谩骂 mànmà 나무람하고 꾸짖는 것. ③ 辛苦 xīnkǔ 매우 고생스럽거나 수고스러운 것. ④ 耻辱 chǐrǔ 인격상으로 당하는 부끄러운 일.

욕구(欲求) 명 〔~하다|타동사〕 ① 念头 niàntóu 욕망과 요구. ② 贪欲 tānyù 욕심껏 구하는 것.

욕기(欲氣) 명 贪心 tānxīn 욕심스러운 마음.

욕망(欲望)[용-] 명 〔~하다|타동사〕 愿望 yuànwàng 欲望 yùwàng 무엇을 하고자 하거나 간절히 바라는 마음.

욕설(辱說) 명 〔~하다|자동사〕 辱骂 rǔmà 骂人 màrén 남의 인격을 무시하고 마구 나무라거나 꾸짖는 것 또는 그런 모욕적인 말.

욕심(欲心) 명 贪心 tānxīn 贪多 tānduō 무엇을 많이 누리고 싶어하거나 많이 가지고 싶어하는 마음.

욕조(浴槽) 명 浴盆 yùpén 浴缸 yùgāng 목욕통.

욕탕(浴湯) 명 澡堂 zǎotáng 浴池 yùchí 목욕탕.

용감무쌍(勇敢無雙) 명 〔~하다|형용사〕 英勇无比 yīngyǒngwúbǐ 견줄만한 대상이 없으리만큼 매우 용감하다.

용건(用件) 명 事情 shìqíng 용무로 되는 일.

용납(容納) 명 〔~하다|타동사〕 ① 容许 róngxǔ 남의 말이나 행동, 요구 등을 그냥 받아들이거나 용인하는 것. ② 容纳 róngnà (문건을) 받아들이는 것.

용달(用達) 명 〔~하다|타동사〕 承包运输 chéngbāoyùnshū 물건 따위를 전문적으로 배달함. 또는 그런 일.

용달차(用達車) 명 承包运输车 chéngbāo yùnshūchē 물건을 전문적으로 배달하는 화물 자동차.

용도(用途) 명 用处 yòngchù 쓰이는데 또는 쓰임.

용두사미(龍頭蛇尾) 명 虎头蛇尾 hǔtóu shéwěi 머리는 용이고 꼬리는 뱀이라는 뜻으로, 처음은 왕성하나 끝이 흐지부지 됨의 비유.

용력(勇力)[-녁] 명 大力气 dàlìqi 씩씩한 힘. 뛰어난 역량(力量). ¶~을 발휘하다. 发挥大力气。fāhuīdàlìqi.

용례(用例)[-녜] 명 实例 shílì 쓰고 있는 예. 용법의 보기.

용매(溶媒) 명 溶剂 róngjì 溶媒 róngméi 〈화〉 액체에 고체 또는 기체 물질, 곧 용질을 녹여 용액을 만들었을 때, 본디 액체를 말함. 또는 액체에 액체를 녹일 때는 많은 쪽의 액체를 말함↔용질.

용모(容貌) 명 容貌 róngmào 面貌 miànmào 얼굴 모습. ¶~가 단정하다. 容貌端正。róngmàoduānzhèng.

용무(用務) 명 要办的事情 yàobàndeshìqíng 事宜shìyí 볼일. ¶~를 마치다. 办完事情。bànwánshìqíng.

용병(傭兵) 명 〔~하다|자동사〕 雇佣 gùyōng 지원자에게 봉급을 주고 병무에 복무케 하는 일 또는 그 병사.

용서(容恕) 명 〔~하다|타동사〕 饶 ráo 饶恕 ráoshù 容 róng 容情 róngqíng 죄나 잘못한 일을 꾸짖거나 벌하지 않고 덮어 줌. ¶무례를 ~하다. 饶恕无礼行为。yáoshùwúlǐxíngwéi.

용선(傭船) 명 〔~하다|자동사〕 租船 zūchuán 선박의 일부 또는 전부(선원 포함)를 운송용으로 빌리는 일 또는 그 선박.

용수철(龍須鐵) 명 弹簧 tánhuáng 绷簧 bēnghuáng 나사 모양으로 되어 늘고 주는 탄력이 있는 쇠=스프링.

용신(容身) 명 〔~하다|자동사〕 ① 直身 zhíshēn 용슬(容膝). ② 容身 róngshēn 세상에서 겨우 몸을 붙이고 살아감.

용심(用心) 명 〔~하다|자동사〕 费心 fèixīn 费心思 xīnsī 정성스런 마음을 씀.

용암(熔岩) 명 岩浆 yánjiāng 〈지〉 마그마가 화산의 분화구로부터 분출한 것 또는 그것이 식어 굳어서 된 암석.

용언(用言) 명 谓词 wèicí 〈언〉 서술 작용을 하는 단어로, 어미가 활용하는 말. 곧, 동사·형용사가 이에 해당함.

용원(傭員) 명 ① 雇员 gùyuán 관청에서 임시로 채용한 사람. ② 打工 dǎgōng 품

팔이꾼.

용의(用意)[-의/-이] 명 [~하다|타동사] ① 下决心 xiàjuéxīn 마음을 먹음. 뜻을 가다듬음. ② 心理准备 xīnlǐzhǔnbèi 마음의 준비. ¶어떤 고생이라도 감내할 ~가 있다. 做好克服任何困难的心理准备。zuò hǎokèfúrènhékùnándexīnlǐzhǔnbèi.

용의[-의/-이] 명 (容疑) 可疑 kěyí 嫌疑 xiányí 범죄의 혐의.

용인(容忍) 명 [~하다|타동사] 纵容 zòngróng 너그러운 마음으로 참음.

용재(用材) 명 ① 成材 chéngcái 연료 이외의 쓰임이 있는 재목. 건축·가구 등에 쓰는 재목. ② 材料 cáiliào 재료로 쓰는 물건.

용접(鎔接) 명 [~하다|타동사] 焊接 hànjiē 〈공〉 두 금속에 높은 전열 또는 가스열을 가하여 녹여 붙이거나 이음.

용지(用地) 명 工地 gōngdì 使用土地 shǐ yòngtǔdì 场地 chǎngdì 어떤 일에 쓰기 위한 토지. ¶학교 건축~. 学校建筑场地。xuéxiàojiànzhùchǎngdì.

용지(用紙) 명 纸张 zhǐzhāng 어떤 일에 쓰이는 종이. ¶복사 ~를 주문하다. 订购复印用纸。dìnggòufùyìnyòngzhǐ.

용태(容態) 명 ① 容貌 róngmào 얼굴 모양과 몸 맵시. 용체(容体). ② 病况 bìngkuàng 병의 상태. 병상(病状). ¶선생님의 ~는 어떠신지요? 老师的病况怎么样? lǎo shīdebìngkuàngzěnmeyàng.

용해(溶解) 명 ① 融化 rónghuà 녹음. 또는 녹임. ② 溶解 róngjiě 〈화〉 기체·고체·액체의 물질이 다른 액체 속에서 녹아 균일한 액체가 되는 현상. ※용액·용매·용질.

우대(優待) 명 [~하다|타동사] 优待 yōudài 待遇 dàiyù 특별히 잘 대우함. ¶교육자를 ~하다. 优待教育者。yōudàijiào yùzhě.

우대권(優待券) 명 优惠券 yōuhuìquàn 남보다 우대할 것을 나타낸 표.

우둔(愚鈍) 명 [~하다|형용사] 愚笨 yúbèn 呆笨 dāibèn 어리석고 둔함. ¶~하기 짝이 없는 사람. 愚笨得没法比的人。yú bèndeméifǎbǐderén.

우등(優等) 명 [~하다|자동사] ① 优秀 yōuxiù 훌륭하게 빼어난 등급. ② 优等 yōuděng 성적이 높은 등급↔열등(劣等).

우려(憂慮) 명 [~하다|타동사] 忧虑 yōulǜ 顾虑 gùlǜ 근심과 걱정.

우론(愚論) 명 ① 愚论 yúlùn 어리석은 의론. ② 愚见 yùjiàn 자기 논설이나 견해의 겸칭.

우롱(愚弄) 명 愚弄 yúnòng 捉弄 zhuōnòng 사람을 바보로 만들어 놀림. ¶국민을 ~하는 처사다. 这是愚弄国民的行为。zhèshìyúnòngguómíndexíngwéi.

우박(雨雹) 명 冰雹 bīngbáo 봄·여름, 더러는 가을에 기상의 급변으로 오는, 비와 눈의 중간 상태의 백색 덩어리. 누리. ¶~을 맞다. 下冰雹。xiàbīngbáo.

우발(偶發) 명 〔~하다|자동사〕 偶发 ǒufā 意外 yìwài 不测 búcè 우연히 발생함. 뜻밖에 일어남.

우비(雨備) 명 雨具 yǔjù 우산·삿갓·도롱이 등 비를 가리는 여러 도구=우구(雨具).

우선(于先) 부 ① 首先 shǒuxiān 먼저. 위선(为先). ¶~ 인사부터 드려라. 首先问候。shǒuxiānwènhòu. ② 虽然不太满意 suīránbútàimǎnyì 아쉬운 대로. 그럭저럭. ¶이만하면 ~ 한시름 놓겠다. 虽然不太满意, 还是放心了。suīránbútàimǎnyì, háishìfàngxīnle.

우송(郵送) 명 〔~하다|타동사〕 邮寄 yóujì 우편(邮便)으로 보냄. ¶책을 ~ 하다. 邮寄书本。yóujìshūběn.

우승기(優勝旗) 명 奖旗 jiǎngqí 锦旗 jǐnqí 우승자에게 그 명예를 표창하기 위해 경기 대회 등에서 주는 기.

우시장(牛市場) 명 牛市 niúshì 소를 사고파는 시장.

우심(尤甚) 형 〔여 불규칙〕 尤甚 yóushèn 更厉害 gènglìhài 더욱 심하다. ¶불량배의 행패가~. 流氓的侵害更厉害。liúmángdeqīnhàigènglìhài.

우악(愚惡)[—아카—] 형 〔여 불규칙〕 ① 愚笨 yúbèn 무지하고 포악하며 드세다. ¶~한 목소리. 愚笨的声音。yúbèndeshēngyīn. ② 凶恶而无知 xiōngèérwúzhī 미련하고 불량하다. ¶~한 생김새 凶恶而无知的长相。xiōngèérwúzhīdezhǎngxiàng.

우왕좌왕(右往左往) 명 〔~하다|자동사〕 左右不定 zuǒyòubúdìng 오른쪽으로 갔다 왼쪽으로 갔다 하며 종잡지 못함. 이랬다저랬다 갈팡질팡함. ¶~하는 대혼란. 左右不定的大混乱。zuǒyòubúdìngdedàhùnluàn. 부 迷失方向 míshīfāngxiàng 이리저리 왔다 갔다 하며 일이나 나아갈 방향을 종잡지 못하는 모양. ¶~ 어찌할 바를 모르다. 迷失方向不知怎么办。míshīfāngxiàngbùzhīzěnmebàn.

우월(優越) 명 〔~하다|형용사〕 优势 yōushì 高强 gāoqiáng 뛰어나게 나음.

우유(牛乳) 명 牛奶 niúnǎi 암소의 젖. 지방·단백질·비타민·당분(糖分) 등을 함유하며, 음료로 씀. 또는 버터·치즈·젖산 음료 등의 원료가 됨=쇠젖. 소젖, 밀크.

우징(雨征) 명 下雨的征兆 xiàyǔdezhēngzhào 비가 올 징조.

우체(郵遞) 명 邮寄 yóujì 우편(邮便).

우체국(郵遞局) 명 邮局 yóujú 邮政局 yóuzhèngjú 정보 통신부에 딸려, 우편물의 인수·배달 등의 우편 사무와, 우편환·전신환 등의 사무를 맡아보는 기관.

우체부(郵遞夫) 명 邮递员 yóudìyuán 우편집배원.

우편(郵便) 명 ① 邮政 yóuzhèng 편지나

기타의 물품을 국내나 전 세계에 보내 주는 통신 제도. ② 邮政局 yóuzhèngjú '우편물'의 준말.

우편낭(郵便囊) 명 邮袋 yóudài 우편집 배원이 우편물을 넣고 다니는 주머니.

우편사서함(郵便私書函) 명 邮政信箱 yóuzhèngxìnxiāng 우편물의 집배 사무를 취급하는 우체국에 국장의 승인을 받고 비치하는 가입자 전용의 우편함.

우편환(郵便換) 명 邮汇 yóuhuì 우체국에서 취급하는 환증서(换证书)로 돈을 부치는 방법. 통상환·전신환·소액환·국제환이 있음.

우표첩(郵票帖) 명 集邮册 jíyóu 우표를 수집하여 붙이기 위해 만든 책.

우화(寓話) 명 寓言 yùyán 인격화한 동식물이나 다른 사물에 비겨 풍자나 교훈의 뜻을 나타내는 이야기 ≪이솝 우화 따위≫=우언(寓言).

우회(迂回) 명 〔~하다|자동사〕 绕过 ràoguò 멀리 돌아서 감. ¶비포장도로를 ~하여 가다. 绕过非油漆马路。ràoguòfēi yóuqīmǎlù.

우회전(右回轉) 명 〔~하다|자동사〕 右转 yòuzhuǎn 차 따위가 오른쪽으로 돎. ¶사거리 지나서 바로 ~하시오. 过十字路口向右转。guòshízìlùkǒuxiàngyòuzhuǎn ↔좌회전.

운(運) 명 运气yùnqì '운수(运数)'의 준말. ¶아주 ~이 좋았다. 运气很好。yùnqì hěnhǎo.

운동경기 명 (运动竞技) 运动比赛 yùndòngbǐsài 일정한 규칙에 따라 개인이나 단체끼리 속력·지구력·기능 따위를 겨루어 승부를 겨루는 일.

운동량(運動量) 명 ① 动量 dòngliàng 〈물〉 물체의 질량과 그 속도와의 곱으로 나타내는 물리량(物理量)의 하나. ② 运动量 yùndòngliàng 운동하는 데 들인 힘의 분량.

운명(運命) 명 ① 命运 mìngyùn 운수와 명수(命数). 곧, 사람의 몸을 둘러싸고 닥치는 선악·길흉의 사정 ≪인생 제반의 사건이 필연의 초인간적 위력에 의해 지배되고 있다는 신앙 또는 사상에 근거함≫. 운. 숙명(宿命). ¶~에 맡기다. 交给命运安排。jiāogěimìngyùnānpái. ② 将来命运 jiāngláimìngyùn 앞으로 닥칠 여러 가지 일이나 사태. ¶나라의 ~이 걸린 중대사. 关系到国家将来命运的大事。guānxidàoguójiājiāngláimìngyùndedàshì. §명(命).

운명(殞命) 명 〔~하다|자동사〕 死亡 sǐwáng 사람이 명을 거둠. 죽음.

운반(運般) 명 〔~하다|타동사〕 ① 搬运 bānyùn 물건을 옮겨 나름. ② 冲走 chōngzǒu 〈지〉 강물이나 바람 등이 모래·자갈·흙 등을 옮겨 나름.

운반비(運般費) 명 货运费 huòyùnfèi 운반하는 데 드는 비용.

운수(運輸) 명 [~하다|타동사] 运送 yùnsòng 여객이나 화물을 실어 나르는 일 ≪운반·운송보다 규모가 큼≫.

운수(運數) 명 运气 yùnqì 命运 mìngyùn 사람에게 정해진 운명의 좋고 나쁨. 곧, 인간의 능력을 초월하는 천운(天运)과 기수(气数). ¶~가 나쁘다. 运气不好。yùn qìbùhǎo. §운(运).

운수불길(運數不吉) 명 倒霉 dǎoméi 운수가 좋지 않음. 운수불행.

운신(運身) 명 [~하다|자동사] ① 动弹 dòngtan 몸을 움직임. ¶몸이 몹시 아파 ~도 못하다. 疼得动弹不了。téngdedòng tanbùliǎo. ② 周转 zhōuzhuǎn 사회적으로 어떤 일이나 행동을 하는 것. ¶그는 당내에서 ~의 폭이 좁았다. 他在党内的周转幅度不大。 tāzàidǎngnèidezhōuzhuǎn fúdùbúdà.

운영(運營) 명 [~하다|타동사] ① 经营 jīngyíng 조직·기구 따위를 운용(运用)하여 경영함. ¶택시회사를 ~하다. 经营出租公司。jīngyíngchūzūgōngsī. ② 管理 guǎnlǐ 어떤 대상을 관리하고 운용하여 나감. ¶대학의 학사 ~. 管理大学校舍。 guǎnlǐdàxuéxiàoshè.

운용(運用) 명 [~하다|타동사] 应用 yíngyòng 运用 yùnyòng 周转 zhōu zhuǎn 물건이나 제도 따위를 적절하게 사용함.

운임(運賃) 명 运费 yùnfèi 车脚戗 chē jiǎoqián 运价yùnjià 운송에 대한 삯.

운임표(運賃票) 명 运价票 yùnjiàpiào 여객 또는 화물의 운임을 거리·무게별로 분류하여 적은 표.

운전(運轉) 명 [~하다|타동사] ① 驾驶 jiàshǐ 기계나 자동차 따위를 움직여 굴림. ¶~ 면허. 驾驶证。jiàshǐzhèng. ② 操纵 cāozòng 자본이나 어떤 일 같은 것을 움직여 나아가게 함.

운전사(運轉士) 명 司机 sījī 驾驶员 jiàshǐ yuán 전동차·자동차·열차·선박이나 기계 등을 직업적으로 운전하는 사람. 운전기사.

운치(韻致) 명 风雅 fēngyǎ 고상하고 우아한 품위가 있는 멋. 풍치(风致). ¶~가 있는 시조. 风雅的诗。fēngyǎdeshī.

운항(運航) 명 [~하다|자동사] 航运 hángyùn 배나 항공기가 항로(航路)를 운행함. ¶태풍으로 모든 선박의 ~이 중지되었다. 由于台风中断了所有航运。yóuyú táifēngzhōngduànlesuǒyǒuhángyùn.

울결(鬱結) 명 ① 郁结 yùjié 가슴이 답답하게 막힘. ② 郁积 yù jī 〈한의〉 기혈이 한곳에 몰려 흩어지지 않음.

울기(鬱氣) 명 忧郁 yōuyù 답답한 기분.

울분(鬱憤) 명 [~하다|형용사] 愤懑 fènmèn 답답하고 분함. 또는 그 분기(愤气). ¶~을 터뜨리다. 发泄愤懑。fāxièfèn mèn.

울울(鬱鬱) 형 [여 불규칙] ① 忧郁 yōu

yù 마음이 상쾌하지 않고 가슴이 아주 답답하다. ¶마음이 ~. 心里忧郁。 xīnlǐ yōuyù. ② 郁郁苍苍 yùyùcāngcāng 나무가 무성하다. ¶~한 숲 속을 거닐다. 走在郁郁苍苍的树林中。 zǒuzàiyùyùcāngcāng deshùlínzhōng.

울적(鬱積)[-쩌카-] 형 忧郁而寂寞 yōuyùérjìmò 郁闷而寂寞 yùmènérjìmò 마음이 답답하고 쓸쓸하다. ¶~한 마음을 달랠 길이 없다. 没法安慰忧郁而寂寞的心情。 méifǎānwèiyōuyùérjìmòdexīnqíng.

울증(鬱症) 명 忧郁症 yōuyùzhèng 가슴이 답답한 병증.

울창(鬱蒼) 형 〔여 불규칙〕 郁郁苍苍 yùyùcāngcāng '울울창창하다'의 준말. ¶~한 전나무 숲. 郁郁苍苍的树林。 yùyùcāngcāngdeshùlín.

울화(鬱火) 명 郁闷之火 yùmènzhīhuǒ 郁火症 yùhuǒzhèng 속이 답답하여 나는 화. ¶그녀는 부당한 대우에 ~가 나서 참을 수 없었다. 他因为不公待遇，无法忍受心中的郁闷之火。 tāyīnwéibùgōngdàiyù, wúfǎrěnshòuxīnzhōngdeyùmènzhīhuǒ.

울화병(鬱火病) 명 郁火症 yùhuǒzhèng 〈한의〉 울화로 말미암아 생긴 병.

웅대(雄大) 형 〔여 불규칙〕 宏伟 hóngwěi 웅장하고 규모가 크다.

웅도(雄途) 명 壮途 zhuàngtú 큰 사업이나 여행을 위한 장한 출발. ¶~에 오르다. 上状途。 shàngzhuàngtú. ※장도(壮途).

웅려(雄麗)[-녀-] 형 〔여 불규칙〕 壮丽 zhuànglì 웅장하고 아름답다. 장려(壮丽)하다. ¶~한 부채춤. 壮丽的扇子舞。 zhuànglìdeshànziwǔ.

웅변(雄辯) 명 ① 辩才 biàncái 힘차고 거침이 없는 변설. 화술(话术)이 뛰어나며 설득력이 있는 말솜씨. ② 雄辩 xióngbiàn (주로 '웅변으로'의 꼴로 쓰여) '의심할 나위 없이 명백하게'의 뜻을 나타냄.

웅변대회(雄辯大會) 명 讲演大会 yǎnjiǎngdàhuì 청중 앞에서 자기의 사상이나 감정을 웅변으로 발표하는 큰 모임.

원(怨) 명 怨 yuàn 怨恨 yuànhèn '원한'의 준말.

원가(原價) 명 ① 原价 yuánjià 본디 사들일 때의 값. ② 成本 chéngběn 〈경〉 상품의 제조·판매·공급 등 경제 행위를 하기 위해 소비하는 재화 및 노동 가치를 단위당(当) 계산한 값. 생산비.

원격(遠隔) 명 远距离 yuǎnjùlí 거리가 멀리 떨어져 있음. ¶~ 조종 모형 비행기 远距离操纵模型飞机。 yuǎnjùlícāozòngmóxíngfēijī.

원고(原稿) 명 ① 稿子 gǎozi 인쇄에 부치기 위해 쓴 초벌의 글·그림. ¶~ 청탁을 받다. 接受要稿子的请托。 jiēshòuyàogǎozideqǐngtuō. ② 草稿 cǎogǎo 초고(草稿). ③ 草案 cǎoàn 연설·강연 등의 초안.

원고지(原稿紙) 명 稿纸 gǎozhǐ 원고용지.

원귀(怨鬼) 명 怨死鬼 yuānsǐguǐ 원통하

게 죽은 사람의 귀신.

원금(元金) 명 ① 本钱 běnqián 밑천. 본전. ¶~을 날리다. 丢本钱。diūběnqián. ② 本金 běnjīn 돈을 빌리거나 꾸었을 때, 이자를 제외한 본디의 돈. ¶이자는 고사하고 ~까지 떼어먹다. 连本带息全吃了 liánběndàixīquánchīle ↔이자.

원기(元氣) 명 ① 精神 jīngshén 본디 타고난 기운. 활동의 근본이 되는 기력. ② 元气 yuánqì 만물 성장의 근본이 되는 정기. ③ 精力 jīnglì 왕성한 기력. 몸과 마음의 활동력. ¶~ 왕성 精力旺盛。jīnglì wàngshèng.

원납(願納) 명 〔~하다|타동사〕 愿意交纳 yuànyìjiāonà 愿意 交付yuànyìjiāofù 자원하여 재물을 바침.

원단위(原單位) 명 基本单位 jīběndānwèi 〈공〉 제품을 만드는 데 드는 노동력·시간·원료·공장의 건물이나 부지(敷地) 등의 최소 적격 단위.

원동(原動) 명 产生动力的因素和本源 chǎnshēngdònglìdeyīnsùhéběnyuán 어떤 것이 움직이는 힘이 되는 근원. 활동의 근원.

원동력(原動力)[-녁] 명 ① 主动力 zhǔdònglì 사물의 활동을 일으키는 근원이 되는 힘. ② 原动力 yuándònglì 〈물〉 물체나 기계의 운동을 일으키는 힘 ≪열·수력·풍력·화력 따위≫.

원두막(園豆幕) 명 瓜棚 guāpéng 원두밭을 지키기 위해 지은 높직한 막.

원래(原來)[월-] 부 原来 yuánlái 本来 běnlái 原本 yuánběn 본디. 전부터. ¶~ 나쁜 사람은 아니다. 原来不是坏人。yuán láibúshìhuàirén.

원래(遠來)[월-] 명 〔~하다|자동사〕 从远方来 cóngyuǎnfānglái 먼 곳에서 옴. ¶~의 진객(珍客). 从远方来的稀客。cóng yuǎnfāngláidexīkè.

원력(原力) 명 元气 yuánqì 본디부터 가지고 있는 기운.

원론(原論) 명 概论 gàilùn 근본이 되는 이론 또는 그런 이론을 기술한 책. ¶경제~. 经济概论。jīngjìgàilùn.

원리(元利) 명 本利 běnlì 本息 běnxī 원금과 이자. 본전과 변리. 원리금. ¶~ 합계. 本利合计。běnlìhéjì.

원망(怨望) 명 〔~하다|타동사〕 埋怨 mányuàn 抱怨 bàoyuàn (남이 내게 한 일을) 억울하게 또는 못마땅히 여겨 탓하거나 분하게 여겨 미워함. ¶~의 눈초리로 바라보다. 以抱怨的眼神望着他。yǐbào yuàndeyǎnshénwàngzhetā.

원반(圓盤) 명 ① 圆盘 yuánpán 원반던지기에 쓰는 운동 기구. 나무 바탕에 놋쇠의 동글납작한 판을 박고 금속의 테를 두른 둥근 판 ≪남자용은 무게 2kg, 직경 219mm, 여자용은 무게 1kg, 직경 180mm≫. ② 铁饼 tiěbǐng 접시 모양으로 둥글고 넓적하게 생긴 물건.

원본(原本) 명 ① 原本 yuánběn '원간본'의 준말. ② 底本 dǐběn 등사・초록(抄录)・개정・번역 등을 하기 전의 본디의 서책↔역본(译本). ③ 正本 zhèngběn 등본・초본(抄本)의 근본이 되는 문서.

원부(原簿) 명 ① 总账 zǒngzhàng 베끼거나 고쳐 만들기 전의 본디의 장부. ¶호적 ~. 户籍总账。hùjízǒngzhàng. ② 原账 yuánzhàng 부기의 주요 장부, 원장부, 원장.

원색(原色) 명 ① 本色 běnsè 분해할 수 없으며 모든 색의 기본이 되는 색. 일반적으로는 빨강・노랑・파랑의 세 가지 빛깔. 색료(色料)에서는 황색・적자색・청록색을 이름. 기색(基色). ② 原色yuánsè 본디의 제 빛깔. 천연색. ③ 华丽 huáli 화려한 빛깔. ④ 本来感情 běnlái gǎnqíng 꾸미지 않은 감정의 상태.

원색판(原色版) 명 彩色版 cǎisèbǎn 三色版 sānsèbǎn 〈인〉 원색을 써서 실물과 똑같은 색채를 내는 망판(网版) 인쇄 또는 그 인쇄물 ≪현재는 원색에 흑색을 더해서 인쇄하는 사색판(四色版)이 널리 사용됨≫. 삼색판.

원서(願書) 명 志愿书 zhìyuànshū 申请书 shēnqǐngshū 지원하거나 청원하는 내용을 적은 서류. ¶내일까지 ~를 제출해야 한다. 志愿书要交到明天为止。zhìyuànshū yàojiāodàomíngtiānwéizhǐ.

원수(怨讐) 명 敌人 dírén 仇人 chóurén 冤家 yuānjiā 원한이 맺힐 정도로 자기에게 해를 끼친 집단이나 사람. ¶돈이 ~다. 钱是冤家。qiánshìyuānjiā.

원수폭(原水爆) 명 原子弹和氢弹 yuánzǐ dànhéqīngdàn 원자수소폭탄.

원숙(圓熟)[−수카−] 형 〔여 불규칙〕 ① 成熟 chéngshú 老练 lǎoliàn 매우 숙련되어 있다. 능숙하다. ② 圆熟 yuán shú 인격・지식 따위가 깊고 원만하다.

원시(遠視) 명 ① 远视 yuǎnshì 멀리 봄. 먼 곳까지 보임. ② 远视眼 yuǎnshìyǎn '원시안'의 준말↔근시.

원아(園兒) 명 幼儿园和孤儿院的孩子 yòu éryuánhégūéryuàndeháizi 육아원・고아원 등에서 기르는 아동.

원자재(原資材) 명 原材料 yuáncáiliào 原料 yuánliào 공업 생산의 원료가 되는 자재. ¶외국에서 ~를 도입하다. 从国外引进原材料。cóngguówàiyǐnjìnyuáncái liào.

원전(原典) 명 ① 原著 yuánzhù 기준이 되는 본디의 전거(典据). ② 原版 yuán bǎn 원서(原书).

원조(援助) 명 〔~하다|타동사〕 援助 yuánzhù 帮助 bāngzhù 도와줌. 조원(助援). ¶군사 ~. 军事援助。jūnshìyuánzhù.

원지(原紙) 명 ① 楮树皮纸 shǔshùpízhǐ 닥나무 껍질을 원료로 하여 뜬, 두껍고 질긴 종이 ≪누에씨를 받음≫. ② 蜡纸 làzhǐ 등사판 따위의 원판으로 쓰는 초를 먹인 종이.

원체(元體) 명 本体 běntǐ 으뜸이 되는 몸. 부 原来 yuánlái 워낙. 본디부터. ¶물가가 ~ 비싸다. 原来物价贵。yuánláiwù jiàguì.

원한(怨恨) 명 仇恨 chóuhèn 원통하고 억울한 일을 당하여 마음속 깊이 맺힌 마음. ¶뼈에 사무친 ~. 刻骨仇恨。kègǔc hóuhèn.

원호(援護) 명 [~하다|타동사] 支援 zhīyuán 돕고 보살펴 줌. ¶소년소녀가장을 위한 ~기금을 마련하다. 准备了无父母儿童的基金。zhǔnbèilewúfùmǔértóngdejī jīn.

원화(原畫) 명 ① 原画 yuánhuà 복사, 복제의 바탕이 되는 본디의 그림. ② 原洋画 yuányánghuà 밑그림.

월권행위(越權行爲) 명 侵权 qīnquán 자기 권한 밖의 일에 간여하여 남의 직권을 침범하는 행위=월조.

월급(月給) 명 工资 gōngzī 月薪 yuèxīn 薪水 xīnshuǐ 다달이 받는 급료. ¶~ 봉투. 工资袋。gōngzīdài=삭료, 월료, 월봉.

월동(越冬)[-똥] 명 [~하다|자동사] 过冬 guòdōng=겨울나기.

월등(越等)[-뜽] 부 [~하다|형용사] [~히|부사] 越级 yuèjí 特别 tèbié 다른 것에 비하여 크게 낫다. ¶머리는 비슷한 것 같은데 학교 성적은 ~. 聪明程度差不多, 成绩却差异大。cōngmíngchéngdùchà bùduō, chéngjìquèchāyìdà.

월반(越班) 명 [~하다|자동사] 跳班 tiàobān 학력의 정도가 월등(越等)하여 학년 차례를 건너뛰어 상급 학년으로 오름. ¶그는 성적이 뛰어나 ~했다. 他以优越的成绩跳班了。tāyǐyōuyuèdechéngjì tiàobānle.

월별(月別) 명 按月 ànyuè=달별.

월병(月餠) 명 ① 圆形饼 yuánxíngbǐng 달떡. ② 月饼 yuèbǐng 중국 사람들이 추석에 만들어 먹는 둥근 밀가루 과자.

월부(月賦) 명 按月付款分期付款 ànyuèfù kuǎnfēnqīfùkuǎn 물건을 외상으로 사고 돈을 얼마씩 나누어 다달이 갚아 나가는 일→달붓기.

월사금(月謝金)[-싸-] 명 按月交的学费 ànyuèjiāodexuéfèi 예전에, 다달이 내던 학교 수업료.

월수(月收)[-쑤] 명 ① 月收入 yuèshōu rù 다달이 들어오는 돈=월수입. ② 连本带利每月偿还的债 liánběndàilìměiyuè chánghuándezhài 본전에 길미를 얹어서 다달이 갚아 가는 빚.

월액(月額) 명 每月支出或收入 měiyuèzhī chūhuòshōurù 달을 단위로 정한 액수=월당.

월요일(月曜日) 명 星期一 xīngqīyī 칠요일의 하나. 일요일로부터 둘째 되는 날. 월=월요.

월일(月日) 명 ① 月日 yuèrì 달과 해.

② 月亮和太阳 yuèliànghétàiyáng 달과 날.

월전(月前) 명 一个月前 yígèyuèqián 달포 전.

월중행사(月中行事) 명 月中活动 yuè zhōnghuódòng 그달에 하기로 정한 행사=월행사.

위로(慰勞) 명 〔~하다|타동사〕 安慰 ān wèi 고달픔이나 괴로움을 풀도록 따뜻이 대함=노위.

위로금(慰勞金) 명 酬劳 chóuláo 위로하는 뜻으로 주는 돈.

위문편지(慰問片紙) 명 慰问信 wèiwèn xìn 위문하는 편지=위문장.

위안(慰安) 명 〔~하다|타동사〕 安慰 ān wèi 위로하여 마음을 편하게 함. ¶너의 편지는 나에게 큰 ~과 격려가 되었다. 你的信给了我很大的安慰和激励。nǐdexìn gěilewǒhěndàdeānwèihéjīlì=안위.

위양(委讓) 명 〔~하다|타동사〕 转交 zhuǎnjiāo 转让 zhuǎnràng 다른 사람에게 위임하여 양보하거나 양도함.

위업(偉業) 명 大业 dàyè=큰일.

위용(威容) 명 威仪 wēiyí 장한 모습.

위임(委任) 명 〔~하다|타동사〕 委任 wěirèn 承包 chéngbāo 交给 jiāogěi 맡김=위기.

위임장(委任狀) 명 ① 授权书 shòuquán shū 〈법〉 누구에게 어떤 일을 맡기거나 대리권을 준다는 뜻을 적은 문서. ② 委任书 wěirènshū 어떤 나라가 누구를 영사로 임명하여 주재국에 보낸다는 내용을 적은 문서.

위자료(慰藉料) 명 慰扶金 wèifújīn 赡养费 shànyǎngfèi 〈법〉 불법행위로 말미암은 정신적 고통과 손해를 배상하여 주는 돈=위자금.

위장실업(僞裝失業) 명 变相失业 biàn xiàngshīyè 〈경〉 잠재적 실업.

위정자(爲政者) 명 执政者 zhízhèngzhě 정치를 하는 사람.

위촉(委囑) 명 〔~하다|타동사〕 委托 wěituō 부탁하여 맡김. ¶그 일을 ~ 받은 적이 있나요? 你接受委托过那件事? nǐ jiēshòuwěituōguònàjiànshì.

위탁계약(委托契約) 명 仲裁合同 zhòng cáihétong 남에게 맡겨 하는 계약.

위탁판매소(委托販賣所) 명 代售店 dài shòudiàn 〈경〉 물품의 소유자가 기간을 정하여 상인에게 그 판매를 맡기는 일. 맡아 판 사람은 그 수고삯만 받는다=맡겨팔기.

위태(危殆) 형 〔여 불규칙〕 危险 wēi xiǎn 위험하여 마음을 놓을 수 없다.

위패(位牌) 명 牌位 páiwèi 신주로 모시는 패.

위풍당당(威風堂堂) 명 〔~하다|형용사〕 威风凛凛 wēifēnglǐnlǐn 풍채가 위엄이 있고 씩씩하다.

위훈(偉勳) 명 丰功伟绩 fēnggōngwěijì=큰 공.

유가(有价)[-까] 명 付价 fùjià 금전상의 가치가 있음.

유가족(遺家族) 명 烈属 lièshǔ 遗族 yízú 죽은 사람의 살아 남은 가족.

유개화물차(有蓋貨物車) 명 蓬车 péng chē 지붕이 있는 화물차. §유개 화차.

유객(游客) 명 ① 游客 yóukè 유람하는 사람. ② 游手好闲的人 yóushǒuhàoxián derén 노는 사람. ③ 酒色之徒 jiǔsèzhītú 주색으로 세월을 보내는 사람.

유객(誘客) 명 〔~하다|자동사〕 诱客 yòukè 拉客 lākè 손님을 꾐. ¶~ 행위. 拉客行为。lākèxíngwéi.

유고(有故) 명 有原故 yǒuyuángù 사고가 있음.

유곽(遊廓) 명 妓院 jìyuàn=기루. 공창 제도 아래에서, 창녀들이 모여서 몸을 팔던 집 또는 그런 집이 모여 있는 지역.

유괴범(誘拐犯) 명 拐骗者 guǎipiànzhě 남을 꾀어 낸 범인 또는 그 범죄.

유급(有給) 명 有报酬 yǒubàochóu 有工资 yǒugōngzī 봉급이 있음↔무급.

유급직(有給職) 명 专职 zhuānzhí 봉급이 있는 직임. ※명예직.

유급휴가(有給休假) 명 带薪休假 dàixīn xiūjià 봉급이 지급되는 휴가. 연차 휴가, 생리 휴가, 산전·산후 휴가 따위.

유기(遺棄) 명 〔~하다|타동사〕 ① 放弃 fàngqì 내버림. ② 遗弃 yíqì 〈법〉 보호할 사람이 보호 받을 사람을 보호하지 않는 일.

유능(有能) 명 〔~하다|형용사〕 ① 能干 nénggàn 재능이 있음↔무능. ② 有能力 yǒunénglì=유능력.

유도(誘導) 명 〔~하다|타동사〕 ① 诱导 yòudǎo 꾀거나 이끎=도유. ② 感应 gǎn ying 〈물〉=감응.

유독(惟獨) 명 唯独 wéidú 只有 zhǐyǒu 여럿 가운데 홀로. ¶이번 계획에 ~ 그만이 반대했다. 只有他反对这一次计划。zhǐ yǒutāfǎnduìzhèyícìjìhuà.

유랑(流浪) 명 〔~하다|자동사·타동사〕 流浪 liúlàng 漂泊 piāobó 流亡 liúwáng 떠돎.

유래(由來) 명 〔~하다|자동사〕 ① 由来 yóulái 根由 gēnyóu 渊源 yuānyuán 일이나 물건의 근본 내력=내유. 인유. 인의. ② 引起 yǐqǐ 무엇으로 말미암아 일어남=내유. 인유. 인의.

유령(幽靈) 명 ① 幽灵 yōulíng 怨鬼 yuànguǐ 죽은 사람의 넋의 형상. ② 有名无实的 yǒumíngwúshíde 이름뿐이고 실재는 없는 것. ¶~ 단체. 有名无实的团体。yǒumíngwúshídetuántǐ.

유령인구(幽靈人口) 명 虚报的人口 xūbào derénkǒu 서류에만 있고 실제로는 없는 인구.

유령회사(幽靈會社) 명 皮包公司 píbāo gōngsī 법적으로 정당한 절차를 밟지 않은 이름뿐인 엉터리 회사.

유례(類例) 명 先例 xiānlì 前例 qiánlì 비

슷한 사례. ¶~가 드물다. 稀有前例。xīyǒuqiánlì.

유료(有料) 명 收费 shōufèi 요금이 있음. ¶~ 놀이터. 收费娱乐场。shōufèiyúlèchǎng↔무료.

유리(游離) 명 ① 脱离 tuōlí 동떨어짐. ② 游离 yóulí 〈화〉 화합물 가운데에서 원소가 홀로 떨어져 있음.

유린(蹂躪) 명 〔~하다|타동사〕 蹂躏 róulìn 糟蹋 zāotà 糟践 zāojiàn 짓밟음. ¶인권을 ~. 蹂躏人权。róulìnrénquán.

유만부동(類萬不同) 명 ① 各个不同 gègè bùtóng 모든 것이 서로 같지 않음. ¶남매간이라도 ~이라…. 虽然是兄妹之间也有不同。suīránshìxiōngmèizhījiānyěyǒu bùtóng. ② 不符合身份 bùfúhéshēnfèn 분수에 맞지 않음. ¶어미를 속여도 ~이지…. 骗母亲就不符合身份。piànmǔqīnjiù bùfúhéshēnfèn.

유망(有望) 명 〔~하다|형용사〕 有出息 yǒuchūxi 有希望 yǒuxīwàng 희망이 있다.

유망(流網) 명 漂网 piāowǎng→떠돌이걸그물.

유명(有名) 명 〔~하다|형용사〕 ① 有名 yǒumíng 著名 zhùmíng 이름이 있음↔무명. ② 出名 chūmíng 이름이 널리 알려져 있음↔무명.

유명(遺命) 명 遗教 yíjiào 임금이 죽을 때에 남긴 명령=유교.

유모(乳母) 명 奶妈 nǎimā=젖어머니.

유배(流配) 명 〔~하다|타동사〕 流放 liúfàng 〈역〉 죄인을 귀양 보냄.

유별(有別) 명 〔~하다|형용사〕 〔~히|부사〕 特别 tèbié 두드러지게 다르다.

유보(留保) 명 〔~하다|타동사〕 ① 保留 bǎoliú=보류. ② 保留条件 bǎoliútiáojiàn 〈법〉 조약에서 가입국의 일방이 특정한 조항 또는 적용 지역 등에 관하여 제한을 붙임.

유복(有服) 명 应穿丧服的亲戚 yīngchuānsāngfúdeqīnqì '유복지친'의 준말.

유복자(遺腹子) 명 暮生 mùshēng 遗腹子 yífùzǐ 태어나기 전에 아버지를 여읜 자식=유자.

유분수(有分數) 명 有分寸 yǒufēncùn 분수가 있음. ¶농담도 ~지. 너무 지나치지 않소? 开玩笑也有分寸，是不是太过分了? kāiwánxiàoyěyǒufēncùn, shìbúshìtài guòfènle.

유서(由緖) 명 由来 yóulái 전해 오는 까닭과 내력. ¶~ 깊은 건물. 由来很深的建筑物。yóuláihěnshēndejiànzhùwù.

유식(有識) 명 〔~하다|형용사〕 有知识 yǒuzhīshi 有学问 yǒuxuéwèn 지식이나 학식이 있음↔무식.

유신(有信) 명 〔~하다|형용사〕 有信用 yǒuxìnyòng 有信任 yǒuxìnrèn 신의가 있다. ¶~한 사람이야. 有信用的人。yǒu xìnyòngderén.

유야무야(有耶無耶) 명 〔~하다|타동사·

형용사] ① 若有若无 ruòyǒuruòwú 有名无实 yǒumíngwúshí 있는지 없는지 흐리멍덩함. ② 半途而废 bàntúérfèi 不了了之 bùliǎoliǎozhī 흐지부지하게.

유언변경(遺言變更) 명 〔~하다|타동사〕 遗嘱更改 yízhǔgēnggǎi 죽을 때에 부탁하여 남기는 말을 고치는 것.

유업인구(有業人口) 명 就业人口 jiùyè rénkǒu 직업이 있어 노동하고 있는 사람의 수↔실업(失业) 인구.

유연성(柔軟性) 명 弹性 tánxìng 塑性 sùxìng 灵活性 línghuóxìng=물렁성.

유예기간(猶豫期間) 명 宽限期 kuānxiàn qī 〈법〉 법률이 당사자의 이익을 보호하기 위하여 일정한 동안 미루어 두는 기간=중간기간.

유용(流用) 명 〔~하다|타동사〕 挪用 nuóyòng 转用 zhuǎnyòng 딴 데로 돌리어 씀.

유유(悠悠) 형 〔여 불규칙〕 ① 悠悠 yōu yōu 从容 cóngróng 한가하고 여유가 있다. ② 遥远 yáoyuǎn 아득하게 멀거나 오래되다.

유위부족(猶爲不足) 명 〔~하다|형용사〕 反而不足 fǎněrbùzú 오히려 모자람.

유유낙낙(唯唯諾諾)[-낭-] 명 〔~하다|자동사〕 惟命是听 wéimìngshìtīng 예예하다.

유유상종(類類相從) 명 〔~하다|자동사〕 类比相从 lèibǐxiāngcóng 동아리끼리 사귐.

유의(留意)[-의/-이] 명 〔~하다|자동사·타동사〕 留意 liúyì 注意 zhùyì 介意 jièyì 마음에 둠=유심.

유인광고(誘因廣告) 명 诱购广告 yòugòu guǎnggào=근인.

유인물(油印物) 명 印刷物 yìnshuā 등사한 물건.

유전체(誘電體) 명 绝缘体 juéyuántǐ 〈물〉 절연체에 전장을 가하면 유전 분극이 생긴다는 뜻에서, '절연체'를 일컫는 말. ¶~ 렌즈=전매질.

유조선(油槽船) 명 油轮 yóulún=기름배.

유착(癒着) 명 〔~하다|자동사〕 ① 愈合 yùhé 粘连 zhānián 〈의〉 가까이 있는 두 내장의 겉껍질이 염증 따위로 서로 엉기어 붙음. ② 融合 rónghé 勾结 gōujié 사물이 깊은 관계가 있어 서로 떨어지지 않게 결합되어 있음.

유찰(流札) 명 〔~하다|자동사〕 招标不和 zhāobiāobùhé 낙찰되지 아니함.

유취(乳臭) 명 奶臭 nǎixiù=젖내.

유치(乳齒) 명 奶牙 nǎiyá=젖니.

유치권(留置權) 명 扣留权 kòuliúquán 〈법〉→유치권.

유탄(榴彈) 명 榴散弹 liúsǎndàn 속에 폭약이나 화학제를 다져 넣어 던지거나 내쏘는 포탄의 한 가지. 목표에 이르러 탄체가 터지며 무수한 철알이나 화학제가 튀어 퍼진다.

유포(流布) 명 〔~하다|자동사·타동사〕

散布 sànbù 퍼지거나 퍼뜨림.

유품(遺品) 명 遗物 yíwù=유물.

유행기(流行期) 명 流行季节 liúxíngjìjié 새로운 형식이나 취미 따위가 퍼지는 시기.

유행품(流行品) 명 时髦商品 shímáo shāngpǐn 유행하는 물품.

유휴(游休) 명 闲散 xiánsǎn 闲置 xián zhì 놀리거나 묵힘.

육교(陸橋) 명 ① 立交桥 lìjiāoqiáo 교통이 번잡한 도로·철로 위에 가로질러 놓은 다리. 가도교(架道桥). ¶~를 건너다. 过立交桥。 guòlìjiāoqiáo. ② 天桥 tiān qiáo 움푹 팬 곳이나 골짜기 따위를 건너도록 걸쳐 놓은 다리. 구름다리. ③ 大陆桥 dàlùqiáo 〈지〉 두 개의 대륙을 잇는 가늘고 긴 육지 ≪보통은 생물의 이동이 가능함≫.

육기(肉氣) 명 ① 长肉 zhǎngròu=살기. ② 肉味 ròuwèi=육미.

육담(肉談) 명 猥亵的话 wěixièdehuà 淫秽的话 yínhuìdehuà 음담(淫谈) 등과 같은, 저속하고 품격이 낮은 말이나 이야기.

육미(肉味) 명 荤菜 hūncài 짐승 고기로 만든 음식=육기.

육박(肉搏) 명 〔~하다|자동사·타동사〕 ① 短兵相接 duǎnbīngxiāngjiē 맞닥뜨리어 서로 치고 받는 싸움. ② 逼近 bījìn 바싹 가까이 다가감.

육상경기(陸上競技) 명 田径赛 tiánjìng sài 달리기·뛰기·던지기를 기본으로 하여 땅 위에서 하는 운동 경기의 총칭. 주로 트랙 및 필드에서 하는 각종 경기. §육상.

육색(肉色) 명 ① 肤色 fūsè=살빛. ② 肉色 ròusè 사람의 살빛처럼 불그스름한 빛깔.

육성(育成) 명 〔~하다|타동사〕 培养 péiyǎng 培训 péixùn 기르기.

육송(陸送) 명 〔~하다|타동사〕 陆运 lù yùn 뭍에서 물건을 나름.

육수(肉水) 명 肉汤 ròutāng 고기를 삶아낸 물.

육순(六旬) 명 ① 六十天 liùshítiān 예순날. ② 六十岁 liùshísuì 예순 살.

육신(肉身) 명 身体 shēntǐ=육체.

육욕(肉欲) 명 性欲 xìngyù 남녀간의 성욕=사욕.

육우(肉牛) 명 菜牛càiniú=고깃소.

육중(肉重) 형 〔여 불규칙〕 沉重 chén zhòng 笨重 bènzhòng 덩지가 크고 무겁다. ¶~한 몸. 笨重的身体。 bènzhòngde shēntǐ.

육찬(肉餐) 명 荤菜 hūncài 고기 반찬=육선.

육체(肉體) 명 身体 shēntǐ 体力 tǐlì 물질로서의 사람 몸뚱이=육신.

육촌(六寸) 명 ① 六寸 liùcùn 여섯 치. ② 堂兄弟 tángxiōngdì 사촌의 아들딸들 사이의 촌수=재종.

육친(肉親) 명 血亲 xuèqīn 骨肉 gǔròu

부자, 모녀, 형제 따위의 혈족 관계가 있는 사람.

육탄(肉彈) 명 人体炸弹 réntǐzhàdàn 몸을 탄환 삼아 적진에 돌진 육박하는 일 또는 그 육체. ¶~공세. 人体炸弹进攻。réntǐzhàdànjìngōng.

육통터치다(六通) 자 功败垂成 gōngbài chuíchéng 옛날 과거볼 때 강경과에서 칠서 가운데 여섯 가지는 외고 한 가지는 못 외었다는 뜻으로, 일이 거의 되려다가 아니 되는 것을 이르는 말.

육필(肉筆) 명 手笔 shǒubǐ 본인의 손으로 직접 쓴 글씨.

육혈포(六穴炮) 명 六轮子 liùlúnzi 六轮手枪 liùlúnshǒuqiāng 탄알을 재는 구멍이 여섯 개 있는 권총.

육회(肉膾) 명 生拌牛肉片 shēngbànn iúròupiàn 소의 살코기를 잘게 썰어서 갖은 양념을 한 음식.

윤기(潤氣) 명 润泽 rùnzé 光泽 guāngzé 번지르르한 기운. ¶~가 흐르다. 光泽鲜艳。guāngzéxiānyàn.

윤무(輪舞) 명 园舞 yuánwǔ=원무.

윤작(輪作) 명 〔~하다|타동사〕 轮种 lúnzhòng 〈농〉=돌려짓기.

윤허(允許) 명 〔~하다|타동사〕 允诺 yǔnnuò 准许 zhǔnxǔ 임금이 허가함=윤가, 윤유, 윤재, 윤준, 윤하↔불윤.

윤화(輪禍) 명 车祸 chēhuò 육상 교통기관에 의하여 입는 재해. 교통사고.

율동(律動)[—똥] 명 ① 旋律 xuánlǜ 일정한 규칙을 따라 움직임. ② 艺术体操 yìshùtǐcāo=율동체조. ③ 节奏 jiézòu 〈악〉=리듬.

융성(隆盛) 명 〔~하다|형용사〕 兴隆 xīnglóng 성하고 기운차다. ¶~한 발전. 兴隆的发展。xīnglóngdefāzhǎn.

융숭(隆崇) 형 〔여 불규칙〕 庄重热忱 zhuāngzhòngrèchén 대하는 태도가 매우 정중하고 극진하다. ¶~한 대접을 받다. 受到隆重接待。shòudàolóngzhòngjiē dài.

융자(融資) 명 〔~하다|타동사〕 贷放 dàifàng 贷款 dàikuǎn 자금을 융통함.

융창(隆昌) 명 〔~하다|형용사〕 昌盛 chāngshèng 兴隆 xīnglóng 융성하고 번창하다.

융통(融通) 명 〔~하다|타동사〕 通融 tōngróng 筹募 chóumù 금전, 물품 따위를 돌리어 씀=통융.

융통물자(融通物資) 명 调拨物资 diàobō wùzhī 〈법〉 사법상 거래의 개체가 될 수 있는 물건.

융통성(融通性) 명 灵活性 línghuóxìng 형편에 따라 잘 대처하는 성질이나 능력. ¶~ 있게 대처하다. 有灵活性地对待。yǒu línghuóxìngdeduìdài.

융화(融和) 명 〔~하다|자동사〕 和睦 hé mù 화합함.

은고(恩顧) 명 〔~하다|타동사〕 关照

guānzhào 은혜롭게 보살핌. ¶각별한 ~를 입다. 受到特别关照。shòudàotèbié guānzhào.

은괴(銀塊) 명 银条 yíntiáo 은 덩어리.

은근(慇懃) 명 〔~하다|형용사〕〔~히|부사〕① 深沉 shēnchén 어떤 정취가 그윽함. ② 隐情 yǐnqíng 겉으로 드러나지 아니하게 다정스러움. ③ 殷勤 yīnqín 속으로 생각하는 정도가 간절하거나 깊음.

은급(恩給) 명 日本统治时期退休金 rìběn tǒngzhìshíqītuìxiūjīn 〈역〉 일제 때의 연금.

은기명(銀器皿) 명 银器 yínqì=은그릇.

은닉(隱匿) 명 〔~하다|타동사〕潜伏 qiǎnfú=숨김.

은령(銀嶺) 명 雪岭 xuělǐng 雪山 xuě shān 눈으로 하얗게 덮인 산이나 재.

은막(銀幕) 명 ① 影幕 yǐngmù=영사막. ② 电影界 diànyǐngjiè=영화계.

은반지(銀班指) 명 银戒指 yínjièzhi 은으로 만든 반지.

은방(銀房) 명 银楼 yínlóu '금은방'의 준말.

은시계(銀時機) 명 银表 yínbiǎo 银壳表 yínkébiǎo 은딱지로 된 몸시계=은시표. 은표.

은어(銀魚) 명 香鱼 xiāngyú 은엇과에 딸린 물고기. 몸길이는 20~30cm, 몸빛은 등 쪽이 푸르고, 배 쪽은 흰 은빛이다.

은은(殷殷) 형 〔여 불규칙〕隆隆 lóng lóng 멀리서 들려오는 소리가 크고 우렁차다.

은은(隱隱) 형 〔여 불규칙〕① 隐约 yǐn yuē 속엣 것이 흐릿하게 보인다. ¶~한 불빛. 隐约见到的灯光。yǐnyuējiàndàode dēngguāng=은연하다. ② 隐隐 yǐn yǐn 먼데로부터 울리어서 들려 오는 소리가 똑똑하지 아니다. ¶~한 풍경 소리. 隐隐的风铃声。yǐnyǐndefēnglíngshēng.

은잔(銀盞) 명 银制酒杯 yínzhìjiǔbēi 은으로 만든 술잔=은굉, 은배.

은장도(銀粧刀) 명 银制小刀 yínzhìxiǎo dāo 은으로 만든 작은 칼로, 노리개의 한 가지.

은지환(銀指環) 명 银戒指 yínjièzhi=은가락지.

은화(銀貨) 명 银币 yínbì=은돈.

음(陰) 명 ① 阴 yīn 〈철〉 태극이 나누인 두 성질이나 기운 가운데서 소극적인 면의 상징. 고요, 어둠, 없음, 땅, 달, 암컷 따위로 나타난다↔양. ② 阴数 yīnshù 〈수〉=음수↔양.

음(淫) 명 淫乱 yínluàn 음란하다.

음반(音盤) 명 唱片 chàngpiān→소리판.

음복(飮福) 명 〔~하다|타동사〕分吃祭物 fēnchījìwù 제사를 마치고 제관이 제사에 쓴 술이나 다른 제물을 먹음=수조.

음산(陰散) 형 〔여 불규칙〕阴沉 yīn chén 阴森 yīnsēn 날이 흐리고 쓸쓸하다. ¶~한 날씨. 阴沉的天气。yīnchéndetiānqì.

음실(陰室) 명 背阴的屋子 bèiyīndewūzi

햇빛이 들지 않는 음침한 방.

음울(陰鬱) 형 〔여 불규칙〕 阴沉 yīnchén 阴郁 yīnyù 阴暗 yīnàn 음침하고 답답하다. ¶~한 성격. 阴沉的性格。 yīnchén dexìnggé.

음특(陰慝)[-트카-] 형 〔여 불규칙〕 阴险狡猾 yīnxiǎnjiǎohuá 음흉하고 간특하다.

음흉(陰凶) 명 〔~하다|형용사〕 阴险 yīnxiǎn 凶恶 xiōngè 음침하고 흉악하다. ¶~한 눈초리로 쳐다보다. 用阴险的眼睛看着我。 yòngyīnxiǎndeyǎnjīngkànzhewǒ.

응고제(凝固劑) 명 混凝剂 hùnníngjì 엉겨 뭉쳐 딱딱하게 되게 하는 재료.

응급실(應急室) 명 急救室 jíjiùshì 급한 대로 우선 처리하는 칸.

응낙(應諾) 명 〔~하다|자동사·타동사〕 应诺 yìngnuò 答应 dāyìng 承诺 chéngnuò→응낙.

응답(應答) 명 〔~하다|자동사〕 对答 duìdá=대답.

응대(應待) 명 〔~하다|타동사〕 接待 jiēdài=응접.

응대(應對) 명 〔~하다|자동사〕 应酬 yìngchóu 应对 yìngduì 应声 yìngshēng 부름이나 물음 따위에 응하여 대함.

응보(應報) 명 报应 bàoying 선악의 행적에 응하여 화복의 갚음을 받음. ※인과응보.

응분(應分) 명 〔~하다|형용사〕 恰如其分 qiàrúqífèn 분수나 정도에 맞음. ¶~의 대가. 恰如其分的代价。 qiàrúqífèndedàijià.

응수(應手) 명 〔~하다|자동사·타동사〕 还手 huánshǒu 바둑이나 장기를 둘 때에 상대편의 수에 응해 둠. 또는 그러한 수.

응수(應酬) 명 〔~하다|자동사〕 回应 huíyìng 答应 dāyìng 응하여 수작함=대수.

응시(應試) 명 〔~하다|자동사〕 应考 yìngkǎo 投考 tóukǎo 시험에 응함.

응원(應援) 명 〔~하다|타동사〕 ① 援助 yuánzhù 지원하다. ② 助威 zhùwēi 운동경기 따위를 곁에서 성원함.

응접(應接) 명 〔~하다|타동사〕 ① 接待 jiēdài 찾아온 이를 만나 봄=응대, 접응. ② 接触 jiēchù 사물에 접촉함.

응징(膺懲) 명 〔~하다|타동사〕 ① 惩戒 chéngjiè 뉘우치도록 징계함=징응. ② 征服敌国 zhēngfúdíguó 적국을 정복함=징응.

응찰(應札) 명 〔~하다|자동사〕 投标 tóubiāo 입찰에 참가함.

응축(凝縮) 명 〔~하다|자동사〕 ① 凝缩 níngsuō 엉기어 줄어듦. ② 凝结 níngjié 〈물〉 포화 상태의 기체가 온도가 낮아지거나 압력을 받아 액체로 되는 일=응결.

의(誼) 명 情谊 qíngyì '정의'의 준말→의나다.

의(義) 명 ① 道理 dàolǐ 사람이 행하여야 할 바른 도리. ② 义 yì 보통보다 뛰어난 옳은 행위. ③ 信义 xìnyì 골육이 아닌 사람과 더불어 골육과 같은 관계를 맺음.

의거(義擧) 명 〔~하다|자동사〕 起义 qǐ yì 정의를 위하여 거사함. 또는 그런 거사.

의거(依據) 명 〔~하다|자동사·타동사〕 ① 依据 yījù 어떤 사실에 근거함. ② 依靠 yīkào 산이나 물에 의지하여 웅거함. ③ 借口 jièkǒu=빙자.

의견(意見) 명 意见 yìjiàn 注意 zhùyì 마음에 생각하는 점.

의결(議決) 명 〔~하다|타동사〕 议决 yì jué 采纳 cǎinà 의논하여 결정함.

의국(醫局) 명 ① 医药局 yīyàojú 의무를 다루는 부서. ② 医生室 yīshēngshì 병원 같은 데서 의사가 대기하는 방.

의기(意氣) 명 ① 意气 yìqì 득의한 마음. ② 气概 qìgài 장한 마음=인기.

의남매(義男妹) 명 ① 义兄弟 yìxiōngdì 의로 맺은 남매. ② 异父或异母兄弟 yìfù huòyìmǔxiōngdì 아버지나 어머니가 다른 남매.

의논(議論) 명 〔~하다|타동사〕 ① 商量 shāngliáng 商榷 shāngquè 洽商 qià shāng 의견을 주고받음. ¶~이 분분하다. 议论纷纷。yìlùnfēnfēn. ② 商议 shāngyì 서로 일을 꾀함=의사.

의당(宜當) 명 理所当然 lǐsuǒdāngrán=으레. ¶~ 그러리라. 理所当然地要那么做。lǐsuǒdāngrándeyàonàmezuò.

의뢰(依賴) 명 〔~하다|타동사〕 依靠 yī kào 委托 wěituō 남에게 의지하거나 부탁함=시뢰, 시빙.

의류산업(衣類産業) 명 服装工业 fú zhuānggōngyè 옷붙이 생산하는 산업.

의리(義理) 명 道义 dàoyì 情义 qíngyì 情理 qínglǐ 사람으로서 지켜야 할 도리. ¶~를 중히 여기다. 重义理。zhòngyìlǐ.

의모(義母) 명 ① 继母 jìmǔ=의붓어머니. ② 养母 yǎngmǔ=수양어머니. ③ 干妈 gānmā 의로 맺은 어머니.

의미(意味) 명 意味 yìwèi 意思 yìsi 意义 yìyì=뜻.

의부(義父) 명 ① 继父 jìfù=의붓아버지. ② 养父 yǎngfù=수양아버지. ③ 义父 yì fù 의리로 맺은 아버지.

의사(疑死) 명 伪死 wěisǐ 装死 zhuāngsǐ 〈동〉 외부로부터의 위험을 느낀 동물이 움직이지 않고 죽은 체 하는 일. ※의태.

의상(衣裳) 명 ① 衣服 yīfu 服装 fú zhuāng 겉에 입는 위아래 옷. ② 女性外套服装 nǚxìngwàitàofúzhuāng 여자들이 입는 겉옷.

의성(擬聲) 명 象声 xiàngshēng=소리 시늉.

의식(意識) 명 ① 神志 shénzhì 정신이나 넋. ¶~을 잃다. 失神。shīshén. ② 意识 yìshí 깨달음이나 생각. ¶민족 ~. 民族意识。mínzúyìshí. ③ 观念形态 guān niànxíngtài 〈철〉 감각하거나 인식하는 모든 정신 작용. ¶~의 세계. 观念形态的

世界。guānniànxíngtàideshìjiè.

의아(疑訝) 명 [~하다|형용사] [~히|부사] 惊讶 jīngyà 怀疑 huáiyí 의심스럽고 이상하다.

의연(義捐) 명 [~하다|타동사] 捐献 juānxiàn 자선이나 공익을 위하여 금품을 냄.

의욕(意欲) 명 热情 rèqíng 意志 yìzhì 欲望 yùwàng 하고 싶어 하는 마음. ¶삶의 ~. 活的欲望。huódeyùwàng.

의원(依願) 명 根据自愿 gēnjùzìyuàn 원하는 바에 의함. ¶~ 면직(면직하다). 根据自愿免职。gēnjùzìyuànmiǎnzhí.

의장(意匠) 명 装修工 zhuāngxiūgōng=미장 〈법〉 물품에 외관상의 미감(美感)을 주기 위해, 그 형상·맵시·색채 또는 그들의 결합 등을 연구하여 거기에 응용한 특수 고안. 미장.

의장등록(意匠登录) 명 图案注册 túàn zhùcè 의장 고안자나 그 계승자의 청구에 따라 특허청이 공식적으로 문서에 올리는 일.

의제(擬制) 명 捏造 niēzào 〈법〉 법률을 적용할 때, 어떤 사물을 다른 어떤 사물과 동일한 것으로 인정하는 일. 전기를 재물로 보는 일 따위.

의족(義足) 명 假肢 jiǎzhī 나무나 고무 따위로 만들어 붙인 발=만든 발.

의존(依存) 명 [~하다|자동사] 依靠 yī kào 의지하여 존재함.

의존도(依存度) 명 依靠程度 yīkàochéng dù 의존하는 정도. ¶대일(对日) ~가 높은 산업 구조. 对日本依靠程度大的产业结构。duìrìběnyīkàochéngdùdàdechǎnyèjié gòu.

의증(疑症) 명 疑心病 yíxīnbìng→읫증.

의지(依支) 명 [~하다|자동사·타동사] ① 靠身 kàoshēn 몸을 기대거나 맡김. ② 依靠 yīkào 마음을 붙이어 그 도움을 받음. ¶마음의 ~가 되는 말. 可以信赖的话。kěyǐxìnlàidehuà=의시.

의협(義俠) 명 侠义 xiáyì 정의를 위하여 강한 이와 맞서고 약한 이를 돕는 용기=협의.

이동배치(移動配置) 명 调配 tiáopèi 옮아 다니는데 대한 배치.

이득(利得) 명 利益 lìyì 利润 lìrùn 便宜 piányì 이익을 얻음. 또는 그 이익. ¶~을 보다. 得利。délì↔손실.

이륙(離陸) 명 [~하다|자동사·타동사] 起飞 qǐfēi 땅에서 떠오름↔착륙.

이모작(二毛作) 명 〈농〉 ① 复种 fù zhòng=두그루짓기. ② 一年双收 yìnián shuāngshōu 两茬 liǎngchá=두번짓기.

이목(耳目) 명 ① 耳目 ěrmù 귀와 눈. ② 视听 shìtīng=시청. ③ 注目 zhùmù 남의 눈.

이문(利文) 명 ① 利息 lìxi=길미. ② 利钱 lìqián=이익금.

이방(異邦) 명 异国 yìguó 다른 나라=

이국.

이병(罹病) 명 得病 débìng 生病 shēng bìng=이환.

이북(以北) 명 ① 以北 yǐběi 일정한 곳으로부터 그 북쪽↔이남. ② 韩国的北半部 hánguódeběibànbù 삼팔선 또는 휴전선 북쪽↔이남.

이분(二分) 명 ① 春分和秋分 chūnfēnhé qiūfēn 춘분과 추분. ② 两分 liǎngfēn=양분.

이사분기(二四分期) 명 第二季度 dìèrjìdù 일 년을 넷으로 나눈 둘째 기간의 석 달 동안=이사반기.

이상(以上) 명 ① 以上 yǐshàng 上头 shàngtóu 일정한 표준으로부터 위. ¶10층 ~. 十层以上。 shícéngyǐshàng↔이하. ② 多 duō 일정한 표준보다 많거나 나은 것. ¶90점 ~이 우등생이다. 90分以上是优等生。 jiǔshífēnyǐshàngshìyōuděngshēng↔이하. ③ 既然 jìrán '일이 이미 그리 된 바에는'의 뜻을 나타내는 말. ¶결심한 ~ 해내야 한다. 既然下了决心就要做。jìránxiàlejuéxīnjiùyàozuò. ④ 到此 dàocǐ 完了 wánle 목록, 조약, 계약서 따위의 끝에 '끝'이라는 뜻으로 쓰는 말.

이상(異常) 명 [~하다|형용사] [~히|부사] ① 反常 fǎncháng 不平常 bùpíngcháng 정상적인 상태와 다름. ¶~ 기후. 反常气候。 fǎnchángqìhou. ※정신이상. ② 异常 yìcháng 별나거나 색다름. ¶~ 형태. 异常形态。 yìchángxíngtài ※이상체질.

이수(履修) 명 [~하다|타동사] 修业 xiūyè 학문의 과정을 순서를 밟아서 닦음. ¶~ 과목. 修业课程。 xiūyèkèchéng.

이술(異術) 명 奇异的术策 qíyìdeshùcè 요술이나 마술 같은 이상한 술법.

이실직고(以實直告) 명 [~하다|자동사·타동사] 直言不讳 zhíyánbúhuì 바른대로 고함=실진무휘, 이실고지, 종실직고.

이심전심(以心傳心) 명 [~하다|자동사] 心照不宣 xīnzhàobùxuān 마음과 마음으로 뜻을 전함.

이앙(移秧) 명 [~하다|자동사] 插秧 chāyāng 〈농〉=모내기.

이역(異域) 명 ① 异国 yìguó 딴 나라의 땅. ② 外乡 wàixiāng 제 고장이나 고향에서 멀리 떨어진 곳=방외.

이연(離緣) 명 [~하다|자동사] ① 断缘 duànyuán 离婚 líhūn〈법〉→이혼. ② 中断养育关系 zhōngduànyǎngyùguānxi 파양.

이왕(已往) 명 부 ① 以往 yǐwǎng=이전 ¶형세가 ~과 달라. 跟以往不一样的形势。 gēnyǐwǎngbùyíyàngdexíngshì. ② 既然 jìrán=이왕에. ¶~ 시작된 일. 既然已经开始的事。jìrányǐjīngkāishǐdeshì.

이왕지사(已往之事) 명 ① 往事 wǎngshì 이미 지나간 일=이과지사, 이사.

이용(利用) 명 [~하다|타동사] ① 利用 lìyòng 이롭고 쓸모 있게 씀. ② 用 yòng

방편으로 씀.

이월(移越) 명 〔~하다|타동사〕 滚存 gǔncún 结转 jiézhuǎn 过账 guòzhàng 〈경〉 부기에서 한 쪽의 합계를 그 다음 쪽으로 넘기거나, 회계에서 그 기간의 계정을 그 다음 기간으로 넘기는 일=넘김.

이월금(移越金) 명 结转余额 jiézhuǎnyúé 〈경〉 결산한 결과 준비금, 배당금, 상여금 따위 손익금 처분을 하고 다음 기로 넘긴 잔액. 이월이익잉여금과 이월결손금의 두 가지가 있다=넘긴 돈.

이익(利益) 명 利益 lìyì 利润 lìrùn 물질적으로나 정신적으로 보탬이 되는 것. 이↔손해.

이익배당(利益配當) 명 分红制 fēnhóng zhì 〈경〉 주식회사나 주주 또는 조합원에게 순이익을 나누어 주는 일.

이인(異人) 명 ① 神通广大的人 shéntōng guǎngdàderén 재주나 지식이 신기하고 이상한 사람. ② 别的人 biéderén 다른 사람.

이임(離任) 명 〔~하다|자동사〕 离职 lí zhí 맡아보던 일을 내놓고 그 자리를 떠남.

이자(利子) 명 利息 lìxi 利钱 lìqián=길미.

이작(裏作) 명 填闲作物 tiánxiánzuòwù 〈농〉→뒷갈이.

이장(里長) 명 ① 里保 lǐbǎo 행정구역의 이의 사무를 맡아보는 사람. ② 里老 lǐlǎo=이임.

이전(移轉) 명 ① 迁移 qiānyí 迁移 qiānyí 있는 곳을 옮김. ¶가게 ~. 迁移店铺。qiānyídiànpù=전이 ※이사. ② 移交 yíjiāo 소유권 따위를 넘김.

이정표(里程表) 명 路标 lùbiāo 여러 곳 사이의 이정을 적은 일람표=도리표. 정리표.

이제(裏題) 명 在扉页上的书名 zàifēiyè shàngdeshūmíng 책의 첫 장에 적힌 그 책의 제목.

이종(姨從) 명 姨表 yíbiǎo=이종사촌.

이종(異種) 명 ① 异种 yìzhǒng=이류↔동종. ② 变种 biànzhǒng 변한 씨.

이종교배(異種交配) 명 种间杂交 zhǒng jiānzájiāo 〈생〉 서로 다른 종류의 생물을 교배시키는 일=종간교잡.

이주(移住) 명 〔~하다|자동사〕 移居 yí jū=옮살이.

이주민(移住民) 명 移民 yímín 다른 곳으로 옮아가서 사는 사람.

이중성(二重性) 명 双重性 shuāngchóng xìng 한 가지 사물에 겹쳐 있는 서로 다른 두 가지의 성질.

이직(移職) 명 〔~하다|자동사〕 调动 diàodòng=전직.

이체(移替) 명 〔~하다|자동사·타동사〕 互交 hùjiāo 移交 yíjiāo 서로 갈리고 바뀜. 또는 서로 바꿈. ¶전화 요금을 자동 ~하다. 电话费会自动移交的。diànhuà fèihuìzìdòngyíjiāode.

이치(理致) 명 道理 dàolǐ 道 dào 事理

shìlǐ 사물의 정당한 조리. ¶그대의 신기한 책략은 하늘의 ~를 다했고… 您的神奇策略已尽到天道。níndeshénqícèlüèyǐjìn dàotiāndào.

이칭(異稱) 명 别称 biéchēng 다른 이름.

이탈(離脫) 명 〔~하다|자동사·타동사〕 脱离 tuōlí 어떤 범위나 대열 따위에서 벗어남. ¶부대 ~. 离开部队。líkāibùduì=탈리.

이팔(二八) 명 十六岁 shíliùsuì 열 여섯 살 된 나이. '이팔청춘'의 준말.

이풍(異風) 명 ① 怪风气 guàifēngqì 이상스러운 기풍이나 풍도. ② 奇风异俗 qífēngyìsú=이속.

이해(利害) 명 利害 lìhài 利弊 lìbì 得失 déshī 이익과 손해.

이해(理解) 명 〔~하다|타동사〕 ① 理解 lǐjiě 사리를 분별하여 해석함. ¶~가 깊다. 理解深。lǐjiěshēn. ② 领会 lǐnghuì 깨달아 앎. ¶~가 가다. 开始领会。kāishǐ lǐnghuì=이회, 회득. ③ 谅解 liàngjiě=양해. ④ 认识 rènshí 〈철〉 문화를 마음의 표현이라는 각도에서 그 뜻을 파악함. 딜타이의 용어.

이화(李花) 명 ① 李花lǐhuā 오얏나무 꽃. ② 帽标 màobiāo 모자표.

이환(罹患) 명 〔~하다|자동사〕 得病 débìng 병에 걸림=이병.

이후(以後) 명 ① 以后 yǐhòu 일정한 때로부터 뒤. ② 今后 jīnhòu 이제로부터 뒤↔이전.

익사(溺死) 명 〔~하다|자동사〕 淹死 yānsǐ 물에 빠져 죽음=수사, 엄사.

익월(翌月) 명 下个月 xiàgèyuè=이듬달.

익일(翌日) 명 次日 cìrì=다음날.

익자(益者) 명 爱帮助别人的人 àibāngzhù biérénderén 남을 이롭게 돕는 사람.

익조(翌早) 명 明早 míngzǎo 이튿날 아침.

인가(人家) 명 人烟 rényān=집.

인가(鄰家) 명 邻居 línjū=이웃집.

인가(認可) 명 〔~하다|타동사〕 许可 xǔkě 批准 pīzhǔn 准许 zhǔnxǔ 옳다고 인정하여 허락함=인허.

인간(人間) 명 ① 人 rén=사람. ¶~의 존엄성. 人的尊严。réndezūnyán. ② 人间 rénjiān 사람이 사는 세상.

인갑(鱗甲) 명 ① 鳞甲 línjiǎ 비늘과 껍데기. ② 鱼和贝 yúhébèi '물고기와 조개'의 비유. ③ 鳞装铠甲 línzhuāngkǎijiǎ 거북과 악어 따위의 몸뚱이를 휩싸서 보호하는 딱딱한 껍데기. ④ 阴沉 yīnchén '마음이 음침하여 남에게 속을 주지 않음'의 비유.

인건(人件) 명 劳动 láodòng 人工 réngōng 인사에 관한 일.

인건비(人件費) 명 劳动费用 láodòngfèiyòng 劳务费 láowùfèi 사람을 부리는 삯으로 드는 경비. ※물건비.

인격(人格) 명 ① 品格 pǐngé 사람의 품격. ② 人格 réngé 〈윤〉 도덕 행위의 주

체. ③ 人格 réngé 〈심〉 지, 정, 의의 주체. ④ 人格 réngé 〈법〉 법률적 행의의 주체. ⑤ 社会资格 shèhuìzīgé 〈사〉 공동생활의 주체. 곧 한 개인으로서 독립할 수 있는 자격.

인견(引見) 명 〔~하다|타동사〕 召见 zhāojiàn 윗사람이 아랫사람을 불러서 봄.

인계(引繼)[-계/-게] 명 〔~하다|타동사〕 移交 yíjiāo 交代 jiāodài 사물을 넘기어 주고받고 하는 일.

인공(人工) 명 ① 人工 réngōng 만든. ② 人造 rénzào 사람의 짓.

인기(人氣) 명 声誉 shēngyù 人望 rén wàng→인기척.

인덕(人德) 명 人福 rénfú=인복.

인도(引渡) 명 〔~하다|타동사〕 引渡 yǐndù 移交 yíjiāo 交付 jiāofù→건네주기.

인두(人頭) 명 ① 人头 réntóu 사람의 머리. ② 人数 rénshù 사람의 머릿수.

인망(人望) 명 人望 rénwàng 众望zhòng wàng 声望 shēngwàng 세상 사람이 존경하고 신뢰하는 덕망. ¶~이 높다. 声望高。shēngwànggāo.

인면(人面) 명 脸 liǎn 脸面 liǎnmiàn 사람의 얼굴.

인명부(人名簿) 명 花名册 huāmíngcè 사람의 이름과 주소 따위를 적은 장부.

인물(人物) 명 ① 人的长相 réndezhǎng xiàng 사람의 생김새나 됨됨이. ¶~ 묘사. 人的长相描写。réndezhǎngxiàng miáoxiě. ② 为人 wéirén 됨됨이로 본 '사람'의 뜻. ¶점잖은 ~. 为人稳重。wéi rénwěnzhòng. ③ 人物 rénwù 노릇이나 구실로 본 '사람'의 뜻. ¶등장 ~. 登场人物。dēngchǎngrénwù. ④ 杰出的人物 jié chūderénwù 뛰어난 사람. ¶국어학계의 ~. 国语学界伟人。guóyǔxuéjièwěirén.

인발강관(引拔鋼管) 명 无缝钢管 wúfèng gāngguǎn→압출.

인복(人福)[-뽁] 명 人缘 rényuán 사람의 도움을 많이 받는 복=인덕.

인사(人事) 명 ① 认识 rènshi 알지 못하던 사람끼리 이름을 통함. ¶~를 나누다. 问候。wènhòu. ② 问候 wènhòu 안부를 묻거나 공경하여 예를 표함. ¶~ 드리다. 表示问候。biǎoshìwènhòu. ③ 礼貌 lǐmào 사람들 사이에 지켜야 할 말짓. ¶~가 아니다. 没有礼貌。méiyǒulǐmào. ④ 酬谢 chóuxiè 사람으로서 해야 할 일. ¶~를 다하다. 尽了酬谢。jìnlechóuxiè. ⑤ 人事 rénshì 개인의 신분과 능력에 관한 일. ⑥ 处世术 chǔshìshù 사람의 정신, 의식 따위 분별하는 힘. ⑦ 世上事 shìshàng shì=세상일.

인산(因山) 명 皇帝及其亲属的葬仪 因山 huángdìjíqíqīnshǔdezànglǐ yīnshān 〈역〉 태상황(太上皇) 및 그 비(妃), 임금과 그 비, 황태자 부부, 황태손 부부의 장례. 국장(国葬).

인상(引上) 명 〔~하다|타동사〕 ① 引向

yǐnxiàng 끌어 올림. ② 抬高价 táigāojià 물건의 값을 올림. ③ 引体向上 yǐntǐxiàng shàng 〈체〉=끌어올리기.

인색(吝嗇) 명 〔~하다|형용사〕〔~히|부사〕 吝啬 lìnsè 小气 xiǎoqì 체면 없이 재물만 아끼어 다랍다=섬색하다. 인석하다.

인세(印稅) 명 ① 印花税 yìnhuāshuì 인쇄세. ② 版税 bǎnshuì 책을 출판함에 있어서 발행자가 저작자 곧 판권 소유자에게 팔리는 양에 따라서 치르는 돈.

인솔(引率) 명 〔~하다|타동사〕 率领 shuàilǐng 带领 dàilǐng 이끌어 거느림.

인수(引受) 명 〔~하다|타동사〕 接管 jiēguǎn 承接 chéngjiē물건이나 권리를 넘기어 받음.

인수증(引受證) 명 收据 shōujù→인수증.

인순(因循) 명 〔~하다|자동사〕 ① 踌躇 chóuchú 내키지 않아 머뭇거림. ② 舍不得旧习 shěbùdéjiùxí 낡은 인습을 고집하고 고치지 않음.

인술(仁術) 명 ① 仁术 rénshù 인을 행하는 방도. ② 高明医术 gāomíngyīshù '의술'을 사람을 살리는 어진 기술이란 뜻으로 일컫는 말.

인습(因習) 명 旧习 jiùxí 因习 yīnxí 陋习 lòuxí 전부터 전하여 오는 습관.

인심(人心) 명 ① 人心 rénxīn 사람의 마음. ② 百姓的心 bǎixìngdexīn 백성의 마음. ③ 心地 xīndì 사사로운 마음.

인장(印章) 명 ① 图章 túzhāng=도장. ② 印记 yìnjì=인발.

인적자원(人的資源) 명 人力资源 rénlìzīyuán 노동력을 나라의 한 자원으로 보아 일컫는 말.

인정(人情) 명 ① 人之常情 rénzhīchángqíng 본디부터 지녀 오는 사람의 마음. ② 人情 rénqíng 세상 사람의 마음. ③ 情面 qíngmiàn 사귀어 친한 정. ④ 同情 tóngqíng 남을 동정하는 따뜻한 마음. ⑤ 礼物 lǐwù 선물, 행하, 뇌물 따위를 일컫던 말.

인정(認定) 명 〔~하다|타동사〕 认为 rènwéi 그렇다고 여김.

인조(人造) 명 ① 人造 rénzào 人工 réngōng 사람이 만듦=인작. ② 人造丝 rénzàosī=인조견.

인주갑(印朱匣) 명 印泥盒 yìnníhé=인주갑. 인주를 담아 쓰는 갑=인주합.

인준(認准) 명 〔~하다|타동사〕 批准 pīzhǔn 〈법〉 사실상 인정함.

인증(認證) 명 证明 zhèngmíng 인정하여 증명함.

인지(人指) 명 食指 shízhǐ=집게손가락.

인찰지(引札紙) 명 带格的美浓纸 dàigédeměinóngzhǐ 미농지에 세로로 여러 줄을 쳐서 간을 만들어 인쇄한 종이=괘선지. 괘지.

인출(引出) 명 〔~하다|타동사〕 抽出 chōuchū 提款 tíkuǎn 꺼냄.

인편(人便) 명 便人 biànrén 사람이 오고 가는 편. ¶그 동안 ~으로나마 소식은 끊이지 않고 들어왔다 시내에 가는 인편이 있으면, 그에게 책을 사 오라고 부탁합시다. 如有便人进城, 托他买本书来。 rú yǒubiànrénjìnchéng, tuōtāmǎiběnshū lái.

인풍(人風) 명 风采 fēngcǎi 사람의 풍채.

인하(引下) 명 ① 降低 jiàngdī 끌어내림. ② 减价 jiǎnjià 물건의 값을 떨어뜨림.

인항(引航) 명 〔~하다|타동사〕 ① 拖航 tuōháng=예항. ② 拖飞 tuōfēi 글라이더를 자동차나 비행기 따위로 끌어서 날림.

인허(認許) 명 〔~하다|타동사〕 批准 pīzhǔn 准许 zhǔnxǔ=인가.

인형(人形) 명 ① 人形 rénxíng 사람 모양. ② 布娃娃 bùwáwa 사람 모양 같이 만든 장난감. ③ 木偶 mùǒu=꼭두각시.

인형극(人形劇) 명 木偶戏 mùǒuxì 〈극〉 사람 대신에 인형을 쓰는 연극. 인형을 손에 끼어 놀리거나, 끈을 매어 조종한다=꼭두각시놀음.

인호(人戶) 명 人家 rénjiā 人户 rénhù 호수로 셀 때의 사람의 집.

인화(印畵) 명 〔~하다|타동사〕 洗印 xǐyìn 印相 yìnxiàng 사진 원판을 인화지 위에 올려놓고 사진이 나타나도록 하는 일.

인화지(印畵紙) 명 印相纸 yìnxiàngzhǐ 사진 원판에서 인화 또는 확대를 하여 사진이 나타나게 하는 종이.

일가견(一家見) 명 独立的见解 dúlìdejiànjiě 어떤 문제에 대하여 독자적인 경지를 이룬 견해. ¶~이 있다. 有独立的见解。 yǒudúlìdejiànjiě=일척안.

일각대문(一角大門) 명 隔墙大门 géqiáng dàmén 〈건〉 좌우에 기둥을 하나씩 세우고 지붕을 인 대문.

일간(日間) 명 不日 búrì 最近 zuìjìn=날사이. ¶~ 한번 찾아뵙겠습니다. 最近要拜访您。 zuìjìnyàobàifǎngnín.

일개(一介) 명 一个 yígè 微不足道的 wēibùzúdàode=한낱. ¶~ 서생. 一个微不足道的书生。 yígèwēibùzúdàodeshūshēng.

일거수일투족(一擧手一投足) 명 一举一动 yìjǔyídòng 손 한 번 들고 발 한 번 내놓는 따위의 모든 짓=일거일동.

일과표(日課表) 명 作息时间表 zuòxīshíjiānbiǎo 나날이 정하여 놓고 하는 일의 시간표.

일괄(一括) 명 〔~하다|타동사〕 综括起来 zōngkuòqǐlái 整批 zhěngpī 한데 뭉뚱그림.

일괄처리(一括處理) 명 成批处理 chéngpī chǔlǐ 컴퓨터의 데이터 처리를 한데 뭉뚱그려 함.

일구(一口) 명 ① 一口 yìkǒu 하나의 입. ② 一个人 yígèrén 한 사람.

일구난설(一口難說) 명 一言难尽 yìyán nánjìn 한 마디로 다 나타낼 수 없음. ¶그 참상은 ~이다. 那个惨状一言难尽。 nà gècǎnzhuàngyìyánnánjìn.

일구이언(一口二言) 명 一口两舌 yìkǒu liǎngshé=한입으로 두말하다.

일근(日勤) 명 ① 日班 rìbān 날마다 근무함. ② 白天班 báitiānbān 낮에 근무함.

일금(一金) 명 钱币 qiánbì 전부의 돈 ≪돈의 액수를 쓸 때, 그 액수의 앞에 쓰는 말≫. ¶~ 100,000원정. 现金十万元整。xiànjīnshíwànyuánzhěng.

일급(日給) 명 ① 日工资 rìgōngzī=날삯. ② 一日工资 yírìgōngzī 하루를 단위로 하여 주는 것. ¶~ 제도. 一日工资制度。yí rìgōngzīzhìdù.

일기장(日記帳) 명 ① 日记本 rìjìběn. ② 日记簿 rìjìbù→일기장.

일단(一旦)[-딴] 부 ① 首先 shǒuxiān 우선 먼저. ② 暂时 zànshí 잠깐. ¶~ 작업을 끝내고 보자. 首先完成工作之后再说。shǒuxiānwánchénggōngzuòzhīhòuzàis huō.

일당(日當) 명 每日支付 měirìzhīfù 日薪 rìnxīn=날삯.

일당(一黨) 명 ① 一伙 yìhuǒ 한 동아리. ② 一党 yìdǎng 하나의 정당.

일대기(一代記) 명 生平传记 shēngpíng zhuànjì 어느 한 사람의 일생의 일을 적은 기록. ¶충무공 ~. 忠武公的生平传记。zhōngwǔgōngdeshēngpíngzhuànjì.

일대사(一大事) 명 ① 大事件 dàshìjiàn 大事 dàshì 중요하고 큰 일. ② 生死 shēngsǐ 〈불〉 사람의 죽는 일과 낳는 일.

일대잡종(一代雜種) 명 杂交一代 zájiāo yídài 〈생〉=잡종제일대.

일람불(一覽拂) 명 见票付款 jiànpiàofù kuǎn 〈경〉 어음을 받은 사람이 제시하면, 곧 지급해야 할 어음. 〔어미〕 일람출급.

일련(一連) 명 一系列 yíxìliè 一连串 yì liánchuàn 하나로 이어짐. 또는 하나로 이어진 것.

일련번호(一連番號) 명 顺序号 shùnxù hào 连号 liánhào=이은번호, 연번.

일로(一路) 명 一条路 yìtiáolù 외곬으로 나가는 일. ¶향상의 ~를 걷다. 走上向上之路。zǒushàngxiàngshàngzhīlù.

일루(一縷) 명 一缕 yìlǚ 一线 yíxiàn 한 오리의 실. 가늘고 약한 형세의 비유. ¶~의 희망. 一缕希望。yìlǚxīwàng.

일리(一理) 명 ① 同样道理 tóngyàngdào lǐ 같은 이치. ② 一定的道理 yídìngdedào lǐ 한 가지의 이치. ¶~가 있다. 有一定的道理。yǒuyídìngdedàolǐ.

일막극(一幕劇) 명 独幕剧 dúmùjú 〈극〉 =한막극.

일면(一面) 명 ① 一面 yīmiàn한 면. ② 第一面 dìyīmiàn 첫째 지면. ¶~ 기사. 第一面报道。dìyīmiànbàodào. ③ 一方面yì fāngmiàn 한 방면이나 한 측면. ④ 一面之交 yímiànzhījiāo 모르던 사람을 처음으로 한 번 만나보는 일. ¶~도 없는 낯

선 사람. 没有一面之交的生人。méiyǒuyímiànzhījiāodeshēngrén.

일면식(一面識) 명 一面之识 yímiànzhīshí 一面之交 yímiànzhījiāo 한 번 얼굴을 대하여 본 일. ¶~도 없다. 连一面之交都没有。liányímiànzhījiāodōuméiyǒu.

일모작(一毛作) 명 一年一收 yìniányìshōu 单季 dānjì 〈농〉=한그루짓기.

일무(一無) 명 〔~하다|형용사〕 一个也没有 yígèyěméiyǒu 하나도 없음.

일문(一門) 명 ① 一门子 yìménzi 한 가문이나 한 문중. ② 全家 온 문중.

일미(一味) 명 别有风味 biéyǒufēngwèi 最美的味道 zuìměidewèidào 첫째가는 좋은 맛.

일박(一泊) 명 〔~하다|자동사〕 住一宿 zhùyìxiǔ 하룻밤 묵음=일숙. 일숙박.

일반(一般) 명 ① 一个模样 yígèmúyàng 한 모양. ② 一般 yìbān 전반. ¶언어 ~에 관한 공부. 对于语言一般的学习。duìyúyǔyányìbāndoxuéxì. ③ 大家 dàjiā 보통 사람들. ¶~에게 공개하다. 公开于大家。gōngkāiyúdàjiā.

일방적(一方的) 관명 片面的 piànmiànde 一方面的 yìfāngmiànde 한쪽으로만 치우침.

일변(一變) 명 〔~하다|자동사·타동사〕 全变 quánbiàn 온전히 달라짐.

일변(一邊) 명 一边 yìbiān 一方面 yìfāngmiàn=한편. ¶그를 보면 우습기도 하고 ~ 가엽기도 하다. 看他一方面觉得可笑, 一方面又觉得可怜。kàntāyìfāngmiànjuédekěxiào, yìfāngmiànyòujuédekělián.

일봉(一封) 명 内装若干钱的纸袋 nèizhuāngruògānqiándezhǐdài 상금이나 사례 또는 위로의 뜻으로 얼마의 돈을 넣어 주는 봉투.

일부(日賦) 명 按日支付的分期付款 ànrìzhīfùdefēnqīfùkuǎn 日付 rìfù→날붓기. 서류 따위에 적는 그날그날의 일자(日字). 날짜.

일부금(日賦金) 명 按日支付的分期付款 ànrìzhīfùdefēnqīfùkuǎn 일부로 갚아 꾸어 가는 돈.

일분(一分) 명 一分钟 yìfēnzhōng 一点儿 yìdiǎner 아주 적은 분량. ¶그의 이야기 속에는 ~의 거짓도 없다. 他的故事中一点儿没有编造的。tādegùshìzhōngyìdiǎnerméiyǒubiānzàode.

일비(日費) 명 每日费用 měirìfèiyòng 날마다의 비용.

일사(日射)[-싸] 명 ① 日照 rìzhào 햇빛이 비침. ② 日照亮 rìzhàoliàng 〈물〉 땅거죽에 이른 태양의 복사에너지의 세기.

일사(一死)[-싸] 명 ① 一死 yìsǐ 한번 죽음. ② 一出局 yìchūjú 〈체〉 야구에서, 공격 팀의 한 사람이 아웃됨.

일사분기(一四分期)[-싸-] 명 第一季度 dìyījìdù 일 년을 넷으로 나눈 첫째 기간의 석 달 동안=일사반기.

일상(日常)[-쌍] 명부 平常 píngcháng 常常 chángcháng 늘상 또는 날마다.

일색(一色)[-쌕] 명 ① 一色 yísè 모두 같은 빛깔. ¶노랑 ~. 全黃色。 quán huángsè. ② 绝色 juésè 특별히 뛰어난 미인. ¶천하 ~. 天下绝色。 tiānxiàjuésè. ③ 清一色 qīngyīsè 한 가지로만 이루어진 상황.

일생(一生)[-쌩] 명 一辈子 yíbèizi 平生 píngshēng 살아 있는 동안=생평. 일대.

일석(日夕)[-썩] 명 晚间 wǎnjiān=저녁.

일석이조[-썩-](一石二鸟) 명 一箭双雕 yíjiànshuāngdiāo 一举两得 yìjǔliǎngdé =일거양득.

일선(一線)[-썬] 명 ① 第一线 dìyīxiàn '제일선'의 준말. ¶~ 장병. 第一线官兵。 dì yīxiànguānbīng。. ② 一线 yīxiàn 한 계통의 일에서 직접 앞장서는 위치. ¶~ 교사. 一线教师。 yīxiànjiàoshī.

일설(一說)[-썰] 명 一说 yìshuō 某一说法 mǒuyìshuōfǎ 어떤 하나의 설.

일세(一世)[-쎄] 명 ① 一辈子 yíbèizi= 일생. ② 全世界 quánshìjiè 온 세상. ¶~를 드날리던 풍운아. 传遍世界的风云人物。 chuánbiànshìjièdefēngyúnrénwù=일대.

일소(一掃)[-쏘] 명 彻底清除 chèdǐqīng chú=싹쓸이.

일수(日收)[-쑤] 명 ① 每日收入 měirì shōurù 하루의 수입. ② 连本带利还债 liánběndàilìhuánzhài 본전에 길미를 얹어서 일정한 날짜에 나누어 날마다 얼마씩 갚아 나가는 일 또는 그 빚.

일시(日時)[-씨] 명 时日 shírì 날과 때, 또는 날짜와 시간=시일.

일식경(一食頃)[-씩-] 명 一顿饭工夫 yí dùnfàngōngfu=한식경.

일신상(一身上)[-씬-] 명 有关自己个人的 yǒuguānzìjǐgèrénde 한 몸의 형편. ※신상.

일심(日甚)[-씸] 형 〔여 불규칙〕 越来越厉害 yuèláiyuèlìhài 날로 심함.

일심(一心)[-씸] 명 一心 yìxīn 专心 zhuānxīn=한마음. ¶~ 합력. 一心协力。 yìxīnxiélì.

일심동체(一心同體)[-씸-] 명 同心协力 tóngxīnxiélì 一条心 yìtiáoxīn 여러 사람이 굳게 뭉쳐 한마음 한 몸 같음. ¶부부는 ~다. 夫妻是一条心。 fūqīshìyìtiáoxīn.

일심전력(一心專力)[-씸절-] 명 〔~하다|자동사〕 专心一意 zhuānxīnyíyì 한마음으로 온힘을 기울임.

일약(一躍) 부 一跃 yíyuè 一下 yíxià 별안간 높이 뛰어오르는 꼴.

일어탁수(一魚濁水) 명 一条鱼满锅腥 yì tiáoyúmǎnguōxīng 一泡鸡屎坏一缸酱 yì pāojīshǐhuàiyìgāngjiàng '한 마리 고기가 물을 흐린다'는 뜻으로, '한 사람의 잘못으로 여러 사람이 그 해를 받게 되는 일'의 비유.

일언반구(一言半句) 명 一言半辞 yìyán bàncí 片言只语 piànyánzhīyǔ 아주 간단한 말.

일요일(日曜日) 명 星期日 xīngqīrì 한 주의 첫째 되는 날. 일=공일.

일원(一圓) 명 一带 yídài=일대.

일익(一翼) 명 ① 一翼 yíyì 중요한 구실을 하는 한 부분. ¶~을 담당하다. 担当一翼。dāndāngyíyì. ② 一部分 yíbùfen 한 부분의 도움. ¶~이 되다. 组成一部分。zǔchéngyíbùfen.

일인이역(一人二役) 명 双重角色 shuāng chóngjuésè 一人扮两个角色 yìrénbàn liǎnggèjuésè=한몸두일.

일인자(一人者) 명 头号人物 tóuhàorén wù 第一把手 dìyībǎishǒu 그 방면에서 으뜸가는 사람. ¶소설계의 ~. 小说界的头号人物。xiǎoshuōjièdetóuhàorénwù.

일임(一任) 명 〔~하다|타동사〕 完全委任 wánquánwěirèn 一任 yírèn 도맡김.

일자(一字)[-짜] 명 ① 一个字 yīgezì 한 글자. ② 一句话 yíjùhuà한 마디의 글. ¶~ 소식. 一句话消息。yíjùhuàxiāoxi. ③ 一字形 yīzìxíng 한 일 자 모양. ¶~로 늘어서다. 排列成一字形。páilièchéngyīzì xíng.

일자무식(一字無識)[-짜-] 명 〔~하다|형용사〕 目不识丁 mùbùshídīng 아무 것도 알지 못하는 무식. ¶~이라도 농부는 절기를 안다. 农夫虽然目不识丁, 还是知道季节。nóngfūsuīránmùbùshídīng, háishì zhīdàojìjié=일문부지. 일자불식.

일장기(日章旗)[-짱-] 명 日本国旗 rì běnguóqí 일본 국기.

일재(逸才)[-째] 명 特殊的本领 tèshūde běnlǐng=수재.

일전(一戰)[-쩐] 명 〔~하다|자동사〕 决一死战 juéyīsǐzhàn 한바탕 싸움.

일전(一轉)[-쩐] 명 〔~하다|자동사〕 ① 一变 yíbiàn 온통 달라짐. ② 一转 yízhuàn 〈춤〉=회란.

일전(日前)[-쩐] 명 前几天 qiánjǐtiān 며칠 전=일작.

일정(一定)[-쩡-] 명 〔~하다|형용사〕 〔~히|부사〕 ① 一定 yídìng=반드시. ¶우리가 먼저 갔다가는 ~ 그릇함이 있을 것이오. 要是我们先去一定会有错的。 yào shìwǒmenxiānqùyídìnghuìyǒucuòde. ② 固定 gùdìng 정해진. ¶~ 기간. 固定时间。gùdìngshíjiān.

일직(日値)[-찍] 명 ① 值日 zhírì=날번. ② 白天值班 báitiānzhíbān=낮번. ※숙직.

일차적(一次的) 관명 第一次的 dìyīcìde 첫 번째의.

일착(一着) 명 〔~하다|자동사〕 第一个到达 dìyīgèdàodá 第一个着手 dìyīgèzhuó shǒu 첫째로 도착함. ¶~으로 올라타다. 第一个乘坐。dìyīgèchéngzuò.

일척(一擲) 명 〔~하다|타동사〕 扔一次

rēngyícì 모두 내어 던짐.

일천(日淺) 형 〔여 불규칙〕 不久 bùjiǔ 날짜가 오래지 않다.

일축(一蹴) 명 〔~하다|타동사〕 ① 断然拒绝 duànránjùjué 한 번 차 버림. ② 一下子击退 yíxiàzijītuì 단번에 물리침.

일취월장(日就月將)[-짱] 명 〔~하다|자동사〕 日新 rìxīn 날로 달로 진보함. ¶ 국력이 ~으로 뻗어 나가다. 国力日新月异地长大。guólìrìxīnyuèyìdezhǎngdà.

일통(一統) 명 〔~하다|타동사〕 统一 tǒngyī=통일.

일편(一便) 명 一方面 yìfāngmiàn=한편.

일평생(一平生) 명 一辈子 yíbèizi '일생'의 힘줌말.

일품요리(一品料理) 명 ① 一品菜 yīpǐn cài 한 가지마다 값을 매겨 손님의 주문에 따라 내는 요리. ② 最好吃的菜 zuìhǎo chīdecài 가장 맛이 좋은 요리. ③ 一道菜 yídàocài 한 가지씩만의 요리.

일필휘지(一筆揮之) 명 〔~하다|자동사〕 一挥而就 yìhuīérjiù 글씨를 단숨에 내리 씀.

일화(逸話) 명 逸事 yìshì=숨은 이야기.

일환(一環) 명 组成部分 zǔchéngbùfen 전체로서 서로 밀접한 관계가 있는 사물의 한 부분. ¶개화 계몽 운동의 ~인 새 문화 운동. 开化启蒙运动之一的新文化运动。kāihuàqǐméngyùndòngzhīyīdexīnwénhuàyùndòng.

임금(賃金) 명 工资 gōngzī 工钱 gōngqián=삯돈 〈법〉→셋돈.

임금할증(賃金割增) 명 〔~하다|자동사〕 加成工资 jiāchénggōngzī 加给工资 jiāgěi gōngzī.

임기만료(任期滿了) 명 〔~하다|자동사〕 任职期满 rènzhíqīmǎn 업무를 맡아보는 일정한 기한.

임기응변(臨期應變) 명 〔~하다|자동사〕 随机应变 suíjīyìngbiàn 그때그때 처한 형편에 따라 알맞게 처리함. §기변. 응변=수기응변. 수시응변. 임시응변.

임농(臨農) 명 〔~하다|자동사〕 临近耕田时 línjìngēngtiánshí 농사지을 때가 됨.

임대(賃貸) 명 〔~하다|타동사〕 出租 chūzū 借给 jiègěi 삯을 받고 빌려 줌↔임차.

임대료(賃貸料) 명 出租钱 chūzūqián 빌려 준 값으로 받는 돈↔임차료.

임대차계약(賃貸借契約) 명 租约 zūyuē 〈법〉 당사자의 한 편이 상대편에게 일정한 물품이나 부동산을 쓰게 하고, 상대편은 이에 대하여 일정한 삯을 치르도록 하는 계약.

임박(臨迫)[-바카-] 자 〔여 불규칙〕 迫近 pòjìn 때가 가까이 닥쳐옴.

임산부(妊産婦) 명 妊妇和产妇 rènfùhé chǎnfù 임부와 산부.

임석(臨席) 명 〔~하다|자동사〕 亲临出席 qīnlínchūxí 자리에 참석함. ¶~ 상관에 대한 경례. 向亲临出席的领导敬礼。

xiàngqīnlínchūxídelǐngdǎojìnglǐ.

임시(臨時) 명 ① 临时 línshí 얼마 동안의 시간. ¶~로 사는 집. 临时住的房子。línshízhùdefángzi. ② 暂定 zàndìng 본래 정해져 있는 것이 아닌, 어떤 일에 당하여 정한 때. ※정기. ③ 临近时候 línjìn shíhòu 정해진 시간에 다다름. 또는 그 무렵. ¶떠날 ~에 손님이 찾아왔다. 临近出发时候来了客人。línjìnchūfāshíhòuláile kèrén.

임용(任用) 명 〔~하다|타동사〕 任用 rènyòng 聘用 pìnyòng 직무를 맡길 사람을 씀.

임원(任員) 명 高级职员 gāojízhíyuán 단체에 딸리어 그 운영, 감독을 맡아보는 사람.

임의(任意) 명 ① 随意 suíyì 마음대로 하는 것. ¶~ 행동. 随意行动。suíyìxíng dòng=수의. ② 随机 suíjī 제한 없이 아무 때에나 아무 곳에 있는 것. ¶~의 사실. 随时有的事实。suíshíyǒudeshìshí.

임지(任地) 명 到任的地方 dàorèndedì fāng 부임하는 곳=부임지.

임차(賃借) 명 〔~하다|타동사〕 租借 zū jiè 租赁 zūlìn 삯을 주고 남의 물건을 빌어 씀↔임대.

입각(入閣) 명 〔~하다|자동사〕 做内阁成员 zuònèigéchéngyuán 내각의 일원이 됨.

입각(立脚) 명 〔~하다|자동사〕 立足 lìzú 立脚 lìjiǎo 근거를 둠.

입감(入監) 명 〔~하다|자동사〕 监禁 jiānjìn 关押 guānyā 감방에 가두거나 갇힘=입뢰. 입옥.

입거(入渠) 명 〔~하다|타동사〕 入坞 rù wū 배를 뱃도랑에 넣음.

입건(立件) 명 〔~하다|타동사〕 成案 chéngàn 立案 lìàn 〈법〉 사건을 성립시킴.

입고(入庫) 명 〔~하다|타동사〕 进仓 jìn cāng 存仓 cúncāng 곳집에 넣음=고입↔출고.

입관(入棺) 명 〔~하다|타동사〕 入殓 rù liàn 收敛 shōuliàn 시체를 관 속에 넣음=관렴. 납관.

입교(入校) 명 〔~하다|자동사〕 ① 进军校 jìnjūnxiào 사관학교, 보병학교 따위의 군사 학교에 들어감. ② 进校 jìnxiào =입학.

입교(入敎) 명 〔~하다|자동사〕 ① 开始信教 kāishǐxìnjiào 교를 믿기 시작함. ② 开始做信徒 kāishǐzuòxìntú 〈예수·천주〉 세례를 받고 정식으로 신자가 됨.

입궁(入宮) 명 〔~하다|자동사〕 ① 进宫 jìngōng 궁에 들어감. ② 象棋打宫闱 xiàngqídǎgōngwéi 장기의 말이 궁밭에 들어감.

입궐(入闕) 명 〔~하다|자동사〕 进宫阙 jìngōngquè 入阙 rùquè 대궐 안으로 들어감=예궐. 참내↔퇴궐.

입금(入金) 명 〔~하다|자동사·타동사〕

收入钱款 shōurùqiánkuǎn 存入 cúnrù 进款 jìnkuǎn 은행 따위에 돈이 들어오거나 돈을 넣음.

입납(入納)[임—] 명 上书启 shàngshūqǐ 查收 cháshōu 편지를 바친다는 뜻으로 봉투에 쓰는 말.

입대(入隊) 명 〔~하다|자동사〕 入伍 rùwǔ 군대에 들어감=입영. 투군.

입도(立稻) 명 未割的水稻 wèigēdeshuǐdào=선벼.

입력(入力)[임녁] 명 ① 输入 shūrù 〈물〉 일정한 시간 동안에 기계에 들어가는 에너지의 양. ② 储存 chǔcún 〈컴〉 컴퓨터 따위에서 글자나 숫자를 기억하게 하는 일.

입몰(入沒)[임—] 명 〔~하다|자동사〕 死亡 sǐwáng 몰입→죽음.

입묵(入墨)[임—] 명 〔~하다|타동사〕 用墨水刺字或画 yòngmòshuǐcìzìhuòhuà 먹물로 살 속에 글씨·그림을 새겨 넣음. 먹물뜨기.

입문(入門)[임—] 명 〔~하다|자동사〕 ① 入门 rùmén 배우는 길로 처음 들어감. 또는 그 길. ② 入门弟 rùméndì 유생이 과장으로 들어감.

입보(立保) 명 〔~하다|타동사〕 做保 zuòbǎo보증인을 세우거나 섬.

입사(入社) 명 〔~하다|자동사〕 ① 进公司 jìngōngsī 회사에 들어가 사원이 됨. ② 入社 rùshè 기로소에 들어감.

입산(入山) 명 〔~하다|자동사〕 ① 进山 jìnshān 산에 들어감. ¶~ 금지. 禁止进山。jínzhǐjìnshān. ② 当和尚 dānghéshang 〈불〉 출가하여 중이 됨. ¶~ 수도. 当和尚修道。dānghéshangxiūdào=입사.

입상(入賞) 명 〔~하다|자동사〕 得奖 déjiǎng 상을 타게 됨.

입석(立席) 명 站位 zhànwèi=서는 자리.

입선(入線) 명 〔~하다|자동사〕 入轨 rùguǐ 전차·열차가 시발역에서 승객을 태우기 위해 지정된 선로에 들어옴.

입수(入手) 명 〔~하다|자동사〕 入手 rùshǒu 到手 dàoshǒu 손에 들어옴. 또는 손에 넣음=낙수.

입시(入試) 명 入学考试 rùxuékǎoshì '입학시험'의 준말. ¶~ 원서. 入学考试申请书。rùxuékǎoshìshēnqǐngshū.

입식(立式) 명 站式 zhànshì 부엌 따위에서 서서 일하도록 한 방식. ¶~ 부엌. 站式厨房。zhànshìchúfáng.

입식(立食) 명 站着吃 zhànzhechī 서서 먹음.

입신양명(立身揚名)[—냥—] 명 〔~하다|자동사〕 飞黄腾达 fēihuángténgdá 출세하여 이름을 떨침.

입안(立案) 명 〔~하다|타동사〕 ① 设计 shèjì 안을 마련함=구안. ② 立案 lìàn 관아에서 어떠한 사실을 인증한 서면.

입양(入養) 명 〔~하다|타동사〕 收养 shōuyǎng 양자로 들어가거나 들임=과방, 양사, 입후.

입어(入漁) 명 〔~하다|자동사〕 进渔场 jìnyúchǎng 进渔区 jìnyúqū 남의 어장 따위에 들어가 고기를 잡음.

입영(入營) 명 〔~하다|자동사〕 入伍 rù wǔ 当兵去 dāngbīngqù=입대하다.

입영(立泳) 명 〔~하다|자동사〕 踩水 cǎi shuǐ→선헤엄.

입욕(入浴) 명 〔~하다|자동사〕 进浴槽 jìnyùcáo 入浴池 rùyùchí 목욕통에 들어감=입탕.

입원(入院) 명 〔~하다|자동사〕 住院 zhùyuàn 병을 고치려고 병원에 들어가 한동안 머묾↔퇴원.

입장(立場) 명 立场 lìchǎng 态度 tàidù 处境 chǔjìng→처지.

입장표(入場票) 명 门票 ménpiào 장내로 드는 표=들표.

입정(立廷) 명 〔~하다|자동사〕 出庭 chūtíng 법정에 듦↔퇴정.

입정(入定) 명 〔~하다|자동사〕 ① 入寂 rùjì 〈불〉 선정에 들어감. ※출정. ② 入定 rùdìng 安禅 ānchán 수행하려고 방안에 들어앉음=입적.

입주(入住) 명 〔~하다|자동사〕 住房 zhùfáng 住进 zhùjìn새로 들어가 삶.

입증(立證) 명 〔~하다|타동사〕 作证 zuòzhèng 证实 zhèngshí증인으로 서거나 세움. 또는 증거로 삼음.

입지(立地) 명 选址 xuǎnzhǐ 布局 bùjú 자연 조건이 어떤 경우에 미치는=입지적.

입찰(入札) 명 〔~하다|타동사〕 投标 tóubiāo 招标 zhāobiāo 〈경〉 경매 따위에서, 여러 사람의 희망자가 각자의 예정값을, 적어 내게 하는 일.

입창(入倉) 명 〔~하다|자동사·타동사〕 ① 进仓 jìncāng 세미를 곳집에 넣음. ② 关闭 guānbì 〈군〉 영창에 들어가거나 들어가게 함.

입체(立替) 명 〔~하다|타동사〕 垫款 diànkuǎn 垫付 diànfù 대신 냄.

입초(立哨) 명 〔~하다|자동사〕 ① 站岗 zhàngǎng 〈군〉 보초를 섬. ② 岗哨 gǎng shào 한 곳에 서 있는 보초=부동초. ※동초.

입초(入超) 명 贸易逆差 màoyìnìchā 贸易缺口 màoyìquēkǒu 〈경〉 '수입초과'의 준말↔출초.

입출(入出) 명 收支 shōuzhī=수지.

입탕(入湯) 명 〔~하다|자동사〕 进浴槽 jìnyùcáo=입욕.

입하(入荷)[이파] 명 〔~하다|자동사·타동사〕 到货 dàohuò 进货 jìnhuò→입화.

입학원서(入學願書)[이팍-] 명 入学申请书 rùxuéshēnqǐngshū 학교에 들어감.

잉태(孕胎) 명 〔~하다|자동사·타동사〕 怀孕 huáiyùn=임신.

ㅈ

자(尺) 명 尺子 chǐzi 길이를 재는 기구. 의 尺 chǐ 길이 단위의 하나. '치'의 열 배로 약 30.3cm. 척(尺).

자(字) 명 字儿 zìer 글자. 의 ① 字 zì '글자'의 뜻으로 그 수효를 나타내는 말. ② 字号 zìhào 사람의 본이름 외에 부르는 이름 ≪흔히 장가든 뒤에 성인(成人)으로서 본이름 대신으로 부름≫.

자가당착(自家撞着) 명 自相矛盾 zìxiāng máodùn 같은 사람의 문장·언행이 앞뒤가 어긋나 모순됨. 자기모순. 모순당착. ¶~에 빠지다. 陷入自相矛盾。 xiànrùzì xiāngmáodùn.

자가발전(自家發電)[—쩐] 명 自备发电 zìbèifādiàn 개인 등이 갖고 있는 소규모의 발전기로 전기를 일으킴.

자가용(自家用) 명 ① 自家用 zìjiāyòng 자기 집에서 사용함. 또는 그 물건. ¶~비행기. 自家用飞机。zìjiāyòngfēijī. ② 个人用车 gèrényòngchē '자가용차'의 준말. ¶~으로 출퇴근한다. 用自家车上下班。 yòngzìjiāchēshàngxiàbān.

자각(自覺) 명 [~하다|타동사] ① 自觉 zìjué 자기 결점이나 지위·책임이 무엇인가를 스스로 깨달음. ¶민족의식의 ~. 民族意识的自觉。mínzúyìshídezìjué. ② 觉悟 juéwù 觉察 juéchá 스스로도 앎. ¶병이 매우 위중한 것을 ~하다. 觉察出自己病重。juécháchūzìjǐbìngzhòng.

자격(資格) 명 ① 资格 zīgé 어떤 임무를 맡거나 일을 하는 데 필요한 조건. ¶~을 갖추다. 具备资格。jùbèizīgé. ② 身份 shēnfèn 신분과 지위. ¶대의원 ~으로 총회에 참석하다. 以国会议员的身份参加总会会议。yǐguóhuìyìyuándeshēnfèncānjiā zǒnghuìhuìyì.

자격지심(自激之心) 명 内疚 nèijiū 자기가 한 일에 대해 자기 스스로 미흡(未洽)하게 여기는 마음. ¶~이 들다. 感到内疚。gǎndàonèijiū.

자결(自決) 명 [~하다|자동사] ① 自己解决 zìjǐjiějué 자기와 관련된 일을 스스로 해결함. ¶민족 ~. 自己民族自己解决。zìjǐmínzúzìjǐjiějué. ② 自杀 zìshā 자살.

자국(自國) 명 本国 běnguó 자기 나라.

자극(刺戟) 명 [~하다|타동사] ① 刺激 cìjī 외부에서 작용을 주어 감각이나 마음에 반응이 일어나게 함. ② 兴奋 xìngfèn

신경을 충동하여 흥분되게 함.

자금난(資金難) 명 资金困难 zījīnkùnnán 자금이 부족하여 생기는 곤란. ¶극심한 ~을 겪다. 经受极大资金难。jīngshòujídà zījīnnán.

자긍심(自矜心) 명 自豪 zìháo 骄傲 jiāo ào 자기 스스로 자랑하는 마음. ¶자기 직업에 대한 ~을 가져라. 对自己的职业应该要感到自豪。duìzìjǐdēzhíyèyīnggāiyào gǎndàozìháo.

자기(自記) 명 〔~하다|타동사〕 ① 自己记录 zìjǐjìlù 스스로 기록함. ② 自动记录 zìdòngjìlù 기계가 자동 작용(自动作用)으로 부호나 문자를 기록하는 일.

자기모순(自己矛盾) 명 自我矛盾 zìwǒm áodùn 〈논〉 자기 스스로에 대해 모순되는 일. 자가당착.

자기암시(自己暗示) 명 自我提醒 zìwǒtí xǐng 〈심〉 일정한 관념을 되풀이함으로써 자기 자신에게 암시를 주는 심리 작용.

자농(自農) 명 自耕农 zìgēngnóng 자작농(自作农).

자동차(自動車) 명 汽车 qìchē 가스・휘발유・중유 등을 연료로 하는 발동기를 달고 그 동력으로써 바퀴를 돌려 달리게 만든 차.

자래(自來) 부 自古以来 zìgǔyǐlái '자고이래로'의 준말.

자뢰(資賴) 명 〔~하다|타동사〕 作本钱 zuòběnqián 밑천으로 삼음.

자료(資料) 명 资料 zīliào 材料 cáiliào 数据 shùjù 바탕이 되는 재료. ¶연구 ~. 研究资料。yánjiūzīliào.

자매(姉妹) 명 ① 姐妹 jiěmèi 여자끼리의 동기. 손위 누이와 손아래 누이. 여형제. ¶쌍둥이 ~. 孪生姐妹。luánshēngjiě mèi. ② 联属 liánshǔ 姊妹 zǐmèi 같은 계통에 속하여 밀접한 관계가 있거나 많은 유사점을 갖고 있는 것. ¶~ 학교. 姊妹学校。zǐmèixuéxiào.

자멸(自滅) 명 〔~하다|자동사〕 自取灭亡 zìqǔmièwáng 자기의 행동이 원인이 되어 스스로 자신을 망치거나 저절로 멸망함.

자멸(自蔑) 명 〔~하다|자동사〕 自我蔑视 zìwǒmièshì 스스로 자기를 멸시함.

자명(自明) 형 〔여 불규칙〕 不言自明 bùyánzìmíng 증명이나 설명을 하지 않아도 저절로 알 정도로 명백하다.

자모(慈母) 명 ① 慈母 címǔ '어머니'를 자식에게 사랑이 깊다는 뜻으로 일컫는 말. ② 継母 jìmǔ 팔모(八母)의 하나. 어머니를 여읜 뒤 자기를 길러 준 서모.

자반(佐飯) 명 蒸咸鱼 zhēngxiányú 烧咸鱼 shāoxiányú←佐饭 생선을 소금에 절인 반찬감. 또는 그것을 굽거나 쪄서 조리한 반찬.

자발성(自發性)[—썽] 명 自动性 zìdòng xìng 남의 교시나 영향을 받지 않고 독자의 힘으로 표현하는 일 또는 그런 특성.

자복(子福) 명 ① 儿女多福 érnǚduōfú 자

식을 많이 둔 복. ② 儿女有福 érnǚyǒufú 자식을 두어 얻는 복.

자복(雌伏) 명 〔~하다|자동사〕 ① 屈从 qūcóng 남에게 굴복함. ② 屈服 qūfú 때를 기다려 가만히 숨어서 지냄↔웅비.

자복(自服) 명 〔~하다|타동사〕 ① 自己招供 zìjǐzhāogòng 자백하여 복종함. ¶매로 때려 ~을 받다. 打骂逼供。dǎmàbīgòng. ② 自己坦白 zìjǐtǎnbái 〈법〉 친고죄에서, 범인이 피해자에게 자기의 범죄 사실을 고백하는 일 ≪자수와 같은 효력이 인정됨≫.

자본(資本) 명 ① 本钱 běnqián 사업의 기본이 되는 돈. 밑천. ¶~을 마련하다. 准备本钱。zhǔnbèiběnqián. ② 资本 zīběn 토지·노동과 함께 생산 3요소의 하나. 새로운 영리를 위해 사용하는 과거의 노동의 생산물.

자부(自負) 명 〔~하다|타동사〕 自信 zìxìn 자기나 자기와 관련된 일에 대하여 스스로의 가치나 능력을 믿고 자랑으로 여김. ¶양심적인 경관으로 ~하다. 作为有良心的警察感到自负。zuòwéiyǒuliángxīndejǐngchágǎndàozìfù.

자사(自社) 명 本公司 běngōngsī 자기가 있는 회사.

자상(仔詳) 형 〔여 불규칙〕 ① 细心 xìxīn 无微不至 wúwēibúzhì 자세하고 찬찬하다. ¶~하게 설명해 주다. 细心地说明。xìxīndeshuōmíng. ② 慈祥 cíxiáng 인정이 넘치고 마음씀이 넉넉하다. ¶~한 남편. 慈祥的丈夫。cíxiángdezhàngfu.

자색(自色) 명 天然色 tiānránsè 광물 고유의 빛깔. 진색(真色).

자생(自生) 명 〔~하다|자동사〕 ① 自生自长 zìshēngzìzhǎng (식물이) 저절로 남. ② 自然生长 zìránshēngzhǎng 〈불〉 자연으로 생겨남.

자서(自書) 명 〔~하다|타동사〕 亲笔 qīnbǐ 자필(自筆).

자서전(自敍傳) 명 自传 zìzhuàn 자기가 쓴 자기의 전기.

자성(資性) 명 天性 tiānxìng 资质 zīzhì 천성(天性).

자세(姿勢) 명 ① 姿势 zīshì 몸을 움직이거나 가누는 모양. ¶~가 바르다. 姿势端正。zīshìduānzhèng. ② 姿态 zītài (비유적으로) 사물을 대할 때 가지는 마음가짐이나 태도. ¶학문하는 ~. 搞学问的姿态。gǎoxuéwèndezītài.

자손(子孫) 명 ① 子孙 zǐsūn 아들과 손자. ② 后裔 hòuyì 아들·손자·증손·현손 및 후손. ¶~만대. 子孙万代。zǐsūnwàndài.

자수(自手) 명 ① 自己的手 zìjǐdeshǒu 자기의 손. ② 自己一个人的努力 zìjǐyígèréndenǔlì 자기 혼자의 노력 또는 힘. ¶~로 이룬 큰 재산. 自己一个人努力争的财产。zìjǐyígèrénnǔlìzhēngdecáichǎn.

자숙(自肅) 명 〔~하다|자동사〕 自约 zì

yuē 自己谨慎 zìjǐjǐnshèn 몸소 삼감. ¶난동에 휩쓸리지 말고 ~하기를 요구하다. 不要参与动乱, 希望自己谨慎。búyàocānyǔ dòngluàn, xīwàngzìjǐjǐnshèn.

자습(自習) 명 〔~하다|타동사〕 自修 zìxiū 自学 zìxué 스스로 배워 익힘. ¶~으로 대학에 가다. 自学考上大学。zìxuékǎo shàngdàxué.

자식(子息) 명 ① 子女 zǐnǚ 아들과 딸의 총칭. ¶~된 도리. 作为儿女的道理。zuò wéizǐnǚdedàolǐ. ② 小子 xiǎozi '놈'보다 낮추어 욕하는 말. ¶나쁜 ~. 坏家伙。huàijiāhuo.

자신(自身) 명 自己 zìjǐ 本身 běnshēn 自我 zìwǒ 자기. 제 몸. ¶자기 ~. 自己本身。zìjǐběnshēn.

자약(自若)[-야카-] 형 〔여 불규칙〕 泰然自若 tàiránzìruò 큰일을 당해서도 놀라지 않고 보통 때처럼 침착하다.

자양분(滋養分) 명 养分 yǎngfèn 자양이 되는 성분. ¶~이 많은 음식. 养分丰富的饮食。yǎngfènfēngfùdeyǐnshí.

자업자득(自業自得) 명 〔~하다|자동사〕 自作自受 zìzuòzìshòu 자기가 저지른 일의 과보를 자기가 받음. 자업자박. ¶이런 꼴로 사는 것도 ~이지. 过这样的日子也是自作自受。guòzhèyàngderìziyěshìzìzuòzìshòu.

자연(自然) 명 ① 天然 tiānrán 사람의 힘을 더하지 않은 천연 그대로의 상태↔인위. ② 客观事物 kèguānshìwù 무궁한 진리의 물질적 표현으로서 우리의 경험 대상의 전체. ③ 自然 zìrán 사람과 물질의 고유성 혹은 본연성. ④ 自然界 zìrán jiè 인류 이외에 있는 외계의 온갖 물질. 부 自然地 zìránde '자연히'의 준말. ¶떨어져 사니 ~ 마음도 멀어진다. 相隔远距离, 心里也开始疏远。xiānggéyuǎnjùlí, xīnlǐyěkāishǐshūyuǎn. ※자연하다.

자연권(自然權)[-꿘] 명 天赋权力 tiānfù quánlì 인간이 나면서부터 가지고 있는 권리.

자영(自營) 명 〔~하다|타동사〕 自己经营 zìjǐjīngyíng 자신이 직접 사업 따위를 경영함. ¶기업을 ~하다. 自己经营企业。zìjǐjīngyíngqǐyè.

자의식(自意識)[-의-/-이-] 명 自我意识 zìwǒyìshí 〈심〉 자기 자신에 관한 의식. 자기 의식. ¶~이 강하다. 自我意识很强。zìwǒyìshíhěnqiáng.

자작(自作) 명 〔~하다|타동사〕 ① 自己做的 zìjǐzuòde 자기 스스로 만들거나 지음. 또는 그렇게 만든 것. 자제(自制). ② 自耕 zìgēng 자기 땅에서 몸소 농사를 지음↔소작.

자재(資材) 명 ① 资产 zīchǎn 자산(资产). ② 材料 cáiliào 자본이 되는 재산. 재용(财用). 자(资).

자전거(自轉車) 명 自行车 zìxíngchē 사람이 타고 양발로 페달을 밟아 바퀴를 돌려서 앞으로 나아가게 장치한 수레.

자정(子正) 명 凌晨零点 língchénlíng diǎn 子夜 zǐyè 자시(子时)의 정중(正中) ≪밤 12시≫ ↔ 오정(午正).

자제(自制) 명 [~하다|타동사] 克制 kè zhì 自持 zìchí 抑制 yìzhì 자기 욕심이나 감정을 억제함. ¶흥분을 ~하다. 抑制兴奋。yìzhìxìngfèn.

자제(子弟) 명 ① 公子 gōngzǐ 남의 아들의 존칭. ② 令郎 lìngláng 남의 집안의 젊은이를 일컫는 말. ¶양가의 ~. 良家子弟。liángjiāzǐdì.

자족(自足) 명 [~하다|자동사·타동사] ① 自足 zìzú 스스로 만족함. ¶~할 줄을 모른다. 不知自足。bùzhīzìzú. ② 自己满足 zìjǐmǎnzú 필요한 것을 스스로 채움. ¶자급~하다. 自给自足。zìjǐzìzú.

자존(自存) 명 [~하다|자동사] ① 自我存在 zìwǒcúnzài 자기의 존재. ② 自己生存 zìjǐshēncún 자기 힘으로 생존함.

자중(自重) 명 [~하다|자동사] ① 自重 zìzhòng 품위를 지켜 몸가짐을 신중히 함. ¶경솔하지 말고 ~하시오. 不要轻率行动, 请自重。búyàoqīngshuàixíngdòng, qǐngzìzhòng. ② 慎重 shènzhòng 행실을 삼가서 그 몸을 소중히 가짐. ¶~ 자애. 自重自爱。zìzhòngzìài.

자중지란(自中之亂) 명 帮内之乱 bāngnè izhīluàn 자기네 패 속에서 일어나는 싸움질. ¶~으로 일을 망치다. 因为帮内之乱坏了事。yīnwéibāngnèizhīluànhuàile shì.

자진(自進) 명 [~하다|자동사] 自愿 zì yuàn 自动 zìdòng 남이 시킬 때까지 기다리지 않고 스스로 나섬. ¶~하여 헌혈하다. 自愿献血。zìyuànxiànxuě.

자질(資質) 명 ① 素质 sùzhì 타고난 성품이나 소질. ¶음악적 ~을 타고나다. 有音乐素质。yǒuyīnyuèsùzhì. ② 水平 shuǐ píng 어떤 분야의 일에 대한 능력이나 실력의 정도. ¶그는 교사로서의 ~이 의심된다. 怀疑他的教师水平。huáiyítāde jiàoshīshuǐpíng.

자찬(自贊) 명 [~하다|자동사·타동사] 自夸 zìkuā 제가 한 일을 제가 칭찬함.

자처(自處) 명 [~하다|자동사·타동사] ① 自杀 zìshā 자살(自杀). ② 自居 zìjū 自命 zìmìng 自封 zìfēng 자기 스스로 어떤 사람인 체함. ¶학자로 ~하다. 自命为学者。zìmìngwéixuézhě.

자체(自體) 명 ① 本身 běnshēn 그 본래의 바탕. ¶발상 ~는 특이하나 비현실적이다. 想法本身很特殊, 但没有可行性。xiǎngfǎběnshēnhěntèshū, dànméiyǒu kěxíngxìng. ② 自己 zìjǐ 그 자신. ¶~ 정화. 自己净化。zìjǐjìnghuà.

자초(自招) 명 [~하다|타동사] 自招 zì zhāo 自找 zìzhǎo 스스로 불러들임. ¶위험을 ~하다. 自找危险。zìzhǎowēixiǎn.

자초지종(自初至終) 명 原委 yuánwěi 从

头到尾 cóngtóudàowěi 自始至终 zìshǐzhì zhōng 처음부터 끝까지 이르는 동안 또는 그 사실. ¶~을 밝히다. 说明原委。shuōmíngyuánwěi.

자취(自炊) 명 〔~하다|자동사〕 自己做饭吃 zìjǐzuòfànchī 밥을 지어 먹는 일을 손수함. ¶학생 때는 줄곧 ~를 했다. 学生时期一直是自己做饭吃的。xuéshēngshíqī yìzhízìjǐzuòfànchīde.

자친(慈親) 명 家亲 jiāqīn 남에게 대해 자기 어머니를 이르는 말. 자위(慈闱) ↔ 엄친.

자태(姿態) 명 ① 姿态 zītài 姿容 zīróng 몸가짐과 맵시. ¶아름다운 ~. 漂亮的姿态。piàoliàngzītài. ② 风姿 fēngzī 모양이나 모습. ¶웅장한 ~. 雄伟的风姿。xióngwěi defēngzī.

자택(自宅) 명 自己的住宅 zìjǐdezhùzhái 自己家 zìjǐjāi 자기의 집. 자가(自家). ¶~에서 통근한다. 在自己家上班。zàizìjǐjiā shàngbān.

자판(自判) 명 〔~하다|자동사〕 ① 自明 zìmíng 저절로 판명됨. ② 改判 gǎipàn 〈법〉 상급 법원에서 원판결(原判决)을 파기하고 독자적으로 새로운 판결을 내림.

자판기(自販機) 명 自动贩卖机 zìdòngfàn màijī '자동판매기'의 준말.

자폐증(自閉症)[-쯩/ -폐쯩] 명 孤独症 gūdúzhèng 〈의〉 정신병의 하나. 다른 사람과 교섭하기를 싫어하며, 자기만의 세계에 틀어박히는 증상.

자필(自筆) 명 〔~하다|타동사〕 亲笔 qīnbǐ 자기가 직접 씀. 또는 그 글씨. 자서(自书). ¶~ 이력서. 亲笔简历表。qīnbǐ jiǎnlìbiǎo ↔ 대필(代笔).

자행(恣行) 명 〔~하다|타동사〕 放纵 fàngzòng 放肆 fàngsì 방자하게 함. 또는 그 행동. ¶폭력을 ~하다. 放纵暴力。fàng zòngbàolì.

자형(姊兄) 명 姐夫 jiěfu 姐婿 jiěxù 손위 누이의 남편. 손위 매부(妹夫). 매형(妹兄).

자혜(慈惠)[-혜/-헤] 명 慈爱 cíài 자애롭게 베푸는 은혜.

자호(字號) 명 ① 字号 zìhào 활자의 크기를 나타내는 번호. ② 牌号 páihào 토지의 번호나 족보의 장수 따위에 숫자 대신 천자문의 글자를 차례에 따라 붙인 호수.

자화자찬(自畵自贊) 명 〔~하다|자동사·타동사〕 自己称赞自己 zìjǐchēngzànzìjǐ 自吹自擂 zìchuīzìléi. 자기가 그린 그림을 스스로 칭찬한다는 뜻으로, 자기가 한 일을 자기 스스로 자랑함.

자회사(子會社) 명 分公司 fēngōngsī 附属公司 fùshǔgōngsī 〈경〉 다른 회사와 자본적 관계를 맺고 있어 그 회사의 지배 아래 있는 회사 ↔ 모(母)회사.

작고(作故) 명 〔~하다|자동사〕 去世 qùshì '사망'의 경칭. ¶그 분은 3년 전에 ~하셨습니다. 他十三年前去世的。tāshísān niánqiánqùshìde.

작금(昨今) 명 近来 jìnlái 今日 jīnrì 어제와 오늘. 요즈음. 근래. ¶~의 세태. 今日世态。jīnrìshìtài.

작년(昨年)[장—] 명 去年 qùnián 지난해. 거년(去年). 구년(旧年). ¶~보다 훨씬 덥다. 比去年更热。bǐqùniángèngrè.

작당(作黨) 명 〔~하다|자동사〕 结党 jiédǎng 떼를 지음. 무리를 이룸. 작패. ¶~하여 난입하다. 结党乱闯。jiédǎngluànchuǎng.

작도(作圖) 명 〔~하다|타동사〕 ① 绘图 huìtú 그림·지도·설계도 등을 그림. ② 几何图形 jǐhétúxíng 〈수〉 어떠한 조건에 알맞은 기하학적 도형을 그리는 일.

작도(斫刀) 명 铡刀 zhádāo '작두'의 본딧말.

작동(作動) 명 〔~하다|자동사·타동사〕 起动 qǐdòng 기계의 운동 부분이 움직임. 또는 그 부분을 움직이게 함. ¶기계가 자동으로 ~하다. 机器自动起动。jīqìzìdòng qǐdòng.

작렬(炸裂)[장녈] 명 〔~하다|자동사〕 爆炸 bàozhà 폭발물이 터져서 산산이 흩어짐. ¶포탄이 ~하다. 炮弹爆炸。pàodàn bàozhà.

작명(作名)[장—] 명 〔~하다|타동사〕 取名 qǔmíng 이름을 지음.

작물(作物)[장—] 명 农作物 nóngzuòwù 作物 zuòwù '농작물'의 준말. ¶~을 재배하다. 栽培农作物。zāipéinóngzuòwù.

작별(作別) 명 〔~하다|자동사·타동사〕 ① 告辞 gàocí 이별의 인사를 함. ② 离别 líbié 서로 헤어짐. ¶~을 아쉬워하다. 惜别。xībié ※이별.

작부(酌婦) 명 女招待 nǚzhāodài 卖笑的 màixiàode 술집에서 손님을 접대하고 술을 따라 주는 여자. 접대부. ¶술집 ~. 酒店女招待。jiǔdiànnǚzhāodài.

작성(作成) 명 〔~하다|타동사〕 制定 zhìdìng 拟订 nǐdìng 制作 zhìzuò 서류·원고·계획 따위를 만듦. ¶서류를 ~하다. 制作文件。zhìzuòwénjiàn.

작약(炸藥) 명 炸药 zhàyào 火药 huǒyào 폭탄·포탄 등 탄약의 외피를 파열시키기 위하여 장전하는 화약.

작업(作業) 명 〔~하다|자동사〕 劳动 láodòng 工作 gōngzuò 일정한 계획과 목표를 세워 일을 함. 또는 그 일. ¶~ 능률. 工作能力。gōngzuònénglì.

작자(作者) 명 ① 作者 zuòzhě '저작자'의 준말. ② 佃农 diànnóng 소작인. ③ 家伙 jiāhuo '위인(为人)'의 낮춤말. ¶별 우스운 ~ 다 보겠네. 真是可笑的家伙。zhēnshìkěxiàodejiāhuo. ④ 买的人 mǎi derén 물건을 살 사람. ¶~가 나서야 팔지. 有买的人才能卖。yǒumǎideréncái néngmài.

작정(作定) 명 〔~하다|자동사·타동사〕 决定 juédìng 打算 dǎsuàn 일을 결정함.

또는 그 결정. ¶결혼을 ~하다. 打算决婚。dǎsuànjiéhūn.

작폐(作弊)[−폐/−페] 명 〔~하다|자동사〕 连累 lánlèi 弊端 bìduān 폐단을 일으킴. 폐를 끼침. ¶탐관오리의 ~. 贪官污吏的弊端。tānguānwūlìdebìduān.

작황(作況)[자쾅] 명 收成 shōuchéng 농작의 잘 되고 못된 상황. ¶과일 ~. 水果收成。shuǐguǒshíshōuchéng.

잔(盞) 명 ① 杯子 bēizi 술·차·물 등 음료를 따라 마시는 작은 그릇. ② 盅 zhōng '술잔'의 준말.

잔고(殘高) 명 余额 yúé 尾数 wěishù 现存总数 xiàncúnzǒngshù 잔액. ¶예금 ~. 存款余额。cúnkuǎnyúé.

잔광(殘光) 명 ① 残阳 cányáng 해가 질 무렵의 약한 햇빛. ② 余光 yúguāng 〈물〉 일부 물질이 방전관 안의 전류를 끊은 뒤에도 잠시 더 내는 빛.

잔금(殘金) 명 ① 余款 yúkuǎn 쓰고 남은 돈. 잔액. ¶~은 반환했다. 返还余款。fǎnhuányúkuǎn. ② 尾欠 wěiqiàn 갚다 남은 돈. ¶아직 ~이 꽤 많이 남아 있다. 还有不少尾欠的钱。háiyǒubùshǎowěiqiàn deqián.

잔당(殘黨) 명 余党 yúdǎng 残余分子 cán yúfènzǐ 쳐서 없애고 남은 도둑이나 악당의 무리. 여당(余党). 여류(余类).

잔도(殘徒) 명 残党 cándǎng 잔당 ¶~를 소탕하다. 扫荡残党。sǎodàngcándǎng.

잔액(殘額) 명 余额 yúé 나머지 액수. 잔고(残高). 잔금. ¶통장의 ~을 확인하다. 确认存款帐本的余额。quèrèncúnkuǎnzhàng běndeyúé.

잔업(殘業) 명 加班 jiābān 超时工作 chāo shígōngzuò 정해진 시간 외의 노동. 근무 시간이 끝나고 나서 하는 작업. 시간외 근무. ¶매일 ~을 시킨다. 每天加班。měitiānjiābān.

잔열(殘熱) 명 ① 残暑 cánshǔ 잔서(残暑). ② 余热 yúrè 남은 신열(身热). ¶~이 가시다. 退了余热。tuìleyúrè.

잔잔(潺潺) 형 〔여 불규칙〕 ① 潺潺 chánchán 흐르는 물소리가 약하고 가늘다. ② 低沉 dīchén 내리는 비가 가늘고 조용하다. ③ 平静 píngjìng 바람이나 물결, 병이나 형세 따위가 가라앉아 조용하다. ¶물결이 ~해지다. 潺潺的水浪声。chánchándeshuǐlàngshēng.

잔재(殘滓) 명 ① 残余 cányú 남은 찌꺼기. ② 残渣 cánzhā 지난날의 낡은 의식이나 생활방식. 잔사(残渣). ¶봉건 시대의 ~를 청산하다. 清算封建时代的残渣。qīngsuànfēngjiànshídàidecánzhā.

잔품(殘品) 명 剩货 shènghuò 팔거나 쓰다가 남은 물건. ¶~ 정리. 处理剩货。chǔ lǐshènghuò.

잔학(殘虐) 명 〔~하다|형용사〕 残暴 cánbào 잔인하고 포학함. 잔포. ¶~한 독재자. 残暴的独裁者。cánbàodedúcáizhě.

잔해(殘害) 명 〔~하다|자동사〕 残人害物 cánrénhàiwù '잔인해물(残人害物)'의 준말.

잠복(潛伏) 명 〔~하다|자동사〕 潜伏 qiánfú 匿伏 nìfú 躲藏 duǒcáng ① 몰래 숨어 있음. ② 潜伏期 qiánfúqī 〈의〉 감염은 됐으나 증상은 나타나지 않음.

잠복근무(潛伏勤務) 명 〔~하다|자동사〕 执行埋伏任务 zhíxíngmáifúrènwù 범인이나 적군을 색출 또는 방어하기 위해 예상 출현지에 잠복하는 근무. ¶교대로 ~를 하다. 交替执行埋伏任务。jiāotìzhíxíng máifúrènwù.

잠상(潛商) 명 走私 zǒusī 无照商人 wú zhàoshāngrén 법령으로 금하는 물건을 몰래 파는 장사 또는 그 장수.

잠수모함(潛水母艦) 명 潜水母舰 qián shuǐmǔjiàn 잠수 함대의 기함으로서 함대를 지휘하며 보급을 담당하는 군함. 휴양 시설도 갖추고 있음. §모함.

잠시(暫時) 명부 一会儿 yíhuìer 暂时 zànshí '잠시간'의 준말.

잠잠(潛潛) 형 〔여 불규칙〕 ① 安静 ān jìng 아무 소리도 없이 조용하다. ¶그 사무실은 늘 ~. 他的办公室总是安静的。tā debàngōngshìzǒngshìānjìngde. ② 平静 píngjìng 말이 없이 가만히 있다.

잠재력(潛在力) 명 潜力 qiánlì 겉으로 나타나지 않고 속에 잠겨 있는 힘. ¶이 지역의 성장 ~을 높게 평가한다. 高度评价这地区的潜力。gāodùpíngjiàzhèdìqūde qiánlì.

잡곡(雜穀) 명 杂粮 záliáng 멥쌀과 찹쌀 이외의 모든 곡식. 잡곡물↔주곡(主谷).

잡귀(雜鬼) 명 牛鬼蛇神 niúguǐshéshén 정체 모를 잡살뱅이 여러 귀신. 잡신(杂神).

잡기장(雜記帳)[-짱] 명 笔记本 bǐjìběn 여러 가지 잡다한 것을 적는 공책.

잡담(雜談) 명 〔~하다|자동사〕 闲话 xiánhuà 闲谈 xiántán 쓸데없이 지껄이는 말. ¶~할 시간도 없다. 连闲谈的时间都没有。liánxiántándeshíjiāndōuméi yǒu.

잡목(雜木)[잠-] 명 ① 不成材的木料 bù chéngcáidemùliào 긴요하게 쓰이지 못할 온갖 나무. ② 杂木 zámù 잡나무. ¶~이 무성하다. 杂木茂盛。zámùmàoshèng.

잡무(雜務)[잠-] 명 杂事 záshì 杂务 záwù 여러 가지 자질구레한 일. ¶~에 시달리다. 疲惫于杂事。píbèiyúzáshì.

잡문(雜文)[잠-] 명 杂文 záwén 뚜렷한 어떤 형식이 없이 닥치는 대로 쓰는 글.

잡배(雜輩) 명 杂类 zálèi 잡된 무리. 잡류(杂类). ¶시정(市井)~. 市井杂类。shì jǐngzálèi.

잡범(雜犯) 명 各种刑事犯 gèzhǒngxíng shìfàn 정치범 이외의 여러 가지 범죄 또는 그 죄를 범한 사람.

잡부(雜夫) 명 杂工 zágōng 勤杂工 qínzá gōng 아무 일이나 하는 막일꾼. 잡역부

(杂役夫).

잡부금(雜賦金) 명 杂税 záshuì 기본 부과금 이외의 잡다한 부과금. ¶~ 징수. 征收杂税。zhēngshōuzáshuì.

잡비(雜費) 명 零用钱 língyòngqián 잡다하게 쓰는 비용. ¶꽤 많은 돈이 ~로 나간다. 花不少零用钱。huābùshǎolíng yòngqián.

잡상인(雜商人) 명 杂货商 záhuòshāng 일정한 가게 없이 옮겨 다니면서 잡살뱅이 물건을 파는 장사꾼. ¶~ 출입 금지. 禁止出入 杂货商。jìnzhǐchūrù záhuò shāng.

잡색(雜色) 명 ① 杂色 zásè 갖가지 색이 뒤섞인 빛깔. ② 各种各样的人 gèzhǒnggè yàngderén 온갖 종류의 사람이 뒤섞임.

잡소득(雜所得) 명 各种收入 gèzhǒng shōurù 일정한 소득 이외의 여러 가지 잡다한 소득.

잡식(雜食) 명 〔~하다|타동사〕 ① 不挑食 bùtiāoshí 여러 가지 음식을 가리지 않고 먹음. 또는 그 음식. ② 杂食 záshí 육류와 채류를 섞어 먹음.

잡용(雜用) 명 ① 杂用 záyòng 일상의 자질구레한 씀씀이. ② 杂费 잡비. ¶그것은 ~에 충당한다. 充当于杂费。chōng dāngyúzáfèi.

잡채(雜菜) 명 杂烩 záhuì 여러 가지 나물에 고기를 잘게 썰어 넣고 양념하여 볶은 것에 삶은 당면을 넣고 버무린 음식.

잡탕(雜湯) 명 ① 杂汤 zátāng 쇠고기·해삼·전복·무 따위에 갖은 양념과 고명을 하여 끓인 국 또는 볶은 음식. ② 乱七八糟的东西 luànqībāzāodedōngxi 여러 가지가 뒤섞여 난잡한 모양 또는 그런 물건. ③ 杂类 zálèi 난잡한 행동을 하는 사람.

잡화(雜貨)[자퐈] 명 杂货 záhuò 百货 bǎihuò 일상생활에서 쓰는 여러 가지 잡다한 물품. ¶~를 진열해 놓은 상점. 摆列各种百货的商店。bǎiliègèzhǒngbǎihuò deshāngdiàn.

장(場) 명 ① 集市 jíshì 市场 shìchǎng 많은 사람이 모여 물건을 사고파는 일 또는 그곳. 대개는 닷새 만에 섬. 시장. ¶고무신을 사러 ~에 가다. 到市场去买一双橡胶鞋。dàoshìchǎngqùmǎiyìshuāng xiàngjiāoxié. ② 场 chǎng 어떤 일이 이루어지는 곳. ¶이 곳을 만남의 ~으로 이용하다. 在这里集聚。zàizhèlǐjùjí.

장(醬) 명 ① 酱油 jiàngyóu '간장'의 준말. ② 大酱 dàjiàng 간장·된장의 총칭. ¶~을 담그다. 酿大酱。niàngdàjiàng.

장(欌) 명 柜子 guìzi 笼子 lóngzi 농장·의장·찬장·책장 등 물건을 넣어 두는 가구의 총칭. ¶~ 속 깊이 귀중품을 숨겨두다. 把贵重品深藏在柜子底下。bǎguì zhòngpǐnshēncángzàiguìzidǐxià.

장(壯) 형 〔여 불규칙〕 ① 了不起 liǎobù qǐ 하는 일이 매우 훌륭하다. ¶~한 어머니. 了不起的母亲。liǎobùqǐdemǔqīn. ② 值得佩服 zhídépèifú 갸륵하다. ¶병든 부모를 잘 돌볼 줄 아는 ~한 어린이. 会照顾患病母亲的可爱孩子。huìzhàogùhuàn bìngmǔqīndekěàiháizi.

장가(丈家) 명 娶媳妇 qǔxífu 사내가 아내를 맞는 일.

장갑(掌匣) 명 手套 shǒutào 방한 또는 장식으로 손에 끼는 물건 ≪털실이나 가죽으로 만듦≫.

장갑(裝甲) 명 〔~하다|타동사〕 ① 盔甲 kuījiǎ 갑옷을 입고 투구를 갖춤. ② 装甲 zhuāngjiǎ 적탄을 막기 위해 선체·차체 등에 강철판으로 덧쌈. 또는 그 강철판.

장골(壯骨) 명 强壮的人 qiángzhuàngde rén 魁梧的人 kuíwúderén 기운 좋고 크게 생긴 골격 또는 그런 사람. ¶워낙 무거워 ~ 셋이 겨우 들었다. 因为本来是很重的东西, 三个壮汉才勉强抬起来。yīnwéi běnláishìhěnzhòngdedōngxi, sāngè zhuànghàncáimiǎnqiǎngtáiqǐlái.

장관(壯觀) 명 ① 壮观 zhuàngguān 훌륭한 광경. ¶만산홍엽이 일대 ~이다. 满山红叶是个壮观景色。mǎnshānhóngyè shìgèzhuàngguānjǐngsè. ② 太可笑 tài kěxiào '구경거리'·'매우 꼴 보기 좋음'의 뜻으로 남의 행동이나 어떤 상태를 비웃는 말. ¶짙은 화장에 야한 옷이 아주 ~이다. 浓妆艳服, 觉得可笑。nóngzhuāng yànfú, juédekěxiào.

장관(長官) 명 ① 长官 zhǎngguān 국무를 분장한 행정 각부의 장. ② 大臣 dà chén 〈역〉 한 관아의 으뜸 벼슬.

장관(將官) 명 ① 将帅 jiàngshuài 장수. ② 将军 jiāngjūn 원수·대장·중장·소장 및 준장의 총칭. ③ 长官 zhǎngguān 〈역〉 대장·부장(副將)·참장(叅將)의 총칭.

장관(腸管) 명 〈생〉 ① 肠子 chángzi 동물이 섭취한 음식물을 소화 흡수하는 기관의 총칭. 보통, 입으로 시작하여 항문에서 끝남. ② 肠 chángzi 장.

장광설(長广舌) 명 ① 饶舌 ráoshé 길고 세차게 잘하는 말솜씨. ② 多嘴 duōzuǐ 쓸데없이 너저분하게 오래 지껄이는 말. ¶~을 늘어놓다. 耍贫嘴。shuǎpínzuǐ.

장교(將校) 명 军官 jūnguān 육해공군에서 소위 이상의 무관. ¶고급 ~. 高级军官。gāojíjūnguān ↔사병.

장군(將軍) 명 ① 将军 jiāngjūn 군을 통솔·지휘하는 무관. ② 壮士 zhuàngshì '장관(将官)'의 속칭.

장기(長技)[—끼] 명 本领 běnlǐng 本事 běnshì 拿手 náshǒu 가장 능한 재주. ¶~ 자랑을 하다. 表演自己的本领。biǎo yǎnzìdējǐdeběnlǐng.

장기(將棋) 명 象棋 xiàngqí 놀음놀이의 하나. 32짝을 붉은 글자, 푸른 글자의 두 종류로 나누어, 장기판에 정해진 대로 배치해 놓고 둘이서 교대로 두어 장군을 막지 못하면 짐. ¶~를 두다. 下象棋。xià xiàngqí.

장기판(將棋板) 명 棋盘 qípán 장기를 두는 판. 가로로 열 줄, 세로로 아홉 줄이 그려진 말판.

장남(長男) 명 长子 맏아들. ¶~으로 가업을 잇다. 作为长子継承家业。zuòwéi zhǎngzǐjìchéngjiāyè.

장단(長短) 명 ① 长短 chángduǎn 긴 것과 짧은 것. ¶~을 재다. 量长短。liáng chángduǎn. ② 长处和短处 chángchù héduǎnchù 장점과 단점. 장단점.

장단점(長短點)[-쩜] 명 长处和短处 chángchùhéduǎnchù 장점과 단점·장단. ¶그들의 ~을 비교하다. 对比他们的长处和短处。duìbǐtāmendechángchùhé duǎnchù.

장담(壯談) 명 [~하다|자동사·타동사] 担保 dānbǎo 保证 bǎozhèng 大话 dàhuà 확신을 갖고 자신 있게 하는 말. ¶압승(压胜)을 ~하다. 保证全胜。bǎozhèng quánshèng.

장대(壯大) 형 [여 불규칙] ① 魁梧 kuí wú 허우대가 크고 튼튼하다. ¶기골이 ~. 魁梧的身体。kuíwúdeshēntǐ. ② 轩昂 xuānáng 기상이 씩씩하고 크다.

장도(壯途) 명 征途 zhēngtú 중대한 사명을 띠고 씩씩하게 떠나는 길. ¶~를 축복하다. 祝福征途。zhùfúzhēngtú.

장도(粧刀) 명 妆刀 zhuāngdāo 장도칼.

장도(壯圖) 명 宏图 hóngtú 장하고 웅대한 계획이나 포부. ¶~를 품다. 怀有宏图。huáiyǒuhóngtú.

장독(杖毒) 명 笞毒 chīdú 곤장 따위로 매를 몹시 맞아서 생긴 독.

장등(長灯) 명 [~하다|자동사] ① 长明灯 chángmíngdēng 밤새도록 등불을 켜 둠. ② 长灯 chángdēng 〈불〉 불전에 불을 켬.

장래(將來)[-내] 명 ① 将来 jiānglái 앞으로 닥쳐올 때. 앞날. 미래. ② 前 qiántú 앞날의 전망이나 전도(前途). ¶~가 촉망되다. 前途有望。qiántúyǒuwàng.

장래성(將來性)[-내썽] 명 发展前途 fā zhǎnqiántú 앞으로 성장·발전하리라는 가능성. ¶~이 있는 사람. 有发展前途的人。yǒufāzhǎnqiántúderén.

장롱(欌籠)[-농] 명 ① 衣柜 yīguì 옷 따위를 넣어 두는 자그마하게 만든 장(柜). §농(笼). ② 藏笼 cánglóng 장과 농을 아울러 일컫는 말.

장막(帳幕) 명 ① 帐篷 zhàngpéng 한데에서 볕 또는 비를 막고 사람이 들어가 있도록 둘러치는 막. ② 帷幕 wéimù 어떤 사실이나 현상의 속을 보지 못하게 둘러치는 막.

장면(場面) 명 ① 场面 chǎngmiàn 어떠한 장소의 겉으로 드러난 면 또는 그 광경. ¶사고 현장의 처참한 ~. 事故现场的悲惨场面。shìgùxiànchǎngdebēicǎn chǎngmiàn. ② 情景 qíngjǐng 영화나 연

극 등의 한 정경. ¶전투 ~이 압권이다. 战斗情景绝对优势。zhàndòuqíngjǐngjué duìyōushì.

장문(掌紋) 명 手纹 shǒuwén 손바닥의 무늬. 손금. ¶문에 ~ 인식 보안 시스템을 설치하다. 在防盗门设置了鉴别手纹的保安程序。zàifángdàoménshèzhìlejiànbié shǒuwéndebǎoānchéngxù.

장물(臟物) 명 赃物 zāngwù 〈법〉 범죄 행위로 부당하게 얻은 남의 물건.

장발(長髮) 명 长头发 chángtóufa 길게 기른 머리털.

장벽(障壁) 명 ① 墙壁 qiángbì 밖을 가려 막은 벽. ¶~을 쌓다. 砌墙壁。qìqiáng bì. ② 障碍 zhàng'ài 벽으로 가린 것처럼 무엇을 하는 데 방해가 되는 것의 비유. ¶언어의 ~을 극복하다. 克服语言障碍。kè fúyǔyánzhàngài.

장병(將兵) 명 官兵 guānbīng 장교와 병사.

장복(長服) 명 〔~하다|타동사〕 长期服用 chángqīfúyòng 같은 약이나 음식을 오래 계속해서 먹음. ¶보약을 ~하다. 长期服用补药。chángqīfúyòngbǔyào.

장본인(張本人) 명 元凶 yuánxiōng 罪魁祸首 zuìkuíhuòshǒu 어떠한 일을 빚어낸 바로 그 사람. ¶사건의 ~. 事件的元凶。shìjiàndeyuánxiōng.

장부(丈夫) 명 ① 成人男子 chéngrénnán zi 장성한 남자. ② 大丈夫 dàzhàngfu '대장부'의 준말.

장부(帳簿) 명 〔~하다|타동사〕 帐本 zhàngběn 表册 biǎocè 금품의 수입과 지출을 기록하는 책. ¶~에 기입하다. 记入帐本。jìrùzhàngběn.

장사(壯士) 명 ① 壮士 zhuàngshì 기개와 체질이 썩 굳센 사람. ② 力士 역사. ③ 韩国摔跤冠军称号 hánguóshuāijiāo guànjūnchēnghào 프로 씨름에서, 각 체급별 우승자에게 주는 칭호.

장상(掌狀) 명 掌形 zhǎngxíng 편 손바닥 모양. 손꼴.

장성(長成) 명 〔~하다|자동사〕 长成 zhǎngchéng 壮大 zhuàngdà 자라서 어른이 됨. ¶~한 아들이 부모를 모시다. 已长成的儿子赡养父母。yǐzhǎngchéngdeér zishànyǎngfùmǔ.

장성(將星) 명 将领 jiànglǐng 将帅 jiàng shuài 将官 jiàngguān '장군(将军)'의 이칭.

장손녀(長孫女) 명 大孙女 dàsūnnǚ 맏손녀.

장송(長松) 명 大松树 dàsōngshù 헌칠하게 잘 자란 큰 소나무.

장수(將帥) 명 将帅 jiàngshuài 군사를 거느리는 우두머리. 장령(将领).

장시세(場時勢)[-씨-] 명 行市 hángshì 行情 hángqíng 시장에서 물건이 매매되는 시세. 장금.

장시일(長時日) 명 长时间 chángshíjiān 长时期 chángshíqī 긴 시일. 오랜 날짜. ¶

이 문제를 해결하는 데는 ~이 걸린다. 解决这个问题需要长时间。jiějuézhègèwèntí xūyàochángshíjiān ↔ 단(短)시일.

장식(裝飾) 명 [~하다|타동사] ① 装饰 zhuāngshì 치장하여 꾸밈. 또는 그 꾸밈새. ¶실내 ~. 室内装饰。shìnèizhuāng shì. ② 装饰品 zhuāngshìpǐn 기명(器皿) 따위를 치장하는 제구(诸具).

장신(長身) 명 大个子 dàgèzi 高个儿 gāo gèer 키가 큰 몸. 장구(长长躯). ¶2미터가 넘는 ~의 농구 선수. 两米多高的大个子篮球选手。liǎngmǐduōgāodedàgèzilán qiúxuǎnshǒu ↔ 단신(短身).

장신구(裝身具) 명 装饰品 zhuāngshìpǐn 몸치장하는 데 쓰는 제구(诸具). ¶화려한 ~로 몸치장을 하다. 用华丽的装饰品装扮自己。yònghuálìdezhuāngshìpǐnzhuāng bànzìjǐ.

장안(長安) 명 首都内 shǒudūnèi 서울을 수도라는 뜻으로 일컫는 말. ¶~의 화제. 首都内的话题。shǒudūnèidehuàtí.

장애(障碍) 명 障碍 zhàng'ài 故障 gù zhàng 막아서 거치적거림. ¶통신 ~/ 불규칙한 생활로 위장 ~를 일으키다. 不规则的生活 引起胃紊乱。bùguīzédeshēng huóyǐnqǐwèiwěnluàn.

장애인(障碍人) 명 残疾人 cánjírén 정신적 또는 육체적 결함으로 일상생활에 상당한 제약을 받는 사람. ¶지체 ~. 残疾人。cánjírén.

장약(裝藥) 명 [~하다|타동사] 装火药 zhuānghuǒyào 총포의 약실에 화약을 잼. 또는 그 화약.

장어(長魚) 명 鳗鱼 mànyú '뱀장어'의 준말.

장외거래(場外去來) 명 股票交易所外面的交易 gǔpiàojiāoyìsuǒwàimiàndejiāoyì 〈경〉 증권 거래소 밖에서 행해지는 거래.

장자(長者) 명 ① 长辈 zhǎngbèi 윗사람. ② 长老 zhǎnglǎo 덕망이 있고 노성한 사람. ¶~의 풍모가 엿보인다. 有长老风貌。yǒuzhǎnglǎofēngmào. ③ 富翁 fùwēng 큰 부자를 점잖게 이르는 말.

장작(長斫) 명 劈柴 pīchái 통나무를 쪼개 만든 길쭉길쭉한 땔나무.

장전(裝塡) 명 [~하다|타동사] 装入 zhuāngrù 안에 채워서 장치함. 특히 총포에 탄약을 잼. ¶엽총에 탄알을 ~하다. 把子弹装填进猎枪。bǎzǐdànzhuāngtián jìnlièqiāng.

장점(長點)[-쩜] 명 长处 chángchù 优点 yōudiǎn 좋은 점. 보다 뛰어난 점. 장처(长处). 장소(长所) ↔ 단점.

장족(長足) 명 ① 长足 chángzú 긴 다리. ② 飞快 fēikuài 발전이나 진보가 매우 빠름. ¶~의 진보(进步). 飞快的进步。fēi kuàidejìnbù.

장졸(將卒) 명 将兵 jiàngbīng 장수와 병졸.

장죽(長竹) 명 长烟杆 chángyangān 长烟袋 chángyāndài 긴 담뱃대 ↔ 단죽.

장지(長指) 명 中指 zhōngzhǐ 가운뎃손가락.

장지(壯紙) 명 地板纸 dìbǎnzhǐ 우리나라에서 만든 두껍고 질긴 큰 종이의 한 가지. 기름을 먹여 장판지(壯版紙)로 씀.

장차(將次) 부 将来 jiānglái 앞으로. 미래에. ¶~ 하고 싶은 일. 将来要做的事。jiāngláiyàozuòdeshì.

장착(裝着) 명 〔~하다|타동사〕 装上 zhuāngshàng 의복·기구·장비 등을 붙이거나 착용함.

장창(長槍) 명 长矛 chángmáo 길이가 긴 창↔단창.

장총(長銃) 명 长枪 chángqiāng 步枪 bùqiāng 〈군〉 소총(小銃)을 단총에 상대하여 일컫는 말.

장치(藏置) 명 〔~하다|타동사〕 ① 藏置 cángzhì 간직하여 둠. ② 贮存 zhùcún 통관(通关)하고자 하는 수출입 물품을 보세(保税) 구역 안에 임시 보관하는 일. ¶~ 기간. 贮存期限。zhùcúnqīxiàn.

장쾌(壯快) 형 〔여 불규칙〕 雄壮痛快 xióngzhuàngtòngkuài 씩씩하고 상쾌하다. 가슴이 벅차도록 통쾌하다. ¶~한 스키 활강. 痛快的滑雪运动。tòngkuàidehuáxuěyùndòng.

장탄식(長嘆息) 명 〔~하다|자동사〕 长叹 chángtàn 길게 한숨을 내쉬며 탄식함. 또는 그 탄식. 장태식(长太息). ¶~을 늘어놓다. 发出长叹。fāchūchángtàn. §장탄.

장판(壯版) 명 ① 油脂炕 yóuzhīkàng 새벽질을 하고 그 위에 기름 먹인 종이를 바른 방바닥. ¶~이 반들반들 윤이 난다. 油脂炕亮得发光。yóuzhīkàngliàngdéfāguāng. ② 糊炕 húkàng '장판지'의 준말.

장학생(奬學生) 명 获得奖学金的学生 huòdéjiǎngxuéjīndexuéshēng 장학금을 받는 학생. ¶~으로 선발되다. 被选为获奖生。bèixuǎnwéihuòjiǎngshēng.

장형(長兄) 명 大哥 dàgē 맏형. 큰형.

장화(長靴) 명 长筒鞋 chángtǒngxié 목이 무릎까지 올라오는 가죽신이나 고무신↔단화(短靴).

장황(張皇) 형 〔여 불규칙〕 冗长 rǒngcháng 번거롭고도 길다. ¶~한 연설. 冗长的演说。rǒngchángdeyǎnshuō.

재간(才幹) 명 才能 cáinéng 재주와 솜씨. ¶~ 있는 사람. 有才能的人。yǒucáinéngderén.

재간(再刊) 명 〔~하다|타동사〕 再版 zàibǎn 두 번째 간행함. 또는 그 간행물. ¶~을 준비하다. 准备再版。zhǔnbèizàibǎn.

재감자(在監者) 명 受拘留者 shòujūliúzhě 재소자(在所者).

재건(再建) 명 〔~하다|타동사〕 重建 chóngjiàn 무너진 것을 다시 건설함. ¶~ 사업. 重建工作。chóngjiàngōngzuò.

재검사(再檢査) 명 〔~하다|타동사〕 复查 fùchái 한 번 검사가 끝난 것을 다시 검사함. 또는 그 검사.

재고(再考) 명 〔~하다|타동사〕 重新考虑 chóngxīnkǎolǜ 다시 생각함. 고쳐 생각함. ¶~의 여지가 없다. 没有重新考虑的余地。méiyǒuchóngxīnkǎolǜdeyúdì.

재고(在庫) 명 ① 库存 kùcún 창고 따위에 있음. ② 库存货物 kùcúnhuòwù '재고품'의 준말. ¶~ 조사. 查库存。chákùcún.

재귀(再歸) 명 〔~하다|자동사〕 回归 huíguī 다시 돌아옴. ¶연어는 태어났던 강으로 ~한다. 大马哈鱼回归自己出生的江河。dàmǎhāyúhuíguīzìjǐchūshēngde jiānghé.

재단(裁斷) 명 〔~하다|타동사〕 ① 裁决 cáijué 재결. ¶자기 혼자의 생각만으로 ~하다. 照自己的想法裁决。zhàozìjǐde xiǎngfǎcáijué. ② 剪彩 jiǎncǎi 마름질. ¶양복을 ~하다. 剪彩服装。jiǎncǎifú zhuāng.

재담(才談) 명 〔~하다|자동사〕 对口相声 duìkǒuxiàngsheng 相声 xiàngsheng 익살을 섞어 가며 재치 있게 하는, 재미있는 이야기. ¶~을 섞어 가며 좌중을 웃긴다. 参杂相声搞笑观众。cānzáxiàng shenggǎoxiàoguānzhòng.

재래(在來) 명 老旧 lǎojiù 原有 yuányǒu 전부터 있어 내려옴. ¶~의 민간요법. 原有的民间疗法。yuányǒudemínjiānliáofǎ.

재래종(在來種) 명 土种 tǔzhǒng 어떤 지방에서 오래 기르거나 재배되어, 타지방의 가축·작물 등과 교배(交配)한 일 없이 그 지방의 풍토에 적응한 종자. ¶~ 삽사리. 土种狗。tǔzhǒnggǒu ↔ 개량종.

재량(裁量) 명 〔~하다|타동사〕 ① 裁度 cáiduó 자기 생각대로 헤아려서 처리함. 재작(裁酌). 재탁(裁度). ¶너의 ~껏 해 보아라. 按照你自己的裁度去做吧。Ànzhào nǐzìjǐdecáiduóqùzuòba. ② '자유재량'의 준말.

재류(在留) 명 〔~하다|자동사〕 居留 jūliú 侨居 qiáojū 어느 곳에 한동안 머물러 있음. 체류. ¶~ 기간. 居留其间。jūliúqí jiān.

재목(材木) 명 ① 木料 mùlào 건축·기구 제작의 재료가 되는 나무. ② 人才 réncái 어떤 일을 하거나 직위에 합당한 인물. ¶큰일을 할 ~. 做大事的人才。zuò dàshìderéncái.

재발(再發) 명 〔~하다|자동사·타동사〕 ① 复发 fùfā 다시 생겨남. 다시 발생함. ¶병이 ~하다. 病复发。bìngfùfā. ② 再发 zàifā 두 번째 발송함.

재사(才士) 명 才子 cáizǐ 才人 cáirén 재주 있는 남자↔재녀.

재색(才色) 명 才貌 cáimào 여자의 재주와 용모. ¶~을 겸비한 처녀. 才貌双全的姑娘。caímàoshuāngquándegūniáng.

재생(再生) 명 〔~하다|자동사·타동사〕 ① 复活 fùhuó 죽게 되었다가 다시 살아남. ¶~의 기쁨. 复活的喜悦。fùhuódexǐ yuè. ② 重生 chóngshēng 신앙을 가져

새로운 생활을 시작함. ¶개심(改心)하고 ~의 길을 걷다. 改心之后走重生的路。gǎixīnzhīhòuzǒuchóngshēngdelù. ③ 再用 zàiyòng 버리게 된 물건을 다시 살려서 쓰게 만듦. ¶~ 타이어. 再用轮胎。zàiyònglúntāi. ④ 回忆 huíyì 〈심〉 이전에 기억한 일이 저절로 생각나서 말하고 쓰게 됨. ¶기억 ~. 恢复记忆。huīfùjìyì. ⑤ 再现 zàixiàn 〈생〉 상실된 생물체의 일부가 다시 자라나는 현상. ⑥ 重放 chóngfàng 녹음·녹화한 음성·영상 등을 다시 들려주거나 보여 주는 일. ¶~ 녹음 방송. 回放。huífàng.

재소자(在所者) 명 ① 在所人 zàisuǒrén 어떤 곳에 있는 사람. ② 在监者 zàijiānzhě 교도소에서 갇혀 있는 사람. 재감자(在監者).

재수(財數) 명 ① 财运 cáiyùn 재물에 대한 운수. ② 运气 yùnqì 좋은 일을 만나게 되는 운수. ¶~가 있다. 有财运。yǒucáiyùn.

재수(再修) 명 〔~하다|타동사〕 重修 chóngxiū 한 번 배웠던 과정을 다시 배우는 일. 특히, 입학시험에 실패한 뒤 다시 다음 시험에 대비하기 위해 공부하는 것을 가리킴. ¶희망 대학에 가려고 ~하다. 为了上好大学重修。wèileshànghǎodàxuéchóngxiū.

재실(再室) 명 后妻 hòuqī 재취한 아내.

재앙(災殃) 명 灾殃 zāiyāng 천변지이(天變地異)로 말미암은 불행한 사고.

재연(再燃) 명 〔~하다|자동사〕 ① 复燃 fùrán 꺼졌던 불이 다시 탐. ② 再起 zàiqǐ 잠잠하여진 일이 다시 떠들고 일어남. ¶잠잠하던 여론이 ~되다. 本来安静的舆论再起了。běnláiānjìngdeyúlùnzàiqǐle.

재연(再演) 명 〔~하다|타동사〕 ① 重演 chóngyǎn 다시 공연함. ② 再现 zàixiàn 한 번 하였던 일을 다시 되풀이함. ¶현장검증에서, 범행을 ~하다. 在犯罪现场再现犯罪经过。zàifànzuìxiànchǎngzàixiànfànzuìjīngguò.

재인식(再認識) 명 〔~하다|타동사〕 ① 重新认识 chóngxīnrènshí 다시 또는 고쳐 인식함. ② 再认识 zàirènshí 〈심〉 과거에 경험한 것을 현재의 경험 속에서 다시 의식에 떠올리는 심리 작용. §재인.

재입찰(再入札) 명 〔~하다|타동사〕 再次投标 zàicìtóubiāo 다시 입찰함. ¶~ 공고. 再次投标公告。zàicìtóubiāogōnggào.

재적(在籍) 명 〔~하다|자동사〕 ① 在籍 zàijí 학적 또는 호적에 적혀 있음. ¶~ 학생 수. 在籍学生数。zàijíxuéshēngshù. ② 有会籍 yǒuhuìjí 어떤 조직체 따위에 적이 있음. ¶~ 의원. 有会籍议员。yǒuhuìjíyìyuán.

재중(在中) 명 在内 zàinèi 内有 nèiyǒu 속에 들어 있다는 뜻으로, 봉함한 봉투 겉에 쓰는 말. ¶사진 ~. 内有像片。nèi yǒuxiàngpiàn.

재직(在職) 명 〔~하다|자동사〕 在工作 zàigōngzuò 어느 직장에서 근무하고 있음. ¶경리 과장으로 ~하고 있다. 当经理科长。dāngjīnglǐkēzhǎng.

재질(才質) 명 재주와 기질 才能 cáinéng. ¶~을 살리다. 发挥才能。fāhuīcáinéng.

재청(再請) 명 〔~하다|자동사·타동사〕 ① 要求重演 yāoqiúchóngyǎn 거듭 청함. ② 赞成 zànchéng 회의 때에, 남의 동의에 찬성하여 거듭 청함.

재치(才致) 명 才华 cáihuá 才气 cáiqì 눈치 빠른 재주 또는 능란한 솜씨. ¶~ 있게 말하다. 说话有才气。shuōhuàyǒucáiqì.

재탕(再湯) 명 〔~하다|타동사〕 ① 再煎 zàijiān 한약 따위의 달여 낸 찌끼를 두 번째 달임. ¶~한 약. 再煎中药。zàijiān zhōngyào. ② 再做一次 zàizuòyícì 한 번 써먹은 일·말을 다시 되풀이함. ¶낡은 필름을 ~, 삼탕하여 방영한다. 把旧片再做一次, 两次放映。bǎjiùpiānzàizuòyícì, liǎngcìfàngyìng.

재판(再版) 명 〔~하다|타동사〕 ① 再版 zàibǎn 이미 간행된 출판물을 다시 출판함. 또는 그 출판물. ② 翻版 fānbǎn 과거의 어떤 일이 다시 되풀이되는 일.

재판(載判) 명 〔~하다|타동사〕 ① 裁判 cáipàn 옳고 그름을 살피어 판단함. ② 审判 shěnpàn 〈법〉 쟁송(争讼)의 구체적 해결을 위해 법원 또는 그 재판관이 내리는 판단. 쟁송의 목적이 되는 사실의 성질에 따라 민사·형사·행정 재판의 세 가지가 있으며, 그 형식에 따라 판결·결정·명령 등이 있음. ¶~을 받다. 受审判。shòushěnpàn.

재할인(再割引) 명 〔~하다|타동사〕 再贴现 zàitiēxiàn 重贴现 chóngtiēxiàn 〈경〉 한 은행이 한 번 할인하여 받은 어음을 다시 다른 은행에 할인함. §재할.

재확인(再確認) 명 〔~하다|타동사〕 再次核实 zàicìhéshí 다시 확인함. 거듭 다짐함. ¶임금 인상을 ~하다. 再次核实提高工资。zàicìhéshítígāogōngzī.

재활원(再活院) 명 残废院 cánfèiyuàn 신체장애자 치료 병원.

재회(再會) 명 〔~하다|자동사〕 重新聚会 chóngxīnjùhuì 重新见面 chóngxīnjiàn miàn 다시 또는 두 번째로 모이거나 만남. ¶~를 약속하다. 约定重新聚会。yuē dìngchóngxīnjùhuì.

재흥(再興) 명 〔~하다|자동사·타동사〕 再兴起 zàixīngqǐ 다시 일으킴. 다시 일어남. ¶민족 문화의 ~. 民族文化的再兴起。mínzúwénhuàdezàixīngqǐ.

쟁(箏) 명 古筝 gǔzhēng 〈악〉 모양이 대쟁(大箏)과 같고, 열석 줄의 명주실로 된 현을 친 악기.

쟁(錚) 명 小锣 xiǎoluó 꽹과리.

쟁반(錚盤) 명 盘 pán 盘子 pánzi 운두가 얕고 동글납작한 그릇 ≪음식 그릇을 받쳐 드는 데 씀≫.

쟁의(爭議)[-의/-이] 명 [~하다|자동사] ① 纠纷 jiūfēn 서로 자기 의견을 주장하여 다툼. 또는 그 의론. ② 斗争 dòu zhēng '노동 쟁의'의 준말.

쟁쟁(錚錚) 부 [~하다|형용사] 清脆回响 qīngcuìhuíxiǎng 금속·악기의 소리가 맑게 울리는 소리. ¶종소리가 ~ 울리다. 钟声清脆回响。zhōngshēngqīngcuìhuí xiǎng.

쟁점(爭點)[-쩜] 명 争端 zhēngduān 争论之点 zhēnglùnzhīdiǎn 쟁송·논쟁의 중심이 되는 중요한 점. ¶핵심 ~이 타결됐다. 解决了关键的争端。jiějuéleguān jiàndēzhēngduān.

저(箸) 명 筷子 kuàizi '젓가락'의 준말.

저개발(低開發) 명 不发达 bùfādá 개발 도상.

저금(貯金) 명 [~하다|타동사] ① 存钱 cúnqián 돈을 모아 둠. 또는 그 돈. ② 存款 cúnkuǎn 돈을 금융 기관이나 우체국 등에 맡겨 저축함. 또는 그 돈.

저당(低當) 명 [~하다|자동사·타동사] ① 低档 dīdàng 맞서서 겨룸. ② 典当 diǎndàng 〈법〉 채무의 담보로서 부동산 또는 동산을 전당 잡힘. ¶집을 ~ 잡히고 돈을 꾸다. 典当房子借钱。diǎndàngfáng zijièqián.

저당물(低當物) 명 抵押品 dǐyāpǐn 押帐 yāzhàng 担保品 dānbǎopǐn 〈법〉 저당 잡힌 물건. 저당권의 목적으로 되어 있는 물건. ¶~을 경매에 부치다. 把抵押品竞卖。bǎdǐyāpǐnjìngmài.

저돌적(猪突的)[-쩍] 관 명 鲁莽 lǔmǎng 앞뒤를 헤아리지 아니하고 돌진하는(것). 앞일을 생각지 아니하고 처리하는(것). ¶~(인) 행동. 鲁莽的行动。lǔmǎngdexíng dòng.

저력(低力) 명 潜力 qiánlì 속에 간직한 끈기 있는 힘. 숨은 힘. ¶~을 과시하다. 发挥潜力。fāhuīqiánlì.

저번(這番) 명 上一次 shàngyícì 요전의 그 때. 거번. ¶~에 만났던 사람. 上一次见过面的人。shàngyícìjiànguòmiànderén.

저속(低俗) 명 [~하다|형용사] 庸俗 yōngsú 성질·취미 등이 낮고 속됨. ¶~한 소설. 庸俗小说。yōngsúxiǎoshuō.

저수지(貯水池) 명 水库 shuǐkù 물을 하천이나 계류에서 끌어들여 모아 둘 목적으로 만들어 놓은 못. ¶가뭄으로 ~의 물이 말랐다. 由于干旱, 水库的水干没了。yóu yúgānhàn, shuǐkùdeshuǐgānméile.

저압(低壓) 명 ① 低压力 dīyālì 낮은 압력. ② 低电压 dīdiànyā 낮은 전압 ≪직류 750V, 교류 600V 이하≫↔고압(高压). ③ 低气压 dīqìyā 〈기상〉 저기압.

저음(低音) 명 ① 低声 dīshēng 낮은 소리. ② 低调 dīdiào 낮은음.

저의(底意)[-의/-이] 명 意图 yìtú 속으로 품은 생각. 속마음. 속뜻. ¶검은 ~를 드러내다. 暴露野心。bàolùyěxīn.

저인망(底引網) 명 拖网 tuōwǎng 원양 어업에 쓰는 그물의 한 가지 ≪자루처럼 생겼으며 바다 밑바닥으로 끌고 다니면서 물고기를 잡음≫. 트롤망.

저임금(低賃金) 명 低工资 dīgōngzī 낮은 임금. 싼 공전. §저임.

저자세(低姿勢) 명 低三下四 dīsānxiàsì 상대방에게 눌려서 굽실거리는 자세. ¶~ 외교. 低三下四的外交。dīsānxiàsìde wàijiāo ↔고자세.

저조(低調) 명 〔~하다|형용사〕 ① 低调 dīdiào 낮은 가락. ② 低沉 dīchén 활기 없고 침체함. ¶~한 경기(景气). 低沉的经济状况。dīchéndejīngjìzhuàngkuàng. ③ 低落 dīluò 능률이 오르지 않음. ¶~한 성적. 低落的成绩。dīluòdechéngjì.

저조(低潮) 명 退潮 tuìcháo 低潮 dīcháo 간조(干潮)의 극한에 이른 때의 일컬음 ↔고조(高潮).

저주(詛呪) 명 〔~하다|타동사〕 诅咒 zǔzhòu 咒骂 zhòumà 남이 안 되기를 빌고 바람.

저지(沮止) 명 〔~하다|타동사〕 阻止 zǔzhǐ 阻碍 zǔài 막아서 그치게 함. ¶적의 공격을 ~하다. 阻止敌人攻击。zǔzhǐdírén jìngōng.

저촉(抵觸) 명 〔~하다|자동사〕 ① 抵触 dǐchù 서로 부딪침. 서로 모순됨. ② 触犯 chùfàn 법률·규칙 등에 위반되거나 거슬림. ¶법에 ~되는 행위. 触犯法律的行为。chùfànfǎlǜdexíngwéi.

저택(邸宅) 명 ① 宅邸 zháidǐ 公馆 gōngguǎn 왕후(王侯)의 집. ② 宅 규모가 큰 집. ¶으리으리한 ~. 宏伟的宅邸。hóngwěidezháidǐ.

저하(底下) 명 〔~하다|자동사〕 ① 降落 jiàngluò 낮아짐. ¶실력이 ~하다. 实力下降。shílìxiàjiàng. ② 降低 jiàngdī 비하(卑下).

저항(抵抗) 명 〔~하다|자동사〕 ① 反抗 fǎnkàng 어떤 힘이나 압력에 굴하지 않고 맞서서 버팀. ¶~ 세력. 抵抗势力。dǐkàngshìlì. ② 抵抗 dǐkàng 〈물〉 힘의 작용에 대해 그 방향과 반대의 방향으로 작용하는 힘. ③ 电阻 diànzǔ 〈물〉 전기(电气) 저항.

저항선(抵抗線) 명 ① 防御线 fángyùxiàn 공격하여 오는 적을 막아 내는 방어선. ② 电阻线 diànzǔxiàn 〈물〉 전기 에너지를 열(热)에너지로 바꾸기 위하여 전류를 통한 고유 저항이 큰 도선(导线) ≪니크롬선 따위≫.

적개심(敵愾心) 명 仇恨 chóuhèn 敌忾 díkài 적을 증오하고 분노하는 마음. ¶~에 불타다. 燃烧仇恨。ránshāochóuhèn.

적격(適格) 명 〔~하다|형용사〕 合适 héshì 合格 hégé 어떤 규정이나 자격에 알맞음. ¶그 일에는 그가 ~이다. 干那个活她最合适。gànnàgèhuótāzuìhéshì.

적금(積金) 명 〔~하다|자동사・타동사〕 ① 存钱 cúnqián 돈을 모아 둠. 또는 그 돈. ② 定期储蓄 dìngqīchǔxù 일정한 기간마다 일정한 금액을 적립하는 저금. 적립 저금(积立贮金). ¶매달 10만원씩 ~을 붓다. 每月定期储蓄十万元。měiyuèdìng qíchǔxùshíwànyuán.

적기(適期) 명 适时 shìshí 적당한 시기. ¶모내기의 ~. 插秧季节。chāyāngjìjié.

적기(赤旗) 명 红旗 hóngqí 붉은 기.

적당(適當) 형 〔여 불규칙〕 ① 适当 shìdàng 어떤 성질・상태・요구 따위에 꼭 알맞다. ¶~한 시기. 适当时期。shìdàng shíqī. ② 适合 shìhé 정도가 알맞게 적합하다. ¶욕탕의 물의 온도가 내게는 꼭 ~. 澡堂的水温对我正合适。zǎotángde shuǐwēnduìwǒzhènghéshì.

적대시(敵對視) 명 〔~하다|타동사〕 敌视 díshì 적으로 여김. ¶경쟁자를 원수처럼 ~하다. 把竞争对手敌视为仇人。bǎjìng zhēngduìshǒudíshìwéichóurén.

적도(赤道) 명 ① 天赤道 tiānchìdào 〈천〉 천구상의 상상선으로, 지구의 적도면과 천구와의 교선. ② 赤道 chìdào 지구의 중심(重心)을 통하는 지축에 직각인 평면이 지표와 교차된 선 ≪남북 양극으로부터 90°의 거리에 있음≫.

적립(積立)[정닙] 명 〔~하다|타동사〕 积储 jīchǔ 모아서 쌓아 둠. ¶노후에 대비해 매달 일정액을 ~하다. 为了防备晚年, 每月积储一些钱。wèilefángbèiwǎnnián, měiyuèjīchǔyìxiēqián.

적반하장(賊反荷杖) 명 贼讯贼 zéixùnzéi 도둑이 도리어 매를 든다는 뜻으로, 잘못한 사람이 도리어 잘한 사람을 나무라는 경우에 쓰는 말. ¶~도 유분수지. 说是贼讯贼也太过分。shuōshìzéixùnzéiyětài guòfèn.

적발(摘發) 명 〔~하다|타동사〕 揭发 jiēfā 点穿 diǎnchuān 숨겨진 일이나 물건을 들추어 냄. ¶주차 위반 차량을 ~하다 揭发违规停车。jiēfāwěiguītíngchē.

적법(適法) 명 〔~하다|형용사〕 合法 héfǎ 법규에 맞음. 또는 알맞은 법규. ¶~행위. 合法行为。héfǎxíngwéi.

적병(敵兵) 명 敌军 díjūn 敌兵 díbīng 적군의 병사.

적산(積算) 명 〔~하다|타동사〕 累计 lěijì 모아서 계산함.

적성(適性) 명 适合性格 shìhéxìnggé 适应性 shìyìngxìng 성질・성격이 그 일에 알맞음. 또는 그 성격이나 성질. ¶~에 맞는 직업. 适合性格的工作。shìhéxìnggé degōngzuò.

적성검사(適性檢查) 명 适合工作能力检查 shìhégōngzuònénglìjiǎnchá 특정한 일에 적합한 소질이 있는지의 여부를 밝히는 검사.

적송(赤松) 명 红松 hóngsōng 〈식〉 소나무, 육송.

적송(積送) 명 〔~하다|타동사〕 装运 zhuāngyùn 물품을 실어 보냄.

적신호(赤信號) 명 ① 红灯 hóngdēng 교통 기관의 정지 신호. ② 危险信号 wēi xiǎnxìnhào 위험 신호. ¶건강에 대한 ~. 对健康的危险信号。duìjiànkāngdewēi xiǎnxìnhào ↔ 청신호.

적수단신(赤手單身) 명 孤单一人 gūdān yīrén 맨손과 홑몸이라는 뜻으로, 가진 재산도 없고 의지할 일가붙이도 없는 외로운 몸.

적역(適役) 명 适当的角色 shìdàngde juésè 알맞은 배역(配役). ¶그녀에게는 향단역이 ~이다. 她扮演香丹最合适。 tā bànyǎnxiāngdānzuìhéshì.

적연무문(寂然無聞) 명 〔~하다|형용사〕 寂静 jìjìng 杳无音信 yǎowúyīnxìn 감감하여 아무 소식도 없음.

적외선(赤外線) 명 红外线 hóngwàixiàn 〈물〉 파장이 적색 가시(可视)광선보다 길고 열작용이 큰 전자기파 ≪눈에 안 보이고 공기 중의 투과력이 큼≫.

적용(適用) 명 〔~하다|타동사〕 运用 yùnyòng 어디에 맞추어 씀. ¶법률의 ~ 运用法律。yùnyòngfǎlǜ.

적임(適任) 명 ① 胜任的 shèngrènde 임무에 적당함. 재능에 적당한 임무. ② 适当的人 shìdàngderén '적임자'의 준말. ¶이 일에는 그가 ~이다. 她能做这件事。tā néngzuòzhèjiànshì.

적임자(適任者) 명 合适的人 héshìderén 어느 임무에 마땅한 사람. 적격자. §적임.

적자(賊子) 명 不孝子 búxiàozǐ 불충불효한 사람.

적자(嫡子) 명 嫡子 dìzǐ 长子 zhǎngzǐ 정실 아내가 낳은 아들. 적남↔서자.

적자(適者) 명 适合环境者 shìhéhuánjìng zhě 적당한 사람. 적응한 사람.

적재(積載) 명 〔~하다|타동사〕 装载 zhuāngzǎi 装货 zhuānghuò 차·선박에 짐을 쌓아 실음. ¶화차에 화물을 ~하다. 往货车里装货。wànghuòchēlǐzhuānghuò.

적적(寂寂)[-쩌카-] 형 〔여 불규칙〕 寂寂 jìjì 寂寞 jìmò 외롭고 쓸쓸하다. 괴괴하고 조용하다.

적절(適切) 형 〔여 불규칙〕 合适 héshì 妥当 tuǒdàng 恰当 qiàdàng 꼭 알맞다. ¶~한 대책. 合适的对策。héshìdeduìcè.

적정(適正) 명 〔~하다|형용사〕 适当 shìdàng 알맞고 바름. ¶~ 규모. 适当规模。shìdàngguīmó.

적중(的中) 명 〔~하다|자동사〕 命中 mìngzhòng 没有错 méiyǒucuò 中肯 zhòngkěn 목표에 어김없이 들어맞음. ¶예상이 ~했다. 估计的没有错。gūjìdeméi yǒucuò.

적지(敵地) 명 敌区 díqū 적의 영지. 적의 점령지. ¶~에 숨어 들어가다. 潜入敌区。qiánrùdíqū.

적체(積滯) 명 〔~하다|자동사〕 积压

jīyā 쌓이고 쌓여 잘 통하지 않음. ¶사무직 인력의 ~ 현상. 办公室人员的积压现象。bàngōngshìrényuándejīyāxiànxiàng.

적출(積出) 명 〔~하다|타동사〕 运出 yùnchū 출하(出荷).

적하(積荷)[저카] 명 〔~하다|타동사〕 货物 huòwù 装货 zhuānghuò 发货 fāhuò 적화(积货).

전(前) 명 ① 以前 yǐqián 이전. ② 过去 guòqù 막연히 과거를 이르는 말. ¶~에 만난 일이 있다. 以前见过。yǐqiánjiàn guò. ③ 面前 miànqián 편지나 사연을 상대 앞으로 보냄을 높여 이르는 말. ¶아버님 ~ 상서. 父亲大人亲启。fùqīndàrén qīnqǐ.

전각(殿閣) 명 ① 王宫 wánggōng 임금이 거처하는 궁전. ② 殿阁 diàngé 궁전과 누각.

전갈(全蝎) 명 全虫 quánchóng 〈동〉 전갈과의 절지동물. 햇빛을 꺼려 마른 먼지・가랑잎 속에 삶. 길이 약 6cm, 몸은 머리가슴부와 배로 나뉘며, 배는 가늘고 긺. 등은 푸른빛을 띤 갈색, 배는 누른데 배 끝에 독침이 있어 독이 극렬함. 입 가까이에 집게가 있으며, 다리는 네 쌍임.

전갈(傳喝) 명 〔~하다|타동사〕 传达 chuándá 派人问安 pàirénwènān 사람을 시켜서 남의 안부를 묻거나 말을 전함. ¶좋은 소식을 ~하다. 传达好消息。chuán dáhǎoxiāoxi.

전격적(電擊的) 관명 闪电式 shǎndiàn shì 번개와 같이 갑자기 들이치거나 행하는(것). ¶~으로 공격을 감행하다. 发动闪电式攻击。fādòngshǎndiànshìgōng jī.

전결(專決) 명 〔~하다|타동사〕 专断 zhuānduàn 결정권을 갖는 그 사람만의 생각으로 결정함. ¶국장 ~ 사항. 局长专断事情。júzhǎngzhuānduànshìqíng.

전경(全景) 명 全景 quánjǐng 全貌 quán mào 전체의 경치.

전곡(田穀) 명 大田作物 dàtiánzuòwù 밭곡식.

전곡(全曲) 명 整部曲子 zhěngbùqǔzi 그 곡의 전체. ¶~ 연주. 演奏整部曲子。yǎn zòuzhěngbùqǔzi.

전공(專攻) 명 〔~하다|타동사〕 ① 专业 zhuānyè 어떤 학문이나 학과를 전문적으로 연구함. 또는 그 학문. ¶국문학을 ~하다. 专攻国文学。zhuāngōngguówén xué. ② 专业课程 zhuānyèkèchéng 전공과목.

전과(轉科)[-꽈] 명 〔~하다|자동사〕 ① 转系 zhuǎnxì 학과를 옮김. ② 转科 zhuǎnkē 병과(兵科)를 옮김.

전과자(前科者)[-꽈-] 명 有前科的人 yǒuqiánkēderén 전과가 있는 사람.

전광(電光) 명 ① 电光 diànguāng 번개. 번갯불. ② 电灯光 diàndēngguāng 전기 등의 불빛.

전교(傳敎) 명 〔~하다|자동사〕 传旨 chuánzhǐ 〈역〉 임금이 명령을 내림. 또는 그 명령=하교(下敎).

전구(電球) 명 灯泡 dēngpào 전기를 통하게 하여 밝게 하는 기구. 전등알.

전구(轉句) 명 汉诗的第三联 hànshīdedì sānlián 转句 zhuǎnjù 〈문〉 한시(汉诗) 절구(绝句)의 제삼구 ≪이 구로 시상을 바꿈≫. §전(转). ※기승전결.

전근(轉勤) 명 〔~하다|자동사〕 调动 diàodòng 근무처를 옮김. ¶서울에서 지방으로 ~되어 가다. 从首尔调到地方。cóngshǒuěrdiàodàodìfāng. ※전직(转职).

전기(電氣) 명 ① 电力 diànlì 전자의 이동으로 생기는 에너지의 한 형태 ≪음양의 두 종류가 있어 같은 종류의 전기는 배척하고 다른 종류끼리는 당기는 힘이 있음≫. ② 电灯 diàndēng 전등(电灯). ¶~를 켜다. 开灯。kāidēng.

전기료(電氣料) 명 电费 diànfèi 전기를 사용한 요금.

전납(全納) 명 〔~하다|타동사〕 全部交纳 quánbùjiāonà 전부 바침.

전념(專念) 명 〔~하다|자동사〕 专心 오로지 한 가지 일에만 마음을 씀. ¶평생을 암 연구에 ~하다. 医生专心于研究癌症。yīshēngzhuānxīnyúyánjiūáizhèng.

전달(傳達) 명 〔~하다|타동사〕 传达 chuándá 转达 zhuǎndá 转交 zhuǎnjiāo 转递 zhuǎndì 전하여 이르게 함. ¶명령을 ~하다. 传达命令。chuándámìnglìng.

전담(全擔) 명 〔~하다|타동사〕 全部负责 quánbùfùzé 어떤 일의 전부를 담당함. ¶비용을 혼자서 ~하다. 所有费用自己一个人全部负责。suǒyǒufèiyòngzìjǐyígè rénquánbùfùzé.

전담(專擔) 명 〔~하다|타동사〕 专务 zhuānwù 承担 chéngdān 전문적으로 담당함. 혼자서 담당함. 전당(专当). ¶혼자서 가사를 ~하다. 自己承担家务。zìjǐ chéngdānjiāwù.

전답(田畓) 명 水田 shuǐtián 논과 밭=전토.

전대(轉貸) 명 〔~하다|타동사〕 ① 转租 zhuǎnzū 꾸어 온 것을 다시 남에게 꾸어 줌. ② 转借 zhuǎnjiè 남을 거쳐서 꾸어 줌↔전차(转借).

전대미문(前代未聞) 명 前所未闻 qián suǒwèiwén 未曾有 wèicéngyǒu 이제까지 들은 적이 없음. 전고미문. ¶~의 엽기 사건. 前所未有的猎奇事件。qiánsuǒwèi yǒudelièqíshìjiàn.

전대차(轉貸借) 명 〔~하다|타동사〕 转贷 zhuǎndài. 임차인(赁借人)이 임대인(赁贷人)으로부터 빌려 온 물건을 제삼자인 전차인(转借人)에게 다시 빌려 줌.

전도(傳道) 명 〔~하다|타동사〕 ① 传道 chuándào 도리를 세상에 널리 알림. ② 传教 chuánjiào 주로 기독교에서, 그 교

리를 펴서 신앙이 없는 사람에게 신앙을 갖게 하는 일.

전도(傳導) 명 〔~하다|타동사〕 导电 dǎodiàn 〈물〉 열・전기가 물체의 한 부분에서 점차 다른 곳으로 옮김.

전도금(前鍍金) 명 ① 提前支付的钱 tíqiánzhīfùdeqián. ② 定钱 dìngqián 〈경〉 매매・위탁・청부 등의 계약을 이행하기 전에 주는 대금이나 교부금. 선급금(先给金).

전도사(傳導士) 명 传教士 chuánjiàoshì 〈기〉 교직의 하나. 전도의 임무를 맡은 사람.

전동(轉動) 명 〔~하다|자동사〕 转动 zhuàndòng 굴러서 움직임. 굴려서 움직임.

전락(轉落)[절−] 명 〔~하다|자동사〕 ① 滚落 gǔnluò 굴러 떨어짐. 전추(颠坠). ② 沦落 lúnluò 나쁜 상태나 처지에 빠짐. ¶창부(娼妇)로 ~하다. 沦落成于娼妇。lúnluòchéngchāngfù.

전란(戰亂)[절−] 명 战乱 zhànluàn 战祸 zhànhuò 전쟁으로 인한 난리. ¶~에 시달리다. 遭受战祸。zāoshòuzhànhuò.

전래(傳來)[절−] 명 〔~하다|자동사〕 ① 传下来 chuánxiàlái 전해 내려옴. ¶조상(祖上) ~의 보물. 祖上传下来的宝物。zǔshàngchuánxiàlái debǎowù. ② 传来 chuánlái 외국에서 전해 들어옴. ¶불교의 ~. 佛教的传来。fójiàodechuánlái。

전례(前例)[절−] 명 先例 xiānlì 이전부터 있던 사례. ¶~ 없는 호황. 前所未有的好况。qiánsuǒwèiyǒudehǎokuàng.

전말(顚末) 명 始末 shǐmò 原委 yuánwěi 일의 시초부터 끝까지의 양상. ¶사건의 ~을 진술하다. 陈述事件的始末。chénshù shìjiàndeshǐmò.

전말서(顚末書)[−써] 명 悔过书 huǐguò shū 시말서(始末书).

전망대(展望臺) 명 瞭望台 liàowàngtái 멀리 바라볼 수 있도록 높이 만든 대.

전멸(全滅) 명 〔~하다|자동사〕 全灭 quánmiè 覆灭 fùmiè 覆没 fùmò 죄다 멸망함. 다 죽음. 모두 패함. ¶적군을 ~시키다. 全灭敌军。quánmièdíjūn.

전모(全貌) 명 整个情况 zhěnggèqíng kuàng 전체의 모양. 전용. ¶사건의 ~. 事件的全貌。shìjiàndequánmào.

전몰(戰歿) 명 〔~하다|자동사〕 覆灭 fù miè 阵亡 zhènwáng 战殁 zànmò 전장에서 싸우다가 죽음=전사(战死).

전무식(全無識) 명 〔~하다|형용사〕 文盲 wénmáng 目不识丁 mùbùshídīng 아주 무식함. 또는 그런 사람=일자무식.

전무이사(專務理事) 명 专务 zhuānwù 이사의 하나. 사장을 보좌하며 법인의 업무를 주장함. §전무.

전무후무(前無後無) 명 〔~하다|형용사〕 空前绝后 kōngqiánjuéhòu 전에도 없었고 앞으로도 없음. ¶~한 대사건. 空前绝后的

事件。kōngqiánjuéhòudeshìjiàn.

전문(前文) 명 ① 序言 xùyán 앞에 쓴 글. ② 绪言 xùyán 법령의 목적이나 제정 취지 등을 밝히는 머리 부분의 글. ¶헌법 ~. 宪法绪言。xiànfǎxùyán.

전반전(前半戰) 명 上半场 shàngbàn chǎng 운동 경기에서, 전반의 싸움.

전방(廛房)[ㅡ빵] 명 店铺 diànpù 가게.

전번(前番)[ㅡ뻔] 명 上一次 shàngyícì 上回 shànghuí 지난번.

전분(澱粉) 명 淀粉 diànfěn 〈화〉 녹말.

전사(戰士) 명 ① 列兵 lièbīng 战士 zhànshì 싸움을 하는 병사. ② 战斗员 zhàndòuyuán 작업 현장에서 땀흘려 일하는 사람.

전사(轉寫) 명 〔~하다|타동사〕 ① 抄写 chāoxiě 옮기어 베낌. ② 临摹 línmó 〈인〉 전사지에 그린 잉크 화상을 평판 판재면에 옮기는 일.

전서(全書) 명 ① 全书 quánshū 어떤 사람의 저작·학설을 모아 한 질로 만든 책. ② 全集 quánjí 어떤 종류의 것을 망라한 문서.

전선(前線) 명 ① 前方 qiánfāng 전쟁터에서 적과 상대하는 맨 앞 지역을 연결한 선. ¶~에서 싸우는 용사. 前方战斗的勇士。 qiánfāngzhàndòudeyǒngshì. ② 第一线 dìyīxiàn 직접 뛰어든 일정한 활동 분야. ¶산업 ~. 产业第一线。chǎnyèdì yīxiàn. ③ 锋 fēng 〈기상〉 성질이 다른 두 기단(气团)의 경계면이 지표(地表)와 만나는 선. 불연속선(不连续线). ¶장마 ~. 洪水高峰。hóngshuǐgāofēng.

전선주(電線柱) 명 电线杆 diànxiàngān 전주(电柱).

전성(轉成) 명 〔~하다|자동사〕 ① 转成 zhuǎnchéng 바뀌어 다른 것이 됨. ② 词类转化 cílèizhuǎnhuà '품사 전성'의 준말.

전세(專貰) 명 固定出租房屋 gùdìngchū zūfángwū 약정한 기간 그 사람에게만 빌려 주고 타인의 사용을 금지하는 일. 대절(贷切). ¶~ 버스. 全包巴士。quánbāo bāshì.

전속가수(專屬歌手) 명 特约歌手 tèyuēgē shǒu 오직 한 곳에만 속하는 가수.

전손(全損) 명 ① 全部损失 quánbùsǔn shī 죄다 없어진 손실. ② 不能获得保险金 bùnénghuòdébǎoxiǎnjīn 해상 보험에서, 피보험물이 온통 없어진 손실↔분손(分损).

전송(餞送) 명 〔~하다|타동사〕 饯行 jiànxíng 送行 sòngxíng 전별하여 보냄. ¶역까지 나가 입대하는 친구를 ~하다. 到车站送行参军的朋友。dàochēzhànsòng xíngcānjūndepéngyǒu.

전송(轉送) 명 〔~하다|타동사〕 托人转交 tuōrénzhuǎnjiāo 간접적으로 남의 손을 거쳐 물건을 보냄. ¶우편물을 이사간 곳으로 ~하다. 把邮包托人转交到搬迁地方。bǎyóubāotuōrénzhuǎnjiāodàobānqiāndì fāng.

전신(電信) 명 电讯 diànxùn 电报 diàn bào 전류·전파를 써서 두 지점 사이에 행하는 통신.

전액(全額) 명 全数全额 quánshùquáné 액수의 전부. ¶~ 배상. 赔偿全额。péi chángquáné.

전역(轉役) 명 〔~하다|자동사〕 转业 zhuǎnyè 退伍 tuìwǔ 〈군〉 현재 근무하는 역종에서 다른 역종으로 바뀜 ≪흔히 현역에서 예비역으로 편입되는 경우≫. ¶ 예비역으로 ~하다. 转业到预备役。zhuǎn yèdàoyùbèiyì.

전역(戰域) 명 战争地域 zhànzhēngdìyù 전투가 벌어진 지역.

전연(全然) 부 完全 wánquán 전혀. ¶~ 모르는 사람. 完全不认识的人。wánquán búrènshiderén.

전원도시(田園都市) 명 田园城市 tián yuánchéngshì 도시 생활의 편익과 전원 생활의 정취(情趣)를 갖추어 도시 근교에 건설한 이상적인 도시.

전위(前衛) 명 ① 前卫 qiánwèi 전방의 호위(护卫). ② 前卫队 qiānwèiduì '전위대'의 준말. ③ 前锋 qiánfēng 테니스·배구 등에서, 자기 진의 전방에 위치하여 주로 공격을 하는 선수. ④ 先进 xiānjìn 사회 운동이나 예술 운동에서 가장 선구적인 사람이나 집단.

전율(戰慄) 명 〔~하다|자동사〕 发抖 fā dǒu 무섭거나 두려워 몸이 벌벌 떨림.

전인(全人) 명 完人 wánrén 全人 quán rén 지(知)·정(情)·의(意)가 완전히 조화된 원만한 인격자.

전임(前任) 명 前职 qiánzhí 前任 qián rèn 전에 맡았던 일 또는 그 일을 맡았던 사람↔후임(後任).

전임강사(專任講師) 명 专职讲师 zhuān zhíjiǎnshī 그 학교에 전임으로 있는 강사. ※시간 강사.

전입(轉入) 명 〔~하다|자동사〕 ① 转学 zhuǎnxué 전학하여 입학함. ¶새로 ~한 학생을 소개하다. 介绍新转学来的学生。jiè shàoxīnzhuǎndexuéláixuéshēng. ② 转籍 zhuǎnjí 다른 거주지에서 옮기어 들어옴↔전출.

전자기(電磁氣) 명 电磁 diàncí 〈물〉 전류에서 생기는 자기. 전자(电磁).

전작(田作) 명 ① 种旱地 zhònghàndì 밭농사. ② 旱田作物 hàntiánzuòwù 밭에서 나는 곡식.

전장(全張) 명 整张 zhěngzhāng 종이 따위의 온 장.

전재(戰災) 명 战祸 zhànhuò 전쟁으로 입은 재해. ¶~ 복구. 战后恢复。zhànhòu huīfù.

전적(全的)[―쩍] 관명 完全 wánquán 全部 quánbù 전체에 걸친(것). ¶그것은 ~으로 네 잘못이다. 那完全是我的错。nà wánquánshìwǒdecuò.

전적(戰迹) 명 战迹 zhànjì 战争痕迹 zhànzhēnghénjì 전쟁의 자취. 싸움한 자취.

전전(轉轉) 명 [~하다|자동사·타동사] 流离 liúlí 辗转 zhǎnzhuǎn 이리저리 돌아다님. ¶여러 곳을 ~하다가 5년 전부터 이곳에 정착하게 되었다. 辗转好多地方之后5年前开始在这里定居了。zhǎnzhuǎn lehǎoduōdìfāngzhīhòuwǔniánqián kāishǐzàizhèlǐdìngjūle.

전전(前前) 명 관 很久以前 hěnjiǔyǐqián 오래전. 이전의 이전. ¶~ 주소. 很久以前的地址。hěnjiǔyǐqiándedìzhǐ.

전전년(前前年) 명 大前年 dàqiánnián 그러께. 지지난해.

전전번(前前番)[-뻔] 명 上上回 shàng shànghuí 上上次 shàngshàngcì 지지난번.

전정(剪定) 명 [~하다|타동사] 剪纸 jiǎnzhǐ 과수의 생육과 결실을 균일히 하고 미관상 고르게 하려고 가지의 일부를 자름. 가지치기.

전제(前提) 명 [~하다|타동사] ① 前提 qiántí 어떤 사물을 의논할 때 먼저 내세우는 기본되는 것. ② 依据 yījù 논리에서 추리를 할 때, 결론의 기초가 되는 판단.

전조(前兆) 명 预兆 yùzhào 미리 나타나 보이는 조짐. ¶진작부터 실패의 ~가 보였다. 一开始就有了失败的预兆。yìkāishǐ jiùyǒuleshībàideyùzhào.

전조등(前照燈) 명 前灯 qiándēng 헤드라이트.

전주(電柱) 명 电线杆 diànxiàngān 전선을 늘여 매기 위하여 세운 기둥=전신주. 전봇대.

전지(全紙) 명 ① 整面 zhěngmiàn 신문 따위의 한 면 전체. ② 整张纸 zhěng zhāngzhǐ 자르지 않은 온 장의 종이. ③ 整个报纸 zhěnggèbàozhǐ 모든 신문.

전지(電池) 명 电池 diànchí 手电筒 shǒu diàntǒng 화학적인 반응에 의해 전류를 일으키는 장치. ¶시계에 ~를 새것으로 갈다. 给钟表换了电池。gěizhōngbiǎo huànlediànchí.

전차(前借) 명 [~하다|타동사] 预借 yù jiè 어떤 조건 아래 갚기로 하고 앞당겨 빚을 씀.

전철(電鐵) 명 地铁 dìtiě 电气铁路 diànqì tiělù '전기 철도(电气铁道)'의 준말. ¶고속 ~. 高速铁路。gāosùtiělù.

전철기(前撤機) 명 板闸 bǎnzhá 철도 선로의 분기점에 붙여 차량을 딴 선로로 옮기는 장치=스위치(switch). 포인트(point).

전출(轉出) 명 [~하다|자동사] ① 迁出 qiānchū 딴 곳으로 이주하여 감. ¶~ 신고를 하다. 申请迁移。shēnqǐngqiānyí. ② 调动 diàodòng 다른 근무지로 옮겨 감. ¶전방으로 ~되다. 调到前方。diào dàoqiánfāng ↔ 전입.

전치(全治) 명 [~하다|타동사] 痊愈

quányù 병을 완전히 고침. ¶위장병이 ~ 되다. 痊愈 胃病。quányù wèibìng.

전파(電波) 명 电波 diànbō 电磁波 diàncí bō 〈물〉 전자기파 중 적외선 이상의 파장을 갖는 것. 주파수 103헤르츠 내외로부터 1012헤르츠 내외 사이의 전자기파 ≪장파 · 중파 · 단파 · 초단파 · 극초단파 · 밀리파(milli波) 등이 있음≫.

전파(傳播) 명 〔~하다|타동사〕 ① 传播 chuánbō 전하여 널리 퍼짐. 또는 퍼뜨림. 전포(传布). ② 〈물〉 파동이 매질(媒质) 속을 퍼져 가는 일.

전폐(全廢)[-폐/-페] 명 〔~하다|타동사〕 全废 quánfèi 全部废除 quánbùfèichú 아주 없애 버림. 전부 그만둠.

전폭(全幅) 명 ① 全幅 quánfú 온 나비. 온폭. ② 整个 zhěnggè 全体 quántǐ 일정한 범위의 전체. ¶그들의 요구를 ~ 수용하다. 全部接受他们的要求。quánbùjiē shòutāmendeyāoqiú.

전화위복(轉禍爲福) 명 〔~하다|자동사〕 因祸得福 yīnhuòdéfú 재화(灾祸)가 바뀌어 오히려 복(福)이 됨.

전환(轉換) 명 〔~하다|자동사 · 타동사〕 转换 zhuǎnhuàn 改变 gǎibiàn 다른 방향이나 상태로 바뀌거나 바꿈. ¶기분 ~을 하다. 转换气氛。zhuǎnhuànqìfēn.

전훈(戰勳) 명 战功 zhàngōng 전공(战功). ¶~을 세우다. 立战功。lìzhàngōng.

절(節) 명 ① 分句 fēnjù 〈언〉 주어와 술어를 갖추었으나, 독립하지 않고 다른 문장 한 성분으로 쓰이는 단위. 마디. ② 节 jié 〈물〉 '마디8'의 한자말↔복(腹). ③ 气节 qìjié '절개(节概)'의 준말. ④ 章节 zhāngjié 예산 편성상 최하의 구분의 명목 ≪목(目)의 다음으로, 현재는 잘 쓰이지 않음≫. ⑤ 段 duàn 시가 · 문장 · 음곡 중의 작은 단락(段落). ¶애국가의 1 ~. 国歌第一段。guógēdìyīduàn.

절감(切感) 명 〔~하다|타동사〕 痛感 tònggǎn 절실히 느낌. 통감(痛感). ¶인간의 한계를 ~하다. 痛感人自身力量 的局界限。tònggǎnrénzìshēnlìliángdejuèxiàn.

절개(節槪) 명 气节 qìjié 节操 jiécāo 情操 qíngcāo 절의와 기개. 신념 · 신의를 굽히지 않고 지키는 굳건한 마음이나 태도. ¶~를 지키다. 守节。shǒujié. §절(节).

절규(絶叫) 명 〔~하다|자동사 · 타동사〕 恳切而焦急地呼喊 kěnqièérjiāojídehūhǎn 힘을 다해 애타게 부르짖음. ¶자유 아니면 죽음을 달라고 ~하다. 呼喊要么给自由, 要么给死亡。hūhǎnyàomegěizìyóu, yàomegěisǐwáng.

절기(節氣) 명 ① 节气 jiéqì 한 해를 스물넷으로 나눈 계절의 구분. 시령(时令). ② 季节 jìjié 이십사절기 가운데 매월 양력 상순에 드는 것. '입춘' · '경칩' · '청명' 따위.

절대량(絶對量)[-때-] 명 ① 绝对量 juéduìliàng 어떤 일이 있어도 꼭 필요한

양. ¶식량의 ~. 粮食的绝对量。liángshi dejuéduìliàng. ② 本来量 běnláiliàng 더하거나 덜거나 하지 않은 본디의 양. ¶수입의 ~. 收入的本来量。shōurùdeběnlái liàng.

절도(節度)[—또] 명 适度 shìdù 일이나 행동을 똑똑 끊어 맺는 마디. ¶~ 있는 태도. 适当的态度。shìdàngdetàidù.

절도(竊盜)[—또] 명 〔~하다|타동사〕 盗窃 dàoqiè 남의 재물을 훔침. 또는 그 사람. ¶상습 ~로 구속되다. 逮捕惯盗犯。dàibǔguàndàofàn.

절망(切望) 명 〔~하다|타동사〕 渴望 kěwàng 간절히 바람.

절명(絶命) 명 〔~하다|자동사〕 断气 duànqì 목숨이 끊어짐. 죽음.

절묘(絶妙) 형 〔여 불규칙〕 绝妙 juémiào 绝色 juésè 더할 수 없이 교묘하다. ¶~하게 생긴 기암괴석들. 绝妙无比的奇石。juémiàowúbǐdeqíshí.

절박(切迫)[—바카—] 형 〔여 불규칙〕 ① 迫切 pòqiè 매우 가까이 닥치다. ¶시간이 ~. 时间迫切。shíjiānpòqiè. ② 迫在眉睫 pòzàiméijié 다급하여 여유가 없이 되다. ¶사태가 ~. 时态迫在眉睫。shítài pòzàiméijié.

절반(折半) 명 〔~하다|타동사〕 一半 yíbàn 하나를 반으로 가름. 또는 그 반. ¶~으로 꺾다. 折一半。zhéyíbàn.

절벽(絶壁) 명 ① 绝壁 juébì 悬崖 xuányá 바위가 깎아 세운 것처럼 솟아 있는 험한 낭떠러지. ¶~에 핀 백합. 悬崖上开的百合花。xuányáshàngkāidebǎihéhuā. ② 聋 lóng 아주 귀가 먹었거나 또는 사리에 어두운 사람의 비칭. 절벽강산. ¶귀가 ~이다. 耳聋。ěrlóng.

절세(絶世)[—쎄] 명 〔~하다|형용사〕 举世无双 jǔshìwúshuāng 卓绝 zhuójué 세상에 비길 데가 없을 만큼 뛰어남. 절대(绝代). ¶~의 미인. 绝世美人。juéshì měirén.

절승(絶勝)[—씅] 명 绝妙胜景 juémiào shèngjǐng 썩 뛰어나게 좋은 경치. ¶해금강은 동해의 ~이다. 海金刚是东海的绝景。hǎijīngāngshìdōnghǎidejuéjǐng.

절실(切實)[—씰—] 형 〔여 불규칙〕 ① 切实 qièshí 실제에 꼭 들어맞다. ¶~한 표현. 切实的表现。qièshídebiǎoxiàn. ② 迫切 pòqiè 아주 긴요하고 다급하다. ¶매우 절실한 요청이오니 들어주시기 바랍니다. 迫切邀请, 望您许可。pòqièyāoqǐng, wànnínxǔkě.

절전(節電)[—쩐] 명 〔~하다|자동사〕 省电 shěngdiàn 전기를 아껴 씀.

절절(切切) 형 〔여 불규칙〕 殷切 yīnqiè 热切 rèqiè 매우 간절하다. ¶~한 염원이 이루어지다. 实现了热切的愿望。shíxiànle rèqièdeyuànwàng.

절정(絶頂)[—쩡] 명 ① 顶峰 dǐngfēng 산의 맨 꼭대기. ¶~에 서다. 站在顶峰。

zhànzàidǐngfēng. ② 最高位置 zuìgāowèizhì 사물의 진행이나 발전이 최고의 경지에 달한 상태. ¶인기 ~에 오르다. 达到人气的顶峰。 dádàorénqìdedǐngfēng. ③ 最高潮 zuìgāocháo 극이나 소설 등에서, 사건의 발전이 가장 긴장된 단계. 클라이맥스.

절차(節次) 명 次序 cìxù 顺序 shùnxù 步骤 bùzhòu 手续 shǒuxù 程序 chéngxù 일의 순서나 방법. 수속. ¶~를 밟다. 照程序。 zhàochéngxù.

절찬(絶贊) 명 〔~하다|타동사〕 叫绝 jiàojué 赞叹 zàntàn 지극히 칭찬함. 또는 그런 칭찬.

절충(折衝) 명 〔~하다|타동사〕 交涉 jiāoshè 接洽 jiēqià 磋商 cuōshāng 적의 창끝을 꺾어 막는다는 뜻에서, 외교(外交), 기타의 교섭(交涉)에서 담판(谈判)하거나 흥정하는 일.

절치부심(切齒腐心) 명 〔~하다|자동사〕 切齿腐心 qièchǐfǔxīn 切齿痛心 qièchǐtòngxīn 몹시 분하여 이를 갈고 속을 썩임. ¶~의 한을 품다. 怀着切齿痛心的恨。 huáizheqièchǐtòngxīndehèn.

절친(切親) 형 〔여 불규칙〕 亲密无间 qīnmìwújiàn 아주 친하다. ¶~한 친구. 亲密无间的朋友。 qīnmìwújiàndepéngyǒu.

절통(切痛) 명 〔~하다|형용사〕 〔~히|부사〕 痛恨 tònghèn 心痛欲绝 xīntòngyùjué 心痛欲裂 xīntòngyùliè 뼈에 사무치도록 원통함. ¶기가 막히고 ~한 노릇이다. 心痛欲裂的事情。 xīntòngyùlièdeshìqíng.

절품(切品) 명 〔~하다|자동사〕 脱销 tuōxiāo 无货供应 wúhuògōngìng 물건이 다 팔려 없음. ¶날씨가 추워지자 난방 기구가 ~되었다. 因为天气冷, 取暖电器脱销。 yīnwéitiānqìlěng, qǔnuǎndiànqìtuōxiāo.

절필(絶筆) 명 〔~하다|자동사〕 ① 搁笔 gēbǐ 죽기 전에 마지막 쓴 필적. ¶고인의 ~. 故人的搁笔。 gùréndegēbǐ. ② 绝笔 juébǐ 붓을 놓고 다시는 글을 안 씀. ¶~을 선언하다. 宣布绝笔。 xuānbùjuébǐ.

절하(切下) 명 〔~하다|타동사〕 贬值 biǎnzhí 降低 jiàngdī 물가 수준이나 화폐 가치의 수준을 낮게 함. ¶원화(货)의 평가~. 货币贬值。 huòbìbiǎnzhí ↔ 절상.

점(占) 명 卦 guà 팔괘·오행·육효 기타의 방법으로 길흉·화복을 미리 판단하는 일. ¶~을 보다. 算卦。 suànguà.

점검(點檢) 명 〔~하다|타동사〕 捡查 jiǎnchá 点检 diǎnjiǎn 낱낱이 검사함. 또는 그 검사. ¶기계를 하나하나 ~하다. 检查每台机器。 jiǎncháměitáijīqì.

점두거래(點頭去來) 명 柜台直接交易 guìtáizhíjiējiāoyì 点头交易 diǎntóujiāoyì 〈경〉 장외 거래.

점두매매(點頭賣買) 명 柜台买卖 guìtáimǎimài 〈경〉 장외 거래.

점방(店房)[-빵] 명 铺子 pùzi 店铺 diàn pù 상점(商店) 또는 가게로 쓰는 방. ¶~을 차리다. 开了店铺。kāilediànpù.

점수(點數)[-쑤] 명 ① 点数 diǎnshù 끗수. ② 分数 fēnshù 성적을 나타내는 숫자. ¶높은 ~를 받다. 得了高分。délegāo fēn. ③ 数 shù 물건의 가짓수.

점심(點心) 명 午饭 wǔfàn 中餐 zhōng cān 낮에 끼니로 먹는 음식. ¶~을 거르다. 不吃午饭。bùchīwǔfàn.

점재(點在) 명 〔~하다|자동사〕 星星点点 xīngxīngdiǎndiǎn 여기저기 점점이 흩어져 있음. ¶섬들이 ~하는 남해의 절경. 岛屿星星点点的南海绝境。dǎoyǔxīngxīng diǎndiǎndenánhǎijuéjìng.

점증(漸增) 명 〔~하다|자동사〕 逐渐增长 zhújiànzēngzhǎng 점점 증가함. ¶인구가 ~하다. 逐渐增长 人口。zhújiàn zēngzhǎng rénkǒu.

점차(漸次) 부 逐渐 zhújiàn 渐渐 jiàn jiàn 차례를 따라 점점. ¶~ 회복되다. 逐渐恢复。zhújiànhuīfù.

점호(點呼) 명 〔~하다|타동사〕 한 사람 한 사람 이름을 불러 인원의 이상 유무를 파악함. ¶~ 시간을 알리다. 告诉点名时间。gàosùdiǎnmíngshíjiān.

접(接)[저파-] 자타 〔여 불규칙〕 ① 接 jiē 이어서 닿다. ¶한반도는 삼면이 바다에 접해 있다. 韩半岛三面三面环海。hán bàndǎosānmiànsānmiànhuánhǎi. ② 靠近 kàojìn 가까이하다. ¶그와는 ~할 기회가 없었다. 没有机会靠近她。méiyǒujī huìkàojìntā. ③ 接触 jiēchù 어떤 일에 부닥치다. ¶일대 난관에 ~. 接触大难关。jiēchùdànánguān. ④ 听到 tīngdào 소식·명령 등을 듣거나 받다. ¶합격 소식을 ~. 听到合格的消息。tīngdàohégéde xiāoxi. ⑤ 借鬼神 jièguǐshén 귀신을 받아들여 신통력을 가지다. ¶신을 접하여 무당이 되다. 借鬼神当巫婆。jièguǐshén dāngwūpó.

접경(接境) 명 〔~하다|자동사〕 ① 交界 jiāojiè 경계가 서로 접함. 두 지역이 서로 접한 경계. ② 边缘 biānyuán 접계.

접대(接待) 명 〔~하다|타동사〕 招待 zhāodài 接待 jiēdài 손님을 맞아 시중을 듦. ¶손님 ~를 하다. 招待客人。zhāodài kèrén.

접두사(接頭辭) 명 前缀 qiánzhuì 〈언〉 어떤 단어의 앞에 붙어 뜻을 첨가하여 하나의 다른 단어를 이루는 말 ≪'맨주먹·덧버선·새색시' 등에서 '맨-'·'덧-'·'새-' 따위≫.

접목(接木)[점-] 명 〔~하다|타동사〕 ① 接木 jiēmù 접붙이기 또는 접붙인 나무. ② 嫁接 jiàjiē 서로 다른 것들을 합쳐서 알맞게 조화시킴. ¶전통 문화에 외래 문화를 ~하다. 把外国文化嫁接于传统文化。bǎwàiguówénhuàjiàjiēyúchuántǒngwén huà.

접선(接線) 명 〔~하다|자동사〕 ① 交界点 jiāojièdiǎn 〈수〉 곡선의 한 점에 닿은 직선. ② 接头 줄을 댐. 비밀리에 만남. ¶간첩과 ~하다. 跟间谍接头。 gēnjiàndié jiētóu.

접수(接受) 명 〔~하다|타동사〕 接受 jiēshòu 挂号 guàhào 문서류를 처리하기 위해 받아들임. ¶신청서를 ~하다. 接受申请书。 jiēshòushēnqǐngshū.

접수처(接受處) 명 传事处 chuánshìchù 접수 사무를 맡아보는 곳. 접수소.

접신(接神) 명 〔~하다|자동사〕 着神 zháoshén 신령이 내려 지핌.

접의자(折椅子)[-의-/-이-] 명 折迭椅 zhédiéyǐ 접도록 된 의자.

접전(接戰) 명 〔~하다|자동사〕 ① 交战 jiāozhàn 서로 맞부딪쳐 싸움. 합전(合战). ¶두 팀 사이에 치열한 ~이 벌어지다. 两队展开激烈的交战。 liǎngduìzhǎnkāi jīlièdejiāozhàn. ② 激烈的交战 jīliède jiāozhàn 서로 힘이 비슷하여 승부가 쉽게 나지 아니하는 싸움. ¶팽팽한 ~을 벌이다. 展开激烈的交战。 zhǎnkāijīlièdejiāo zhàn.

접점(接點) 명 切点 qiēdiǎn 〈수〉 곡선 또는 곡면에 접선이 닿는 점. 절점.

접지(折紙) 명 〔~하다|자동사〕 ① 折迭起来的纸 zhédiéqǐláidezhǐ 종이를 접음. 또는 접은 종이. ② 折纸 zhézǐ 책을 꾸밀 때, 인쇄된 종이를 페이지 차례대로 접는 일. ¶종이가 순서대로 ~되다. 把纸按照顺序折起来。 bǎzhǐànzhàoshùnxùzhéqǐ lái.

접착(接着) 명 〔~하다|자동사〕 粘着 niánzhuó 끈기 있게 붙음. ¶몸체에 ~된 부품. 粘着主机的零件。 niánzhuózhǔjīde língjiàn.

정(情) 명 ① 心情 xīnqíng 사물에 느끼어 일어나는 마음의 작용. ② 爱情 àiqíng 사랑이나 친근감을 느끼는 마음. ¶부부간의 ~. 夫妻之情。 fūqīzhīqíng. ③ 情义 qíngyì 남을 염려하여 헤아리는 마음. ¶연민의 ~을 금할 수 없다. 禁不住怜悯之情。 jīnbúzhùliánmǐnzhīqíng. ④ 感情 gǎnqíng 〈심〉 마음을 이룬 두 요소 중의 하나. 이지적인 요소에 대해 극히 감동적인 요소.

정가(正價)[-까] 명 定价 dìngjià 价码 jiàmǎ 标价 biāojià 에누리 없는 값. 정당한 가격. ¶~를 매기다. 标价。 biāojià.

정각(正刻) 명 整点 zhèngdiǎn 바른 시각. 꼭 그 시각. ¶~ 한 시에 출발하다. 整点出发。 zhèngdiǎnchūfā.

정격(正格)[-껵] 명 正规 zhèngguī 바른 격식. 정당한 규격↔변격.

정견(政見) 명 政治见解 zhèngzhìjiànjiě 정치상의 의견이나 식견. ¶~ 발표를 하다. 发表政治见解。 fābiǎozhèngzhìjiànjiě.

정경(政經) 명 政治和经济 zhèngzhìhé jīngjì 정치와 경제. ¶~ 분리의 원칙. 政

治和经济分离的原则。zhèngzhìhéjīngjìfēnlídeyuánzé.

정골(整骨) 명 〔~하다|타동사〕 接骨 jiē gǔ 〈의〉 접골(接骨).

정과(正果) 명 蜜饯 mìjiàn 과실·생강·연근 또는 인삼·도라지 따위를 꿀에 조린 음식.

정교사(正教師) 명 正式教师 zhèngshì jiàoshī 교육부 장관이 수여하는 정교사 자격증을 가지고 정식 교사로서 복무하는 교사.

정구(庭球) 명 ① 网球 wǎngqiú 연식 정구의 일컬음. ¶~ 시합을 하다. 网球比赛。wǎngqiúbǐsài. ② 网球 wǎngqiú '테니스'의 전 용어.

정기(精氣) 명 ① 精神 jīngshén 精力 jīnglì 정신과 기력. ② 灵气 língqì 만물을 생성하는 원기. 생명의 원천이 되는 원기. 영기(灵气). ③ 精灵 jīnglíng 정령(精灵). ④ 精 jīng 사물의 순수한 기운. §정(精).

정기항공로(定期航空路)[-노] 명 定期航班 dìngqīhángbān 정기적으로 여객·화물 따위를 수송하는 항공로. ¶~를 개설하다. 开定期航班。kāidìngqīhángbān.

정녀(貞女) 명 ① 处女 chùnǚ 동정을 깨뜨리지 않은 여자. 숫처녀. ② 贞妇 zhēnfù 정부(贞妇). ③ 贞女 zhēnnǚ 원불교에서, 평생을 독신으로 이바지한 여자 출가 교도↔정남.

정년(停年) 명 退休年龄 공무원·기타 직원이 일정한 나이에 이르면 퇴직하도록 정해진 연령. ¶~에 달하다. 到了退休年龄。dàoletuìxiūniánlíng.

정념(情念) 명 情爱 qíngài 情思 qíngsī 감정에서 생기는 사념. 정사(情思). ¶끝없는 사랑의 ~. 无限的情思。wúxiàndeqíngsī.

정녕(丁寧)부 〔~하다|형용사〕 〔~히|부사〕 ① 真切 zhēnqiè 태도가 친절함. ② 真诚 zhēnchéng 충고하는 태도가 간곡하여 여러 번 되풀이함.

정담(鼎談) 명 三者会谈 sānzhěhuìtán 세 사람이 솥발같이 벌려 마주 앉아 하는 이야기.

정담(情談) 명 ① 真心话 zhēnxīnhuà 다정한 이야기. ¶~을 나누다. 说真心话。shuōzhēnxīnhuà. ② 情话 qínghuà 남녀가 애정을 주고받는 이야기.

정대(正大) 형 〔여 불규칙〕 正正当当 zhèngzhèngdāngdāng 바르고 옳아서 사사로움이 없다. ¶공명~. 光明正大。guāngmíngzhèngdà.

정도(正道) 명 正道 zhèngdào 正确的道理 zhèngquèdedàolǐ 올바른 길. 정당한 도리. ¶~를 벗어나다. 离开正道。líkāizhèngdào↔사도(邪道).

정돈(整頓) 명 〔~하다|타동사〕 整顿 zhěngdùn 整理 zhěnglǐ 收拾 shōushi 가지런히 하여 바로잡음. ¶~된 책상. 收拾

好的桌子。shōushihǎodezhuōzi.

정략(政略)[－냑] 명 政治谋略 zhèngzhì móulüè 정치상의 책략. 목적을 위한 방략. ¶~에 휘말리다. 卷入政治谋略。juǎn rùzhèngzhìmóulüè.

정량(定量)[－냥] 명 定量 dìngliàng 工作量 gōngzuòliàng 일정한 분량. ¶~에 미달되다. 未达到一定的量。wèidádàoyídìng deliàng.

정력적(精力的)[－녁－] 관명 热情充沛 rèqíngchōngpèi 精力充沛 jīnglìchōngpèi 기력·체력 등이 넘치는(것). ¶~인 활동가. 精力充沛的活动家。jīnglìchōngpèi dehuódòngjiā.

정련(精練)[－년] 명 〔~하다|타동사〕 ① 苦心训练 kǔxīnxùnliàn 잘 연습함. ② 精炼 jīngliàn 동식물 섬유 중의 잡물을 없애고 그 특성을 발휘시켜 표백 및 염색을 하는 준비 공정. ¶~ 공장. 炼油工厂。liànyóugōngchǎng.

정렬(整列)[－녈] 명 〔~하다|자동사·타동사〕 ① 排队 páiduì 가지런히 늘어섬. 또는 그렇게 늘어서게 함. ② 整列 zhěngliè 〈컴〉 파일에 편성된 데이터를 처리하기 쉽게 분류하고 순서에 따라 재배열하는 일. 소트(sort). 차례 짓기.

정례(定例)[－녜] 명 ① 惯例 guànlì 일정한 규례. 정해 놓은 사례(事例). ② 常规 chángguī 정기적으로 행해지는 일.

정론(正論)[－논] 명 正确的言论 zhèngquèdeyánlùn 바른 언론. 이치에 맞는 의견이나 주장. ¶~을 펴다. 发表正确的言论。fābiǎozhèngquèdeyánlùn.

정론(政論)[－논] 명 有关政治的言论 yǒuguānzhèngzhìdeyánlùn 정치상의 언론.

정류(定流)[－뉴] 명 顺流 shùnliú 방향이 일정한 수류(水流) 또는 전류(电流).

정류장(停留場)[－뉴－] 명 停车站 tíngchēzhàn 버스·택시 등이 사람이 타고 내리도록 잠시 머무는 일정한 장소. 정류소(所). ¶~에서 버스를 기다리다. 在停车站等巴士车。zàitíngchēzhànděngbāshìchē.

정리(整理)[－니] 명 〔~하다|타동사〕 整理 zhěnglǐ 整顿 zhěngdùn 收拾 shōushí 흐트러진 것을 가지런히 바로잡음. ¶책상을 ~하다. 收拾桌子。shōushízhuōzi.

정면(正面) 명 ① 正面 zhèngmiàn 꼭 마주 보이는 편. ¶~에 보이는 건물. 对面的建筑物。duìmiàndejiànzhùwù. ② 照面 zhàomiàn 직접 마주 대함. ¶~으로 반대하다. 当面反对。dāngmiànfǎnduì.

정면충돌(正面衝突) 명 〔~하다|자동사〕 ① 碰撞 pèngzhuàng 두 물체가 정면으로 부딪침. ¶트럭이 버스와 ~하다. 卡车和巴士相撞。kǎchēhébāshìxiāngzhuàng. ② 正面冲突 zhèngmiànchōngtū. 두 편의 의견이 맞부딪쳐 싸움. ¶여야가 ~하다. 执政党和在野党正面冲突。zhíizhèng dǎnghézàiyědāngzhèngmiànchōngtu.

정모(正帽) 명 制服帽子 zhìfúmàozi 정복에 갖추어 쓰는 모자↔약모 · 작업모.

정문일침(頂門一鍼) 명 当头一棒 dāngtóuyíbàng 정수리에 침을 놓는다는 뜻으로, 따끔한 충고를 이르는 말. ¶~의 한마디. 当头一棒的一句话。dāngtóuyíbàngdeyíjùhuà.

정미(精米) 명 〔~하다|타동사〕 ① 白米 báimǐ '정백미(精白米)'의 준말. ② 碾米 niǎnmǐ 기계 따위로 벼를 찧어 입쌀을 만듦.

정미소(精米所) 명 碾米房 niǎnmǐfáng 방앗간.

정밀(精密) 명 〔~하다|형용사〕〔~히|부사〕 精密 jīngmì 精致 jīngzhì 가늘고 촘촘함. 자세하고 치밀함. ¶~ 검사를 하다. 精密检查。jīngmìjiǎnchá.

정박(碇泊) 명 〔~하다|자동사 · 타동사〕 停泊 tíngbó 歇泊 xiēbó 배가 닻을 내리고 머무름. ¶화물선이 부두에 ~하다. 货船停泊在码头。huòchuántíngbózàimǎtóu.

정반대(正反對) 명 正相反 zhèngxiāngfǎn 전적으로 반대되는 일. ¶~ 방향으로 나가다. 走正相反的方向。zǒuzhèngxiāngdefǎnfāngxiàng.

정배(定配) 명 〔~하다|타동사〕 发配 fāpèi 流放 liúfàng 〈역〉 배소를 정하여 죄인을 유배시킴. ¶변방에 ~되다. 流放到边防。liúfàngdàobiānfáng.

정백(精白) 명 雪白 xuěbái 아주 깨끗한 흰빛.

정범(正犯) 명 主犯 zhǔfàn 〈법〉 형법상 범죄 행위를 실행한 사람. 주범↔종범.

정보(情報) 명 ① 情况 qíngkuàng 사정이나 정황에 관한 소식이나 자료. ¶교통~. 交通情况。jiāotōngqíngkuàng. ② 情报 qíngbào 〈군〉 전쟁 수행상 필요한 첩보를 수집하여 해석 · 평가 · 분석한 적의 상황 또는 그에 관한 보고. ¶전략 ~. 战略情报。zhànlüèqíngbào. ③ 信息 xìnxī 〈컴〉 여러 형태로 표시된 자료의 집단 또는 여러 가지 선택 상대들로부터 특별히 하나를 지시하는 기호들의 집합.

정복(正服) 명 ① 礼服 lǐfú 의식 때에 입는 정식의 복장. ② 制服 zhìfú 제복. ¶~ 경찰관. 穿警服的警察。chuānjǐngfúdejǐngchá↔사복(私服).

정본(正本) 명 ① 原本 yuánběn 문서의 원본. ② 底本 dǐběn 원본대로 작성된 원본과 동일한 효력을 갖는 문서↔부본.

정부(正否) 명 正确与否 zhèngquèyúfǒu 바름과 바르지 못함. 옳고 그름. ¶~를 가리다. 判断正确与否。pànduànzhèngquèyúfǒu.

정비(整備) 명 〔~하다|타동사〕 ① 整顿 zhěngdùn 정돈(整顿)하여 갖춤. ¶사업을 ~하다. 整顿事业。zhěngdùnshìyè. ② 维修 wéixiū 차량 · 비행기 등 기계의 이상 유무를 보살피고 고장난 부분을 수

리(修理)함. ¶잘 ~된 자동차. 维修好的车。wéixiūhǎodechē.

정사(正史) 명 ① 正史 zhèngshǐ 정확한 사실의 역사 또는 그 기록↔야사(野史). ② 以纪传体形式编写的历史 yǐjìzhuàntǐ xíngshìbiānxiědelìshǐ 기전체(纪传体)에 의한 중국 역대의 역사 또는 그 기록.

정사(政事) 명 ① 政事 zhèngshì 정치상의 일. 행정상의 사무. ¶~에 바쁜 몸. 繁忙于政事。fánmángyúzhèngshì. ② 官吏的任免事务 guānlìderènmiǎnshìwù 예전에, 벼슬아치의 임명과 해임에 관한 일.

정사(情事) 명 ① 风流韵事 fēngliúyùnshì 남녀 간의 사랑에 관한 일. ② 性交 xìngjiāo 남녀 사이의 육체적인 사랑의 행위.

정사영(正射影) 명 正投影 zhèngtóuyǐng 〈수〉 한 점에서 한 직선 또는 한 평면 위에 그은 수선의 발.

정산서(精算書) 명 对账单 duìzhàngdān 결산에 앞서서 손익 계산서가 작성될 때까지의 계산 과정을 한데 모아 나타낸 표.

정상회담(頂上會談) 명 首脑会谈 shǒunǎohuìtán 두 나라 이상의 원수가 모여 하는 회담.

정색(正色) 명 [~하다|자동사] ① 正经 zhèngjǐng 一本正经 yìběnzhèngjǐng 얼굴에 엄정(严正)한 빛을 나타냄. 또는 그 얼굴빛. ② 正色 zhèngsè 간색(间色)이 아닌 순정(纯正)의 색 ≪적·황·백·청·흑의 다섯 색≫.

정서(淨書) 명 [~하다|타동사] ① 工整地写 gōngzhěngdexiě 글씨를 깨끗이 씀. ② 工整地抄写 gōngzhěngdechāoxiě 초잡은 글을 다시 바르게 베낌=정사(净写). 청서(清书).

정서(情緖) 명 ① 情趣 qíngqù 情调 qíngdiào 어떤 사물 또는 경우에 부딪쳐 일어나는 온갖 감정·상념 또는 그러한 감정을 불러일으키는 기분·분위기. ¶~가 풍부하다. 情趣丰富。qíngqùfēngfù. ② 情感 qínggǎn 〈심〉 본능을 기초로 하여 일어나는 희로애락(喜怒哀乐) 등의 감정 또는 그때의 정신 상태.

정성(精誠) 명 赤诚 chìchéng 真诚 zhēnchéng 참되고 성실한 마음. ¶~ 어린 간호. 真诚的护理。zhēnchéngdehùlǐ.

정세(情勢) 명 形势 xíngshì 风头 fēngtóu 일이 되어 가는 사정과 형세. ¶국제 ~를 관망하다. 观望国际形势。guānwàngguójìxíngshì.

정수(定數) 명 ① 注定的命运 zhùdìngdemìngyùn 정해진 운수(运数). ② 定额 dìngé 일정한 수효나 수량. ③ 定数 dìngshù 〈수〉 '상수(常数)'의 구용어↔변수(变数).

정숙(貞淑) 명 [~하다|형용사] [~히|부사] 贤淑 xiánshū 여자의 행실이 곧고 마음씨가 맑음. ¶~한 아내. 贤淑的妻子。xiánshūdeqīzǐ.

정시(定時) 명 ① 定时 dìngshí 准时 zhǔnshí 일정한 시간. ② 定期 dìngqī 일정한 시기. ¶~에 출발하다. 准时出发。zhǔnshíchūfā.

정식(定食) 명 ① 份饭 fènfàn 식당 등에서 일정한 식단에 따라 차리는 음식. ② 定食 dìngshí 식당·여관 등에서 때를 정해 놓고 먹는 끼니때의 음식 또는 양식(洋式)의 만찬.

정신(精神) 명 ① 精神 jīngshén 神志 shénzhì 마음이나 영혼. ¶~ 상태가 양호하다. 精神状态良好。jīngshénzhuàng tàiliánghǎo ↔육체. ② 判断能力 pàn duànnénglì 记性 jìxìng 생각하고 판단하는 능력이나 작용. ¶~을 잃다. 失去记忆。shīqùjìyì. ③ 骨气 gǔqì 근본이 되는 이념이나 사상. ¶3·1 ~. 3·1精神。jīng shén. ④ 精神 jīngshén 〈철〉 우주의 근원을 이루는 비물질적인 실체.

정실(正室) 명 ① 正室 zhèngshì 原配 yuánpèi 본처(本妻). ② 正房 zhèngfáng 집의 몸채.

정실(正實) 명 ① 事实 shìshí 실제의 사실. ② 私情 sīqíng 사사로운 인정에 얽힌 사실 또는 그런 상태. ¶~에 얽매이다. 牵挂于私情。qiānguàyúsīqíng.

정액(精液) 명 ① 精液 jīngyè 〈생〉 웅성(雄性) 생식기에서 분비되는 액체. 음수(阴水). 정수(精水). ② 精jīng 정기(精气)가 모여 된 순수한 액체. §정(精).

정액(定額) 명 规定的钱数 guīdìngdeqián shù 일정한 액수.

정연(整然) 형 〔여 불규칙〕 整齐 zhěng qí 井然 jǐngrán 질서 있고 가지런하다. ¶질서가 ~. 秩序井然。zhìxùjǐngrán.

정육(精肉) 명 瘦肉 shòuròu 지방이나 뼈 따위를 발라낸 살코기.

정자(正字) 명 ① 楷书 kǎishū 똑똑하고 체가 바른 글자. ② 繁体字 fántǐzì 한자의 원글자↔속자·약자.

정점(頂點)[-쩜] 명 ① 顶点 dǐngdiǎn 맨 꼭대기의 점. ② 顶点 dǐngdiǎn 〈수〉 '꼭짓점'의 구용어. ③ 高潮 gāocháo 사물의 절정. 클라이맥스. ¶~에 이르다. 达到高潮。dádàogāocháo.

정정(訂正) 명 〔~하다|타동사〕 更正 gēngzhèng 修正 xiūzhèng 校正 jiào zhèng 글이나 글자 따위의 틀린 곳을 고쳐 바로잡음. ¶~된 부분을 알리다. 告诉修改部分。gàosùxiūgǎibùfen.

정정(亭亭) 형 〔여 불규칙〕 ① 亭亭 tíng tíng 나무 따위가 우뚝하게 높이 솟아 있다. ② 健壮 jiànzhuàng 노인이 강건하다. ¶~한 노인. 身体健壮的老人。shēntǐ jiànzhuàngdelǎorén.

정정당당(正正堂堂) 형 〔여 불규칙〕 堂堂正正 tángtángzhèngzhèng 태도나 수단이 공정하고 떳떳하다. ¶면전에서 ~하게 말하다. 堂堂正正地当面说。tángtáng zhèngzhèngdedāngmiànshuō.

정제(精製) 명 〔~하다|타동사〕 ① 精制 jīngzhì 정성을 들여 잘 만듦. ② 提炼 tíliàn 원료나 조제품(粗制品)을 가공하여 한층 더 순수한 것으로 만듦. ¶~된 소금. 精制盐。jīngzhìyán.

정족수(定足數) 명 最少定员 zuìshǎo dìngyuán 회의를 열 수 있는 최소의 정원(定员). ¶~에 미달하여 유회가 되다. 因为未达到最少定员数宣布休会。yīnwéiwèi dádàozuìshǎodìngyuánshùxuānbùxiūhuì.

정종(正宗) 명 韩国清酒 hánguóqīngjiǔ (일 正宗 zhèngzōng：まさむね；상표 이름에서 유래) 일본식으로 빚어 만든 청주(清酒)의 일컬음.

정주(定住) 명 〔~하다|자동사〕 定居 dìngjū 한 장소에 주거를 정함.

정중(鄭重) 형 〔여 불규칙〕 庄严 zhuāngyán 严肃 yánsù 庄重 zhuāngzhòng 점잖고 묵직하다. 친절하고 은근하다. ¶정중한 표현. 庄重的表现。zhuāngzhòngde biǎoxiàn.

정직(正直) 명 〔~하다|형용사〕 〔~히|부사〕 正直 zhèngzhí 老实 lǎoshi 거짓·허식이 없이 마음이 바르고 곧음.

정진(精進) 명 〔~하다|자동사〕 ① 专心致志 zhuānxīnzhìzhì 정력을 다하여 나아감. 열심히 노력함. ¶학업에 ~하다. 专心致志于学业。zhuānxīnzhìzhìyúxuéyè. ② 专心一致 zhuānxīnyízhì 몸을 깨끗이 하고 마음을 가다듬음.

정착(定着) 명 〔~하다|자동사〕 ① 定居 dìngjū 落户 luòhù 일정한 곳에 자리잡아 삶. ¶도시에 ~하여 살다. 定居于城市。dìngjūyúchéngshì. ② 固定 gùdìng 고착하여 쉬 떨어지지 않음. ③ 定影 dìngyǐng 定象 dìngxiàng 사진술에서, 현상한 필름·인화지가 다시 감광되지 않도록 할로겐화은을 감광막에서 제거하는 일.

정찰(正札) 명 标签 biāoqiān 价格标签 jiàgébiāoqiān 물건의 정당한 값을 적은 쪽지. ¶~ 가격을 붙이다. 贴价格标签。tiē jiàgébiāoqiān.

정채(精彩) 명 ① 精美的色彩 jīngměide sècǎi 아름답고 빛나는 색채. 정묘한 광채. ② 活泼气象 huópōqìxiàng 활발한 기상. 정신의 활기. ¶눈에 ~가 돌다. 眼睛精彩发光。yǎnjīngjīngcǎifāguāng.

정체(正體) 명 ① 原形 yuánxíng 참된 본디의 형체. ¶~가 드러나다. 暴露原形。bàolùyuánxíng. ② 真面目 zhēnmiànmù 본심의 모양.

정초(正初) 명 正月初 zhēngyuèchū 岁初 suìchū 정월의 초승. ¶해마다 ~에 계획을 세우다. 每年正月初, 定计划。měinián zhēngyuèchū, dìngjìhuà.

정취(情趣) 명 情味 qíngwèi 깊은 정서를 자아내는 흥취(兴趣). ¶예술적 ~에 흠뻑 젖어들다. 沉溺于艺术情趣。chénnì yúyìshùqíngqù.

정통(精通) 명 〔~하다|자동사〕 精通 jīngtōng 熟悉 shúxī 어떤 사물에 밝고 자세히 통함. ¶~한 소식통에 의하면. 据精通消息人说。jùjīngtōngxiāoxirénshuō.

정평(定評) 명 ① 定论 dìnglùn 세간에 퍼져 움직일 수 없게 된 평판. ② 群众好评 qúnzhònghǎopíng 일반에게 퍼진 좋은 평판. ¶~이 있다. 有群众好评。yǒu qúnzhònghǎopíng.

정학(停學) 명 〔~하다|타동사〕 停学处分 tíngxuéchǔfèn 교칙을 위반한 학생을 일시 등교정지시키는 학교의 처벌. ¶~처분을 당하다. 受到停学处分。shòudào tíngxuéchǔfèn.

정화(淨火) 명 圣火 shènghuǒ 신성한 불.

정화(正貨) 명 本币 běnbì 正币 zhèngbì 금화·은화와 같은 명목 가치와 소재(素材) 가치가 일치하는 본위 화폐.

제강(製鋼) 명 〔~하다|자동사〕 炼钢 liàngāng 시우쇠를 불려서 강철을 만듦, 또는 그 강철. ¶~ 공업을 육성하다. 建设炼钢工业。jiànshèliàngānggōngyè.

제거(除去) 명 〔~하다|타동사〕 清除 qīngchú 消除 xiāochú 덜어 없앰. ¶불순물이 ~되다. 消除不纯物。xiāochúbù chúnwù.

제관(祭官) 명 ① 祭官 jìguān 제사를 맡은 관원. ② 祭祀者 jìlǐzhě 제사에 참여하는 사람.

제구(祭具) 명 祭祀用具 jìlǐyòngpǐn 제사(祭祀)에 쓰는 여러 가지 기구.

제기(提起) 명 〔~하다|타동사〕 ① 提出 tíchū 의견을 붙여 의논할 것을 내놓음. ¶반론이 ~되다. 提出反论。tíchūfǎnlùn. ② 提起 tíqǐ 소송을 일으킴. ¶소송을 ~하다. 提起诉讼。tíqǐsùsòng.

제대(除隊) 명 〔~하다|자동사·타동사〕 退伍 tuìwǔ 复员 fùyuán 转业 zhuǎnyè 규정된 기한이 차거나 기타의 사정으로 현역에서 해제하는 일. ¶만기 ~. 满期复员。mǎnqīfùyuán ↔ 입대.

제동기(製動機) 명 制动器 zhìdòngqì 闸 zhá 〈공〉 브레이크(brake).

제련소(製煉所) 명 冶炼厂 yěliànchǎng 제련을 하는 곳.

제막식(除幕式) 명 揭幕式 jiēmùshì 揭幕典礼 jiēmùdiǎnlǐ 剪彩 jiǎncǎi 동상·기념비 따위를 완공하고 행하는 의식 《그것에 덮었던 흰 보를 걷어내고 공개함》. ¶~이 거행되다. 举行揭幕典礼。jǔxíngjiē mùdiǎnlǐ.

제물(祭物) 명 ① 供品 gòngpǐn 제사에 쓰는 음식. 제수(祭需). ¶~을 마련하다. 准备供品。zhǔnbèigòngpǐn. ② 牺牲物 xī shēngwù '희생물'의 비유. ¶~로 바치다. 作为牺牲物献给……。zuòwéixīshēngwù xiàngěi……

제반(諸般) 명 관 各种 gèzhǒng 모든 것. 여러 가지. ¶~ 사정으로 출마를 포기하다. 由于各种原因放弃竞选。yóuyúgèzhǒng yuányīnfàngqìjìngxuǎn.

제방(提防) 명 堤 dī 둑.

제복(祭服) 명 ① 祭服 jìfú 제향 때 입는 예복. ② 丧服 sāngfú '최복(衰服)'의 잘못.

제사(製絲) 명 [~하다|자동사] 纺丝 fǎngsī 고치나 솜으로 실을 만듦.

제설(諸說) 명 各种说法 gèzhǒngshuōfǎ 여러 사람이 주장하는 말 또는 그 학설. ¶~이 분분하다. 诸说纷纷。zhūshuōfēn fēn.

제소(提訴) 명 [~하다|타동사] 控诉 kòngsù 소송을 제기함. ¶당국에 ~하다. 向当局控诉。xiàngdāngjúkòngsù.

제수(祭需) 명 ① 祭祀用材料 jìsìyòng cáiliào 제사에 소용되는 여러 가지 음식이나 재료. ¶시장에 들러 ~를 장만하다. 在市场购买祭品。qùzàishìchǎnggòumǎijì pǐn. ② 祭品 jìpǐn 제물(祭物).

제수(弟嫂) 명 弟妇 dìfù 계수(季嫂)

제야(除夜) 명 除夕 chúxī 제석(除夕). ¶~의 종소리. 除夕钟声。chúxīzhōngshēng.

제어(製御) 명 [~하다|타동사] ① 遏制 èzhì 상대편을 억눌러 마음대로 다룸. ② 抑制 yìzhì 감정·충동·생각 따위를 막거나 누름. ¶~된 행동. 被抑制的行动。bèiyìzhìdexíngdòng. ③ 控制 kòngzhì 기계·설비 등을 적당한 상태로 움직이도록 조절함. ¶자동 ~장치. 自动控制装置。zìdòngkòngzhìzhuāngzhì.

제왕(帝王) 명 帝王 dìwáng 权威 quán wēi 황제와 국왕.

제일(第一) 명 第一 dìyī 여럿 가운데 첫째가는 것. ¶그래, 네가 ~이다. 你还是第一。nǐháishìdìyī. 부 最 zuì 가장. ¶~ 좋다. 最好。zuìhǎo. §젤.

제자(弟子) 명 弟子 dìzǐ 学生 xuéshēng 门客 ménkè 门人 ménrén 스승의 가르침을 받거나 받는 사람. ¶~로 삼다. 认弟子。rèndìzǐ.

제작(製作) 명 [~하다|타동사] ① 制造 zhìzào 재료를 가지고 물건을 만듦. ¶기계를 ~하다. 制造机器。zhìzàojīqì. ② 制作 zhìzuò 영화·방송 프로 등을 여러 사람이 협력해 만듦. 또는 그 경영면의 책임자. ¶음반을 ~하다. 制作音乐光盘。zhìzuòyīnyuèguāngpán.

제재(製裁) 명 [~하다|타동사] ① 责难 zé'nàn 국가가 법규를 위반한 사람에 대하여 처벌이나 금지 따위를 함. 또는 그 일. ② 制裁 zhìcái 도덕·관습 또는 규정의 위반에 대하여 제한하거나 금지함. 또는 그 조치. ¶법적 ~를 가하다. 实施法律制裁。shíshīfǎlǜzhìcái.

제적(除籍) 명 [~하다|타동사] 开除 kāichú 注销 zhùxiāo 호적·학적·당적 따위에서 빼어 버림. ¶~당한 불량 학생 被开除不良学生。 bèikāichúbùliángxué shēng.

제전(祭奠) 명 祭奠 jìdiàn 庆典 qìngdiǎn 의식을 갖춘 제사와 갖추지 않은 제사의 통칭.

제철(製鐵) 명 〔~하다|자동사〕 炼铁 liàntiě 철광을 제련하여 철, 주로 무쇠를 뽑음. ¶~ 공업. 炼铁工业。 liàntiě gōngyè.

제한(製限) 명 〔~하다|타동사〕 局限 júxiàn 한도를 정하거나 그 한도를 넘지 못하게 막음. 또는 그 정한 한계. ¶~ 속도를 지키다. 遵守规定速度。 zūnshǒuguīdìngsùdù.

제한(際限) 명 界限 jièxiàn 가장자리로 끝이 되는 부분.

제휴(提携) 명 〔~하다|자동사〕 携手 xiéshǒu 서로 붙들어 도와줌. ¶기술 ~. 技术协作。 jìshùxiézuò.

조갈(燥渴) 명 〔~하다|형용사〕 口渴 kǒukě 목이 마름. ¶~이 나다. 口渴。 kǒukě.

조건(條件)[-껀] 명 ① 条件 tiáojiàn 내놓는 요구나 견해. ② 必要条件 bìyàotiáojiàn 어떤 사물이 성립되거나 성립되지 못하게 하기 위하여 갖추어야 할 상태·요소. ¶결혼 ~. 结婚必要条。 jiéhūnbìyào tiáojiàn. ③ 假设 jiǎshè 〈법〉 법률 행위의 효력이 발생하느냐 소멸하느냐가 불확정한 장래의 사실에 의해서 제한되는 일.

조건부(條件附)[-껀-] 명 有条件 yǒu tiáojiàn 附加条件 fùjiātiáojiàn 무슨 일에 일정한 조건이 붙음. ¶~ 원조. 有条件的援助。 yǒutiáojiàndeyuánzhù.

조견표(早見表) 명 速查表 sùchábiǎo 한눈에 알아보기 쉽게 만든 표.

조경(造景) 명 〔~하다|타동사〕 美化 环境 měihuà huánjìng 경치를 아름답게 꾸밈. ¶~이 잘된 아파트 단지. 美化环境好的公寓。 měihuàhuánjìnghǎodegōngyù.

조급(躁急)[-그파-] 형 〔여 불규칙〕 着急 zháojí 急忙 jímáng 성질이 참을성이 없이 급하다.

조난(遭難) 명 〔~하다|자동사〕 遇难 yù nàn 재난을 만남. ¶~ 현장. 遇难现场。 yùnànxiànchǎng.

조달(調達) 명 〔~하다|자동사·타동사〕 ① 配给 pèijǐ 필요한 자금·물자 등을 대어 줌. ¶구호물자를 ~하다. 配给救护物资。 pèijǐjiùhùwùzī. ② 调和 tiáohé 조화되어 통합. ¶서로가 ~되다. 互相调和。 hù xiāngtiáohé.

조독(爪毒) 명 抓痕 zhuāhén 因指甲搔抓而引起的的炎症 yīnzhǐjiāsāozhuāěryǐngǐ dedeyánzhèng 〈한의〉 손톱에 긁힌 자리에 균이 들어가 생긴 염증.

조락(凋落) 명 〔~하다|자동사〕 ① 凋落 diāoluò 나뭇잎이 시들어 떨어짐. ¶~의 가을. 树叶凋落的秋天。 shùyèdiāoluòde qiūtiān. ② 消亡 xiāowáng 차차 쇠하여 보잘것없이 됨. ¶정치적으로 ~의 길로 들어서다. 走政治上的消亡之路。 zǒuzhèng zhìshàngdexiāowángzhīlù.

조력(助力) 명 〔~하다|자동사·타동사〕

帮助 bāngzhù 助手 zhùshǒu 힘을 써 도와 줌. 또는 그 힘. ¶~을 청하다. 要求帮助。yāoqiúbāngzhù.

조리(調理) 명 [~하다|타동사] ① 调养 tiáoyǎng 음식·거처·동작을 적당히 하여 쇠약해진 몸을 보살피며 병을 다스림. 조섭(调摄). ¶산후. ~产后调养。chǎnhòu tiáoyǎng. ② 料理 liàolǐ 음식을 잘 맞추어 요리함.

조립(組立) 명 [~하다|타동사] 装配 zhuāngpèi 组装 zǔzhuāng 组合 zǔhé 여러 부품을 하나의 구조물로 짜 맞춤. 또는 그런 것. ¶~ 제품. 组装制品。zǔzhuāng zhìpǐn.

조만간(早晩間) 부 早晚 zǎowǎn 迟早 chízǎo 앞으로 곧. 머지않아. ¶~ 그는 잡힐 것이다. 他迟早会被抓的。tāchízǎo huìbèizhuāde.

조면(繰綿) 명 [~하다|자동사] 扎棉 zhāmián 목화의 씨를 앗아 솜을 만듦. 또는 그 솜.

조묘(粗描) 명 [~하다|타동사] 粗略描写 cūlüèmiáoxiě 줄거리만 대강 묘사함.

조문(弔問) 명 [~하다|타동사] 吊唁 diàoyàn 상주(丧主)된 사람을 위문함. ¶~을 가다. 去吊唁。qùdiàoyàn.

조밀(稠密) 형 [여 불규칙] 稠密 chóumì 密密层层 mìmìcēngcēng 촘촘하고 빽빽하다. ¶인구가 ~한 도시. 人口稠密的城市。rénkǒuchóumìdechéngshì.

조상(祖上) 명 ① 祖宗 zǔzōng 돌아간 어버이 위로 대대의 어른. ¶~ 전래의 땅 祖宗传下来的地。zǔzōngchuánxiàláidedì ↔자손. ② 祖先 zǔxiān 자기 세대 이전의 모든 세대. ¶우리 ~이 남긴 글 속에 담긴 심오한 지혜. 祖先留下来的文章中隐藏着深奥的智慧。zǔxiānliúxiláidewénzhāng zhōngyǐncángzheshēn' àodezhì néng.

조생아(早生兒) 명 早产儿 zǎochǎnér 조산아(早产儿).

조서(調書) 명 记录调查内容的文件 jìlùdiàocháneìróngdewénjiàn 조사한 사실을 기록한 문서. ¶피의자 신문 ~. 审讯嫌疑犯的记录。shěnxùnxiányífàndejìlù.

조석(朝夕) 명 ① 朝夕 zhāoxī 아침과 저녁. ¶~으로 문안을 드리다. 朝夕问候。zhāoxīwènhòu. ② 早饭和晚饭 zǎofànhé wǎnfàn '조석반(朝夕饭)'의 준말. ¶~을 끓이기도 힘들다. 连做早饭和晚饭都累。liánzuòzǎofànhéwǎnfàndōulèi.

조성(造成) 명 [~하다|타동사] ① 建设 jiànshè 만들어서 이룸. ¶택지 ~. 建设住宅区。jiànshèzhùzháiqū. ② 营造 yíngzào 분위기나 정세 등을 생기게 함. ¶분위기를 ~하다. 营造气氛。yíngzàoqìfēn.

조수(助手) 명 助手 zhùshǒu 帮手 bāngshǒu 일의 보조를 하는 사람.

조수(潮水) 명 ① 潮水 cháoshuǐ 해와 달, 특히 달의 인력에 의해 일정한 시간을 두고 주기적으로 해면의 수준이 올라

갔다 내려갔다 하는 현상을 이루는 바닷물. 조석수. 미세기. ② 潮汐 cháoxī 아침에 밀려들었다가 나가는 바닷물↔석수(汐水).

조심(操心) 명 〔~하다|자동사·타동사〕〔~히|부사〕 小心 xiǎoxīn 当心 dāngxīn 注意 zhùyì 실수가 없도록 마음을 삼가서 경계함. ¶산불 ~. 小心山火。xiǎoxīnshān huǒ.

조악(粗惡)[-아카-] 형 〔여 불규칙〕 粗劣 cūliè 거칠고 나쁘다. ¶~한 제품. 粗劣制品。cūlièzhìpǐn.

조언(助言) 명 〔~하다|자동사·타동사〕 指教 zhǐjiào 忠言 zhōngyán 옆에서 말을 덧붙여 도움. 또는 그 말. ¶~을 받다. 倾听忠告。qīngtīngzhōnggào.

조업(操業) 명 〔~하다|자동사〕 做工 zuògōng 营业 yíngyè 投产 tóuchǎn 작업을 실시함.

조역(助役) 명 〔~하다|타동사〕 ① 助手 zhùshǒu 도와서 거들어 줌. ② 帮手 bāngshǒu '조역꾼'의 준말. ③ 助理站长 zhùlǐzhànzhǎng 지방 철도청 현업 기관에서 역장을 보좌하는 일 또는 역장이 유고시에 역무를 대행하는 사람.

조연(助演) 명 〔~하다|타동사〕 协助演出 xiézhùyǎnchū 副导演 fùdǎoyǎn 〈연〉 주연의 연기를 보조함. 또는 그 역(役)을 맡은 사람. ¶~을 맡다. 担任副导演。dān rènfùdǎoyǎn.

조영(造營) 명 〔~하다|타동사〕 建造 jiànzào 집 따위를 지음.

조율사(調律師)[-싸] 명 调音师 tiáo yīnshī 조율을 업으로 하는 사람. ¶피아노 ~. 钢琴调音师。gāngqíntiáoyīnshī.

조인(調印) 명 〔~하다|자동사〕 ① 签名 qiānmíng 약정서에 도장을 찍음. ② 签字 qiānzì 〈법〉 조약 당사국의 대표자가 조약의 공문서에 서명 날인하는 일 ≪조약 성립의 한 요건임≫. ¶협정이 ~되다. 签协议。qiānxiéyì.

조작(造作) 명 〔~하다|타동사〕 ① 造作 zàozuò 물건을 지어 만듦. ② 造假 zàojiǎ 진짜를 본떠서 가짜를 만듦. ¶장부를 ~하다. 作假账。zuòjiǎzhàng. ③ 篡改 chuàn(v)gǎi 사실인 듯이 꾸며 만듦. ¶~된 사실. 被篡改的事实。bèichuàn(v)gǎideshìshí.

조작(操作) 명 〔~하다|타동사〕 ① 操纵 cāozòng 기계·장치를 다루어 움직임. ¶컴퓨터를 ~하다. 电脑 操纵。diànnǎocāozòng. ② 操作 cāozuò 작업 등을 처리하여 행함.

조잡(粗雜)[-자파-] 형 〔여 불규칙〕 粗率 cūshuài 粗鲁 cūlǔ 粗糙 cūcāo 거칠고 잡스러워 품위가 없다. ¶~한 옷차림. 粗鲁的打扮。cūlǔdedǎbàn.

조장(助長) 명 〔~하다|타동사〕 滋长 zīzhǎng 바람직하지 않은 일을 부추김. ¶불신감을 ~시키다. 滋长不信任感。 zī zhǎngbúxìnrèngǎn.

조전(弔電) 명 唁电 yàndiàn 조상의 뜻을 나타내기 위하여 보내는 전보. ¶~을 치다. 发唁电。fāyàndiàn.

조절(調節) 명〔~하다|타동사〕调整 tiáozhěng 调节 tiáojié 사물을 정도에 맞추어 알맞게 만듦. ¶물가를 ~하다. 调整物价。tiáozhěngwùjià.

조정(調整) 명〔~하다|타동사〕调整 tiáozhěng 调节 tiáojié 기준이나 실정에 알맞게 정돈함. ¶라디오의 음량을 ~하다. 调节收音机音量。tiáojiéshōuyīnjīyīnliàng.

조정(調停) 명〔~하다|타동사〕调解 tiáojiě 圆场 yuánchǎng 仲裁 zhòngcái 분쟁을 중간에 서서 화해시킴. ¶분쟁을 ~하다. 调解纠纷。tiáojiějiūfēn.

조종(操縱) 명〔~하다|타동사〕① 驾驶 jiàshǐ 기계·항공기 따위를 다루어 부림. ¶비행기 ~. 驾驶飞机。jiàshǐfēijī. ② 操纵 cāozòng 남을 자기 마음대로 다루어 부림. ¶배후에서 ~하다. 背后操纵。bèihòucāozòng.

조종(祖宗) 명 ① 祖宗 zǔzōng 시조가 되는 조상. ② 鼻祖 bízǔ 임금의 조상.

조종(弔鍾) 명 ① 丧钟 sàngzhōng 죽은 사람을 애도하는 뜻으로 치는 종. ② 结束 jiéshù 일의 마지막을 뜻하는 말. ¶제국주의 시대의 ~이 울리다. 敲响帝国主义时代的丧钟。qiāoxiǎngdìguózhǔyìshídàidesàngzhōng.

조준(照准) 명〔~하다|타동사〕瞄准 miáozhǔn 발사하는 탄환이 목표에 명중하도록 총이나 화포의 방향과 사각(射角)을 겨냥하는 일. ¶정확히 목표를 ~하다. 准确瞄准目标。zhǔnquèmiáozhǔnmùbiāo.

조직(組織) 명〔~하다|타동사〕① 组织 zǔzhī 짜서 이룸. 얽어서 만듦. ② 社会组织 shèhuìzǔzhī 특정한 목적을 달성하기 위하여 여러 개체를 모아서 집합체를 이룸. 또는 그 집합체. ¶위원회가 ~되다. 组织委员会。zǔzhīwěiyuánhuì. ③ 细胞组织 xìbāozǔzhī 〈생〉 거의 모양과 크기가 같고 작용도 비슷한 세포의 집단. ¶신경~神经组织。shénjīngzǔzhī.

조짐(兆朕) 명 预兆 yùzhào 征兆 zhēngzhào 길흉이 생길 동기가 미리 드러나 뵈는 빌미. ¶심상찮은 ~이 보이다. 看见不祥之兆。kànjiànbùxiángzhīzhào. ※전조(前兆).

조차장(操車場) 명 编组站 biānzǔzhàn 调车场 diàochēchǎng 철도에서 열차를 편성 분리하는 곳.

조처(措處) 명〔~하다|타동사〕采取措施 cǎiqǔcuòshī 处理 chǔlǐ. ¶법적 ~를 취하다. 采取法律措施。cǎiqǔfǎlǜcuòshī.

조총(鳥銃) 명 ① 鸟枪 niǎoqiāng 새총. ② 火枪 huǒqiāng '화승총(火绳铳)'의 딴 이름.

조치(措置) 명 〔~하다|타동사〕 措施 cuòshī 문제나 사태를 해결하기 위해 필요한 대책을 세움. 또는 그 대책=조처(措处).

조타(操舵) 명 〔~하다|자동사〕 掌舵 zhǎngduò 키를 다루어 배를 조종함.

조타수(操舵手) 명 舵手 duòshǒu 키잡이. §타수(舵手).

조탄(粗炭) 명 藻煤 zǎoméi 흙이 많이 섞이고 충분히 탄화되지 않아, 열량이 떨어지는 핫길 석탄.

조탕(潮湯) 명 咸水洗澡 xiánshuǐxǐzǎo 咸水温泉 xiánshuǐwēnquán 바닷물을 데운 목욕물.

조합(組合) 명 〔~하다|타동사〕 ① 合作社 hézuòshè 민법상 두 사람 이상이 출자하여 공동 사업을 경영하는 계약 ≪단체성은 갖지만 법인격을 갖지 않는 것이 보통≫. ② 劳动组合 láodòngzǔhé 특별법상 각종 공동 목적의 수행을 위해 특정 자격이 있는 사람들에 의해 조직된 사단 법인의 하나. ¶협동~. 协动组合。xiédòngzǔhé. ③ 组合 zǔhé 〈수〉 몇 개 중에서 정한 수를 한 쌍으로 하여 뽑아서 모은 짝 ≪a・b・c 중 ab, bc, ca 따위≫. ④ 混合 hùnhé 여럿을 모아 합하여 한 덩어리가 되게 함.

조화(造化) 명 ① 造化 zàohuà 대자연이 만물을 생성하고, 또 멸망시키고 하는 이치. ¶~의 신. 造化之神。zàohuàzhī shén. ② 神通 shéntōng 사람의 힘으로 어찌할 수 없는, 신통하게 된 일 또는 일을 꾸미는 재간. ¶~를 부리다. 使神通。shǐshéntōng.

조회(照會) 명 〔~하다|타동사〕 询问 xúnwèn 查询 cháxún 사실을 확인하기 위하여 알아봄. ¶신원을 경찰에 ~하다. 要求警察查询身份。yāoqiújǐngchácháxún shēnfèn.

족보(族譜) 명 ① 家谱 jiāpǔ 한 가문의 계통과 혈통 관계를 기록한 책. 계보(系谱)책. ¶~에 오르다. 写在家谱上。xiězài jiāpǔshàng. ② 祖宗的经历和相互关系 zǔ zōngdejīnglìhéxiānghùguānxi 한 가문의 계통과 혈통 관계. ¶~를 따지다. 查看家谱。chákànjiāpǔ.

족불족간(足不足間) 명 不管够不够 bù guǎngòubúgòu 不管三七二十一 bùguǎn sānqīèrshíyī (주로 '족부족간에'의 꼴로 쓰여) 자라든지 모자라든지 관계없음. ¶~에 우선 셈이나 해 보자. 不管三七二十一, 先算一算。bùguǎnsānqīèrshíyī, xiān suànyísuàn.

족속(族屬) 명 ① 族类 lèizú 같은 문중의 겨레붙이. ② 一帮 yìbāng 같은 패거리에 속하는 사람들을 낮잡아 일컫는 말. ¶염치도 모르는 ~들. 不知廉耻的族类。bù zhīliánchǐdelèizú.

족쇄(足鎖) 명 〔~하다|타동사〕 ① 脚镣 jiǎoliào 〈역〉 죄인의 발에 채우던 쇠사

슬. ② 铁锁 tiěsuǒ 쇠사슬을 채움. ③ 镣铐 liàokào 자유를 구속하는 대상의 비유. ¶사회 활동의 ~가 되는 인습. 在社会活动中起镣铐作用的陋习。zàishèhuìhuódòngzhōngqǐliàokàozuòyòngdelòuxí.

족자(簇子) 명 字画 zìhuà 挂画 guàhuà 书画 shūhuà 글씨나 그림 등을 꾸며서 벽에 걸게 만든 두루마리 ≪떼어서는 말아 두게 되었음≫.

족탕(足湯) 명 牛蹄汤 niútítāng 쇠족과 사태를 넣어 끓인 국.

존대(尊待) 명 〔~하다|타동사〕 ① 尊敬 zūnjìng 높여 대접함. ② 尊敬阶 zūnjìng jiē 존경하는 말투로 대함. ¶선배에게 ~하여 말하다. 对前辈应说尊敬阶。duìqián bèiyīngshuōzūnjìngjiē.

존명(存命) 명 〔~하다|자동사〕 生存 shēngcún 목숨을 붙여 살아 있음.

존부(存否) 명 生存与否 shēngcúnyǔfǒu 존재함과 존재하지 않음.

존속(存續) 명 〔~하다|자동사〕 存持 cúnchí 持续 chíxù 존재하여 계속함. 계속 존재함. ¶~ 기간 持续期间。chíxùshí jiān.

존속(尊屬) 명 尊亲属 zūnqīnshǔ 尊族 zūnzú 〈법〉 부모 또는 그와 같은 항렬 이상의 혈족. ¶직계 ~. 直系亲属。zhíxì qīnshǔ ↔ 비속(卑屬).

존안(尊顔) 명 尊容 zūnróng 상대방의 얼굴의 존칭.

존엄(尊嚴) 명 〔~하다|형용사〕 〔~히|부사〕 ① 尊严 zūnyán 높고 엄숙함. ② 尊敬 zūnjìng 높아서 범할 수 없음.

존장(尊長) 명 长者 zhǎngzhě 친척이 아닌, 존대해야 할 나이 많은 어른.

존재(存在) 명 〔~하다|자동사〕 ① 存在 cúnzài 거기, 혹은 현실에 있음. 또는 있다고 생각되는 일 또는 그 대상. ¶상대방의 ~를 무시하다. 无视对方存在。wúshì duìfāngcúnzài. ② 伟人 wěirén 어떤 인간, 또는 작용을 갖는 능력을 지닌 인간. ¶위대한 ~. 伟人。wěirén. ③ 地位 dìwèi 독특성이나 가치・능력을 갖고 있음으로써 자립이 인정되는 일. ¶독립국으로서의 ~를 잃다. 丧失独立国家的地位。sàng shīdúlìguójiādedìwèi. ④ 客观存在 kè guāncúnzài 〈철〉 의식으로부터 독립하여 외계에 객관적으로 실재하는 일. ¶~와 허무. 存在和虚无。cúnzàihéxūwú.

존체(尊體) 명 贵体 guìtǐ 상대방의 몸을 높여 이르는 말. 귀체. ¶~ 만안하심을 비옵니다. 祝您贵体安康。 zhùnínguìtǐān kāng.

존함(尊銜) 명 尊姓大名 zūnxìngdàmíng 所尊敬的名字 suǒzūnjìngdemíngzi 상대방의 이름을 높여 이르는 말. ¶~은 익히 들어 알고 있습니다. 久闻大名。jiǔwéndà míng.

졸고(拙稿) 명 拙劣的稿子 zhwōuóliède gǎozi 拙作 zhwōzuò 자기 원고의 겸칭.

졸도(卒倒)[―또] 명 〔~하다|자동사〕 昏倒 hūndǎo 晕倒 yūndǎo 심한 충격·피로·일사병 등으로 갑자기 현기증을 일으키며 넘어짐. ¶심장 마비로 ~하다. 由于心脏病晕倒。yóuyúxīnzàngbìngyūndǎo.

졸문(拙文) 명 ① 拙作 zhwōzuò 졸렬하게 지은 글. ② 拙稿 zhwōgǎo 자기가 지은 글의 겸칭.

졸병(卒兵) 명 兵卒 bīngzú 小兵 xiǎobīng 지위가 낮은 병사. 병졸(兵卒).

졸부(猝富) 명 暴富 bàofù 爆发户 bàofāhù 벼락부자.

졸업(卒業) 명 〔~하다|타동사〕 ① 毕业 bìyè 규정된 교과 또는 교육 과정을 마침. ¶~ 앨범. 毕业相册。bìyèxiàngcè. ② 精通 jīngtōng 어떤 부문의 일에 정통함. ¶그 방면 일은 이미 ~하고 이골이 났다. 她已经精通于那方面的事。tāyǐjīngjīngtōngyúnàfāngmiàndeshì.

졸자(拙者)[―짜] 명 庸才 yōngcái 용렬한 사람. 인 对自己谦称 duìzìjǐqiānchēng 자기의 겸칭.

졸작(拙作)[―짝] 명 ① 拙劣的作品 zhuōlièdezuòpǐn 졸렬한 제작·작품. ② 拙著 zhwōzhù 자기 작품의 겸칭.

졸장부(拙丈夫)[―짱―] 명 庸才 yōngcái 没出息的人 méichūxiderén 도량이 좁고 졸렬한 사내. ¶에끼, 이 ~야↔대장부. 你这个没出息的人。nǐzhègèméichūxiderén.

졸저(拙著)[―쩌] 명 拙作 zhwōzuò 자기의 저작(著作)을 겸손하게 일컫는 말.

졸중(卒中)[―쭝] 명 中风 zhòngfēng 卒中 zúzhōng 〈한의〉 졸중풍.

졸중풍(卒中風)[―쭝―] 명 中风 zhòngfēng 〈한의〉 뇌혈관의 장애로 갑자기 의식을 잃고 쓰러지는 증상=뇌졸중.

졸지(猝地)[―찌] 명 忽然 hūrán 忽地 hūde (주로 '졸지에'의 꼴로 쓰여) 느닷없고 갑작스러운 판국. ¶불이 나서 ~에 알거지가 되다. 由于火灾忽地变成了穷光蛋。yóuyúhuǒzāihúdebiànchénglegióngguāngdàn.

졸지풍파(猝地風波)[―찌―] 명 晴天霹雳 qíngtiānpīlì 갑작스레 일어나는 풍파. 뜻밖의 어려움.

종가(宗家) 명 宗主 zōngzhǔ 宗家 zōngjiā 한 문중에서 맏이로만 이어 온 집안. 종갓집. 큰집.

종가(終價)[―까] 명 定盘价 dìngpánjià 收市价 shōushìjià 증권 시장에서, 일반적으로 그날의 최종 시세↔시가(始价).

종강(終講) 명 〔~하다|자동사·타동사〕 停课 tíngkè 结束讲课 jiéshùjiǎngkè 강의가 끝남. 강의를 끝마침. 또는 그 강의. ¶오늘로 ~이다. 到今天为止讲课结束了。dàojīntiānwéizhǐjiǎngkèjiéshùle↔개강.

종결(終決) 명 〔~하다|자동사〕 终决 zhōngjué 结束 jiéshù 结尾 jiéwěi 끝장이 남. 완전히 끝남.

종곡(種穀) 명 种子 zhǒngzi 씨를 받을 곡물. 씨곡.

종국(種曲) 명 酒曲 jiǔqū 酒饼 jiǔbǐng 酒媒 jiǔméi 종곡(种曲).

종군(從軍) 명 〔~하다|자동사〕 ① 从军 cóngjūn 군대를 따라 전지로 나감. ¶백의~. 白衣从军。bāiyīcóngjūn. ② 随军 suíjūn 전투 목적 이외의 일로 군대를 따라 같이 다님. ¶기자들의 ~ 활동. 随军记者的活动。suíjūnjìzhědehuódòng.

종기(腫氣) 명 脓疮 nóngchuāng 脓肿 nóngzhǒng 피부가 곪으면서 생기는 큰 부스럼. §종(肿).

종내(終乃) 부 终于 zhōngyú 到底 dàodǐ 끝끝내. 필경에. ¶~ 항복하고 말다. 终于投降了。zhōngyútóuxiángle.

종단(縱斷) 명 〔~하다|타동사〕 ① 纵断 zòngduàn 세로로 끊음. ② 纵贯 zòng guàn 남북의 방향으로 지나감. ¶~ 비행. 纵贯飞行。zòngguànfēixíng↔횡단.

종답(宗畓) 명 家门的水田 jiāméndeshuǐ tián 종중(宗中) 소유의 논.

종도(宗徒) 명 ① 教徒 jiàotú 〈종〉 신도(信徒). ② 使徒 shǐtú 〈기〉 사도(使徒).

종막(終幕) 명 ① 终幕 zhōngmù 연극 등의 끝막. ② 最后 zuìhòu 사건의 최후. ¶~을 고하다. 告最后。gàozuìhòu.

종말(終末) 명 最后 zuìhòu 下场 xià chǎng 끝판. ¶~이 다가오다. 到了最后。dàolezuìhòu.

종목(種目) 명 项目 xiàngmù 종류의 명목. ¶경기 ~. 比赛项目。bǐsàixiàngmù. ② 节目 jiémù 〈경〉 증권 시장에서, 매매 거래의 대상이 되는 유가 증권의 이름.

종발(鍾鉢) 명 小饭碗 xiǎofànwǎn 중발보다 작고 종지보다 나부죽한 그릇. ¶반찬 ~. 饭菜小碗。fàncàixiǎowǎn.

종산(宗山) 명 ① 祖山 zǔshān '종중산(宗中山)'의 준말. ② 宗门山 zōngmén shān '종주산(宗主山)'의 준말.

종선(縱線) 명 小节线 xiǎojiéxiàn 纵线 zòngxiàn 세로줄. 세로금. ¶~을 긋다. 划纵线。huàzòngxiàn↔횡선.

종시속(從時俗) 명 〔~하다|자동사〕 随俗 suísú 시속대로 좇음.

종씨(宗氏) 명 同宗 tóngzōng 같은 성으로서 촌수를 따질 정도가 못 되는 사람끼리 쓰는 호칭.

종업원(從業員) 명 职员 zhíyuán 어떤 업무에 종사하는 사람. ¶~에 대한 대우를 현실에 맞게 한다. 对职员应该给予合实际的待遇。duìzhíyuányīnggāigěiyǔfǔhé shíjìdedàiyù.

종연(終演) 명 〔~하다|자동사·타동사〕 终场 zhōngchǎng 연극 따위의 상연이 끝남. 또는 상연을 끝냄. ¶오후 8시 ~. 下午8 点终场。xiàwǔbādiǎnzhōngchǎng.

종용(慫慂) 명 〔~하다|타동사〕 劝 quàn 잘 설명하고 달래어 권함.

종자(從者) 명 随从 suícóng 상전을 따라

다니며 시중 드는 사람. 데리고 다니는 사람=종인(从人).

종적(蹤迹) 명 踪迹 zōngjì 脚印 jiǎoyìn 뒤에 남는 자취나 형상 또는 행방(行方). ¶~을 감추다. 隐藏踪迹。yǐncángzōngjì.

종전(終戰) 명 〔~하다|자동사·타동사〕 停战 tíngzhàn 전쟁이 끝남. 전쟁을 끝냄. ¶~ 50주년. 停战50周年。tíngzhàn wǔshízhōunián.

종제(從弟) 명 堂弟 tángdì 사촌 아우.

종중(宗中) 명 宗门 zōngmén 조상을 같이하는 한 겨레붙이의 문중. ¶~ 소유의 토지. 宗门所有土地。zōngménsuǒyǒutǔdì.

종착역(終着驛)[-창녁] 명 终点站 zhōng diǎnzhàn 철도의 최종 도착역↔시발역.

종족(宗族) 명 部族 bùzú 동성동본의 겨레붙이.

종종(種種) 명 各种 gèzhǒng 물건의 가지가지. 부 偶尔 가끔. ¶~ 찾아오는 친구. 偶尔找来的朋友。ǒuěrzhǎoláidepéng yǒu.

종질(從姪) 명 堂侄 tángzhí 사촌 형제의 아들로 오촌이 되는 관계.

종핵(種核) 명 种仁 zhǒngrén 씨앗의 알맹이 ≪다음 대의 식물이 될 작은 배(胚)가 있음≫.

종횡무진(縱橫無盡) 명 纵横驰骋 zòng héngchíchěng 자유자재하여 거침이 없는 상태. ¶~으로 활약하다. 纵横驰骋地活跃。zònghéngchíchěngdehuóyuè.

좌고우면(左雇右眄) 명 〔~하다|자동사〕 左顾右盼 zuǒgùyòupàn 좌우고면(顾眄).

좌견천리(坐見千里)[-철-] 명 远见卓识 yuǎnjiànzhuóshí 앉아서 천 리를 본다는 뜻으로, 멀리 앞을 내다봄을 이르는 말.

좌상(左相) 명 左仪政 zuǒyìzhèng '좌의정'의 별칭.

좌상(座上) 명 ① 在座的众人 zàizuòde zhòngrén 좌중(座中). ② 长辈 zhǎngbèi 한 좌석에서 가장 어른이 되는 사람.

좌석(坐席) 명 ① 座位 zuòwèi 앉는 자리↔입석(立席). ② 席位 xíwèi 여러 사람이 모인 자리. ¶~을 정돈하다. 整顿席位。zhěngdùnxíwèi.

좌우(左右) 명 〔~하다|타동사〕 ① 左和右 zuǒhéyòu 왼쪽과 오른쪽. ② 大人 dàrén 존장에 대한 경칭 ≪'어르신네'의 뜻으로 편지에 씀≫. ③ 摆布 bǎibù '좌지우지'의 준말. ¶돈에 ~되다. 被金钱摆布。bèijīnqiánbǎibù. ④ 左右 zuǒyòu 옆. 측근(侧近). 측근자. ¶~를 물리치다. 退去左右。tuìqùzuǒyòu. ⑤ 左翼和右翼 zuǒyì héyòuyì 좌익과 우익. 좌파와 우파. ¶~ 합작. 左翼和右翼合作。zuǒyìhéyòuyìhézuò.

좌우간(左右間) 부 反正 fǎnzhèng 不管怎样 bùguǎnzěnyàng 이렇든 저렇든 간에. 좌우지간. ¶~ 먹고 보자. 不管怎样先吃吧。bùguǎnzěnyàng, xiānchība.

좌익(左翼) 명 ① 左翼 zuǒyì 왼쪽 날개. ② 左路军 zuǒlùjūn '좌익군'의 준말. ③

左派 zuǒpài 급진적인, 과격한 당파. ④ 左边 zuǒbiān 축구의 공격진 다섯 명 중의 맨 왼쪽 선수. 레프트 윙. ⑤ 左侧 zuǒcè 야구에서, 외야의 왼쪽. 레프트 필드. ⑥ 左翼手 zuǒyìshǒu '좌익수(手)'의 준말.

좌장(座長) 명 会议主持人 huìyìzhǔchí rén 여럿이 모인 자리에서 주재하는 어른이 되는 사람. 석장(席长).

좌정(坐定) 명 〔~하다|자동사〕 坐下来 zuòxiàlái '앉음'의 공대말.

좌중(座中) 명 席上 xíshàng 在座的人 zài zuòderén 여러 사람이 모인 자리 또는 모여 앉은 여러 사람. ¶~을 둘러보다. 环视在座的人。huánshìzàizuòderén.

좌천(左遷) 명 〔~하다|타동사〕 左迁 zuǒqiān 降职 jiàngzhí 낮은 관직이나 지위로 떨어지거나 외직으로 전근됨. ¶국장에서 과장으로 ~되다. 从局长降职到科长。cóngjúzhǎngjiàngdàokēzhǎng ↔ 영전.

좌초(坐礁) 명 〔~하다|자동사〕 ① 触礁 chùjiāo 함선이 암초에 얹힘. ¶~한 배. 触礁的船。chùjiāodechuán. ② 搁浅 gē qiǎn 곤경에 빠짐의 비유. ¶개혁이 ~되다. 改革搁浅。gǎigégēqiǎn.

좌회전(左回轉) 명 〔~하다|자동사·타동사〕 左转 zuǒzhuǎn 차 따위가 왼쪽으로 돎. 또는 왼쪽으로 돌림. ¶차가 ~하다. 车向左转。chēxiàngzuǒzhuǎn ↔ 우회전.

죄과(罪科)[-꽈] 명 〔~하다|타동사〕 ① 罪责 zuìzé 죄와 허물. ② 按法律处罚 ànfǎlǜchǔfá 지은 죄에 대해 법률에 비추어 처벌함. ¶살인에 대한 ~는 무겁다. 对杀人犯的法律处罚是很重的。duìshārén fàndefǎlǜchǔfáshìhěnzhòngde.

죄만(罪萬) 형 〔여 불규칙〕 抱歉 bào qiàn '죄송만만하다'의 준말.

죄송(罪悚) 형 〔여 불규칙〕 抱歉 bào qiàn 过意不去 guòyìbúqù 惭愧 cánkuì 죄스럽고 황송하다.

죄수(罪囚) 명 囚人 qiúrén 罪犯 zuìfàn 교도소에 갇힌 죄인.

주(株) 명 ① 股份 gǔfèn '주식'의 준말. ② 股本 gǔběn '주권'의 준말. 의 주권이나 나무의 수효를 세는 말.

주가(株價)[-까] 명 股价 gǔjià 주식이나 주권의 값. 주식 가격. ¶~가 오르다. 股价上涨。gǔjiàshàngzhǎng.

주간(主幹) 명 〔~하다|타동사〕 主管 zhǔguǎn 主办 zhǔbàn 일을 주장해 맡아서 처리함. 또는 그 사람. ¶잡지사의 ~. 杂志社的主管。zázhìshèdezhǔguǎn.

주간(晝間) 명 白天 báitiān 昼间 zhòu jiān 낮. 낮 동안. ¶~ 인구. 昼间人口。zhòujiānrénkǒu.

주객(主客) 명 ① 主客 zhǔkè 주인과 손. ② 主要事物 zhǔyàoshìwù 주되는 사물과 거기 딸린 사물. ¶~이 전도되다. 颠倒主次。diāndǎo zhǔcì. ③ 主次 zhǔcì 〈언〉 주어와 객어(客语).

주객전도(主客顚倒) 명 〔~하다|자동사〕 喧宾夺主 xuānbīnduózhǔ 주인과 객의 위치가 서로 뒤바뀐다는 뜻으로, 사물의 경중·선후·완급이 서로 뒤바뀜.

주거(住居) 명 〔~하다|자동사〕 居住 jūzhù 어떤 곳에 자리잡고 삶. 또는 그 집.

주관(主觀) 명 ① 主观 zhǔguān 〈철〉 외계 및 그 밖의 객체를 의식하는 자아↔객관(客观). ② 己意 jǐyì 자기만이 갖고 있는 견해나 관점. ¶~이 확립되다. 确立自己的见解。quèlìzìjǐdejiànjiě.

주광(酒狂) 명 ① 酒鬼 jiǔguǐ 술주정이 심함. 또는 그런 사람. 주란(酒乱). 주망(酒妄). ② 酒狂 jiǔkuáng 광적으로 술을 즐기는 사람.

주교(舟橋) 명 船桥 chuánqiáo 배다리.

주군(主君) 명 主上 zhǔshàng 皇上 huángshàng 임금.

주권(株券)[—꿘] 명 股票 gǔpiào 〈경〉 주주의 출자에 대하여 교부하는 유가 증권. 주식. §주(株).

주급(周給) 명 周薪 zhōuxīn 한 주일마다 지급되는 급료.

주달(奏達) 명 〔~하다|타동사〕 奏问 zòuwèn 奏折 zòuzhé 임금께 아뢲.

주당(酒黨) 명 酒徒 jiǔtú 술을 즐기며 잘 마시는 무리. 주도(酒徒). 술꾼.

주동(主動) 명 〔~하다|타동사〕 ① 主动 zhǔdòng 어떤 일에 주장이 되어 움직임. ¶시위를 ~하다. 策动示威。cèdòngshìwēi. ② 主动者 zhǔdòngzhě '주동자'의 준말.

주란(酒亂) 명 酒狂 jiǔkuáng 습관적으로 술에 취해서 미쳐 날뛰는 일. 심한 주정. 주광(酒狂).

주람(周覽) 명 〔~하다|타동사〕 周游 zhōuyóu 두루 돌아다니며 자세히 살펴봄.

주랑(柱廊) 명 走廊 zǒuláng 기둥만 있고 벽(壁)이 없는 복도(复道). 콜로네이드.

주력(注力) 명 〔~하다|자동사〕 致力 zhìlì 힘을 기울임.

주련(柱聯) 명 对联 duìlián 挽联 wǎnlián 기둥이나 벽에 세로로 써 붙이는 글씨. 영련(楹联).

주례(主礼) 명 〔~하다|자동사·타동사〕 证婚人 zhènghūnrén 主婚人 zhǔhūnrén 예식을 맡아 주장함. 또는 그 사람. ¶~로 모시다. 聘为主婚人。pìnwéizhǔhūnrén.

주마간산(走馬看山) 명 〔~하다|자동사〕 走马观花 zǒumǎguānhuā 달리는 말 위에서 산천을 구경한다는 뜻으로, 바쁘고 어수선하여 되는대로 홱홱 지나쳐 봄의 비유.

주막(酒幕) 명 客店 kèdiàn 客栈 kèzhàn 시골 길가에서 술·밥을 팔고 나그네를 치는 집. 주막집.

주목(注目) 명 〔~하다|타동사〕 ① 注目 zhùmù 눈을 한곳에 쏟음. ¶뭇사람의 ~을 끌다. 引起众人注目。yǐnqǐzhòngrén zhùmù. ② 监视 jiānshì 의심하고 경계

하는 눈으로 봄. ¶앞으로 귀추가 자못 ~된다. 监视将来的去处。jiānshìjiānglái de qùchù. 감 구령자에게 시선을 모으라는 구령. ¶일동 ~. 全体注意。quántǐzhùyì.

주무(主務) 명 〔~하다|타동사〕 ① 主管 zhǔguǎn 사무를 주장해 맡음. ¶~ 부서. 主管部门。zhǔguǎnbùmén. ② 主管经理 zhǔguǎnjīnglǐ '주무자'의 준말.

주문(注文) 명 〔~하다|타동사〕 ① 订货 dìnghuò 어떤 상품을 품종·수량·모양·크기 등을 일러 주고 그것을 만들어 달라고 맞추거나 보내 달라고 하는 일. ¶~된 물량. 订货物量。dìnghuòwùliàng. ② 托付 tuōfù 남에게 어떤 일을 하도록 요구하거나 부탁함. 또는 그 요구나 부탁. ¶이것저것 성가신 ~만하다. 要这要那, 真烦人。yàozhèyàonà, zhēnfánrén.

주문(呪文) 명 咒语 zhòuyǔ 술법을 행할 때 외우는 글귀.

주민(住民) 명 居民 jūmín 그 땅에 사는 사람.

주발(周鉢) 명 铜饭碗 tóngfànwǎn 黄铜碗 huángtóngwǎn 놋쇠로 아래보다 위가 좀 벌어지게 만든 밥그릇=밥바리.

주방장(廚房長) 명 厨师 chúshī 주방의 우두머리.

주번(周番) 명 ① 值日 zhírì 한 주일 동안씩을 엇바꾸어서 하는 근무. ② 值周 zhízhōu 군대, 군함, 학교 들에서 한 주일 동안씩을 교대하여 풍기, 규율의 실시 따위를 감시하는 임무 또는 그 임무를 띤 사람.

주법(走法) 명 跑法 pǎofǎ→줏법.

주벽(酒癖) 명 酒瘾 jiǔyǐn=술버릇.

주보(週報) 명 ① 周报 zhōubào 한 주일마다 발행하는 신문이나 잡지. ② 工作周报 gōngzuòzhōubào 한 주일에 한 번씩 작성하여 올리는 보고.

주봉(主峰) 명 ① 主峰 zhǔfēng 산맥 가운데서 가장 높은 봉우리. ② 主导 zhǔ dǎo 〈민〉 '주인봉'의 준말.

주부(主部) 명 ① 主要部门 zhǔyàobù mén 주되는 부분. ② 主语句 zhǔyǔjù 〈언〉=임자조각↔술부.

주빈(主賓) 명 主客 zhǔkè 손님 가운데서 주가 되는 손님.

주사(走査) 명 〔~하다|타동사〕 扫描 sǎomiáo 扫掠 sǎolüè 〈전〉 사진 전송이나 텔레비전에서 영상을 구성하는 화면 요소의 빛에너지를 일정한 순서에 따라서 전기에너지로 바꾸거나, 또는 전기에너지를 같은 순서에 따라서 빛에너지로 바꾸어 영상을 재현하는 일.

주산(珠算) 명 珠算 zhūsuàn 算盘 suàn pán=수판셈.

주석(朱錫) 명 ① 黄铜 huángtóng=놋쇠. ② 锡 xī 〈화〉 금속원소의 하나. 은백색 광택이 나고 연성과 전성이 많으며 녹슬지 않는다.(sn, 50번, 118.69)=석.

주선(周旋) 명 〔~하다|타동사〕 斡旋

wòxuán 介绍 jièshào 일이 잘 되도록 이리저리 힘씀. ※알선.

주시(注視) 명 〔~하다|타동사〕 注视 zhùshì 凝视 níngshì 자세히 살피려고 눈을 쏘아서 봄.

주식(株式) 명 ① 股份 gǔfèn 〈경〉 주식회사의 자본을 이루는 단위=주. ※고본. ② 股 gǔ=주권. ¶~을 사고팔다. 卖买股份。mǎimàigǔfèn.

주심(主審) 명 ① 主要审查人 zhǔyào shěnchárén 심사원이나 시험관의 우두머리. ② 主裁判 zhǔcáipàn 〈체〉 '주심판'의 준말.

주안점(主眼點) 명 主要目的 zhǔyàomùdì 重点 zhòngdiǎn 눈에 뜨일 만한 주요한 곳.

주업(主業) 명 ① 本业 běnyè 주장되는 업. ② 本行 běnháng=본업.

주역(主役) 명 ① 主将 zhǔjiàn 주장되는 구실. ② 主角 zhǔjué 〈극〉 영화나 연극에서의 주된 역 또는 그 역을 맡은 배우.

주위(周圍) 명 ① 周围 zhōuwéi=둘레. ¶지구 ~를 도는 인공위성. 绕地球周围的人造卫星。ràodìqiúzhōuwéiderénzàowèixīng. ② 周边 zhōubiān 어떤 곳을 중심으로 한 가까운 데. ¶~의 자연환경. 周边的自然环境。zhōubiāndezìránhuánjìng.

주유(注油) 명 〔~하다|자동사〕 加油 jiāyóu 기름을 넣는 일.

주의(注意)[-의/-이] 명 ① 注意 zhùyì 마음을 집중함. ¶~를 기울이다. 特别注意。tèbiézhùyì. ② 提醒 tíxǐng 경계하거나 조심함. ¶~ 사항. 提醒事项。tíxǐngshìxiàng. ③ 忠告 zhōnggào 충고하는 뜻으로 일깨워 줌. ¶~를 주다. 给忠告。gěi zhōnggào. ④ 警告 jǐnggào 〈체〉 유도 경기에서 경고로 주는 가벼운 처벌.

주익(主翼) 명 主翼 zhǔyì 一翼 yīyì 〈항〉=으뜸날개.

주인(主人) 명 ① 主人 zhǔrén 한 집안이나 나라 들에 주장이 되는 사람. ② 丈夫 zhàngfu '남편'을 달리 일컫는 말. §귄. ③ 物主 wùzhǔ 물건의 임자. ¶짐~. 行李主人。xínglizhǔrén §귄. ④ 东道主 dōngdàozhǔ 손님을 청하거나 상대하는 사람. 나그네를 치르는 사람이나, 그 집. §귄. ⑤ 老板 lǎobǎn 고용 관계에서 고용하는 사람. §귄.

주자(走者) 명 ① 跑的人 pǎoderén 달리는 사람. ② 棒球运动员 bàngqiúyùndòngyuán 〈체〉 야구 경기에서 누와 누 사이를 달리는 경기자.

주저(躊躇) 명 〔~하다|자동사·타동사〕 踌躇 chóuchú 犹豫 yóuyù 迟疑 chíyí 망설임=자저. 지주.

주전자(酒煎子) 명 壶 hú 물이나 술 따위를 데우거나 담아 따르게 만든, 귀때와 손잡이가 달린 그릇. 쇠붙이나 사기로 만든다.

주정(酒酊) 명 〔~하다|자동사〕 酒疯 jiǔfēng 술이 취하여 정신 없이 마구 하는

말이나 짓=후주. ¶~을 부리다. 耍酒疯。shuǎjiǔfēng.

주제(主題) 명 ① 主题 zhǔtí 주장되는 제목이나 문제. ② 题材 tícái 사상이나 예술 작품의 으뜸이 되는 제재나 중심 사상. ③ 主调 zhǔdiào 어떤 음악의 중심이 되는 가락.

주조(酒造) 명 [~하다|타동사] 酿酒 niàngjiǔ 술을 빚어 만듦.

주주(株主) 명 股主 gǔdōng 〈경〉 주식회사에 있어서 주식의 권리를 가진 사원. ※고본주.

주차(駐車) 명 [~하다|타동사] 停车 tíngchē 차 따위를 한 곳에 세워 두거나 머물러 있게 함.

주창(主唱) 명 [~하다|타동사] 带头主张 dàitóuzhǔzhāng 主唱 zhǔchàng 앞장서서 부르거나 부르짖음.

주최(主催) 명 [~하다|타동사] 主办 zhǔbàn 主持 zhǔchí 어떤 모임을 주장하여 엶. ¶걷기 대회를 ~하다. 主办竞走赛。zhǔbànjìngzǒusài.

주최국(主催國) 명 东道国 dōngdàoguó 어떤 모임을 주최하는 개인, 또는 단체.

주파(走破) 명 [~하다|타동사] 跑完 pǎowán 끝까지 달림. ¶마라톤 전 코스를 ~했다. 跑完长跑全程。pǎowánchángpǎo quánchéng.

주파수(周波數) 명 频率 pínlǜ 〈물〉 진동 전류 또는 전파, 음파 따위의 파동이 1초 동안에 되풀이되는 주기의 수.

주판(籌板) 명 ① 算盘 suànpán=수판 주판을 다루어 셈을 치다. ② 打算盘 dǎ suànpán 어떤 일에 관해 이해득실을 따지다.

주필(主筆) 명 ① 总编辑 zǒngbiānjí 신문사나 잡지사에서 사설, 그밖의 중요한 기사, 논설 같은 것을 맡은 사람. ② 主考官 zhǔkǎoguān 과거의 시험관 가운데 으뜸 되는 사람.

주행(走行) 명 [~하다|자동사] 行驶 xíngshǐ 달려감.

죽마고우(竹馬故友)[중ㅡ] 명 竹马之交 zhúmǎzhījiāo 대말을 타고 놀던 벗이란 뜻으로, 어릴 때부터 같이 놀며 자란 벗=죽마구우. 죽마지우.

죽물(竹物)[중ㅡ] 명 竹器 zhúqì=대그릇.

준거(准據) 명 [~하다|자동사・타동사] 根据 gēnjù 标准 biāozhǔn 표준을 삼아서 의거함.

준금치산(准禁治産) 명 准限制管理 zhǔnxiànzhìguǎnlǐ 〈법〉 '한정치산'의 전 이름.

준비금(准備金) 명 ① 资金 zījīn 〈경〉 지급 준비금=은행준비금. ② 预备基金 yùbèijījīn 기업이 장래의 쓰임에 대비하여 주식 출자금, 또는 이익금의 일부를 회사에 간직하는 돈. ※적립금

준수(俊秀) 형 [여 불규칙] 英俊 yīngjùn 재주와 슬기나, 풍채가 빼어나다=준매하다. 준미하다.

준엄(峻嚴) 형 [여 불규칙] 严峻 yánjùn 严厉 yánlì 매우 엄격하다. ¶~하게 꾸짖는다. 严厉批评。yánlìpīpíng=엄준하다.

중(中) 명 ① 中等 zhōngděng 등급, 수준, 차례 따위의 중간 정도. ¶성적이 ~은 되었다. 成绩属于中等。chéngjìshǔyú zhōngděng. ② 中间 zhōngjiān 여럿의 가운데. ¶많은 사람들 ~에 뛰어난 사람. 在许多人中间出众的人。zàixǔduōrénzhōngjiānchūzhòngderén. ③ 中 zhōng 장기판에서 끝으로부터 둘째 가로줄. ※중포. ④ 当中 dāngzhōng '진행되고 있는 동안이나 과정'의 뜻. ¶근무 ~. 执勤中。zhíqínzhōng.

중(重) 형 [여 불규칙] ① 重 zhòng 병이나 죄 따위가 대단하거나 크다. ¶~한 죄 重罪。zhòngzuì. ② 宝贵 bǎoguì 소중하다. ③ 重大 zhòngdà 책임・임무 따위가 무겁다. ¶~한 책임을 지다. 挑起重大责任。tiāoqǐzhòngdàzérèn.

중간(中間) 명 ① 中间 zhōngjiān 두 물건의 사이. ② 中途 zhōngtú 처음과 나중이나, 또는 이 끝과 저 끝과의 사이.

중간고시(中間考試) 명 期中考试 qīzhōngkǎoshì 〈교〉 학기 중간에 실시하는 학력고사=중간시험.

중간자(中間子) 명 中介子 zhōngjièzǐ 〈물〉 전자와 양자와의 중간 질량을 가진 가벼운 입자.

중간착취(中間搾取) 명 [~하다|타동사] 中间盘剥 zhōngjiānpánbō 거래 당사자 사이에 끼어서 중간이득을 얻는 일.

중간층(中間層) 명 ① 中层阶级 zhōngcéngjiējí 〈사〉=중간계급. ② 中间地层 zhōngjiāndìcéng 가운데에 있는, 변형이 일정하지 않은 구조의 땅덩어리.

중개인(中介人) 명 经纪人 jīngjìrén=거간꾼.

중견(中堅) 명 ① 骨干 gǔgàn 주장의 통솔에 직속된, 정예가 모인 중군. ② 中坚 zhōngjiān 어떤 단체나 사회의 중심이 되는 유력한 사람.

중계(中繼)[-계/-게] 명 [~하다|타동사] ① 代办 dàibàn 중간에서 이어 줌. ② 转播 zhuǎnbō '중계방송'의 준말. ¶실황 ~ 实况转播。shíkuàngzhuǎnbō.

중계방송(中繼放送)[-계-/-게-] 명 转播 zhuǎnbō 다른 곳에서 보내온 방송을 받아서 방송하는 일. §중계

중계품(中繼品)[-계-/-게-] 명 过手货。guòshǒuhuò.

중고품(中古品) 명 二手货 èrshǒuhuò 좀 낡은 물건. §중고.

중과부적(衆寡不敵) 명 [~하다|자동사] 寡不敌众 guǎbùdízhòng 寡不胜众 guǎbùshèngzhòng 적은 수효가 많은 수효를 대적하지 못함=과부적중.

중대(重大) 명 ① 重大 zhòngdà 중요하고 크다. ② 严重 yánzhòng 중난하여 가볍게 여길 수 없다.

중량(重量) 명 ① 重量 zhòngliàng=무게. ② 重力 zhònglì 〈물〉 지구 위의 물체에 작용하는 중력의 크기.

중류(中流)[−뉴] 명 ① 中流 zhōngliú 中游 zhōngyóu 길게 흐르는 물의 중간 부분. ※상류. 하류. ② 河心 héxīn 흐르는 물의 한복판. ③ 中流水平 zhōngliúshuǐpíng 그리 높지도 그리 낮지도 않고 중길쯤 되는 수준. ※상류. 하류.

중매(中媒) 명 〔~하다|타동사〕 ① 保媒 bǎoméi 说媒 shuōméi 혼인을 하도록 소개하는 일=중신. ② 媒人 méirén 혼인을 하도록 소개하는 사람. ¶~ 노릇. 做媒。zuòméi.

중매결혼(中媒結婚) 명 介绍结婚 jièshào jiéhūn 중매로 이루어진 결혼. ※연애결혼.

중매인(仲買人) 명 媒人 méirén 중매하는 사람.

중방(中枋) 명 ① 中柁 zhōngtuó 〈건〉=중인방. ② 拉锯的紧绳中插的小木杆 lājùde jǐnshéngzhōngchādexiǎomùgān 톱틀의 톱양과 탕갯줄의 사이에 양쪽 마구리를 버티어 지른 기둥 막대기.

중범(重犯) 명 〈법〉 ① 重罪 zhòngzuì 重犯人 zhòngfànrén 크고 무거운 범죄 또는 그런 죄를 범한 죄인. ② 重犯 zhòng fàn 거듭 죄를 범함. 또는 그 사람.

중성(中性) 명 ① 中性 zhōngxìng 대립되는 두 성질의 중간의 성질. ② 二形人 èrxíngrén 〈생〉 수컷도 암컷도 아닌 것 또는 그 성질. 남자 같은 여자나 여자 같은 남자. ③ 中性词 zhōngxìngcí 〈언〉 문법적 성의 하나. ¶~ 명사. 中性名词。zhōngxìngmíngcí. ※성.

중쇄(重刷) 명 〔~하다|타동사〕 重印 chóngyìn 〈인〉 증쇄.

중수소(重水素) 명 重气 zhòngqì 〈화〉 수소의 동위원소로 질량수가 2 및 3인 것. 중수를 만들고 수소폭탄이나 원자로에 쓰인다. ※경수소.

중식(中食) 명 午饭 wǔfàn 午餐 wǔcān 점심밥. ¶~ 지참. 提供午饭。tígōngwǔfàn.

중심(中心) 명 ① 重点 zhòngdiǎn 한가운데가 되는 곳. ② 中心 zhōngxīn=심곡. ③ 主见 zhǔjiàn=줏대. ④ 核心 héxīn. 매우 중요하고 기본이 되는 부분. ⑤ 圆心 yuánxīn 〈수〉 원이나 공의 한가운데가 되는 점. 곧, 원둘레 또는 구면의 각 점에서 같은 거리에 있다.

중심가(中心街) 명 闹市区 nàoshìqū 시내의 중심이 되는 거리. ¶~를 벗어나다. 离开闹市区。líkāinàoshìqū.

중심운동(中心運動) 명 离心运动 líxīn yùndòng 〈물〉 일정한 점으로 향하는 힘만이 미치는 경우의 물체의 평면 운동.

중언부언(重言復言) 명 〔~하다|자동사·타동사〕 反复地讲 fǎnfùdejiǎn 한 말을 자꾸 되풀이 함.

중역(重譯) 명 〔~하다|타동사〕 ① 转译

zhuǎnyì '이중번역'의 준말. ② 重译本 chóngyìběn=중역본.

중역(重役) 명 ① 重责 zhòngzé 은행, 회사 들의 중요한 임원. 곧 사장, 이사, 감사 따위. ② 董事 dǒngshì 책임이 무거운 구실.

중외(中外) 명 ① 内外 nèiwài 속과 바깥. ② 国内外 guónèiwài 나라 안과 나라 밖. ③ 朝廷和民间 chaútinghémínjiān 조정과 민간. ④ 城乡 chéngxiāng 경향.

중위(中衛) 명 中锋 zhōngfēng 중앙의 호위.

중유(重油) 명 柴油 cháiyóu 원유에서 휘발유, 등유, 경유 따위를 뽑아 낸 검은 갈색의 걸쭉하고 비중이 무거운 찌끼 기름. 연료나 윤활유의 원료로 쓰인다.

중재(仲裁) 명 〔~하다|타동사〕 ① 说和 shuōhé 다툼질하는 두 사이에 서서 화해를 붙임. ② 仲裁 zhòngcái 조정.

중전(中殿) 명 正宫 zhènggōng 王后 wánghòu '중궁전'의 준말.

중전차(重戰車) 명 重坦克 zhòngtǎnkè 〈군〉 무게가 25~55톤쯤의 전차.

중절모자(中折帽子) 명 礼帽 lǐmào 둥글게 생긴 꼭대기의 가운데를 눌러서 쓰는, 전이 둥글게 달린 모자. §중절모.

중정(重訂) 명 〔~하다|타동사〕 重改 chónggǎi 反复修改 fǎnfùxiūgǎi 책 따위의 두 번째 고침.

중조(重曹) 명 小苏打 xiǎosūdǎ 碳酸氢钠 tànsuānqīngnà 〈화〉→중탄산소다.

중졸(中卒) 명 中学毕业 zhōngxuébìyè '중학교 졸업'의 준말.

중지미수(中止未遂) 명 未遂犯 wèisuìfàn 〈법〉 범죄의 실행에 착수한 자가 자신의 의사로써 도중에 그만두거나 결과가 생기지 않도록 스스로 막는 일.

중지부(中止符) 명 冒号 màohào=쌍점.

중지상(中之上) 명 中上等 zhōngshàng děng 중길 가운데 상길.

중지중(中之中) 명 中等 zhōngděng 중길 가운데 중길.

중지하(中之下) 명 中下等 zhōngxiàděng 중길 가운데 핫길.

중진(重鎭) 명 ① 重镇 zhòngzhèn 병권을 잡고 요해지를 지키는 사람, 또는 가장 종요로운 자리를 차지한 사람. ② 有影响的重要人物 yǒuyǐngxiǎngdezhòng yàorénwù 어떤 분야나 방면에서 지도적 영향력을 가진 중요한 인물. ¶그는 국문학계의 ~이다. 他是国文学界有影响的重要人物。tāshìguówénxuéjièyǒuyǐngxiǎng dezhòngyàorénwù.

중진국(中進國) 명 中等发达国家 zhōng děngfādáguójiā 문물의 수준이 선진국과 후진국의 중간쯤 되는 나라.

중질(中質) 명 中等品质 zhōngděngpǐn zhì 질이 중간 정도임.

중차대(重且大) 형 〔여 불규칙〕 非常重大 fēichángzhòngdà '중대하다'의 힘줌말.

¶~한 임무. 非常重大的任务。 fēicháng zhòngdàderènwù.

중참(中站) 명 ① 间息 jiànxī 间歇 jiàn xiē=사이참. ② 干活中间吃的饮食 gàn huózhōngjiānchīdeyǐnshí → 곁두리. <경북>.

중책(重責) 명 〔~하다|타동사〕 ① 重责 zhòngzé 엄중하게 책망함. ② 重任 zhòng rèn 무거운 책임.

중천(中天) 명 天空中间 tiānkōngzhōng jiān 当空 dāngkōng 하늘의 한복판=반소. 복천. 중공.

중태(重態) 명 病危 bìngwēi 병이 위중한 상태. ¶~에 빠지다. 处于病危状态。 chǔyúbìngwēizhuàngtài.

중토(重土) 명 ① 氧钡 yǎngbèi 〈화〉= 산화바륨. ② 重土 zhòngtǔ 〈농〉 차진 기운이 많아서 농사짓기에 마땅하지 못한 흙.

중토수(重土水) 명 氧化钡液 yǎnghuàbèi yè 〈화〉 수산화바륨을 물에 녹인 액체. 이산화탄소의 흡수제로 또는 알칼리의 표준 용액으로 쓰인다=바리타수.

중편(中篇) 명 ① 三部曲的第二部 sānbù qǔdedìèrbù 세 편으로 나눈 책의 가운데 편. ② 中篇小说 zhōngpiānxiǎoshuō 〈문〉 '중편소설'의 준말. ※단편. 장편.

중품(中品) 명 ① 中等品 zhōngděng pǐng 중등의 품위. ② 中等质量 zhōng děngzhǐliìng 품질이 중길인 물건.

중풍(中風) 명 中风 zhòngfēng 瘫痪 tān huàn 〈한의〉 반신, 온몸 또는 팔다리가 마비되는 병=중풍병. 중풍증.

중하(重荷) 명 重负 zhòngfù=중임.

중화기(重火氣) 명 重型兵器 zhòngxíng bīngqì 〈군〉 일반 보병 장비 가운데, 박격포, 중기관총, 무반동총 들과 같은 화력이 센 화기. ¶~ 중대. ~로 무장하다 =중무기↔경화기. ※소화기.

중환(重患) 명 重病 bìngzhòng=중병.

즉각(卽刻) 명 即刻 jíkè 당장에 곧바로. ¶~ 알려 달라고 당부하였다. 嘱咐她即刻告诉我。 zhǔfùtājíkègàosùwǒ.

즉결(卽決) 명 〔~하다|타동사〕 ① 立时裁决 lìshícáijué 그 자리에서 곧 결정하거나 처리함. ② 立即审判 lìjìhěnpàn '즉결심판'의 준말. ③ 立即处分 lìjíchǔfèn '즉결처분'의 준말.

즉답(卽答) 명 〔~하다|자동사〕 立刻回答 lìkèhuídá 곧 대답함=직답.

즉매(卽賣)[즉—] 명 〔~하다|타동사〕 即卖 jímài 当场卖 dāngchǎngmài 상품이 놓인 그 자리에서 곧 팔아 버림. 전람회 같은 데에서 흔히 한다.

즉사(卽死) 명 〔~하다|자동사〕 当场死掉 dāngchǎngsǐdiào 그 자리에서 곧 죽음 =속사. 직사.

즉석(卽席) 명 当场 dāngchǎng 就场 jiù chǎng=앉은자리.

즉시(卽時) 명부 即刻 jíkè 当即 dāngjí

곧 그 때=등시. ¶그 ~에는 대답을 못했다. 当时不能即刻回答。dāngshíbùnéngjíkè huídá.

즉시범(卽時犯) 명 现场犯 xiànchǎngfàn 〈법〉 어떤 범행의 실현과 함께 이뤄지는 범죄. 절도, 살인, 방화 따위=즉성범. ※계속범.

즉시불(卽時拂) 명 当场交付 dāngchǎng jiāofù 立即付现 lìjífùxiàn→즉시급.

즉효(卽效)[즈쿄] 명 即可见效 jíkějiàn xiào 즉시에 나타나는 보람.

즐비(櫛比) 형 [여 불규칙] 栉比鳞次 zhì bǐlíncì 鳞次栉比 líncìzhìbǐ 많은 것이 빗살처럼 가지런하고 빽빽하다. ¶고층 건물이 ~하게 들어서다. 高层建筑鳞次栉比。gāocéngjiànzhùlíncìzhìbǐ.

증빙서류(證憑書類) 명 ① 凭证 píng zhèng 凭据 píngjù 〈법〉=증거서류. 证据 zhèngjù 〈경〉 기업 사이에 주고받아 거래의 성립을 입증하는 각종 서류.

증산(蒸散) 명 ① 蒸腾 zhēngténg 〈식〉=김내기. ② 蒸散 zhēngsàn 증발하여 흩어져 없어짐.

증상(憎狀) 형 [여 불규칙] 讨厌 tǎoyàn 可恨 kěhèn 꼴이나 태도가 징그러울 정도로 밉살스럽다.

증세(症勢) 명 症候 zhènghòu 症状 zhèngzhuàng 병으로 앓는 여러 가지의 모양. §증=증상. 증정. 증형. 증후.

증언(證言) 명 [~하다|타동사] ① 证词 zhèngcí 사실을 증명하거나 증거가 되는 말. ② 证人的陈述 zhèngréndechénshù 〈법〉 증인으로서 진술하는 말.

증축(增築) 명 [~하다|자동사·타동사] 增建 zēngjiàn 放大 fàngdà 〈건〉 집 같은 것을 더 늘이어 짓는 일.

증폭(增幅) 명 [~하다|자동사·타동사] ① 增幅 zēngfú 〈물〉 진동 전류 또는 전압·전파 따위의 진폭을 늘여 감도(感度)를 좋게 함. 또는 그 일. ② 增加 zēngjiā 비유적으로, 사물의 범위가 늘어나 커짐. 또는 사물의 범위를 넓혀 크게 함. ¶동서간의 갈등이 ~되다. 增加东西之间的纠纷。zēngjiādōngxīzhījiāndejiūfēn.

증표(證票) 명 证件 zhèngjiàn 사실의 증거가 될 만한 표=문인.

지각(知覺) 명 [~하다|타동사] ① 知觉 zhījué 알아서 깨달음. ② 理解 lǐjiě ~심 사물을 이해하는 감각. ③ 懂 dǒng=철이 들다

지각(遲刻) 명 [~하다|자동사] ① 迟到 chídào 정하여 있는 시각에 늦게 나옴. ② 晚参加 wǎncānjiā=지참.

지갑(紙匣) 명 ① 纸袋 zhǐdài 종이로 만든 갑. ② 钱包 qiánbāo 가죽이나 헝겊 따위로 자그마하게 만들어서 돈 따위를 넣는 물건.

지검(地檢) 명 地方检察厅 dìfāngjiǎnchá tīng 〈법〉 '지방검찰청'의 준말.

지경(地境) 명 ① 地界 dìjiè 땅의 경계.

¶~을 정하다. 定地界。dìngdìjiè=교계. 역경. 지계. ② 境地 jìngdì 매김말 아래에 쓰이어, '경우'나 '형편'의 뜻. ¶어려운 ~에 있다. 处于困难境地。chùyúkùnnán jìngdì=경. 지두. ③ 地境 dìjìng 터 또는 땅의 얼안. ¶~이 꽤 넓다. 地境宽阔。di jingkuānkuò.

지곡(止哭) 명 〔~하다|자동사〕 停止哭泣 tíngzhǐkūqì 하던 곡(哭)을 그침.

지공무사(至公無私) 명 〔~하다|형용사〕 大公无私 dàgōngwúsī 지극히 공변되어 조금도 사사로움이 없음. §지공.

지금(只今) 명부 现在如今 xiànrújīn 眼前 yǎnqián=이제. ¶~부터 시작하자. 现在开始吧。xiànzàikāishǐba.

지급(至急) 명 〔~하다|형용사〕〔~히|부사〕 加急 jiājí 매우 급하다=절급하다.

지급(至給) 명 〔~하다|타동사〕 支付 zhīfù 내주거나 치러 줌=방지. 지발.

지남석(指南石) 명 磁石 císhí 指南针 zhǐ nánzhēn=자석.

지남철(指南鐵) 명 ① 磁石 císhí=자석. ② 指南针 zhǐnánzhēn=지남침.

지대(地代) 명 ① 地租 dìzū=땅세. ② 地价 dìjià=땅값.

지도(指導) 명 〔~하다|타동사〕 指导 zhǐdǎo 领导 lǐngdǎo 가리키어 이끎.

지독(至毒)[-도카-] 형 〔여 불규칙〕 ① 极其恶毒 jíqíèdú 아주 독하다. ② 太狠 tàihěn 아주 심하다=혹렬하다.

지둔(遲鈍) 형 〔여 불규칙〕 呆笨 dāibèn 굼뜨고 미련하다.

지략(智略) 명 谋略 móulüè 슬기와 꾀= 지모. 지술.

지령(指令) 명 〔~하다|타동사〕 ① 批示 pīshì 지시하는 명령. ② 指令 zhǐlìng= 지휘명령. ※훈령.

지리(地理) 명 ① 地形 dìxíng 땅의 형편과 이치. ② 地理 dìlǐ 〈지〉 육지와 바다 위치, 형상, 산천의 소재, 명칭, 여러 나라 도시의 배치, 인문 따위의 현상.

지면(知面) 명 〔~하다|자동사〕 ① 初次见面 chūcìjiànmiàn 처음으로 만나서 서로 인사하여 알게 됨. ② 面熟 miànshú 척 보아서 알 만한 안면 또는 그러한 안면이 있는 사이. ¶~이 있는 사람. 面熟的人。miànshúderén.

지면(紙面) 명 ① 纸面 zhǐmiàn 종이의 겉면.② 篇幅 piānfú 인쇄물의 면. ¶~을 크게 차지하다. 占据很大篇幅。zhànjùhěn dàpiānfú.

지명도(指名度) 명 知名度 zhīmíngdù 여러 사람 속에서 누구의 이름을 꼭 따서 가리킴.

지명수배(指名手配) 명 指名搜查 zhǐ míngsōuchá 〈법〉 피의자가 있는 곳을 몰라서 구속영장을 집행할 수 없을 때, 그 이름을 지목하여 전국 또는 일정 지구의 수사기관에 의뢰하여 잡게 하는 일.

지목(指目) 명 〔~하다|타동사〕 指定

zhǐdìng 注意 zhùyì 사물이 어떠하다고 그 명목을 가리켜 정함. ¶후보자로 ~된 사람. 指定为候选人。zhǐdìngwéihòuxuǎn rén.

지문(指紋) 명 指印 zhǐyìn 斗箕 dǒujī 螺纹 luówén=손가락무늬.

지반(地盤) 명 ① 地基 dìjī 地盘 dìpán 땅의 바닥. ¶~이 약하다. 地基不坚固。dì jībùjiāngù. ② 基础 jīchǔ 사물의 근거를 삼는 자리.

지방(地方) 명 ① 地区 dìqū 어느 한 방면의 땅. ¶열대 ~. 热带地区。rèdàidìqū =고장. ② 地方 dìfāng 서울 밖의 땅인 시골. ¶~에 가다. 下地方。xiàdìfāng=주현↔중앙.

지방(紙榜) 명 纸牌位 zhǐpáiwèi 종이 조각에 써서 만든 신주.

지방질(脂肪質) 명 ① 脂肪质 zhīfángzhì 〈화〉=굳기름질.

지배(支配) 명 〔~하다|타동사〕 ① 统治 tǒngzhì 온통 거느려서 모든 일을 처리함. ② 支配 zhīpèi 〈언〉 구나 문장 안에서 어떤 낱말이 관계하는 다른 낱말에 대하여 특정한 형태를 갖추도록 요구하는 일 또는 그러한 문법 관계.

지번 (地番) 명 土地的序号 tǔdìdexùhào 토지를 구획지어 매긴 번호.

지변(支辯) 명 〔~하다|타동사〕 现货支付 xiànhuòzhīfù 빚을 갚으려고 돈이나 물건 따위를 치름.

지변(地變) 명 ① 土地的变动 tǔdìdebiàn dòng 땅의 변동. ② 地变 dìbiàn 〈지〉= 지이.

지병(持病) 명 痼病 gùbìng 顽症 wán zhèng=숙병. ¶~이 도지다. 顽症复发。wánzhèngfùfā.

지분(持分) 명 分担额 fēndāné 持有股份 chíyǒugǔfèn 제 소유로 있는 몫.

지불(支拂) 명 〔~하다|타동사〕 支付 zhīfù 开支 kāizhī 付款 fùkuǎn→지급.

지사(知事) 명 知事 zhīshì 知府 zhīfǔ '도지사'의 준말.

지상(紙上) 명 ① 报刊上 bàokānshàng 신문의 지면. ¶~에 발표하다. 报刊上发表。bàokānshàngfābiǎo. ② 纸上 zhǐshàng 종이의 위. ¶입상자 명단이 신문 ~에 발표되었다. 获奖者名单发表在报纸上。huò jiǎngzhěmíngdānfābiǎozàibàozhǐshàng.

지서(支署) 명 分署 fēnshǔ 警察分署 jǐng cháfēnshǔ 본서에서 갈려 나간 관서.

지선(支線) 명 ① 支线 zhīxiàn=가짓길. ② 地线 dìxiàn=벌이줄.

지설(持說) 명 一贯的主张 yíguàndezhǔ zhāng=지론.

지성감천(至誠感天) 명 精诚所至 金石为开 jinchēngshōzh ijinshiweikái 정성이 지극하면 하늘도 감동한다는 뜻으로, 무슨 일이든 정성을 다하면 순조롭게 풀리어 좋은 결과를 얻는다는 말.

지성(知性) 명 〔~하다|자동사·타동사〕

〈심〉 ① 智力 zhìlì 짓적 작용에 관한 성능. ② 知识的领域 zhīshídelǐngyù 오성과 이성에 관한 성능.

지성인(知性人) 명 知识分子 zhīshífènzǐ 文人 wénrén 지성을 갖고 있는 사람.

지압(指壓) 명 〔~하다|타동사〕 按摩 àn mó 손끝으로 누르거나 두드림.

지압요법(指壓療法) 명 按摩疗法 ànmó liáofǎ 〈의〉 국소를 손가락 따위로 문지르고 눌러 신경을 자극하여 혈액의 순환을 왕성하게 하고 질병을 고치는 법.

지연(遲延) 명 〔~하다|타동사〕 推迟 tuī chí 拖延 tuōyán 迟延 chíyán 무슨 일을 더디게 끌거나 무슨 일이 더디게 끌리어 나감=지인.

지열(地熱) 명 ① 地热 dìrè=땅속열. ② 地下热 dìxiàrè=땅바닥열.

지엽(枝葉) 명 ① 枝节 zhījié 가지와 잎=가엽. ② 小节 xiǎojié 중요하지 않은 끄트머리의 부분.

지우(知友) 명 亲友 qīnyǒu 친하여 잘 아는 벗.

지장(支障) 명 障碍 zhàngài 妨碍 fáng ài 일을 하는 데에 거치적거리는 장애.

지장(指章) 명 手印 shǒuyìn=손도장.

지적(指摘) 명 〔~하다|타동사〕 ① 指出 zhǐchū 꼭 집어서 가리킴. ② 指摘 zhǐ zhāi 허물 따위를 곧바로 집어내어 말함.

지전(紙錢) 명 ① 纸钱 zhǐqián 〈민〉 종이를 돈 모양으로 둥글게 오리어 만든 것. 죽은 사람을 위하여 저승으로 가는 길에 노자로 쓰라는 뜻으로 관 속에 넣어 준다=넋전. ② 纸币 zhǐbì=종이돈.

지점(支點) 명 ① 支点 zhīdiǎn 〈물〉=지렛목. ② 支撑点 zhīchēngdiǎn 〈토〉 구조물을 받치고 있는 부분.

지정(地釘) 명 ① 短木桩 duǎnmù zhuāng 집터 따위의 바닥을 단단히 다지기 위하여 박는 통나무 토막 따위. ② 桩料 zhuāngliào=기반.

지정학(地政學) 명 地理政治学 dìlǐzhèng zhìxué 地缘政治学 dìyuánzhèngzhìxué 지리적 조건과 정치 현상과의 관계를 연구하는 학문.

지참금(持參金) 명 ① 现金 xiànjīn 현재 가지고 있는 돈. ② 嫁妆钱 jiàzhuāng qián 신부가 시집갈 때 친정에서 가지고 가는 돈.

지천(至賤) 명 〔~하다|형용사〕 ① 极为下贱 jíwéixiànjiàn 더할 나위 없이 천함. ② 很一般 hěnyìbān 너무 흔해서 귀할 것이 없음. ③ 多的是 duōdeshì '지천으로'로 쓰이어, '아주 흔하게'의 뜻. ¶가게마다 ~으로 쌓인 싱싱한 과일들. 每一个店铺多的是的水果。měiyīgediànpūduōdeshì deshuǐguǒ.

지체(遲滯) 명 〔~하다|자동사·타동사〕 拖延 tuōyán 耽搁 dānge 늑장을 부려 시간을 끌거나 기한에 뒤짐.

지출(支出) 명 〔~하다|타동사〕 支出

zhīchū 支付 zhīfù 돈을 치름↔수입.

지탄(指彈) 명 ① 指弹 zhǐtán 손가락을 튀김. ② 谴责 qiǎnzé 잘못을 잡아내어 비난함.

지평면(地平面) 명 地平面 dìpíngmiàn 平坦的地面 píngtǎndedìmiàn 〈지〉 지구에서의 어떤 지점에서 연직선에 수직인 평면.

지표(指票) 명 ① 标识 biāoshí 방향을 가리켜 보이는 표지. ② 指票 zhǐpiào 〈수〉 어떤 수의 상용대수의 정수 부분.

지학(地學) 명 地球科学 dìqiúkēxué 〈지〉 지구 및 이것을 형성하는 물질에 대해 연구하는 과학. 지질학, 지형학, 광물학, 지구물리학, 암석학, 지구화학, 지진학 및 천문학, 기상학, 자연지리학 따위가 이에 딸린다.

지향(指向) 명 向往 xiàngwǎng 志愿 zhìyuàn 方向 fāngxiàng 일정한 방향, 목표를 정하여 향해 나감.

직거래(直去來) 명 ① 直接交易 zhíjiéjiāoyì 상품과 대금을 맞바꾸는 거래. ※연거래. ② '직접거래'의 준말.

직결(直結) 명 直接连结 zhíjiēliánjié 직접 연결함.

직공(職工) 명 ① 工人 gōngrén=노동자. ② 职工 zhígōng 주로 공장이나 기업에서 일하는 사람. ※공원.

직공모집(職工募集) 명 招工 zhāogōng 노동자모집.

직급(職級) 명 级别 jíbié 직무의 종류, 책임의 정도에 따라 정한 공무원의 계급.

직능급(職能給) 명 岗位工资 gǎngwèigōngzī 직무를 수행하는 능력에 따라 지급되는 임금.

직답(直答) 명 ① 回答的正确 huídá zhèngquè 직접으로 바르게 하는 대답. ② 立即回答 lìjíhuídá=즉답.

직렬(直列) 명 ① 直列 zhíliè 곧은 열. ② 直接并列 zhíjiēbìngliè 〈물〉 '직렬연결'의 준말↔병렬.

직립(直立) 명 直立 zhílì 耸立 sǒnglì 곧추섬.

직매(直賣) 명 直接出售 zhíjiēchūshòu 〈경〉 생산자가 중간상인을 거치지 않고 소비자에게 곧바로 파는 일=직판.

직면(直面) 명 面对 miànduì 面临 miànlín 面向 miànxiàng 무슨 일에 맞닥뜨림.

직명(職名) 명 职称 zhíchēng 职别 zhíbié 직업이나 직무, 직위, 또는 벼슬 따위의 이름.

직무(職務) 명 职务 zhíwù 직책이나 직업상의 사무. ¶~에 충실하다. 忠于职务。zhōngyúzhíwù.

직방(直放) 명 单刀直入 dāndāozhírù 直截了当地 zhíjiéliǎodàng 효과나 결과가 곧바로 나타나는 일. ¶약효가 ~이다. 直接有药效。zhíjiēyǒuyàoxiào. ※직통.

직배(直配) 명 直接送到 zhíjiésòngdào 直接分配 zhíjiēfēnpèi 직접 배급하거나 배달함.

직봉(職俸) 명 ① 职务工资 zhíwùgōngzī 직에 따르는 봉록. ② 职务和工资 zhíwù hégōngzī 직무와 봉급.

직분(職分) 명 ① 职守 zhíshǒu 마땅히 해야 할 본분. ② 职分 zhífèn 직무상의 본분.

직사(直射) 명 ① 直射 zhíshè 빛살이 곧게 바로 비침. ② 直接发射 zhíjiēfāshè 〈군〉 바로 대고 쏨. 비교적 얕은 탄도로 곧게 쏨. ※곡사. 평사.

직사포(直射炮) 명 平射炮 píngshèpào 直筒子 zhítǒngzi 〈군〉 목표물을 직접 조준하여 쏘는, 탄알이 낮고도 곧게 나가도록 만든 대포. ※곡사포.

직선(職選) 명 直接选举 zhíjiēxuǎnjǔ 〈법〉 '직접선거'의 준말.

직설법(直說法) 명 直叙法 zhíxùfǎ 〈언〉 주로 서양 말본에서 말할이가 풀이말로 나타내는 행동이나 상태를 사실로서 인정하고 서술하는 법. ※법.

직수입(直輸入) 명 直接进口 zhíjiējìnkǒu 다른 나라의 상품을 중개상인의 손을 거치지 않고 직접으로 수입함↔직수출.

직시(直視) 명 凝视 níngshì 眼前发直 yǎnqiánfāzhí 똑바로 봄. ¶현실 ~. 正视现实。zhèngshìxiànshí. ※정시.

직업(職業) 명 职业 zhíyè 行业 hángyè 생계를 세우기 위하여 일정한 동안 계속 종사하는 일.

직영(直營) 명 直接经营 zhíjiējīngyíng 어떤 사업을 직접 관리하고 경영함.

직원(職員) 명 职员 zhíyuán 工人 gōngrén 工作人员 gōngzuòrényuán 어떤 직장에 근무하는 모든 사람들. ¶동료 ~. 同僚职员。tóngliáozhíyuán.

직인(職印) 명 横式印章 héngshìyìnzhāng 직원, 공무원, 회사원 들의 직무상 자격을 나타내는 도장. ※관인.

직임(職任) 명 职掌 zhízhǎng 职司 zhísī 职责 zhízé 직책의 소임.

직장(職長) 명 班长 bānzhǎng 领工员 lǐnggōngyuán 领班 lǐngbān 车间主任 chējiānzhǔrèn 공장에서 직공들을 감독하는 사람.

직장(職場) 명 工作岗位 gōngzuògǎngwèi 车间 chējiān 공장, 회사, 관청 들에서 무슨 직책을 맡아 가지고 일을 하는 곳=일터.

직전(直前) 명 就要...的时候 jiùyàodeshíhòu 前夕 qiánxī 바로 앞=즉전. ※직후.

직제(職制) 명 ① 编制 biānzhì 직무나 직위에 관한 제도. ② 官制 guānzhì=관제.

직조(織造) 명 织布 zhībù=천짜기.

직종(職種) 명 工种 gōngzhǒng 직업이나 직무의 종류.

직진(直進) 명 一直前进 yìzhíqiánjìn 곧게 나아감.

직통(直通) 명 ① 直达 zhídá 두 지점 사이에 아무런 거침이 없이 바로 통함. ② 立时生效 lìshíshēngxiào 어떤 행동이나 약 따위의 효과나 보람이 바로 나타남. ※직방.

직행(直行) 명 直达 zhídá 直通 zhítōng 중도에서 머물지 않고 곧장 감.

진(津) 명 浓 nóng ¶~한 색깔. 深色。 shēnsè.

진가(眞价) 명 真正价格 zhēnzhèngjiàgé 참된 가격.

진갑(進甲) 명 七十寿辰 qīshíshòuchén 환갑 이듬해 또는 그 해의 생일.

진격(進擊) 명 〔~하다|자동사·타동사〕 进击 jìnjī 앞으로 나아가서 침=진공↔퇴수.

진경(珍景) 명 奇景 qíjǐng=진풍경.

진공상태(眞空狀態) 명 ① 真空状态 zhēnkōngzhuàngtài 아무것도 없이 공허한 상태. 있어야 할 사물이 없거나 비어 있는 모양. ② 真空 zhēnkōng 〈물〉 진공인 상태.

진급(進級) 명 〔~하다|자동사〕 升级 shēngjí 학년이나 계급, 등급 따위가 오름=승반. ※낙제.

진기(珍奇) 형 〔여 불규칙〕 珍奇 zhēnqí 진귀하고 기이하다.

진념(軫念) 명 〔~하다|타동사〕 关怀 guānhuái 존귀한 사람이 아랫사람의 사정을 돌보아 생각함. 흔히 '임금이 백성을 생각함'의 뜻으로 쓴다. ※성념.

진담(眞談) 명 〔~하다|자동사〕 实话 shíhuà 참마음으로 하는 말.

진동(震動) 명 〔~하다|자동사·타동사〕 ① 震荡 zhèndàng 몹시 울리어 움직임. ② 扬名 yángmíng 명성 따위가 멀리 알려짐.

진두(陣頭) 명 阵前 zhènqián 진의 맨 앞. ¶~에 나서다. 站在阵前。 zhànzài zhènqián=진머리.

진로(進路) 명 前进道路 qiánjìndàolù 앞으로 나아갈 길↔퇴로.

진맥(診脈) 명 〔~하다|타동사〕 诊脉 zhěnmài 〈한의〉 손목의 맥을 짚어 보아 병을 판단함=검맥. 견맥. 맥진 ※안맥.

진면모(眞面目) 명 真面貌 zhēnmiànmào =참모습.

진미(眞味) 명 ① 真正味道 zhēnzhèng wèidào 참된 맛. ② 真正趣味 zhēnzhèng qùwèi 진정한 취미.

진본(珍本) 명 真本 zhēnběn=진서.

진상(眞相) 명 真相 zhēnxiàng 真面目 zhēnmiànmù=참모습.

진상(進上) 명 〔~하다|타동사〕 ① 进贡 jìngòng 지방의 토산물을 임금이나 윗사람에게 바침=진봉. ※공상. ② 贱货 jiàn huò '허름하고 나쁜 물건'의 속된 말.

진상품(進上品) 명 贡货 gònghuò 진상하는 물품=진상물.

진수(眞髓) 명 精髓 jīngsuí 精华 jīnghuá =고갱이.

진수(進水) 명 〔~하다|타동사〕 下水 xiàshuǐ 새로 지은 배를 처음으로 물에

띄우는 일.

진수대(進水台) 명 下水滑道 xiàshuǐhuá dào 새로 지은 배를 조선대로부터 미끄러뜨려 물속으로 들여보내는 장치.

진수성찬(珍饈盛饌) 명 山珍海味 shān zhēnhǎiwèi 맛이 좋고 푸짐하게 잘 차린 음식. ¶~을 차려 놓고 손님을 접대했다. 准备山珍海味招待客人。 zhǔnbèishānzhēn hǎiwèizhāodàikèrén.

진술(陳述) 명 〔~하다|자동사·타동사〕 陈述 chénshù 口供 kǒugòng 자세히 벌여 이야기함=신술. 전포.

진열대(陳列台) 명 橱窗 chúchuāng 물건을 벌여 놓는 대.

진영(陣營) 명 ① 阵地 zhèndì 진을 치고 있는 곳. ¶아군 ~. 我军阵地=행영. ② 阵营 zhènyíng 정치, 경제, 사회적으로 뜻이나 사상을 같이하는 단체나 국가 또는 그 편. ¶민족주의 ~. 民族主义阵营。 mínzúzhǔyìzhènyíng.

진인(眞因) 명 真实原因 zhēnshíyuányīn 〈불〉 보리의 경지에 이르는 참된 원인.

진작(振作) 명 〔~하다|자동사·타동사〕 振奋 zhènfèn 정신을 가다듬어 떨쳐 일으킴, 또는 일어남.

진종일(盡終日) 명 整天 zhěngtiān=온종일.

진주(珍珠) 명 ① 珍珠 zhēnzhū 진주조개 따위의 속에 생기는 아름다운 구슬=구슬. ② 珍宝 zhēnbǎo 방주. 빈주.

진중(鎭重) 형 〔여 불규칙〕 稳重 wěn zhòng 점잖아서 드레가 있다=궤궤하다. ¶~한 태도. 稳重态度。 wěnzhòngtàidù.

진중(陣中) 명 ① 阵中 zhènzhōng. ② 前线 qiánxiàn 〈군〉 진을 친 가운데=진상

진찰(診察) 명 〔~하다|타동사〕 诊断 zhěnduàn 〈의〉 의사가 여러 가지 방법으로 앓는 사람의 병 증세를 살피어서 봄=진후.

진척(進陟) 명 〔~하다|타동사〕 进展 jìn zhǎn 일이 진행되어 나아감. ※진전. 진행.

진출(進出) 명 〔~하다|자동사〕 进军 jìn jūn 走上 zǒushàng 登上 dēngshàng 어떤 방면으로 나서거나 나아감. ¶정계에 ~하다. 走上政界。 zǒushàngzhèngjiè.

진토(塵土) 명 尘土 chéntǔ 尘世 chénshì 티끌과 흙.

진통(陣痛) 명 ① 〈의〉 阵痛 zhèntòng 몸을 풀려고 배가 아픈 증=산통. ② 最大痛苦 zuìdàtòngkǔ '일이 다되어 갈 무렵에 겪는 어려움'의 비유. ¶무슨 일에나 ~이 따르기 마련이다. 无论做什么事, 都会伴随痛苦。 wúlùnzuòshénmeshì, dōu huìbànsuítòngkǔ.

진풍경(珍風景) 명 奇景 qíjǐng 진귀한 경치나 구경거리=진경. 이풍경.

진학(進學) 명 〔~하다|자동사〕 ① 进学 jìnxué 배움의 길에 나아가서 닦음. ② 升学 shēngxué 상급학교에 감.

진혼곡(鎭魂曲) 명 安魂曲 ānhúnqǔ 〈악〉

죽은 사람의 영혼을 위로하기 위한 악곡=위혼곡.

진홍(眞紅) 명 深红 shēnhóng=진홍빛.

질(質) 명 ① 品质 pǐnzhì 质量 zhìliàng 성질이나 바탕. ¶~이 좋은 상품. 质量好的商品。zhìliànghǎodeshāngpǐn. ② 质量 zhìliàng 〈논〉 판단에서 주개념과 반개념의 일치 여부. 곧 긍정이냐 부정이냐 하는 것.

질량(質量) 명 ① 〈물〉 质和量 zhìhé liàng 질과 양. ② 质量 zhìliàng 물체를 이루는 물질의 양. 물체의 무게와 다르다.

질문(質問) 명 〔~하다|자동사·타동사〕 问 wèn 询问 xúnwèn 提问 tíwèn=물음.

질박(質朴)[-바카-] 형 〔여 불규칙〕 俭朴 jiǎnpǔ 꾸민 데가 없이 수수하다→수수하다. ¶~한 시골 사람. 俭朴的农村人。jiǎnpǔdenóngcūnrén.

질병(質甁) 명 土瓶 tǔpíng 질로 만든 병.

질부(侄婦) 명 侄媳妇 zhíxífu=조카며느리.

질산(窒酸)[-싼] 명 硝酸 xiāosuān 〈화〉 질소와 산소와 수소로 된 강한 염기성 무기산의 하나. 무색의 발연성 액체이고 자극성 있는 냄새가 있으며 질산염, 물감, 폭약을 만드는 데 쓰인다. HNO_3.

질색(窒塞)[-쌕] 명 〔~하다|자동사〕 ① 讨厌 tǎoyàn=질기. ② 吃惊 chījīng 厌烦 yànfán 기가 막힐 지경으로 놀라거나 싫어함. ¶이런 일은 딱 ~이다. 最厌烦这种事。zuìtǎoyànzhèzhǒngshì.

질소(窒素) 명 氮 dàn 〈화〉 공기에 많이 들어 있고 색, 맛, 냄새가 없는 기체 원소. 유리 상태로는 공기 중에 그 부피의 78%를 차지하고 화합물로는 암모늄염, 질산염, 흰자질의 성분을 이루고 있는데 비료의 제조, 질산의 제조 따위에 쓰인다(N, 7번, 14.0067).

질시(嫉視)[-씨] 명 〔~하다|타동사〕 鄙视 bǐshì 仇视 chóushì 시기하여 봄=투기.

질식(窒息)[-씩] 명 〔~하다|자동사〕 窒息 zhìxī 숨이 막힘.

질주(疾走)[-쭈] 명 〔~하다|자동사·타동사〕 奔驰 bēnchí 빨리 달림=사주

질탕(佚宕) 명 〔~하다|형용사〕 〔~히|부사〕 逸荡 yìdàng 佚宕 yìdàng 흥취가 썩 높거나 방탕하다.

질투(嫉妒) 명 〔~하다|타동사〕 ① 嫉妒 jídù=강새암. ② 吃醋 chīcù=새암

질화로(嫉火爐) 명 泥火盆 níhuǒpén 질로 구워 만든 화로=도로.

질환(疾患) 명 疾病 jíbìng=병

집계(集計)[-꼐/-께] 명 〔~하다|타동사〕 ① 总算 zǒngsuàn 모아 셈함. ② 总计 zǒngjì 한데 모은 계산.

집광(集光) 명 〔~하다|자동사〕 聚光 jù guāng 빛을 모음.

집권(執權) 명 〔~하다|자동사〕 掌权 zhǎngquán 권세나 정권을 잡음=당권. 집병.

집도(執刀) 명 〔~하다|자동사〕 ① 持刀 chídāo 칼을 잡음. ② 执刀 zhídāo 칼을 놀려서 일을 함. 수술, 해부 따위.

집무(執務)[짐—] 명 〔~하다|자동사〕 工作 gōngzuò 사무를 잡아서 함.

집배(集配) 명 〔~하다|타동사〕 集中投递 jízhōngtóudì 한 군데로 모아서 배달함.

집성(集成) 명 〔~하다|타동사〕 综合 zōnghé 모아서 이룸.

집적(集積) 명 〔~하다|자동사·타동사〕 ① 集成 jíchéng 모여 쌓임. ② 积累 jīlěi 모아 쌓음.

집하(集荷)[지파] 명 〔~하다|자동사〕 ① 集货 jíhuò→집화. 화물이나 상품 따위가 모여듦=수하. ② 集荷 jíhé 화물이나 상품 따위를 모음=수하.

집행유예(執行猶豫)[지팽뉴—] 명 缓刑 huǎnxíng 〈법〉 유죄판결을 내리고서 일정한 기간 동안 형의 집행을 보류하며, 그 기간을 무사히 넘기면 선고의 효력이 없어지게 하는 일. §집유.

징모(徵募) 명 〔~하다|타동사〕 征募 zhēngmù 불러서 모집함.

징역(懲役) 명 徒刑 túxíng 〈법〉 죄인을 형무소에 가두어 두고 노동을 시키는, 체형의 한 가지.

징조(徵兆) 명 兆 zhào 어떤 일이 생길 기미가 미리 보이는 조짐=예징. 조징.

징집(徵集) 명 〔~하다|타동사〕 ① 征募 zhēngmù 물건을 거두어 모음. ② 征兵 zhēngbīng 병역 의무자를 불러 모음. ※징모.

징표(徵表) 명 标准 biāozhǔn 标志 biāozhì=표징.

징후(徵候) 명 征候 zhēnghòu 征兆 zhēngzhào 征象 zhēngxiàng 겉으로 나타나는 조짐.

ㅊ

차(車) 명 ① 车 chē 바퀴가 굴러서 나아가게 되어 있는, 사람이나 짐을 실어 옮기는 수단=거량. ② 车辆 chēliàng 차량. ③ (象棋) 车 jū '차'자를 새긴 장기짝. 한편에 둘씩 넷이 있고 일직선으로 가로로, 세로로 몇 밭이든지 다닌다.

차(差) 명 ① 差数 chāshù 둘 이상의 사물을 견줄 때에 서로 어긋나거나 틀리는 정도. ② 差 chā 〈수〉 어떤 수나 식에서 다른 수나 식을 덜어낸 나머지.

차(次) 명 次 cì 次(数) cì(shù) 이름씨 앞에 붙어서 '버금'의 뜻을 나타냄. ¶~종손. 次曾孙。cìzēngsūn.

차가(借家) 명 〔~하다|자동사〕 ① 租房 zūfáng 남의 집을 빌어서 삶. ② 租用房 zūyòngfáng 빌어서 든 집.

차감(差減) 명 〔~하다|타동사〕 ① 留成 liúchéng 견주어 보았을 때 줄어든 차이. ¶~이 심하다. 留成的多。liúchéngdeduō. ② 提成 tíchéng 견주어서 덜어냄.

차관(次官) 명 ① 副部长 fùbùzhǎng 대한제국 때, 궁내부와 각부의 버금 벼슬. ② 次官 cìguān 각부의 장관을 보좌하는 버금 벼슬.

차관(茶罐) 명 茶壶 cháhú=찻주전자.

차관(借款) 명 〔~하다|타동사〕 贷款 dàikuǎn 借债 jièzhài 나라 사이의 빚=나랏빚.

차광문(遮光門) 명 遮光窗 zhēguāng chuāng 빛을 가리는 문.

차금(借金) 명 〔~하다|자동사〕 借钱 jiè qián 借款 jièkuǎn 돈을 꾸어 옴. 또는 그 돈=차재. 차전. 차채. 채금.

차기(次期) 명 下次 xiàcì 다음 시기 또는 다음의 기. ¶~ 대통령. 下一届总统。xiàyí jièzǒngtǒng.

차단(遮斷) 명 〔~하다|타동사〕 断绝 duànjué 断线 duànxiàn 길이나 도선 따위를 막거나 끊어서 통하지 못하게 함.

차단기(遮斷器) 명 ① 拦道木 lándàomù 기차, 전차 따위가 지나갈 적에 건너 다니지 못하도록 철도 건널목을 막는 장치. ¶~를 내렸다. 下了栏杆。xiàlelángān =길막이. ② 断路器 duànlùqì 전류나 전자가 흐르지 못하도록 전선을 끊거나 막는 기구.

차대(車臺) 명 车架 chējià=차틀.

차도(差度) 명 有起色 yǒuqǐsè 好转 hǎo

zhuǎn 병이 조금씩 돌려서 나아가는 일 =차효.

차례(次例) 명 ① 次序 cìxù 둘 이상의 것이 벌여있는 서로의 관계나 그 자리. ¶~를 기다린다. 等着顺序。děngzheshùn xù. ② 依次 yīcì 서차. 순서. ③ 目录 mù lù 글, 책 같은 것에서 벌여 적어 놓은 항목.

차명(借名) 명 〔~하다|자동사〕 借名 jiè míng 冒名 màomíng 남의 이름을 빌어서 씀. ¶~ 거래. 冒名交易。màomíngjiāoyì.

차반(茶盤) 명 托盘 tuōpán→찻반.

차번호(車番號) 명 汽车号码 qìchēhàomǎ 각 차마다 매겨진 고유 번호=차량번호.

차변(借邊) 명 借方 jièfāng 借记 jièjì 收方 shōufāng 借入 jièrù 〈경〉 복식부기의 분개법에서 장부상의 계정구좌 왼쪽을 말함. 자산의 늚, 빚 또는 자본의 줆, 잃은 따위를 적는 부분=들쪽↔대변.

차석(次席) 명 第二席位 dìèrxíwèi 수석의 버금 자리 또는 그 사람.

차선(次善) 명 较善 jiàoshàn 최선의 다음.

차선(車線) 명 车道线 chēdàoxiàn 한 대의 차량이 지나가는 데 필요한 만큼 정해 놓은 너비. ¶~을 침범한다. 侵犯车道线。qīnfànchēdàoxiàn.

차세(此世) 명 今生 jīnshēng=현세.

차손금(差損金) 명 差价损失 chājiàsǔn shī 차손의 금액↔차익금.

차손(差損) 명 ① 差额损失 chāésǔnshī 매매의 결산을 할 때에 그 손해를 본 액수 또는 그 손해↔차익. ② 损害 sǔnhài 가격의 변동이나 개정 따위로 말미암아 본 손해 또는 그 액수↔차익.

차송(差送) 명 〔~하다|타동사〕 差遣 chāiqiǎn=차견.

차압(差押) 명 〔~하다|타동사〕 查封 cháfēng 扣押 kòuyā 〈법〉→압류.

차액(差額) 명 差额 chāé 差价 chājià 차이가 나는 액수. ¶~을 메우다. 弥补差价。míbǔchājià.

차용증(借用證) 명 借条 jiètiáo 借据 jiè jù=차용증서.

차월(借越) 명 〔~하다|타동사〕 透支借款 tòuzhījièkuǎn 〈경〉 예금자 쪽에서 대월을 일컫는 말. 곧 예금액 이상으로 대부받는 일.

차익(差益) 명 ① 低销利益 dīxiāolìyì 결산을 할 때에, 들인 돈의 뺄 것을 다 빼고 난 나머지의 이익, 또는 그 액수↔차손. ② 利益 lìyì 가격의 변동이나 개정 따위로 말미암아 생기는 이익 또는 그 액수↔차손.

차일피일(此日彼日) 명 一天拖一天 yì tiāntuōyìtiān=이날 저날.

차임(車賃) 명 车费 chēfèi=찻삯.

차입(差入) 명 〔~하다|타동사〕 给被囚禁的人送东西 gěibèiqiújìnderénsòngdōngxi 교도소나 구치소에 갇혀 있는 사람에게 음식이나 물품을 들여 보냄.

차장검사(次長檢事) 명 副检察长 fùjiǎn cházhǎng 〈법〉 검찰총장, 검찰청장을 보좌하고, 그 직무를 대행하는 검사.

차점(次點) 명 次高分 cìgāofēn→찻점.

차제(此際) 명 立即 lìjí=이즈음.

차지(借地) 명 〔~하다|자동사〕 ① 租地 zūdì 남의 땅을 빌어 씀. ② 빌어 쓰는 땅.

차치(且置) 명 〔~하다|타동사〕 暂且搁置 zànqiěgēzhì '차치물론'의 준말.

차편(車便) 명 趁车来往之便 chènchēlái wǎngzhībiàn 차가 오고 가는 편.

차환(借換) 명 〔~하다|타동사〕 ① 换借 huànjiè 새로 꾸어서 먼저 꾼 것을 돌려주는 일. ② 借换 jièhuàn 〈경〉 새로 증권을 발행하여 그 돈으로 이미 발행되어 있는 증권을 상환하는 일.

착검(着劍) 명 〔~하다|자동사〕 ① 佩剑 pèijiàn 몸에 칼을 참. ② 上刺刀 shàngcì dāo 총 끝에 총검을 꽂음.

착공(着工) 명 〔~하다|타동사〕 开工 kāigōng 공사를 시작함.

착모(着帽)[창—] 명 〔~하다|자동사〕 戴帽 dàimào 모자를 씀↔탈모.

착발(着發) 명 〔~하다|자동사〕 ① 到达和出发 dàodáhéchūfā=발착. ② 着地爆发 zháodìbàofā 폭발물 따위가 날아가서 땅이나 물체에 부딪쳐 폭발함.

착상(着想) 명 〔~하다|타동사〕 构想 gòuxiǎng 어떤 창의나 창작의 근간을 이루는 생각이나 구상 따위를 잡음. 또는 그러한 생각이나 구상. ¶기발한 ~. 新颖的构想。xīnyǐngdegòuxiǎng.

착색(着色) 명 〔~하다|타동사〕 染色 rǎnsè 着色 zhuósè=빛깔내기.

착생(着生) 명 〔~하다|자동사〕 寄生 jì shēng 다른 물체에 붙어서 삶.

착석(着席) 명 〔~하다|자동사〕 就位坐下 jiùwèizuòxià 자리에 앉음=착좌. ¶모두들 빨리 ~해 주십시오. 请大家坐好。qǐngdàjiāzuòhǎo.

착선(着船) 명 〔~하다|자동사〕 到达船舶 dàodáchuánbó 船舶到港 chuānbódào gǎng 배가 와서 닿음↔발선.

착수(着水) 명 〔~하다|자동사〕 碰到水面 pèngdàoshuǐmiàn 溅水 jiànshuǐ 물위에 내려앉음.

착수(着手) 명 〔~하다|자동사·타동사〕 着手 zhuóshǒu 开始 kāishǐ 动手 dòng shǒu 일에 손대기 시작함=하수. ¶수사에 ~하다. 着手搜查。zhuóshǒusuōchá.

착실(着實) 형 〔여 불규칙〕 ① 诚实 chéngshí 认真 rènzhēn 침착하고 실답다. ¶그분은 ~한 사람이니 믿어도 좋을 것이오. 他是诚实可靠的的人。tāshìchéng shíkěkàoderén. ② 足足 zúzú 일정한 정도나 수준에 넉넉히 미치고 있다. ¶이 짐은 ~하게 20kg은 넘는 것 같다. 这一件行李足有二十公斤。zhèyíjiànxínglǐzúyǒu èrshígōngjīn.

착안(着岸) 명 〔~하다|자동사〕 靠岸 kàoàn 배가 바다나 강 따위의 기슭에 닿음.

착안(著眼) 명 〔~하다|자동사〕 着眼 zhuóyǎn 发现 fāxiàn 어떠한 일을 이루어 낼 수 있는 기틀을 파악함=착목. ¶좋은 점에 ~했구나. 发现了巧妙方法。 fā xiànleqiǎomiàodefāngfǎ.

착용(着用) 명 〔~하다|타동사〕 穿 chuān 携带 xiédài 입거나, 신거나, 쓰거나, 차는 일 따위.

착유(榨乳) 명 〔~하다|자동사〕 挤奶 jǐ nǎi 젖을 짬.

착잡(錯雜)[-짜파-] 형 〔여 불규칙〕 错综复杂 cuòzōngfùzá 杂乱 záluàn 뒤섞이어 복잡하다=잡착하다.

착정(鑿井) 명 〔~하다|자동사〕 挖井 wā jǐng 우물을 팜.

착지(着地) 명 〔~하다|자동사〕 ① 着陆地 zhuólùdì 抵达的地方 dǐdádedìfāng 내리거나 닿는 곳. ② 着地 zháodì 내려 섬. ¶~ 자세. 着地姿势。zháodìzīshì.

착취(榨取) 명 〔~하다|타동사〕 ① 着地 zháodì 盘剥 pánbō 搜刮 sōuguā 꼭 누르거나 비틀어서 즙을 짜 냄. ② 着地 zháo dì 剥削 bōxuē 〈경〉 자본가나 지주가 노동자나 농민을 임금에 상당한 시간 이상으로 부려서 생기는 잉여가치를 자기의 소유로 함.

착탄(着彈) 명 〔~하다|자동사〕 弹着 tánzhe 쏜 탄알이 가서 맞음. 또는 그 탄알.

착하(着荷) 명 ① 到货 dàohuò → 착화 짐이 도착함. ② 到达物 dàodáwù 도착한 짐.

착항(着港)[차캉] 명 〔~하다|자동사〕 ① 船舶到港 chuánbódàogǎng 배가 항구에 닿음. ② 到达港 dàodágǎng 닿을 항구.

착화(着火)[차콰] 명 〔~하다|자동사〕 点火 diǎnhuǒ=점화.

찬(饌) 명 菜 cài 饭菜 fàncài '반찬'의 준말.

찬부(贊否) 명 赞成和反对 zànchénghé fǎnduì 찬성과 반대=가부.

찬술(撰述) 명 〔~하다|타동사〕 作文 zuòwén 编撰 biānzhuàn 撰文 zhuàn wén=저술.

찬양(讚揚) 명 〔~하다|타동사〕 赞扬 zànyáng 赞美 zànměi 赞赏 zànshǎng 칭찬하여 드러냄.

찬의(贊意)[-의/-이] 명 赞成的意思 zàn chéngdeyìsi 찬성하는 뜻=긍지.

찬자(撰者) 명 作者 zuòzhě 撰稿者 zhuàn gǎozhě 시가, 문장, 책 따위의 작자=찬인.

찬장(饌欌)[-짱] 명 碗柜 wǎnguì 음식이나 그릇 따위를 넣어 두는 장. ※그릇장.

찬조금(贊助金) 명 捐款 juānkuǎn 찬조하여 내는 돈.

찬합(饌盒) 명 套匣 tàoxiá 提盒 tíhé 食合 shíhé 반찬이나 술안주를 담도록 사기나 나무 따위로 둥글거나 모가 나게 만든 그릇. 여러 개가 포개져서 한 벌이 된다.
찰과상(擦過傷) 명 擦伤 cāshāng=찰상. 무엇에 스치거나 문질려서 다친 상처=마찰상. 찰과상.
참(站) 명 ① 驿站 yìzhàn=역참. ② 休息时间 xiūxishíjiān 일을 하다가 쉬는 시간이나 동안. ¶아침 ~과 오후 ~. 早晨和下午休息时间。zǎochénhéxiàwǔxiūxishí jiān. ③ 打尖 dǎjiān 夜宵 yèxiāo 일을 하다가 쉬는 시간에 먹는 것 또는 그 번수의 단위. ¶~을 먹다. 吃夜宵。chīyè xiāo. ④ 休息站 xiūxizhàn 길을 가다가 쉬거나 묵거나 하는 곳.
참견(參見) 명 〔~하다|자동사·타동사〕 ① 干预 gānyù 어떤 일이나 말에 관계하여 아는 체 하거나 간섭하여 나섬. ¶자네는 도대체 뭘 안다고 이렇게 남의 일에 ~인가? 你知道什么, 敢干预别人的事? nǐ zhīdàoshénme, gǎngānyùbiéréndeshì =간참. 참섭. ② 参观 cānguān=참관.
참관(參觀) 명 〔~하다|자동사·타동사〕 参观 cānguān 观摩 guānmó 어떤 곳에 나아가서 봄=관참. 참간. 참견.
참담(慘憺) 명 〔~하다|형용사〕〔~히|부사〕 ① 凄惨 qīcǎn 몹시 암담하다. ¶~하고 황량한 폐허. 凄惨而荒凉的废墟。qī cǎnérhuāngliángdefèixū. ② 凄凉 qī liáng 괴롭고 슬프거나 근심 걱정이 가득해 보이다. ¶~한 기색. 凄凉的脸色。qī liángdeliǎnsè. ③ 悲惨 bēicǎn 얼굴에 독한 기운이 있다.
참렬(參列)[-녈] 명 〔~하다|자동사〕 参加行列 cānjiāhángliè 参加对列 cānjiā duìliè 대열이나 행렬에 끼임.
참례(參禮)[-네] 명 〔~하다|자동사〕 参加仪式 cānjiāyíshì 参加典礼 cānjiādiǎn lǐ 예식에 참여함. ¶혼례식에 ~하다. 参加结婚典礼。cānjiājiéhūndiǎnlǐ.
참사(參事) 명 〔~하다|자동사〕 ① 参与事 cānyǔshì 어떠한 일에 참여함. ② 参与的人 cānyǔderén 어떤 일에 참여한 사람.
참사(慘事) 명 惨案 cǎnàn 슬프고 끔찍한 일.
참사관(參事官) 명 参赞 cānzàn 공사의 아래, 1등 서기관의 위인 외교관 직급의 하나.
참살(慘殺) 명 〔~하다|타동사〕 残杀 cánshā 屠杀 túshā 참혹하게 죽임=잔살.
참상(慘狀) 명 惨状 cǎnzhuàng 悲惨的情景 bēicǎndeqíngjǐng 참혹한 상태.
참석(參席) 명 〔~하다|자동사〕 出席 chūxí 参加 cānjiā 赏脸 shǎngliǎn 어떤 자리에 참여함.
참소(讒訴) 명 〔~하다|타동사〕 谗言 chányán 进谗 jìnchán=하리.
참신(斬新) 형 〔여 불규칙〕 新颖 xīn yǐng 처음으로 이루어져서 가장 새롭다.
참예(參詣) 명 〔~하다|자동사〕 参与 cānyù 加入 jiārù 插嘴 chāzuǐ=참여.
참작(參酌) 명 〔~하다|타동사〕 参酌

cānzhuó 参考 cānkǎo 斟酌 zhēnzhuó 이리저리 비추어 보아서 알맞게 헤아림=참량. ※감안. ¶정상을 ~할 여지가 없다. 没有参酌情况的余地。méiyǒucānzhuóqíngkuàngdeyúdì.

참참(站站) 명 ① 间隙 jiànxì 时时 shíshí 이따금 쉬는 시간. ② 各站 gèzhàn 각 역참.

참혹(惨酷) 명 〔~하다|형용사〕〔~히|부사〕 残酷 cánkù 悲惨 bēicǎn 비참하고 끔찍하다.

참화(惨禍) 명 惨祸 cǎnhuò 浩劫 hàojié 참혹한 재화. ¶~를 입다. 遭受惨祸。zāo shòucǎnhuò.

참획(參畫) 명 〔~하다|자동사〕 参与计划 cānyǔjìhuà 계획에 참여함.

창(窗) 명 窗门 chuāngmén '창문'의 준말.

창(槍) 명 ① 长枪 chángqiāng 扎抢 zhāqiāng 长矛 chángmáo 긴 나무 자루 끝에 쇠촉을 박아서 던지거나 찌르는 데 쓰던 무기. ② 标枪 biāoqiāng 투창에 쓰는 기구. 남자용은 길이 2.5m·무게 800g이며, 여자용은 길이 2.2m·무게는 600g 이상이다=과모.

창구(窓口) 명 窗口 chuāngkǒu 橱口 chúkǒu 窗 chuāng 服务台 fúwùtái 작은 물건을 내고 들일 수 있도록 조그마하게 창을 낸 곳. ¶매표 ~. 售票口。shòupiào kǒu.

창달(暢達) 명 〔~하다|자동사·타동사〕 ① 畅达 chàngdá 자기의 의견이나 주장을 거리낌없이 자유로이 표현하여 전달함. ¶언론 ~. 畅达言论。chàngdáyánlùn. ② 兴隆 xīnglóng 昌盛 chāngshèng 거침없이 쭉쭉 벋어 자람. 또는 그렇게 되게 함.

창립(創立)[-닙] 명 〔~하다|타동사〕 创办 chuàngbàn 创设 chuàngshè 처음 세움. ※창설.

창업(創業) 명 〔~하다|타동사〕 ① 开国 kāiguó 나라를 처음으로 세움. ② 创业 chuàngyè 사업을 처음으로 이룸.

창연(蒼然) 명 ① 蔚蓝 wèilán=새파랗다. ¶빛이 ~. 蔚蓝色。wèilánsè. ② 碧蓝 bìlán 变黑 biànhēi=어둑어둑하다. ¶~한 저녁 빛. 苍然的晚霞。cāngrándewǎn xiá. ③ 苍苍 cāngcāng 예스러운 빛이 그윽하다. ※고색이 창연하다→고색.

창이(創痍) 명 刀枪伤 dāoqiāngshāng 병기에 다친 상처 蔚蓝 wèilán.

창창(蒼蒼) 형 〔여 불규칙〕 ① 蔚蓝 wèi lán=짙푸르다. ¶넓고 ~한 바다. 蔚蓝宽阔的海。wèilánkuānkuòdehǎi. ② 深绿色 shēnlǜsè 짙푸르게 무성하다. ¶~한 송림. 深绿色松林。shēnlǜsèsōnglín. ③ 远大 yuǎndà 앞날이 멀고 멀어서 아득하다. ¶장래가 ~. 远大未来。yuǎndàwèilái. ④ 苍苍 cāngcāng=아득하다. ¶~한 옛날. 苍苍的古时候。cāngcāngdegǔshíhòu.

창출(創出) 명 〔~하다|자동사·타동사〕 ① 首创 shǒuchuàng 처음으로 이루어져

생겨 남. ② 創造 chuàngzào 처음으로 생각하여 지어 내거나 만들어 냄.

채결(採決) 명 〔~하다|타동사〕 交付表决 jiāofùbiǎojué 의장이 의안의 가부를 물어서 정함.

채굴(採掘) 명 〔~하다|타동사〕 开采 kāicǎi 挖 wā=캐기.

채권(債券)[-꿘] 명 债券 zhàiquàn 债票 zhàipiào → 채권.

채권(債權)[-꿘] 명 债权 zhàiquán 债券 债务证书 zhàiquànzhàiwùzhèngshū → 찻권.

채귀(債鬼) 명 逼债者 bīzhàizhě 몹시 조르는 빚쟁이를 이르는 말.

채무자(債務者) 명 债户 zhàihù 借方 jièfāng 债务人 zhàiwùrén 〈법〉 어떤 사람에게 특정한 행위를 이행할 의무를 진 사람=부채자. 부채주↔채권자.

채산(採算) 명 〔~하다|타동사〕 核算 hé suàn 算盈利 suànyínglì 合算 hésuàn 수지가 맞고 안 맞음을 따지는 셈.

채색(彩色) 명 ① 彩色 cǎisè 여러 가지의 고운 빛깔=단청. ② 彩色料 cǎisèliào '채색감'의 준말.

채소(菜蔬) 명 蔬菜 shūcài 밭에서 가꾸는 온갖 푸성귀 ≪주로 그 잎이나 줄기·열매 따위를 식용하는 것≫. 남새.

채송화(菜松花) 명 草杜鹃 cǎodùjuān 〈식〉=채숭아.

채식(菜食) 명 〔~하다|자동사〕 素食 sù shí 푸성귀로 만든 반찬만 먹음=도식. ※육식.

채용(采用) 명 〔~하다|타동사〕 ① 彔用 lùyòng 雇佣 gùyōng 사람을 골라서 씀=녹용. ② 采用 cǎiyòng 의견, 방법 따위를 받아들여서 씀.

채자(採字) 명 〔~하다|자동사〕 〈인〉 拣字 jiǎnzì 〈인〉=활자뽑기.

채점(采點)[-쩜] 명 〔~하다|타동사〕 评分 píngfēn 打分数 dǎfēnshù 评卷 píng juàn → 채점.

채취(採取) 명 〔~하다|타동사〕 开采 kāicǎi 挖掘 wājué 찾아서 캐거나 베거나 따거나 뜯거나 하여 얻어 냄.

채취권(採取權)[-꿘] 명 开采权 kāicǎi quán 〈법〉→ 채취권.

채탄(採炭) 명 〔~하다|자동사〕 采煤 cǎi méi 挖煤 wāméi 〈광〉 석탄을 캐냄.

채택(採擇) 명 〔~하다|타동사〕 采取 cǎi qǔ 골라서 가려 내거나 뽑음.

책(冊) 명 ① 书籍 shūjí 어떤 사상·사항을 글이나 그림으로 나타낸 종이를 겹쳐서 꿰맨 물건=서적. 서질. 서책. 전적. 책자. ② 册 cè 종이를 여러 장 겹쳐서 엮은 것.

책동(策動) 명 〔~하다|타동사〕 ① 阴谋 yīnmóu 꾀를 써서 슬그머니 꾸미거나 행동함. ② 策划 cèhuà 꼬드김.

책략(策略)[챙냑] 명 计策 jìcè 策略 cèlüè 모책과 방략=책모.

책력(冊曆)[챙녁] 명 历书 lìshū 지구와 해·달과의 관계에 있어서, 일 년 동안에 달·해의 뜨고 지는 일, 월식. 일식. 절기 및 그밖의 다른 기상학에서의 변동 및 그밖의 사항을 날을 좇아 적은 책=역서.

책망(責望)[챙-] 명 〔~하다|타동사〕 责备 zébèi 指责 zhǐzé 责难 zénàn 꾸짖음. §책

책명(冊名)[챙-] 명 书名 shūmíng→책 이름.

책모(策謀)[챙-] 명 策略 cèlüè 谋略 móulüè=책략.

책방(冊房) 명 书店 shūdiàn 书局 shūjú 书亭 shūtíng=책가게.

책보(冊褓) 명 包袱皮儿 bāofùpíer 包袱 bāofù 책을 싸는 보자기=책보자기.

책상(冊床) 명 桌子 zhuōzi 书桌 shūzhuō 写字台 xiězìtái 글을 읽거나 쓰는 데 받치고 쓰는 상=서궤.

책상보(冊床褓) 명 台布 táibù 桌布 zhuōbù 책상을 덮는 보.

책원(策源) 명 ① 〈군〉 供给基地 gōngjǐjīdì 전방부대에 보급품을 대어 주는 후방 지점=책원. ② 策略的出处 cèlüèdechūchù 책략의 근거지.

책임(責任) 명 ① 任务 rènwù 맡겨진 임무나 의무. ¶~이 무겁다. 任务重。rènwùzhòng. §책. ② 责任 zérèn 〈법〉 법에 어긋난 짓을 한 이에게 법률에서의 불이익, 또는 제재가 주어지는 일. 민사책임과 형사책임이 있다.

책자(冊子) 명 书籍 shūjí 书本 shūběn=책.

책장(冊欌) 명 书柜 shūguì 书橱 shūchú 책을 넣어두는 장=서장.

책제목(冊題目) 명 书名 shūmíng 책뚜껑에 쓰는 그 책의 이름. §책제.

처(妻) 명 妻子 qīzi 爱人 àirén 太太 tàitai=아내.

처결(處決) 명 〔~하다|타동사〕 处理 chǔlǐ 处置 chǔzhì 결정하여 처리함=처재.

처남(妻男) 명 内兄 nèixiōng 大舅子 dàjiùzi 小舅子 xiǎojiùzi 아내의 남자 형제.

처녀(處女) 명 ① 姑娘 gūniáng 闺女 guīnǚ 시집갈 나이는 되었으나 아직 혼인한 적이 없는 여자=낭자. 실녀. 처자. ② 处女 chǔnǚ=숫처녀. ③ 头一次 tóuyícì 일부 이름씨나 뿌리 앞에 쓰이어 그 가리키는 일을 '처음으로 하는 것'의 뜻. ※처녀 공연. 처녀 비행. 처녀작. 처녀항해. ④ 未开发 wèikāifā 일부 이름씨스런 뿌리 앞에 붙어, '사람이 밟거나 손을 대지 아니한 것'의 뜻. ※처녀림.

처단(處斷) 명 〔~하다|타동사〕 处决 chǔjué 惩办 chéngbàn 处治 chǔzhì 결단하여 처분하거나 처치함. ¶법에 따라 엄중히 ~하다. 依法严惩。yīfǎyánchéng.

처량(凄凉) 형 〔여 불규칙〕 ① 凄切 qīqiè 마음이 구슬퍼질 만큼 쓸쓸하다. ② 凄凉 qīliáng 서글프고 구슬프다. ¶~한

신세. 凄凉身世。qīliángshēnshì.

처리(處理) 명 〔~하다|타동사〕 ① 办理 bànlǐ 일을 다스려서 치러 감. ¶사무 ~. 办理事务。bànlǐshìwù. ② 处理 chǔlǐ 어떤 결과를 얻기 위하여 화학적 또는 물리학적 작용을 일으키게 함. ¶화학적 ~. 化学处理。huàxuéchǔlǐ.

처방(處方) 명 ① 处方 chǔfāng 〈의〉 병을 다스리려고 증세에 따라 약제를 배합하는 방법. ② 方案 fāngàn 일정한 사물을 처리하는 방법. 잘못이나 결함을 고쳐서 바로잡기 위한 대책. ③ 用药处方 yòngyàochǔfāng=처방전.

처방전(處方箋) 명 用药处方 yòngyàochǔfāng 〈의〉 처방의 내용을 적은 종이=처방. 약전.

처벌(處罰) 명 〔~하다|타동사〕 处罚 chǔfá 处分 chǔfèn 형벌에 처함.

처복(妻福) 명 妻子的帮助 qīzidebāngzhù 妇德 fùdé 훌륭한 아내를 맞이하게 되는 복. ¶~이 많은 사나이. 妻子的帮助多的人。qīzidebāngzhùduōderén.

처분(處分) 명 〔~하다|타동사〕 ① 处置 chǔzhì 처리해 치움. ¶빨리 ~을 해라. 赶快处置。gǎnkuàichǔzhì. ② 处理 chǔlǐ 법규에 따른 처리. ¶행정 ~. 行政处理。xíngzhèngchǔlǐ. ③ 处分 chǔfèn 일정하게 처리하도록 하는 지시나 결정. ¶관대한 ~을 바라다. 希望宽大处分。xīwàng kuāndàchǔfèn.

처사(處事) 명 〔~하다|자동사〕 办事 bànshì 处事 chǔshì 일을 처리함.

처삼촌(妻三寸) 명 妻子的叔父 qīzideshūfù 叔丈人 shūzhàngrén 아내의 친정 삼촌. ※처숙.

처세(處世) 명 〔~하다|자동사〕 处世 chǔshì 营生 yíngshēng 이 세상에서 살아 감=처세상.

처세술(處世術) 명 处世之方 chǔshìzhīfāng 처세하는 방법이나 수단.

처세훈(處世訓) 명 处世之道 chǔshìzhīdào 처세하는 데에 도움이 되는 교훈.

처소(處所) 명 ① 定处 dìngchù 住地 zhùdì 사람이 살거나 임시로 머무르는 곳. ② 场所 chǎngsuǒ=곳.

처숙(妻叔) 명 妻子的叔父 qīzideshūfù=처숙부.

처시하(妻侍下) 명 怕妻子的人 pàqīziderén '아내에게 눌려 지내는 사람'을 조롱하는 말.

처신(處身) 명 〔~하다|자동사〕 立身处世 lìshēnchǔshì 몸을 가지거나 행동하는 일. ¶사람이 사람답게 살려면 ~을 잘해야 하는 법이오. 先立身处世好, 才能做好人。xiānlìshēnchǔshìhǎo, cáinéngzuòhǎorén=행기. 행신.

처우(處遇) 명 〔~하다|타동사〕 ① 待遇 dàiyù 형편에 알맞게 대우함. 형편에. ② 相待 xiāngdài 알맞게 하는 대우.

처자(妻子) 명 妻与子 qīyǔzǐ 아내와 자

식=가소. 계집자식. 노치. 처자식.

처자(處子) 명 姑娘 gūniáng 小姐 xiǎojiě =처녀.

처절(凄切) 명 〔~하다|형용사〕〔~히|부사〕 凄凉 qīliáng 凄惨 qīcǎn 몹시 처량하다.

처제(妻弟) 명 小姨子 xiǎoyízi 아내의 여동생.

처족(妻族) 명 妻党 qīdǎng 아내의 겨레붙이=처당. 처변. 처편.

처지(處地) 명 ① 处境 chǔjìng 처하여 있는 사정이나 형편=지처. ② 身份 shēn fèn 지위 또는 신분=지처.

처참(凄慘) 명형 〔여 불규칙〕 凄苦 qīkǔ 悲惨 bēicǎn 매우 슬프고 끔찍하다.

처처(處處) 명 到处 dàochù 各地 gèdì=곳곳.

처치(處置) 명 〔~하다|타동사〕 ① 随便处理 suíbiànchǔlǐ 닥치는 일을 감당하여 치러 감. ② 处理 chǔlǐ 다루어서 치우거나 없애 버림. 죽여서 없애 버림. ③ 处置 chǔzhì 의료상의 조치를 취하는 일.

처형(妻兄) 명 大姨子 dàyízi 姨妹 yímèi 아내의 언니.

척결(剔抉) 명 〔~하다|타동사〕 刮骨 guāgǔ 살을 긁고 뼈를 발라 냄=결척. '나쁜 요소들을 잘라 없앰'을 비유하는 말. ¶부조리 ~. 驱除不合理现象。qūchú bùhélǐxiànxiàng=결척.

척도(尺度) 명 ① 尺度 chǐdù 자로 재는 길이의 표준=도척. ② 标准 biāozhǔn 측정하거나 평가하는 기준=도척.

척탄(擲彈) 명 〔~하다|자동사〕 投弹 tóudàn 〈군〉 적에게 폭탄을 던짐.

척후대(斥候隊) 명 尖兵队 jiānbīngduì 〈군〉 적정을 정찰, 수색하려고 파견되는 작은 부대.

천(賤) 형 〔여 불규칙〕 ① 难看 nánkàn 생긴 모양이나 언행이 품위가 낮다. ¶~해 보이는 얼굴 难看的脸。nánkànde liǎn. ② 下贱 xiàjiàn 신분이 낮다. ¶~한 가문에 태어나다. 下贱的家族中出生。xiàjiàndejiāzúzhōngchūshēng. ③ 不希罕 bùxīhan 물건이 귀중하지 않고 너무 흔하다.

천거(薦擧) 명 〔~하다|타동사〕 推荐 tuījiàn 인재를 초들어서 소개하여 쓰게 함=거천.

천고(千古) 명 ① 千年 qiānnián 古老 gǔlǎo 썩 먼 옛적. ② 很久以后 hěnjiǔyǐhòu 매우 오랜 세월. ¶~에 사라지지 않을 공적. 千古不灭的功勋。qiāngǔbúmiède gōngxūn. ③ 千年难遇 qiānniánnányù 오랜 세월을 통하여 그러한 종류가 드묾. ¶~의 영웅. 千古英雄。qiāngǔyīngxióng.

천고마비(天高馬肥) 명 天高气爽 tiāngāo qìshuǎng '하늘의 높고 말은 살찐다'는 뜻으로, '가을이 썩 좋은 계절'임을 이르는 말=추고마비.

천근역사(千斤力士)[-녁-] 명 大力士

dàlìshì 천근을 들어 올릴 만한 장사. 곧 힘이 매우 센 사람.

천금(千金) 명 ① 万贯财宝 wànguàngcái bǎo 많은 돈이나 비싼 값. ¶~을 주고도 못 살 목숨. 千金难买的命。qiānjīnnánmǎi demìng. ② 千金 qiānjīn 아주 귀중한 것. ¶~ 귀체를 보중하소서. 请保养好千金贵体。qǐngbǎoyǎnghǎoqiānjīnguìtǐ.

천대(賤待) 명 〔~하다|타동사〕 ① 蔑视 mièshì 虐待 nüèdài 업신여겨서 아무렇게나 대함. ② 欺视 qīshì 함부로 다룸.

천래(天來)[철-] 명 先天性的 xiāntiān xìngde 先天的 xiāntiānde 하늘로부터 타고 온 것.

천렵(川獵)[철-] 명 〔~하다|자동사〕 在小河里捕鱼 zàixiǎohélǐbǔyú 냇물에서 하는 고기잡이.

천리만리(千里萬里)[철-말-] 명 千里迢迢 qiānlǐtiáotiáo 썩 먼 거리. §천만리.

천막(天幕) 명 帐幕 zhàngmù 帐蓬 zhàng péng 비바람, 볕 따위를 가리려고 치는 서양식의 장막. ¶~을 친다. 搭帐篷。dā zhàngpéng=천포. 풍막.

천만(千萬) 수명관부 ① 一千万 yīqiān wàn 千万 qiānwàn 만의 천 곱절. ② '썩 많은 수'를 일컫는 말. ¶~ 가지 생각을 해도 소용이 없다. 想得再多没用。xiǎng dezàiduōméiyòng. ③ 无法比 wúfǎbǐ '비길 데 없음', '이를 데 없음'의 뜻을 나타냄. ¶유감 ~이다. 遗憾万分。yíhànwàn fēn.

천만다행(千萬多幸) 명 〔~하다|형용사〕 万幸 wànxìng 아주 다행함=만만다행. 만분다행.

천만번(千萬番) 명 千万次 qiānwàncì 썩 많은 번수. ¶~ 불러 봐도 돌아오지 않았다. 千万次呼喊也不会来。qiānwàncìhūhǎn yěbúhuìlái.

천만부당(千萬不黨) 명 〔~하다|형용사〕 千不该万不该 qiānbùgāiwànbùgāi=천부당만부당.

천명(天命) 명 ① 天命 tiānmìng 타고난 목숨=정명. ② 罕有的幸运 hǎnyǒude xìng yùn 천수. 천수↔비명. ③ 天赋的命运 tiān fùdemìngyùn 타고난 운명.

천명(闡明) 명 〔~하다|타동사〕 阐明 chǎnmíng 论述 lùnshù 드러내서 밝힘.

천박(淺薄) 명 〔~하다|형용사〕 浅薄 qiǎnbó 肤浅 fūqiǎn 지식이나 생각 따위가 얕다.

천방지축(天方地軸) 명 ① 慌慌忙忙 huānghuāngmángmáng 못난 사람이 종없이 덤벙이는 꼴=천방지방. ② 慌慌张张 huānghuāngzhāngzhāng 몹시 급하여 방향을 모르고 함부로 날뛰는 꼴=천방지방.

천벌(天罰) 명 天罚 tiānfá 天诛 tiānzhū 하늘이 주는 벌=천주. 천형.

천산(天産) 명 自然产 zìránchǎn 사람이 만든 것이 아니고 자연히 생겨 남.

천상천하(天上天下) 명 天地之间 tiāndì zhījiān 우주의 사이.

천생배필(天生配匹) 명 天生一对 tiān shēngyíduì 하늘이 마련하여 준 배필=천정배필.

천수답(天水畓) 명 天水田 tiānshuǐtián 〈농〉=하늘바라기.

천시(賤視) 명 〔~하다|타동사〕 卑视 bēishì 轻视 qīngshì 천하게 여김.

천안(天顔) 명 圣眼 shèngyǎn=용안.

천양지차(天壤之差) 명 天壤之別 tiān rǎngzhībié 하늘과 땅 사이와 같이 엄청난 차이=소양지차. 소양지판. 운니지차. 천양의 차. 천양지판. 천연지차.

천연(天然) 명부 ① 天然 tiānrán 사람의 힘을 빌지 않고 저절로 이뤄진 상태. ② 自然形成 zìránxíngchéng 사람의 힘으로 좌우할 수 없는, 근본 생긴 그대로의 상태.

천연림(天然林) 명 原始林 yuánshǐlín 저절로 자라서 이루어진 삼림↔인공림.

천연색(天然色) 명 彩色 cǎisè 만물이 가지고 있는 자연 그대로의 빛깔=자연색.

천인공노(天人共怒) 명 〔~하다|자동사〕 天怒人怨 tiānnùrényuàn '하늘과 사람이 함께 노한다'는 뜻으로, '누구라도 분노를 참을 수 없을 만큼 몹시 증오스럽거나 용납할 수 없음'의 비유=신인공노. 신인공분.

천일야화(千一夜話)[-랴-] 명 天方夜谭 tiānfāngyètán 아라비안나이트.

천장(天障) 명 ① 顶棚 dǐngpéng 〈건〉=보꾹. ② 天花板 tiānhuābǎn 반자의 겉면=천정.

천장(遷葬) 명 〔~하다|자동사〕 迁墓 qiānmù=옮겨묻기.

천정부지(天井不知) 명 暴涨 bàozhǎng '물건 값 따위가 자꾸 오르기만 함'을 비유하는 말.

천지개벽(天地開闢) 명 〔~하다|자동사〕 ① 开天辟地 kāitiānpìdì 하늘과 땅이 비로소 열림=천지개벽. 천지부판. ② 天翻地覆 tiānfāndìfù '자연계에서나 사회에서의 큰 변혁'의 비유=천지개벽.

천직(賤職) 명 卑职 bēizhí 卑官 bēiguān 천한 직업.

천진무구(天眞無垢) 명 〔~하다|형용사〕 天真无邪 tiānzhēnwúxié 조금도 때묻음이 없이 아주 천진함.

천체력(天體曆) 명 天历 tiānlì 날마다 움직이고 있는 천체의 자리, 거리, 운동, 모양 따위를 적어 놓은 표=천체일표.

천추만세(千秋萬歲) 명 〔~하다|자동사〕 ① 千秋万代 qiānqiūwàndài=천만년. ② 千岁 qiānsuì 오래오래 살기를 비는 말. §천세=만세천추.

천치(天癡) 명 ① 白痴 báichī 선천적으로 정신 작용이 완전하지 못한 사람=백치. ② 精神失常 jīngshénshīcháng 의식 활동이 정상적이 아닌 사람. ③ 傻瓜

shǎguā 어리석고 못난 사람. ¶너 같은 ~는 처음 보겠구나! 像你这样的傻瓜是头一次看见! xiàngnǐzhèyàngdeshǎguāshì tóuyícìkànjiàn.

천태만상(千態萬象) 명 气象万千 qìxiàng wànqiān 천지만별의 상태=천상만태.

천품(天稟) 명 天赋 tiānfù 天资 tiānzī 선천적으로 타고난 기품=천자.

천하일색(天下一色)[-쌕] 명 倾国之色 qīngguózhīsè 绝代佳人 juédàijiārén 세상에 드문 뛰어난 미인=무비일색.

천하일품(天下一品) 명 天下第一货 tiān xiàdìyīhuò 세상에 오직 하나밖에 없는 물품 또는 다른 것과 견줄 만한 것이 없을 정도로 뛰어난 물품. ¶한산 세모시는 ~의 우리나라 특산이다. 韩山细夏布是天下第一的我国特产。hánshānxìxiàbùshì tiānxiàdìyīdewǒguótèchǎn.

천하장사(天下壯士) 명 无敌的大力士 wú dídedàlìshì 세상에 드문 장사.

천학(淺學) 명 〔~하다|형용사〕 知识浅薄 zhīshiqiǎnbó 보잘것없는 학식=단학. 소학↔박학.

천행(天幸) 명 幸好 xìnghǎo 万幸 wàn xìng 하늘이 준 다행.

천협(淺狹)[-혀파-] 형 〔여 불규칙〕 ① 狭窄 xiázhǎi 얕고 좁다. ② 小心眼 xiǎoxīnyǎn 도량도 작고 옹졸하다.

철거(撤去) 명 〔~하다|타동사〕 ① 拆除 chāichú 있던 곳으로부터 거두어 가지고 떠나감. ② 撤去 chèqù 거두어 치움=철회.

철골구조(鐵骨構造) 명 钢筋结构 gāngjīn jiégòu 〈건〉 건축물의 뼈대가 철재로 된 구조.

철근(鐵筋) 명 钢筋 gāngjīn 钢骨 gānggǔ 〈토〉 콘크리트 구조물이나 부재를 만들 때에 속에 박는 쇠막대. ¶~ 골조. 钢筋结构。gāngjīnjiégòu.

철망(鐵網) 명 ① 铁丝网 tiěsīwǎng 철사로 그물처럼 얽은 물건. ② '철조망'의 준말.

철면피(鐵面皮) 명형 〔여 불규칙〕 厚脸皮 hòuliǎnpí 厚颜无耻 hòuyánwúchǐ 뻔뻔하고 염치가 없는 사람. ※면장우피.

철모(鐵帽) 명 钢盔 gāngkuī 총알과 파편 따위로부터 머리를 보호하려고 군인들이 쓰는, 쇠로 만든 모자=철갑모.

철물(鐵物) 명 五金 wǔjīn 쇠로 만든 갖가지 물건.

철봉(鐵棒) 명 ① 铁棒 tiěbàng 쇠로 긴 막대기처럼 만든 물건. ② 单杠 dāngàng 〈체〉 두 기둥 사이에 일정한 높이로 가로질러 놓은 쇠막대기에 매달려서 하는 체조.

철색(鐵色)[-쌕] 명 铁青色 tiěqīngsè 古铜色 gǔtóngsè=쇳빛.

철석간장(鐵石肝腸)[-썩] 명 铁石心肠 tiěshíxīncháng '썩 굳고 단단한 의지'의 비유. §석장=철석강장. 철심석장. 철장석심.

철수(撤收)[-쑤] 명 〔~하다|자동사·

타동사] ① 撤退 chètuì 거둬들이거나 걷어치움. ② 撤回 chèhuí 있던 곳에서 장비나 시설을 거두어 가지고 물러남.

철시(撤市)[-씨] 명 [~하다|자동사] 罢市 bàshì 시장, 가게 따위의 문을 닫고 영업을 하지 않음=철전. 파시.

철심(鐵心)[-씸] 명 铁石心肠 tiěshíxīn cháng 쉽게 변하지 않는 굳은 마음=철장.

철야(徹夜) 명 彻宵 chèxiāo 通宵 tōng xiāo=밤새움.

철옹성(鐵甕城) 명 铜墙铁壁 tóngqiáng tiěbì 金城汤池 jīnchéngtāngchí 썩 튼튼히 둘러싼 성. §철옹.

철조망(鐵條網)[-쪼-] 명 铁丝网 tiěsī wǎng 철조선을 그물 모양으로 얼기설기 엮거나 울타리 모양으로 둘러 놓은 물건. §철망.

철창(鐵窗) 명 ① 铁窗 tiěchuāng=쇠창살문. ② 监狱 jiānyù '교도소'를 달리 일컫는 말.

철창신세(鐵窗身勢) 명 狱中苦命 yùzhōng kǔmìng 감옥에 갇히는 신세. ¶~가 되다. 蹲监狱。dūnjiānyù.

철천지원(徹天之冤) 명 彻骨之恨 chègǔ zhīhèn 终天之恨 zhōngtiānzhīhèn=철천지한.

철천지원수(徹天之怨讎) 명 不共戴天 bú gòngdàitiān 철천의 원수=철천지수.

철칙(鐵則) 명 天经地义的事 tiānjīngdìyì deshì 铁的原则 tiědeyuánzé 坚定不移的原则 jiāndìngbùyídeyuánzé 변경하거나 어기지 못하는 굳은 규칙.

철퇴(撤退) 명 [~하다|자동사] 撤走 chèzǒu 迁出 qiānchū 거두어 가지고 물러감.

철폐(撤廢)[-폐/-페] 명 [~하다|타동사] 取消 qǔxiāo 撤消 chèxiāo 걷어치워서 없앰=철파. 폐철.

철필(鐵筆) 명 ① 蘸水笔 zhànshuǐbǐ 钢笔 gāngbǐ=펜. ② 铁笔 tiěbǐ 등사판으로 박을 글씨를 원지에 쓰는, 촉을 송곳 끝과 같이 쇠붙이로 만든 붓=쇠붓.

철회(撤回) 명 [~하다|타동사] ① 收回 shōuhuí 撤回 chèhuí 낸 것이나 보낸 것을 도로 거둬들임=회철. ② 撤消 chè xiāo=철거.

첨가(添加) 명 [~하다|타동사] 补充 bǔ chōng 添加 tiānjiā 追加 zhuījiā 덧붙임.

첨부(添附) 명 [~하다|타동사] 附加 fùj iā 附有 fùyǒu 덧붙임=부첨.

첨삭(添削) 명 [~하다|타동사] ① 补从和去掉 bǔcónghéqùdiào 修改 xiūgǎi 보태거나 뺌. ② 增加 zēngjiā=증산.

첨잔(添盞) 명 [~하다|타동사] 添杯 tiānbēi=첨배.

첩(貼) 명 剂 jì 服 fú 한약을 지어 약봉지에 싼 뭉치를 세는 단위. ¶약 서너 ~. 三四服药。sānsìfúyào. ※제.

첩경(捷徑) 명 ① 捷径 jiéjìng=지름길. ② 简便的方法 jiǎnbiàndefāngfǎ 쉬운 방

법. ¶성공의 ~은 노력이다. 成功的捷径是努力。chénggōngdejiéjìngshìnǔlì.

첩자(諜者) 명 间谍 jiàndié 奸细 jiānxì =염알이꾼.

첩첩(疊疊) 부 〔~하다|형용사〕 重重 chóngchóng 重叠 chóngdié 层层 céng céng '중중첩첩'의 준말.

첩첩산중(疊疊山中) 명 层峦叠嶂 céng luándiézhàng 여러 산이 겹치고 겹친 산 속.

첩첩수심(疊疊愁心) 명 忧愁叠叠 yōu chóudiédié 겹겹이 쌓인 근심.

청(請) 명 〔~하다|자동사·타동사〕 ① 请求 qǐngqiú 무슨 일을 이루려고 남에게 주선하여 주기를 부탁하는 일. ② 拜托 bàituō '청촉'의 준말.

청각(青角) 명 刺海松 cìhǎisōng 〈식〉 '청각채'의 준말.

청강생(聽講生) 명 ① 旁听生 pángtīng shēng 대학에서, 정식 학생으로 적을 두지 아니하고 강의를 듣는 사람. ② 听讲者 tīngjiǎngzhě=청강자.

청강수(青剛水) 명 硝盐水 xiāoyánshuǐ 〈화〉 '염산'의 통속적인 말.

청과(青果) 명 ① 水果和蔬菜 shuǐguǒhé shūcài 싱싱한 과일과 채소. ② 橄榄 gǎn lǎn=감람.

청관(聽官) 명 听觉器官 tīngjuéqìguān 〈생〉=듣기기관.

청구(請求) 명 〔~하다|타동사〕 请求 qǐngqiú 要求 yāoqiú 申请 shēnqǐng 달라고 요구함=구청.

청기(聽器) 명 听觉器 tīngjuéqì 〈생〉=듣기기관.

청려(清麗)[－녀－] 형 〔여 불규칙〕 秀丽 xiùlì 清丽 qīnglì 맑고 곱다.

청렴(清廉)[－념] 명 〔~하다|형용사〕 廉洁 liánjié 清廉 qīnglián 성품과 행실이 높고 맑으며, 탐하는 마음이 없음. ¶~결백. 清廉洁白。qīngliánjiébái.

청명(清明) 명 ① 清脆 qīngcuì 清亮 qīng liàng 날씨 따위가 맑고 밝다. ② 清明节 qīngmíngjié 이십사절기의 하나 ≪춘분과 곡우의 사이에 들며, 양력 4월 5·6일께≫.

청문(聽聞) 명 〔~하다|타동사〕 ① 传闻 chuánwén 들리는 소문. ② 听闻 tīng wén 연설이나 설교 따위를 들음. ③ 听取 tīngqǔ 행정기관이 규칙을 만들거나 쟁송 따위를 다룰 때, 이해관계인이나 제삼자의 의견을 들으려고 취하는 절.

청백리(淸白吏) 명 清官 qīngguān 包青天 bāoqīngtiān 청렴한 벼슬아치=청리.

청부(請負) 명 〔~하다|타동사〕 包工 bāogōng 承包 chéngbāo 承办 chéngbàn →도급.

청부업자(請負業者) 명 承包人 chéngbāo rén 包工 bāogōng→도급업자.

청사(青史) 명 青史 qīngshǐ 史册 shǐcè 옛날 종이가 없던 시대에 대껍질을 불에

구워 푸른빛과 기름을 없애고 사실을 적은 데서 온 말로, '사기'를 일컫는 말. ¶~에 길이 남다. 青史流芳。qīngshǐliú fāng=청사죽백.

청사(廳舍) 명 大厦 dàshà 办公楼 bàn gōnglóu 관청의 사무실로 쓰이는 집.

청사진(青寫眞) 명 蓝图 lántú=청색사진.

청산(青酸) 명 氢氰酸 qīngqíngsuān 〈화〉=산화수소.

청산(清算) 명 〔~하다|타동사〕 ① 清算 qīngsuàn 서로 간에 채권, 채무로 주고받을 셈을 닦음. ② 肃清 sùqīng 〈경〉 회사, 조합, 상점 들이 파산 또는 해산할 때에 종래의 법률관계를 마감하려고 행하는 갖가지의 절차.

청산인(清算人) 명 结帐者 jiézhàngzhě 清算人 qīngsuànrén 〈법〉 해산한 법인의 청산 사무를 집행하려고 뽑아 정한 사람.

청상과부(青孀寡婦) 명 年轻寡妇 nián qīngguǎfù 나이가 젊은 과부. §상부. 청상=청상과수. 청춘과부.

청소차(清掃車) 명 清洁车 qīngjiéchē 쓰레기나 오물 따위를 쳐다 버리는 차.

청순(清純) 명 〔~하다|형용사〕 纯洁 chúnjié 깨끗하고 순수하다.

청신(清新) 형 〔여 불규칙〕 清新 qīng xīn 新鲜 xīnxiān 清爽 qīngshuǎng 깨끗하고 산뜻하다.

청신호(青信號) 명 ① 绿色信号 lǜsèxìn hào 교차로 같은 데에 푸른 등이나 기를 달아 앞으로 나아갈 것을 알리는 교통신호↔적신호. ② 绿灯 lǜdēng 어떤 일이 잘되어 나아갈 수 있음을 보이는 조짐. ¶남북대화는 민족 통일의 ~로 보였다. 南北对话是走向民族统一之路的绿灯。nánběi duìhuàshìzǒuxiàngmínzútǒngyīzhīlùde lǜdēng↔적신호.

청아(清雅) 형 〔여 불규칙〕 优雅 yōuyǎ 清雅 qīngyǎ 清脆 qīngcuì 맑고 아담하여 속되지 않다. ¶~한 노랫소리. 优雅的歌声。yōuyǎdegēshēng.

청약(請約) 명 〔~하다|타동사〕 承购 chénggòu 承买 chéngmǎi 〈법〉 특정한 내용을 갖는 것에 응하는 승낙과 결합하여 일정한 계약을 이루려고 하는 일방적인 의사표시.

청약불문(聽若不聞) 명 ① 装着没听 zhuāngzheméitīng 듣고도 못 들은 체함. ② 听而不闻 tīngérbùwén=청이불문.

청어(青魚) 명 鲱鱼 fēiyú 〈동〉=고등어.

청옥(青玉) 명 蓝宝石 lánbǎoshí 〈광〉 푸른 빛깔을 띤 옥과 비슷한 돌. 무겁고 단단하며 여러 빛깔이 있고 망울망울한 무늬를 가진 것도 있는데, 장식으로나 그릇을 만드는 데에 쓴다.

청원(請援) 명 〔~하다|자동사·타동사〕 求援 qiúyuán 어떤 기관에 희망, 소원 따위를 내어 해결해 주기를 요구하는 일.

청원경찰(請願警察) 명 自雇警察 zìgù jǐngchá 〈법〉 어떤 시설이나 사업장, 기

관의 경비를 요청 받고, 그 수익자의 비용 부담 아래, 파견되어 경비 임무를 맡아보는 경찰. ※국가경찰.

청작(淸酌) 명 ① 干净的酒 gānjìngdejiǔ 깨끗한 술. ② 祭酒 jìjiǔ '제사에 쓰는 술'을 축문에서 일컫는 말.

청첩인(請貼人) 명 邀请人 yāoqǐngrén 청첩장을 보내는 사람.

청청(靑靑) 형 〔여 불규칙〕 ① 青青 qīng qīng 青翠 qīngcuì 싱싱하게 푸르다. ② 清脆 qīngcuì 목소리가 맑고 씩씩하다.

청취(聽取) 명 〔~하다|타동사〕 收听 shōutīng 听取 tīngqǔ 말이나 음악, 방송 따위를 들음.

청탁(請託) 명 〔~하다|자동사·타동사〕 请托 qǐngtuō 嘱咐 zhǔfù 청하고 부탁함. ¶원고 ~. 嘱咐原稿。zhǔfùyuángǎo.

청탁(淸濁) 명 ① 清浊 qīngzhuó 맑음과 흐림. ② 清音和浊音 qīngyīnhézhuóyīn 〈언〉 청음과 탁음. ③ 是非曲直 shìfēi qūzhí 사리의 '옳음과 그름' 또는 '착함과 악함'의 비유. ④ 清酒和浊酒 qīngjiǔhé zhuójiǔ 청주와 탁주. ¶술꾼은 ~을 가리지 않고 마신다. 酒鬼是不分清酒和浊酒都喝。jiǔguǐshìbùfēnqīngjiǔhézhuójiǔdōu hē.

체격(體格) 명 体格 tǐgé 身板 shēnbǎn 사람 몸의 골격이나 생김새=체골. 형격.

체결(締結) 명 〔~하다|타동사〕 ① 签订 qiāndìng 缔结 dìjié 얽어서 맴. ② 签定 qiāndìng 계약, 조약 따위를 맺음.

체공(滯空) 명 〔~하다|자동사〕 飞行 fēi xíng 공중에 머물러 있음.

체구(體軀) 명 ① 体格 tǐgé=몸집. ② 身躯 shēnqū 体躯 tǐqū=몸뚱이. ¶~가 크다. 身躯巨大。shēnqūjùdà.

체급(體級) 명 身体级别 shēntǐjíbié 体重级别 tǐzhòngjíbié 〈체〉=몸등급.

체기(滯氣) 명 食滞 shízhì 食滞的感觉 shí zhìdegǎnjué 〈한의〉 가벼운 체증의 기미.

체납(滯納) 명 〔~하다|타동사〕 拖欠 tuōqiàn 滞纳 zhìnà 세금 따위를 기한까지 내지 못하여 밀림=건납.

체념(諦念) 명 〔~하다|타동사〕 ① 悟出道理的心 wùchūdàolǐdexīn 도리를 깨닫는 마음. ② 断念 duànniàn=단념.

체득(體得) 명 〔~하다|타동사〕 ① 体会 tǐhuì 체험하여 알게 됨. ② 学会 xuéhuì 뜻을 받아서 본뜸.

체련(體練) 명 〔~하다|자동사〕 锻炼身体 duànliànshēntǐ 신체를 단련함.

체류(滯留) 명 〔~하다|자동사〕 逗留 dòuliú 淹留 yānliú 객지에 가서 머물러 있음=숙류. 재류. 체재.

체면(體面) 명 体面 tǐmiàn 面子 miànzi 남을 대하기에 떳떳한 도리나 얼굴. ¶~이 서다. 有面子 yǒumiànzi=낯. 면목. 체모.

체병(滯病)[-뼝] 명 积食 jīshí 滞食 zhì

shí 〈한의〉 쳇병.

체불(滯拂) 명 拖欠 tuōqiàn 延期偿付 yánqīchángfù→체납, 체급.

체선료(滯船料) 명 滞船费 zhìchuánfèi 〈법〉=정박료.

체신(遞信) 명 ① 邮电 yóudiàn 우편이나 전신, 전화 따위의 통신. ② 通信 tōngxìn 차례로 여러 곳을 거쳐서 음신을 통하는 일.

체재(體載) 명 〔~하다|자동사〕 样子 yàngzi 样式 yàngshì 이루어진 형식 또는 됨됨이=체제.

체증(滯症) 명 积食 jīshí 〈한의〉 체하여 생긴 증세. §체.

체증(遞增) 명 〔~하다|자동사〕 递加 dìjiā 递增 dìzēng=체가.

체취(體臭) 명 体臭 tǐchòu 气味 qìwèi 气息 qìxī=몸내음.

체포(逮捕) 명 〔~하다|타동사〕 逮捕 dàibǔ 捉拿 zhuōná 拿获 náhuò 범인 또는 피의자를 잡음=구나. 즙포.

체험(體驗) 명 〔~하다|타동사〕 ① 体验 tǐyàn 몸소 겪은 경험. ② 体会 tǐhuì 〈심〉 개개의 주관 속에서 직접적으로 경험된 의식 내용이나 의식 과정.

체현(體現) 명 〔~하다|타동사〕 ① 体现 tǐxiàn 구체적 행동으로 표현하거나 실현함. ② 具体表现 jùtǐbiǎoxiàn 구체적인 형체로 나타냄.

체형(體刑) 명 〔~하다|타동사〕 肉刑 ròuxíng 〈법〉=신체형. ¶~을 가한다. 使用肉刑。shǐyòngròuxíng.

체화(滯貨) 명 〔~하다|자동사〕 滞货 zhìhuò 未售销商品 wèishòuxiāoshāngpǐn 상품이 팔리지 않아 쌓이다. 팔리지 않은 상품을 쌓아 두다.

초계(哨戒)[-계/-게] 명 〔~하다|타동사〕 警戒 jǐngjiè 〈군〉 전투 준비를 하여 적의 습격을 경계하는 일.

초급(初給) 명 第一个月工资 dìyīgèyuè gōngzī 初次任职时的薪金 chūcìrènzhíshí dexīnjīn '초임급'의 준말.

초기(抄記) 명 抄录 chāolù=초록.

초년(初年) 명 ① 年轻时节 niánqīngshíjié 일생의 초기. ② 初年期 chūniánqī 첫 시절.

초년고생(初年苦生) 명 少年苦 shàoniánkǔ 젊을 때에 겪는 고생.

초년병(初年兵) 명 新兵 xīnbīng=신병.

초대(初代) 명 ① 首任 shǒurèn 한 계통의 연대나 세대의 첫머리. ② 第一代 dìyīdài 차례로 이어나가는 자리나 지위에서 첫째 번 차례 또는 그 사람. ¶~ 대통령. 首任总统。shǒurènzǒngtǒng.

초대(招待) 명 〔~하다|타동사〕 邀请 yāoqǐng 손님을 오게 하여 대접함. ※초청.

초대권(招待權) 명 招待券 zhāodàiquàn 红票 hóngpiào→초대권.

초대면(初對面) 명 初次对面 chūcìduìmiàn 처음으로 대면함=초대.

초대장(招待狀) 명 请帖 qǐngtiě 招待券 zhāodàiquàn→초대장. 초대하는 뜻을 적은 편지. ¶~을 보내다. 送请帖。sòng qǐngtiě.

초도(初度) 명 ① 首次 shǒucì=첫번. ② 初度日 chūdùrì '초도일'의 준말.

초래(招徠) 명 〔~하다|타동사〕 ① 招致 zhāozhì 造成 zàochéng 导致 dǎozhì 어떤 결과를 가져옴. ② 导致 dǎozhì 불러 옴.

초록(抄錄) 명 〔~하다|타동사〕 ① 摘录 zhāilù 节录 jiélù 뽑아 적음. §초=초기. ② 摘记 zhāijì 뽑아 적은 것. §초=초기.

초립(草笠) 명 草帽 cǎomào 어린 나이로 관례를 한 사람이 쓰던 갓. 누른 빛깔의 썩 가는 풀로 결어서 만든다=풀갓. ¶~을 쓰다. 戴草帽。dàicǎomào.

초립동(草笠童) 명 戴冠的少年 dàiguān deshàonián=초립동이. 초립을 쓴 사내아이.

초막(草幕) 명 ① 草舍 cǎoshè 草棚 cǎo péng 풀이나 짚으로 지붕을 인 조그마한 집. ② 草庵 cǎoān 〈불〉 절 근처에 있는 중의 집.

초면(初面) 명 ① 生人 shēngrén=첫낯↔구면. ② 初次见面 chūcìjiànmiàn 처음으로 대하는 처지.

초문(初聞) 명 初次听见 chūcìtīngjiàn 어떤 일에 대하여 처음으로 들음.

초미지급(焦眉之急) 명 燃眉之急 ránméi zhījí 焦眉之急 jiāoméizhījí 눈썹에 불이 붙은 것과 같이 매우 위급함=소미지급.

초반(初盤) 명 首盘 shǒupán 第一盘 dìyīpán 운동경기, 바둑, 장기 따위에 있어서 승부의 처음=서반.

초발(初發) 명 初次开始 chūcìkāishǐ 처음으로 생겨남.

초보(初步) 명 ① 初步 chūbù 처음이나 첫 번으로 일에 손을 대서 함. ② 第一步 dìyībù=첫걸음.

초봉(初俸) 명 最低工资 zuìdīgōngzī 여러 단계로 나뉘어 있는 급료 체계에서 가장 낮은 단계의 급료.

초비상(超非常) 명 超紧急 chāojǐnjí 特级紧急 tèjíjǐnjí 매우 비상함. ¶~ 사태. 特急状态。tèjízhuàngtài.

초빙(招聘) 명 〔~하다|타동사〕 聘请 pìnqǐng 招聘 zhāopìn 邀请 yāoqǐng 예를 갖추어 불러 맞아들임=빙초. 징빙.

초색(草色) 명 ① 草绿色 cǎolǜsè=풀빛. ② 蜡黄色脸 làhuángsèliǎn 곡식을 못 먹고 풀 따위만 늘 먹어서 나빠진 얼굴빛.

초석(礎石) 명 ① 基石jīshí=주춧돌. ② 基础 jīchǔ 어떤 사물의 기초. ※반석.

초심(初心) 명 ① 最初的想法 zuìchūde xiǎngfǎ 처음에 먹는 마음. ② 生手 shēngshǒu 新手 xīnshǒu=초심자.

초심자(初心者) 명 ① 新手 xīnshǒu 처음 배우는 사람=초심. ② 生手 shēng shǒu 어떤 일에 익숙하지 않은 사람=초심.

초안(招宴) 명 招待宴会 zhāodàiyànhuì

불러서 위로함.

초야(草野) 명 穷乡僻壤 qióngxiāngpìrǎng 草野 cǎoyě 풀이 난 들이라는 뜻으로, '궁벽한 시골'을 일컫는 말=초망.

초역(抄譯) 명 [~하다|타동사] ① 摘译 zhāiyì 원문에서 필요한 부분만을 뽑아서 번역함. ② 节译 jiéyì 원문에서 필요한 부분만을 뽑아서 한 번역.

초연(超然) 형 [여 불규칙] ① 超然 chāorán 置身事外 zhìshēnshìwài 현실에 아랑곳하지 않고 의젓하다. ¶시속에 ~. 超然于世俗。chāorányúshìsú. ② 超群 chāoqún 보통 수준보다 높고 뛰어나다.

초연(悄然) 형 [여 불규칙] 冷静 lěngjìng 의기가 떨어져서 기운이 없다.

초옥(草屋) 명 草屋 cǎowū 茅屋 máowū =초가.

초월(超越) 명 [~하다|자동사·타동사] 超越 chāoyuè 超出 chāochū 어떠한 한도나 표준을 벗어나거나 뛰어넘음=초절.

초인종(招人鍾) 명 门铃 ménlíng 사람을 부르는 신호로 울리는 종.

초인금(初賃金) 명 首次工资 shǒucìgōngzī 초임되어 받는 급료. §초급.

초자(硝子) 명 玻璃 bōlí→유리.

초자막(硝子膜) 명 玻璃膜 bōlímó→유리막.

초조(焦燥) 명 [~하다|형용사] [~히|부사] 焦急 jiāojí 焦热 jiāorè 애가 타서 조마조마함. ¶불안과 ~. 不安和焦急。bùānhéjiāojí.

초지(草紙) 명 ① 稿纸 gǎozhǐ 글을 초잡아서 쓰는 종이=초고지. ② 质量差的草稿纸 zhìliàngchàdecǎogǎozhǐ 몹시 얇고 질이 나쁜 종이의 한 가지. ※초짓장.

초청(招請) 명 [~하다|타동사] 请 qǐng 邀请 yāoqǐng 聘请 pìnqǐng 청하여 부름 =청초.

초탈(超脫) 명 [~하다|자동사·타동사] 超脱 chāotuō 脱俗 tuōsú 세속 따위를 벗어남.

초학(初學) 명 ① 初学 chūxué 학문을 처음으로 배움. ② 尚未学熟的学问 shàngwèixuéshúdexuéwèn 익숙하지 못한 학문.

초호(初號) 명 ① 第一号 dìyīhào 맨 처음의 호=수호. ② 初号活字 chūhàohuózì 〈인〉 '초호활자'의 준말.

촉(鏃) 명 ① 尖 jiān 箭头 jiàntóu 가느다란 물건의 끝에 박힌 뾰족한 물건. 살촉, 펜촉 따위. ② 尖 jiān 〈건〉 서로 잇는 재목의 한쪽을 홈에 끼어 넣을 수 있도록 도드라지게 깎은 부분. ※비녀장

촉구(促求) 명 [~하다|타동사] 催 cuī 催促 cuīcù 促使 cùshǐ 재촉하여 구함.

촉망(囑望)[총-] 명 [~하다|자동사] 期望 qīwàng 希望 xīwàng 嘱咐 zhǔfù 희망을 갖고 마음을 붙임=속망.

촉매(觸媒)[총-] 명 催化剂 cuīhuàjì 〈화〉 자신은 화학반응에 참여하지 않고 다른 물질의 반응을 촉진시키거나 지연시키는

물질.

촉박(促迫) 명 〔~하다|형용사〕 紧迫 jǐnpò 仓促 cāngcù 기간이 바싹 박두하여 있다.

촉탁(囑託) 명 〔~하다|타동사〕 ① 嘱托 zhǔtuō 일을 부탁하여 맡김. ② 일을 부탁받아 맡은 사람. ③ 特约人员 tèyuērényuán 정식 직원이 아니라 임시로 부탁을 받고 어떤 일을 맡아 보는 사람.

촌가(村家) 명 农舍 nóngshè 村舍 cūnshè=시골집.

촌각(寸刻) 명 寸光阴 cùnguāngyīn=촌음.

촌로(村老) 명 村里的老翁 cūnlǐdelǎowēng 촌에서 사는 늙은이=촌수. 촌옹.

촌백성(村百姓)[-빽-] 명 乡下人 xiāngxiàrén 시골에 사는 백성=촌맹. 촌민. 향맹. 향민.

촌부자(村夫子) 명 乡下学究 xiāngxiàxuéjiū=촌학구.

촌수(寸數)[-쑤] 명 辈分 bèifèn 겨레붙이 사이의 멀고 가까운 관계를 나타내는 수. 부자 사이는 1촌, 형제 사이는 2촌으로 치고 자기를 중심으로 하여 헤아린다. ¶가까운 ~. 近亲。jìnqīn.

촌시(寸時) 명 短暂时光 duǎnzànshíguāng=촌음.

촌지(寸志) 명 ① 寸志 cùnzhì 寸心 cùnxīn=촌심. ② 表示小诚意的礼物或钱 biǎoshìxiǎochéngyìdelǐwùhuòqián 속으로부터 우러나온 마음을 나타낸 적은 선물.

촌탁(忖度) 명 〔~하다|타동사〕 揣摩 chuǎimó 남의 마음을 미루어서 헤아림=요탁.

촌평(寸評) 명 〔~하다|타동사〕 简短批评 jiǎnduǎnpīpíng 짧은 평.

총(銃) 명 枪 qiāng 화약의 힘으로 작은 탄환을 내쏘아 그리 멀지 않은 곳에 있는 사람이나 짐승을 죽이거나 다치게 하는 데 쓰는 무기. ¶~을 겨눈다. 瞄准枪。miáozhǔnqiāng=총포. ※포.

총검(銃劍) 명 刀枪 dāoqiāng 枪刺 qiāngcì=총칼.

총격(銃擊) 명 〔~하다|타동사〕 枪击 qiāngjī 총으로 하는 공격.

총계(總計)[-계/-게] 명 〔~하다|타동사〕 ① 总计 zǒngjì 한데 모아서 셈을 침. ② 累计 lěijì 한데 모아서 한 셈=도회계.

총괄(總括) 명 ① 综括 zōngkuò 여러 가지를 한데로 모아서 뭉침=수괄. ② 概括 gàikuò 〈논〉 낱낱의 개념을 통틀어서 외연이 넓은 하나의 개념으로 뭉뚱그림. ③ 总览 zǒnglǎn=총람.

총기(銃器) 명 枪支 qiāngzhī 소총이나 권총 따위의 무기.

총기(聰氣) 명 ① 聪明 cōngmíng 총명한 기운. ② 好记忆力 hǎojìyìlì 좋은 기억력.

총론(叢論)[-논] 명 论丛 lùncóng 여러 가지 논문, 논설 따위를 모아 놓은 글.

총본사(總本寺) 명 总寺院 zǒngsìyuàn 〈불〉=총본산.

총본산(總本山) 명 ① 总寺院 zǒngsì yuàn 〈불〉 1941년부터 1945년까지의 우리나라 불교의 으뜸 종정 기관=총본사. ② 总部 zǒngbù 전체를 통할하는 곳(기관).

총살(銃殺) 명 〔~하다|타동사〕 枪毙 qiāngbì 〈법〉 총으로 쏘아 죽임=포살.

총상(銃創) 명 枪伤 qiāngshāng 총알에 맞아 생긴 상처=사창. 총창.

총수(總收) 명 总收入 zǒngshōurù 총수입.

총수익(總收益) 명 毛利 máolì 毛息 máo xī 普通盈利 pǔtōngyínglì 〈경〉 수익의 총액. ※순이익.

총신(銃身) 명 枪身 qiāngshēn 枪管 qiāng guǎn=총열.

총의(總意)[–의/–이] 명 一致的意见 yí zhìdeyìjiàn=전체 뜻.

총장(總長) 명 ① 总长 zǒngzhǎng 어떤 조직체에서 사무 전체를 관리하는 최고 행정 책임 직위 또는 그 직위에 있는 사람. ② 大学校长 dàxuéxiàozhǎng 〈교〉 종합대학의 우두머리.

총점(總點)[–쩜] 명 总分 zǒngfēn 모든 점수의 합계.

총창(銃槍) 명 刺刀 cìdāo 〈군〉 총과 창.

총총(蔥蔥) 형 〔여 불규칙〕 茂密 màomì 배게 들어선 나무가 무성하다.

총총(叢叢) 형 〔여 불규칙〕 密密 mìmì 많은 물건이 모여 있는 꼴이 빽빽하다.

총총(匆匆) 부 〔~하다|형용사〕 〔~히|부사〕 匆匆 cōngcōng 몹시 급하고 바쁘다.

총탄(銃彈) 명 枪弹 qiāngdàn=총알.

총통(總統) 명 ① 统率 tǒngshuài 모두 거느림. ② 总统 zǒngtǒng 일부 국가에서, 정무를 총괄하여 감리, 집행하는 최고 책임 직위 또는 그 사람.

총포(銃炮) 명 ① 枪 qiāng=총. ② 枪炮 qiāngpào 총과 대포.

총화(銃火) 명 火力 huǒlì 총을 쏠 때에 총구에서 번쩍이는 불=철화.

총화(總和) 명 ① 总结 zǒngjié 전체를 합하여 모은 수. ② 团结 tuánjié 전체의 화합.

총획(總畫) 명 总笔划数 zǒngbǐhuàshù 한 글자의 전체 획수.

최고도(最高度) 명 最高度 zuìgāodù 顶点 dǐngdiǎn 가장 높은 정도.

최대한(最大限) 명 最大限度 zuìdàxiàn dù 充分 chōngfèn '최대한도'의 준말↔최소한.

최량(最良) 명 〔~하다|형용사〕 最好的 zuìhǎode 最优良的 zuìyōuliángde 가장 좋음. 주로 매김말로 쓰인다.

최상(最上) 명 最上 zuìshàng 最高无上 zuìgāowúshàng 맨 위↔최하.

최선(最善) 명 ① 最善 zuìshàn 가장 좋고 훌륭함. ¶~의 방법. 最善的方法。zuì shàndefāngfǎ↔최악. ② 全力 quánlì 온 정성과 힘. ¶~을 다하다. 尽全力。jìn quánlì.

최성기(最盛期) 명 全盛期 quánshèngqī 极盛时期 jíshèngshíqī 가장 성하는 시기.

최소한(最小限) 명 最小限度 zuìxiǎoxiàn dù 最低限度 zuìdīxiàndù '최소한도'의 준말↔최대한.

최적(最適) 명 〔~하다|형용사〕 最适 zuìshì 最适当 zuìshìdàng 가장 알맞음.

최초(最初) 명 最初 zuìchū 最先 zuìxiān 맨 처음.

최후(最后) 명 最后 zuìhòu 临终 lín zhōng=마지막.

추(錘) 명 ① 秤锤 chèngzhuī '저울추'의 준말. ② 秤砣 chèngtuó 저울추와 같이 끈에 달려 늘어져서 흔들리게 된 물건을 통틀어 일컬음.

추가(追加) 명 〔~하다|타동사〕 追加 zhuījiā 补加 bǔjiā 附加 fùjiā 나중에 더 보탬=추증.

추가시험(追加試驗) 명 补考 bǔkǎo 〈교〉 정기의 시험을 치르지 못한 학생에게 나중에 특별히 기회를 주어 치르게 하는 시험. §추시. 추시험.

추계(推計)[−계/−게] 명 〔~하다|타동사〕 推算 tuīsuàn 미루어 셈함.

추계(秋季)[−계/−게] 명 秋期 qiūqī=가을철.

추고(追考) 명 〔~하다|타동사〕 回想 huíxiǎng 지나간 일을 생각함.

추고(推考) 명 〔~하다|타동사〕 猜想 cāi xiǎng 推考 tuīkǎo 벼슬아치의 죄과를 추문하여 고찰함.

추궁(追窮) 명 〔~하다|타동사〕 追究 zhuījiū 追查 zhuīchá 끝까지 따져서 밝힘=궁추.

추념(追念) 명 〔~하다|타동사〕 ① 追忆 zhuīyì 지나간 일을 생각함=추사. ② 追念 zhuīniàn 죽은 이를 생각함=추사.

추대(推戴) 명 拥戴 yōngdài 推举 tuījǔ 윗사람으로 떠받듦.

추론(推論) 명 〔~하다|타동사〕 ① 推论 tuīlùn 미루어 생각하여 논술함. ② 推理 tuīlǐ 어떠한 문제를 가지고 의논하여 다른 데에 미쳐서 짓는 결론.

추모(追慕) 명 〔~하다|타동사〕 追慕 zhuīmù 悼念 dàoniàn 죽은 사람을 사모함.

추물(醜物) 명 ① 丑物 chǒuwù 더럽고 지저분한 물건. ② 小人 xiǎorén 행실이나 됨됨이가 더럽고 지저분한 사람.

추방(追放) 명 〔~하다|타동사〕 ① 驱逐 qūzhú 逐出 zhúchū 쫓아냄=추실. ② 放逐 fàngzhú 流放 liúfàng 몰아냄=추실.

추산(推算) 명 〔~하다|자동사·타동사〕 推算 tuīsuàn 估价 gūjià 짐작으로 미루어서 셈함.

추상(追償) 명 〔~하다|타동사〕 追赏 zhuīshǎng 追回 zhuīhuí 추후에 상을 줌.

추상(猜想) 명 〔~하다|타동사〕 推究 tuī jiū 推想 tuīxiǎng 미루어 생각함. 또는 그 생각.

추상(追想) 명 〔~하다|타동사〕 追忆

zhuīyì 回想 huíxiǎng=추억.

추상(秋霜) 명 ① 秋霜 qiūshuāng 가을의 찬 서리. ② 正气凛然 zhèngqìlǐnrán '두려운 위엄이나 엄한 형벌'의 비유.

추석(秋夕) 명 中秋 zhōngqiū 秋节 qiūjié=가위.

추세(趨勢) 명 ① 趋势 qūshì 세상 일이 되어 가는 형편. ② 潮流 cháoliú 세력 있는 사람에게 붙좇아서 따름.

추심(推尋) 명 〔~하다|타동사〕 ① 催缴 cuījiǎo 찾아서 가져옴. ② 催纳 cuīnà 〈경〉 은행이 소지인의 의뢰를 받아 수표 또는 어음을 지급인에게 지시하여 지급하게 하는 일.

추앙(推仰) 명 〔~하다|타동사〕 仰望 yǎngwàng 敬仰 jìngyǎng 높이 받들어 우러러봄.

추억(追憶) 명 〔~하다|타동사〕 回忆 huíyì 回想 huíxiǎng 지나간 일을 돌이키어 생각함=추상.

추월(追越) 명 〔~하다|타동사〕 超车 chāochē 超越 chāoyuè=앞지르기.

추이(推移) 명 〔~하다|자동사〕 推移 tuīyí 趋势 qūshì 일이나 형편이 변하여 나아감.

추잡(醜雜)[—자파—] 형 〔여 불규칙〕 下流 xiàliú 卑鄙 bēibǐ 猥亵 wěixiè 말과 행실이 지저분하고 잡상스럽다.

추적(追跡) 명 〔~하다|타동사〕 追迹 zhuījì 追击 zhuījī 뒤를 밟아 쫓음.

추정(推定) 명 〔~하다|타동사〕 ① 推断 tuīduàn 미루어 생각하며 판정함. ② 推定 tuīdìng 〈법〉 무슨 사실에 대하여 반대되는 증거가 없는 때에는 그것이 올바르다고 내리는 가정.

추종(追從) 명 〔~하다|자동사·타동사〕 附和 fùhè 追随 zhuīsuí 남의 뒤를 따라서 좇음=축종.

추진(推進) 명 〔~하다|타동사〕 推进 tuījìn 进展 jìnzhǎn 밀어 나아가게 함.

추징(追徵) 명 〔~하다|타동사〕 追征 zhuīzhēng 补充征收 bǔchōngzhēngshōu 뒷날에 다시 더 물리어 거둠.

추천(推薦) 명 〔~하다|타동사〕 推荐 tuījiàn 引荐 yǐnjiàn 사람을 내세워서 천거함=인천. 추거.

추첨(抽籤) 명 〔~하다|타동사〕 抽签 chōuqiān 抽彩 chōucǎi 제비를 뽑음=추생.

추출(抽出) 명 〔~하다|타동사〕 提取 tíqǔ 抽出 chōuchū 뽑아 냄.

추측(推測) 명 〔~하다|타동사〕 推测 tuīcè 估计 gūjì 猜想 cāixiǎng 미루어 생각하여 헤아림=미룸. 추량.

추한(醜漢) 명 卑鄙龌龊的家伙 bēibǐwòchuòdejiāhuo 下流痞 xiàliúpǐ 하는 짓이나 생김새가 더럽고 막된 사내.

추행(醜行) 명 〔~하다|타동사〕 可耻的行为 kěchǐdexíngwéi 卑鄙龌龊的行径 bēibǐwòchuòdexíngjìng 추잡한 짓=예행.

음란한 짓.

추향(趨向) 명 〔~하다|자동사〕 ① 趋势 qūshì 세상 형편에 딸려서 나아감. ② 趋向 qūxiàng 마음에 쏠리어 따라감.

추후(追後) 명 以后 yǐhòu 此后 cǐhòu 이 다음. 또는 있다가. ¶~(에) 연락하겠다. 以后再联系。yǐhòuzàiliánxì.

축가(祝歌) 명 祝愿歌 zhùyuàngē=축하 노래.

축객(祝客) 명 贺客 hèkè=축하손님.

축관(祝官) 명 ① 贺官 hèguān 제사지낼 때 축문을 읽는 사람. ② 祝官 zhùguān 종묘, 사직, 문묘의 제사 때 축문을 맡아 읽던 임시 벼슬=축사.

축구(蹴球) 명 足球 zúqíu 〈체〉 운동장에서 열 한 사람씩 두 패로 갈라서서 한 개의 가죽 공을 가지고 서로 차서 상대편의 문 속으로 넣어, 많이 넣은 쪽이 이기는 운동경기.

축농증(蓄膿症)[축-쯩] 명 鼻窦炎 bídòuyán 〈의〉 늑막강, 부비강, 관절, 뇌강 따위의 체강 안에 고름이 괴는 질병. 일반적으로 부비강에 고름이 괴는 것을 일컫는다. 두통, 협부 긴장 등을 일으켜 건망증이 되고 때로는 악취가 나는 건락 같은 분비물이 코에서 나온다=부비강염. 축농.

축대(築臺) 명 筑台 zhùtái 高台 gāotái 높이 쌓아 올린 대나 터.

축도기(縮圖器) 명 缩图器 suōtúqì 缩放仪 suōfàngyí 줄인 그림을 그리는 데에 쓰는 제구.

축문(祝文)[축-] 명 贺词 hècí 제사 때에 신명께 고하는 글. §축=축제문.

축배(祝杯) 명 祝酒 zhùjiǔ 干杯 gānbēi 축하하는 뜻으로 드는 술잔.

축사(畜舍) 명 家畜圈 jiāchùjuàn 집짐승을 기르려고 지은 우리=목사.

축소(縮小) 명 〔~하다|자동사·타동사〕 缩小 suōxiǎo 减少 jiǎnshǎo 裁减 cáijiǎn 줄여서 작게 만듦.

축수(祝手) 명 〔~하다|자동사〕 合掌求神 hézhǎngqíushén 두 손바닥을 마주 대고 빎.

축승(祝勝) 명 〔~하다|자동사〕 祝贺胜利 zhùhèshènglì 승첩에 대하여 축하함=축첩.

축연(祝宴) 명 贺宴 hèyàn '축하연'의 준말.

축우(畜牛) 명 役牛 yìníu=집소.

축음기(蓄音機) 명 留声机 líushēngjī 음반으로부터 소리를 되살려 내는 장치=유성기.

축일(祝日) 명 节日 jiérì 경사를 축하하는 날.

축재(蓄財) 명 〔~하다|자동사〕 储财 chǔcái 재물을 모아 쌓음=저재.

축적(蓄積) 명 〔~하다|자동사·타동사〕 积累 jīlěi 积储 jīchǔ 쌓음=적축.

축전(祝典) 명 庆典 qìngdiǎn=축하식.

축전(祝電) 명 贺电 hèdiàn=축하전보.

축제(祝祭) 명 ① 庆祝会 qìngzhùhuì 축하의 제전. ② 祝贺与祭祀 zhùhèyǔjìsì 축하와 제사.

축제일(祝祭日) 명 ① 祝节日 zhùjiérì 축일과 제일. ② 节日 jiérì 축일과 제일이 겹친 날. ③ 喜庆日 xǐqìngrì 축제를 행하는 날.

축조(築造) 명 〔~하다|타동사〕 建造 jiànzào 쌓아서 만듦=축구.

축첩(蓄妾) 명 〔~하다|자동사〕 纳妾 nà qiè 纳宠 nàchǒng 첩을 둠.

축포(祝炮) 명 礼炮 lǐpào 〈수〉 축하하는 뜻으로 쏘는 공포.

축하(祝賀)[추카] 명 〔~하다|타동사〕 恭喜 gōngxǐ 道喜 dàoxǐ 남의 경사에 기쁘고 즐겁다는 뜻으로 인사함. 또는 그 인사.

축합(縮合)[추캅] 명 缩合 suōhé 缩聚 suōjú 〈화〉 유기화합물의 두 분자 또는 그 이상의 분자가 반응하여 간단한 분자가 없어지면서 새로운 화합물을 만드는 반응.

축혼(祝婚) 명 祝贺婚礼 zhùhèhūnlǐ 결혼을 축하하는 일.

춘궁(春窮) 명 春荒 chūnhuāng 青黄不接 qīnghuángbùjiē=보릿고개.

춘기(春機) 명 ① 春情 chūnqíng=춘정. ② 春意 chūnyì=춘의.

춘부장(春府丈) 명 尊大人 zūndàrén 令尊 lìngzūn=어르신네.

춘사(椿事) 명 意外事件 yìwàishìjiàn 不幸的事 búxìngdeshì→불상사.

춘추(春秋) 명 ① 春秋 chūnqiū=봄가을. ② 年庚 niángēng 어른의 '나이'의 높임말. ③ 年 nián '해'를 달리 일컫는 말.

춘추복(春秋服) 명 春装和秋装 chūnzhuānghéqiūzhuāng=봄가을옷.

출가외인(出嫁外人) 명 嫁出去的女人 jiàchūqùdenǚrén. 养女儿外姓人 yǎngnǚérwàixìngrén 시집간 여자는 친정 사람이 아니고 남이나 마찬가지라는 뜻의 말.

출결(出缺) 명 出勤和缺勤 chūqínhéquēqín 出席和缺席 chūxíhéquēxí 출결근 또는 출결석.

출고(出庫) 명 〔~하다|타동사〕 出库 chūkù 出栈 chūzhàn 곳집에서 꺼냄↔입고.

출고증(出庫證) 명 出栈凭单 chūzhànpíngdān 出库单 chūkùdān→출고증.

출국(出國) 명 〔~하다|자동사〕 出国 chūguó 出境 chūjìng 나라 밖으로 나감.

출근(出勤) 명 〔~하다|자동사〕 出勤 chūqín 上班 shàngbān 上工 shànggōng 근무하는 곳에 나감. ※퇴근.

출금(出金) 명 〔~하다|자동사·타동사〕 出钱 chūqián 出资 chūzī 돈을 내어 줌. 또는 그 돈.

출납검사(出納檢査)[-랍-] 명 审查出纳 shěncháchūnà 회계 검사 기관, 특히 감사원에서 현금 출납을 맡은 기관에 대해

하는 회계 검사.

출두(出頭)[-뚜] 명 〔~하다|자동사〕 ① 出席 chūxí 어떤 곳에 몸소 나아감. ② 御使出马 yùshǐchūmǎ '어사출두'의 준말.

출력(出力) 명 〔~하다|타동사〕 ① 出力 chūlì 出资 chūzī 돈 따위를 내어서 일을 도움. ② 功能 gōngnéng 功率 gōnglǜ 엔진, 발전기 따위가 바깥에 공급하는 기계적 또는 전기적 힘.

출마(出馬) 명 〔~하다|자동사〕 ① 上阵 shàngzhèn 말을 타고 나감. ② 出马 chūmǎ 선거에 입후보함. 어떤 일에 나섬.

출발(出發) 명 〔~하다|자동사〕 ① 出发 chūfā 떠남=이발. ② 开始 kāishǐ 어떤 일의 시작. ¶무슨 일이나 첫 ~을 잘 해야 한다. 不管什么事，开头要做好。bùguǎn shénmeshì, kāitóuyàozuòhǎo.

출발선(出發線) 명 起跑线 qǐpǎoxiàn 출발하는 곳에 그어 놓은 선.

출범(出帆) 명 〔~하다|자동사〕 开船 kāichuán 出航 chūháng 돛을 달고 배가 떠남=개범. 해람↔정박.

출사(出寫)[-싸] 명 〔~하다|자동사〕 出差摄影 chūchāishèyǐng 사진사가 출장하여 사진을 찍음.

출산(出産)[-싼] 명 〔~하다|타동사〕 生育 shēngyù→해산.

출생신고(出生伸告)[-쌩-] 명 出生登记 chūshēngdēngjì 〈법〉 사람이 태어났음을 관청에 신고함.

출세(出世)[-쎄] 명 〔~하다|자동사〕 ① 飞黄腾达 fēihuángténgdá 显达 xiǎndá 发迹 fājì 사회적으로 높은 지위에 오르거나 유명하게 됨. 또는 그 일=등달. 출신. ② 出生 chūshēng 세상에 태어남.

출세작(出世作)[-쎄-] 명 成名作 chéngmíngzuò 세상에 널리 알려져서 작가가 인정받는 지위를 얻게 된 예술 작품.

출소(出所)[-쏘] 명 〔~하다|자동사〕 ① 出处 chūchù 출처나 유래. ② 被释放 bèishìfàng 出狱 chūyù=출감.

출어(出漁) 명 〔~하다|자동사〕 出海 chūhǎi 离港 lígǎng 물고기를 잡으러 바다로 나감.

출연(出捐) 명 〔~하다|타동사〕 捐献 juānxiàn 돈을 내어 남을 도와 줌.

출연(出演) 명 〔~하다|자동사〕 上台 shàngtái 上场 shàngchǎng 연설, 강연, 연극, 연주 따위를 어떠한 곳에 나가서 함.

출원(出願) 명 〔~하다|자동사·타동사〕 申请 shēnqǐng 请愿 qǐngyuàn 청원이나 원서를 냄. ¶~을 내다. 交申请。jiāoshēnqǐng.

출입국(出入國) 명 出入境 chūrùjìng 나라 밖으로 나가거나 나라 안으로 들어오는 일. ¶~을 통제한다. 控制出入境。kòngzhìchūrùjìng.

출자(出資)[-짜] 명 〔~하다|자동사〕 出资 chūzī 投资 tóuzī 出股 chūgǔ 어떠한 일에 쓰일 밑천을 냄. 곧 사업의 자금으

로 돈, 물품, 노동 따위를 내는 일.

출장(出張)[—짱] 명 〔~하다|자동사〕 出差 chūchāi 직무를 띠고 임시로 다른 곳으로 나감. ¶지방 ~. 地方出差。dìfāng chūchāi.

출장소(出張所)[—짱] 명 在外分店 zài wàifēndián 驻外办事处 zhùwàibànshìchù 관공서나 기업체 따위에서 필요한 지역에 임시로 설치하는 사무소.

출전(出典)[—쩐] 명 出处 chūchù 인용한 글이나 고사, 성어 따위의 출처가 되는 책.

출전(出戰)[—쩐] 명 〔~하다|자동사〕 ① 参加战斗或比赛 cānjiāzhàndòuhuòbǐsài 전쟁이나 운동경기에 나감. ¶~선수. 出场选手。chūchǎngxuǎnshǒu. ② 出战 chūzhàn 나가서 싸움. ¶~ 경력. 出战经历。chūzhànjīnglì.

출정(出征)[—쩡] 명 〔~하다|자동사〕 ① 出征 chūzhēng 远征 yuǎnzhēng 정벌하러 나감.② 出师 chūshī 군대가 나가서 정벌함.

출중(出衆)[—쭝—] 형 〔여 불규칙〕 杰出 jiéchū 出类拔萃 chūlèibácuì 뭇사람 가운데서 특별히 뛰어나다=절군하다. 출군하다.

출진(出陣)[—찐] 명 〔~하다|자동사〕 上阵 shàngzhèn 出阵 chūzhèn 〈군〉 전진으로 나아감.

출처(出處) 명 出处 chūchù 来源 láiyuán 사물이나 소문, 인용글 따위가 생기거나 나온 곳. ¶~가 모호하다. 出处模糊。chūchùmǒhū.

출타(出他) 명 〔~하다|자동사〕 去别的地方 qùbiédedìfāng 집에 있지 않고 다른 곳에 나감.

출품(出品) 명 〔~하다|자동사·타동사〕 展出产品 zhǎnchūchǎnpǐn 展品 zhǎnpǐn 전람회, 전시회, 품평회 같은 데에 작품이나 물품을 내어 놓음.

출하(出荷) 명 〔~하다|자동사·타동사〕 发货 fāhuò 发运 fāyùn→출화. 짐, 상품 따위를 내어 보냄.

출학(黜學) 명 〔~하다|타동사〕 开除学籍 kāichúxuéjí 〈교〉 교칙을 어긴 학생을 학생 명부에서 제명하고 학교로부터 내어 쫓음=방교.

출항(出航) 명 〔~하다|자동사〕 出航 chūháng 开航 kāiháng 배가 항구에서 떠나감=발항.

출혈수출(出血輸出) 명 亏本出口 kuīběn chūkǒu 앞날의 이익을 기대하거나 생산 과잉으로, 손해를 무릅쓰고 하는 수출.

출회(出廻) 명 〔~하다|자동사〕 上市 shàngshì 물건이 시장으로 나와서 돎.

충격(衝擊) 명 ① 冲 chōng 대들어 들이침. ② 冲击 chōngjī 물체에 갑자기 가해지는 힘. ③ 冲动 chōngdòng 마음에 받는 심한 충동.

충고(忠告) 명 〔~하다|자동사·타동사〕

忠告 zhōnggào 劝告 quàngào 남의 잘못을 숨기거나 꾸밈이 없이 타이름.

충당(充當) 명 〔~하다|타동사〕 补充 bǔchōng 充当 chōngdāng 모자라는 것을 채워 메움. ¶학비에 ~하다. 补充学费。bǔchōngxuéfèi.

충돌(衝突) 명 〔~하다|자동사〕 冲突 chōngtū 碰撞 pèngzhuàng 맞부딪침. ¶자동차의~. 汽车碰撞。qìchēpèngzhuàng.

충동(衝動) 명 〔~하다|타동사〕 ① 纵恿 sǒngyǒng 어떤 일을 하도록 남을 부추기거나 들쑤심. ¶남의 ~을 받았다. 受到纵恿。shòudàozòngyǒng. ② 冲动 chōngdòng 어떤 행동을 하고자 하는 욕망을 순간적으로 세게 일으키는 마음속의 자극.

충만(充滿) 명 〔~하다|자동사・형용사〕 〔~히|부사〕 充满 chōngmǎn 冲塞 chōngsāi 满怀 mǎnhuái 한껏 차서 가득하다.

충분(充分) 형 〔여 불규칙〕 充分 chōngfèn 十分 shífēn 만족할 만큼 넉넉하다.

충실(充實) 명 〔~하다|형용사〕 〔~히|부사〕 ① 结实 jiéshí 몸이 굳세어서 튼튼함. ② 充实 chōngshí 사물의 내용이 알차고 단단함.

충실(忠實) 명 〔~하다|형용사〕 〔~히|부사〕 忠实 zhōngshí 认真 rènzhēn 충직하고 성실하게.

충심(衷心) 명 忠心 zhōngxīn 由衷地 yóuzhōngde 속에서 우러나는 참된 마음=충관.

충용(忠勇) 명 〔~하다|형용사〕 忠诚而勇敢 zhōngchéngéryǒnggǎn 충성과 용맹.

충원(充員) 명 〔~하다|타동사〕 充员 chōngyuán 补充人员 bǔchōngrényuán 인원수를 채움.

충전재(充塡材) 명 ① 充填物 chōngtiánwù 어떤 물질의 성질을 개량하고 품질을 개선하려고 섞는 불활성 물질. ② 填料 tiánliào 틈을 막기 위해 쓰이는 물질.

충족(充足) 명 〔~하다|타동사・형용사〕 〔~히|부사〕 充足 chōngzú 满足 mǎnzú 분량에 차서 모자람이 없음. ¶~을 느끼다. 感到满足。gǎndàomǎnzú.

충직(忠直) 명 〔~하다|형용사〕 忠诚 zhōngchéng 忠实 zhōngshí 충성스럽고 정직하다=충당하다.

충치(蟲齒) 명 虫齿 chóngchǐ 虫牙 chóngyá=삭은니.

취급(取扱) 명 〔~하다|타동사〕 ① 操纵 cāozòng 管理 guǎnlǐ 물건을 다룸. ② 对待 duìdài 사람이나 사건을 대하거나 처리함.

취급소(取扱所) 명 代办所 dàibànsuǒ 代理处 dàilǐchù 어떤 일을 취급하는 곳.

취기(醉氣) 명 醉意 zuìyì=술기운.

취담(醉談) 명 〔~하다|자동사〕 酒后之谈 jiǔhòuzhītán 술에 취해서 함부로 하는 말=취설. 취언.

취득(取得) 명 〔~하다|타동사〕 取得 qǔ

dé 获得 huòdé 자기의 것으로 삼아 가짐.

취로(就勞) 명 〔~하다|자동사〕 从事劳动 cóngshìláodòng 육체노동을 하는 일터에 나아가 일을 함.

취리(取利) 명 放贷取利 fàngdàiqǔlì 돈이나 곡식 따위를 꿔어주고 그 변리를 받음.

취미(趣味) 명 ① 嗜好 shìhào 마음에 느끼어서 일어나는 멋. ② 趣味 qùwèi 아름다운 대상을 감상하고 이해하는 힘. ③ 兴趣 xìngqù 전문으로서가 아니라 즐기려고 사랑하며 좋아하는 일. ¶~ 생활. 生活兴趣。shēnghuóxìngqù.

취사(取捨) 명 〔~하다|타동사〕 取舍 qǔshě 去取 qùqǔ 挑选 tiāoxuǎn 쓸 것은 쓰고 버릴 것은 버림=용사.

취소(取消) 명 〔~하다|타동사〕 ① 取消 qǔxiāo→말소. ② 撤消 chèxiāo→무름.

취수탑(取水塔) 명 进水塔 jìnshuǐtǎ 강이나 저수지 따위에서 물을 끌어들이기 위한 관이나 수문의 설비가 되어 있는 탑 모양의 구조물=물고동탑.

취안(醉顔) 명 醉容 zuìróng 술에 취한 얼굴=취모.

취약(脆弱) 명 〔~하다|형용사〕 脆弱 cuìruò 软弱 ruǎnruò 무르고 약하다.

취역(就役) 명 〔~하다|자동사〕 就劳 jìuláo 从事劳动 cóngshìláodòng 부역이나 역사에 나아가 일을 함.

취임(就任) 명 〔~하다|자동사〕 上任 shàngrèn 就任 jìurèn 就职 jìuzhí 到任 dàorèn 직무를 수행하러 맡은 자리에 처음으로 나아감↔이임.

취입(吹入) 명 〔~하다|타동사〕 ① 吹入 chuīrù 공기 따위를 불어 넣음. ② 灌片 guànpiān 레코드나 녹음기의 녹음판에 소리를 넣음. ※녹음.

취재(取材) 명 〔~하다|자동사〕 采访 cǎifǎng 작품이나 기사의 재료를 구하여 얻음.

취지(趣旨) 명 宗旨 zōngzhǐ 主旨 zhǔzhǐ 근본이 되는 종요로운 뜻=지취. 취의.

취직(就職) 명 〔~하다|자동사〕 就业 jìuyè 找工作 zhǎogōngzuò 일정한 직업을 잡아 직장에 나아감=취업. ※구직.

취택(取擇) 명 〔~하다|타동사〕 选取 xuǎnqǔ=선택.

취하(取下) 명 〔~하다|타동사〕 撤回 chèhuí 신청하였던 일이나 내었던 서류 따위를 도로 거둬들임.

취항(就航) 명 〔~하다|자동사〕 通航 tōngháng 배나 비행기가 항행의 길에 나섬.

측각기(測角器) 명 测角仪 cèjiǎoyí=각도기.

측간(厠間) 명 厕所 cèsuǒ 변소=뒷간.

측근(側近) 명 ① 身边 shēnbiān 곁의 가까운 곳. ¶그분을 ~에서 모시고 있는 이들. 在那位身边的人。zàinàwèishēnbiān derén. ② 心腹 xīnfù '측근자'의 준말. ¶

당신이 그 사람 ~입니까? 你是他的心腹吗? nǐshìtādexīnfùma.

측로(側路) 명 旁路 pánglù=옆길.

측면(側面) 명 ① 侧面 cèmiàn=옆면. ② 一方面 yīfāngmiān 사물 현상의 한 부분이나 한쪽 면.

측실(側室) 명 ① 小妾 xiǎoqiè=적은집. ② 小屋 xiǎowū=곁방.

측연(惻然) 형 [여 불규칙] 恻隐 cèyǐn 보기에 측은하다.

측은(惻隱) 형 [여 불규칙] 恻隐 cèyǐn 怜悯 liánmǐn 가엾고 불쌍하다.

측정(測定) 명 [~하다|타동사] 测定 cèdìng 测量 cèliáng 잼.

층계(層階)[ㅡ계/ㅡ게] 명 阶梯 jiētī 楼梯 lóu 층 사이를 오르내릴 수 있도록 여러 턱이 지게 만들어 놓은 설비=계제. 계층.

층계참(階站)[ㅡ계ㅡ/ㅡ게ㅡ] 명 楼梯缓台 lōutīhuǎntái 〈건〉 층층다리의 중간에 있는 조금 넓은 곳=계단참. ※층어귀.

층적운(層積雲) 명 层壮云 céngzhuàng yún 하층운의 하나. 하늘을 덮는 시커먼 구름 ≪비가 오기 전후에 많음≫. 층쌘구름.

치밀(緻密) 형 [여 불규칙] ① 精密 jīngmì 자세하고 꼼꼼하다=밀치하다. 세치하다. ② 周密 zhōumì 썩 곱고 촘촘하다=밀치하다.

치부(致富) 명 [~하다|자동사] 发财 fācái 致富 zhìfù 재물을 모아 부자가 됨.

치부(恥部) 명 ① 阴户 yīnhù 阴门 yīnmén 음부(阴部). ② 羞耻的部分 xīuchǐde bùfèn 부끄러운 부분. ¶~를 드러내다. 暴露羞耻的部分。bàolòuxīuchǐdebùfèn.

치부(置簿) 명 ① 计账 jìzhàng 돈, 물건의 드나드는 것을 적음. ② 帐本 zhàng běn '치부책'의 준말. ③ 心理记着 xīnlǐ jìzhe 마음속으로 어떠어떠하게 여기거나 새겨 둠.

치부책(置簿册) 명 帐簿 zhàngbù 돈, 물건의 드나드는 것을 적는 책. §치부=치부장.

치사(恥事) 형 [여 불규칙] 卑劣 bēiliè 卑鄙 bēibì 不要脸 bùyàoliǎn 행동이나 말 따위가 쩨쩨하고 남부끄럽다. ¶더럽게 ~한 놈. 卑鄙家伙。bēibǐjiāhuo.

치사(致謝) 명 [~하다|타동사] 致谢 zhìxiè 道谢 dàoxiè 고맙다고 사례하는 뜻을 나타냄.

치산(治産) 명 [~하다|자동사] 治家产 zhìjiāchǎn 理财 lǐcái 재산을 잘 다스림.

치성(致誠) 명 [~하다|자동사] ① 竭诚 jiéchéng 정성을 다함=진관. ② 许愿 xǔyuàn 신불에게 정성을 드림=진관.

치술(治術) 명 治国法 zhìguófǎ 治病法 zhìbìngfǎ 나라를 다스리는 술책.

치아(穉兒) 명 十多岁的孩子 shíduōsuìde háizi=어린아이.

치약(齒藥) 명 牙膏 yágāo=이닦기약.

치열(熾熱) 명 [~하다|형용사] [~히|

부사] 激烈 jīliè 剧烈 jùliè 열도가 매우 높다.

치욕(恥辱) 명 耻辱 chǐrǔ 屈辱 qūrǔ 수치와 모욕.

치자(稚子) 명 ① 十多岁的孩子 shíduō suìdeháizi=어린아이. ② 稚儿 zhìér 어린아들.

치장(治裝) 명 〔~하다|타동사〕 装饰 zhuāngshì 행장을 차림. 치행(治行).

치장(治粧) 명 〔~하다|타동사〕 打扮 dǎ bàn 装饰 zhuāngshì 잘 매만져서 보기 좋게 꾸밈.

치적(治積) 명 功绩 gōngjì 잘 다스린 공적.

치정(癡情) 명 婚外的爱情 hūnwàideài qíng 不正派的爱情 búzhèngpàideàiqíng 남녀 사이의 사랑에 있어서 생기는 온갖 어지러운 정.

치졸(稚拙) 명 〔~하다|형용사〕 拙劣 zhuóliè 유치하고 졸렬하다.

치중(置重) 명 〔~하다|자동사〕 着重 zhuózhòng 重视 zhòngshì 어떠한 곳에 중점을 둠=주중.

치차(齒車) 명 齿痛 chǐtòng 牙痛 yátòng =톱니바퀴.

치하(治下) 명 ① 统治下 tǒngzhìxià 통치의 아래. ② 统治领域 tǒngzhìlǐngyù 관할하거나 통치하는 구역.

치하(致賀) 명 〔~하다|타동사〕 称赞 chēngzàn 祝贺 zhùhè 칭찬 또는 축하의 뜻을 말함.

치한(癡漢) 명 ① 痴人 chīrén=치인. ② 调戏妇女的人 tiáoxìfùnǚderén 여자를 희롱하는 추잡한 사내.

치환(置換) 명 〔~하다|타동사〕 ① 代入 dàirù 바꿈. ② 代换 dàihuàn 〈수〉 n개의 것을 하나의 차례로부터 다른 차례로 바꾸어 펼침. ③ 变位 biànwèi 〈화〉 어떤 화합물의 성분인 원자나 원자단이 다른 원자나 원자단으로 바뀌어 새로운 화합물로 되는 일. ④ 置换 zhìhuàn 〈심〉=전위.

칙명(勅命)[칭-] 명 敕命 chìmìng 手谕 shǒuyù=어명.

칙서(勅書) 명 诏书 zhàoshū 제왕이 어느 특정한 사람에게 권계의 뜻이나 알릴 일을 적은 글=칙조.

친가(親家) 명 娘家 niángjiā=친정.

친교(親交) 명 亲密之交 qīnmìzhījiāo 친밀한 교분.

친구(親舊) 명 ① 朋友 péngyǒu=벗. ② 好友 hǎoyǒu 나이가 비슷한 또래의 사람을 가깝게 부르는 말.

친권자(親權者)[-꿘-] 명 有父母权利的人 yǒufùmǔquánlìderén 〈법〉 친권을 행사할 권리와 의무를 가지는 사람.

친근(親近) 형 〔여 불규칙〕 亲密 qīnmì 亲近 qīnjìn 사귀어 지내는 사이가 매우 가깝다.

친목(親睦) 명 〔~하다|형용사〕 亲睦 qīnmù 和睦 hémù 서로 친하여 화목함.

친분(親分) 명 交情 jiāoqíng 친밀한 정분. ¶~이 없다. 没有交情。méiyǒujiāo qíng.

친산(親山) 명 父母的墓地 fùmǔdemùdì 어버이의 산소.

친상(親喪) 명 丧父 sàngfù 丧母 sàngmǔ =부모상.

친서(親書) 명 ① 亲笔信 qīnbǐxìn 몸소 글을 씀. ② 手写 shǒuxiě=수서.

친위(親衛) 명 亲兵 qīnbīng 贴身护卫 tiē shēnhùwèi 임금의 신변을 호위하는 일.

친자식(親子息) 명 亲子女 qīnzǐnǚ 자기가 낳은 자식=친자.

친전(親展) 명 〔~하다|타동사〕 亲启 qīnqǐ 亲拆 qīnchāi 주로 편지 겉봉에 적어서, 편지를 받을 사람이 '몸소 펴 보라'는 말.

친정(親庭) 명 娘家 niángjiā 시집간 여자의 본집=본가. 친가↔시집.

친족(親族) 명 ① 亲属 qīnshǔ 촌수가 가까운 일가. 흔히 사종 이내를 말한다=친속. ② 同种 tóngzhǒng 생물의 종류나 언어 따위에서 같은 것에서 기원하여 나누어진 개체나 부류. ③ 亲戚 qīnqi 〈법〉 배우자, 혈족, 인척을 통틀어 일컫는 말.

친지(親知) 명 亲人 qīnrén 친근하게 서로 잘 알고 지내는 사람.

칠(漆) 명 〔~하다|타동사〕 ① 漆 qī 물체의 거죽에 발라 썩는 것을 막거나 아름답게 꾸미는 데 쓰는 물질. ¶~이 벗겨진다. 掉漆。diàoqī. ② 刷漆 shuāqī '옻칠'의 준말. ③ 涂 tú 칠감을 바르는 일. ¶~이 곱게 되었다. 漆涂得很好。qītúde hěnhǎo. ~ 솜씨. 刷漆手艺。shuāqīshǒu yì. ④ 抹 mǒ 물체의 거죽에 칠감 아닌 물질을 묻히거나 바름. ¶비누 ~. 흙 ~. 抹泥。mǒni. 抹肥皂。mǒféizào.

칠면조(七面鳥) 명 ① 火鸡 huǒjī 〈동〉 꿩과에 딸린 새. 몸은 대개 검거나 희고, 꼬리가 부채 모양으로 퍼져 있으며, 대가리와 목에는 털이 없는데, 그 빛이 여러 가지로 변한다. 미국 및 브라질의 원산으로, 집에서 널리 기르고, 고기는 먹는다. ② 善变的人 shànbiànderén 언행에 줏대가 없이 이랬다저랬다 하는 사람의 비유.

칠목기(漆木器) 명 上了漆的木器 shàngle qīdemùqì=옻칠그릇.

칠물(漆物) 명 釉子 yòuzi 釉药 yòuyào 옻칠을 한 온갖 기물.

칠분도(七分搗) 명 粗米 cūmǐ 현미를 원무게의 7퍼센트 정도 깎여 나가게 찧는 일.

칠야(漆夜) 명 黑夜 hēiyè 캄캄한 밤. ¶달도 없는 그믐 ~. 没有月亮的除夕之夜。méiyǒuyuèliàngdechúxīzhīyè.

칠장(漆欌) 명 ① 着漆的柜子 zhuóqīde guìzi 옻칠을 한 의장. ② 黑板 hēibǎn 칠판.

칠포(漆布) 명 七层拱 qīcénggǒng 옻칠을 한 헝겊.

침피(漆皮) 명 刷过漆的皮 shuāguòqīde pí 옻칠을 한 가죽.

침강(沈降) 명 〔~하다|자동사〕 沉陷 chénxiàn 沉降 chénjiàng 가라앉음.

침공(侵攻) 명 〔~하다|타동사〕 进攻 jìn gōng 침범하여 공격함.

침구(寢具) 명 寝具 qǐnjù 床上用品 chuángshàngyòngpǐn 잠을 자는 데에 쓰이는 물건. 이부자리, 베개, 자리옷 따위.

침낭(寢囊) 명 睡袋 shuìdài 袋床 dài chuáng=자루이불.

침노(侵擄) 명 〔~하다|타동사〕 侵略 qīnlüè 侵入 qīnrù 불법으로 쳐들어가거나 쳐들어옴.

침대(寢臺) 명 床 chuáng 铺 pù 榻 tà 사람이 누워 자는 가구의 한가지. 길쭉한 평상에 다리가 달려 있다=침상.

침대권(寢台) 명 券 quàn 床位票 chuáng wèipiào 객차나 객선 따위에 마련된 침대를 쓰려고 그 값을 내고 사는 표=침대표.

침대차(寢臺車) 명 卧车 wòchē 睡车 shuìchē 침대를 마련해 놓은 열차.

침상(寢床) 명 ① 床 chuáng 누워 자게 만든 평상=광상. 상요. 와상. 와탑. ② 床铺 chuángpù=침대.

침소(寢所) 명 住处 zhùchù 寝所 qǐnsuǒ 사람이 누워 자는 곳.

침소봉대(針小棒大) 명 〔~하다|자동사·타동사〕 言过其实 yánguòqíshí 작은 사물을 크게 에누리하여 떠벌림.

침술(針術) 명 针灸术 zhēnjiūshù 〈한의〉 침을 주어 병을 다스리는 의술=자침법.

침식불안(寢食不安) 명 忧心忡忡 yōuxīn chōngchōng 자고 먹는 것이 편하지 않음.

침실(寢室) 명 ① 寝室 qǐnshì 잠을 자도록 마련된 방=동방. ② 卧室 wòshì 와방. 와실. 침방.

침울(沈鬱) 명형 〔여 불규칙〕 ① 忧郁 yōuyù 걱정과 근심에 잠겨서 마음이나 기분이 답답하다=암울하다. ② 阴沉 yīn chén 어둡고 시원하지 못하다=암울하다.

침윤(浸潤) 명 ① 渗透 shèntòu 차차 젖어 들어감. ② 浸润 jìnrùn 생체의 조직에 다른 물질이 붙어 변화를 일으킴.

침의(針醫) 명 针灸医生 zhēnjiūyīshēng 침술로 병을 다스리는 의원=침공.

침중(沈重) 명형 〔여 불규칙〕 ① 稳重 wěnzhòng 持重 chízhòng 성질이 가라앉아서 진득하다. ② 沉重 chénzhòng 병이 짙어서 위중하다.

침착(沈着) 명 〔~하다|형용사〕 〔~히|부사〕 沉着 chénzhuó 稳重 wěnzhòng 安静 ānjìng 가라앉아 들러붙음.

침체(沈滯) 명 ① 不上进 búshàngjìn 벼슬의 지위가 오르지 못함. ② 停滞 tíng zhì 진전하지 못함.

침탈(侵奪) 명 〔~하다|타동사〕 掠夺 lüè duó 침범하여 빼앗음=침어.

침통(針筒) 명 针盒 zhēnhé=바늘통.

침투(浸透) 명 〔~하다|자동사〕 ① 浸透 jìntòu 渗透 shèntòu 스미어 젖어서 뱀 =투침. ② 打进 dǎjìn 몰래 숨어 들어감 =투침.

침해(侵害) 명 〔~하다|자동사〕 侵害 qīnhài 侵犯 qīnfàn 침범하여 해침=침손.

칭격(稱格) 명 名称 míngchēng 〈언〉= 가리킴.

칭명(稱名) 명 〔~하다|자동사〕 匿名 nì míng 이름을 속임.

칭병(稱病) 명 〔~하다|자동사〕 托病 tuōbìng 称病 chēngbìng 병이 있다고 핑계함=칭질.

칭송(稱頌) 명 〔~하다|타동사〕 称颂 chēngsòng 赞颂 zànsòng 称赞 chēngzàn 공덕을 일컬어 기림=송찬.

칭찬(稱讚) 명 〔~하다|타동사〕 赞扬 zànyáng 表扬 biǎoyáng 착하고 훌륭한 일 또는 아름다움 따위를 일컬어 기림=상미. 상양. 상예. 찬칭. 칭미. 칭양. 칭예.

ㅋ

쾌거(快擧) 명 痛快的举动 tòngkuàide jǔdòng 令人振奋的事情 lìngrénzhènfèn deshìqíng 통쾌한 거사. ¶삼일운동은 우리 민족사에 길이 남을 ~였다. 三一运动是在我们民族史上永不磨灭的令人振奋的一个事件。sānyīyùndòngshìzàiwǒmenmínzú shǐshàngyǒngbùmómièdelìngrénzhènfè ndeyígèshìjiàn.

쾌남아(快男兒) 명 好汉 hǎohàn 性格爽快的男子 xìnggéshuǎngkuàidenánzǐ 시원스럽고 쾌활한 남자=쾌남자. 쾌한.

쾌도(快刀) 명 尖刀 jiāndāo 썩 잘 드는 칼.

쾌락(快諾) 명〔~하다|타동사〕慨允 kǎiyǔn 承诺 chéngnuò 慨诺 kǎinuò 쾌히 승낙함, 또는 그 승낙.

쾌보(快報) 명 捷报 jiébào 好消息 hǎo xiāoxi 기쁘고 시원한 소식. ¶~를 전하다. 传捷报。chuánjiébào.

쾌속력(快速力) 명 高速度 gāosùdù 매우 빠른 속력.

쾌속정(快速艇) 명 快艇 kuàitǐng 매우 빠른 속도로 달리는 작은 배. §쾌정.

쾌승(快勝) 명〔~하다|자동사〕大胜 dà shèng 통쾌하게 이김.

쾌심(快心) 명〔~하다|형용사〕愉快的心情 yúkuàidexīnqíng 快意 kuàiyì 유쾌한 마음. ¶갈 때는 마지못해 갔지만, 올 때는 ~으로 돌아왔다. 去的时候是勉强去的, 回来时候可是愉快心情回来。qùdeshí hòushìmiǎnqiǎngqùde, huíláishíhòukě shìyúkuàixīnqínghuílái.

쾌연(快然) 형〔여 불규칙〕感到快意 gǎndàokuàiyì 感到愉快 gǎndàoyúkuài 씩씩하고 시원하다.

쾌유(快愈) 명〔~하다|자동사〕痊愈 quányù 全好 quánhǎo=쾌차. ¶~를 빌다. 祈求痊愈。qíqiúquányù.

쾌음(快飮) 명〔~하다|자동사〕痛快饮 tòngkuàiyǐn 痛快喝 tòngkuàihē 술을 유쾌하게 마심.

쾌저(快著) 명 得意著作 déyìzhùzuò 읽어서 흡족할 만큼 잘 된 책.

쾌적(快適)[—저카—] 형〔여 불규칙〕快适 kuàishì 爽快 shuǎngkuài 舒服 shūfú 몸과 마음에 알맞아 기분이 매우 좋다. ¶~한 방. 舒服的房间。shūfúdefángjiān. ※가적하다.

쾌전(快戰) 명 很痛快的战斗 hěntòngkuài

dezhàndòu 통쾌한 싸움.

쾌조(快調) 명 顺利shùnlì 일이 썩 잘 되어 가는 상태. ¶~의 출발. 顺利的出发。shùnlìdechūfā.

쾌주(快走) 명 〔~하다|타동사〕 快跑 kuàipǎo 통쾌하도록 잘 달림. ※질주.

쾌차(快差) 명 〔~하다|자동사〕 痊愈 quányù 全愈 quányù 병이 깨끗이 나음=쾌유.

쾌척(快擲) 명 〔~하다|타동사〕 慷慨地出钱 kāngkǎidechūqián 大方地捐款 dàfāngdejuānkuǎn 금품을 마땅히 쓸 자리에 시원스럽게 내어 줌.

쾌청(快晴) 형 〔여 불규칙〕 万里无云 wànlǐwúyún 晴朗 qínglǎng 날씨가 상쾌하게 맑다=청쾌하다.

쾌한(快漢) 명 好汉 hǎohàn 潇洒的男人 xiāosǎdenánrén=쾌남아.

ㅌ

타개(打開) 명 [~하다|타동사] 打开 dǎkāi 冲击 chōngjī 헤쳐 나감. ¶진로 ~. 打开进路。dǎkāijìnlù.

타결(妥結) 명 [~하다|타동사] 达成协议 dáchéngxiéyì 和解 héjiě 서로 좋도록 협의하여 약속을 맺음. ¶정치적 ~. 政治的和解。zhèngzhìdehéjiě.

타계(他界)[-계/-게] 명 [~하다|자동사] ① 另一个世界 lìngyígèshìjiè 다른 세계. ② 逝世 shìshì 去世 qùshì 지위가 높거나 훌륭한 사람이 죽음. ① 他界 tājiè 〈불〉 십계 가운데 인간 밖의 세계. 곧 천인, 지옥, 아귀, 수라 따위.

타교(他校) 명 别校 biéxiào 其他学校 qítāxuéxiào 다른 학교 또는 남의 학교. ¶~ 출신. 其他学校出身。qítāxuéxiàochūshēn↔본교.

타당(妥當) 형 [여 불규칙] 妥当 tuǒdàng 恰当 qiàdàng=마땅하다. ¶~한 방법. 妥当方法。tuǒdàngfāngfǎ.

타박상(打撲傷) 명 打伤 dǎshāng 轧伤 yàshāng 碰伤 pèngshāng 부딪치거나 맞아서 생긴 상처=타상입다.

타방면(他方面) 명 另一面 lìngyímiàn 다른 방면=타방.

타살(他殺) 명 [~하다|자동사·타동사] 被杀 bèishā↔자살. 남에게 당한 죽음.

타석기(打石器) 명 打制石器 dǎzhìshíqì 〈고고〉 '타제석기'의 준말.

타선(打線) 명 击球阵容 jīqiúzhènróng 〈체〉 야구에서, 타자 진용=타진.

타순(打順) 명 顺打 shùndǎ 〈체〉 '타격순'의 준말.

타자(打者) 명 击球员 jīqiúyuán 〈체〉 야구에서, 방망이로 공을 치는 경기자=타수.

타작(打作) 명 [~하다|타동사] ① 打场 dǎcháng 〈농〉 곡식의 이삭을 떨어서 낟알을 거두는 일. ¶벼 ~. 打场稻谷。dǎchángdàogǔ=바심. ② 收租 shōuzū 지주와 소작인이 거둔 곡물을 어떤 비율로 갈라 가지는 소작 제도.

타점(打點) 명 [~하다|타동사] ① 写标点 xiěbiāodiǎn 점을 찍음. ② 暗暗记住 àn'ànjìzhù 마음속으로 정함.

타점계정(他店計定) 명 代理银行账户 dàilǐyínhángzhànghù 同业借款账户 tóngyèjièkuǎnzhànghù 〈경〉 은행 부기에서, 다른 은행과의 사이에 생기는 채권 채무

를 처리하는 계정.

타지방(他地方) 명 外地 wàidì 다른 지방. ¶~ 사람들. 外地人。wàidìrén=타방.

타진(打盡) 명 〔~하다|타동사〕 全部抓获 quánbùzhuāhuò 모조리 잡음.

타진(打診) 명 〔~하다|타동사〕 ① 口诊 kǒuzhěn 타진기나 손가락 끝으로 가슴이나 등을 두드려서 그 소리로 병세를 알아냄. ② 试探 shìtàn 남의 마음이나 사정을 알려고 미리 떠 봄.

타파(打破) 명 〔~하다|타동사〕 打破 dǎ pò 破除 pòchú 깨뜨려 없앰. ¶봉건 인습의 ~. 破除封建陋习。pòchúfēngjiànlòu xí.

타협(妥協) 명 〔~하다|자동사·타동사〕 妥协 tuǒxié 接洽 jiēqià 和解 héjiě 두 편이 서로 좋도록 협의함. ¶~을 보다. 互相妥协。hùxiāngtuǒxié=사무송.

탁견(卓見) 명 卓见 zhuójiàn 高见 gāo jiàn 뛰어난 의견이나 견해. ¶~을 가지고 있다. 有高见。yǒugāojiàn=탁식.

탁구(桌球) 명 乒乓球 pīngpāngqiú 〈체〉 긴 네모꼴의 탁자 한가운데에 낮은 그물을 치고, 한 편에 한 사람 또는 두 사람씩 갈라서서, 작은 공을 채로 쳐서 넘기고 받고 하는 경기.

탁류(濁流)[탕뉴] 명 ① 浊流 zhuóliú 흘러가는 흐린 물 또는 그 흐름. ② 比喻社会败类 bǐyùshèhuìbàilèi '부랑배'를 비유하는 말.

탁마(琢磨)[탕—] 명 〔~하다|타동사〕 琢磨 zhuómó 鉆研 zuānyán 갈닦음. ¶~의 공. 鉆研的功劳。zuānyándegōngláo=마탁.

탁발(托鉢) 명 〔~하다|자동사〕 化缘 huàyuán 〈불〉 도를 닦는 중이 경문을 외면서 집집마다 다니며 동냥하는 일=행걸.

탁상공론(桌上空論)[—논] 명 纸上谈兵 zhǐshàngtánbīng 실현성이 없는 헛된 이론. ¶~에만 그치지 말고 실천에 옮겨라. 不要只谈纸上谈兵，要做实践。búyàozhǐ tánzhǐshàngtánbīng，yàozuòshíjiàn=궤상공론. 궤상론.

탁상시계(桌上時計)[—계/—게] 명 座钟 zuòzhōng 책상 위에 놓고 보는 시계.

탁상등(桌上燈) 명 台灯 táidēng 책상 위에 놓고 보는 등.

탁상연설(桌上演說)[—년—] 명 席间演说 xíjiānyǎnshuō 연회 같은 데서 따로 연단을 베풀지 않고 자기 자리에서 하는 연설.

탁성(濁聲) 명 粗声 cūshēng 〈악〉=전성. ※배탁성.

탁송(託送) 명 〔~하다|타동사〕 托运 tuōyùn 부탁하여 물건을 보냄.

탁송전보(託送電報) 명 传真 chuánzhēn 전화 가입자가 자기가 사용하는 전화로 받거나 보내는 전보.

탁월(卓越) 형 〔여 불규칙〕 卓越 zhuó

yuè 卓绝 zhuójué=뛰어나다.

탁자(卓子) 명 桌子 zhuōzi 물건을 올려 놓을 수 있도록 널조각으로 층을 들여 만든 세간.

탁자장(卓子欌) 명 办公桌 bàngōngzhuō 몇 층은 탁자식으로 되고 몇 층은 문짝을 달아 장으로 쓰는 찬장.

탁주(濁酒) 명 马格利酒 mǎgélìjiǔ 米黄酒 mǐhuángjiǔ=막걸리. ¶청주와 ~. 青酒和米酒。qīngjiǔhémǐjiǔ.

탄갱(炭坑) 명 矿坑 kuàngkēng 〈광〉 석탄을 캐내는 구덩이=석탄갱.

탄광(炭鑛) 명 煤矿 méikuàng 〈광〉 석탄을 캐내는 광=매광. 석탄광. 탄산.

탄력(彈力)[탈-] 명 ① 弹力 tánlì 弹性 tánxìng 끌어당기는 작용이 중지된 뒤에 다시 본디의 형태로 돌아가려는 힘=탄성력. 튀길심. ② 机动灵活 jīdònglínghuó '반응이 빠르고 약동하는 것'의 비유. ¶요즈음 나의 생활은 ~을 잃어 버렸다. 最近我的生活失去了灵活性。zuìjìnwǒde shēnghuóshīqùlelínghuóxìng.

탄력관세(彈力關稅)[탈-] 명 可变税率 kěbiànshuìlǜ 灵活关税 línghuóguānshuì 〈경〉 행정관청이 필요에 따라서 세율을 변경할 수 있는 관세.

탄력성(彈力性)[탈-] 명 ① 弹性 tán xìng 탄력이 있는 성질. ¶강철로 만든 철사가 ~ 있게 튕긴다. 钢丝很有弹性。gāngsīhěnyǒutánxìng. ② 弹力 tánlì 〈물〉=탄성.

탄로(綻露)[탈-] 명 〔~하다|타동사〕 ① 暴露 bàolù 비밀이 드러남. ¶비밀이 ~나다. 暴露秘密。bàolùmìmì=현로. ② 泄漏 xièlòu 비밀을 드러냄=현로.

탄막(彈幕) 명 弹雨 dànyǔ 枪林弹雨 qiānglíndànyǔ 빈틈이 없게 한꺼번에 쏘아 대는 포탄.

탄복(嘆服) 명 〔~하다|자동사·타동사〕 佩服 pèifú 叹服 tànfú 감탄하여 마음을 굽힘.

탄사(嘆辭) 명 赞词 zàncí 감탄하거나 탄식하여 하는 말. ¶~를 발한다. 说赞词。shuōzàncí.

탄성(彈性) 명 弹性 tánxìng 伸缩性 shēn suōxìng 〈물〉 물체가 다른 힘을 받으면 그 부피와 꼴이 일정한 정도로 바뀌었다가, 그 힘이 없어지면 다시 본디대로 돌아가는 성질=탄력성.

탄성(嘆聲) 명 ① 叹息声 tànxīshēng 탄식하거나 한탄하는 소리. ② 感叹声 gǎn tànshēng 감탄하는 소리. ¶~을 지르다. 发出感叹声。fāchūgǎntànshēng.

탄압(彈壓) 명 〔~하다|타동사〕 弹压 dànyā 高压 gāoyā 镇压 zhènyā 권력이나 무력 따위로 억지로 눌러 꼼짝 못 하게 함. ¶언론의 ~. 镇压言论。zhènyāyánlùn.

탄원서(歎願書) 명 请愿书 qǐngyuànshū 탄원의 뜻을 쓴 글이나 문서. ¶~를 내다. 写请愿书。xiěqǐngyuànshū.

탄전(炭田) 명 煤田 méitián 〈광〉 석탄이 묻히어 있는 땅=매전.

탄좌(炭座) 명 煤矿地区 méikuàngdìqū 〈광〉 연간 30만 톤 이상의 석탄을 생산할 수 있는 석탄 광구의 집합체.

탄주(炭柱) 명 煤柱 méizhù 〈광〉 탄갱에서 천장이 무너지는 것을 막으려고 그 주위나 옆에 캐지 아니하고 남겨 둔 석탄층.

탄진(炭塵) 명 煤尘 méichén 〈광〉 석탄 먼지.

탄차(炭車) 명 ① 运煤车 yùnméichē. ② 矿车 kuàngchē 석탄을 나르는 차.

탄착거리(彈着距離) 명 射程 shèchéng 〈군〉=최대사거리.

탄층(炭層) 명 煤层 méicéng 〈지〉 땅속에 석탄이 묻혀 있는 층=석탄층. 탄상.

탄탄(坦坦) 명형 [여 불규칙] 平坦 píngtǎn 平坦宽旷 píngtǎnkuānkuò 길 같은 것이 편편하고 넓다. ¶~하게 뚫린 도로. 平坦宽旷的道路。píngtǎnkuānkuòdedàolù.

탄피(彈皮) 명 弹壳 dànké 탄알이나 포탄의 껍데기=탄알껍데기. 피갑.

탄화(炭火) 명 煤火 méihuǒ 〈화〉 탄소와 화합함.

탈(頉) 명 ① 事故 shìgù 변고나 사고. ¶이렇다 할 ~이라고는 전혀 없었다. 没有过特别的事故。méiyǒuguòtèbiédeshìgù. ② 病 bìng=병. ③ 借口 jièkǒu 트집이나 핑계. ¶~을 만들다. 找借口。 zhǎojièkǒu. ④ 毛病 máobìng 过错 guòcuò '이다'의 기움 말로 쓰이어, 잘못의 원인 또는 장애나 흠. ¶미리 몰랐던 게 ~이었다. 提前没知道就是过错。tíqiánméizhīdào jiùshìguòcuò.

탈각(脫却) 명 [~하다|자동사·타동사] ① 逃脱 táotuō 벗어남. ② 脱掉 tuōdiào 벗어 버림.

탈구(脫臼) 명 [~하다|자동사] 〈의〉 脱骨 tuōgǔ→삠. 뼈마디가 삐어져 물러남. ¶관절이 ~되다. 关节脱骨。guānjiétuōgǔ.

탈락(脫落) 명 [~하다|자동사] 名落孙山 míngluòsūnshān 遗漏 yílòu 빠지거나 떨어짐=유락.

탈모(脫毛) 명 [~하다|자동사] 脱毛 tuōmáo 拔毛 bámáo 去毛 qùmáo 털이 빠짐. 또는 그 빠진 털.

탈법(脫法)[—뻡] 명 [~하다|자동사] 逃脱法网 táotuōfǎwǎng 逃脱法律制裁 táotuōfǎlǜzhìcái 법을 어김.

탈산(脫酸)[—싼] 명 [~하다|자동사] 脱氧 tuōyǎng 〈화〉 화합물에 들어 있는 산소를 없앰=탈산소.

탈상(脫喪)[—쌍] 명 [~하다|자동사] 解丧 jiěsàng 어버이의 삼년상을 마침=결복. 결제. 종상. 종제. 해상.

탈선(脫線)[—썬] 명 [~하다|자동사] ① 脱轨 tuōguǐ 出轨 chūguǐ 기차, 전차 따위가 궤도를 벗어남. 말이나 글이나

행실이 정상 규범에서 빗나감. ② 越轨 yuèguǐ 목적에서 벗어나 딴 길로 빠짐. ¶청소년의 ~을 막는다. 防止青少年越轨行为。fángzhǐqīngshàoniányuèguǐxíng wéi.

탈세(脫稅)[－쎄] 명 〔~하다|자동사〕 漏税 lòushuì 옳지 않은 수단을 써서 내야 할 세금을 내지 않는 일=익세. 포탈.

탈속(脫俗)[－쏙] 명 〔~하다|자동사〕 ① 脱俗 tuōsú 속태를 벗어남. ② 超凡出世 chāofánchūshì 세속을 벗어남=탈진.

탈영(脫營) 명 〔~하다|자동사·타동사〕 〈군〉 逃出兵营 táochūbīngyíng 군인이 병영에서 빠져 도망함.

탈영병(脫營兵) 명 逃兵 táobīng 소속해 있던 병영에서 빠져 나와 도망하는 병사=도망병. 도주병. 탈영자. 탈주병.

탈의실(脫衣室) 명 更衣室 gēngyīshì 衣帽间 yīmàojiān 옷, 모자 들을 벗거나 맡겨 두는 방.

탈자(脫字)[－짜] 명 缺字 quēzì=낙자.

탈장(脫腸)[－짱] 명 〔~하다|자동사〕 疝气 shànqì 〈의〉 내장의 일부가 복막에 싸인 채 몸 밖으로나 몸 안의 다른 구멍으로 빠져 나가는 병.

탈주(脫走)[－쭈] 명 〔~하다|자동사〕 逃走 táozǒu '탈신도주'의 준말.

탈진(脫盡)[－찐] 명 〔~하다|자동사〕 耗尽 hàojìn 筋疲力尽 jīnpílìjìn 원기가 다 빠져서 없어짐=진탈. 탈기.

탈출(脫出) 명 〔~하다|자동사〕 逃脱 táotuō 出走 chūzǒu 어떤 테두리에서 빠져 나감=탈거.

탈취(奪取) 명 〔~하다|타동사〕 夺取 duóqǔ 夺回 duóhuí 빼어 가짐=취탈.

탈태(奪胎) 명 〔~하다|자동사〕 脱胎换骨 tuōtāihuàngǔ '환골탈태'의 준말.

탈피(脫皮) 명 〔~하다|자동사·타동사〕 ① 剥皮 bōpí 껍질이나 가죽을 벗김. ② 蜕皮 tuìpí 벌레나 짐승이 허물을 벗음=탈각. ③ 脱皮 tuōpí 낡은 상태에서 완전히 벗어남.

탈환(奪還) 명 〔~하다|타동사〕 夺回 duóhuí 夺换 duóhuàn 도로 빼앗음. ¶고지 ~. 夺回高地。duóhuígāodì=탈회. ※수복.

탐(貪) 명 ① 眼馋 yǎnchán 眼热 yǎnrè 垂涎 chuíxián '탐욕'의 준말. ¶~이 많다. 贪婪。tānlán. ② 贪心 tānxīn 〈불〉 삼독의 하나. 오욕 경계에 물드는 망념.

탐구(探究) 명 〔~하다|타동사〕 探求 tànqiú 探索 tànsuǒ 진리, 학문 따위를 더듬어 파고들어 깊이 연구함. ¶과학의 ~. 探索科学。tànsuǒkēxué.

탐닉(耽溺) 명 〔~하다|자동사〕 沉溺 chénnì 지나치게 마음이 쏠리어 빠짐.

탐문(探聞) 명 〔~하다|타동사〕 打听 dǎtīng 探听 tàntīng 찾아서 물음=채문.

탐미(耽美) 명 〔~하다|자동사〕 爱美 àiměi 아름다움을 찾아 거기에 빠짐=유미.

탐방(探訪) 명 〔~하다|타동사〕 探讯 tànxùn 采访 cǎifǎng 탐문하거나 찾아봄. ¶명승고적 ~. 探访名胜古迹。tànfǎng míngshènggǔjì.

탐사(探査) 명 〔~하다|타동사〕 勘探 kāntàn 探勘 tànkān 샅샅이 더듬어서 조사함. ¶지질 ~. 地质勘探。dìzhìkāntàn =구교. 사탐.

탐색(探索) 명 〔~하다|타동사〕 ① 探索 tànsuǒ 勘探 kāntàn 살피어 찾음. ¶바다 밑 ~. 海底勘探。hǎidǐkāntàn=선색. ② 侦探 zhēntàn 〈법〉 범죄와 관계된 사람이나 물건의 죄상이나 자취를 샅샅이 찾음.

탐욕(貪慾) 명 贪欲 tānyù 贪婪 tānlán 탐내는 욕심. ¶~을 내다. 贪婪。tānlán §탐=도모.

탐정(探偵) 명 ① 间谍 jiàndié 몰래 깊은 사정을 더듬어서 살핌=정탐. 정후. ② 侦探 zhēntàn=탐정꾼.

탐지(探知) 명 〔~하다|타동사〕 打听 dǎtīng 打探 dǎtàn 探听 tàntīng 더듬어 찾아 알아냄.

탐지기(探知機) 명 雷达 léidá 探索机 tànsuǒjī 드러나지 않은 사실이나 물건 따위를 바로 알아내는 기계. ¶전화 ~. 电话探索机。diànhuàtànsuǒjī.

탑기단(塔基壇) 명 塔座 tǎzuò 〈건〉 탑의 맨 밑받침 기단.

탑문(搨文) 명 拓文 tàwén 탑본한 글이나 글자.

탑본(搨本) 명 ① 托本 tuōběn 비문을 뜸=탁본. ② 拓本 tàběn 비문을 뜬 본=탁본.

탑승객(搭乘客) 명 乘客 chéngkè 배나 비행기 따위에 탄 손님=탑객.

탑신석(塔身石) 명 石塔身 shítǎshēn 〈건〉 탑의 몸통 부분을 이루는 돌=옥신석.

탑전(榻前) 명 御前 yùqián 임금의 자리 앞. ¶~에 대령하다. 报道御前。bàodàoyùqián=탑하.

탕(湯) 명 浴池 yùchí 목욕탕 안의 몸을 담그는 물이 담긴 시설. ¶~에 들어가다. 进浴池。jìnyùchí.

탕감(蕩減) 명 〔~하다|타동사〕 豁免 huòmiǎn 빚이나 요금, 세금 따위를 온통 삭쳐 줌.

탕기(湯器)[-끼] 명 小碗 xiǎowǎn 국이나 찌개 따위를 떠 놓는, 주발처럼 생긴 자그마한 그릇.

탕수육(糖水肉) 명 糖醋肉 tángcùròu 녹말을 푼 물에 간장・초・설탕・야채 따위를 넣고 끓여, 쇠고기나 돼지고기 튀김에 끼얹은 중국요리.

탕아(蕩兒) 명 荡子 dàngzǐ 방탕한 사나이=유탕아. 탕자.

탕제(湯劑) 명 汤药 tāngyào 〈한의〉=탕약.

태(態) 명 ① 样子 yàngzi=맵시. ¶아무 옷이나 걸쳐도 ~가 난다. 穿什么样的衣服都有样子。chuānshénmeyàngdeyīfudōu yǒuyàngzi. ② 姿态 zītài '태도'의 준말.

¶수줍은 ~. 害羞姿态。hàixiūzītài. ③ 态 tài 〈언〉 움직씨(동작)와 그 임자말 또는 부림말과의 관계를 나타내는 문법범주. 능동태, 피동태, 사동태 따위가 있다.

태가(駄價)[-까] 명 运费 yùnfèi → 태가. 짐을 실어다 준 삯.

태동(胎動) 명 〔~하다|자동사〕 ① 胎动 tāidòng 〈생〉 배 안에서 태아가 움직임. ¶~을 느낀다. 感到胎动。gǎndàotāidòng. ② 动态 dòngtài 〈한의〉=동태. ③ 酝酿 yùnniàng 어떤 일이 생기려는 기운이 싹틈.

태두(泰斗) 명 ① 泰斗 tàidǒu '태산북두'의 준말. ② 权威 quánwēi '어떤 전문 분야에서 아주 권위가 있는 사람'을 일컫는 말. ¶종교학의 ~. 宗教学的权威。zōngjiàoxuédequánwēi.

태만(怠慢) 명 〔~하다|형용사〕 〔~히|부사〕 懒惰 lǎnduò 怠慢 dàimàn 怠惰 dàiduò=게으름.

태묘(太廟) 명 宗庙 zōngmiào 종묘.

태반(殆半) 명 大半 dàbàn 过半 guòbàn 거의 절반.

태부족(太不足) 명 〔~하다|형용사〕 太不够 tàibúgòu 太不足 tàibùzú 很不够 hěnbúgòu 많이 모자라다.

태산(泰山) 명 泰山 tàishān 万分 wànfēn 高山 gāoshān 높고 큰 산. ¶~을 떠옮길 수 있는 기운. 能够搬走泰山的力气。nénggòubānzǒutàishāndelìqì=교악.

태생(胎生) 명 〔~하다|자동사〕 ① 出生 chūshēng 어떠한 땅에 태어남. ¶서울 ~. 汉城出生。hànchéngchūshēng. ② 胎生 tāishēng 〈생〉 태 속에서 생기어 남. ※난생. 태생지(胎生地) tāishēngdì 出生地 chūshēngdì 태어난 곳.

태세(胎勢) 명 胎位 tāiwèi 〈생〉 아기집 안에서 태아의 자세.

태세(態勢) 명 态势 tàishì 状态 zhuàngtài 姿态 zītài 태도나 자세. ¶돌격 ~. 突击状态。tūjīzhuàngtài.

태아(胎芽) 명 萌芽 méngyá 뱃속 아이=복아. 아이.

태연(泰然) 명 〔~하다|형용사〕 〔~히|부사〕 泰然 tàirán 坦然 tǎnrán 从容 cóngróng 태도나 기색이 예사롭다. ¶심한 모욕에도 ~한 얼굴로 말을 한다. 面对极大侮辱, 坦然地说。miànduìjídàwūrǔ, tǎnrándeshuō=안여하다.

태전(苔田) 명 海苔田 hǎitáitián 바닷가에 김을 가꾸는 곳.

태중(胎中) 명 孕期 yùnqī 아이를 밴 동안=태상.

태평(太平) 명 〔~하다|형용사〕 〔~히|부사〕 ① 太平 tàipíng 걱정 없고 편안한 상태=안연. ② 不愁 bùchóu 漠不关心 mòbùguānxīn 걱정 없고 무관심함. ¶저이는 모든 일에 ~이야. 他对什么都漠不关心。tāduìshénmedóumòbùguānxīn.

태화탕(太和湯) 명 ① 开水 kāishuǐ 끓는

물. ② 太平 tàipíng 태평한 상태. ③ 无能之辈 wúnéngzhībèi '싱겁고 뼈 없이 좋은 사람'을 놀리는 말.

태환(兌換) 명 〔~하다|타동사〕 兑换 duìhuàn 折合 zhéhé 换算 huànsuàn 〈경〉 지폐와 정화를 바꿈.

택일(擇一) 명 〔~하다|자동사〕 选择一个 xuǎnzéyígè 하나를 고름.

터득(攄得) 명 〔~하다|타동사〕 体会 tǐhuì 领会 lǐnghuì 깨달아 알아냄. ¶진리를 ~하다. 领会真理。lǐnghuìzhēnlǐ.

토(吐) 명 ① 吐 tù 〈언〉=토씨. ② 口诀 kǒujué 〈언〉 한문을 읽을 적에 그 뜻을 깨닫기 쉽게 하려고 귀절 끝에 붙이는 우리말 부분. ¶~를 달아 읽는다. 标口诀念。biāokǒujuéniàn. ③ 发表 fābiǎo 어떤 말 끝에 그 말에 대하여 덧붙이는 짤막한 말. ¶왜 남의 말에 ~를 달고 나서느냐? 你为什么插我的话? nǐwèishénme chāwǒdehuà.

토공(土工) 명 ① 土方工程 tǔfānggōngchéng 흙을 파고 쌓고 하는 따위의, 흙을 다루어 하는 공사. ② 瓦工 wǎgōng=미장이.

토관(土管) 명 缸管 gāngguǎn 陶土管 táotǔguǎn 水泥管 shuǐníguǎn 흙을 구워서, 아래위로 맞통하게 만든 큰 대롱. 땅에 묻어서 물을 뽑는 데에나 굴뚝에 흔히 쓰인다.

토굴(土窟) 명 地洞 dìdòng 地窖 dìjiào=땅굴.

토금(土金) 명 ① 金黄色土 jīnhuángsètǔ 금빛이 나는 흙. ② 沙金 shājīn 〈광〉 흙이나 모래 속에 섞여 있는 금.

토기(土器) 명 陶器 táoqì 흙으로 빚어 구운 모든 그릇. ※질그릇.

토대(土臺) 명 ① 地盘 dìpán 흙으로 쌓아 올린 높은 대. ② 地基 dìjī 집 따위와 같은, 만들어 세운 것의 가장 아랫도리가 되는 밑바탕. ③ 基础 jīchǔ 사물의 밑바탕. ¶사업의 ~를 만든다. 打下事业的基础。dǎxiàshìyèdejīchǔ. ④ 底子 dǐzi 무슨 일이 어디에 바탕을 둠.

토란(土卵) 명 芋 yù 〈식〉 두여머조자깃과에 딸린 여러해살이풀. 축축한 땅에서 자라고 덩이줄기로 번식하는데, 덩이줄기인 뿌리와 줄기는 먹는다. 열대아시아 원산으로 밭에 심는다=땅토란. 우자. 토련. 토지.

토로(吐露) 명 〔~하다|타동사〕 抒发 shūfā 表露 biǎolù 倾吐 qīngtǔ 드러내어서 말함.

토론(討論) 명 〔~하다|타동사〕 讨论 tǎolùn 商量 shāngliáng 研究 yánjiū 协议 xiéyì 마땅함을 찾아내려고 여러 사람이 서로 비평적으로 의논하거나, 문제를 내어 가지고 따져 가며 의논함. ¶공개 ~. 公开讨论。gōngkāitǎolùn.

토룡(土龍) 명 曲蛇 qūshé 〈동〉=지렁이.

토리(土理) 명 土质 tǔzhì 흙의 메마르고

기름진 성질 또는 어떠한 식물에 맞고 안 맞는 성질. ¶~도 기름지고 곡식도 많이 나거늘…. 土质肥沃, 庄稼也好。 tǔzhì féiwò, zhuāngjiayěhǎo=지미.

토목공사(土木工事) 명 土木工程 tǔmù gōngchéng 〈토〉 땅과 하천 따위를 고쳐 만드는 공사를 통틀어 일컫는 말. 강과 내를 고쳐 닦고, 항구를 쌓고, 길을 닦고, 다리와 철도를 놓고, 굴을 파고, 방천을 쌓는 일 따위. 토목=토목지역.

토목기사(土木技師) 명 土木工程师 tǔmù gōngchéngshī 토목공사에 종사하는 기사.

토박(土薄)[-바카-] 형 〔여 불규칙〕 贫瘠 pínjī 땅이 메마르다. ¶~한 불모지. 贫瘠土地。 pínjītǔdì.

토벌(討伐) 명 〔~하다|타동사〕 讨伐 tǎofá 剿 jiǎo 剿灭 jiǎomiè 쳐 없앰.

토색(討索) 명 〔~하다|타동사〕 搜刮 sōuguā 돈이나 물건을 억지로 달라고 함. ¶~을 일삼던 탐관오리. 只会搜刮老百姓的贪官污吏。 zhǐhuìsōuguālǎobǎixìng detuānguānwūlì.

토선(土船) 명 运土船 yùntǔchuán=흙배.

토실(吐實) 명 〔~하다|타동사〕 吐露真情 tǔlùzhēnqíng=실토.

토심(吐心) 명 不愉快 bùyúkuài 남이 좋지 아니한 낯빛이나 말로써 대할 때 일어나는 불쾌하고 아니꼬운 마음.

토역(土役) 명 〔~하다|자동사〕 土方 tǔ fāng=흙일.

토옥(土沃)[-오카-] 형 〔여 불규칙〕 土地肥沃 tǔdìféiwò 땅이 기름지다↔토박하다.

토의(討議)[-의/-이] 명 〔~하다|타동사〕 讨论 tǎolùn 검토하고 협의함.

토장(土醬) 명 大酱 dàjiàng 黄酱 huáng jiàng 豆瓣酱 dòubànjiàng=된장.

토종(土種) 명 ① 当地种 dāngdìzhòng 전부터 있어 내려오거나, 한 지방에서 특유하게 나는 종자=본토종. ② 当地人 dāngdìrén=본토박이.

토지대장(土地臺帳) 명 土籍簿 tǔjíbù 〈법〉 토지에 관한 장부. 지방 행정관청에 두고 소재지, 지목, 넓이, 소유자, 지상권자 따위의 상태를 적어둔다=지적대장.

토질(土疾) 명 地方病 dìfāngbìng 水土病 shuǐtǔbìng 어떤 지방에서 물이나 땅이 좋지 않아 생기는 병들=지방병. 토질병. 풍토병.

토착(土著) 명 〔~하다|자동사〕 土族 tǔ zú 대대로 그 땅에서 살고 있음.

토착화(土着化) 명 ① 地方化 dìfānghuà 어떤 문물이 한 사회나 나라에서 뿌리를 박음. ② 当地化 dāngdìhuà 어떤 문물을 한 사회나 나라에서 뿌리를 박게 함.

토탄(土炭) 명 泥炭 nítàn 〈광〉 연대가 오래지 아니하여 탄화작용이 넉넉히 못된 석탄의 한 종류. 이끼나 볏과 따위의 식물질이 습한 땅에 쌓이어서 분해되어 변화한 것으로, 비료 또는 연료로 쓴다

=이탄.

통(桶) 명 ① 桶 tǒng 槽 cáo 널조각이나 철판 따위로 크고 깊게 만든, 주로 액체를 담는 데 쓰는 그릇. ¶~에 담긴 물. 桶里的水。tǒnglǐdeshuǐ. ② 筒 tǒng 액체의 들이 단위. ¶석유 한 ~. 一桶石油。yìtǒngshíyóu. 이 말을 단위로 쓰는 이름씨 아래에 쓰이어 '몇몇의 통'을 나타낸다. ¶물 ~이나 길어 왔다. 打了一桶水。dǎleyìtǒngshuǐ.

통(通) 명 封 fēng 次 cì 个 gè 本 běn 张 zhāng 서류나 편지 따위를 세는 하나치. ¶한 ~의 편지. 一封信。yìfēngxìn. 이 말을 단위로 쓰는 이름씨 아래에 쓰이어, '몇몇의 통'의 뜻. ¶그에게서도 편지 ~이나 받았다. 从他那里来了几封信。cóngtā nàlǐláilejǐfēngxìn.

통감(痛感) 명 〔~하다|타동사〕 ① 痛切地感到 tòngqièdegǎndào 뼈저리게 느낌. ② 痛的感觉 tòngdegǎnjué 아픈 느낌.

통관(洞觀) 명 〔~하다|타동사〕 ① 统观 tǒngguān 꿰뚫어 봄. ② 直观 zhíguān=직관.

통관(通關) 명 〔~하다|타동사〕 通关 tōngguān 〈법〉 화물 수출입 허가를 받고서 세관을 지나감.

통괄(統括) 명 〔~하다|타동사〕 综括 zōngkuò 낱낱의 일을 한데 뭉뚱그림.

통근(通勤) 명 〔~하다|자동사〕 上班 shàngbān 자기의 집에서 매일 직장으로 일보러 다님.

통금(通禁) 명 禁止通行 jìnzhǐtōngxíng 宵禁 xiāojìn '통행금지'의 준말. ¶~ 시간. 宵禁时间。xiāojìnshíjiān.

통달(通達) 명 ① 精通 jīngtōng=알림. ② 通牒 tōngdié=통첩.

통렬(痛烈)[-녈-] 형 〔여 불규칙〕 严厉 yánlì=맹렬하다. ¶~한 비판. 严厉批判。yánlìpīpàn.

통례(通例)[-녜] 명 通例 tōnglì 惯例 guànlì 일반에게 통하여 있는 전례. ※상례.

통로(通路)[-노] 명 通路 tōnglù 渠道 qúdào 过道 guòdào 통하여 다니는 길=통도. 통행로.

통모(通謀) 명 〔~하다|자동사〕 共同预谋 gòngtóngyùmóu 남몰래 통하여서 공모함. ※공모.

통분(痛憤) 명 〔~하다|형용사〕〔~히|부사〕 通忿 tōngfèn 悲愤 bēifèn 令人心痛 lìngrénxīntòng 원통하고 분하다.

통사정(通事情) 명 〔~하다|자동사〕 ① 恳求 kěnqiú 남의 사정을 잘 알아주거나, 또는 자기의 사정을 남에게 알려 줌. 통정. ② 通人情 tōngrénqíng=통인정.

통산(通算) 명 〔~하다|타동사〕 总计 zǒngjì 통틀어서 계산함=통계.

통상(通商) 명 〔~하다|자동사〕 通商 tōngshāng 交易 jiāoyì 나라들 사이에 통하여 물건을 사고팔고 함.

통상복(通常服) 명 便服 biànfú=평복.

통상우편(通常郵便) 명 普通邮寄 pǔtōng yóujì 소포우편에 대한 보통의 우편.

통설(通說) 명 〔~하다|타동사〕 ① 公认的学说 gōngrèndexuéshuō 세간에 널리 알려지거나 두루 인정되어 있는 설. ② 精通的学说 jīngtōngdexuéshuō 아주 통달한 설. ③ 讲解 jiǎngjiě 전반에 걸쳐서 해설함.

통성명(通姓名) 명 〔~하다|자동사〕 互通姓名 hùtōngxìngmíng 인사할 때 서로 성과 이름을 알려 줌. ¶~도 없는 사이. 没有过互通姓名。méiyǒuguòhùtōngxìngmíng. 통성.

통속(通俗) 명 ① 普遍的风俗 pǔbiànde fēngsú 널리 통하는 풍속. ② 通俗易懂 tōngsúyìdǒng 주로 매김말로 쓰이어, '일반 대중에게 널리 쉽게 통하는'의 뜻.

통솔(統率) 명 〔~하다|타동사〕 统率 tǒngshuài 指挥 zhǐhuī 온통 몰아서 거느림=통령. 통리. 통수.

통신(通信) 명 〔~하다|자동사〕 ① 通信 tōngxìn 소식을 전함. ② 通讯 tōngxùn 函电 hándiàn 우편, 전신, 전화 따위로써 뜻을 통하는 일.

통신사(通信社) 명 通讯社 tōngxùnshè 나라 안팎에서 일어나는 여러 가지 일들을 신문이나 방송 따위에 제공하는 일을 맡아 하는 기관.

통신판매(通信販賣) 명 邮购 yóugòu 전화, 우편 따위를 이용하여 물건을 파는 일. 통판.

통역(通譯) 명 ① 翻译 fānyì 뜻이 통하도록 말을 옮기어 줌=상역. 전역. 통변. 통사. 통어. ② 译者 yìzhě 뜻이 통하도록 말을 옮기어 주는 사람. ¶둘 사이에 ~이 끼었다. 翻译站在两者之间。fānyìzhànzài liǎngzhězhījiān=상역. 전역. 통변. 통변꾼. 통사. 통어.

통역장교(通譯將校) 명 翻译官 fānyì guān 〈군〉 통역 및 번역 일을 맡아 하는 장교.

통용어(通用語) 명 通用语 tōngyòngyǔ 同行语 tónghángyǔ 일반이 널리 통하여 쓰는 말.

통운회사(通運會社) 명 运输公司 yùnshū gōngsī 发运代理业 fāyùndàilǐyè 捷运公司 jiéyùngōngsī 물건을 실어서 옮기는 일로 업을 삼는 회사.

통일(統一) 명 〔~하다|타동사〕 ① 统一 tǒngyī 一致 yízhì 나누어진 것들을 합쳐서 하나로 만듦. ¶겨레의 ~이 이루어질 때까지. 等到民族统一那一天。děngdàomín zútǒngyīnàyītiān=일통. ※분단. ② 统一 tǒngyī 서로 다른 것들을 똑같게 함. ¶복장의 ~. 统一服装。tǒngyīfúzhuāng =일통. ③ 一致 yízhì 사상, 행동, 조직 따위의 부분들을 하나의 유기적 체계로 세움. ¶행동의 ~. 行动一致。xíngdòngyízhì =일통.

통장(通帳) 명 ① 存折 cúnzhé 은행, 우체국 같은 데서 돈을 맡긴 사람에게 돈을 맡기고 찾고 한 사실들을 적어서 내어 주는 장부. ¶은행 ~. 银行存折。yínhángcúnzhé. ② 购买证 gòumǎizhèng 상점, 전당포, 배급소 같은 데서 외상 내용, 물건을 잡힌 내용, 물건을 나눠 준 내용 따위를 적어서 거래하는 사람에게 내어 주는 장부. ¶배급 ~. 物品购买证。wùpǐngòumǎizhèng.

통정(通情) 명 〔~하다|자동사〕 ① 通情 tōngqíng '통심정'의 준말. ② 苦苦恳求 kǔkǔkěnqiú '통사정'의 준말. ③ 人情世故 rénqíngshìgù 세상일반의 인정.

통제(統制) 명 〔~하다|타동사〕 控制 kòngzhì 统制 tǒngzhì 억눌러 조절하고 다스림. ¶~가 심하다. 控制严。kòngzhì yán=통어. ※규제.

통지예금(通知預金) 명 通知存款 tōngzhī cúnkuǎn 〈경〉 돈을 찾을 때에 일정한 기간 전에 미리 은행에 알리고서 찾도록 약정된 예금.

통촉(洞燭) 명 〔~하다|타동사〕 谅察 liàngchá 깊이 헤아려 살핌. ¶깊이 ~하시기를 바랍니다. 请您谅察。qǐngnín liàngchá.

통치(同治) 명 〔~하다|타동사〕 医治 yīzhì 한 가지 약이 여러 병을 다 고침.

통판(通販) 명 通讯贩卖 tōngxùnfànmài '통신판매'의 준말.

통풍(通風) 명 〔~하다|자동사〕 通风 tōngfēng 通气 tōngqì 바람이 통함, 또는 통하게 함. ¶~이 잘 된다. 通风好。tōng fēnghǎo.

통학(通學) 명 〔~하다|자동사〕 走读 zǒudú 通学 tōngxué 집에서 학교까지 다님. ¶~ 시간. 通学时间。tōngxuéshíjiān.

통학권(通學券) 명 通学乘车票 tōngxué chéngchēpiào=통학정기승차권.

통합(統合) 명 〔~하다|타동사〕 合并 hébìng 관계 지어 하나로 모음.

통행금지(通行禁止) 명 禁止通行 jìnzhǐ tōngxíng 다니지 못하게 함. ¶야간 ~. 夜间通行。yèjiāntōngxíng. 통금.

통혈(通穴) 명 通风孔 tōngfēngkǒu 排风口 páifēngkǒu 공기나 바람 따위가 통하게 뚫어 놓은 구멍.

퇴각(退却) 명 〔~하다|자동사·타동사〕 ① 败退 bàituì 물러남. ② 退还 tuìhuán 가져 온 금품을 물리침.

퇴거(退去) 명 〔~하다|자동사〕 ① 退去 tuìqù 물러감. ② 搬家 bānjiā 사는 곳을 옮김.

퇴근(退勤) 명 〔~하다|자동사〕 下班 xiàbān 放工 fànggōng 放活 fànghuó 일터에서 일을 마치고 돌아감. ※출근.

퇴로(退路) 명 退路 tuìlù 退步 tuìbù 물러날 길=철퇴로. 퇴각로. 후퇴로↔진로.

퇴물(退物) 명 ① 退回来的东西 tuìhuíláidedōngxi=퇴물림. ② 退出来的人 tuìchū

láiderén=지친것. ¶기생 ~. 退出妓女。tuìchūjìnǚ.

퇴색(退色) 명 〔~하다|자동사〕 退色 tuì sè 掉色 diàosè 빛이 바램=투색.

퇴원(退院) 명 〔~하다|자동사·타동사〕 出院 chūyuàn 병원에 머물면서 병을 다스리던 사람이 나옴. ¶의사가 ~을 허락했다. 医生同意了出院。yīshēngtóngyìle chūyuàn ↔ 입원.

퇴적암(堆積岩) 명 沉积岩 chénjīyán 〈광〉=물에 된 바위.

퇴적평야(堆積平野) 명 冲击平原 chōngjī píngyuán 〈지〉 퇴적작용으로 생긴 들=충적평야.

퇴직(退職) 명 〔~하다|자동사·타동사〕 退职 tuìzhí 退休 tuìxiū 下岗 xiàgǎng 직임에서 물러남. ※퇴관. 퇴임.

퇴직수당(退職手當) 명 退职津贴 tuìzhí jīntiē 퇴직하는 사람에게 근무한 햇수에 따라 주는 덤삯.

퇴진(退陣) 명 〔~하다|자동사〕 退阵 tuì zhèn 撤退 chètuì 下台 xiàtái 진을 뒤로 물림.

퇴치(退治) 명 〔~하다|타동사〕 克服 kè fú 清除 qīngchú 扫除 sǎochú 물리쳐서 없앰.

퇴패(退敗) 명 〔~하다|자동사〕 败退 bàituì=패퇴.

퇴행(退行) 명 〔~하다|자동사〕 ① 后退 hòutuì 뒤로 물러남. ② 退几天 tuìjǐtiān 다른 날로 물려서 함. ③ 退化 tuìhuà 〈심〉 발달이나 진화에 있어서 먼저의 상태나 시기로 되돌아감.

퇴행기(退行期) 명 ① 初期 chūqī=초로. ② 恢复期 huīfùqī=회복기.

투(套) 명 ① 方式 fāngshì 样子 yàngzi 一套 yítào 어떤 일을 하는 방식이나 방법. ¶말하는 ~가 귀에 거슬린다. 很难听你说的那一套。hěnnántīngnǐshuōdenàyí tào. ※품. ② 格式 géshì 버릇이 되거나 굳어진 일정한 방식. ¶기행문 ~로 쓴 소설. 以游记形式写的小说。yǐyóujìxíngshìxiě dexiǎoshuō.

투과(透過) 명 〔~하다|타동사〕 穿过 chuānguò 햇빛 따위가 꿰뚫고 지나감. ¶방사선의 ~. 穿过放射线 chuānguòfàng shèxiàn=투통.

투기(妒忌) 명 〔~하다|자동사〕 嫉妒 jídù=강새암.

투기거래(投機去來) 명 投机交往 tóujī jiāowǎng 시세의 변동으로 생기는 이득만을 위하는 매매 거래=투기매매.

투기매매(投機買賣) 명 投机倒把 tóujī dǎobǎ=투기거래.

투기업자(投機業者) 명 投机倒把分子 tóu jīdǎobǎfènzǐ 投机商 tóujīshāng 투기업을 하는 사람.

투망(投網) 명 〔~하다|자동사〕 撒网 sǎ wǎng → 좽이.

투매(投賣) 명 〔~하다|타동사〕 抛售

pāoshòu→막팔기.

투명(透明) 명 〔~하다|형용사〕 透明 tòumíng 清朗 qīnglǎng 속까지 비치어 환함. ¶~ 유리. 透明玻璃。tòumíngbólí ↔불투명.

투서(投書) 명 〔~하다|타동사〕 ① 投匿名信 tóunìmíngxìn 드러나지 않은 사실이나 남의 잘못을 적어서 어떤 기관이나 대상에게 몰래 보내는 글. ② 匿名信 nìmíngxìn 黑信 hēixìn 드러나지 않은 사실이나 남의 잘못을 적어서 어떤 기관이나 대상에게 몰래 보냄.

투숙(投宿) 명 〔~하다|자동사〕 住店 zhùdiàn 여관 같은 데에 들어 잠=투사. 투지.

투신(投身) 명 〔~하다|자동사〕 ① 投身 tóushēn 跳 tiào 몸을 던짐. ② 献身 xiànshēn 致力 zhìlì 직업이나 분야에 뛰어들어 관계함.

투약구(投藥口) 명 发药口 fāyàokǒu 병원 같은 데서 약을 지어 내어 주는 창구.

투여(投與) 명 〔~하다|타동사〕 给与 jǐyǔ 投药 tóuyào 开 kāi 다른 사람에게 줌.

투옥(投獄) 명 〔~하다|타동사〕 下监狱 xiàjiānyù 监禁 jiānjìn 入狱 rùyù 옥에 가둠.

투입(投入) 명 〔~하다|타동사〕 ① 投 tóu 던져 넣음. ② 装 zhuāng 필요로 하는 사람이나 물자 따위를 넣음.

투자(投資) 명 〔~하다|자동사〕 投资 tóuzī 付资 fùzī 이익을 얻으려고, 사업 밑천을 댐=방자.

투전(投錢) 명 〔~하다|자동사〕 赌钱 dǔqián=돈치기.

투조(透雕) 명 〔~하다|타동사〕 镂空 lóukōng=뚫어새김.

투철(透徹) 형 〔여 불규칙〕 ① 鲜明 xiānmíng 사리에 밝고 확실하다. ② 透彻 tòuchè 속속들이 뚜렷하고 철저하다. ¶~한 사명감. 透彻的使命感。tòuchède shǐmìnggǎn.

투하(投荷) 명 〔~하다|타동사〕 投货 tóuhuò 耗费 hàofèi→투화.

투함(投函) 명 〔~하다|타동사〕 投递信件 tóudìxìnjiàn 편지나 투서 따위를 우체통이나 투서함에 넣음.

투합(投合) 명 〔~하다|자동사〕 投合 tóuhé 合得来 hédelái 뜻이나 성질이 서로 잘 맞음.

투혼(鬪魂) 명 斗魂 dòuhún 斗争精神 dòu zhēngjīngshéng 意志 yìzhì 끝까지 투쟁하려는 기백.

특강(特講) 명 〔~하다|자동사〕 专题课 zhuāntíkè 特讲 tèjiǎng 특별히 하는 강의. ¶사전학 ~. 词典学特讲。cídiǎnxué tèjiǎng.

특근수당(特勤手當) 명 加班费 jiābānfèi 특근한 삯으로 주는 돈.

특급(特級) 명 特快 tèkuài 特级 tèjí 超级 chāojí 특별한 계급이나 등급. ¶~ 대우.

特级待遇。tèjídàiyù.

특등(特等) 명 特等 tèděng 超级 chāojí 특별히 뛰어난 등급.

특매(特賣)[등—] 명 〔~하다|타동사〕 ① 减价销售 jiǎnjiàxiāoshòu 특별히 싸게 팖. ② 特价销售 tèjiàxiāoshòu 경매나 입찰에 붙이지 아니하고 어떠한 사람에게 정하여 팖. ③ 特卖 tèmài 보통 때는 팔지 않는 물건을 특별히 팖.

특매장(特賣場)[등—] 명 廉价部 liánjiàbù 廉价拍卖商品 liánjiàpāimàishāngpǐn 어떤 물건을 특별히 싼 값으로 파는 곳.

특별(特別) 〔~하다|형용사〕 〔~히|부사〕 特别 tèbié 特殊 tèshū 예사롭지 않고 썩 다름. ¶~ 취급. 特殊处理。tèshū chǔlǐ=영별. ※보통.

특별회계(特別會計) 명 特别账户 tèbié zhànghù 特别会计 tèbiékuàiji 〈법〉 특별한 사정이나 필요에 따라 일반회계에서 특별히 분리하여 그 수입과 지출을 처리하는 회계. ※일반회계.

특상(特上) 명 特上等 tèshàngděng 超上级 chāoshàngjí 특별히 윗길 되는 품질이나 등급.

특상(特賞) 명 特别奖 tèbiéjiǎng 特奖 tèjiǎng=특별상.

특선(特選) 명 〔~하다|타동사〕 特别选出 tèbiéxuǎnchū 特选 tèxuǎn 특별히 골라 뽑음. 또는 그 골라 뽑은 것.

특수(特殊) 명 〔~하다|형용사〕 特殊 tèshū 特异 tèyì 특별히 다름. ※보편.

특약점(特約店) 명 特约商店 tèyuēshāngdiàn 经销商 jīngxiāoshāng 제조, 판매의 특별한 계약을 맺고 거래하는 상점.

특이(特異) 명 〔~하다|형용사〕 特异 tèyì 特殊 tèshū 特别 tèbié→특이하다.

특이질(特異質) 명 独特的性质 dútède xìngzhì 特异的体质 tèyìdetǐzhì 특이한 체질이나 질.

특작(特作) 명 特别优秀的作品 tèbiéyōuxiùdezuòpǐn 特优作品 tèyōuzuòpǐn 특별히 뛰어난 작품.

특전(特典) 명 ① 特别的恩典 tèbiéde ēndiǎn 특별한 대우나 혜택. ¶~을 내리다. 给了特别恩典。gěiletèbiéēndiǎn. ② 特别规定 tèbiéguīdìng 특별한 규정.

특전(特電) 명 特别报道 tèbiébàodào 快电 kuàidiàn 신문, 통신 따위의 독특한 전보 통신. 외국이나 지방 특파원이 보도한다.

특종기사(特種記事) 명 特种消息 tèzhǒngxiāoxi 어떤 특정한 신문사나 잡지사에서만 얻은 중요한 기사. §특종.

특지(特志) 명 ① 乐善好施之志 lèshànhàoshīzhīzhì 좋은 일을 위하여 내는 특별한 뜻. ② 慈善家 císhànjiā=특지가.

특진(特進) 명 〔~하다|자동사〕 特别升职 tèbiéshēngzhí 특별히 시키는 진급. ¶계급 ~의 영광을 얻었다. 获得特别升职一级的光荣。huòdétèbiéshēngzhíyìjíde guāngróng.

특출(特出) 형 〔여 불규칙〕 出众 chū zhòng 卓越 zhuóyuè 杰出 jiéchū 특별히 뛰어나다. ¶~한 재능. 出众才能。 chūzhòng cáinéng=수출하다.

특허(特許) 명 ① 专利 zhnānli 특별히 허락함. ② 专利权 zhuānlìquán 〈법〉 특정한 사람에게 특정한 권리를 주는 행정 행위. ¶자원의 채취, 개발, 이용의 ~. 资源的开采, 开发, 利用的专利。 zīyuándekāi cǎi, kāifā, lìyòngdezhuānlì. ③ 〈법〉= 특허권.

특허장(特許狀) 명 专利证 zhuānlìzhèng 특허권을 나타내는 증서.

특혜(特惠) 명 特别恩典 tèbiéēndiǎn 특별한 은혜나 혜택.

특혜관세(特惠關稅) 명 关税特惠 guān shuìtèhuì 〈경〉 특정한 나라의 상품에만 특별히 낮은 세율로 매기는 관세.

특화(特化)[트콰] 명 〔~하다|타동사〕 ① 特殊化 tèshūhuà 한 나라의 산업 구조나 수출 구성에서, 특정 산업 또는 상품이 상대적으로 큰 비중을 차지하고 있는 상태. ¶~ 산업. 特殊化产业。 tèshū huàchǎnyè. ② 特殊政策 tèshūzhèngcè 어떤 한 부분을 전문화하는 것.

특활(特活)[트콸] 명 特别活动 tèbiéhuó dòng '특별 활동'의 준말.

ㅍ

파(派) 명 ① 派别 pàibié 派系 pàixì 학문·주의·사상·행동 등을 같이하는 사람들의 집단. ¶독립해서 한 ~를 이루다. 独立形成一派。dúlìxíngchéngyípài. ② '파계(派系)'의 준말.

파격(破格) 명 〔~하다|자동사〕 破格 pògé 打破常规 dǎpòchángguī 破例 pòlì 격식을 깨뜨리거나 벗어남. 또는 그 격식. ¶~ 세일. 打破常规的日子。dǎpòchánguī derìzi.

파견(派遣) 명 〔~하다|타동사〕 派遣 pàiqiǎn 迁 qiān 임무를 맡겨 사람을 보냄. ¶대사를 ~하다. 派遣大使。pàiqiǎn dàshǐ.

파경(破鏡) 명 ① 破镜 pòjìng 깨어진 거울. ② 残月 cányuè 이지러진 달을 비유한 말. ③ 离婚 líhūn 부부의 금실이 좋지 않아 이별하게 되는 일. ¶~에 이르다. 到了离婚程度。dàolelíhūnchéngdù.

파괴(破壞) 명 〔~하다|타동사〕 ① 破坏 pòhuài 깨뜨리어 헐어 버림. 깨뜨리어 기능을 잃게 함. ¶건설을 위한 ~/ 환경 ~가 심해지는 것 같다. 环境被破坏的厉害。huánjìngbèipòhuàidelìhài ↔건설. ② 捣乱 dǎoluàn 조직·질서·관계 따위를 와해시키거나 무너뜨림. ¶가정 ~를 노린 범죄. 以家庭捣乱为目的的犯罪。yǐjiātíng dǎoluànwéimùdìdefànzuì.

파국(破局) 명 〔~하다|자동사〕 崩 bēngkuì 破产的境地 pòchǎndejìngdì 일이나 사태가 결딴이 남. 또는 그 판국. ¶~에 직면하다. 面临崩溃。miànlínbēngkuì.

파급(波及) 명 〔~하다|타동사〕 波及 bōjí 影响 yǐngxiǎng 蔓延 mànyán 어떤 일의 여파나 영향이 차차 전하여 멀리 미침. ¶그 영향이 전국적으로 ~되다. 那影响波及全国。nàyǐngxiǎngbōjíquánguó.

파기(破棄) 명 〔~하다|타동사〕 ① 废弃 fèiqì 깨뜨리거나 찢어서 내어 버림. ¶묵은 서류를 ~하다. 废弃旧文书。fèiqìjiù wénshū. ② 废除 fèichú 계약·조약·약속 따위를 취소하여 무효로 함. ¶조약을 ~하다. 废除条约。fèichútiáoyuē. ③ 撤诉 chèsù 〈법〉 소송법상 원심 판결을 취소함. ¶원심을 ~하다. 撤诉原判。chèsù yuánpàn.

파다(播多) 형 〔여 불규칙〕 传播 chuánbō 传开 chuánkāi 소문 등이 널리 퍼져

있다. ¶소문이 ~. 传遍绯闻。chuánbiàn fěiwén.

파도(波濤) 명 ① 波涛 bōtāo 큰 물결. ¶~가 높다. 浪高。lànggāo. ② 社会浪潮 shèhuìlàngcháo 사회에서 일어나는 거센 움직임이나 현상의 비유. ¶개혁의 ~가 거세게 일다. 改革的浪潮高涨。gǎigé delàngcháogāozhǎng.

파동(波動) 명 ① 波动 bōdòng 물결의 움직임. ¶~이 일다. 起浪。qǐlàng. ② 动荡 dòngtàng 계속하여 내려온 일에 사회적으로 일으킨 큰 변동. ¶정치 ~. 政治动荡。zhèngzhìdòngdàng. ③ 涉及影响 shèjíyǐng xiǎng 〈물〉 물질의 한쪽을 진동시킬 때 그 울림이 물질의 각 부분에 퍼지는 현상.

파락호(破落戶) 명 破落户 pòluòhù 荡子 dàngzǐ 放荡不羁的人 fàngdàngbùjīderén 행세하는 집 자손으로 난봉이 나서 결딴난 사람.

파란(波瀾) 명 ① 波澜 bōlán 波折 bōzhé 작은 물결과 큰 물결=파랑. ② 风波 fēngbō 순조롭지 않고 어수선하게 일어나는 곤란이나 사단. ¶~이 많은 인생. 波澜曲折的人生。bōlánqūzhéderénshēng.

파란만장(波瀾萬丈) 명 〔~하다|형용사〕 万顷波涛 wànqīngbōtāo 물결의 기복이 몹시 심한 것처럼 사건의 진행에도 변화가 심함=파란중첩.

파렴치(破廉恥) 명 〔~하다|형용사〕 无wúchǐ 寡廉鲜耻 guǎliánxiǎnchǐ 厚颜无耻 hòuyánwúchǐ 死不要脸 sǐbúyàoliǎn 수치를 수치로 알지 아니함. 염치를 모르고 뻔뻔스러움. ¶~한 행위. 厚颜无耻的行为。hòuyánwúchǐdexíngwéi. '파염치하다'의 원말.

파멸(破滅) 명 〔~하다|자동사〕 败灭 bàimiè 崩溃 bēngkuì 毁灭 huǐmiè 파괴되어 멸망함. ¶술은 몸의 ~을 초래할 수도 있다. 酒也可能把身体毁灭的。jiǔyěkě néngbǎshēntǐhuǐmiède.

파문(波紋) 명 ① 波纹 bōwén 수면에 이는 잔물결. ¶~이 번지다. 起波纹。qǐbō wén. ② 水纹 shuǐwén 물결 모양의 무늬. ③ 风波 fēngbō 어떤 일의 영향. ¶그 보도는 온 나라 안에 큰 ~을 일으켰다. 那一篇报道在全国引起了大风波。nàyīpiān bàodàozàiquánguóyǐqǐledàfēngbō.

파발(擺撥) 명 ① 驿站 yìzhàn 조선 때, 공문을 급히 보내기 위하여 마련한 역참. ② 驿人 yìrén=파발꾼. ③ 驿马 yìmǎ=파발마.

파벌(派閥) 명 集团 jítuán 派系 pàixì 流派 liúpài 개개인의 이해관계를 따라서 따로따로 모인 무리. ¶~이 생기다. 形成流派。xíngchéngliúpài.

파벽토(破壁土) 명 破墙土 pòqiántǔ. 무너진 벽의 흙.

파산(破産) 명 〔~하다|자동사〕 ① 破产 pòchǎn 몽땅 잃고 망함=도산. ② 破产法 pòchǎnfǎ 사람이 그 빚을 갚을 수 없을

때에, 그 빚진 사람의 재산을 모든 빚 준 사람에게 골고루 갈라 갚을 것을 목적하는 재판 제도.

파상(波狀) 명 ① 水波形 shuǐbōxíng 모양. ② 波式 bōshì 이 일정한 간격을 두고 되풀이되는 모양.

파선(破船) 명 〔~하다|자동사〕 船被破坏 chuánbèipòhuài 또는 그 배. ¶암초에 부딪쳐 ~되다. 触礁船被破坏。 chùjiāo chuánbèipòhuài.

파손(破損) 명 〔~하다|타동사〕 破损 pò sǔn 缺伤 quēshāng 깨어져 못 쓰게 됨. 또는 깨뜨려 못 쓰게 만듦. ¶기물을 ~하다. 破坏器皿。pòhuàiqìmǐng.

파수(把守) 명 〔~하다|타동사〕 守卫 shǒuwèi 경계하여 지킴. 또는 그 사람. ¶~를 보다. 站岗。zhàngǎng.

파수막(把守幕) 명 哨棚 shàopéng. 파수를 보려고 마련한 막.

파시(波市) 명 海上鱼市 háishàngyúshì 생선 시장.

파악(把握) 명 ① 把握 bǎwò 쥠. ② 了解 liǎojiě 확실하게 깨닫고 잘 앎.

파업(罷業) 명 〔~하다|자동사〕 罢工 bà gōng 하던 일을 그만둠.

파자(破字) 명 解字谜 jiězìmí 한자의 자획을 나누거나 합하여 맞추는 수수께끼. 곧 '刘' liú자를 분해하여 '卯, 金, 刀' luǎn jīn dáo라 하고, '姜' jiāng자를 분해하여 '八王女' bāwángnǚ라 하고, '黄' huáng의 '黄' huáng은 '色' sè로 '绝' jué자, '妇' fù는 '少女' shàonǚ로 '少' shǎo자 곧 '绝少' juéshǎo라고 하는 따위=탁자. 해자

파장(罷場) 명 〔~하다|자동사〕 ① 散集 sànjí 시장, 백일장, 과장 따위가 끝나서 헤어지는 때. ② 收盘 shōupán 시장, 백일장, 과장 따위가 끝나서 헤어짐. ③ 结束的时候 jiéshùdeshíhòu 사람들이 모여서 하던 어떤 일이 끝나는 무렵. ¶잔치가 ~에 가까워졌다. 快到了宴会结束的时候。 kuàidàoyànhuìjiéshùdeshíhòu.

파종(播種) 명 〔~하다|타동사〕 播种 bō zhòng 种植 zhòngzhí=씨뿌리기.

파죽지세(破竹之勢) 명 势如破竹 shìrúpò zhú 대적을 물리치고 쳐들어가는 당당한 기세. ¶~로 진격을 한다. 进攻的势如破竹。 jìngōngdeshìrúpòzhú. ※구천직하.

파지(破紙) 명 ① 破纸 pòzhǐ 찢어진 종이. ② 废纸 fèizhǐ 규격에 어긋나서 쓸 수 없는 종이.

파직(罷職) 명 〔~하다|타동사〕 免职 miǎnzhí 관직을 파면함.

파천(播遷) 명 〔~하다|자동사〕 避难离宫 bìnànlígōng 임금이 도성을 떠나 피난함=거빈. 몽진. 파월. 파탕.

파출부(派出婦) 명 计日打杂女佣 jìrìdǎ zánǚyōng 주로 일반 가정에 일정한 시간 동안 임시로 나가서 집안일을 해주는 여자.

파탄(破綻) 명 〔~하다|자동사〕 ① 伤怀 shānghuái 찢어져 터짐=탄파. ② 失败

shībài 다른 사람과 협력하여 하는 일이 중도에 잘못됨=탄파. ③ 破产 pòchǎn 〈경〉 상점, 회사 따위가 지급정지로 됨=탄파.

파투(破鬪) 명 〔~하다|자동사·타동사〕 闹成乱局 nàochéngluànjú 화투판이 깨짐. ¶누가 판을 ~시켰다. 谁把画图游戏闹成乱局。shuíbǎhuàtúyóuxìnàochéngluànjú.

파편(破片) 명 弹片 dànpiàn 碎片 suìpiàn 깨어진 조각. ¶유리 ~. 玻璃碎片。bōlísuìpiàn=단편.

파행(跛行) 명 〔~하다|자동사〕 ① 跛行 bǒxíng 절뚝거리며 걸어 감. ② 紊乱 wěnluàn 일이 순조롭게 되어 가지 않음. ¶~ 상태. 紊乱状态。wěnluànzhuàngtài.

파혈(破血) 명 〔~하다|자동사〕 ① 解血 jiěxuè 〈한의〉 몸안에 뭉치어 있는 나쁜 피가 약을 써서 없어짐. ② 驱邪 qūxié 몸안에 뭉치어 있는 나쁜 피를 약을 써서 없앰.

파호(破戶) 명 〔~하다|자동사〕 打入 dǎrù 바둑을 둘 때 상대자의 말을 잡으려고 말을 상대자의 집 중간에 놓아서 두 집이 나지 못하도록 함=파가. ※치중.

파혼(破婚) 명 〔~하다|자동사·타동사〕 取消婚约 qǔxiāohūnyuē 약혼을 깨뜨림=절혼.

판(板) 명 의 ① 板 bǎn 板子 bǎnzi 나무, 쇠붙이, 돌 따위를 널빤지처럼 반반하게 만든 것. ¶두꺼운 ~. 厚板子。hòubǎnzi. ② 版 bǎn 오목오목한 판에 담은 달걀 30개의 단위. ¶달걀 한 ~을 사 왔다. 买了一版鸡蛋。mǎileyībǎnjīdàn.

판각(版刻) 명 〔~하다|타동사〕 刻板 kèbǎn 〈불〉 경판을 쌓아 두는 전각=판전. 판전각.

판검사(判檢事) 명 审判员和检察员 shěnpànyuánhéjiǎncháyuán 판사와 검사.

판결(判決) 명 〔~하다|타동사〕 ① 公断 gōngduàn 시비나 선악을 판단하여 결정함=부결. ② 判决 pànjué 〈법〉 법원이 법률을 적용하여 소송사건을 판단하여 결정함.

판관(判官) 명 ① 审判官 shěnpànguān 심판관. ② 裁判员 shěnpànyuán 재판관.

판국(判局) 명 局面 júmiàn 局势 júshì 사건이 벌어져 있는 형편이나 국면. ¶새로운 ~으로 접어들다. 进入新的局面。jìnrùxīndejúmiàn.

판권(板權)[-꿘] 명 版权 bǎnquán 著作权 zhùzuòquán 저작권법에 의하여 인정된, 도서 출판에 관한 이익을 독점하는 권리. 출판권(出版权). ¶~을 소유(所有)하다. 所有版权。suǒyǒubǎnquán. ※저작권.

판금(販禁) 명 〔~하다|자동사〕 禁止贩卖 jìnzhǐfànmài 어떤 상품의 판매를 법으로 금지하는 일. ¶작품의 음란성이 문제가 되어 ~ 조치를 당하다. 由于淫秽内容，禁止贩卖。yóuyúyínhuìnèiróng, jìnzhǐfànmài.

판로(販路)[팔-] 명 销路 xiāolù 상품이 팔리는 방면이나 길. ¶~를 개척하다. 打开销路。dǎkāixiāolù.

판례법(判例法)[팔-뻡] 명 案例法 ànlìfǎ 〈법〉 판례의 누적(累积)에 의해 성립한 법규범(法规范)으로서 성문화되지 않은 법.

판매(販賣) 명 〔~하다|타동사〕 出售 chūshòu 发售 fāshòu 贩卖 fànmài 상품 따위를 팖. ¶할부로 ~하다. 削价出销。xuējiàchūxiāo.

판명(判明) 명 〔~하다|타동사〕 ① 查明 chámíng 어떤 사실이 명백하게 드러남. ② 判明 pànmíng 어떤 사실을 명백하게 밝힘.

판무관(辦務官) 명 办事官 bànshìguān 국가를 대표하지 않고 정치, 외교의 사무를 처리하도록 보호국이나 식민지에 파견하는 관리.

판무식(判無識) 명 目不识丁 mùbùshí dīng 아주 무식한 사람. ¶그 사람은 낫 놓고 기억자도 못 그리는 ~이었다. 他是目不识丁的人。tāshìmùbùshídīngderén =전무식.

판별(判別) 명 〔~하다|타동사〕 判别 pànbié 判断 pànduàn 판단하여 구별함. ※식별.

판본(板本) 명 刻板 kèbǎn 〈인〉 '판각본(板刻本)'의 준말.

판사(判事) 명 审判官 shěnpànguān 대법원을 제외한 각급 법원에서 재판을 행하고 판결을 내리는 법관.

판상절리(板狀節理) 명 板状裂缝 bǎn zhuàngliièfèng 〈지〉 화성암(火成岩)에 발달하는, 갈라진 판 모양의 틈.

판서(判書) 명 尚书 shàngshū 〈역〉 고려 말과 조선 때의 육조(六曹)의 으뜸 벼슬.

판서(板書) 명 〔~하다|타동사〕 黑板字 hēibǎnzì 칠판에 분필로 글씨를 씀. 또는 그 글. ¶강의는 ~와 설명으로 진행되었다. 授课以板书和讲解方式进行。 shòukèyǐ bǎnshūhéjiǎngjiěfāngshìjìnxíng.

판시(判示) 명 〔~하다|자동사〕 判决示众 pànjuéshìzhòng 〈법〉 어떤 사항에 대하여 판결하여 보임.

판연(判然) 부 〔~하다|형용사〕〔~히|부사〕 分明 fēnmíng 明显 míngxiǎn 확실히 드러나 있는 모양. ¶성질이 ~히 다른 물질이다. 两个明显性质不同的物质。 liǎng gèmíngxiǎnxìngzhìbùtóngdewùzhì.

판유리(板琉璃)[-뉴-] 명 玻璃 bōlí 平板玻璃 píngbǎnbōlí 널빤지 모양으로 넓적하고 반듯한 유리. ¶~로 앞면을 막다. 用平板玻璃挡住前面。yòngpíngbǎnbōlí dǎngzhùqiánmiàn.

판이(判異) 형 〔여 불규칙〕 迥然不同 jiǒngránbùtóng 截然不同 jiéránbùtóng 아주 다르다. ¶성질이 ~. 迥然不同的性质。 jiǒngránbùtóngdexìngzhì.

판정(判定) 명 〔~하다|타동사〕 核定 hé dìng 鉴定 jiàndìng 判定 pàndìng 裁定

cáidìng 판별하여 결정함. ¶심판의 ~에 따르다. 服从裁判的判定。fúcóngcáipànde pàndìng.

판지(板紙) 명 纸板 zhǐbǎn 板纸 bǎnzhǐ 厚纸 hòuzhǐ 두껍고 단단하게 널빤지처럼 만든 종이.

판촉(販促) 명 推销 tuīxiāo '판매촉진'의 준말.

팔방(八方) 명 ① 四方和 sìfānghé 四隅 sìyú 사방과 사우. 곧, 동・서・남・북・북동・남동・북서・남서의 여덟 방위. 건(乾 qián)・감(坎 kǎn)・간(艮 gèn)・진(震 zhèn)・손(巽 xùn)・이(离 lí)・곤(坤 kūn)・태(兑 duì)의 여덟 방향. ② 各方面 gèfāngmiàn 여러 방향. 모든 방면. 이곳저곳.

팔방미인(八方美人) 명 ① 大美人 dàměirén 어느 모로 보나 아름다운 여인. ② 大好人 dàhǎorén 누구에게나 잘 보이려고 처세하는 사람을 낮잡아 이르는 말. ③ 多才多艺 duōcáiduōyì 여러 방면에 능한 사람. ¶못하는 게 없는 ~이다. 他是无所不能的多才多艺的人。tāshìwúsuǒbùnéng deduōcáiduōyìderén. ④ 八斗才 bādǒu cái 아무 일에나 조금씩 손대는 사람을 조롱하여 이르는 말.

팔불출(八不出) 명 笨蛋 bèndàn 饭囊衣架 fànnángyījià 酒囊饭袋 jiǔnángfàndài 몹시 어리석은 사람을 가리키는 말.

팔자(八字)[—짜] 명 命 mìng 八字 bāzì 命运 mìngyùn 사람의 한평생의 운수. ¶모든 것을 ~로 돌리다. 把一切归于命运。bǎyíqièguīyúmìngyùn.

팔절판(八節判)[—쩔—] 명 八裁相纸 bā cáixiàngzhǐ 사진 용어로, 가로 22cm, 세로 16.5cm인 사진판의 크기.

팔촌(八寸) 명 堂房叔伯兄弟 tángfáng shūbóxiōngdì 삼종간(三从间 sāncóng jiān)의 촌수. 곧, 아버지 육촌의 자녀와의 촌수.

패(牌) 명 派 pài 小集团 xiǎojítuán 몇 사람이 어울린 동아리. ¶그런 ~들과는 어울리지 마라. 不要来往那派人。búyàolái wǎngnàpàirén. 의 伙 huǒ 무리를 세는 단위. ¶세 ~로 나누어 차를 타고 가자. 分成三伙乘车。fēnchéngsānhuǒchéngchē. ① 提示牌 tíshìpái 특징・이름・성분 등을 알릴 목적으로, 그림이나 글씨를 그리거나 쓰거나 새긴 자그마한 종이나 나뭇조각. ¶대문에 '개조심'이라는 ~를 붙였다. 大门的提示牌上写了"小心狗" dàmén detíshìpáishàngxiěle "xiǎo xīngǒu". ② 牌子 páizi 화투나 투전에서, 각 장 또는 그것이 나타내는 끗수 따위의 내용. ¶~를 돌리다. 转牌。zhuǎnpái.

패(霸) 명 ① 妙策 miàocè 남을 교묘하게 속이는 꾀. ② 布局 bùjú 바둑에서, 서로 한 수씩 걸러 가며 잡고자 하는 한 집. ※패싸움・팻감.

패가망신(敗家亡身) 명 倾家荡产 qīngjiā

dàngchǎn 家破人亡 jiāpòrénwáng 가산을 탕진하고 몸을 망침=인망가폐. 인망택폐.

패관(稗官) 명 ① 稗吏 bàilì 옛날에, 임금이 민간의 풍속이나 정사를 알려고 떠도는 이야기들을 모아 기록하게 한 벼슬아치. ② 会编故事的人 huìbiāngùshìde rén 이야기를 짓는 사람. ③ 稗说 bàishuō '패관소설'의 준말.

패관소설(稗官小說) 명 稗说 bàishuō 〈문〉 민간의 가설항담 따위를 주제로 한 소설. §패관. 패설=패사소설.

패기(霸氣) 명 魄力 pòlì 气派 qìpài 气魄 qìpò 雄心 xióngxīn 어떤 어려운 일이라도 이루어 내려는 기백. ¶~가 만만하다. 雄心勃勃。xióngxīnbóbó.

패기만만(霸氣滿滿) 형 〔여 불규칙〕 朝气蓬勃 zhāoqìpéngbó 패기가 넘칠 정도로 가득하다. ¶~한 이십대 젊은이. 朝气蓬勃的二十多岁年轻人。zhāoqìpéngbódeèrshíduōsuìniánqīngrén.

패물(佩物) 명 佩物 pèiwù 玩具 wánjù 사람의 몸치레로 차는 물건. 가락지, 팔찌, 귀고리 따위. ※노리개.

패설(稗說) 명 ① 稗说 bàishuō 민간에 떠도는 전설적·교훈적·세속적인 기이하고 짤막한 내용의 이야기. ② 稗说文学 bàishuōwénxué '패관 소설'의 준말.

패설(悖說) 명 〔~하다|자동사〕 谬论 miùlùn 패담(悖谈 bèitán).

패습(悖習) 명 悖习 bèixí 不良习惯 bùliángxíguàn 恶习èxí 못된 버릇이나 풍습. ¶~을 버리고 미풍양속을 살리며…. 抛弃不良习惯发扬美风良俗。pāoqìbùliángxíguàn, fāyángměifēngliángsú.

패잔병(敗殘兵) 명 残兵 cánbīng 散兵 sǎnbīng 싸움에 진 나머지 병정. ¶그 사람 몰골을 보니 ~ 같다. 他的样子像个残兵败将。tādeyàngzixiànggècánbīngbàijiàng=잔병.

패전(敗戰) 명 〔~하다|자동사〕 战败 zhànbài 싸움에 짐=전패↔승전.

패주(敗走) 명 〔~하다|자동사〕 败走 bàizǒu 溃退 kuìtuì 싸움에 져서 달아남.

팽배(澎湃) 명 〔~하다|자동사〕 ① 澎湃 péngpài 큰 물결이 맞부딪쳐 솟구침. ② 蓬勃 péngbó 어떤 기운이나 사조 따위가 거세게 일어 넘침.

팽창(膨脹) 명 〔~하다|자동사〕 ① 扩张 kuòzhāng 부풀어서 띵띵하여짐. ② 扩大 kuòdà 범위, 세력 따위가 본디 상태에서 벗어나 커져 감. ¶세력 ~. 扩大势力。kuòdàshìlì. ③ 延伸 yánshēn 길이나 부피가 늘어남↔수축.

팽팽(膨膨) 형 〔여 불규칙〕 绷直 bēngzhí 한껏 팽창하여져 있다.

편(便) 형 〔여 불규칙〕 ① 安稳 ānwěn 마음이나 몸이 거북하거나 괴롭지 않다. ¶~하게 앉아라. 随便坐吧。suíbiànzuò ba. ② 舒服 shūfú 근심 걱정이 없다. ¶

마음이 ~. 心里舒服。xīnlǐshūfú. ③ 便利 biànlì 무슨 일을 하는 데 힘이 들거나 거추장스럽지 않고 수월하다. ¶쓰기 ~하게 만든 도구. 使用方便的工具。shǐyòng fāngbiàndegōngjù.

편(便) 명 方 fāng 여러 패로 나누었을 때 그 하나하나의 쪽. ¶우리 ~이 이겼다. 我方赢了。wǒfāngyíngle. 의 ① 顺便 shùnbiàn 사람이 오고 가거나 물건을 부쳐 보내는 데 이용하는 기회나 수단. ¶아저씨 ~으로 보냈다. 顺便托叔叔送了。shùnbiàntuōshūshusòngle. ② 某一方 mǒuyīfāng 사물을 몇 개로 나누어 생각했을 때의 한쪽. ¶어차피 갈 바에야 일찍 가는 ~이 낫다. 既然要去的话, 还是早点去的好。jìrányàoqùdehuà, háishìzǎodiǎn qùdehǎo. ③ 方向 fāngxiàng 어떤 쪽 또는 어떤 방향. 쪽. ¶바람이 부는 ~으로 돌다. 顺着刮风方向转。shùnzheguāfēng fāngxiàngzhuàn. ④ 算是 suànshì (주로 '-은(-는) 편이다'의 꼴로 쓰여) 대체로 그와 같은 부류에 속해 있음을 나타내는 말. ¶오늘은 아주 조용한 ~이다. 今天还算是安静。jīntiānháisuànshìān jìng.

편각(偏角) 명 ① 偏向角 piānxiàngjiǎo 〈지〉 자침(磁针 cízhēn)의 방향과 지리학적 자오선 사이의 각도. ② 幅角 fújiǎo 〈물〉 프리즘에서, 굴절하여 입사한 광선과 투과한 광선이 이루는 각.

편달(鞭撻) 명 〔~하다|타동사〕 鞭策 biāncè=채찍질. ¶많은 지도와 ~을 바랍니다. 希望多给指导和鞭策。xīwàngduō gěizhǐdǎohébiāncè.

편답(遍踏) 명 〔~하다|타동사〕 走遍 zǒubiàn 널리 돌아다님. 편력. ¶팔도강산을 두루 ~하다. 走遍了八道江山。zǒu biànlebādàojiāngshān.

편도(偏道) 명 单程 dānchéng=쪽길.

편람(便覽)[펼-] 명 便览 biànlǎn 手册 shǒucè 보기에 편리하도록 간추린 책.

편력(遍歷)[펼-] 명 〔~하다|타동사〕 游览 yóulǎn 周游 zhōuyóu 널리 돌아다님=전력. 천력. 편답. 편순.

편리(便利)[펼-] 명 〔~하다|형용사〕 便利 biànlì 方便 fāngbiàn 편하고 쉬움. ¶~를 보아 주다. 给与方便。jǐyǔfāng biàn=이편.

편모(偏母) 명 寡母 guǎmǔ 아버지가 죽거나 하여 홀로 있는 어머니.

편모슬하(偏母膝下) 명 在寡母照料下 zài guǎmǔzhàoliàoxià 편모를 모시고 있는 터. ¶그는 일찍이 아버지를 여의고 ~에서 자랐다. 她从小没有父亲, 跟寡母一同生活。tācóngxiǎoméiyǒufùqīn, gēnguǎmǔ yītóngshēnghuó=편모슬하.

편법(便法)[-뻡] 명 简便的方法 jiǎnbiàn defāngfǎ 편리한 방법. ¶~을 쓰다. 使用简便的方法。shǐyòngjiǎnbiàndefāngfǎ.

편벽(偏僻)[-벼카-] 형 〔여 불규칙〕

① 偏狭 piānxiá 偏性 piānxìng 僻性 pì xìng 생각 따위가 한쪽으로 치우쳐 있다. ¶~한 사랑. 偏爱。piānài. ② 偏僻 piān pì 구석지거나 외지다. ¶~한 산골. 偏僻山沟。piānpìshāngōu.

편성(編成) 명 〔~하다|타동사〕 ① 编 biān 엮어서 만듦. ② 编辑 biānjí 원고를 엮어 모아서 책이나 신문을 만들거나 여러 장면의 필름을 정리하고 맞추어서 영화를 만듦. ※편집. ③ 编队 biānduì 사람들로 조직이나 대오를 짜서 이룸.

편승(便乘) 명 〔~하다|자동사〕 ① 搭乘 dāchéng 남이 타고 가는 탈것의 한 자리를 얻어 탐. ② 乘机 chéngjī 세태나 남의 세력을 이용하여 자신의 이익을 거둠.

편안(便安) 명 〔~하다|형용사〕 〔~히|부사〕 平安 píngān 舒服 shūfú 舒坦 shū tǎn 舒心 shūxīn 몸과 마음이 거북하지 않고 걱정 없이 좋다. ¶~한 생활. 平安的生活。píngāndeshēnghuó=정수하다.

편암(片巖) 명 结晶片岩 jiéjīngpiànyán 〈광〉=짜개바위.

편애(偏愛) 형 〔여 불규칙〕 ① 偏爱 piān ài 치우친 사랑. ② 偏好 piānhào 치우치게 사랑함=편폐.

편언(片言) 명 ① 片语 piànyǔ 짤막한 한 마디의 말=척언. 편어. ※토막말. ② 一方的话 yīfāngdehuà 한쪽 사람이 하는 말.

편육(片肉) 명 肉片 ròupiàn 얇게 저민 수육. ※익은이.

편의(便宜)[-의/-이] 명 方便 fāngbiàn 便利 biànlì 편하고 좋은 것. ¶~를 제공하다. 提供便利。tígōngbiànlì.

편의주의(便宜主義) 명 便利主义 biànlì zhǔyì 편의를 좇아서 생각하거나 행동하는 주의.

편이(便易) 명 方便 fāngbiàn 浅明 qiǎn míng 편하고 쉽다.

편익(便益) 명 方便有利 fāngbiànyǒulì 편리와 이익.

편재(遍在) 명 〔~하다|자동사〕 普遍存在 pǔbiàncúnzài 두루 퍼져 있음.

편조식(偏條植) 명 条形插秧 tiáoxíng chāyāng 가로나 세로 어느 한쪽으로만 줄이 서도록 심는 모. ※정조식(正条植 zhèngtiáozhí).

편지(片紙·便紙) 명 函件 hánjiàn 书信 shūxìn 书札 shūzhā 자기의 소식, 의사, 용무 따위를 어떤 사람에게 알리고자 써서 보내는 글. ¶~가 온다. 来信。láixìn =간서. 간찰. 서간. 서찰. 서한.

편지지(片紙紙) 명 信纸 xìnzhǐ 편지를 쓰는 종이=서간전. 서간지. 서한전. 서한지. 편전지.

편층운(片層雲) 명 片状云 piànzhuàng yún 층운이 조각조각으로 되어 떠 있는 구름.

편파(偏頗) 명 〔~하다|형용사〕 片面 piànmiàn 치우쳐서 공평하지 못하다. ¶심판의 판정이 ~. 裁判的判罚是片面的。

cáipàndepànfáshìpiànmiànde.

편편(便便) 형 [여 불규칙] 平坦 píng tǎn 平安 píngān 거리낌이나 탈이 없어 편안하다. ¶~하지 못한 가정생활. 不平安的家庭生活。bùpíngāndejiātíngshēng huó.

편협(偏狹) 명 [~하다|형용사] 狭隘 xiáài 狭窄 xiázhǎi 한쪽에 치우쳐 도량이 좁고 너그럽지 못하다. ¶~한 생각. 狭窄的想法。xiázhǎidexiǎngfǎ=편애하다.

평(評) 명 [~하다|타동사] ① 评 píng 좋고 나쁨, 옳고 그름, 가치 따위를 파헤쳐 논하는 일. ¶~이 좋다. 有好评。yǒu hǎopíng. ※비평. ② 评论 pínglùn=평론. ¶작품의 ~을 쓰다. 写作品评论。xiě zuòpǐnpínglùn.

평가(評價)[—까] 명 [~하다|타동사] ① 估价 gūjià 헤아려 매긴 물건 값. ¶이 집은 삼 천만 원의 ~를 받았다. 估价这一套房子为三千万元。gūjiàzhèyítàofángzi wéisānqiānwànyuán. ② 比价 bǐjià 물건 값을 헤아려서 매김. ③ 评价 píngjià 좋고 나쁨 따위로 따져 매긴 사물의 가치. ¶이 작품은 좋은 ~를 받았다. 作品得到好评。zuòpǐndédàohǎopíng. ④ 评判 píng pàn 사물의 가치를 좋고 나쁨 따위로 따져서 매김.

평가절상(平價切上)[—까—] 명 降低汇率 jiàngdīhuìlǜ 货币升值 huòbìshēngzhí 〈경〉 고정환율제에서 한 나라의 통화의 대외 가치를 높이는 일=환절상.

평가절하(平價切下)[—까—] 명 贬值 biǎn zhí 提高汇率 tígāohuìlǜ 〈경〉 고정환율제에서 한 나라의 통화의 대외 가치를 떨어뜨리는 일=환절하.

평결(評決) 명 [~하다|자동사·타동사] 评定 píngdìng 평론하거나 평가하여 결정함=고평. 평정.

평균(平均) 명 [~하다|타동사] ① 平均 píngjūn 한결같이 고르게 한 분량이나 바탕. ¶~에 미치지 못하는 분량. 不到平均数量。búdàopíngjūnshùliàng. ② 平衡 pínghéng 분량이나 바탕을 한결같이 고르게 함=연등. ③ 平均数 píngjūnshù 〈수〉=평균수.

평균시(平均時) 명 平太阳时 píngtàiyáng shí 〈천〉=고른해시.

평년(平年) 명 ① 平常年景 píngcháng niánjǐng 농사가 보통으로 된 해. ② 平年 píngnián 윤년이 아닌 보통의 해.

평년작(平年作) 명 常年收成 chángnián shōuchéng 보통 농사로 지난 다섯 해 가운데 소출이 가장 많은 해와 가장 적은 해를 뺀 나머지 세 해의 평균 수확량. §평작.

평단(評壇) 명 批评论坛 pīpínglùntán 비평가의 사회.

평민(平民) 명 ① 百姓 bǎixìng 벼슬이 없는 일반 사람=백민. 서민. 서인. 여서. 여수. 여원. 평인. ② 庶民 shùmín=상사람.

평범(平凡) 형 〔여 불규칙〕 平常 píngcháng 平淡 píngdàn 뛰어나거나 별다른 점이 없이 보통이다. ¶생김새가 ~. 长相平常。zhǎngxiàngpíngcháng=평평범범하다.

평사(平射) 명 ① 平均投影 píngjūntóuyǐng 평면에 투영함. ② 平射 píngshè 〈군〉 탄환이 수평으로 날아가 맞도록 발사함=수평사격. ※곡사. 직사.

평사원(平社員) 명 普通职员 pǔtōngzhíyuán 보통 사원.

평상복(平常服) 명 便服 biànfú=평복.

평상시(平常時) 명 平常 píngcháng 平日 píngrì 平时 píngshí 平素 píngsù 특별한 일이나 사고가 없는 보통 때. ¶~의 옷차림. 平时服装。píngshífúzhuāng §평상. 평시=상시. 상일. 진일. 평거. 평소. 평일. 항시. ※비상시.

평생(平生) 명 平生 píngshēng 生平 shēngpíng 一辈子 yíbèizi 终身 zhōngshēn 일생.

평소(平素) 명 常日 chángrì 平日 píngrì =평상시. ¶~에는 말이 없는 사람. 平时不说话的人。píngshíbùshuōhuàderén.

평수위(平水位) 명 平时水位 píngshíshuǐwèi=예사물높이.

평시국제법(平時國際法)[-뻡] 명 和平时期国际法 hépíngshíqīguójìfǎ 〈법〉=평시국제법. 평화시에 행하여지는 국제법. 전쟁 때라도 중립국 사이, 또는 중립국과 교전국 사이에서는 시행된다=평시공법. 평시국제공법. ※전시국제법.

평신도(平信徒) 명 一般信徒 yībānxìntú 보통 신자.

평온(平溫) 명 ① 常温 chángwēn 평상시의 온도. ¶매섭던 추위가 가시면서 날씨는 ~을 되찾았다. 严寒过去之后天气恢复了常温。yánhánguòqùzhīhòutiānqìhuīfùlechángwēn. ② 平均温度 píngjūnwēndù 평균 온도.

평온(平穩) 명 〔~하다|형용사〕 〔~히|부사〕 安宁 ānníng 宁静 níngjìng 平静 píngjìng 평화롭고 안온하다=타안하다.

평음(平音) 명 普通音 pǔtōngyīn 〈언〉=예사소리.

평의원(評議員) 명 评议会成员 píngyìhuìchéngyuán 评议员 píngyìyuán 어떠한 일을 평의하는 일을 맡은 회원.

평점(評點)[-쩜] 명 ① 着重点 zhuózhòngdiǎn 시가, 문장 들의 중요한 곳에 찍는 점. ② 评分 píngfēn 평가하여 매긴 점수.

평정(平定) 명 〔~하다|타동사〕 平定 píngdìng 平息 píngxī 난리를 평온하게 진정 시킴=삭평.

평정(評定) 명 〔~하다|타동사〕 鉴定 jiàndìng 评定 píngdìng=평결.

평준(平準) 명 〔~하다|타동사〕 ① 平衡器 pínghéngqì 〈물〉=수준기. ② 使平衡 shǐpínghéng 사물을 평평하고 고르게

함. ③ 用平衡器使水平 yòngpínghéngqìshǐ shuǐpíng 수준기를 써서 수평으로 함.

평직(平職) 명 ① 平纹 píngwén 씨와 날을 한 올씩 엇바꾸어서 짜는 방법 또는 그렇게 짠 천. ② 用平纹方法 yòngpíng wénfāngfǎ 한 가지 실로만 짜는 방법 또는 그렇게 짠 천.

평탄(平坦) 명 〔~하다|형용사〕〔~히|부사〕 ① 平坦 píngtǎn 넓고 평평하다=탄평하다. 평평탄탄하다. ② 平静 píng jìng 마음이 편하고 고요하다=탄평하다. 평평탄탄하다. ③ 一帆风顺 yīfānfēng shùn 일의 되어 가는 것이 순조롭다=탄평하다. 평평탄탄하다.

평판(平板) 명 胶版 jiāobǎn 〈인〉 판면이 평평한 인쇄판. 화학적 작용에 의하여 제판되어 잉크의 기름과 물이 반발하는 성질에 의해 인쇄된다. ※볼록판.

평판(評判) 명 〔~하다|타동사〕 ① 评判 píngpàn 세상 사람들의 평. ¶~을 나쁘게 받은 사건. 被评判为坏事件。 bèipíng pànwéihuàishìjiàn. ② 评价 píngjià 평하여 옳고 그름을 판정함.

평평(平平) 형 〔여 불규칙〕 ① 平坦 píng tǎn 바닥이 고르고 판판하다. ¶~한 땅바닥. 平坦的地面。 píngtǎndedìmiàn=준평하다. 평하다. ② 平平 píngpíng 예사롭고 평범하다.

평행봉(平行棒) 명 双杠 shuānggàng 〈체〉 나란한 막대기들을 사람의 키에 적당한 높이로 어깨 넓이만큼 벌려 놓고, 그 위에서 흔들기, 물구나무서기, 매달리기, 돌기 따위의 운동을 하는 데 쓰는 기구=쌍봉.

평화(平和) 명 和平 hépíng 평온하고 화목함. ¶~를 지키다. 保和平。 bǎohépíng.

폐(廢)[폐/페] 타 〔여 불규칙〕 ① 废除 fèichú 있던 제도·법규·기관 등을 치워 없애다. ¶의례상(仪礼上)의 허례허식을 ~. 废除仪礼中虚礼虚饰。 fèichúyílǐzhōng xūlǐxūshì. ② 停 tíng 중도에서 그만두다. ¶학업을 ~. 停止学业。 tíngzhǐxué yè. ③ 废弃 fèiqì 쓰지 않고 버려 두다. ④ 废黜 fèichù 어떤 지위에서 내쳐 버리다. ¶왕을 ~. 废黜王。 fèichùwáng.

폐(弊)[폐/페] 명 ① 弊端 bìduān '폐단'의 준말. ¶~를 막다. 防止弊端。 fángzhǐ bìduān. ② 打搅 dǎjiǎo 남에게 끼치는 괴로움. ¶~가 되다. 打搅了。 dǎjiǎole.

폐가(廢家)[폐-/페-] 명 〔~하다|자동사〕 ① 废屋 fèiwū 살지 않고 내버려둔 집. ¶산속에는 ~가 한 채 서 있었다. 山中有一间废屋。 shānzhōngyǒuyījiānfèiwū =폐옥. ② 没有后裔 méiyǒuhòuyì 뒤를 이을 호주가 없어 뒤가 끊어진 집.

폐간(廢刊)[폐-/페-] 명 〔~하다|타동사〕 停刊 tíngkān 신문, 잡지 따위의 간행을 폐지함. ※정간. 창간.

폐강(閉講)[폐-/페-] 명 〔~하다|타동사〕 停止讲课 tíngzhǐjiǎngkè 있던 강좌

나 강의를 없앰. ¶개강과 ~. 开课和停课。kāikèhétíngkè.

폐곡선(閉曲線)[폐-/페-] 명 闭合曲线 bìhéqūxiàn 〈수〉=닫힌곡선.

폐광(廢鑛)[폐-/페-] 명 〔~하다|타동사〕〈광〉 ① 废矿 fèikuàng 발굴을 폐지한 탄광이나 광산. ② 停止开矿 tíngzhǐkāikuàng 탄광이나 광산의 발굴을 폐지함.

폐교(廢校)[폐-/페-] 명 〔~하다|타동사〕 停办学校 tíngbànxuéxiào 학교 문을 닫고 수업을 쉼. ※개교.

폐기(廢棄)[폐-/페-] 명 〔~하다|타동사〕 ① 废弃 fèiqì 못 쓸 것으로 생각하고 내버림. ¶~ 처분. 废弃处分。fèiqìchǔfèn. ② 废除 fèichú 약속, 법령, 조약 따위를 무효로 함.

폐단(弊端)[폐-/페-] 명 弊 bì 弊病 bìbìng 弊端 bìduān 毛病 máobìng 괴롭고 번거로운 일. 귀찮고 해로운 일. ¶~을 피하다. 避开弊端。bìkāibìduān. §폐.

폐막(閉幕)[폐-/페-] 명 〔~하다|자동사·타동사〕 ① 闭幕 bìmù 연극을 마치고 막을 닫음↔개막. ② 结束 jiéshù 어떤 대회나 기념행사 따위를 끝냄↔개막.

폐물(廢物)[폐-/페-] 명 ① 废品 fèipǐn 못 쓰게 된 물건. ※폐품. ② 废物 fèiwù '아무 쓸모없는 사람'의 얕잡는 말. ¶그 사람도 이젠 ~이 되었군. 她已经成了废人。tāyǐjīngchénglefèirén. ※폐인.

폐백(幣帛)[폐-/페-] ① 聘礼 pìnlǐ 예의를 갖추어 보내는 물건. ② 聘物 pìnwù 신부가 처음으로 시부모를 뵐 때 큰절을 하고 올리는 대추나 포 따위.

폐쇄(閉鎖)[폐-/페-] 명 〔~하다|타동사〕 ① 闭门 bìmén 문을 닫아 걺. ¶정문 ~. 封闭正门。fēngbìzhèngmén=쇄폐. ② 堵塞 dǔsè 드나들지 못하게 막음. ¶통로 ~. 堵塞通路。dǔsètōnglù=쇄폐.

폐수(廢水)[폐-/페-] 명 污水 wūshuǐ 废水 fèishuǐ 공장 같은 곳에서 쓰고 버리는, 주로 불순물·화학 물질 따위로 더렵혀진 물. ¶공장 ~. 工厂污水。gōngchǎngwūshuǐ.

폐습(弊習)[폐-/페-] 명 ① 坏习惯 huàixíguàn 恶习 èxí 陋习 lòuxí 나쁜 버릇. ② 坏风俗 huàifēngsú=폐풍.

폐업(廢業)[폐-/페-] 명 〔~하다|자동사·타동사〕 ① 停业 tíngyè 직업 또는 영업을 그만둠. ¶~ 신고. 停业申请。tíngyèshēnqǐng↔개업. ② 停学 tíngxué=폐학.

폐인(廢人)[폐-/페-] 명 ① 残疾人 cánjírén 병으로 몸을 버린 사람. ② 废人 fèirén 남에게 버림을 받아서 쓸모없이 된 사람. ¶술 탓으로 ~이 되었다. 因酒成废人。yīnjiǔchéngfèirén.

폐일언(蔽一言)[폐-/페-] 명 자 〔여불규칙〕 一言蔽之 yìyánbìzhī 이러니저러니 할 것 없이 한 마디 말로 휩싸서 말하다. ¶~하고 오늘의 성과는 모두 여러분의 것입니다. 一言蔽之, 今天的成果是属于

大家的。 yìyánbìzhī, jīntiāndechéngguǒ shìshǔyúdàjiāde.

폐점(閉店)[폐－/폐－] 명 〔~하다|자동사·타동사〕 关店 guāndiàn 가게를 닫음.

폐지(廢止)[폐－/폐－] 명 〔~하다|타동사〕 撤消 chèxiāo 废除 fèichú 废止 fèizhǐ 取消 qǔxiāo 실시해 오던 제도, 풍습 따위를 그만두거나 없앰. ¶법률의 ~. 法律的废除。 fǎlǜdefèichú＝폐파. ※폐기. 혁파.

폐차(廢車)[폐－/폐－] 명 〔~하다|자동사〕 ① 废车 fèichē＝못쓸 차. ¶~ 처분. 处理废车。 chǔlǐfèichē. ② 撤消车牌 chèxiāochēpái 못쓸 차로 처리함.

폐품(廢品) 명 残次品 cáncìpǐn 废品 fèipǐn 못 쓰게 되어 버린 물품. ¶~을 이용하다. 利用废品。 lìyòngfèipǐn.

포(砲) 명 ① 炮 pào 화약 같은 것의 힘으로 큰 탄환을 먼 곳에 내쏘아 주로 기재나 시설 따위를 파괴하는 데 쓰는, 구경이 큰 무기. ※총. ② 大炮 dàpào '대포'의 준말.

포(脯) 명 干鱼 gānyú '포육'의 준말. ¶~를 뜨다. 作干鱼。 zuògānyú.

포고(布告) 명 〔~하다|타동사〕 布告 bùgào 宣布 xuānbù 명령, 법령, 지시 따위를 공포하여 널리 알림.

포교(布教) 명 〔~하다|타동사〕 传教 chuánjiào 종교를 널리 폄.

포구(浦口) 명 码头 mǎtóu 浦口 pǔkǒu 小港口 xiǎogǎngkǒu＝개어귀.

포기(抛棄) 명 〔~하다|타동사〕 ① 放弃 fàngqì 하던 일을 도중에 그만두어 버림. ② 抛弃 pāoqì 자기의 권리나 자격, 물건 따위를 내던져 버림.

포대(布袋) 명 ① 袋子 dàizi＝베자루. §포. ※부대. ② 包 '포'를 세는 하나치. ¶참깨 한 ~. 一袋芝麻。 yídàizhīmá.

포대(砲臺) 명 炮台 pàotái 炮楼 pàolóu 碉堡 diāobǎo 炮塔 pàotǎ 화포를 설치하여 적탄을 막으면서 내쏠 수 있도록 만든 시설물＝포루.

포목(布木) 명 布类 bùlèi 布匹 bùpǐ 베와 무명＝목포.

포복절도(抱腹絶倒)[－또] 명 〔~하다|자동사〕 捧腹大笑 pěngfùdàxiào 몹시 우스워서 배를 그러안고 몸을 가누지 못할 만큼 웃음＝봉복절도. 절도. 포복.

포부(抱負) 명 抱负 bàofù 理想 lǐxiǎng 希望 xīwàng 마음속에 품고 있는 앞날에 대한 훌륭한 계획이나 희망. ¶~가 크다. 抱负大。 bàofùdà.

포석(布石) 명 〔~하다|자동사〕 布局 bùjú 바둑 둘 때에, 처음에 바둑돌을 벌여 놓음＝포국.

포섭(包攝) 명 〔~하다|타동사〕 包含 bāohán 团结 tuánjié 吸收 xīshōu 争取 zhēngqǔ 감싸 끌어들임. ¶반대파의 ~. 团结反对派。 tuánjiéfǎnduìpài.

포수(砲手) 명 ① 猎户 lièhù 猎人 lièrén 총으로 짐승을 잡는 사냥꾼. ※총장이.

② 炮手 pàoshǒu 〈군〉=총군.

포수(捕手) 명 接球员 jiēqiúyuán 〈체〉 야구에서, 본루 뒤에 앉아서 본루를 지키면서 투수가 던지는 공을 받는 선수. ※투수.

포승(捕繩) 명 警绳 jǐngshéng=오라. ¶형사는 살인범을 사로잡아 ~으로 묶었다. 警察用警绳捆绑杀人犯。jǐngcháyòng jǐngshéngkǔnbǎngfhārénfàn.

포악(暴惡) 명 〔~하다|형용사〕 暴戾 bàolì 사납고 악하다.

포연(砲煙) 명 硝烟 xiāoyān 枪林弹雨 qiānglíndànyǔ 총포를 쏠 때에, 나는 연기. ¶자욱한 ~ 속을 뚫고 전진을 거듭하다. 冲破硝烟继续前进。chōngpòxiāoyān jìxùqiánjìn。

포옹(抱擁) 명 〔~하다|타동사〕 搂 lǒu 拥抱 yōngbào 껴안음. ¶감격의 ~. 感激的拥抱。gǎnjīdeyōngbào.

포용(包容) 명 〔~하다|타동사〕 包涵 bāohán 包容 bāoróng 宽容 kuānróng 감싸 받아들임. ¶너그러운 ~. 宽容。kuānróng.

포장(包裝) 명 〔~하다|타동사〕 包装 bāozhuāng 打包 dǎbāo 装入 zhuāngrù 물건을 싸서 꾸림.

포장(鋪裝) 명 〔~하다|타동사〕 铺路 pūlù 길바닥에 돌, 아스팔트, 콘크리트 같은 것을 깔아 단단하게 다지어 꾸밈.

포장도로(鋪裝道路) 명 柏油路 bǎiyóulù =포장길. §포도.

포장마차(布帳馬車) 명 ① 有蓬马车 yǒupéngmǎchē 비바람이나 햇볕을 막으려고 포장을 둘러친 마차=황마차. ② 路边摊儿酒蓬 lùbiāntānerjiǔpéng 길가에 수레 모양의 자리와 포장을 치고 간단한 음식과 술을 파는 음식점=바퀴집. 포장마차집. 포장집.

포주(抱主) 명 ① 老鸨 lǎobǎo=기둥서방. ② 鸨母 bǎomǔ 창기를 사서 두고 영업을 하는 주인.

포탈(逋脫) 명 〔~하다|타동사〕 ① 躲避 duǒbì 逃避 táobì 도망하여 피함. ② 漏税 lòushuì 逃税 táoshuì=탈세.

포함(包含) 명 〔~하다|자동사·타동사〕 包含 bāohán 包括 bāokuò 어떤 사물 속에 함께 들어 있거나 함께 넣음.

포화(炮火) 명 ① 炮火 pàohuǒ 총포를 쏠 때에 일어나는 불. ¶~가 일어나다. 起战火。qǐzhànhuǒ. ② 火力 huǒlì 화력 기재와 포. ¶모든 ~를 다 동원하다. 动员所有火力。dòngyuánsuǒyǒuhuǒlì.

포화(飽和) 명 饱和 bǎohé 어떤 정도에 한껏 이르러 꽉 참 또는 그 상태. ※불포화.

포획(捕獲) 명 〔~하다|타동사〕 ① 捕获 bǔhuò 짐승이나 물고기를 잡음. ② 俘虏 fúlǔ 적병을 사로잡음. ※노획.

폭(幅) 명 ① 宽度 kuāndù=너비. ¶길의 ~을 넓힌다. 加宽路面。jiākuānlùmiàn. ② 面 miàn 어떤 일이 두루 미쳐 있는

범위. ¶~이 넓은 지식. 面广的知识。miàn guǎngdezhīshí. ③ 幅度 fúdù 하나로 넓게 이으려고 똑같은 길이로 잘라 놓은 종이, 피륙, 널 따위의 조각. ¶치마 ~을 마른다. 裁剪裙子幅度。cáijiǎnqúnzǐfúdù =골. ④ 幅儿 fúer 넓게 이어진 종이, 피륙 따위의 접혀지거나 나뉘어지는 조각을 세는 단위. ¶열 두 ~ 치마. 十二幅裙子。shíèrfúqúnzi. ⑤ 幅 fú 족자, 그림 따위를 세는 단위. ¶한 ~의 그림. 一幅画。yìfúhuà.

폭격(暴擊) 명 〔~하다|타동사〕 轰炸 hōngzhà 항공기가 폭탄을 떨어뜨리어 어떤 목표물을 쳐부숨. ¶~에 폐허가 된 도시. 城市被轰炸成了废墟。chéngshìbèi hōngzhàchénglefèixū.

폭군(暴君) 명 暴君 bàojūn 残暴的人 cánbàoderén 포악한 임금=난군.

폭도(暴徒) 명 暴徒 bàotú 폭동을 일으키거나 폭동에 가담하는 자들의 무리.

폭등(暴騰) 명 〔~하다|자동사〕 暴涨 bàozhǎng 값이 갑자기 뛰어오름↔폭락.

폭락(暴落)[퐁낙] 명 〔~하다|자동사〕 ① 暴跌 bàodiē 값이 갑자기 무척 떨어짐. ¶시세 ~. 价格暴跌。jiàgébàodiē↔폭등. ② 暴落 bàoluò 인격이나 위신이 갑자기 여지없이 떨어짐.

폭력배(暴力輩)[퐁녁-] 명 暴徒 bàotú 폭력을 쓰는 무리. 불량배.

폭로(暴露)[퐁노] 명 〔~하다|자동사·타동사〕 ① 暴露 bàolù 揭穿 jiēchuān 알려지지 않은 일을 드러냄. ② 揭露 jiēlù 묻히거나 싸인 물건이 바람이나 비를 맞아 바램.

폭발(爆發) 명 〔~하다|자동사〕 ① 暴裂 bàoliè 爆炸 bàozhà 불이 일어나며 갑작스럽게 터짐=폭렬. ② 爆发 bàofā 〈화〉 물질이 부피가 몹시 커지면서 폭음, 화염 및 파괴 작용을 일으킴=폭렬.

폭사(爆死) 명 〔~하다|자동사〕 炸死 zhàsǐ 폭발로 말미암아 죽음.

폭설(暴雪) 명 大雪 dàxuě=소낙눈.

폭소(爆笑) 명 〔~하다|자동사〕 放声大笑 fàngshēngdàxiào 갑자기 세차게 터져 나오는 웃음. ¶~가 터졌다. 发出放声大笑。fāchūfàngshēngdàxiào.

폭약(爆藥) 명 炸药 zhàyào=폭발약.

폭언(暴言) 명 〔~하다|자동사〕 粗暴的话 cūbàodehuà 난폭하게 하는 말=폭설.

폭염(暴炎) 명 酷暑 kùshǔ=된더위.

폭음(爆音) 명 爆炸声 bàozhàshēng 폭발하는 소리=폭발성. 폭발음. 폭성.

폭주(暴走) 명 〔~하다|자동사〕 ① 奔驰 bēnchí 함부로 난폭하게 달림. 규칙이나 상궤(常轨 chángguǐ)를 무시하고 달림. ¶~족(族). 乱开快车的一类人。luànkāikuài chēdeyílèirén. ② 不顾虑地进行 búgùlǜ dejìnxíng 딴 사람의 생각이나 주위의 상황을 생각하지 않고 함부로 일을 추진하는 일. ③ 乱驾驶 luànjiàshǐ 운전자가 없

거나 운전자의 뜻에 반(反)하여 차가 멋대로 달리는 일.

폭죽(爆竹) 명 爆竹 bàozhú 鞭炮 biānpào=불딱총.

폭탄(爆彈) 명 炸弹 zhàdàn=폭발탄.

폭탄주(爆彈酒) 명 韩国型混合酒 hánguóxínghùnhéjiǔ 〈속어〉 맥주가 담긴 잔에 양주를 따른 잔을 넣어서 마시는 독주.

폭풍(暴風) 명 ① 暴风 bàofēng 몹시 세게 부는 바람. ② 飓风 jùfēng 〈기상〉 왕바람. ③ 风暴 fēngbào 큰 사건이나 소란의 비유.

폭풍우(暴風雨) 명 暴风雨 bàofēngyǔ 风暴 fēngbào 风波 fēngbō 폭풍과 폭우. ¶~를 무릅쓰고 출발하다. 冒着暴风雨出发。màozhebàofēngyǔchūfā.

표(表) 명 ① 表面 biǎomiàn 위. 겉. 바깥쪽. ② 标识 biāoshí 표지(标识) biāoshí. ③ 表 biǎo 마음에 품은 생각을 적어 임금께 올리던 글. ¶출사(出师)~. 出师表。chūshībiǎo. ④ 表格 biǎogé 요항(要项 yàoxiàng)을 순서에 좇아 열기한 것. ¶~를 작성하다. 制表格。zhìbiǎogé. ⑤ 标记 biāojì 痕迹 hénjì '표적(表迹)'의 준말. ¶일한 ~가 나지 않는다. 没有干活的痕迹。méiyǒugànhuódehénjì.

표(票) 명 ① 票 piào 증거가 될 만한 쪽지 ≪차표 등≫. ¶~가 매진되다. 卖完票。màiwánpiào. ② 验票 yànpiào 선거 또는 의결 따위에서, 자기 의사를 적은 쪽지. ¶유효~. 有效票。yǒuxiàopiào. ③ 票数。piàoshù. 투표수를 나타내는 단위. ¶100~ 차로 힘겹게 당선되다. 相差一百票勉强被选上。xiāngchàyībǎipiàomiǎnqiǎngbèixuǎnshàng.

표(標) 명 〔~하다|타동사〕 ① 表记 biǎojì 증거가 될 만한 필적. ② 标记 biāojì 증거가 되는 형적. ¶읽다가 만 곳에 연필로 ~를 하다. 没念完的部分用铅笔作了标记。méiniànwándebùfenyòngqiānbǐzuòlebiāojì. ③ 痕迹 hénjì 두드러지게 나타나 보이는 특징.

표구(表具) 명 〔~하다|타동사〕 裱褙 biǎobèi 裱画 biǎohuà=장황.

표기(表記-標記) 명 〔~하다|타동사〕 ① 记录 jìlù 적어서 나타냄. ② 标记 biāojì 겉으로 드러난 기록.

표독(慓毒) 명 〔~하다|형용사〕 狠毒 hěndú 尖刻 jiānkè 凶狠 xiōnghěn 살차고 독살스럽다. ¶얼굴이 ~하게 생겼다. 长相凶狠。zhǎngxiàngxiōnghěn.

표류(漂流) 명 〔~하다|자동사〕 ① 漂流 piāoliú 漂泊 piāobó 물에 떠서 흘러감. ② 流浪 liúlàng 떠돎.

표면(表面) 명 ① 表面 biǎomiàn=겉면. ¶~이 거칠다. 表面粗造。biǎomiàncūcāo. ② 外貌 wàimào=겉. ¶사람을 ~만 보고 속을 어찌 알겠소? 光看外貌怎么知道内心? guāngkànwàimàozěnmezhīdàonèixīn.

표명(表明) 명 〔~하다|타동사〕 表明

biǎomíng 表白 biǎobái 表示 biǎoshì 드러내어 밝힘.

표본(標本) 명 ① 样品 yàngpǐn 본보기가 될 만한 물건=표품. ② 标本 biāoběn 그대로나 본떠 만든 것. ¶식물 ~. 植物标本。zhíwùbiāoběn. ③ 标准数 biāozhǔn shù 〈수〉 통계에서, 그 전체 집단의 성질을 헤아릴 수 있는 표준 자료=표집.

표시(表示) 명 〔~하다|타동사〕 表 biǎo 表示 biǎoshì 겉으로 드러내 보임.

표시등(表示燈) 명 表示灯 biǎoshìdēng 信号灯 xìnhàodēng 기계의 작용 상태나 과정 따위를 나타내 보이는 등.

표식(標識) 명 标 biāo 标记 biāojì 标志 biāozhì →표지.

표연(飄然) 명 ① 飘然 piāorán 훌쩍 떠나는 모양이 거침없다. ② 轻飘飘 qīng piāopiāo 팔랑거리어 나부끼는 모양이 가볍다.

표장(表裝) 명 〔~하다|타동사〕 装裱 zhuāngbiǎo=장황.

표적(標的) 명 ① 靶子 bǎzi 목표가 되는 물건. ¶~을 맞히다. 中靶子。zhòngbǎzi =표점. ② 标的 biāodì 표지로 삼는 표. ¶~을 해 두다. 做标记 zuòbiāojì=기표.

표절(剽竊) 명 〔~하다|타동사〕 抄袭 chāoxí 剽窃 piáoqiè 시나 글 따위를 지을 때, 남의 것을 따다 자기 것인 양 씀 =양절. 초설. 초습. 표적.

표정(表情) 명 ① 表情 biǎoqíng 얼굴에 내비쳐 이루어지는 갖가지 감정의 모습. ¶~이 굳었다. 表情僵硬。biǎoqíngjiāng yìng. ※안색. 낯꽃. 낯빛. ② 神情 shén qíng 마음속의 감정이 겉으로 드러남.

표제(標題-表題) 명 ① 书名 shūmíng 서책의 겉에 쓰인 그 책의 이름=외제. 제호. ② 标题 biāotí 연설, 담화 같은 것의 제목. ③ 题目 tímù 연극, 신문, 잡지, 공문서의 첫머리에 쓰는 제목.

표지(表紙) 명 ① 封面 fēngmiàn=책뚜껑. ② 书皮 shūpí=갈피표.

표창(表彰) 명 〔~하다|타동사〕 表扬 biǎoyáng 表彰 biǎozhāng 훌륭한 일을 드러내 밝힘.

표현(表現) 명 〔~하다|타동사〕 表达 biǎodá 表现 biǎoxiàn 생각이나 느낌 따위를 나타냄. ¶감정 ~. 感情表达。gǎn qíngbiǎodá.

품격(品格)[-껵] 명 品德 pǐndé 品格 pǐngé 품성과 인격.

품귀(品貴) 명 〔~하다|형용사〕 缺货 quēhuò 물건을 구하기 어려움. ¶~ 현상. 缺货现象。quēhuòxiànxiàng.

품등(品等) 명 等级 děngjí 物品等级 wù pǐnděngjí 품질과 등급.

품목(品目) 명 ① 货单 huòdān 물품의 이름을 쓴 목록. ② 品目 pǐnmù=품명.

품사(品詞) 명 词类 cílèi 〈언〉=씨.

품성(品性) 명 道德品质 dàodépǐnzhì 风格 fēnggé 품격과 성질.

품위(品位) 명 ① 品德 pǐndé 体面 tǐmiàn 직품과 지위. ② 质量 zhìliàng 품질의 정도. ③ 成色 chéngsè 〈경〉 금은화가 머금은 금이나 은의 비례.

품의(稟議)[-의/-이] 명 〔~하다|타동사〕 禀告 bǐnggào 글이나 말로 여쭈어 의논함.

품절(品切) 명 〔~하다|자동사〕 断货 duànhuò 脱货 tuōhuò → 절품.

품종(品種) 명 ① 品种 pǐnzhǒng 물품의 종류. ② 种 zhǒng 생물학에서, '씨(씨앗)'를 일컫는 말.

품질(品質) 명 货色 huòsè 质量 zhìliàng =품성.

품행(品行) 명 品德 pǐndé 品行 pǐnxíng 품성과 행실.

풍(風) 명 ① 吹牛 chuīniú 夸张 kuāzhāng '허풍'의 준말. ② 中风 zhòngfēng 〈한의〉 정신작용, 근육 신축, 감각 들에 탈이 생긴 병. 중풍 따위.

풍격(風格)[-껵] 명 风采 fēngcǎi 风格 fēnggé 气度容貌 qìdùróngmào 作风 zuòfēng 풍채와 품격.

풍경(風景) 명 ① 风光 fēngguāng 景色 jǐngsè=경치. ② 风景 fēngjǐng 〈미〉=풍경화.

풍경(風磬) 명 风铃 fēnglíng 처마끝에 다는 경쇠. 작은 종처럼 만들고 그 속에 쇳조각으로 붕어 모양을 만들어 달아서 바람이 부는 대로 흔들리어 소리가 나게 되었다. ¶~이 울다. 风铃响。 fēnglíng xiǎng=첨령. 첨마. 풍령. 풍탁.

풍골(風骨) 명 风采 fēngcǎi 풍채와 골격.

풍기(風紀) 명 风化 fēnghuà 风纪 fēngjì 风气 fēngqì 풍속과 도덕에 대한 기율. ¶~를 어지럽히다. 搅乱风纪。 jiǎoluàn fēngjì.

풍기(風氣) 명 ① 风气 fēngqì 풍속. ② 风采 fēngcǎi 풍채와 기개.

풍만(豊滿) 형 〔여 불규칙〕 ① 丰富 fēngfù 풍족하여 그득하다. ¶~한 자원. 丰富的资源。 fēngfùdezīyuán. ② 肥胖 féipàng 몸에 살이 탐스럽게 많다. ¶~한 육체. 肥胖的肉体。 féipàngderòutǐ.

풍모(風貌) 명 风度 fēngdù 风貌 fēngmào 풍채와 용모=풍재.

풍문(風聞) 명 传说 chuánshuō 传闻 chuánwén 风声 fēngshēng=소문. ¶~으로 듣다. 听说传闻。 tīngshuōchuánwén.

풍물(風物) 명 ① 风景 fēngjǐng=경치. ② 农乐舞 nóngyuèwǔ 〈악〉 농악에 쓰는 악기를 통틀어 일컬음. 곧 꽹과리, 날라리, 소고, 북, 장구, 징 따위.

풍미(風靡) 명형 〔여 불규칙〕 ① 风靡 fēngmí 위세에 딸리어 뭇사람들이 저절로 따르거나 따르게 함. ② 传遍 chuánbiàn 어떤 현상이나 사조가 사회에 널리 퍼지거나 퍼지게 함.

풍병(風病)[-뼝] 명 风痹 fēngbì 行痹 xíngbì 〈한의〉 신경의 탈로 생기는 온갖

병=바람. 풍기. 풍증. 풍질.

풍비박산(風飛雹散) 명 支离破碎 zhīlípòsuì 사방으로 날아 흩어짐.

풍상(風霜) 명 ① 风和霜 fēnghéshuāng 바람과 서리. ② 困苦 kùnkǔ 모진 고생. ¶~을 겪다. 经过艰难困苦。jīngguòjiānnánkùnkǔ.

풍선(風船) 명 ① 帆船 fānchuán=기구. ② 气球 qìqiú 가벼운 기체를 넣어 공처럼 부풀려서 뜨게 하는 장난감이나 물건. ¶~을 띄우다. 放气球。fàngqìqiú.

풍선(風癬) 명 干癣 gānxuǎn 〈한의〉=마른버짐.

풍성(豊盛) 형 〔여 불규칙〕 丰富 fēngfù 富饶 fùráo 富裕 fùyù 넉넉하고 홍성홍성하다.

풍속사범(風俗事犯) 명 违背风俗犯 wéibèifēngsúfàn 〈법〉 사회의 미풍양속, 특히 성 풍속을 해치는 범죄.

풍수해(風水害) 명 风灾和水灾 fēngzāihéshuǐzāi 바람과 물로 입은 해.

풍습(風習) 명 风俗习惯 fēngsúxíguàn 풍속과 습관. ¶~이 아름답다. 风俗习惯美好。fēngsúxíguànměihǎo=기습. 행습.

풍악(風樂) 명 民乐 mínyuè 〈악〉 우리나라 고유의 옛 음악. ¶~을 올리다. 演奏民乐。yǎnzòumínyuè=삼현풍악.

풍요(豊饒) 명 〔~하다│형용사〕 丰富 fēngfù 富裕 fùyù 흠뻑 많아서 넉넉함. ¶~를 누리다. 过富裕生活。guòfùyùshēnghuó=여요. 온부. 풍유.

풍운(風雲) 명 ① 风云 fēngyún 바람과 구름. ② 风云纹 fēngyúnwén 〈건〉 구름 무늬의 한 가지=풍운무늬. ③ 大事变 dàshìbiàn 영웅이 큰 뜻을 품고 일으키는 사변. ④ 时势 shíshì 세상이 크게 변하려는 기운.

풍운아(風云兒) 명 风云人物 fēngyúnrénwù 좋은 때를 타고 세상에 두각을 나타내는 사람. ¶한 시대의 ~가 되어 갑자기 출세를 한 사람. 做为时代风云人物突然高升的人。zuòwéishídàifēngyúnrénwùtūrángāoshēngderén.

풍전등화(風前燈火) 명 风前残烛 fēngqiáncánzhú 바람 앞의 등불→바람.

풍조(風潮) 명 ① 潮流 cháoliú 바람에 딸려 흐르는 조수. ② 风气 fēngqì 시대에 따라 변하는 세태.

풍족(豊足)[-조카-] 형 〔여 불규칙〕 充足 chōngzú 모자람이 없이 매우 넉넉하다=염족하다. 온족하다. 포족하다.

풍채(風采) 명 风采 fēngcǎi 风度 fēngdù 빛나서 드러나는 사람의 겉꼴=채풍. 풍상.

풍치(風致) 명 ① 风景 fēngjǐng 훌륭하고 멋진 경치. ② 风趣 fēngqù=운치.

풍치(風齒) 명 牙神经痛 yáshénjīngtòng 〈한의〉 썩거나 상하지 않은 채 풍증으로 일어나는 이앓이.

풍토(風土) 명 ① 水土 shuǐtǔ 기후와 토지의 상태. ¶~가 좋다. 水土好。shuǐtǔ

hǎo. ② 风土 fēngtǔ 어떤 일의 밑바탕이 되는 제도나 조건 따위. ¶새 ~를 만들다. 树立新风土。shūlìxīnfēngtǔ.

풍토병(風土病) 명 地方病 dìfāngbìng→풍토병=토질.

풍토색(風土色) 명 地方特色 dìfāngtèsè 어떤 지역의 독특한 특색. ¶~을 띠다. 带地方特色。dàidìfāngtèsè.

풍해(風害) 명 风灾 fēngzāi=바람피해.

피(避) 타 〔여 불규칙〕 ① 躲避 duǒbì 몸을 숨겨 다른 곳으로 옮기다. ¶탄환을 ~. 躲避枪弹。duǒbìqiāngdàn. ② 避开 bìkāi 어떤 자리나 경우에 처하지 않도록 하다. ¶시선을 ~. 避开视线。bìkāishìxiàn. ③ 避免 bìmiǎn 행사에 불길한 날을 택하지 않다. ¶손 있는 날을 ~. 避免选择有客人的那一天。bìmiǎnxuǎnzéyǒukèrénde nàyìtiān. ④ 避 bì 비나 눈 따위를 맞지 않을 곳으로 몸을 옮기다. ¶처마 밑에서 비를 ~. 在屋顶下避雨。zàiwūdǐngxiàbìyǔ.

피격(被擊) 명 〔~하다|자동사〕 受攻击 shòugōngjī 습격, 사격을 받음.

피곤(疲困) 명 〔~하다|형용사〕 乏 fá 累 lèi 疲乏 pífá 지치어 고달픈 상태. ¶~을 풀다. 解困。jiěkùn=피비. 피핍.

피골(皮骨) 명 皮肤和骨头 pífūhégǔtóu 〈생〉=막골.

피골상접(皮骨相接) 명 〔~하다|자동사〕 骨瘦如柴 gǔshòurúchái=살가죽과 뼈가 맞붙을 정도로 몹시 마름=피골상련.

피란(避亂) 명 〔~하다|자동사〕 ① 避乱 bìluàn 난리를 피함. ② 避难 bìnàn 난리를 피하여 있는 곳을 옮김. ¶~을 가다. 去避难。qùbìnàn.

피란민(避亂民) 명 难民 nànmín 避乱民 bìluànmín 피란하는 인민.

피랍(被拉) 명 被绑架 bèibǎngjià 납치됨.

피력(披瀝) 명 〔~하다|타동사〕 发表 fābiǎo 披沥 pīlì 속마음을 털어놓음=피진.

피로(疲勞) 명 〔~하다|형용사〕 乏 fá 疲劳 píláo 累 lèi 몸과 마음을 지나치게 써서 쇠약해져 일하기가 힘든 상태. ¶~가 겹치다. 重复疲劳。chóngfùpíláo.

피로연(披露宴) 명 结婚, 生日等宴会 jiéhūn, shēngrìděngyànhuì 결혼・출생 등을 일반에게 널리 알리는 뜻으로 베푸는 연회. ¶결혼 ~. 结婚宴会。jiéhūnyànhuì.

피사체(被寫體) 명 被照射体 bèizhàoshètǐ 사진을 찍는 대상이 되는 물체.

피살(被殺) 명 被害 bèihài 被杀 bèishā 죽임을 당함.

피상(皮相) 명 表面 biǎomiàn 浮面 fúmiàn=겉모양.

피서객(避暑客) 명 游人 yóurén 피서하는 사람. ¶~으로 들끓는 바다. 游人成堆的海。yóurénchéngduīdehǎi.

피신(避身) 명 〔~하다|자동사〕 避 bì 위험을 피하여 몸을 숨김=도신.

피의자(被疑者)[-의-/-이-] 명 嫌疑犯 xiányífàn 〈법〉 범죄의 혐의를 받고 있는

자로서, 아직 기소되지 않은 사람=용의자.

피임(避妊) 명 〔~하다|자동사〕 避孕 bìyùn 일부러 임신을 피함. ※불임.

피차(彼此) 명부 ① 彼此 bǐcǐ 저것과 이것. ¶내가 가나 그가 오나 ~ 마찬가지다. 你来我去彼此一样。 nǐláiwǒqùbǐcǐyíyàng. ② 互相 hùxiāng 이쪽과 저쪽과의 양쪽. ¶~의 이익을 위해서는 조금씩 양보합시다. 为了互相的利益，互相让步。 wèilehùxiāngdelìyì, hùxiāngràngbù.

피차일반(彼此一般) 명 彼此彼此 bǐcǐbǐcǐ 두 편이 서로 같음. ※피장파장. ¶잘못한 것은 ~입니다. 过错方面彼此彼此。 guòcuòfāngmiànbǐcǐbǐcǐ.

피해(被害) 명 〔~하다|자동사〕 被害 bèihài 受害 shòuhài 해를 입음. 또는 그 해↔가해.

필(畢) 〔접미사〕 结束 jiéshù 完结 wánjié 일부 이름씨에 붙어 이미 그 일을 마쳤음을 나타냄. ¶등기 ~. 结束登记。 jiéshùdēngjì.

필경(畢竟) 부 毕竟 bìjìng 到底 dàodǐ=마침내.

필기시험(筆記試驗) 명 笔答 bǐdá=글시험. ※말시험.

필두(筆頭)[-뚜] 명 ① 笔尖 bǐjiān 붓끝. ② 头一个顺序 tóuyígèshùnxù 여러 사람의 이름을 차례대로 벌여 적거나 말할 때의 맨 처음 사람 또는 맨 처음 차례. ¶그 분을 ~로 하여 열 명이 서명을 하였다. 以那一位头一个顺序先后十名签了字。 yǐnàyíwèitóuyígèshùnxùxiānhòushímíngqiānlezì. ③ 头面人物 tóumiànrénwù 어떤 단체나 동아리의 우두머리. ¶매화는 사군자의 ~로 꼽힌다. 梅花是四君子的第一个。 méihuāshìsìjūnzǐdedìyīgè.

필사(筆寫)[-싸] 명 〔~하다|타동사〕 抄写 chāoxiě 缮写 shànxiě 베껴 씀.

필사본(筆寫本)[-싸-] 명 抄本 chāoběn 붓·펜 등의 필기구로 깁 또는 종이에 옮겨 쓴 책.

필수(必需·必须)[-쑤] 명 必不可少 bìbùkěshǎo 必须 bìxū 必修 bìxiū 없어서 안 됨. ¶~ 요건. 必需条件。 bìxūtiáojiàn.

필시(必是)[-씨] 부 必定 bìdìng=반드시.

필요(必要) 명 〔~하다|형용사〕 必备 bìbèi 必须 bìxū 必要 bìyào 꼭 소용됨=수요↔불필요.

필전(筆戰)[-쩐] 명 〔~하다|자동사〕 笔战 bǐzhàn 글로써 옳고 그름을 겨룸.

필체(筆體) 명 笔法 bǐfǎ 글씨의 모양새 또는 격식. ¶~가 예쁘다. 笔法漂亮。 bǐfǎpiàoliàng.

필치(筆致) 명 ① 笔触 bǐchù 笔锋 bǐfēng 필세의 됨됨이. ② 笔势 bǐshì 글솜씨의 됨됨이.

필통(筆筒) 명 ① 笔筒 bǐtǒng 붓 따위의 쓸 것을 꽂아 두는 통. ② 笔盒 bǐhé 연필, 펜, 고무, 붓 따위를 넣어 가지고 다니는 작은 상자 모양의 물건=필갑.

ㅎ

하강(下降) 명 [~하다|자동사] ① 下降 xiàjiàng=강하. ② 落后 luòhòu=하가.

하계(夏季) 명 夏令 xiàlìng 夏季 xiàjì=여름철.

하교(下校) 명 [~하다|자동사] 放学 fàngxué 下学 xiàxué 散学 sànxué 공부를 끝내고 학교에서 집으로 돌아옴↔등교.

하교(下敎) 명 [~하다|타동사] ① 下指示 xiàzhǐshì 윗사람이 아랫사람에게 가르침을 줌. ② 传教 chuánjiào 〈역〉 전교(传教).

하극상(下剋上) 명 [~하다|자동사] 下斗上 xiàdòushàng 아랫사람이 윗사람을 꺾어 누르거나 없이 함. ¶~의 풍조. 下斗上的风气。xiàdòushàngdefēngqì.

하급생(下級生) 명 低年级同学 dīniánjí tóngxué 학년이 낮은 학생=하급학생↔상급생.

하기(下記) 명 [~하다|타동사] ① 下列 xiàliè 공문서 따위에서, 아래에 적음. ② 下述 xiàshù 아래에 적은 것. ③ 记载下面 jìzǎixiàmiàn 돈 치러 준 것을 적은 적발.

하기방학(下期放學) 명 暑假 shǔjià=여름방학.

하대(下待) 명 ① 慢待 màndài 낮게 대접함. ※공대. 존대. 홀대. ② 贱待 jiàn dài 상대자에게 낮은 말을 씀. ※공대. 존대.

하도급(下都給) 명 分包 fēnbāo 〈법〉 어떤 사람의 도급 맡은 일을 다시 다른 사람이 도거리로 맡거나 맡기는 일=하청.

하등(何等) 명 任何 rènhé '하등의' 꼴로 주로 부정하는 월에 쓰이어 '아무런'의 뜻을 나타냄. ¶그 일과 나는 ~의 관계가 없다. 我跟那一件事没有任何关系。wǒgēn nàyíjiànshìméiyǒurènhéguānxi.

하등동물(下等動物) 명 低等动物 dīděng dòngwu 〈동〉 등뼈가 없는 동물처럼 진화의 정도가 낮아서 조직이 간단한 동물↔고등동물.

하락(下落) 명 [~하다|타동사] 落下 luòxià 衰落 shuāiluò 跌落 diēluò 贬值 biǎnzhí 값이나 등급 따위가 떨어짐.

하락세(下落勢) 명 看跌 kàndiē=내림세. ¶주가가 ~를 보이고 있다. 股市开始看跌。gǔshìkāishǐkàndiē.

하마평(下馬評) 명 关于某人新出任的传闻 guānyúmǒurénxīnchūrèndechuánwén

관계의 변동이나 어떠한 벼슬에 임명될 후보자에 관하여 세상에 떠도는 소문이나 평판.

하명(下命) 명 〔~하다|자동사·타동사〕 命令 mìnglìng→분부.

하박(下膊) 명 下胳膊 xiàgēbo 〈생〉=아래팔↔상박.

하복(夏服) 명 夏装 xiàzhuāng 夏衣 xià yī=여름옷.

하부(下部) 명 ① 下部 xiàbù 아래쪽 부분↔상부. ② 下面的部分 xiàmiàndebù fen 하급기관이나 하급부서↔상부.

하부구조(下部構造) 명 ① 根脚 gēnjiǎo 아래 부분의 구조↔상부구조. ② 经济基础 jīngjìjīchǔ 〈철〉 유물사관에서 이르는, 사회의 모든 물질적 생산관계의 총체. 이 토대 위에 정치적, 법제적 상부구조가 선다고 한다↔상부구조.

하사관(下士官) 명 军士 jūnshì 〈군〉 하사, 중사, 상사의 계급을 가진 군인.

하선(下船) 명 〔~하다|자동사〕 ① 下船 xiàchuán 배에서 내림=이선↔상선. ② 卸船 xièchuán 짐을 배에서 부림.

하송인(荷送人) 명 发货人 fāhuòrén→짐 보내는 이.

하수(下水) 명 污水 wūshuǐ 하수도에 흐르는, 더러운 물.

하수관(下水管) 명 下水道管 xiàshuǐdào guǎn=수채통.

하수구(下水溝) 명 污水沟 wūshuǐgōu 수챗물이나 더러운 물이 흘러가게 만든 도랑=하수거.

하수인(下手人) 명 ① 凶手 xiōngshǒu 손을 대어 직접 사람을 죽인 사람=하수자. ② 帮凶 bāngxiōng 남의 밑에서 졸개 노릇하는 사람=하수자.

하숙(下宿) 명 〔~하다|자동사〕 寄宿 jì sù 寄寓 jìyù 일정한 대가를 내고 비교적 오랫동안 남의 집에 머물러 있으면서 자고 먹고 하는 일 또는 그 집=사관.

하숙방(下宿房) 명 寄宿房 jìsùfáng 하숙하고 있는 방. 하숙을 시키는 방.

하숙비(下宿費) 명 住宿费 zhùsùfèi 하숙하는 데 드는 돈=하숙료.

하숙생(下宿生) 명 寄居学生 jìjūxuéshēng 하숙하고 있는 학생.

하야(下野) 명 〔~하다|자동사〕 下台 xiàtái '시골로 내려간다'는 뜻으로, '관직이나 정계에서 물러남'을 이르는 말.

하역(荷役) 명 〔~하다|타동사〕 装卸货 zhuāngxièhuò 起岸 qǐàn 짐을 싣고 내리는 일.

하역부(荷役夫) 명 装卸工人 zhuāngxiè gōngrén 하역에 종사하는 사람.

하역작업(荷役作業) 명 装卸工作 zhuāng xiègōngzuò.

하오(下午) 명 下午 xiàwǔ 下半天 xià bàntiān 午后 wǔhòu=오후↔상오.

하의(下衣)[-의/-이] 명 ① 下半身服装 xiàbànshēnfúzhuāng=아래옷. ② 裤子

kùzi＝바지.

하인(下人) 명 下人 xiàrén 仆人 púrén 奴才 núcai＝종.

하자(瑕疵) 명 瑕疵 xiácī 缺点 quēdiǎn →흠.

하자담보(瑕疵擔保) 명 质量保证 zhìliàngbǎozhèng 〈법〉 매매와 같은 유상계약에 있어서 목적물 자체의 숨은 흠으로 말미암아 물건을 파는 이가 지는 담보 책임.

하제(下劑) 명 泄剂 xièjì＝설사약.

하중(荷重) 명 荷重 hèzhòng 负荷 fùhè 货物的重量 huòwùdezhòngliàng→짐무게.

하직(下直) 명 〔~하다|자동사・타동사〕 ① 告别 gàobié 먼 길을 떠날 때 웃어른에게 작별을 고함. ¶~ 인사차(次) 찾아 뵙다. 为了告辞拜见。 wèilegàocíbàijiàn. ② 为了告辞拜见国王 wèilegàocíbàijiànguówáng 〈역〉 서울을 떠나는 관원이 임금께 작별을 아룀. 숙배(肃拜). ③ 永别 yǒngbié 去世 qùshì 작별을 고하거나 죽음을 이르는 말. ¶세상을 ~하다. 永别世界。yǒngbiéshìjiè.

하차(下車) 명 〔~하다|자동사〕 ① 下车 xiàchē 내림＝강차↔승차. ② 卸货 xiè huò 차에서 부림＝강차↔상차.

하청(下請) 명 转包 zhuǎnbāo 〈법〉＝하도급.

하청업자(下請業者) 명 分承包人 fēnchéngbāorén 〈토〉 하도급을 맡아 하는 사람.

하치장(荷置場) 명 货场 huòchǎng 짐 부리는 곳. 짐을 두는 곳.

하퇴(下腿) 명 小腿 xiǎotuǐ＝종아리.

하품(下品) 명 ① 劣品 lièpǐn＝하치. ② 低等级 dīděngjí 열등품.

하학(下學) 명 〔~하다|자동사〕 下课 xiàkè 放学 fàngxué 학교에서 그날의 수업을 마침↔상학.

하한(下限) 명 下限 xiàxiàn 最低 zuìdī 일정한 범위 안의 아래쪽의 한계↔상한(上限).

하행(下行) 명 〔~하다|자동사〕 ① 往下 wǎngxià 아래쪽으로 내려감. ② 往乡下 wǎngxiāngxià 서울에서 지방으로 내려감. ¶~ 열차. 南行列车。nánxínglièchē ↔상행.

하향(下鄕) 명 〔~하다|자동사〕 ① 下乡 xiàxiāng 골로 내려감. ② 归乡 guīxiāng 향으로 내려감. ¶관직을 그만두고 ~하다. 辞官归乡。cíguānguīxiāng.

하혈(下血) 명 〔~하다|자동사〕 子宫出血 zǐgōngchūxuè 항문 또는 하문(下门)으로 피가 나옴↔상혈(上血).

하회(下廻) 명 〔~하다|타동사〕 不低水平 bùdīshuǐpíng 어떤 기준보다 밑돎. ¶평년작을 ~하다. 不低于平年收获。 bùdīyú píngniánshuōhuò↔상회(上回).

학과(學科) 명 课程 kèchéng 교수 및 연구의 편의상 구분한 학술의 분과. ¶~를 신중히 선택하다. 慎重选择学科。 shèn zhòngxuǎnzéxuékē.

학교장(學校長) 명 校长 xiàozhǎng 학교의 교육과 행정을 책임지는 학교의 대표자. §교장.

학구(學區) 명 校区 xiàoqū 의무 교육 행정상의 필요로, 아동이 취학할 학교를 지정하여 갈라놓은 구역.

학군(學群) 명 校群 xiàoqún 입시 제도의 개편에 따라, 지역별로 나누어 설정한 몇 개의 중학교 또는 고등학교의 무리.

학군단(學軍團) 명 学生军训团 xuéshēng jūnxùntuán '학생 군사 교육단'의 준말.

학급(學級) 명 班级 bānjí 班 bān 한 교실에서 공부하는 아동 및 학생의 집단. 반(班). ¶한 ~이 40명 정도로 이루어진다. 一个班级有四十名左右学生。 yígèbānjí yǒusìshímíngzuǒyòuxuéshēng.

학급담임(學級擔任) 명 班主任 bānzhǔ rèn 〈교〉 학급의 관리 및 학급에 딸린 학생의 생활을 맡아 지도하는 교사.

학년(學年) 명 〈교〉 ① 学年 xuénián 학제에 있어서 한 해를 단위로 한 구분. ② 年级 niánjí 수업하는 학과의 수준에 따라 나눈 단계. ¶일 ~. 一年级。 yīniánjí.

학년말시험(學年末試驗) 명 期末考试 qī mòkǎoshì 〈교〉 한 학년 동안 공부한 것을 평가하려고 학년말에 치르는 시험. §연말시험. 학년시험=학년말고사.

학도(學徒) 명 ① 学生 xuéshēng 학생의 무리. ② 学徒 xuétú 학문을 닦는 사람.

학덕(學德) 명 学识和德才 xuéshíhédécái 학문과 덕행. ¶그는 ~을 두루 갖춘 선비였다. 他是学识和德才兼备的君子。 tāshìxué shíhédécáijiānbèidejūnzǐ.

학명(學名) 명 ① 大名 dàmíng 문으로써 떨친 이름. ¶~을 떨치다. 大名远扬。 dà míngyuǎnyáng. ② 学名 xuémíng 술에서의 편의를 위하여 라틴말로 나타내는 동식물의 이름. 쉬든의 식물학자 린네가 창안하여 지금은 세계에서 공통적으로 쓰인다.

학보(學報) 명 学报 xuébào 科研报道 kē yánbàodào 대학에서 학술에 관한 논문, 연구, 조사, 보고, 기타 학교 안의 소식들을 실는 간행물.

학부(學部) 명 ① 系 xì 날 대학의 본과. ② 本科 běnkē 대학원에 대하여 '대학'을 일컫는 말.

학부형(學父兄) 명 学生家长 xuéshēngjiā zhǎng 父兄 fùxiōng 학생의 부형.

학살(虐殺) 명 〔~하다|타동사〕 屠杀 tú shā 잔인하고 참혹하게 막 죽임.

학수고대(鶴首苦待) 명 〔~하다|타동사〕 渴望 kěwàng 望眼欲穿 wàngyǎnyùchuān '학의 목처럼 목을 길게 늘여 기다린다'는 뜻으로, '몹시 기다림'을 이르는 말.

학술어(學術語) 명 术语 shùyǔ 학술 연구에 쓰이는 전문적인 용어. §술어=갈

말. 학술용어.

학술지(學術誌) 명 学术专刊 xuéshù zhuānkān 학술 분야에 관한 전문적인 글을 싣는 책=학술잡지.

학습장(學習帳) 명 笔记本 bǐjìběn 演习本 yǎnxíběn 作业本 zuòyèběn 학습에 쓰이는 공책 또는 연습장이나 참고서 따위.

학습지도(學習指導) 명 学习辅导 xuéxí fǔdǎo 〈교〉 생활지도에 대해서, 주로 교과의 학습활동을 지도하는 일.

학예품(學藝品) 명 学生作品 xuéshēng zuòpǐn 학생들의 습자, 작문, 도화, 수공 따위를 통틀어 일컬음.

학용품(學用品) 명 文具 wénjù 学习用品 xuéxíyòngpǐn 학습에 필요한 온갖 물건.

학우(學友) 명 同学 tóngxué 한 학교에서 함께 공부하는 벗.

학원(學院) 명 ① 学校 xuéxiào 〈교〉=학교. ② 补习班 bǔxíbān 학교설치기준의 여러 조건을 갖추지 않은 사립 교육기관. 주로 진학지도, 직업교육 따위를 행한다.

학원(學園) 명 校园 xiàoyuán=배움터.

학자금(學資金) 명 学费 xuéfèi=학비.

학장(學長) 명 ① 校长 xiàozhǎng=학구. ② 大学学院院长 dàxuéxuéyuànyuàn zhǎng 단과 대학의 장(长). ※총장.

학점(學點) 명 学分 xuéfēn 대학과 대학원 학생들의 학과 이수(履修)를 계산하는 단위 또는 학과의 성적을 평가한 등급의 단위. ¶~을 따다. 得了学分。délexuéfēn.

학정(虐政) 명 暴政 bàozhèng 苛政 kē zhèng 포학한 정치. ¶폭군의 ~에 시달리다. 受苦于暴君的苛政之下。shòukǔyú bàojūndekēzhèngzhīxià.

학창(學窓) 명 学校 xuéxiào 학생으로서 학교에서 공부하는 교실이나 학교의 일컬음. ¶~ 시절. 学校时期。xuéxiàoshíqī.

학칙(學則) 명 校规 xiàoguī 학교의 운영과 학생 교육에 관하여 학교에서 정한 규칙. 교칙. ¶~을 위반하다. 违反校规。wěifǎnxiàoguī.

학통(學統) 명 学问的系统 xuéwèndexì tǒng 학문의 계통・계보. ¶퇴계의 ~을 이어받다. 継承退溪先生的学问系统。jì chéngtuìxīxiānshēngdexuéwènxìtǒng.

학풍(學風) 명 ① 学术倾向 xuéshùqīng xiàng 학문상의 경향이나 태도. ¶아카데믹한 ~. 科学的学术倾向。kēxuédexué shùqīngxiàng. ② 学校风气 xuéxiàofēng qì 학교의 기풍. ¶두 대학교의 ~은 판이하게 다르다. 两所大学的校风完全不一样。liǎngsuǒdàxuédexiàofēngwánquánbùyí yàng.

학행(學行)[하캥] 명 ① 学问与品德 xué wènyǔpǐndé 학문과 덕행. 학문과 실행. ② 修行 xiūxíng 학문 및 불도(佛道)의 수행.

한(限) 명 〔~하다|자동사〕 ① 限度 xiàndù 한도를 정하거나 이미 정해진 정도의 범위. 한도(限度). ¶기쁘기 ~이 없다. 无限高兴。wúxiàngāoxìng. ② 界限

jièxiàn '계한(界限)'의 준말. ③ 期限 qīxàn 기한. ④ 限制 xiànzhì '제한'의 준말. ¶입장자는 여성에 ~한다. 只准女人入场。zhízhūnnǚnrénrùchǎng.

한(恨) 명 [~하다|타동사] ① 怨恨 yuànhèn 억울하고 원통한 일이 풀리지 못하고 응어리져 맺힌 마음. 원한(怨恨). ¶천추의 ~. 千古仇恨。qiāngǔchóuhèn. ② 宿愿 sùyuàn '한탄(恨叹)'의 준말.

한계(限界)[-계/-게] 명 ① 地界 dìjiè 땅의 경계. ② 界限 jièxiàn 사물의 정하여 놓은 범위. 계한(界限). ¶~를 분명히 하다. 分明界限。fēnmíngjièxiàn.

한기(寒氣) 명 ① 寒 hán 추운 기운. 추위. ¶새벽 ~에 몸이 떨렸다. 由于晨寒冻得发直。yóuyúchénhándòngdefāzhí. ② 寒气 hánqì 추운 기운으로 느끼는 으스스한 기분. ¶~가 들다. 有寒气。yǒuhánqì.

한도(限度) 명 限度 xiàndù 止境 zhǐjìng 일정하게 정한 정도. 그 이상 넘을 수 없는 범위. ¶~를 넘다. 超过限度。chāoguò xiàndù.

한랭전선(寒冷前線)[할-] 명 冷锋 lěng fēng 〈기상〉 따뜻하고 가벼운 기단(气团) 밑에 차고 무거운 기단이 깔린 불연속선.

한말(韓末) 명 旧韩国末年 jiùhánguómò nián 대한 제국 말기.

한방(韓方) 명 〈한의〉 ① 从中国传来的韩医 cóngzhōngguóchuánláidehányī 중국에서 전래되어 우리나라에서 발달한 의술. ② 韩医处方 hányīchǔfāng 한의(韩医)의 처방.

한산(閑散) 형 [여 불규칙] ① 僻静 pìjìng 조용하고 쓸쓸하다. ¶~한 거리. 僻静的街道。pìjìngdejiēdào. ② 闲散 xiánsǎn 稀少 xīshǎo 일이 없어 한가하다. ¶거래가 ~. 来往稀少。láiwǎngxīshǎo.

한삼(汗衫) 명 ① 水袖 shuǐxiù 손을 감추기 위하여 두루마기나 여자의 저고리 소매 끝에 흰 헝겊으로 길게 덧대는 소매. ② 内衣 nèiyī 〈궁〉 속적삼.

한심(寒心) 형 [여 불규칙] 令人寒心 lìngrénhánxīn 不堪言 bùkānyán 정도에 지나치거나 모자라서 가엾고 딱하거나 기막히다. ¶~하기 짝이 없다. 令人寒心的无法形容。lìngrénhánxīndewúfǎxíng róng.

한약(韓藥) 명 韩国中药 hánguózhōng yào '한방약(韩方药)'의 준말.

한옥(韓屋) 명 韩式房屋 hánshìfángwū 우리나라 고유의 재래식 집. 조선집. 한식집↔양옥(洋屋).

한우(韓牛) 명 韩国牛 hánguóniú 소의 한 품종. 성질이 온순하고 고기 맛이 좋은 한국 재래종의 소=한국소.

한인(漢人) 명 中国人 zhōngguórén=중국인.

한적(閑寂)[-저카-] 형 [여 불규칙] 闲寂 xiánjì 安闲 ānxián 清闲 한가하고 고요하다. ¶~한 시간. 清闲时间。qīngxián shíjiān.

한정(限定) 명 〔~하다|타동사〕 ① 限制 xiànzhì 수량, 범위 따위를 제한하여 정함=규정. ② 限定 xiàndìng 〈논〉 어떤 개념의 성질이나 범위를 명확히 하거나 범위를 확실히 함. 특히 개념의 외연을 좁히고 내포를 넓히는 것.

한중(寒中) 명 从小寒到大寒 cóngxiǎohán dàodàhán 소한부터 대한까지의 사이.

한증막(汗蒸幕) 명 汗蒸窑 hànzhēngjiào 한증하는 곳. 담을 둘러막아서 굴처럼 만든다.

한지(韓紙) 명 韩国土产纸 hánguótǔchǎn zhǐ 닥나무의 껍질로 만든 종이=조선종이. 조선지.

한직(閑職) 명 悠闲的职务 xōuxiándezhí wù 한가한 벼슬자리나 직무.

한촌(寒村) 명 穷乡 qióngxiāng 가난하여 쓸쓸한 마을.

한탄(恨嘆) 명 〔~하다|타동사〕 叹息 tànxī 원망하거나 또는 뉘우침이 있을 때에 한숨짓는 탄식. §한.

할(割) 의 成 chéng 십진법에서, 10분의 1을 일컫는 말. ¶10분의 5는 2~이다. 十分之五是二。shífēnzhiwǔshìèr. ※푼. 리. 모.

할당(割當)[—땅] 명 〔~하다|타동사〕 分配 fēnpèi=노느매기.

할당량(割當量)[—땅] 명 摊额 tāné 할당한 양.

할당제(割當制)[—땅] 명 配额制 pèiézhì 몫을 갈라 배급하거나 책임을 지우는 제도. ¶~ 작업. 配额制工作。pèiézhìgōng zuò.

할복(割腹) 명 〔~하다|자동사〕 剖鱼 pōuyú 剖服 pōufú 배를 가름.

할부(割賦) 명 〔~하다|타동사〕 分期付款 fēnqīfùkuǎn=드림셈.

할부상환(割賦償還) 명 分期偿还 fēnqī chánghuán 〈경〉 빚을 여러 차례로 나누어 갚는 일.

할부판매(割賦販賣) 명 分期销售 fēnqī xiāoshòu 〈경〉 물건은 미리 주고 값은 여러 차례로 나누어 받는 식의 판매.

할인(割引) 명 〔~하다|타동사〕 ① 折扣 zhékòu 일정한 값에서 얼마를 덜어 냄=덜이. ② 折价 zhéjià 〈경〉 '어음할인'의 준말.

할인권(割引券) 명 优待券 yōudàiquàn 할인을 증명하는 표=깎음표.

할인료(割引料) 명 折费 zhéfèi 〈경〉 어음 액면가격과 사는 값과의 차.

할인률(割引率) 명 贴现率 tiēxiànlǜ 깎아 주는 비율=덜이율.

할인판매(割引販賣) 명 廉价销售 liánjià xiāoshòu.

할증(割增)[—쯩] 명 〔~하다|타동사〕 加价 jiājià 额外 éwài 附加 fùjiā→덤.

할증금(割增金)[—쯩] 명 加水 jiāshuǐ 加色 jiāsè 另外支付 lìngwàizhīfù→웃돈.

함(函) 명 ① 箱 xiāng 옷, 서류 따위를 넣어 두는 상자 비슷한 기구. ※서류함. 우편함. 투표함. ② 结婚用函 jiéhūnyòng hán 혼인 때 신랑 쪽에서 채단과 혼서지를 넣어서 신부 쪽에 보내는 나무그릇=봉치함. 예장함.

함(銜) 명 个人印章 gèrényìnzhāng 자기의 이름자를 야릇하게 풀어 만든 수결. 도장 대신 쓰인다.

함(緘) 명 封 fēng 편지 겉봉 뒤쪽의 봉한 자리에 '봉한다'는 뜻으로 쓰는 글자.

함구(緘口) 명 [~하다|자동사] 闭口 bì kǒu 입을 다묾=겸구. 금구. 두구. 함묵 ↔개구.

함구령(緘口令) 명 禁口令 jìnkǒulìng 말하지 말라는 명령=겸구령.

함구무언(緘口無言) 명 [~하다|자동사] 绝口不道 juékǒubúdào 默不做声 mòbú zuòshēng 입을 다물고 말이 없음. ※함구불언.

함락(陷落)[-낙] 명 [~하다|자동사·타동사] ① 沉 chén 陷地 xiàn 땅이 꺼져 떨어짐. ② 攻陷 gōngxiàn 失陷 shìxiàn 지키는 곳을 쳐서 둘러 빼거나 빼앗김.

함몰(陷沒) 명 [~하다|자동사] ① 沉陷 chénxiàn 물이나 땅속에 모조리 빠짐. ② 失陷 shīxiàn 모짝 결딴나 없어지거나 모짝 결딴내어 없앰.

함선(艦船) 명 军舰 jūnjiàn 군함, 기선을 통틀어 일컬음.

함수(函數) 명 函数 hánshù 因变量 yīn biànliàng 〈수〉=따름수.

함자(銜字) 명 尊姓大名 zūnxìngdàmíng 남의 '이름'을 높여 일컫는 말.

함흥차사(咸興差使) 명 一去不返 yíqùbù fǎn 泥牛入海 níniúrùhǎi 태조 이 성계가 함흥에 가서 있을 때에 아들 태종이 보낸 사신을 잡아 돌려보내지 아니한 옛일에서 나온 말로, '심부름꾼이 가서 소식이 없거나, 또는 회답이 더딜 때'의 비유=강원도포수. 지리산포수.

합(合) 명 总共 zǒnggòng 여러 낱낱을 한데 모아 친 수.

합격(合格) 명 [~하다|자동사] ① 及格 jígé 뽑아 취하는 데 자격을 얻음=입격. ② 合格 hégé 격식에 맞음.

합계(合計)[-꼐/-게] 명 [~하다|타동사] 合计 héjì 累计 lěijì 한데 몰아서 셈침. 또는 그 수효. §계.

합궁(合宮) 명 [~하다|자동사] 交合 jiāohé 交媾 jiāogòu 부부 사이의 성교=합근. 합금.

합당(合當) 형 [여 불규칙] 适当 shì dàng 恰当 qiàdàng 어떤 기준이나 조건에 꼭 알맞다. ¶~한 처사. 适当处理。shì dàngchǔlǐ.

합동(合同) 명 [~하다|자동사] ① 联合 liánhé 여럿이 어울려서 하나를 이룸. ② 全等 quánděng 〈수〉 두 도형의 크기와 모양이 꼭 같아 서로 일치하는 일.

합력(合力)[함녁] 명 〔~하다|자동사〕 ① 协力 xiélì 힘을 합함. 또는 그 힘. ② 合力 hélì 〈물〉 한 물체에 한꺼번에 작용하는 둘 이상의 힘과 똑같은 효과를 나타내는 하나의 힘=합성력↔분력.

합류(合流)[함뉴] 명 〔~하다|자동사〕 ① 汇流 huìliú 물이 한데 모여 흐름↔분류. ② 汇合 huìhé 단결을 위하여 한데로 몰림.

합리(合理)[함니] 명 〔~하다|형용사〕 合理 hélǐ 稳妥 wěntuǒ 适当 shìdàng 이론이나 이치에 맞는 것↔불합리.

합리화(合理化)[함니-] 명 〔~하다|타동사〕 ① 合理化 hélǐhuà 이론이나 이치에 들어맞도록 함. ¶경영의 ~. 合理化经营。hélǐhuàjīngyíng. ② 辩护 biànhù 잘못된 견해나 행동 따위에 대하여 그럴듯한 이유를 대어 정당화하는 일.

합병증(合幷症)[-쯩] 명 并发症 bìngfā zhèng 〈의〉 한 가지의 질병에 곁들여 일어나는 다른 질병=객증. 여병. 여증.

합본(合本) 명 〔~하다|자동사・타동사〕 合订 hédìng 合订本 hédìngběn 여러 권을 함께 맴. 또는 그 책=합책.

합산(合算) 명 〔~하다|타동사〕 合算 hésuàn 합하여 셈함.

합석(合席) 명 〔~하다|자동사〕 共席 gòngxí 자리를 함께하여 앉음.

합선(合線) 명 〔~하다|자동사〕 ① 断路 duànlù 음전류와 양전류를 띤 두 선이 한데 붙음. ② 合线 héxiàn 선이 합침.

합섬(合纖) 명 合成纤维 héchéngxiānwéi '합성섬유'의 준말.

합성(合成) 명 〔~하다|자동사・타동사〕 ① 合在一起 hézàiyìqǐ 두 가지 이상이 합하여 한 가지의 상태를 이룸. ② 合成 héchéng 〈화〉 화합물을 만들어 냄.

합성세제(合成洗劑) 명 洗衣粉 xǐyīfěn 가루비누.

합성수지(合成樹脂) 명 塑料 sùliào 〈화〉 간단한 유기화합물로 만든, 천연수지와 비슷한 물질. 베이클라이트, 요소 수지, 염화 비닐 수지, 폴리에틸렌, 페놀 수지 따위가 있는데, 가소성이 있어서 전기 절연 재료, 일용품, 건축 재료 들로 쓰이고, 광택이 있어서 바니쉬 따위를 만드는 재료로도 쓰인다=만든진. 인조수지. ※플래스티크.

합성어(合成語) 명 复合语 fùhéyǔ 〈언〉=겹씨.

합세(合勢) 명 〔~하다|자동사〕 联合 liánhé 세력을 한데 모음=협세.

합숙(合宿) 명 〔~하다|자동사〕 集体宿舍 jítǐsùshè 集体住宿 jítǐzhùsù 여러 사람이 한곳에서 묵음.

합승(合乘) 명 〔~하다|자동사・타동사〕 ① 同乘 tóngchéng 여럿이 함께 탐=승합. ② 合乘出租车 héchéngchūzūchē '합승택시'의 준말.

합의(合議)[-의/-이] 명 〔~하다|타동사〕

协商 xiéshāng 意见一致 yìjiànyízhì 두 사람 이상이 모여 서로 의논함.

합의재판(合議裁判)[－의－/－이－] 명 协商判决 xiéshāngpànjué 〈법〉 몇 사람의 법관이 합의제로 심판하는 재판↔단독재판.

합의제법원(合議制法院)[－의－/－이－] 명 合议庭 héyìtíng 〈법〉 합의재판을 실시하는 법원. 대법원, 고등법원이 심리 재판을 할 때와 지방법원 및 지원에서 특수한 경우에 합의제를 취한다. 대법원에서는 다섯 명, 그 외의 법원은 세 명으로 구성되며, 대법원의 연합 심판에서는 대법 판사 전원으로 구성된다↔단독법원.

합자회사(合資會社) 명 合资公司 hézī gōngsī 〈경〉 두 사람 이상이 밑천을 내어 운영하는 회사. 금전 기타 재산에 대한 한정된 권한과 감독권만을 가지는 유한 책임사원과 업무 집행의 권리 및 의무를 지는 무한책임사원으로 구성된다.

합작(合作) 명 〔~하다|자동사〕 ① 合作 hézuò 协作 xiézuò 互助 hùzhù 힘을 합하여 만듦. ② 合谋 hémóu 힘을 합하여 함께 꾀함.

합작영화(合作映) 명 合拍电影 hépāi diànyǐng 〈영〉 둘 이상의 제작자나 제작 회사가 공동으로 제작하는 영화.

합죽선(合竹扇) 명 竹骨折扇 zhúgǔzhé shàn 얇게 깎은 겉대를 맞붙여서 살을 만든 쥘부채.

합치(合致) 명 〔~하다|자동사〕 一致 yízhì 서로 맞음.

합판(合板) 명 胶合板 jiāohébǎn 粘板 zhānbǎn＝베니어합판.

합환주(合歡酒) 명 ① 合婚酒 héhūnjiǔ 혼례 때에 신랑 신부가 서로 바꾸어서 마시는 술. ② 合欢酒 héhuānjiǔ 交杯酒 jiāobēijiǔ 합환하기 전에 남녀가 마시는 술.

항(項) 명 项 xiàng 项目 xiàngmù 글의 같은 종류에 있어서의 각개의 구분 단위.

항간(巷間) 명 街头巷尾 jiētóuxiàngwěi 일반 사람들 사이. ¶~에 떠도는 소문. 街头巷尾传闻。 jiētóuxiàngwěichuánwén ＝여항간.

항공기(航空機) 명 飞机 fēijī 汽艇 qìtǐng 滑翔机等 huáxiángjīděng 공중에 타고 날아다니는 기구들을 통틀어 일컫는 말. 각종 비행기 및 글라이더, 비행선 따위.

항공로(航空路) 명 航线 hángxiàn＝비행길.

항공사진(航空寫眞) 명 航空摄影 háng kōngshèyǐng 항공기를 이용하여 높은 하늘에서 땅이나 그밖의 물체를 찍은 사진. 군사지도, 측량, 정보 따위에 쓴다＝공중사진.

항공수송(航空輸送) 명 ① 空运 kōng yùn 여객, 우편물, 짐 따위를 항공기로 실어 나름. §공수＝공중수송. 항공운송. ② 空中运输 kōngzhōngyùshū 〈군〉 보급품, 장비, 병력 따위를 수송기나 항공기로 나르는 일. §공수=공중수송. 항공운송.

항공우편(航空郵便) 명 航空邮件 háng kōngyóujiàn 비행기로 우편물을 나르는 특별 취급 우편 또는 그 우편물. §항공편=공중우편. 비행우편.

항공편(航空便) 명 ① 航空邮件 háng kōngyóujiàn '항공우편'의 준말. ② 乘飞机 chéngfēijī 비행기편으로.

항렬(行列)[-녈] 명 辈分 bèifen 겨레붙이의 방계 사이의 대수 관계를 표시하는 말.

항상(恒常) 부 经常 jīngcháng 时刻 shí kè=늘.

항소(抗訴) 명 〔~하다|자동사〕 ① 上诉 shàngsù 〈법〉 민사소송에서 제일심의 종국 판결에 대하여 하는 상소. ② 抗诉 kàngsù 형사소송법에서 제일심 판결에 대한 제이심 법원에의 상소.

항소기각(抗訴棄却) 명 上诉驳回 shàng sùbóhuí 〈법〉 항소법원이 원심 판결이 옳다고 인정하여, 항소 사건을 물리치고 소송 절차를 종결시키는 판결 또는 결정.

항시(恒時) 명부 经常 jīngcháng 总是 zǒngshì=평상시=늘.

항온동물(恒溫動物) 명 温血动物 wēnxuè dòngwù 〈동〉=더운피동물.

항용(恒用) 부 常常 chángcháng 드물고 귀할 것이 없이 보통. ¶~ 잘 부르는 노래. 经常爱唱的歌。jīngchángàichàngdegē.

항해사(航海士) 명 领航员 lǐnghángyuán 배의 운항을 맡아보는 배에 딸린 직원의 하나. 일등, 이등의 구별이 있다. ※해기원.

항해증서(航海證書) 명 航海执照 háng hǎizhízhào 〈법〉 배의 항해를 허가하는 증서.

해경(海警) 명 海洋警察 hǎiyángjǐngchá '해양경찰대'의 준말.

해경순시선(海警巡視船) 명 海上巡逻艇 hǎishàngxúnluótǐng.

해고수당(解雇手當) 명 解雇费 jiěgùfèi 〈사〉 고용주가 피고용주를 해고할 때에 주는 덤삯.

해괴(駭怪) 형 〔여 불규칙〕 怪异 guàiyì 놀랄 만큼 괴상야릇하다. ¶모양이 ~. 怪异模样。guàiyìmúyàng.

해괴망측(駭怪罔測)[-츠카-] 형 〔여 불규칙〕 稀奇古怪 xīqígǔguài 말할 수 없이 해괴함.

해군사관학교(海軍士官學校) 명 海军军事学院 hǎijūnjūnshìxuéyuàn 〈군〉 해군 장교가 될 사람에게 필요한 정규 교육을 하는 4년제 군사 학교. §해사.

해단(解團) 명 〔~하다|타동사〕 解散团体 jiěsàntuántǐ 단체를 해산함.

해당(該當) 명 〔~하다|자동사〕 ① 有关 yǒuguān 무엇에 관계되는 바로 그것. 매김말로 쓰인다. ¶~ 부서. 有关部门。yǒuguānbùmén. ② 相当 xiāngdāng 合适 héshì 어떤 사물에 바로 들어맞음. ¶~되는 답은 하나밖에 없다. 合适的答案

只有一个。héshìdedáànzhǐyǒuyígè.

해당화(海棠花) 명 玫瑰 méiguī 〈식〉=때찔레→생열귀나무.

해독(害毒) 명 毒害 dúhài 좋고 바른 것을 망치거나 언짢게 하여 손해를 끼치는 것. §독=두해. ¶사회에 ~을 끼치다. 给社会带来毒害。gěishèhuìdàiláidúhài.

해독(解讀) 명 〔~하다|타동사〕 ① 释读 shìdú 풀이하여 읽음. ② 解释密码 jiěshì mìmǎ 잘 알 수 없는 글월이나 암호, 기호 따위를 읽어 풂.

해몽(解夢) 명 〔~하다|자동사·타동사〕 圆梦 yuánmèng 꿈의 조짐이 좋고 언짢은 것을 풀어서 판단함=원몽.

해명(解明) 명 〔~하다|타동사〕 解释 jiě shì 阐明 chǎnmíng 弄清 nòngqīng 해석하여 밝힘.

해박(該博)[-바카-] 형 〔여 불규칙〕 渊博 yuānbó 학문이 넓다. ¶~한 학식과 명석한 두뇌. 渊博的学识和明澈的头脑。yuānbódexuéshíhémíngchèdetóunǎo.

해방(解放) 명 〔~하다|타동사〕 解放 jiě fàng 摆脱 bǎituō 풀어 놓음.

해변(海邊) 명 海滨 hǎibīn=바닷가.

해병대(海兵隊) 명 海军陆战队 hǎijūnlù zhànduì 〈군〉 수륙 양면작전을 주 임무로 편성, 조직된 해군의 한 병과.

해부(解剖) 명 〔~하다|타동사〕 ① 解剖 jiěpōu 〈생〉 생물의 몸을 가르거나 갈라 헤치는 일. ② 剖析 pōuxī 사물의 조리를 자세히 나누어 연구함.

해사(海士) 명 海军军事学院 hǎijūnjūn shìxuéyuàn 〈군〉 '해군사관학교'의 준말.

해산(解産) 명 〔~하다|타동사〕 分娩 fēnmiǎn 아이를 낳음. ¶~을 앞둔 임산부. 临到分娩的产妇。líndàofēnmiǎnde chǎnfù.

해상권(海上權) 명 制海权 zhìhǎiquán 〈법〉 군사, 통상, 항해상, 바다에 관한 것을 통제하는 권력. §해권. ※제해권.

해상도(解像度) 명 清晰度 qīngxīdù 〈전〉 텔레비전에서, 그림 즉 영상이 맺히도록 화면에 그려진 금의 수. 보통 브라운관의 높이와 같은 거리에서 식별할 수 있는 금의 수를 이르는데, 대부분 350~400개 정도 된다.

해석(解析) 명 〔~하다|타동사〕 ① 剖析 pōuxī 사물을 이론적으로 자세히 풂. ② 解析 jiěxī 〈수〉 수학의 분과 가운데, 도형을 살피는 기하학에 대하여 수, 식, 함수를 살피는 쪽을 일컫는 말.

해소(解消) 명 〔~하다|타동사〕 解除 jiě chú 消除 xiāochú 어떤 상태나 관계를 풀어 없앰.

해수(咳嗽) 명 咳嗽 késou 咳嗽病 késou bìng 〈의〉=기침.

해식대(海蝕帶) 명 磨蚀阶地 móshíjiēdì 〈지〉 바다 물결의 침식작용으로 주로 암석으로 된 해안에 이루어진 평탄한 지형.

해안단구(海岸段丘) 명 海岸阶地 hǎiàn

jiēdì 〈지〉 해안선을 따라 난 계단 꼴이나 높고 평탄한 꼴로 된 땅 모양.

해안도서족(海岸島嶼族) 명 海岛族 hǎi dǎozú 〈지〉 태평양과 인도양과의 연안과, 또는 대양의 섬들에 살고 있는 족속들의 통틀어 일컬음. 인구수는 세계 총인구의 7퍼센트 정도가 되는데 겉모습의 공통성은 없다.

해약(解約) 명 〔~하다|타동사〕 取消合同 qǔxiāohétong=파약 〈법〉 해지.

해외(海外) 명 海外 hǎiwài 国外 guówài 外国 wàiguó '바다 밖의 다른 나라'라는 뜻으로 '외국'을 일컫는 말. ¶~ 사정. 国外情况。guówàiqíngkuàng.

해외방송(海外放送) 명 海外广播 hǎiwài guǎngbō=국제방송.

해이(解弛) 명 〔~하다|자동사〕 松弛 sōngcí 마음이나 규율이 풀리어 느즈러짐.

해일(海溢) 명 〔~하다|자동사〕 海啸 hǎixiào 〈지〉 지진·화산의 폭발이나 해상의 폭풍 등으로 바다에 큰 물결이 갑자기 일어나 육지로 넘쳐 오르는 일.

해임(解任) 명 〔~하다|타동사〕 免职 miǎnzhí 어떤 지위나 임무를 내놓게 함. 해직. 면직. ¶장관 ~ 건의안을 내다. 提出免职长官的建议案。tíchūmiǎnzhízhǎng guāndejiànyìàn.

해제(解除) 명 ① 免除 miǎnchú=해면. ② 解除 jiěchú 강제나 금지 따위를 풀어서 자유롭게 함. ¶통행금지 ~. 解除禁止通行。jiěchújìnzhǐtōngxíng. ③ 撤消 chè xiāo 〈법〉 공·사법의 법률관계를 풀어 버려서 그것이 없던 때와 같은 형편으로 회복되게 함.

해체(解體) 명 〔~하다|자동사·타동사〕 ① 解散团体 jiěsàntuántǐ 단체가 흩어짐. ② 解体 jiětǐ 여러 가지 부분품으로 맞추어 이룬 물체를 뜯어 헤침.

해학(諧謔) 명 幽默 yōumò 익살스럽고 풍자적인 말이나 행동. 유머. ¶~이 넘치는 재담. 幽默丰富的相声。yōumòfēngfù dexiàngsheng.

핵가족(核家族) 명 核心家族 héxīnjiāzū 한 쌍의 부부와 미혼의 자녀만으로 구성되는 적은 가족. 소(小)가족.

핵우산(核雨傘) 명 核保护伞 hébǎohùsǎn 국가의 안전 보장을 확보하기 위하여 핵무기가 없는 나라가 의존하는, 다른 핵무기 보유국의 핵전력(核战力)을 비유적으로 이르는 말.

핵융합(核融合)[행늉—] 명 核聚变 héjù biàn 〈물〉 가벼운 몇 개의 원자핵이 하나로 융합하여 무거운 원자핵을 만드는 핵반응 현상의 하나 ≪이때에 다량의 에너지를 방출함≫. 원자핵 융합. 열핵(热核) 반응.

행(幸) 명 侥幸 jiǎoxìng 幸亏 xìngkuī '다행(多幸)'의 준말. ¶~인지 불행인지 모르겠다. 不知是幸福还是不幸。bùzhīshì xìngfúháishìbúxìng.

행렬(行列)[－녈] 명 〔～하다|자동사〕 ① 行列 hánglіè 排列 páiliè 여럿이 벌이어 줄서서 감. 또는 그 줄. ¶～이 줄을 이어 지나가다. 排列走过去。 páilièzǒu guòqù. ② 矩阵 jūzhèn 〈수〉 숫자나 문자를 사각형으로 배열한 것. 가로의 배열을 '행(行)', 세로의 배열을 '열(列)'이라 함.

행로(行路)[－노] 명 〔～하다|자동사〕 ① 道路 dàolù 한길. ② 人生路 rénshēng lù 세로(世路). ¶험난한 인생～. 艰难的人生路。 jiānnánderénshēnglù. ③ 行程 xíngchéng 길을 감. 또는 그 길. ¶출발 전에 ～를 정하자. 出发之前定好行程。 chū fāzhīqiándìnghǎoxíngchéng.

행방(行方) 명 下落 xiàlùo 下跌 xiàdiē 去向 qùxiàng 간 방향이나 곳.

행방불명(行方不明) 명 去向不明 qù xiàngbùmíng 간 곳을 모름.

행사(行事) 명 〔～하다|자동사〕 活动 huódòng 거행하는 어떠한 일. ¶기념 ～. 纪念活动。 jìniànhuódòng.

행색(行色) 명 穿戴 chuāndài 举动 jǔ dòng 겉으로 드러난 차림이나 모습. ¶～이 초라하다. 穿戴难看。 chuāndàinán kàn.

행선지(行先地) 명 目的地 mùdìdì →갈곳.

행세(行世) 명 ① 出世 chūshì 그 사회에서 사람의 도리를 행함. 또는 그 태도. ¶～가 당당하다. 做事堂堂正正。 zuòshì tángtángzhèngzhèng. ② 作威作福 zuò wēizuòfú 격에 맞지 않은 처신을 함. 또는 그런 짓. ¶손님이 주인 ～를 한다. 喧宾夺主。 xuānbīnduózhǔ.

행실(行實) 명 品行 pǐnxíng 실지로 드러난 행동=유행.

행장(行裝) 명 行李 xíngli 길 가는 데 쓰는 여러 가지 물건이나 차림. ¶길 떠날 ～을 차리다. 准备出门行装。 zhǔnbèichū ménxíngzhuāng=행구. 행리.

행장(行長) 명 银行行长 yínhángháng zhǎng '은행장'의 준말.

행적(行績) 명 ① 去向 qùxiàng 行迹 xíngjì 행위의 실적이나 자취. ¶～을 감추다. 去向不明。 qùxiàngbùmíng. ② 生前事迹 shēngqiánshìjì 평생에 한 일. ¶위대한 ～을 쌓다. 做出伟大的生前事迹。 zuò chūwěidàdeshēngqiánshìjì.

행차(行次) 명 〔～하다|자동사〕 起程 qǐ chéng 웃어른이 길 가는 것을 높이어 일컫는 말.

행패(行悖) 명 〔～하다|자동사〕 作恶 zu òè 버릇없이 덤비어 체면에 어그러진 짓을 함.

향기(香氣) 명 香味 xiāngwèi=향내. ¶진달래 ～. 金达莱的香味。 jīndáláide xiāngwèi.

향도(嚮導) 명 〔～하다|타동사〕 ① 引导 yǐndǎo 길을 인도함. ② 向导 xiàngdǎo 〈군〉 행진할 때 대오의 선두에서 방향과

속도를 조절하는 사람.

향로(向路)[-노] 명 路程 lùchéng 향하여 가는 길.

향방(向方) 명 去向 qùxiàng 향하여 나가는 곳.

향연(饗宴) 명 宴席 yànxí 특별히 잘 베풀어 손님을 대접하는 잔치. ¶~을 베풀다. 摆宴席。bǎiyànxí.

향초(香草) 명 ① 香草 xiāngcǎo 향내 나는 풀. ② 香烟 xiāngyān 향기로운 담배.

향토색(鄕土色) 명 地方色彩 dìfāngsècǎi 지방 특유의 자연, 풍속 등의 특색. ¶~이 짙은 놀이이다. 地方色彩浓厚的游戏。dìfāngsècǎinónghòudeyóuxì. ※지방색.

향토예비군(鄕土預備軍) 명 韩国民兵 hánguómínbīng 〈군〉 향토방위를 위하여 1968년에 편성된 우리나라의 비정규군. 예비역 장교, 준사관, 하사관 및 병으로 조직된다. §예비군. 향군.

향토예술(鄕土藝術) 명 地方艺术 dìfāng yìshù 그 지방의 전통적인 환경 속에서 이루어진 독특한 민요, 춤, 문학 따위.

향토요리(鄕土料理) 명 地方料理 dìfāng liàolǐ 그 지방에 특유한 요리.

향학(向學) 명 〔~하다|자동사〕 求学 qiúxué 배움에 뜻을 두어 그 길로 나아감.

향후(向後) 명 今后 jīnhòu=이 다음.

허(虛) 명 ① 空 kōng 속이 비어 있는 것. ② 虚 xū=허점. ③ 虚数 xūshù 〈수〉 =허수↔실.

허공(虛空) 명 ① 空中 kōngzhōng 텅 빈 공중=허공중. ② 虚空界 xūkōngjiè 〈불〉 →허공계.

허기(虛飢) 명 饿 è 몹시 배고픈 느낌.

허두(虛頭) 명 开头 kāitóu=말머리.

허망(虛妄) 명 〔~하다|형용사〕 ① 荒谬 huāngmiù 거짓되어 망녕되다=궤망하다. 궤탄하다. 허탄하다. ② 虚无 xūwú 어이없고 허무하다.

허무감(虛無感) 명 空虚 kōngxū 허무하게 여겨지는 느낌.

허무맹랑(虛無孟浪)[-낭-] 형 〔여 불규칙〕 荒唐无稽 huāngtángwújī 말하기 어려울 만큼 비고 거짓되어 실상이 없다.

허물(虛物) 명 ① 缺陷 quēxiàn 瑕疵 xiácì 저지른 잘못=건과. 건려. 궐실. 소실. 위실. 일벌. ② 毛病 máobìng→흉.

허방(虛方) 명 坑 kēng 陷井 xiànjǐng 圈套 quāntào 땅바닥이 갑자기 움푹 패어 빠지기 쉬운 곳.

허비(虛費) 명 〔~하다|타동사〕 白费 báifèi 浪费 làngfèi 헛되이 써 버림. 또는 그 비용. ¶시간을 ~하다. 浪费时间。làng fèishíjiān.

허사(虛事) 명 落空 luòkōng 漏空 lòu kōng=헛일.

허송(虛送) 명 〔~하다|타동사〕 虚度 xū dù 때를 헛되게 그저 보냄.

허세(虛勢) 명 虚势 xūshì 虚张声势 xū zhāngshēngshì 실상은 없이 겉으로 드

러내는 형세=의세.

허실(虛實) 명 ① 虚实 xūshí 허함과 실함. ② 真假 zhēnjiǎ 거짓과 참.

허심탄회(虛心坦懷) 명 开诚布公 kāichéngbùgōng 坦率 tǎnshuài 아무 거리낌 없이 품은 생각을 터놓고 말함.

허약(虛弱) 명 〔~하다|형용사〕 虚弱 xūruò 孱弱 chánruò 마음이나 몸이 튼튼하지 못하고 약하다=왕약하다. 허박하다.

허욕(虛欲) 명 贪心 tānxīn 헛된 욕심. ¶한 몸의 ~과 명리를 위하다. 为了自己一个人的贪心和名利。wèilezìjǐyígèréndetānxīnhémínglì.

허위(虛僞) 명 虚伪 xūwěi 舞弊 wǔbì 作弊 zuòbì=거짓. ¶~ 보도. 虚伪报道。xūwěibàodào.

허점(虛點) 명 漏洞 lòudòng→허점.

허풍(虛風) 명 夸张 kuāzhāng 撒谎 sāhuǎng 너무 과장하여 실속이 없는 말이나 행동. ¶~이란 결국 드러나고 만다. 撒谎总是会被揭穿的。sāhuǎngzǒngshìhuìbèijiēchuānde=풍.

허풍선(虛風扇) 명 ① 烤肉用的扇 kǎoròuyòngdeshàn 숯불을 불어서 피우는 제구. ② 牛皮大王 niúpídàwáng=허풍선이. 허풍만 치고 돌아다니는 사람을 낮잡아 일컫는 말.

허황(虛荒) 명형 〔여 불규칙〕 ① 荒唐 huāngtáng 사람됨이 들떠서 황당하다=괭탄하다. 허하다. 허황되다. ② 虚伪 xūwěi 헛되고 미덥지 못하다. ¶~한 약속. 虚伪约束。xūwěiyuēshù=괭탄하다. 허하다. ③ 虚晃 xūhuàng 허황되다.

헌금(獻金) 명 捐献 juānxiàn 돈을 바침. 또는 바친 돈=연보.

헌정(獻呈) 명 献礼 xiànlǐ=헌상.

험(險) 형 〔여 불규칙〕 ① 险峻 xiǎnjùn 지세의 생김이 발붙이기가 어렵다. ¶산세가 ~. 山势险峻。shānshìxiǎnjùn. ② 凶恶 xiōngè 나타난 꼴이 보기 싫게 무섭다. ¶~한 얼굴. 凶恶脸面。xiōngèliǎnmiàn. ③ 凶险 xiōngxiǎn 움직이는 형세가 위태롭다. ¶날씨가 ~. 天气凶险。tiānqìxiōngxiǎn. ④ 无礼 wúlǐ 어떤 일이나 또는 말, 행동 따위가 몹시 막되다. ¶그 사람은 입이 ~. 那人说话无礼。nàrénshuōhuàwúlǐ. ⑤ 下贱 xiàjiàn 주로 입고 먹는 것이 맞지 않고 너절하다. ¶하고 다니는 꼴이 ~. 做事下贱。zuòshìxiàjiàn. ⑥ 艰巨 jiānjù 매우 거칠고 힘들다. ¶하는 일이 ~. 工作艰巨。gōngzuòjiānjù.

험난(險難) 형 〔여 불규칙〕 险阻 xiǎnzǔ 艰险 jiānxiǎn 위험하고 어렵다=간험하다. 난험하다. 험간하다.

험담(險談) 명 〔~하다|타동사〕 诽谤的话 fěibàngdehuà=흠구덕.

험상(險狀) 명 凶恶的样子 xiōngèdeyàngzi 거칠고 모진 몰골.

험악(險惡) 명 ① 险峻 xiǎnjùn 길, 지세, 천기, 형세 따위가 거칠고 사납다=

준조하다. ② 凶恶 xiōngè 마음씨가 험하고 악하다=준조하다.

혁세공(革細工) 명 做皮革的细工 zuòpígé dexìgōng→가죽공예.

현(弦) 명 ① 弓弦 gōngxián 활줄. ② 上弦和下弦 shàngxiánhéxiàxián 〈악〉 현악기에서 소리를 내는 줄=현. ③ 弦乐器 xiányuèqì '현악기'의 준말.

현격(懸隔) 명 〔~하다|형용사〕〔~히|부사〕 悬殊 xuánshū 悬隔 xuángé 썩 동떨어지다.

현관(玄關) 명 ① 门洞 méndòng 건물의 출입문이나 건물에 붙이어 따로 달아낸 어귀. ② 门廊 ménláng '큰 도시의 역이나 공항, 또는 외국과 왕래가 잦은 도시나 항구'의 비유.

현기증(眩氣症)[-쯩] 명 眩晕 xuànyūn →현기증.

현답(賢答) 명 得体的对答 détǐdeduìdá 현명한 대답.

현란(絢爛) 명 [혈-] 형 〔여 불규칙〕 ① 灿烂 cànlàn 눈이 부시도록 찬란하다. ② 绚烂 xuànlàn 시나 글의 수식이 다채롭고 야단스럽다.

현명(賢明) 명 〔~하다|형용사〕〔~히|부사〕 明智 míngzhì 마음이 어질고 사리에 밝다.

현몽(現夢) 명 〔~하다|자동사〕 梦见 mèngjiàn 죽은 사람이나 신령이 꿈에 나타남.

현물(現物) 명 ① 实物 shíwù 실제로 현재 있는 물품=현품. ② 现货 xiànhuò 금전 이외의 물품=실물. ③ 物品 wùpǐn 현물거래의 대상이 되는 물품. ④ 现货交易 xiànhuòjiāoyì '현물거래'의 준말.

현미(玄米) 명 粗米 cūmǐ=매조미쌀. ※백미.

현상(現象) 명 ① 情况 qíngkuàng 눈앞에 나타나 보이는 사물의 형상. ② 现象 xiànxiàng 〈철〉 본질이나 본체의 바깥으로 나타나는 상. ※본질↔본체.

현수막(懸垂幕) 명 ① 幕 mù 방이나 극장 따위에 드리운 막. ② 写标语的布 xiě biāoyǔdebù 선전문, 구호문 같은 것을 써서 드리운 막.

현자(賢者) 명 贤人 xiánrén=현인.

현장(現場) 명 ① 现场 xiànchǎng 일이 생긴 그 마당. ¶공사 ~. 工程现场。gōngchéngxiànchǎng=현지. ② 当地 dāngdì 사물이 현재 있는 곳. ¶짐이 있고 없고는 ~에 가서 확인합시다. 到当地去确认行李有或者没有。 dàodāngdìqùquèrènxíngli yǒuhuòzheméiyǒu=현지.

현재(現在) 명 ① 现在 xiànzài 지금 이때=시재. ※과거. 미래. ② 现世 xiàn shì 〈불〉=현세. ③ 现在时 xiànzàishí 〈언〉=이적.

현존(現存) 명 〔~하다|자동사〕 ① 现存 xiàncún 현재에 있음=시존. ② 在世 zài shì 지금 생존함=시존.

현지(現地) 명 ① 现场 xiànchǎng 어떤 일이 벌어진 바로 그 곳. ② 实地=현장. ¶~ 시찰. 视察现场。shìcháxiànchǎng.

현지답사(現地踏査) 명 〔~하다|타동사〕 现场调查 xiànchǎngdiàochá 바로 그곳에 실지로 가서 조사하는 일.

현지법인(現地法人) 명 驻海外法人 zhù hǎiwàifǎrén 〈법〉 자국의 자본만으로 외국법에 의거하여 외국에 세우는 외국적의 회사법인. 주로 기업의 해외 진출에 있어서, 현지의 협력을 얻기 위한 수단으로 설립된다.

현지입대(現地入隊) 명 火线入伍 huǒ xiànrùwǔ 〈군〉 정규절차를 거치지 않고, 현지에서 바로 현역에 편입하는 일.

현찰(現札) 명 ① 现金 xiànjīn 현금이 되는 지폐. ② 现款 xiànkuǎn 현재 가지고 있는 돈.

현판(懸板) 명 匾额 biǎné 牌额 pāié 木对联 mùduìlián 글자나 그림을 새기어서 문 위에 다는 널조각.

현품(現品) 명 现货 xiànhuò 实物 shíwù =현물.

현혹(眩惑) 명 〔~하다|자동사·타동사〕 眩惑 xuànhuò 迷惑 míhuò 어지러워져 홀림, 또는 어지럽게 하여 홀리게 함.

현황(現況) 명 现状 xiànzhuàng 현재의 상황.

혈(穴) 명 ① 墓穴 mùxué 〈민〉 풍수지리에서 용맥의 정기가 모여 묏자리로 좋다는 자리. ② 穴位 xuéwèi 〈한의〉 '경혈'의 준말.

혈기왕성(血氣旺盛) 명 〔~하다|형용사〕 血气方刚 xuèqìfānggāng 혈기에 한창 성함. ¶~한 나이. 血气方刚的年纪。xuèqì fānggāngdeniánjì.

혈맥상통(血脈相同) 명 〔~하다|자동사〕 血肉相连 xuèròuxiānglián 핏줄이 서로 통함. 곧 골육의 관계가 있음을 뜻한다.

혈맹(血盟) 명 〔~하다|자동사〕 海誓山盟 hǎishìshānméng 피로써 굳게 맹세함.

혈분(血分) 명 血的分量 xuèdefènliàng 피의 분량. 신체적, 영양 상태를 두고 말할 때 쓴다.

혈세(血稅)[-쎄] 명 重税 zhòngshuì 가혹한 조세.

혈손(血孫)[-쏜] 명 血嗣 xuèsì 혈통을 이어가는 자손=혈사.

혈안(血眼) 명 ① 拼命 pīnmìng 핏발이 선 눈=열안. ② 血眼 xuèyǎn 기를 쓰고 달려들어 독이 오른 눈.

혈액형(血液型) 명 血型 xuèxíng 〈생〉=피본.

혈족(血族)[-쪽] 명 ① 家族 jiāzú 혈통의 관계가 있는 겨레붙이=계족. ② 亲族 qīnzú 〈법〉 혈통이 이어진 친척, 또는 법률이 이와 같다고 인정하는 사람. 즉, 양자의 경우 따위.

혈족결혼(血族結婚)[-쪽-] 명 近亲结婚 jìnqīnjiéhūn 〈사〉 혈통 관계가 있는 사

이에 맺는 혼인=혈족혼.

혈족관계(血族關系)[-쪽-] 명 亲族关系 qīnzúguānxi 혈통이 서로 걸리어 있는 관계.

혈투(血斗) 명 〔~하다|자동사〕 搏斗 bódòu 죽음을 무릅쓰고 맹렬히 하는 싸움.

혈혈단신(孑孑單身) 명 孑然一身 jiérán yìshēn 의지할 데 없는 외로운 홀몸.

혐의(嫌疑)[-의/-이] 명 〔~하다|자동사·타동사〕 ① 可恶 kěwù 꺼리고 싫어함. 또는 그런 점. ② 嫌疑 xiányí 의심스럽게 생각함. 또는 그런 생각. ¶~가 풀리다. 解除嫌疑。jiěchúxiányí.

협동(協同) 명 〔~하다|자동사〕 协同 xiétóng 协力 xiélì 合营 héyíng 힘과 마음을 한가지로 합함.

협동조합(協同組合) 명 合作社 hézuòshè 〈사〉 경제적으로 약소한 처지에 있는 소비자, 농어민, 중소기업자 등이 사업의 개선 및 권익 옹호 따위를 위하여 조직한 단체. ¶수산업 ~. 水产业合作社。shuǐchǎnhézuòshè.

협력(協力)[혐녁] 명 〔~하다|자동사〕 协力 xiélì 合作 hézuò 协作 xiézuò 맞듦. 또는 맞들어 도와 줌.

협력자(協力者)[혐녁-] 명 合作者 hézuòzhě 협력하는 사람.

협문(夾門)[혐-] 명 ① 边门 biānmén 삼문 가운데 정문의 좌우에 있는 문. 동협문과 서협문 따위. ② 旁门 pángmén =곁문.

협박장(脅迫狀) 명 恐吓信 kǒnghèxìn 협박하는 뜻을 적어서 보내는 글.

협상(協商) 명 〔~하다|타동사〕 ① 协商 xiéshāng 商量 shāngliáng=협의. ② 协定 xiédìng 〈정〉 나라 사이에 외교문서를 교환하여 어떤 일을 약속하는 일. ¶~을 벌이다. 展开协商。zhǎnkāixiéshāng.

협소(狭小) 형 〔여 불규칙〕 狭隘 xiáài 좁고 작다=착소하다.

협약(協約) 명 〔~하다|타동사〕 ① 协定 xiédìng 商定 shāngdìng 〈법〉 단체와 개인, 또는 단체 상호 간에 맺는 협정. 근로협약, 단체협약 따위. ② 协议 xiéyì '협상조약'의 준말.

협업(協業) 명 〔~하다|타동사〕 协作 xiézuò 〈경〉 같은 종류의 생산, 또는 같은 종류의 작업을 여러 사람이 협력하여 공동으로 하는 일. ※분업.

협의(協議)[-의/-이] 명 〔~하다|타동사〕 协商 xiéshāng 协议 xiéyì 商量 shāngliáng 여러 사람이 모여 서로 의논함=협상.

협잡(挾雜) 명 〔~하다|타동사〕 欺骗 qīpiàn 바르고 곧지 않은 짓으로 남을 속이는 일.

협조(協助) 명 〔~하다|자동사·타동사〕 协助 xiézhù 帮助 bāngzhù 힘을 보태어 서로 도움.

협찬(協贊) 명 〔~하다|타동사〕 赞助 zànzhù 협력하여 찬성함.

형국(形局) 명 ① 形势 xíngshì 어떤 일이 벌어진 그 때의 형편이나 판국. ② 形局 xíngjú 〈민〉 관상이나 풍수지리에서 보는 얼굴이나 집터, 묏자리 따위의 겉모양과 생김새=체국.

형무소(刑務所) 명 监狱 jiānyù 〈법〉 '교도소'의 전날 이름.

형부(兄夫) 명 姐夫 jiěfu 언니의 남편=형랑↔제부.

형상(形狀 形相) 명 形象 xíngxiàng 물건의 생김새나 상태. §형=형상.

형수(兄嫂) 명 嫂嫂 sǎosao 형의 아내=장부. ※계수.

형언(形言) 명 [~하다|타동사] 形容 xíngróng 말로 시늉하여 나타냄.

형태(形態) 명 ① 形状 xíngzhuàng 사물의 생김새. ② 形态 xíngtài 〈심〉 어떤 도형, 멜로디, 동작 따위와 같이 유기적, 전체적 구조 또는 체제를 갖는 사물. 곧, 대상 그 자체.

형편(形便) 명 ① 情形 qíngxíng 일이 되어 가는 모양이나 경로 또는 결과=상황. ② 家境 jiājìng 살림살이의 형세. ③ 心术 xīnshù 어떠한 셈평. ④ 地势 dìshì 땅의 생긴 현상.

혜존(惠存)[혜-/헤-] 명 惠存 huìcún 赐存 cìcún 자기의 저서나 작품을 남에게 드릴 때, '받아 간직해 주십사'라는 뜻으로 쓰는 말=혜감.

혜택(惠澤)[혜-/헤-] 명 恩惠 ēnhuì 은혜와 덕택=은음.

혜한(惠翰)[혜-/헤-] 명 惠函 huìhán =귀함.

호가(呼价)[-까] 명 发价 fājià 报价 bàojià→홋가.

호각(號角) 명 哨子 shàozi 군호 또는 신호로 불어 울리는 뿔·쇠붙이·셀룰로이드 따위로 만든 자그마한 물건. ※호루라기.

호경기(好景氣) 명 ① 好景气 hǎojǐngqì 좋은 경기. ② 好况 hǎokuàng 생산, 공급 및 수요가 늘고 투자 및 고용 수준이 높아지는 따위 경제 활동 전반이 활발한 상태=호황↔불경기.

호기(好機) 명 良机 liángjī 좋은 기회=호기회.

호농(豪農) 명 豪绅 háoshēn 많은 땅을 가지고 썩 잘 짓는 농사 또는 그러한 농가=대농.

호담(豪膽) 명 [~하다|자동사] 勇敢大胆 yǒnggǎndàdǎn 매우 대담하다.

호당(戶當) 명 每户 měihù 집마다에 배당된 몫.

호도(糊塗) 명 掩饰 yǎnshì 일시적으로 우물우물 덮어 버림.

호령(號令) 명 [~하다|타동사] 命令 mìnglìng 吆呼 yāohu 큰소리로 꾸짖는 서슬.

호명(呼名) 명 [~하다|타동사] 点名 diǎnmíng 이름을 외쳐 부름=창명.

호별방문(戶別訪問) 명 〔~하다|타동사〕 家家访问 jiājiāfǎngwèn 집집마다 찾아다님=호호방문.

호부호모(呼父呼母) 명 〔~하다|자동사〕 呼爹呼娘 hūdiēhūniáng '아버지', '어머니'라 부름.

호불호(好不好) 명 好坏 hǎohuài=호부.

호사(好事) 명 〔~하다|자동사〕 ① 好事 hǎoshì 좋은 일. ② 好事之徒 hàoshìzhītú 일을 벌여서 하기를 좋아함.

호상(好喪) 명 寿终丧 shòuzhōngsàng 나이가 많고 재산과 자손이 많은 사람의 상사. ※순상. 악상.

호상소(護喪所) 명 殡仪馆 bīnyíguǎn 초상 치르는 일을 맡아보는 곳.

호소(呼訴) 명 〔~하다|자동사·타동사〕 号召 hàozhāo 불러냄. 사람의 마음이나 감정 따위를 불러일으킴. ※선동.

호소무처(呼訴無處) 명 无处伸冤 wúchù shēnyuān 원통한 사정을 호소할 곳이 없음=호소무지.

호송(護送) 명 〔~하다|타동사〕 ① 护送 hùsòng 보호하여 보냄=관송. ② 押送 yāsòng 〈법〉=압송.

호송차(護送車) 명 ① 押运车 yāyùnchē 사람이나 물건을 보내거나 옮길 때 따라가며 보호하는 차. ② 囚车 qiúchē 죄인 등을 감시하며 태워서 보내는 차.

호수(好手) 명 ① 能手 néngshǒu 훌륭한 솜씨 또는 그런 기술을 가진 사람. ② 高手 gāoshǒu 바둑·장기 등에서, 잘 둔 수↔악수.

호식(好食) 명 〔~하다|자동사〕 ① 美餐 měicān 좋은 음식↔악식. ② 吃好餐 chī hǎocān 좋은 음식을 먹음↔악식. ③ 好食 hǎoshí 음식을 좋아함. 또는 유달리 잘 먹음.

호언(豪言) 명 〔~하다|자동사〕 大话 dàhuà=큰소리.

호연(好演) 명 好演技 hǎoyǎnjì 매우 훌륭한 연기 또는 연주.

호열자(虎列刺)[-짜] 명 霍乱 huòluàn 〈의〉=콜레라. 본디 중국에서 쓰는 '홀리에라'의 우리 음. '호열랄'의 '랄(刺)'을 '자(刺)'로 잘못 써 오는 말. 중국에서는 '랄(刺)'을 '랄(辣)'로도 쓴다.

호위(護衛) 명 〔~하다|타동사〕 警卫 jǐngwèi 보호하여 지킴. ¶~ 군사. 警卫兵。jǐngwèibīng=위호.

호유(豪游) 명 〔~하다|자동사〕 豪华旅游 háohuálǚyóu 호화롭게 놂. 또는 그런 놀이.

호의호식(好衣好食)[-의-/-이-] 명 〔~하다|자동사〕 ① 好衣好食 hǎoyīhǎoshí 좋은 옷과 좋은 음식↔악의악식. ② 吃的好穿的好 chīdehǎochuāndehǎo 잘 입고 잘 먹음↔악의악식.

호적(戶籍) 명 ① 户籍簿 hùjíbù 호수와 한 집안의 식구를 적은 부책=장적. ② 户口 hùkǒu 〈법〉 한 집안을 표준으로 하여 호주와 가족과의 관계, 남녀별, 본적지, 출생 연월일 따위를 적은 공문서=장적.

호적(好適)[—저카—] 형 〔여 불규칙〕 恰好 qiàhǎo 썩 알맞다.

호적(胡笛) 명 胡笛 húdí 〈악〉=날라리.

호적(號笛) 명 号角 hàojiǎo 신호 또는 군호로 부는 피리.

호적등본(戶籍謄本) 명 户籍证明 hùjí zhèngmíng 〈법〉 한 집안의 호적원본의 전부를 베껴 낸 공인 문서.

호적부(戶籍簿) 명 户口簿 hùkǒubù 호적을 번지수에 따라 엮어 놓은 장부.

호적수(好敵手) 명 棋逢对手 qíféngduì shǒu 좋은 적수.

호제(呼弟) 명 〔~하다|타동사〕 叫弟 jiàodì '아우'라고 부름↔호형.

호주(濠洲) 명 澳大利亚 àodàlìyà 〈지〉 '오스트레일리아'의 한자 이름.

호창(呼唱) 명 〔~하다|타동사〕 高歌 gāogē 소리를 높이어 부름=숙창.

호출(呼出) 명 〔~하다|타동사〕 呼叫 hūjiào 传呼 chuánhū 传唤 chuánhuàn→불러냄.

호출장(呼出狀)[—짱] 명 调令证 diào lìngzhèng 소환장(召喚狀).

호치(皓齒) 명 白齿 báichǐ 희고 깨끗한 이=백치.

호쾌(豪快) 형 〔여 불규칙〕 豪放 háo fàng 썩 호탕하고 쾌활하다. ¶~하게 웃다. 豪放大笑。háofàngdàxiào.

호탕(豪宕) 명형 〔여 불규칙〕 豪放 háo fàng 豪宕 háodàng 기품이 호걸스럽고 성질이 방종하다. ¶~하게 웃다. ~하게 놀다. 玩的豪宕。wándeháodàng.

호투(好投) 명 〔~하다|자동사〕 好球 hǎoqiú 投好球 tóuhǎoqiú 〈체〉 야구에서, 투수가 공을 잘 던짐=쾌투.

호팔자(好八字)[—짜] 명 好命运 hǎo mìngyùn 좋은 팔자.

호품(好品) 명 优良品质 yōuliángpǐnzhì 아주 좋은 품질 또는 그런 물품.

호형(呼兄) 명 〔~하다|타동사〕 称兄 chēngxiōng '형'이라고 부름↔호제.

호형호제(呼兄呼弟) 명 〔~하다|자동사〕 称兄道弟 chēngxiōngdàodì 썩 가까운 벗의 사이에 형이니 아우니 하고 서로 부름=왈형왈제.

호혜(互惠)[—혜/—헤] 명 互惠 hùhuì 互利 hùlì 相互利益 xiānghùlìyì 서로 도와 편익을 주어서 끼치는 은혜.

호호막막(浩浩漠漠)[—망마카—] 형 〔여 불규칙〕 广漠 guǎngmò 浩瀚 hàohàn 끝없이 넓고 멀어 아득하다.

호호야(好好爺) 명 好老人 hǎolǎorén 인품이 썩 좋은 늙은이.

호호백발(皓皓白髮) 명 苍苍白发 cāng cāngbáifà 온통 하얗게 센 머리털 또는 그러한 늙은이=소소백발.

호황(好況) 명 ① 好景 hǎojǐng 썩 좋은

상황. ② 好况 hǎokuàng=호경기.

혹독(酷毒)[−또카−] 형 [여 불규칙] ① 严酷 yánkù 몹시 심하다. ¶추위가 ~. 严酷寒冷。yánkùhánlěng. ② 毒辣 dúlià 마음씨나 하는 짓이 매우 모질고 악하다. ¶~한 마음씨. 毒辣的心。dúlàdexīn.

혹사(酷使) 형 [여 불규칙] 胡乱使用 hú luànshǐyòng 혹독하게 부림=고사. 학사.

혹설(或說) 명 有的说法 yǒudeshuōfǎ 어떠한 사람의 말이나 학설.

혹설(惑說) 명 诡辩 guǐbiàn 사람을 홀리는 말이나 주장.

혹세무민(惑世誣民) 명 [~하다|자동사] 迷惑人心 míhuòrénxīn 세상 사람을 미혹하게 하여 속임.

혹염(酷炎) 명 酷暑 kùshǔ=혹서.

혹자(或者) 명 有的人 yǒuderén 어떠한 사람.

혹평(酷評) 명 [~하다|타동사] 苛刻的批评 kēkèdepīpíng 가혹한 비평=가평. 냉평. ※폭평.

혼거(混居) 명 [~하다|자동사] 杂居 zá jū=잡거하다.

혼곤(昏困) 명형 [여 불규칙] 疲惫 pí bèi 정신이 흐릿하고 고달프다.

혼구(婚具) 명 结婚用具 jiéhūnyòngjù 혼인에 쓰는 제구.

혼돈(混沌-渾沌) 명 [~하다|형용사] ① 混沌 húndùn 하늘과 땅이 아직 나뉘지 아니한 개벽 전의 상태=혼륜. ② 混乱 hùnluàn 사물이 뒤섞이어 갈피를 잡을 수 없는 상태=혼륜.

혼례식(婚禮式) 명 婚礼 hūnlǐ=결혼식.

혼명(昏明) 명 明暗 míngàn 어둠과 밝음.

혼몽(昏懜) 명 [~하다|형용사] 昏昏 hūnhūn 정신이 흐릿하여 가물가물하다.

혼비(婚費) 명 结婚费用 jiéhūnfèiyòng 혼인에 드는 씀씀이=혼수.

혼비백산(魂飛魄散) 명 [~하다|자동사] 魂飞胆裂 húnfēidǎnliè 몹시 놀라서 혼백이 흩어짐. §백산=혼불부신. 혼불부체.

혼선(混線) 명 [~하다|자동사] ① 断路 duànlù 전신, 전화, 전파 따위가 여러 가지 작용에 의해 엉클어지거나 방해를 받는 일. ② 迷 mí 줄이 갈피를 잡을 수 없게 서로 헝클어지거나 뒤섞임. 또는 그 줄. ③ 没有头绪 méiyǒutóuxù 말이나 일 따위의 갈래가 얽혀 종잡을 수 없음.

혼성림(混成林)[−님] 명 混交林 hùnjiāo lín=혼효림.

혼수(婚需) 명 ① 结婚物品 jiéhūnwùpǐn 혼인에 쓰이는 물품=혼물. ② 婚费 hūn fèi=혼비.

혼수(昏睡) 명 ① 昏睡 hūnshuì 혼혼하여 잠이 듦. ② 昏迷 hūnmí 의식이 없어지고 인사불성이 됨=혼숫병.

혼숙(混宿) 명 [~하다|자동사] 混居 hùnjū 남녀가 한 숙소에 뒤섞여 함께 자는 일.

혼야(婚夜) 명 结婚之夜 jiéhūnzhīyè=첫

날밤.

혼약(婚約) 명 [~하다|자동사] ① 婚约 hūnyuē 혼인을 맺자는 언약=가약. 부부지약. ② 订婚 dìnghūn=약혼.

혼연일체(渾然一體) 명 打成一片 dǎchéngyípiàn 사람들의 행동이나 사상 또는 의지 따위가 조그만 차이도 없이 완전히 한 덩어리로 뭉친 상태.

혼우(混愚) 형 [여 불규칙] 昏庸 hūnyōng 아무 것도 모르고 어리석다.

혼인신고(婚姻申告) 명 婚姻登记 hūnyīndēngjì 〈법〉 결혼한 사실을 관계 관청에 알리는 일.

혼인적령(婚姻適齡) 명 婚姻年龄 hūnyīnniánlíng 〈법〉 법률상 효력을 발생할 수 있는 혼인의 나이. 우리나라에서는 남자 만 18세, 여자 만 16세로 되어 있다.

혼작(混作) 명 [~하다|타동사] 间作套种 jiànzuòtàozhòng 〈농〉=혼성재배.

혼잡(混雜) 명 [~하다|형용사] ① 混杂 hùnzá 여럿이 한데 뒤섞이어 어수선함. ② 混乱 hùnluàn=혼란. ③ 闲谈 xiántán=잡담.

혼재(混載) 명 [~하다|타동사] 混装 hùnzhuāng 섞어서 실음.

혼적(混積) 명 [~하다|타동사] 混装 hùnzhuāng 섞어서 쌓거나 실음.

혼절(昏絶) 명 [~하다|자동사] 昏倒 hūndǎo 정신이 아찔하여 까무러침. ※ 기절.

혼처(婚處) 명 结婚对象 jiéhūnduìxiàng 혼인하기에 알맞은 자리=혼사처.

혼합계정(混合計定) 명 联合账户 liánhézhànghù 〈경〉 자산 및 부채의 증감을 나타내는 요소와 수익 및 비용 발생을 나타내는 요소를 합쳐서 계산 정리한 회계기록.

혼합기(混合器) 명 混频器 hùnpínqì 〈경〉 자산 및 부채의 증감을 나타내는 요소와 수익 및 비용 발생을 나타내는 요소를 합쳐서 계산 정리한 회계기록.

홀대(忽待)[-때] 명 [~하다|타동사] 慢待 màndài=푸대접.

홍보(弘報) 명 [~하다|타동사] 广告 guǎnggào 널리 알림.

홍순(紅脣) 명 ① 红唇 hóngchún 여자의 붉은 입술. ② 半开的花苞 bànkāide huābāo 반쯤 핀 꽃송이.

홍시(紅柹) 명 熟透了的柿子 shútòulede shìzi=연감.

홍일점(紅一點)[-쩜] 명 ① 一点红 yìdiǎnhóng 푸른 잎 가운데 한 송이의 붉은 꽃=일점홍. ② 男人群中一个女人 nánrénqúnzhōngyígènǚrén 많은 남자 속의 한 여자나 여럿 속에 있는 색다른 것을 가리키는 말.

홍진만장(紅塵萬丈) 명 滚滚红尘 gǔngǔn hóngchén 红尘万丈 hóngchénwànzhàng 햇빛이 비치어 붉게 된 띠끌이 높이 솟아오름.

화(火) 명 ① 生气 shēngqì 노엽거나 언짢아서 달아오르는 불쾌한 감정. ¶~가 나다. 生气。shēngqì. ② 星期二 xīngqīèr '화요일'의 준말. ③ 五行中的一个 wǔxíng zhōngdeyígè 〈민〉 오행의 하나. 방위로는 남쪽, 철로는 여름, 빛깔로는 붉은빛을 가리킨다.

화기애애(和氣) 형 〔여 불규칙〕 亲切和蔼 qīnqièhéǎi 화목한 분위기가 넘쳐흐르는 듯하다.

화난(禍難) 명 灾祸 zāihuò 재앙과 환난=화환.

화담(和談) 명 ① 和解的话 héjiědehuà 화해하는 말. ② 和睦的谈话 hémùdetán huà 정답게 주고받는 말.

화대(花代) 명 ① 赏钱 shǎngqián=놀음차. ② 小费 xiǎofèi=해웃값.

화동(和同) 명 〔~하다|자동사〕 和解 hé jiě 두 사람 사이가 벌어졌다가 다시 뜻이 서로 맞게 됨.

화락(和樂)[-라카-] 형 〔여 불규칙〕 和睦 hémù 欢快 huānkuài 화평하고 즐겁다. ¶~한 시간을 보내다. 过了欢快时间。guòlehuānkuàideshíjiān.

화로(火爐) 명 火盆 huǒpén 숯불을 담아 놓는 그릇=불담이.

화목(火木) 명 柴火 cháihuǒ 劈柴 pīchái =땔나무.

화문석(花紋石) 명 花席 huāxí=꽃돗자리.

화물기(貨物機) 명 货物运输机 huòwù yùnshūjī 화물 운반 전용(专用)의 수송기.

화물선(貨物船)[-썬] 명 货轮 huòlún= 짐배. §화선.

화물열차(貨物列車)[-렬-] 명 货运列车 huòyùnlièchē 짐만 실어 나르는 열차= 화차.

화물운임(貨物運賃) 명 货运费 huòyùn fèi 짐을 실어 나르는 데 드는 삯.

화물자동차(貨物自動車) 명 运货汽车 yùnhuòqìchē=짐자동차.

화물취급소(貨物取扱所) 명 货运处 huò yùnchù 짐 보관소.

화법(話法)[-뻡] 명 讲法 jiǎngfǎ→화법.

화변(禍變) 명 灾祸和变故 zāihuòhébiàn gù=매우 심한 재액.

화병(火病)[-뼝] 명 因生气而得的病 yīn shēngqìér dédebìng→화병.

화본(畫本) 명 ① 画画的纸 huàhuàdezhǐ 〈미〉 그림을 그리는 데 쓰는 바탕이 되는 종이나 감. ② 画像 huàxiàng '화상'의 높임말.

화봉(花峰) 명 花蕾 huālěi 蓓蕾 bèilěi 〈식〉=꽃봉오리.

화부(火夫) 명 锅炉工人 guōlúgōngrén 기관 따위에 불을 때거나 조절하는 일을 맡은 인부=화공.

화사(華奢) 형 〔여 불규칙〕 奢华 shēhuá 화려하고 사치스럽다. ¶~한 옷차림. 奢华打扮。shēhuádǎbàn.

화색(和色) 명 和颜悦色 héyányuèsè 얼

굴에 드러나는 환한 빛.

화색(禍色) 명 不祥之兆 bùxiángzhīzhào 재앙이 벌어지는 빌미.

화선(畵仙) 명 杰出的画家 jiéchūdehuà jiā 뛰어난 화가를 신선의 경지에 이르렀다는 뜻으로 높여 이르는 말.

화순(和順) 형 〔여 불규칙〕 温顺 wēn shùn 온화하고 순하다.

화술(話術) 명 说话的技术 shuōhuàjìshù =말재주.

화식(和食) 명 熟食 shúshí 일본식의 요리.

화액(禍厄) 명 祸殃及厄运 huòyāngjíè yùn 재앙과 화난. ¶~을 피하다. 避祸。 bì huò.

화언(禍言) 명 不详之言 bùxiángzhīyán 불길한 말.

화연(花宴) 명 花甲宴 huājiǎyàn=환갑잔치.

화요일(火曜日) 명 星期二 xīngqīèr 칠요일의 하나. 일요일부터 셋째 되는 날. §화=화요.

화용(花容) 명 丽容 lìróng 여자의 꽃다운 얼굴=가용. 용화. 화모.

화운(和韻) 명 〔~하다|타동사〕 按原韵和诗 ànyuányùnhèshī 남이 지은 시의 운자를 써서 답시(答诗)를 지음.

화음(和音) 명 和声 héshēng 〈악〉 두 개 이상의 높이가 다른 음이 동시에 울렸을 때에 어울려 나는 소리. 협화음, 불협화음 등 종류가 많다=화현.

화응(和應) 명 〔~하다|자동사〕 唱和 chànghé 화합하여 함께 느낌. 또는 화답하여 응함.

화장기(化粧氣)[-끼] 명 化妆痕迹 huà zhuānghénjì 화장한 흔적이나 기색(气色).

화장대(化粧臺) 명 梳妆台 shūzhuāngtái 화장할 때에 쓰는 기구. 거울이 달리고 서랍이 있어 온갖 화장품을 올려놓거나 넣어 둔다=단장대.

화장도구(化粧道具) 명 化妆工具 huà zhuānggōngjù.

화장수(化粧水) 명 化妆水 huàzhuāng shuǐ 살갗을 부드럽게 하고 화장이 잘 되도록 하는 물질을 탄 물.

화장실(化粧室) 명 ① 化妆室 huàzhuāng shì=단장실. ② 卫生间 wèishēngjiān '뒷간'을 달리 일컫는 말.

화장지(化粧紙) 명 ① 化妆纸 huàzhuāng zhǐ 화장할 때 쓰는 부드러운 종이=단장지. ② 手纸 shǒuzhǐ '뒤지'를 달리 일컫는 말.

화장품(化粧品) 명 化妆品 huàzhuāng pǐn 화장하는 데 쓰는 물건.

화전농사(火田農事) 명 烧垦 shāokěn 轮垦 lúnkěn 游垦 yóukěn 화전을 일구어서 짓는 농사.

화전민(火田民) 명 种火田的农民 zhòng huǒtiándenóngmín 화전을 일궈 먹고 사는 농민.

화집(畵集) 명 画帖 huàtiè=화첩.

화차(貨車) 명 ① 货车 huòchē '화물차'의 준말. ② 铁路货车 tiělùhuòchē=화물열차.

화창(話唱) 명 说唱 shuōchàng 〈악〉=대창.

화첩(畵帖) 명 ① 画集 huàjí 그림을 모아 엮은 책. 화집(画集). §화보(画谱). ② 画帖 huàtiè 그림을 그릴 수 있도록 종이를 여러 장 한데 모아 만든 책.

화초방(花草房) 명 花房 huāfáng 꽃을 관상하기 위하여 차려 놓은 방.

화촉동방(華燭洞房) 명 新房 xīnfáng 혼인 때 새서방과 새색시가 함께 자는 방.

화친(和親) 명 〔~하다|자동사〕 ① 和好 héhǎo 서로 의좋게 지내는 정분. ② 友好邻国 yǒuhǎolínguó 나라와 나라 사이에 다툼 없이 가까이 지냄.

화통(火筒) 명 烟囱 yāncōng 기차, 기선, 공장 따위의 굴뚝.

화폐(貨幣) 명 货币 huòbì 钱币 qiánbì=돈.

화풍감우(和風甘雨) 명 和风细雨 héfēng xìyǔ '부드러운 바람이 불고 단비가 내린다'는 뜻으로, 날씨가 고름의 비유.

화해(和解) 명 〔~하다|자동사〕 ① 和好 héhǎo 다툼질을 그치고 풂. ¶부부가 ~하다. 夫妻和好。fūqīhéhǎo. ② 和解 héjiě 〈법〉 분쟁을 그치기로 약속한 계약. ¶~를 청하다. 要求和解。yāoqiúhéjiě. ③ 调和 tiáohé 〈한의〉 위장을 편히 하고 약을 써서 외기(外气)를 풂.

화혼(華婚) 명 结婚 jiéhūn 글말로서, '결혼'을 일컫는 말.

화환신용장(貨換信用狀) 명 押汇信用证 yāhuìxìnyòngzhèng 〈경〉 화환어음을 보증하는 신용장. 은행이 무역업자의 의뢰에 의해서 발행한다.

확고(確固) 명형 〔여 불규칙〕 坚定 jiāndìng 튼튼하고 굳다. ¶~한 신념. 坚定信念。jiāndìngxìnniàn.

확고부동(確固不動) 명 〔~하다|형용사〕 坚定不移 jiāndìngbùyí 확고하여 흔들리거나 움직이지 아니함=확고불발.

확답(確答) 명 ① 明确的回答 míngquèdehuídá 꼭 어찌하겠다는 대답. ¶~을 듣다. 听了明确的回答。tīnglemíngquède huídá. ② 确切的回答 quèqièdehuídá 확실한 대답. ¶~이 어렵다. 明确答复难。míngquèdáfùnán.

확률(確率)[황뉼] 명 概率 gàilǜ 어떤 일이 일어날 확실성의 정도를 나타내는 수치=개연량. 개연율. 공산.

확립(確立)[황닙] 명 〔~하다|타동사〕 确立 quèlì 树立 shùlì 建立 jiànlì 굳게 섬. 또는 굳게 세움.

확보(確保) 명 ① 确保 quèbǎo 확실히 지님. ② 切实保障 qièshíbǎozhàng 확실히 보증함.

확성기(擴聲機) 명 扩音机 kuòyīnjī 소리를 크게 하여 멀리 들리게 하는 기구=고성기.

확약(確約) 명 [~하다|자동사·타동사] 约定 yuēdìng 保证 bǎozhèng 확실히 작정한 약속 또는 확실히 약속함. ¶차후 다시 만날 것을 ~했다. 约定以后再见面。yuēdìngyǐhòuzàijiànmiàn.

확언(確言) 명 [~하다|자동사·타동사] 肯定的讲 kěndìngdejiǎng 확실한 말 또는 확실히 말함. ¶그는 자신의 승리를 ~했다. 他肯定的讲了自己的胜利。tākěn dìngdejiǎnglezìjǐdeshènglì.

확연(確然) 형 [여 불규칙] 分明 fēn míng 清楚 qīngchǔ 확실하다. ¶~한 증거. 分明的证据。fēnmíngdezhèngjù.

확인(確認) 명 [~하다|타동사] ① 确认 quèrèn 확실히 인정함. 또는 확실하게 알아봄. ¶일정을 ~하다. 确认日程。què rènrìchéng. ② 证实 zhèngshí 〈법〉 특정의 사실이나 법률관계의 존부(存否)를 판단하여 인정함.

확장(擴張) 명 [~하다|타동사] 扩张 kuòzhāng 늘이어서 넓게 함=회확.

확정(確定) 명 [~하다|타동사] 确定 quèdìng 定局 dìngjú 固定 gùdìng 꽉 결단하여서 틀림없이 정함.

확정신고(確定申告) 명 确定申报 què dìngshēnbào 〈법〉 신고 납세를 하는 세금에서, 과세표준을 산정하는 기간이 지난 뒤, 납세의무자가 스스로 그 기간의 실적에 따라 소득과 그에 대한 세액을 셈하여 신고하는 일. ※예정신고.

확정재판(確定裁判) 명 最终裁判 zuì zhōngcáipàn 〈법〉 확정 기한이 경과됨으로써, 보통의 방법으로는 불복을 신청할 수 없게 된 재판. 확정 판결.

확정판결(確定判決) 명 最终判决 zuì zhōngpànjué 〈법〉 확정된 효력을 가진 판결. 일반적인 불복 신청의 방법으로는 취소할 수 없게 된 판결이나 대법원의 판결 따위=확정재판.

확충(擴充) 명 [~하다|타동사] 扩大 kuòdà 加强 jiāqiáng 넓혀 충실하게 함. ¶시설을 ~하다. 扩大设施。kuòdàshèshī.

환(換) 명 〈경〉 ① 电汇 diànhuì 멀리 떨어진 사람에게 돈을 보낼 때의 불편·비용·위험을 덜기 위해 어음이나 수표로 송금하는 방법. ② 兑换 duìhuàn '환전(換錢)'의 준말.

환가(換價)[-까] 명 [~하다|타동사] ① 以金钱计算 yǐjīnqiánjìsuàn 집이나 토지 따위를 바꾸는 데 치르는 값. ② 折合成金钱 zhéhéchéngjīnqián 값으로 환산하는 일 또는 그 값.

환갑(還甲) 명 花甲 huājiǎ 예순 한 살=주갑. 화갑. 환력. 회갑.

환거래(換去來) 명 [~하다|자동사] 通汇 tōnghuì 〈경〉 환어음의 매매.

환금(換金) 명 [~하다|타동사] ① 换钱 huànqián 물건을 팔아서 돈으로 바꿈=환은. ② 外汇兑换 wàihuìduìhuàn 어떤 나라의 돈을 다른 나라의 돈으로 바꿈.

환금작물(換金作物) 명 商品作物 shāng pǐnzuòwù 〈농〉 팔아서 돈을 얻으려고 가꾸는 농작물.

환급(換給) 명 〔~하다|타동사〕 退还 tuì huán 도로 돌려줌=환부.

환기(喚起) 명 〔~하다|타동사〕 引起 yǐngqǐ 불러일으킴.

환기장치(換氣裝置) 명 换气机 huànqìjī 〈건〉 밖의 새 공기와 안의 더러운 공기를 바꾸는 장치.

환기창(換氣) 명 通风 tōngfēng 〈건〉 방 안의 더러운 공기를 내보내려고 만들어 놓은 창.

환담(歡談) 명 〔~하다|자동사〕 畅谈 chàngtán 즐겁게 이야기함. 또는 그러한 이야기.

환대(歡待) 명 〔~하다|타동사〕 宽待 kuāndài 반갑게 맞아 대접함.

환도(還都) 명 〔~하다|자동사〕 返都 fǎndū 국난으로 정부가 한때 다른 곳으로 옮겼다가 다시 옛 서울로 돌아옴.

환락가(歡樂街) 명 花街柳巷 huājiēliǔ xiàng 극장, 요릿집, 식당, 다방, 당구장 따위가 모여 있어서 홍청거리는 길거리 =환락향.

환매(還賣) 명 〔~하다|타동사〕 空头补进 kōngtóubǔjìn 购回 gòuhuí 回卖 huí mài 도로 팖.

환문(喚問) 명 〔~하다|타동사〕 唤审 huànshěn 불러서 캐물음.

환부(患部) 명 患处 huànchù 앓는 자리 =병소. 병처. 환소. 환처.

환불(還佛) 명 〔~하다|타동사〕 退赔 tuì péi 退还 tuìhuán 바꿔 셈하여 치름.

환산(換算) 명 〔~하다|타동사〕 ① 换 huàn 단위가 다른 수량으로 고치어 셈침. ② 折合 zhéhé 다른 물건끼리 값을 쳐서 셈을 침.

환산율(換算率) 명 外汇行市 wàihuìháng shì 환산하는 비율.

환생(還生) 명 〔~하다|자동사〕 轮回 lúnhuí 되살아 남=환생.

환성(喚聲) 명 喊叫声 hǎnjiàoshēng 고함치는 소리.

환송(還送) 명 〔~하다|타동사〕 回送 huísòng 도로 돌려보냄=반송. 회송.

환송회(歡送會) 명 欢送宴会 huānsòng yànhuì 누구를 환송하는 뜻으로 모이는 모임=장행회.

환수(還收) 명 〔~하다|타동사〕 收回 shōuhuí 도로 거두어들임.

환시(環視) 명 〔~하다|타동사〕 ① 围观 wéiguān 뭇사람이 둘러서서 봄. ② 环视 huánshì 사방을 두루 둘러 봄.

환시세(換時勢) 명 兑换率 duìhuànlǜ 外汇牌价 wàihuìpáijià 〈경〉 한 나라 돈과 다른 나라 돈과의 바뀌는 비율=외국환시세. 외환율. 환레이트. 환율.

환언(換言) 명 〔~하다|타동사〕 换言之 huànyánzhī 먼저 한 말을 표현을 바꾸

어서 쉽게 말함.

환영연(歡迎宴) 명 欢迎宴会 huānyíng yànhuì 환영하는 뜻으로 베푸는 연회.

환원(還元) 명 [~하다|자동사·타동사] ① 还原 huányuán 근본으로 다시 돌아감. ② 还元 huányuán 〈화〉 산화물에서 산소를 빼앗는 일이나 어떤 물질이 수소와 화합하는 따위의 변화↔산화. ③ 道教指死 dàojiàozhǐsǐ 〈종〉 천도교에서 사람의 죽음을 가리키는 말.

환은행(換銀行) 명 汇兑银行 huìduìyínháng 〈경〉 외국환 업무를 취급하는 은행.

환장(換腸) 명 [~하다|자동사] 发疯 fāfēng 发神经 fāshénjīng 마음이 전보다 막되게 변하여짐=환심. 환심장.

환전(換錢) 명 ① 换钱 huànqián 〈경〉 환표로 보내는 돈. §환. ② 兑换 duìhuàn 서로 종류가 다른 화폐와 화폐, 또는 화폐와 지금을 교환하는 일.

환전상(換錢商) 명 货币兑换商 huòbìduìhuànshāng 〈경〉 환전하는 것을 업으로 하는 사람.

환절(換節) 명 [~하다|자동사] 换季 huànjì 철이 바뀜=교절. 변절.

환절기(換節期) 명 变换季节期 biànhuànjìjiéqī 절기가 바뀌는 시기=변절기. 환후기. 철이 바뀌는 시기.

환품(換品) 명 [~하다|타동사] 以物换物 yǐwùhuànwù=환색.

환풍기(換風器) 명 排气扇 páiqìshàn 방안의 더러워진 공기를 바깥의 깨끗한 공기와 바꾸는, 프로펠러 모양의 팬이 달린 전기 기구.

환후(患候) 명 病情 bìngqíng 웃어른의 '병'을 높이어 일컫는 말.

환희(歡喜)[—히] 명 [~하다|자동사] ① 喜悦 xǐyuè 즐겁고 기쁨. ¶~의 함성. 喜悦的欢声。xǐyuèdehuānshēng. ② 欢喜 huānxǐ 〈불〉 불법을 듣고 신심(信心)을 얻어 마음이 기쁨.

활공(滑空) 명 [~하다|자동사] 滑翔 huáxiáng 바람이나 양력을 써서 공중을 미끄러져 나는 일=공중활공. 공중활주.

활공기(滑空機) 명 滑翔机 huáxiángjī=글라이더.

활극(活劇) 명 ① 武剧 wǔjù 〈극〉 싸움, 도망, 모험 따위를 주로 하여 연출한 영화나 연극. ② 闹剧 nàojù '격렬한 사건이나 장면'을 비유하는 말.

활기(活氣) 명 ① 朝气 zhāoqì 활동하는 원기. ② 活跃 huóyuè 활발한 기운.

활달(豁達)[—딸—] 형 [여 불규칙] 开阔 kāikuò 도량이 너그럽고 크다.

활동사진(活動寫眞)[—똥—] 명 无声电影 wúshēngdiànyǐng=영화.

활력제(活力劑) 명 活化剂 huóhuàjì 활동하는 힘이 되는 본바탕.

활물(活物) 명 活的东西 huódedōngxi 살아 있는 동식물=활체.

활법(活法)[—뻡] 명 ① 活的方法 huóde

fāngfǎ 활용의 방법. ② 活法 huófǎ 유도에서, 목조름을 당하여 가사 상태에 빠진 사람에게 인공호흡 따위를 시켜 되살아나게 하는 방법.

활용(活用) 명 〔~하다|타동사〕 ① 利用 lìyòng 应用 yìngyòng 이리저리 잘 응용함. ② 动词活用 dòngcíhuóyòng 〈언〉=끝바꿈.

활인(活人) 명 〔~하다|타동사〕 救人 jiù rén 사람의 목숨을 구하여 살림.

활주(滑走)[-쭈] 명 〔~하다|타동사〕 滑行 huáxíng 미끄러져 내달음. ¶비행기의 ~. 飞机的滑行。fēijīdehuáxíng.

활판(活版) 명 ① 活字版 huózìbǎn 〈인〉 활자로 짜서 만든 인쇄판=식자판. 활자판. ② 活字印刷 huózìyìnshuā '활판인쇄'의 준말.

활판소(活版所) 명 活字印刷厂 huózìyìn shuāchǎng 활판을 짜서 인쇄하는 곳.

활황(活況) 명 ① 好况 hǎokuàng 활기 있는 상황. ② 市面繁荣 shìmiànfánróng 상거래(商去来) 등이 활발하여 경기가 좋은 상태. ¶주식 시장이 폭발적인 ~을 보이고 있다. 故事发生了爆炸性的好况。 gù shìfāshēnglebàozhàxìngdehǎokuàng.

황감(黃柑) 명 橙子 chéngzi 잘 익어서 빛깔이 누르게 된 감자.

황감(惶感) 명 〔~하다|형용사〕 〔~히|부사〕 惶恐感激 huángkǒnggǎnjī 황송하고 감격하다.

황겁(惶怯) 명 〔~하다|형용사〕 〔~히|부사〕 惊惶 jīnghuáng 겁이 나고 두렵다.

황고집(黃固執) 명 顽固不化 wángùbú huà 몹시 센 고집 또는 그런 사람. ¶~을 부리다. 坚持顽固不化。 jiānchíwángùbú huà.

황공무지(惶恐無地) 명 〔~하다|형용사〕 无地自容 wúdìzìróng 황공하여 몸을 둘 곳을 모름=황송무지.

황구(黃口) 명 黄口孺子 huángkǒurúzǐ=황구소아.

황구소아(黃口小兒) 명 幼儿 yòuér 새 새끼의 주둥이가 노랗다는 뜻에서, '어린 아이'를 일컬음=황구. 황구유아.

황급(遑急)[-그파] 형 〔여 불규칙〕 慌张 huāngzhāng 慌忙 huāngmáng 황황하고 급급하다.

황동전(黃銅錢) 명 黄铜币 huángtóngbì 놋쇠로 만든 돈.

황매(黃梅) 명 ① 棣棠花 dìtánghuā 익어서 누렇게 된 매화나무의 열매. ② 黄梅 huángméi 〈한의〉 새앙나무의 열매. 성질이 따뜻하여 배앓이나 산후열에 쓴다. ③ 黄梅 huángméi 〈식〉=황매화.

황모(黃毛) 명 黄鼠狼毛 huángshǔláng máo 黄鼠狼尾巴毛 huángshǔlángwěiba máo 족제비의 꼬리털. 붓을 매는 데 많이 쓰인다.

황모필(黃毛筆) 명 狼毫 lángháo 족제비 꼬리털로 맨 붓. §황필.

황무지(荒蕪地) 명 荒地 hāngdì 내버려 두어 거칠어진 땅. ¶~를 개간하다. 开垦荒地。kāikěnhuāngdì.

황산(黃酸) 명 硫酸 liúsuān 〈황〉 무기산의 하나. 빛도 냄새도 없는 끈끈한 액체로, 염산 다음으로 산성이 강하여, 금·백금을 제하고는 거의 쇠붙이란 것은 다 녹인다. 물에 섞으면 많은 열을 내며 습기를 빨아들이는 성질이 세고, 비료·폭약·염료·화학약품 따위를 만드는 데 많이 쓴다. H_2SO_4=유산.

황색노동조합(黃色勞動組合) 명 黄色工会 huángsègōnghuì '온건하고 협조적인 노동조합'을 속되게 일컫는 말.

황서(黃書) 명 黄皮书 huángpíshū 외교 교섭의 경과를 발표하는 프랑스 외교부의 누른 종이로 된 문서. ※백서. 청서.

황성(皇城) 명 京都 jīngdū 황제가 있는 나라의 서울=곡하. 제도. 제성. 제향. 황경. 황도.

황송(惶悚) 형 〔여 불규칙〕 惶恐 huángkǒng 过意不去 guòyìbúqù 不安 bùān=황공하다.

황진(黃塵) 명 ① 黄尘 huángchén 누른 빛의 흙먼지. ② 尘世=속진

황천객(黃泉客) 명 黄泉之下的亡灵 huángquánzhīxiàdewánglíng 죽은 사람을 가리키는 말=황양지객.

황청(黃淸) 명 黄密 huángmì 꿀의 한 가지. 빛깔이 누르고 품질이 썩 좋다.

황홀(恍惚) 명 〔~하다|형용사〕 〔~히|부사〕 ① 富丽堂皇 fùlìtánghuáng 五彩缤纷 wǔcǎibīnfēn 눈이 부시게 찬란하거나 화려하다. ¶~한 무지개. 五彩缤纷的天虹。wǔcǎibīnfēndetiānhóng. ② 入迷 rù mí 놀랍거나 감격스럽거나 하여 정신이 어지럽다. ¶기분이 ~. 恍惚气氛。huǎnghūqìfèng. ③ 微妙 wēimiào 미묘하여 헤아려 알기 어렵다.

황홀경(恍惚境) 명 迷人之境 mírénzhījìng 황홀한 경지나 지경.

황화(黃化) 명 ① 硫化 liúhuà 〈화〉 어떤 물질이 유황과 화합하는 것=설피드화. 유화. ② 黄化 huánghuà 〈식〉=노랑들기.

황화수소(黃化水素) 명 硫化 liúhuà 〈화〉 유황과 수소와의 화합물. 천연으로는 화산 가스, 온천 따위에 들어 있고 인공으로는 황화철과 산을 작용시켜 얻는다. 썩은 달걀 냄새가 풍기는 가연성의 독한 기체인데 물에 잘 녹고 산성을 띠며 금속염의 수용액에 통하면 금속 특유의 빛이 있는 황화물의 침전이 생기므로 정성 분석에 쓰인다. H_2S.

회(膾) 명 〔~하다|타동사〕 生拌鱼肉 shēngbànyúròu 짐승·물고기 따위의 살이나, 푸성귀를 날로 잘게 썬 음식. 초고추장이나, 겨자, 혹은 소금을 찍어 먹는다.

회(回) 의 回 huí 次 cì 届 jiè 한자말 셈씨 아래에 쓰이어, 돌아오는 차례를 나

타내는 말. ¶제 5~ 발표회. 第五届发表会。dìwǔjièfābiǎohuì. ※번.

회(會) 명 〔~하다|자동사〕 ① 会议 huì yì=모임. ¶~를 열다. 召开会议。zhāokāi huìyì. ② 会 huì 뒷가지스럽게 쓰이기도 함. ¶송별 ~. 送别会。shòngbiéhuì.

회갑(回甲) 명 花甲 huājiǎ=환갑.

회계(會計) 명 ① 计算 jìsuàn 算帐 suàn zhàng 돈의 나가고 들어오는 것에 대한 셈. ¶~를 보다. 算账。suànzhàng. ② 会计 kuàijì 금전의 출납에 관한 사무를 보는 사람.

회계감사(會計監査)[-계-/-게-] 명 会计审计 kuàijìshěnjì 〈경〉 회계 보고의 정확 여부를 확인하기 위해 작성한 회계 기록을 제삼자가 검사·조사하는 일.

회고(回顧) 명 〔~하다|타동사〕 ① 回顾 huígù 돌아다봄. ② 回想 huíxiǎng 지나간 일을 돌이켜 생각하여 봄.

회고담(回顧談) 명 回顾之谈 huígùzhītán 지난날의 일에 대한 이야기.

회교(回敎) 명 伊斯兰教 yīsīlánjiào 〈종〉 '회회교'의 준말.

회귀(回歸) 명 〔~하다|자동사〕 周转 zhōuzhuǎn 回归 huíguī 도로 돌아오거나 돌아감=선귀.

회납(回納) 명 〔~하다|타동사〕 ① 还 huán 交还 jiāohuán 도로 돌려 드림. ② 惠纳 huìnà 답장 편지 겉봉에 받을 사람의 택호 아래에 쓰는 말. ¶아무개 댁 ~. 某某人惠纳。mǒumǒurénhuìnà.

회담(會談) 명 〔~하다|자동사〕 会谈 huìtán 谈 tán 모여서 이야기 함. 또는 그 일.

회답(回答) 명 〔~하다|자동사〕 回答 huídá 回信 huíxìn 물음, 서신, 연락 따위에 대한 대답=답.

회당(會堂) 명 ① 礼堂 lǐtáng=회관. ② 教堂 jiàotáng 〈예수〉=교회.

회도배(灰塗褙)[-또-] 명 〔~하다|타동사〕 摸灰 mǒhuī 벽면을 석회로 바름.

회득(會得) 명 〔~하다|타동사〕 了解 liáojiě=이해.

회람(回覽) 명 〔~하다|타동사〕 传阅 chuányuè 여러 사람이 차례로 돌려봄=전조. 회간.

회랑(回廊) 명 ① 正厅 zhèngtīng 정당의 좌우로 있는 긴 집채. ② 回廊 huí láng 양옥의 어떠한 방을 중심으로 하고 둘러댄 마루. ③ 长廊 chángláng 긴 복도.

회로(回路) 명 ① 归路 guīlù=귀로. ② 电路 diànlù 〈물〉 '전기회로'의 준말.

회로소자(回路素子) 명 电路原件 diàn lùyuánjiàn 〈물〉 회로를 구성하는 여러 주요 부분. 코일, 콘덴서, 진공관 따위.

회문(回文) 명 ① 回文调 huíwéndiào 한 시체의 한 가지. 머리에서부터 내리읽으나, 아래에서부터 치읽으나, 다 말이 되게 글귀를 이루었다. ② 传阅文字 chuán yuèwénzì=회장.

회벽(灰壁) 명 〔~하다|자동사〕 ① 粉刷石灰 fěnshuāshíhuī 석회를 반죽하여 바름. 또는 그 벽. ② 用石灰粉刷的墙壁 yòng shíhuīfěnshuādeqiángbì=회사벽.

회복(恢復) 명 〔~하다|타동사〕 恢复 huīfù 되찾거나 되돌이킴. ¶주권 ~. 恢复主权。huīfùzhǔquán=복상.

회부(回附) 명 〔~하다|타동사〕 交付 jiāofù 递交 dìjiāo 돌려 내주거나 넘김. ¶재판에 ~하다. 交付裁判。jiāofùcáipàn.

회사(會社) 명 公司 gōngsī 企业 qǐyè 商社 shāngshè 〈법〉 상행위를 목적으로 두 사람 이상이 설립한 사단법인. 주식회사, 유한회사, 합자회사, 합명회사 따위가 있다. §사.

회상(回想) 명 〔~하다|타동사〕 回想 huíxiǎng 回忆 huíyì 回顾 huígù 돌이켜 생각함.

회색분자(灰色分子) 명 灰色分子 huīsè fènzǐ 旗帜不鲜明的人 qízhìbùxiānmíng derén 〈사〉 소속 또는 정치적, 사상적 경향이 뚜렷하지 아니한 사람.

회생(回生) 명 〔~하다|자동사〕 回生 huíshēng 复苏 fùsū=소생.

회선(回線) 명 ① 线路 xiànlù 〈전〉 전화를 연결하는 선. ¶~을 늘리다. 增加线路。zēngjiāxiànlù. ② 回路。huílù 전기의 도선 따위를 나사 모양으로 감은 물건.

회송(回送) 명 〔~하다|타동사〕 送还 sònghuán=환송.

회수(回收) 명 〔~하다|타동사〕 收回 shōuhuí 赎回 shúhuí 도로 거두어들임.

회수권(回數券) 명 回数票 huíshùpiào ⇒ 회수권.

회순(會順) 명 会议程序 huìyìchéngxù 집회할 때 회의 진행에 관한 차례.

회시(回示) 명 〔~하다|자동사·타동사〕 ① 批示 pīshì 남에게서 온 회답. ② 游街示威 yóujiēshìwēi 죄인을 끌고 다니며 여러 사람에게 돌려 보임.

회식(會食) 명 〔~하다|자동사〕 会餐 huìcān 여러 사람이 모여 함께 음식을 먹음.

회신(回信) 명 〔~하다|자동사·타동사〕 回信 huíxìn 回报 huíbào 回单 huídān 편지, 전신, 전화 따위의 회답.

회심(回心) 명 回心转意 huíxīnzhuǎnyì 마음을 돌이켜 먹음.

회임(懷妊) 명 〔~하다|자동사〕 怀孕 huáiyùn=임신.

회장(回章) 명 回文 huíwén 여러 사람이 차례로 돌려보도록 쓴 글=첩장. 회문.

회전(會戰) 명 〔~하다|자동사〕 ① 战斗 zhàndòu 어울려서 싸움. ② 大会战 dà huìzhàn 대병력이 싸우는 큰 전투.

회전(回轉) 명 〔~하다|자동사·타동사〕 ① 回转 huízhuǎn 빙빙 돌아서 구름. 또는 굴림. ② 旋转 xuánzhuǎn 방향을 바꾸어 움직임. ¶차가 오른쪽으로 ~했다. 车向右转。chēxiàngyòuzhuǎn. ③ 周转

zhōuzhuǎn 한 물체가 어떤 점이나 다른 물체의 주위에 일정한 궤도를 그리며 이동함. ¶달은 지구 주위를 ~한다. 月亮围绕地球转。yuèliàngwéiràodìqiúzhuàn.

회전자본(回轉資本) 명 周转金 zhōu zhuǎnjīn 〈경〉 사업 운영에 있어서 투자되었다가 다시 회수되는 자금.

회중시계(懷中時計) 명 怀表 huáibiǎo=몸시계.

회중전등 (怀中电灯) 명 手电筒 shǒudiàn tǒng=손전등.

회지(會誌) 명 会刊 huìkān 모임에서 펴내는 기관지.

회진(回診) 查病房 chábìngfáng 명 〔~하다|타동사〕 의사가 환자 있는 병실로 돌아다니며 하는 진찰.

회포(懷抱) 명 心里话 xīnlǐhuà 心情 xīn qíng 마음속에 품은 시름=숙포. 포회.

회피(回避) 명 〔~하다|타동사〕 ① 回避 huíbì 몸을 숨기고 만나지 아니함. ② 推卸 tuīxiè 책임을 지지 아니하고 꾀를 부림. ③ 躲开 duǒkāi 일하기를 꺼리어 선뜻 나서지 아니함. ④ 法律上回避 fǎlǜ shànghuíbì 〈법〉 법관 들이 어떤 사건에 관하여 제척, 기피의 원인이 있다고 생각하여 스스로 그 사건을 다루기를 피하는 일.

회한(回翰) 명 回函 huíhán 回信 huíxìn =답장.

회합(回合) 명 〔~하다|자동사〕 ① 集会 jíhuì=모임. ② 回合 huíhé 〈화〉 같은 물질의 분자 또는 이온이 홀로 존재하지 않고, 둘 또는 여러 개가 결합하여 한 개의 개체처럼 행동하는 현상. ③ 回合 huí hé 〈천〉 혹성이 태양과 같은 방향에 보이는 경우. §합.

회항(回航) 명 〔~하다|자동사·타동사〕 ① 巡回航行 xúnhuíhángxíng 곳곳을 돌아다니는 항해. ② 回航 huíháng 곳곳이 들려서 제자리로 돌아오는 항해.

회향(懷鄕) 명 〔~하다|자동사〕 思乡 sī xiāng 고향을 그리워함.

회향병(回鄕病)[-뼝] 명 思乡病 sīxiāng bìng=향수병.

회혼(回昏) 명 结婚六十周年 jiéhūnliùshí zhōunián 해로하는 부부의 혼인한 지 예순 돌을 일컫는 말=회근.

회화론(繪畫論) 명 绘画理论 huìhuàlǐlùn 〈미〉 회화에 관한 이론.

회화문자(繪畫文字)[-짜] 명 绘图文字 huìtúwénzì 〈언〉=그림글자.

회회교(回回敎) 명 清真教 qīngzhēnjiào 〈종〉=이슬람교. §회교. 회회.

획(劃) 명 划 huà 글씨나 그림에서, 한 번 그은 줄이나 점을 통틀어 일컫는 말.

획기적(劃期的) 명 划时代 huàshídài 어떤 분야에서, 새로운 기원이나 시기를 열어 놓을 만큼 두드러진. ¶~ 변화. 划时代变化。huàshídàibiànhuà=획시대적.

획득(獲得) 명 〔~하다|타동사〕 获得

huòdé 取得 qǔdé 争取 zhēngqǔ 얻어 내거나 얻어 가짐.

획수(劃數) 명 笔划 bǐhuà 글씨 획의 수효.

획순(劃順) 명 笔划顺序 bǐhuàshùnxù 글씨를 쓸 때 획을 긋는 순서.

획연(劃然) 형 〔여 불규칙〕 一目了然 yímùliǎorán 구별된 꼴이 분명하다.

획책(劃策) 명 〔~하다|타동사〕 策划 cèhuà 어떤 일을 하려고 꾸미거나 꾀함. 또는 그러한 꾀.

횡단(橫斷) 명 〔~하다|타동사〕 ① 横断 héngduàn 가로 자름. ※종단. ② 横过 héngguò 가로 건넘. ※종단.

횡단보도(橫斷步道) 명 人行横道 rénxíng héngdào 차도 위에 사람이 가로 건너다니게 마련한 길.

횡단철로(橫斷鐵路) 명 横贯铁路 héngguàntiělù=횡관철도.

횡래지액(橫來之厄)[-내-] 명 横祸 hènghuò 뜻밖에 닥쳐오는 불행. §횡액.

횡령(橫領)[-녕] 명 〔~하다|타동사〕 贪污 tānwū 侵吞 qīntūn 남의 물건을 불법하게 차지함.

횡사(橫死) 명 〔~하다|자동사〕 死于非命 sǐyúfēimìng 뜻밖의 재앙에 걸리어 죽음.

횡선수표(橫線手票) 명 划线支票 huàxiànzhīpiào 〈경〉 수표의 겉면에 두 줄의 평행선이 그어진 수표. 수표 가진 이는 자기의 거래 은행에 예입한 뒤에만 현금을 찾을 수 있으며, 수표를 잃어버린 경우에 다른 사람이 지급받지 못한다.

횡설수설(橫說竪說) 명 〔~하다|자동사〕 胡说八道 húshuōbādào 동에 닿지 않는 말을 이러쿵저러쿵 지껄임=횡수설거. 횡수설화.

횡수(橫數) 명 走错的一着棋 zǒucuòde yìzhāoqí 뜻밖의 운수.

횡십자(橫十字) 명 叉 chà=가새표.

횡재(橫財) 명 〔~하다|자동사〕 横财 hēngcái 不义之财 búyìzhīcái 意外收入 yìwàishōurù 뜻밖에 재물을 얻음. 또는 그 재물.

횡죽(橫竹) 명 烟杆儿 yāngǎner 긴 담뱃대를 뻗치어 묾.

횡포(橫暴) 명 〔~하다|형용사〕 粗暴 cūbào 성질이나 행동이 몹시 굿고 사납다.

효과(效果) 명 ① 效果 xiàoguǒ 功效 gōngxiào 보람이 드러나는 일. ② 效应 xiàoyìng 연극, 영화, 방송 따위에서 장면에 알맞은 분위기를 인위적으로 만들어 넣어 실감을 자아내는 일.

효과적(效果的) 관명 有效的 yǒuxiàode 효과가 있는. ¶~ 방법. 有效的方法。yǒuxiàodefāngfǎ.

효능(效能) 명 效果 xiàoguǒ 效力 xiàolì 功能 gōngnéng 功效 gōngxiào 효험을 나타내는 능력.

효성(孝誠) 명 孝顺 xiàoshùn 孝敬 xiàojìng 마음껏 어버이를 잘 섬기는 정성=성효.

효성(曉星) 명 ① 晨星 chénxīng 〈천〉=샛별. ② 稀有 xīyǒu '매우 드문 존재'의 비유.

효소(酵素) 명 酶 méi 〈화〉=뜸씨. 뜸팡이.

효용(效用) 명 ① 效用 xiàoyòng=효험. ② 有效 yǒuxiào 보람 있는 소용↔비효용. ③ 财力效用 cáilìxiàoyòng 〈경〉 재화가 인간의 욕망을 만족 시킬 수 있는 힘↔비효용.

효율(效率) 명 效率 xiàolǜ 效能 xiào néng 들인 힘에 대하여 실제로 나타난 효과의 비율=효과율.

후(厚) 형 〔여 불규칙〕 ① 宽容 kuān róng 인심이 두텁다. ¶~한 인심. 宽厚人心。kuānhòurénxīn. ② 厚 hòu 두껍다. ③ 不吝啬 búlìnsè 인색하지 않다. ¶보수가 ~. 丰厚报酬。fēnghòubàochóu↔박하다.

후각기(嗅覺器) 명 嗅觉器官 xiùjuéqì guān 〈생〉=후각기관.

후견(後見) 명 ① 监护 jiānhù 뒤를 보아 줌. ② 保护 bǎohù 〈법〉 친권자가 없는 미성년자, 한정치산자, 또는 금치산자를 보호, 교양하고 그 사람의 행위를 대리하며 그 재산을 관리하는 일.

후견인(後見人) 명 保护人 bǎohùrén 〈법〉 후견의 직무를 행하는 특정의 사람. 지정후견인, 선임후견인, 법정후견인 등으로 나눈다=후견자.

후광(後光) 명 ① 后光 hòuguāng 불보살, 신 따위의 몸 뒤로부터 내비치는 빛. ¶대부분의 탱화나 성화에서는 인물 뒤에 ~이 빠지지 않는다. 大部分桢画和圣画人物后面都有后光。dàbùfenzhēnhuàhé shènghuàrénwùhòumiàndōuyǒuhòuguāng=배광. 원광. 정광. ※광배. ② 背景 bèijǐng '사물을 더욱 빛나게 하거나 두드러지게 하는 배경'의 비유. ¶~을 입다. 有背景。yǒubèijǐng.

후기(後氣) 명 后劲儿 hòujìner 버티어 가는 힘.

후난(後難) 명 ① 后日的苦难 hòurìdekǔ nàn 뒷날의 재난이나 곤란. ② 事后责难 shìhòuzénàn 뒷날의 비난.

후년(後年) 명 ① 后年 hòunián 올해의 다음다음 해=내내년. 내명년. 월명년. 재명년. ② 今年以后的年 jīnniányǐhòude nián 몇 해를 지난 해.

후담(後談) 명 后话 hòuhuà 그 뒤의 이야기.

후대(厚待) 명 〔~하다|타동사〕 优待 yōudài 두터운 대접=후우↔박대.

후덕(厚德) 명 〔~하다|형용사〕 ① 厚道 hòudào 두터운 심덕↔박덕. ② 厚德 hòudé 두터운 덕행. ¶며느리의 ~을 자랑하다. 夸耀儿媳妇的厚德。kuāyàoérxí fudehòudé↔박덕.

후두(後頭) 명 后脑 hòunǎo=뒤통수.

후려(後慮) 명 后顾之忧 hòugùzhīyōu 뒷날의 염려=후념.

후미(後尾) 명 ① 尾 wěi 后尾 hòuwěi 뒤꼬리나 뒤꽁무니. ② 殿后 dianhòu 殿军 diànjūn 늘어선 줄의 맨 끝.

후미(後味) 명 味浓 wèinóng 美味 měi wèi=뒷맛.

후발(後發) 명 〔~하다|자동사·타동사〕 ① 后出发 hòuchūfā 后起 hòuqǐ 뒤늦게 떠남↔선발. ② 后射击 hòushèjī 나중에 쏨↔전발.

후방(後方) 명 ① 后面 hòumiàn=뒤쪽↔전방. ② 后方 hòufāng 〈군〉 전선에서 뒤로 떨어져 있는 곳. ¶~ 부대. 后方部队。hòufāngbùduì↔전방.

후배(後輩) 명 ① 后辈 hòubèi 늦게 시작하거나 하여 학문이나 덕행이나, 경험이나 나이가 자기보다 뒤진 무리↔선배. ② 晚辈 wǎnbèi 같은 학교를 나중에 나온 사람=후진↔선배.

후번(後番)[ㅡ뻔] 명 下次 xiàcì⇒훗번.

후보(後報) 명 事后通报 shìhòutōngbào 첫번 보도에 뒤이어 하는 보도. ※속보

후보(後補) 명 ① 候补 hòubǔ 어떤 지위나 신분에 오르기를 바람 또는 그 사람. ¶대통령 ~. 总统候补。zǒngtǒnghòubǔ. ② 预备 yùbèi 앞으로 어떤 지위에 오를 자격이나 가망이 있음. 또는 그 사람. ¶우승 ~. 预备优胜。yùbèiyōushèng.

후분(後分) 명 老年运气 lǎoniányùnqì 평생을 초분, 중분, 후분의 셋으로 나눈 마지막 부분. 나이가 늙은 뒤의 운수나 처지를 뜻한다.

후불(後佛) 명 〔~하다|타동사〕 后付款 hòufùkuǎn→후급.

후비(後備) 명 后备 hòubèi 后手 hòu shǒu '후비역'의 준말.

후사(後事) 명 ① 后事 hòushì=뒷일. ② 丧事 sāngshì 죽은 뒤의 일.

후생(厚生) 명 福利 fúlì 改善生活 gǎi shànshēnghuó 卫生保健 wèishēngbǎo jiàn 살림을 안정시키거나 넉넉하도록 하는 일.

후생(後生) 명 ① 后辈 hòubèi 后一代 hòuyídài 뒤에 낳은 사람 또는 후대에 태어난 사람. ② 来生 láishēng 〈불〉=내생.

후생주택(厚生住宅) 명 福利住宅 fúlìzhù zhái 넉넉하지 못한 사람들이 간편한 부담으로 살 수 있도록 지어서 파는 주택.

후세(後世) 명 ① 后世 hòushì=뒷세상. ② 后代 뒤에 올 시대의 사람들. ※후손. ③ 来世 láishì 〈불〉=내세.

후손(後孫) 명 子孙 zǐsūn 后代 hòudài 后嗣 hòusì 몇 대가 지나간 뒤의 자손. §손=내예.

후송(後送) 명 〔~하다|타동사〕 ① 送往后方 sòngwǎnghòufāng 후방으로 보냄. ② 后送 hòusòng 후에 보냄.

후실(後室) 명 后妻 hòuqī '후취'의 높임말=계배. 계실.

후안(厚顔) 명 后脸皮 hòuliǎnpí 뻔뻔스러워서 부끄러운 줄을 모름을 이르는 말

=안후.

후약(後約) 명 约会 yuēhuì=뒷기약.

후열(後列) 명 ① 后排 hòupái 뒤로 늘어선 줄. ② 落在后面的队伍 luòzàihòu miàndeduìwǔ=뒷줄.

후예(後裔) 명 后嗣 hòusì 대수가 먼 후손=여예.

후원(後援) 명 〔~하다|타동사〕 后援 hòuyuán 援助 yuánzhù 后盾 hòudùn 뒤에서 도와 줌.

후작(後作) 명 后茬 hòuchá 〈농〉→뒷그루.

후장(後場)[-짱] 명 后盘 hòupán 后章 hòuzhāng⇒홋장.

후정(後庭) 명 后院 hòuyuàn=뒤꼍.

후지(厚志) 명 深情厚意 shēnqínghòuyì 두터운 마음과 뜻↔박지.

후진(後進) 명 ① 落后 luòhòu 뒤지거나 뒤떨어짐. 또는 그런 사람. ② 往后走 wǎnghòuzǒu 뒤로 나아감. ③ 晚辈 wǎn bèi=후배.

후진국(後進國) 명 不发达国家 bùfādá guójiā 다른 나라보다 문물이 늦게 발달된 나라↔선진국.

후진성 (後进性) 명 落后性 luòhòuxìng 후진에 따르는 특성.

후탈(後頉) 명 ① 复发 fùfā 후더침. ② 后患 hòuhuàn 뒤탈.

후퇴국면(後退局面) 명 衰退状态 shuāi tuìzhuàngtài 쇠퇴한 상태↔전편.

후편(後篇) 명 下册 xiàcè 두 편으로 나누인 서적이나 영화 따위의 뒤편↔전편.

후편(後便) 명 后面 hòumiàn 托付后去的人 tuōfùhòuqùderén=뒤편.

후학(後學) 명 ① 末学 mòxué 후진의 학자=말학↔선학. ② 将来学者 jiānglái xuézhě 장차 나올 학자. ¶~들에게 좋은 말씀을 남기셨다. 给后辈们留下宝贵的话。gěihòubèimenliúxiàbǎoguìdehuà=내학. ③ 学者对自己谦称 xuézhěduìzìjǐqi ānchēng 학자가 자기를 낮추어 일컫는 말. ④ 以后的学问 yǐhòudexuéwèn 앞날에 도움이 될 학문이나 지식.

후행(後行) 명 围绕 wéirào '위요'의 속된말.

후후년(後後年) 명 大后年 dàhòunián=내후년.

훈계방면(訓誡放免) 명 训诫赦免 xùnjiè shèmiǎn 경범자 따위를 훈계하여 놓아주는 일. §훈방.

훈고(訓告) 명 〔~하다|타동사〕 训导 xùndǎo 알아듣도록 깨우치고 타이름.

훈공(勛功) 명 功勋 gōngxūn 나라나 군주에 대하여 드러나게 세운 공로. §훈=훈로.

훈기(薰氣) 명 ① 暖烘烘的气 nuǎnhōng hōngdeqì 훈훈한 기운. ② 熏气 xūnqì=훈김.

훈등(勛等) 명 勋功等级 xūngōngděngjí 훈공의 등급=훈계.

훈련(訓練) 명 训练 xùnliàn 操练 cāo liàn 培养 péiyǎng 익숙하도록 가르치거

나 되풀이하여 연습하는 일. ¶~이 덜된 개. 没训练好的狗。méixùnliànhǎodegǒu.

훈방(訓放) 명 〔~하다|타동사〕 训诫赦免 xùnjièshèmiǎn '훈계방면'의 준말.

훈수(訓手) 명 〔~하다|타동사〕 参谋 cānmóu 军师 jūnshī 指点 zhǐdiǎn 남이 하는 일, 특히 바둑이나 장기 따위에서, 좋은 수나 방법을 똥기어서 알려 줌.

훈유(勛喩) 명 〔~하다|타동사〕 训喻 xùnyù 가르치어 타이름.

훈장(訓長) 명 ① 老学究 lǎoxuéjiū=학구. ② 私塾老师 sīshúlǎoshī '교사'의 낮은말.

훈훈(薰薰) 형 〔여 불규칙〕 ① 暖融融 nuǎnróngróng 견디기에 좋을 만큼 덥다. ¶~한 바람. 暖融融的风。nuǎnróngróngdefēng. ② 舒展 shūzhǎn 温暖 wēnnuǎn 마음을 부드럽게 하는 따뜻함이 있다. ¶~한 인정. 温暖的人情。wēnnuǎnderénqíng.

훼손(毁損) 명 〔~하다|타동사〕 ① 毁损 huǐsǔn 체면이 덜리어 상함=괴손. ② 毁坏 huǐhuài 헐거나 깨뜨리어 못 쓰게 만듦=괴손.

훼언(毁言) 명 〔~하다|자동사〕 蜚语 fēiyǔ 蜚言 fēiyán 남을 헐어서 꾸짖는 말.

훼절(毁節) 명 〔~하다|자동사〕 失节 shījié 절개나 절조를 깨뜨림.

휘동(麾動) 명 〔~하다|타동사〕 ① 挥动 huīdòng 지휘하여 움직임. ② 鼓动 gǔdòng 지휘하여 선동함.

휘발유(揮發油)[-류] 명 汽油 qìyóu 원유를 증류하거나 열 또는 화학적 처리를 하여 얻는 기름. 쉽게 불이 붙어 자동차, 비행기 따위의 땔감이나 공업용으로 쓰인다.

휘장(徽章) 명 徽章 huīzhāng 证章 zhèngzhāng 像章 xiàngzhāng 직무, 신분, 명예를 나타내기 위하여 옷이나 모자 따위에 붙이는 표.

휘장(揮帳) 명 帷幕 wéimù 窗帘 chuānglián 피륙을 여러 폭으로 이어 빙 둘러치게 만든 포장=악유. 장폭.

휘하(麾下) 명 麾下 huīxià 率领下 shuàilǐngxià 주장의 지휘 아래 또는 그 아래 딸린 군사=기하. 당하.

휴가(休暇) 명 休假 xiūjià=말미.

휴간(休刊) 명 〔~하다|타동사〕 停刊 tíngkān 신문, 잡지 따위 정기간행물의 발행을 한때 쉼.

휴강(休講) 명 〔~하다|자동사〕 停课 tíngkè 강의를 쉼. ※결강.

휴게(休憩) 명 〔~하다|자동사〕 休息 xiūxi 쉼.

휴게소(休憩所) 명 过路店 guòlùdiàn 사람들이 잠깐 머물러 쉬도록 베풀어 놓은 곳.

휴경지(休耕地) 명 休闲地 xiūxiándì=묵정밭.

휴관(休館) 명 〔~하다|자동사・타동사〕 闭馆 bìguǎn 도서관, 박물관 따위의 기

관에서 일반에게 공개하는 일을 하지 않고 쉼.

휴교(休校) 명 〔~하다|자동사·타동사〕 ① 停课 tíngkè 학교의 과업을 한동안 쉬는 일. ¶~ 처분. 停课处分。tíngkèchǔfèn. ② 停学 tíngxué 학생이 학교의 과업을 한동안 쉬는 일. ¶동맹 ~. 同盟休学。tóngméngxiūxué.

휴대전화(携帶電話) 명 大哥大 dàgēdà 手机 shǒujī 몸에 지니고 다니면서 사용할 수 있는 소형 무선 전화기 ≪이동하면서 무선 기지국을 통해 일반 전화 가입자 또는 다른 이동 통신 전화기와 송수신이 가능함≫. 휴대폰.

휴면(休眠) 명 〔~하다|자동사〕 ① 休眠 xiūmián 不活动 bùhuódòng 쉬고서 아무 것도 하지 아니함. ② 冬眠 dōngmián 〈생〉 환경 따위의 원인으로 동식물이 일시적으로 활동을 정지하거나 극히 기본적인 활동만을 하는 상태. 여름잠, 겨울잠 따위.

휴무(休務) 명 〔~하다|자동사〕 休息 xiūxi 休业 xiūyè 停业 tíngyè 직무를 하루나 한동안 쉼. ¶토요일은 ~로 주 5일만 근무한다. 星期六休息, 平时工作到星期五。xīngqīliùxiūxi, píngshígōngzuòdào xīngqīwǔ.

휴무일(休務日) 명 公休日 gōngxiūrì 휴무하는 날.

휴업(休業) 명 〔~하다|자동사〕 停业 tíngyè 关闭 guānbì 停工 tínggōng 일삼던 업을 얼마 동안 쉼.

휴일(休日) 명 假日 jiàrì 일을 쉬고 노는 날.

휴전(休電) 명 〔~하다|자동사〕 停电 tíngdiàn 송전을 일시 중단함. ¶~으로 엘리베이터가 움직이지 않는다. 由于停电, 电梯不能用。yóuyútíngdiàn, diàntībùnéngyòng.

휴전(休戰) 명 〔~하다|자동사〕 停战 tíngzhàn 〈군〉 하던 전쟁을 얼마 동안 쉼.

휴전선(休戰線) 명 停战线 tíngzhànxiàn 휴전이 되어 작정한 군사상의 경계선. ¶~을 사이에 두고 남북한이 대치하다. 相隔停战线南北对峙。xiānggétíngzhànxiànnánběiduìzhì.

휴전협정(休戰協定) 명 停战协定 tíngzhànxiédìng 교전국이 휴전할 것을 내용으로 하는, 서면에 의한 합의.

휴지(休紙) 명 ① 废纸 fèizǐ 못 쓰게 된 종이. ② 卫生纸 wèishēngzhǐ 밑씻개나 코를 풀거나 하는 데에 쓰는 종이.

휴지부(休止符) 명 逗号 dòuhào=쉼표.

휴지통(休紙桶) 명 废纸篓 fèizǐlǒu 못 쓰게 된 종이 따위를 집어넣는 그릇.

휴지화(休紙化) 명 废纸化 fèizǐhuà 아무 소용이 없게 됨.

휴직(休職) 명 〔~하다|자동사〕 停职 tíngzhí 休假 xiūjià 离职 lízhí 일정한 기간 직무를 쉬는 일.

휴진(休診) 명 〔~하다|자동사〕 休诊 xiūzhěn 停诊 tíngzhěn 병원에서 진료를 하지 않고 쉼.

휴한지(休閑地) 명 休耕地 xiūgēngdì 休闲地 xiūxiándì 어느 기간 동안 농작물을 경작하지 아니하고 놀리는 땅.

휴항(休航) 명 〔~하다|자동사〕 停航 tíngháng 비행기, 배 따위가 운항을 쉼.

휼금(恤金) 명 抚恤金 fǔxùjīn 정부에서 이재민에게 내려주는 돈.

흉가(凶家) 명 凶宅 xiōngzhái 〈민〉 드는 사람마다 궂은일을 당한다고 하는 불길한 집=흉갓집.

흉계(凶計)[-계/-게] 명 诡计 guǐjì 阴谋 yīnmóu 음충맞고 모진 꾀=흉책. ※악계.

흉도(凶徒) 명 暴徒 bàotú 험하고 사나운 무리. ※흉당.

흉리(胸里)[-니] 명 胸中 xiōngzhōng 胸里 xiōnglǐ=마음속.

흉모(凶某) 명 阴谋 yīnmóu 음흉한 모략. ※역모. 흉계.

흉몽(凶夢) 명 恶梦 èmèng 언짢은 꿈. ※길몽. 악몽.

흉물(凶物) 명 ① 阴险的人 yīnxiǎnde rén 성질이 그늘지고 험상궂은 사람. ② 难看的人或动物 nánkànderénhuòdòngwù 흉측스럽게 생긴 사람이나 동물.

흉벽(胸壁) 명 ① 胸膛 xiōngtáng=흉장. ② 胸腔 xiōngqiāng 〈생〉 흉곽의 바깥 벽.

흉보(凶報) 명 ① 噩耗 èhào 불길한 기별=악보. ※길보. ② 讣告 fùgào 사람이 죽었다는 흉한 기별=흉음. ※고부. 부고. 부문. 부음. 통부.

흉악(凶惡) 명 〔~하다|형용사〕 〔~히|부사〕 凶恶 xiōngè 歹毒 dǎidú 음흉하고 모진 성질이나 짓.

흉악망측(凶惡罔測)[-앙-] 명 〔~하다|형용사〕 穷凶极恶 qióngxiōngjíè 몹시 흉악함. §흉측.

흉어(凶漁) 명 歉渔 qiànyú 물고기가 아주 적게 잡힘.

흉음(凶音) 명 凶信 xiōngxìn=흉보.

흉작(凶作) 명 歉收 qiànshōu 〈농〉 농사가 잘 안 되어 소출이 아주 적음↔풍작.

흉장(胸牆) 명 战壕丘 zhànháoqiū 사람의 가슴에 닿을 만한 높이의 담. 포대, 성곽 따위에서 주로 쌓는다=흉벽.

흉증(凶證) 명 ① 凶兆 xiōngzhào=흉조. ② 凶气 xiōngqì 그늘지고 험상궂은 성벽.

흉탄(凶彈) 명 凶手打的子弹 xiōngshǒu dǎdezǐdàn 흉한이 내쏜 탄알.

흉풍(凶風) 명 ① 恶风 èfēng 몹시 사나운 바람. ② 凶恶之风 xiōngèzhīfēng 음흉스러운 기풍이나 풍조.

흉풍(凶豊) 명 凶年和丰年 xiōngniánhé fēngnián 흉년과 풍년 또는 흉작과 풍작.

흉흉(洶洶) 형 〔여 불규칙〕 ① 汹涌 xiōngyǒng 물결이 세차고 시끄럽다. ②

汹汹 xiōngxiōng 술렁술렁하여 험악하다. ¶인심이 ~. 人心汹汹。rénxīnxiōngxiōng.

흑각(黑角) 명 黑牛角 hēiniújiǎo '물소뿔'을 빛깔이 검다는 뜻에서 일컫는 말.

흑두재상(黑頭宰相) 명 年轻宰相 niánqīngzǎixiàng 나이가 젊은 재상=흑두공.

흑맥주(黑麥酒) 명 黑啤酒 hēipíjiǔ 맥주의 일종. 까맣게 태운 맥아를 써서 어두운 갈색을 띠게 만든 맥주.

흑백(黑白) 명 ① 黑白 hēibái 검은빛과 흰빛. ② 是非 shìfēi 잘잘못이나 옳고 그름. ¶~을 가리다. 分清是非。fēnqīngshìfēi.

흑백영화(黑白映畫)[-뺑녕-] 명 黑白电影 héibáidiànyǐng 천연색이 아닌, 흑백으로 영사되는 영화.

흑심(黑心) 명 贪心 tānxīn 부정한 욕심이 많고 음흉한 마음.

흑연(黑煙) 명 ① 黑烟 hēiyān 시꺼먼 연기. ※갈색연. ② 墨线 mòxiàn 화공이 쓰는 먹줄. 숯가루를 봉지에 싸서 줄에 칠하여 쓴다.

흑운(黑雲) 명 ① 黑云 hēiyún 검은 구름. 먹구름. ② 恶劣的局势 èlièdejúshì 매우 암담한 상태나 정세를 비유적으로 이르는 말↔백운(白云).

흑자(黑字) 명 ① 黑字 hēizì 검은 글자. ② 盈余 yíngyú 顺差 shùnchā→이익.

흑자(黑子) 명 肉赘 ròuzhuì=흑지.

흑점(黑點) 명 ① 黑点 hēidiǎn 缺点 quēdiǎn 毛病 máobìng 검은 점. ② 太阳黑子 tàiyánghēizǐ 〈천〉'태양흑점'의 준말.

흑칠(黑漆) 명 〔~하다|타동사〕 黑色漆 hēisèqī 검은빛의 옻.

흔천동지(欣天動地) 명 〔~하다|자동사〕 惊天动地 jīngtiāndòngdì 천지를 흔들어 움직일 만하게 큰 소리가 난다는 뜻으로, '큰 세력을 떨침'을 이름. §흔동.

흔쾌(欣快) 형 〔여 불규칙〕 欣然 xīnrán 마음에 기쁘고도 통쾌하다. ¶~하게 받아들이다. 欣然接受。xīnránjiēshòu.

흔희(欣喜)[-히] 명 〔~하다|자동사〕 欢喜 xǐhuān=환희.

흘수선(吃水線)[-쑤-] 명 吃水标志 chīshuǐbiāozhì 배의 물에 잠기는 부분과 잠기지 않는 부분을 가르는 선=수선.

흠(欠) 명 ① 伤疤 shāngbā 물건이 이지러지거나, 깨어지거나, 상한 자리. ② 缺点 quēdiǎn 사물의 됨됨이가 잘못되거나 모자라는 부분. ③ 缺陷 quēxiàn 인격이나 행동들에 잘못된 점이나 흉이 되는 점.

흠사(欠事) 명 憾事 hànshì 흠이 되는 일=흠전.

흠앙(欽仰) 명 〔~하다|타동사〕 钦佩 qīnpèi 공경하여 우러러 사모함=앙흠.

흠절(欠節) 명 缺点 quēdiǎn=티.

흠점(欠點)[-쩜] 명 缺点 quēdiǎn=티

흠축(欠縮) 명 〔~하다|자동사〕 欠缺 qiànquē→축.

흠쾌(欽快) 형 〔여 불규칙〕 爽快 shuǎng kuài 기쁘고 상쾌하다.

흡사(恰似) 부 〔~하다|형용사〕 〔~히|부사〕 好像 hǎoxiàng 마치, 꼭. ¶그 울부짖음이 ~ 호랑이 울음소리와 같았다. 那个声音好像是老虎的吼叫声。 nàgèshēngyīn hǎoxiàngshìlǎohǔdehǒujiàoshēng.

흡족(洽足) 명 〔~하다|형용사〕 〔~히|부사〕 满足 mǎnzú 满意 mǎnyì 足够 zúgòu 아주 넉넉하다.

흥(興) 명 兴致 xìngzhì 兴味 xìngwèi 즐거움으로 일어나는 정서=흥심.

흥미(興味) 명 ① 兴味 xìngwèi 흥을 느끼는 재미. ② 兴趣 xìngqù 〈심〉 어떠한 사물에 대한 특별한 관심.

흥분(興奮) 명 〔~하다|자동사〕 ① 激昂 jīáng 어떤 자극으로 감정이 북받쳐 일어남. 또는 그 감정. ¶~을 가라앉히다. 抑制激昂心情。 yìzhìjīángxīnqíng. ② 兴奋 xìngfèn 〈생〉 자극을 받아 일어나는 감각세포나 신경단위의 상태 변화 또는 그것으로 일어나는 전신적 상태 변화.

흥성(興盛) 명 〔~하다|자동사〕 兴隆 xīnglóng 兴盛 xīngshèng 繁荣 fánróng =융성.

흥성흥성(興盛興盛) 부 〔~하다|자동사·형용사〕 熙熙攘攘 xīxīrǎngrǎng 흥성흥성한 꼴. ¶장거리는 장꾼들로 ~ 들끓었다. 市场人群熙熙攘攘。 shìchǎngrénqún xīxīrǎngrǎng.

흥업(興業) 명 〔~하다|자동사〕 创业 chuàngyè 새로이 산업이나 사업을 일으킴.

흥진비래(興盡悲來) 명 乐极生悲 lèjí shēngbēi 즐거운 일이 지나가면 슬픈 일이 닥쳐온다는 뜻으로, 세상 일이 순환됨을 가리키는 말.

흥패(興敗) 명 兴亡 xīngwáng 되어서 흥함과 못 되어서 패함.

흥행(興行) 명 〔~하다|타동사〕 卖艺 màiyì 곳곳에 다니며 연극, 연예 들을 보여 줌. ¶지방으로 ~을 떠나다. 到地方去卖艺。 dàodìfāngqùmàiyì.

희곡(戲曲)[히-] 명 戏剧 xìjù 〈문〉 서정시와 서사시가 종합되어 특정한 처소를 설정하고, 인물의 행동, 대화, 혼잣말 들을 직접적, 구체적으로 표현 전개하는 문학 형식의 하나. 무대에서의 상연을 목적으로 한다. ※연극.

희구(希求)[히-] 명 〔~하다|타동사〕 希望 xīwàng 바라서 요구함.

희극(喜劇)[히-] 명 ① 喜剧 xǐjù 웃음거리가 될 만한 일이나 행동. ② 滑稽剧 huájījù 〈극〉 웃음거리를 섞어서, 명랑하고 경쾌한 기분으로 사회 병폐나 인간의 생활 등을 풍자적으로 표현한 연극↔비극.

희극(戲劇)[히-] 명 ① 没有用处的行为 méiyǒuyòngchùdexíngwéi 실없이 하는 행동. ② 滑稽剧 huájījù 〈극〉 익살을 부리는 연극.

희극배우(戲劇俳優)[히-] 명 喜剧演员 xǐ

jùyǎnyuán 희극을 연기하는 배우.

희대미문(稀代未聞)[히-] 명 前所未闻 qiánsuǒwèiwén 썩 드물어 좀처럼 듣지 못함. ※전대미문.

희롱(戱弄)[히-] 명 〔~하다|타동사〕 愚弄 yúnòng 말이나 행동으로 실없이 놀리는 짓.

희망(希望)[히-] 명 〔~하다|자동사·타동사〕 ① 企望 qǐwàng 志望 zhìwàng 앞일에 대한 바람=기망. 희원. ② 希望 xīwàng 가능성이나 가망. ¶~이 있는 일. 有希望的事。yǒuxīwàngdeshì.

희망이익(希望利益)[히-니-] 명 预期利益 yùqīlìyì 〈경〉 장래 취득할 가망이 확실한 이익.

희미(稀微)[히-] 형 〔여 불규칙〕 朦胧 ménglóng 微暗 wēiàn 模糊 móhu 또렷하지 못하고 흐릿하다. ¶기억이 ~. 记忆朦胧。jìyìménglóng=애연하다. 은미하다.

희박(稀薄)[히바카-] 형 〔여 불규칙〕 ① 稀薄 xībó 기체, 액체 따위의 농도나 밀도가 엷거나 낮다. ② 淡薄 dànbó 감정이나 의지 같은 것이 굳세지 못하고 약하다. ¶애국심이 ~. 爱国心淡泊。Àiguó xīndànbó. ③ 疏稀 shūxī 일이 그렇게 될 희망이나 가망이 적다. ¶살아날 가능성이 ~. 活的希望很小。huódexīwànghěn xiǎo.

희보(喜報)[히-] 명 喜报 xǐbào 喜信 xǐ xìn 喜讯 xǐxùn 기쁜 알림↔비보.

희비극(喜悲劇)[히-] 명 ① 喜悲剧 xǐbēi jù 희극과 비극=비희극. ② 悲喜交叉的剧 bēixǐjiāochādejù 〈극〉 희극적이면서도 비극적인 연극=비희극. ③ 悲喜交集的事件 bēixǐjiāojídeshìjiàn 기쁨과 슬픔이 한데 어우러지는 것=비희극.

희비쌍곡선(喜悲雙曲線)[히-] 명 喜悲交集 xǐbēijiāojí 喜悲交至 xǐbēijiāozhì 기쁨과 슬픔이 동시에 생겨 각각 발전하는 모양.

희사금(喜舍金)[히-] 명 捐助款 juānzhù kuǎn 희사하는 돈.

희색만면(喜色滿面)[히-] 명 满面春色 mǎnmiànchūnsè 기쁜 빛이 얼굴에 가득함.

희생(犧牲)[히-] 명 〔~하다|자동사·타동사〕 ① 牺牲物 xīshēngwù 제물로 쓰는 소, 양, 돼지 따위의 짐승=뇌생. 생뢰. ② 牺牲 xīshēng 남을 위하여 목숨, 재물, 명예, 권리, 자유 따위를 버리거나 빼앗김의 비유=전희.

희생물(犧牲物)[히-] 명 替死鬼 tìsǐguǐ 替罪羊 tìzuìyáng 희생이 된 물건.

희생타(犧牲打)[히-] 명 牺牲的一击 xī shēngdeyìjī 〈체〉 야구에서, 타자 자신은 죽으나, 그것으로 하여 자기편의 주자가 다음 베이스로 살아갈 수 있게 함을 목적하는 타격. §희타=희생구.

희서(稀書)[히-] 명 珍本 zhēnběn 드문 책=희본.

희수(喜壽)[히－] 명 七十七岁 qīshíqīsuì 나이 '일흔 일곱 살'의 다른 이름.

희한(稀罕)[히－] 형〔여 불규칙〕罕见 hǎnjiàn 썩 드물거나 신기하다.

희화(戲畫)[히－] 명 ① 怪画 guàihuà 〈미〉 실없이 장난삼아 그린 그림=광화. ② 漫画 mànhuà 익살맞게 그린 그림=골계화. 광화.

희희낙낙(喜喜樂樂)[히히낭낙] 명〔~하다|자동사〕欢欢喜喜 huānhuānxǐxǐ 매우 기뻐하고 즐거워함.

힐난(詰難)[－란] 명〔~하다|타동사〕责难 zénàn 트집을 잡아 거북할 만큼 따지고 듦. ¶~을 당하다. 受到责难。shòu dàozénàn.

힐문(詰問) 명〔~하다|자동사〕责问 zéwèn 잘못을 따져 물음.

힐책(詰責) 명〔~하다|타동사〕指责 zhǐzé=꾸짖다.

편자 소개

廉光虎(염광호)

1954년 10월 중국 길림성 화룡시 출생.
중국 연변대학에서 1995년 박사학위 취득.
일본 교토대학 방문학자,
서울대학교 방문학자 · 객원연구원.
현재 중국 청도대학교 한국어학과 교수, 학과장으로 재직중.

位青(위청)

1956년 3월 산동성 연대시 출생.
현재 중국 청도대학교 도서관 관원.

한중한자어비교사전

초판 인쇄 2006년 7월 7일
초판 발행 2006년 7월 14일

엮은이 廉光虎 · 位青
펴낸이 이 대 현
편 집 권분옥 · 이태곤 · 박소정
펴낸곳 도서출판 역락
서울 성동구 성수2가 3동 301-80
전화 3409-2058, 2060 / 팩시밀리 3409-2059
홈페이지 http://www.youkrack.com
이메일 youkrack@hanmail.net
등록 1999년 4월 19일 제303-2002-000014호

정 가 20,000원

ISBN 89-5556-480-5-11700